Ferdinand Buer

Psychodrama und Gesellschaft

Ferdinand Buer

Psychodrama und Gesellschaft

Wege zur sozialen Erneuerung
von unten

Reflexionen – Dialoge – Konzepte

VS VERLAG

Bibliografische Information der Deutschen Nationalbibliothek
Die Deutsche Nationalbibliothek verzeichnet diese Publikation in der
Deutschen Nationalbibliografie; detaillierte bibliografische Daten sind im Internet über
<http://dnb.d-nb.de> abrufbar.

1. Auflage 2010

Alle Rechte vorbehalten
© VS Verlag für Sozialwissenschaften | Springer Fachmedien Wiesbaden GmbH 2010

Lektorat: Kea S. Brahms

VS Verlag für Sozialwissenschaften ist eine Marke von Springer Fachmedien.
Springer Fachmedien ist Teil der Fachverlagsgruppe Springer Science+Business Media..
www.vs-verlag.de

Das Werk einschließlich aller seiner Teile ist urheberrechtlich geschützt. Jede Verwertung außerhalb der engen Grenzen des Urheberrechtsgesetzes ist ohne Zustimmung des Verlags unzulässig und strafbar. Das gilt insbesondere für Vervielfältigungen, Übersetzungen, Mikroverfilmungen und die Einspeicherung und Verarbeitung in elektronischen Systemen.

Die Wiedergabe von Gebrauchsnamen, Handelsnamen, Warenbezeichnungen usw. in diesem Werk berechtigt auch ohne besondere Kennzeichnung nicht zu der Annahme, dass solche Namen im Sinne der Warenzeichen- und Markenschutz-Gesetzgebung als frei zu betrachten wären und daher von jedermann benutzt werden dürften.

Umschlaggestaltung: KünkelLopka Medienentwicklung, Heidelberg
Gedruckt auf säurefreiem und chlorfrei gebleichtem Papier
Printed in Germany

ISBN 978-3-531-17342-9

Inhaltsverzeichnis

Vorwort 11

Einführung 13

1   Mein Einstieg ins Psychodrama 14
2   Meine Rekonstruktion des gesellschaftspolitischen Programms Morenos ... 15
3   Vom Programm zur Praxis 24

I.   Reflexionen

Morenos Projekt der Gesundung:
Therapeutik zwischen Diätetik und Politik (1992)

1   Die Dimensionen des Projekts 30
2   Perspektiven traditioneller Heil-Kunst 33
2.1 Gestalten: Mesmer und Freud 33
2.2 Traditionen der Heilkunst 35
2.2.1 Magische Praktiken 36
2.2.2 Altindische und altchinesische Heilkunst 37
2.2.3 Heilkunst der Antike 38
2.2.4 Die Medizin des christlichen Mittelalters 42
2.2.5 Traditionen der Erfahrungsmedizin im 19. und 20. Jh. 45
3   Therapeutik zwischen Diätetik und Politik 51

PsychoDrama. Ein antirituelles Ritual (1995)

1   Wandlungen des Rituals 56
1.1 Aspekte des Rituals 56
1.2 Vom Ritual zum Theater 57
1.3 Vom Theater zum Ritual 60
1.4 Rituale heute 61
2   Das PsychoDrama 62
2.1 Rituelle Elemente im PsychoDrama 62
2.2 Das PsychoDrama als Opferritual 64
2.3 Der Mythos des PsychoDramas 65
2.4 Magische Praktiken im PsychoDrama 66
2.5 Die Erregungskurve im psychodramatischen Prozess 66

2.6 Die Katharsis als Geburt der Kreativität 67
3 Vom Auftrag des PsychoDramas in einer säkularisierten Welt 69

Morenos Philosophie und der Marxismus (1989)

1 Die Kontroverse zwischen Morenos System und dem Marxismus 74
1.1 Morenos Kritik des Marxismus 74
1.2 Kritik der Konzepte und Methoden Morenos aus marxistischer Sicht 76
1.3 Perspektiven einer kritischen Moreno-Lektüre 78
2 Morenos Werk – von Marx kritisiert 79
2.1 Darstellung 79
2.1.1 Der Mensch als Mitschöpfer des Kosmos oder der Mensch als Bearbeiter der Natur 79
2.1.2 Drama in Leben und Spiel oder Praxis als Grundkategorie menschlichen Lebens 81
2.1.3 Soziometrische Matrix oder materielle Produktionsverhältnisse 82
2.1.4 Rollenkonserve oder Entfremdung 83
2.1.5 Soziometrisch neu geordnete Gesellschaft oder Kommunismus 86
2.2 Kritik 88
3 Morenos Philosophie und der heutige Marxismus 89

Morenos Philosophie und der Anarchismus (1989)

1 Moreno und der Anarchismus 93
1.1 Bezüge und Beziehungen 93
1.2 Anarchismus und utopischer Sozialismus 95
1.3 Landauer und Moreno 96
2 Ideen des Anarchismus in Morenos Werk 98
2.1 Der Mensch in Gesellschaft 98
2.2 Die Utopie der Anarchie 101
2.3 Freie Erkenntnis 104
2.4 Der Wille zur Tat 105
3 Morenos Philosophie und der Anarchismus heute – Perspektiven einer kreativen Beziehung 107

Morenos Philosphie und der Pragmatismus (1999)

1 Moreno und der Pragmatismus 109
2 Die pragmatische Perspektive psychodramatisch operationalisiert 111
2.1 Menschliches Leben als Drama 111
2.2 Erfahrungslernen durch spielerisches Probehandeln 113
2.3 Rollentausch und Sharing 114
2.4 Szenische Verantwortung 115
2.5 Soziometrische Neuordnung der Gesellschaft 116

II. Dialoge

Ein Leben mit J. L. Moreno. Impulse für die Zukunft.
Ein Gespräch mit Grete Leutz (1992)

1	Ein soziometrisches Live-Experiment	122
2	Das Sanatorium als therapeutische Gemeinschaft	124
3	Johnny's Psychodrama: Moreno als Therapeut	127
4	Moreno und die Frauen	131
5	Erleuchtung in Bad Vöslau	132
6	Moreno als wissenschaftlicher Autor	135
7	Die letzten Jahre Morenos	138
8	Moreno und das Finanzielle	140
9	Gesundheit und Krankheit	141
10	Moreno und die Politik	144
11	Morenos Werk – etwas Besonderes	146

Psychodrama und Kibbuz.
Zwei Modelle der Verwirklichung gesellschaftlicher Utopien
Ein Gespräch mit Wolgang Melzer (1991)

1	Kibbuz und Psychodrama	152
2	Gemeinschaft und Gruppe	154
3	Die Idee der Verwirklichung	156
4	Die Idee der Selbstbestimmung	158
5	Die Idee der gegenseitigen Hilfe	160
6	Orte der Entscheidung	161
7	Kibbuz und Psychodrama als Utopien	162
8	Wien: Der Geburtsort und Kibbuzpädagogik und Psychodrama	165
9	Psychodrama, Soziodrama, Soziometrie: Wege zur Umgestaltung der Gesellschaft	167

Das Theater mit dem Psychodrama. Theaterästhetische Betrachtungen
Ein Gespräch mit Martin Jürgens (1994)

1	Der Ursprung des Psychodramas aus dem Geist des Stegreif	171
2	Morenos Stegreiftheater und die Ästhetik	174
3	Moreno als Theaterreformer	177
4	Vom Weihetheater zum Psychodrama	179
5	Das „Theater der Spontaneität" – das „letzte Theater"?	182
6	Psychodrama und Theater in einer medial inszenierten Welt	184
7	Psychodrama zwischen Theater und Ritual	187
8	Das Spiel als Lebenselexier von Theater und Psychodrama	192
9	Katharsis – Mimesis – Poiesis – Aisthesis	193
10	Psychodrama als Arrangement ästhetischer Bildung	198

Das Psychodrama als philosophische Praxis. Zum Verhältnis von Philosophie und Psychodrama. Ein Gespräch mit Ferdinand Fellmann (1995)

1	Die geistesgeschichtliche Bedeutung Morenos	203
2	Das Psychodrama als praktische Lebensphilosophie	205
3	Die Bedeutung des Pragmatismus	212
4	Bezüge zum Judentum	213
5	Bezüge zum Existentialismus und zur Phänomenologie	216
6	Konsequenzen für das theoretische Selbstverständnis des Psychodramas	217
7	Konsequenzen für die psychodramatische Praxis	219
8	Die kulturphilosophischen Perspektiven des Psychodramas	220

Moreno und die Soziologie. Ein spannendes Verhältnis
Ein Gespräch mit Sven Papcke (1997)

1	Moreno – ein kritischer und engagierter Soziologe	223
2	Aber etwas fehlt	224
3	Morenos Ansatz als Aktionsforschung	229
4	Das Projekt: Demokratisierung durch Soziometrie und Soziodrama	231
5	Politische Veränderung durch sozioemotionales Erfahrungslernen	232
6	Moreno und die Kommunitarismus-Debatte	235
7	Moreno als Aktivist	237
8	Was können Soziologen von Moreno lernen?	239

III. Konzepte

Psychodramatische Bildungsarbeit (2000)

1	Einführung	243
2	Das Angebot des Psychodramas	246
2.1	Das psychodramatische Projekt	246
2.2	Die psychodramatische Haltung	248
2.3	Das psychodramatische Wissen	249
2.4	Das psychodramatische Können	251
3	Die Anforderungen an die gegenwärtige und die zukünftige Bildungsarbeit	252
4	Psychodramatisch-pädagogische Antworten	257
4.1	Psychodramatisch-pädagogische Akzente	257
4.2	Das Psychodrama und seine Verbündeten in der Pädagogik	259
5	Psychodramatische Bildungsarbeit	261
5.1	Das psychodramatische Lernmodell	261
5.2	Psychodramatisch-pädagogische Beziehungsarbeit	262
5.3	Das psychodramatische Bildungskonzept	264

Managementkompetenz und Kreativität (2005)

1	Managementkompetenz für alle!	267
2	Morenos Kreativitätstheorie	269
2.1	Der Kanon der Kreativität	269
2.2	Kreative Interaktion	274
2.3	Der Mensch als Co-Creator	276
3	Arbeit und Leben kreativ managen	277
4	Kreativität psychodramatisch hervorlocken in Formaten der Personalarbeit	280

Aufstellungarbeit nach Moreno in Formaten der Personalarbeit in Organisationen (2005)

1	Hellinger und Moreno	282
2	Die Anforderungen an die Aufstellungsarbeit in Formaten der Personalarbeit in Organisationen	283
3	Aufstellungarbeit nach Moreno zwischen soziometrischer Aktionsforschung und Psychodrama	284
4	Ein Ablaufmodell der Aufstellungsarbeit in Organisationen nach Moreno	288
5	Das Aufstellen von Führungsdilemma	293
5.1	Die unvermeidbaren Dilemmata professioneller Führung	294
5.2	Der Umgang mit Dilemmata als Aufgabe der Führungsberatung	297
5.3	Das Aufstellen von Führungsdilemmata im Gruppensetting	297
5.4	Zum Konzept der Führungsdilemma-Aufstellung	299

Beratung, Supervision, Coaching und das Psychodrama (2007)

1	Der sozialkonstruktive Blick auf das Gelände	301
1.1	Deskription oder Präskription	302
1.2	Die Diskursmächte	303
1.3	Aggressive Konkurrenz oder friedliche Koexistenz	304
1.4	Kritische Theorie oder anspruchsvolles Handlungskonzept	304
2	Die Unterscheidung von Format und Verfahren	305
2.1	Die Dialektik von Format und Verfahren	306
2.2	Die Ausdifferenzierung der Beratungsformate	307
2.3	Das professionelle Beratungswissen zwischen Wissenschaft und Praxiserfahrung	308
3	Der Kampf um die Beratungsdiskurse	309
3.1	Der Counselling-Diskurs und sein wohlfahrtsstaatlicher Kontext	309
3.2	Der Coaching-Diskurs und sein wirtschaftlicher Kontext	310
3.3	Der Supervisions-Diskurs zwischen wohlfahrtsstaatlichem und wirtschaftlichem Kontext	311
3.4	Die Unverzichtbarkeit der professionellen Autonomie	312
4	Das Psychodrama als Verfahren für Beratungsformate	312

4.1 Das reichhaltige Angebot seit Moreno 312
4.2 Beratung mit KlientInnen in privaten, intimen Kontexten der Lebenswelt 314
4.3 Beratung mit KundInnen im Kontext der Organisationsöffentlichkeit 315
5 Resümee für PsychodramatikerInnen 316

Organisationsentwicklung jenseits des globalen Steigerungsspiels (2007)

1 Organisationsentwicklung als Teil des globalen Steigerungsspiels 320
2 Die Rolle der externen BeraterIn 322
3 Die Aufgabe der Aufstellungsarbeit im Strudel des Steigerungsspiels 323
4 Das Potenzial der Moreno-Tradition 325
4.1 Die Organisation als interaktive Inszenierung 325
4.2 Das soziometrische Denken in Konstellationen 327
4.3 Der professionelle Berater als Aktionsforscher 328
4.4 Der Berater als Ermöglicher kreativer Emergenz 328
5 Was Aufstellungsarbeit nach Moreno als Beitrag zur Besinnung leisten kann 329

Weiterführung 333

1 Die Dialektik von Format und Verfahren nutzen 334
2 Bildung als zirkulärer Prozess zwischen Ausbildung und Einbildung 336
3 Von der Politik zur Kunst der Lebensführung 337

Literaturverzeichnis 341

Personenverzeichnis 369

Stichwortverzeichnis 373

Hinweis zum Autor 377

Textnachweise 378

Vorwort

Als Sozial- und Erziehungswissenschaftler, Berater und Ausbildungsdozent habe ich mich über drei Jahrzehnte mit dem Psychodrama auseinandergesetzt. Dabei habe ich zunächst den ursprünglichen Impuls des Begründers dieser Aktionsmethode, Jakob Levy Moreno, zur Neugestaltung der Gesellschaft von unten, also durch die Menschen selbst vor Ort und Stelle, rekonstruiert und aktualisiert. In den *Reflexionen* und in den *Dialogen* mit prominenten Experten angrenzender Wissenschaften wird dieser basisdemokratische Anspruch Morenos nachgezeichnet.

In den *Konzepten* wird gezeigt, auf welchen Wegen dieser Impuls zur sozialen Erneuerung in der heutigen flexibilisierten Arbeitswelt vor allem in den Formaten Supervision, Coaching und Organisationsberatung fruchtbar gemacht werden kann. In diesen Beratungswelten werden zahlreiche Fach- und Führungskräfte unterstützt, ihre eigenen Arbeitswelten nach humanen Maßstäben selbst neu zu gestalten. Dadurch wird ein starker Impuls zur Neugestaltung der gesamten Gesellschaft ausgelöst. Nicht mehr, aber auch nicht weniger.

In diesem Band werden weder Rezepte verschrieben, noch wird eine Überfülle an Handwerkszeug angeboten. Mir geht es vielmehr darum, Fachkräfte der Beziehungsarbeit vom Psychodrama zu begeistern. Auf dass sie in einen „status nascendi" (Moreno) versetzt werden, aus dem heraus möglichst viele von ihnen einen je originären wie originellen Beitrag zur Humanisierung unserer Lebens- und Arbeitswelten leisten werden.

Auf diesem langen Weg hat mich meine Frau Mechthild mit großem Verständnis begleitet. Dafür danke ich. Dieses Buch sei ihr gewidmet.

Münster, im März 2010   Ferdinand Buer

Einführung

Seit ich dem Psychodrama begegnet bin, hat es mich begeistert. Und diese Begeisterung hat mich nie wieder verlassen.

Wie kann man nun aber dem Psychodrama begegnen? Indem man sich auf einen Lernprozess einlässt, der psychodramatisch gestaltet ist. Das kann in verschiedenen Kontexten geschehen: in einer Selbsterfahrungsgruppe, in einer Psychotherapie, in einem Kommunikationstraining, im Unterricht in der Schule, in einem Aktionsforschungsprojekt zur Organisationsentwicklung, in der Konfliktmoderation, in einer Paarberatung, in der Gruppensupervision oder in einem dyadischen Führungskräfte-Coaching. Erst in einem zweiten Schritt kann man etwas über das Psychodrama erfahren, wenn man sich mit denen unterhält, die diese Psychodrama-Erfahrung gemacht haben. Als drittes kann auch ein intensiviertes Studium der vielen Schriften weiterhelfen, die PsychodramatikerInnen bzw. WissenschaftlerInnen über das Psychodrama veröffentlicht haben. Für ein solches Studium stelle ich hier erneut Texte zur Verfügung.

Mit dem Wort „Psychodrama" bezeichne ich hier ein Verfahren der Beziehungsarbeit, das Jakob Levy Moreno (1889-1974) initiiert hat und das viele seiner Nachfolger/innen weiterentwickelt und verbreitet haben. Es ist originär ein Gruppenverfahren, kann aber auch in der Einzel- wie in der Großgruppenarbeit eingesetzt werden. Da das Psychodrama immer auch mit Inszenierungen und Aufstellungen arbeitet, benötigt es einen festen räumlichen und zeitlichen Rahmen. Als Rahmungen bieten sich die gerade genannten Formate an. Das Psychodrama ist also keineswegs vornehmlich auf Psychotherapie bezogen. Wenn Moreno von Therapie sprach, dann in zweierlei Bedeutungen: Zunächst meinte er damit einen Dienst am Menschen, der diesem Chancen eröffnet, sich und seine Welt schöpferisch weiterzuentwickeln. Damit knüpft er an den altgriechischen Begriff des „therapeutes" (dt: Diener, Helfer) an. Erst in zweiter Linie bezog er seine Arbeit unter anderem auch auf das, was wir heute unter Psychotherapie verstehen.

Moreno hat seinen Ansatz quer zu den in seiner Zeit vorherrschenden Formaten, Verfahren, Wissenschaften, Philosophien und Religionen entwickelt. Menschen, deren Denken von diesen Vorgaben geprägt ist, fällt es daher oftmals schwer, das Psychodrama einzuordnen. Man kann es nur als originäres Geflecht tolerieren, akzeptieren, würdigen, bewundern, je nach dem, wie weit das Verständnis reicht. Und dieses Geflecht besteht aus so vielen Wurzeln, Stämmen, Ästen, Zweigen, Blüten und Früchten, dass ein Einzelner diese Fülle kaum jemals vollständig erkennen und darstellen kann. Zu diesem seltsamen Geflecht gehören Wörter wie: Szene, Begegnung, Katharsis, Tele, Spontaneität, Kreativität, Konserve, Rolle, Soziometrie, Soziodrama, Rollentausch, Doppel, Physiodrama, Stegreif, Sharing, Aktionshunger, Aktionsforschung, Surplusrealität, Ko-Unbewusstes, status nascendi, Axiodrama, Ich-Gott, Gruppenpsychotherapie, Protagonist, warming up, Hilfs-Ich, Bühne, Spiel, Kosmos, Augenblick, therapeutische Weltordnung, Sozialatom, Regisseur, Realitätsprobe, Monodrama, Soziatrie, Kulturelles Atom, Selbst, Theater…

Moreno selbst hat dieses Vokabular erfunden oder neu aufgefüllt, wenn vorgefunden, je nach Bedarf in der jeweiligen Phase seines Schaffens (Moreno, 1995; Marineau, 1989; 1990). Und all diese Vokabeln bezeichnen bestimmte Phänomene, die in Psychodrama-Prozessen erfahren werden bzw. für die Reflexion dieser Erfahrungen nützlich sind. Aber selbst wenn jemand als PsychodramatikerIn Teil dieses Geästs geworden ist, ist es unmöglich, all diese Phänomene selbst erfahren zu haben. Wer also das Psychodrama kennen lernen will, muss sich ihm zunächst einmal selbst aussetzen. Genau das habe ich getan. So bin ich selbst zufällig zu einem bestimmten Zeitpunkt mit einem bestimmten Zweig dieses Geästs in Berührung gekommen und habe mich von da aus Ast für Ast vorgearbeitet.

1   Mein Einstieg ins Psychodrama

Es war in den 70er Jahren des letzten Jahrhunderts, da ich nach einigen theologischen und germanistischen Exkursionen mein Studium der Erziehungswissenschaft an der Westfälischen Wilhelms-Universität in Münster abschloss, als ich vor der Frage stand: Auf welche Weise willst du eigentlich in deinen künftigen Arbeitsfeldern mit den Menschen zusammenarbeiten, die du in ihren Entwicklungsprozessen begleiten, fördern und befähigen sollst? Ich kannte so einige Methoden, aber eingeübt hatte ich sie nicht. Da erfuhr ich, dass Meinolf Schönke an der Pädagogischen Hochschule in Münster Psychodrama-Selbsterfahrungsgruppen anbot. Schönke war im Fach Psychologie tätig und hatte an der PH ein Trainings- und Beobachtungszentrum zur Verfügung. Schönke selbst hatte das Psychodrama in Prag kennen gelernt und sein Wissen und Können vor allem während eines halbjährigen Forschungsaufenthalts in den USA vertieft. Er trat nun aber nicht selbst als großer Psychodrama-Direktor auf, sondern gewann verschiedene Psychodrama-AusbilderInnen, mit seinen Gruppen zu arbeiten. Vor allem organisierte er damals für die Bundeskonferenz für Erziehungsberatung eine Weiterbildung in Psychodrama. An einigen dieser Workshops konnte ich teilnehmen.

Hier habe ich die Amerikanerin Ella Mae Shearon kennen gelernt. Sie hatte sich in ihrer Heimat, den USA, u.a. bei Zerka Moreno, Morenos letzter Gattin, in Psychodrama ausbilden lassen und bot nun in Deutschland eine Psychodrama-Ausbildung nach den Standards der Sektion Psychodrama im Deutschen Arbeitskreis für Gruppenpsychotherapie und Gruppendynamik (DAGG) an. Hier bin ich eingestiegen und habe 1979 meine Ausbildung abgeschlossen. Die Abschlussarbeit war meine erste Psychodrama-Veröffentlichung (Buer, 1980). Ich habe mich dann gleich diesem Fachverband (Gfäller, Leutz, 2006) angeschlossen und lernte dadurch schnell viele bedeutsame Mitglieder der deutschen Psychodrama-Community kennen. Dieses Netzwerk ist dann später um die Communities in Österreich und der Schweiz erweitert worden.

Im Studium hatte ich mich vor allem um die Sozialpädagogik und ihre Theorie gekümmert. Dieses Interesse habe ich dann in einer Dissertation weiterverfolgt (Buer, 1978). Nachdem ich nun selbst seit 1977 an der Pädagogische Hochschule tätig war – allerdings im Fach Soziologie –, rückte die Erziehungs- und Familienberatung in den Fokus meiner Forschungsarbeit. Neben Veröffentlichungen zur Sozialpolitik und Familiensoziologie traten nun Publikationen zur psychosozialen Beratung, heute würde man Counselling sagen.

Diese Zeit als Wissenschaftlicher Assistent an der Hochschule in Münster von 1977 bis 1989 – 1980 war die PH in die Universität integriert worden –, später als Vertretungsprofessor am Pädagogischen Seminar der Universität in Göttingen von 1989-1994 habe ich genutzt, um die Psychodrama-Theoriebildung voranzutreiben. Von Moreno selbst waren auf Deutsch neben kleineren Aufsätzen seit 1954 nur sein Hauptwerk „Die Grundlagen der Soziometrie. Wege zur Neuordnung der Gesellschaft" und seit 1959 das eigens für den deutschen Markt verfasste Buch „Gruppenpsychotherapie und Psychodrama" greifbar, 1981 ergänzt durch „Soziometrie als experimentelle Methode" und 1989 durch den von Jonathan Fox zusammengestellten Sammelband „Psychodrama und Soziometrie". Wegweisend war die 1974 erschienene Darstellung des klassischen Psychodramas durch Grete Leutz. Hilarion Petzold hat sich zu Beginn seiner Karriere sehr um das Psychodrama verdient gemacht, indem er im Junfermann Verlag eine eigene Bibliotheca Psychodramatica herausgegeben hat, u.a. 1982 sein Buch zur Rollentheorie Morenos mit vielen seiner Texte (Petzold, Mathias, 1982). Die Psychodrama-Publikationen dieser Zeit zehrten alle von diesen Schriften. Die amerikanischen Texte Morenos waren kaum zugänglich, seine deutschsprachigen Frühschriften nur einigen wenigen bekannt. Da begegnete mir Michael Schacht.

Er hatte in Beacon N.Y. das Therapie- und Ausbildungszentrum Morenos besucht und brachte Kopien seiner Frühschriften sowie viele seiner amerikanischen Publikationen mit. Diese Blätter habe ich mir nun selbst kopiert und um Kopien weiterer Schriften ergänzt. Damit war eine Ausgangsbasis für eine einigermaßen akzeptable Beschäftigung mit Morenos Philosophie geschaffen. Diese Kopien waren später dann auch Basis der grundlegenden Rekonstruktion der Psychodrama-Theorie durch Christoph Hutter (2000). Ergänzt um weitere Quellen konnte er dann hingehen und 2009 „J.L. Morenos Werk in Schlüsselbegriffen" vorlegen (Hutter, Schwehm, 2009). Damit ist erst jetzt Morenos Ideenwelt in ihrer ganzen Fülle leicht zugänglich geworden.

2 Meine Rekonstruktion des gesellschaftspolitischen Programms Morenos

In den 70er Jahren war die Berufspolitik der PsychodramatikerInnen darauf ausgerichtet, das Psychodrama als Verfahren der Psychotherapie anerkannt zu bekommen. Das Werk Morenos wurde daher primär durch diese Brille gesehen. So fokussierte etwa auch die zunächst als Kopie weit verbreitete Dissertation von Karonine Zeintlinger von 1981 auf die psychodramatische Therapie (Zeintlinger-Hochreiter, 1996). Die Ausbildung zum Psychodramatiker führte für Ärzte und Psychologen zum Psychodrama-Therapeuten, für den Rest zum Psychodrama-Leiter. Damit wurde die psychotherapeutische Sichtweise im engeren Sinn zur Norm. Die Anwendung in anderen Feldern blieb die Ausnahme. Der Versuch von Hilarion Petzold schon 1972, den Nutzen des Psychodramas auch in Pädagogik, Theater und Wirtschaft aufzuzeigen durch eine Zusammenstellung von Texten internationaler PsychodramatikerInnen, fand wenig Resonanz (Petzold, 1972). Petzold ist dann ja auch über die Gestalttherapie seinen eigenen Weg gegangen.

Auch ich habe das Psychodrama noch in dieser Formierung kennen gelernt. Die Ausbildung war sehr stark selbsterfahrungsorientiert. Und Selbsterfahrung war quasi auch Therapie, eben „Therapie für Normale". Ich erkannte aber bald, dass ich als Diplom-Pädagoge und Soziologe kaum in absehbarer Zeit, jedenfalls in Deutschland nicht, eine reelle Chance haben würde, Psychodrama-Therapie zu betreiben. Als ich dann die Frühschriften Morenos las und darüber hinaus seinen zahlreichen Hinweisen nachgegangen bin, welche Lebensphilosophen, Religionsstifter, Anarchisten und Marxisten sein Denken beeinflusst haben, wurde mir klar: *Moreno hat ein Programm zur Erneuerung der Gesellschaft von unten vorge-*

legt. Und nicht nur das: *Er hat permanent Methoden entwickelt, dieses Programm auch in die Tat umzusetzen.*

Angeregt durch die Studentenbewegung hatte ich zunächst die Marxismus-Psychoanalyse-Debatte verfolgt und in meiner Dissertation für sozialpädagogisches Handeln ausgewertet (Buer, 1978). Gestört hat mich an diesen beiden Denkweisen aber immer schon deren Neigung zum Dogmatismus: Während sich die dominanten Varianten des Marxismus zu einer Geschichtsmetaphysik verstiegen, beschworen die PsychoanalytikerInnen das sogenannte Unbewusste, das nur sie allein aufdecken konnten. Da schien mir Morenos Projekt realitätsnäher zu sein: Er wollte Menschen dazu bewegen, ihre eigenen Lebensverhältnisse gemeinsam in kleinen Gruppen zu untersuchen, nach Auswegen aus schwierigen Lagen zu fahnden und die gefundenen Wege auch tatsächlich zu gehen.

Da diese Untersuchung in natural groups aber oft sehr kompliziert ist, hatte er einen genialen Einfall: Jeder, der eine ihn aktuell belastende Situation untersuchen und verändern will, begebe sich in eine Gruppe, deren Mitglieder bereit sind, Rollen aus diesem Interaktionsgeschehen zu übernehmen und mit ihm gemeinsam diese Situation im Als-Ob nachzuspielen. Diese Gruppenmitglieder übernehmen dabei die Aufgabe eines Helfers, die ihre Rollen nicht nur nach den eingebrachten Vorgaben ausrichten, sondern auch ihr explizites wie implizites Wissen über menschliches Erleben in derartigen Situationen in ihr Rollenspiel einbringen. Der Protagonist, so wird der mitspielende Falleinbringer jetzt genannt, gerät in diesem intensiven Spiel in eine Trance, die ihn die simulierten Inszenierungen (und Aufstellungen) als echt erleben lassen. Er macht also tatsächlich Erfahrungen, die sich ihm einprägen und die somit sein Leben jenseits des Gruppentreffens beeinflussen werden. Damit hatte Moreno einen Weg gefunden, der für viele Menschen gangbar ist und der zudem tief greifende Spuren beim Protagonisten wie bei der Gruppe hinterlässt.

Diese Erfahrungen, die diese Menschen konkret mit diesem Prozess der Selbsterforschung wie mit den Prozessen zur Umsetzung der gewonnenen Erkenntnisse machen, die sollten lebensklug machen. Je mehr sich Menschen an diesen Prozessen beteiligen, um so mehr vernetzen und verstärken sich diese Prozesse und können dann durchaus die Lebensverhältnisse auf mikrosozialer, vielleicht sogar auf mesosozialer Ebene verbessern helfen.

Sicher, damit ist nicht die Weltrevolution im Fokus, aber sie ist auch nicht ganz vergessen. Ich verstand Morenos Projekt als einen Beitrag, die Lebensqualität eines jeden, der will, zu verbessern. Diese Veränderung sollte im Kleinen beginnen und von denen befördert werden, die diese Veränderung selbst brauchen. Durch die Veränderung der konkreten Lebenswelten vieler ist dieses Projekt ein Beitrag zur Neugestaltung der Gesellschaft von unten. Ein solches pragmatisches Verfahren schien mir auch zur Nutzung in beruflichen Zusammenhängen geeignet. Und so habe ich mich hingesetzt und versucht, Morenos Projekt zu rekonstruieren, jetzt auch vor dem Hintergrund meiner eigenen Erfahrungen als Psychodramatiker in Selbsterfahrungsgruppen und Theorie-Workshops, seit 1982 auch in Supervisionsprozessen.

Erstes Ergebnis war 1989 „Morenos therapeutische Philosophie" (Buer, 1989b). Nach einer Einführung in die kultur- und ideengeschichtlichen Kontexte (Buer, 1989c) rekonstruiert das Buch in einem ersten Akt die Einflüsse auf Morenos Denken aus Judentum (Geisler, 1989; 1999), der Lebensphilosophie Bergsons (Schmitz, 1989) und dem Theater (Fangauf, 1989; 1999). In einem zweiten Akt habe ich mich dann mit Morenos Kontroversen mit der Psychoanalyse (Buer, Schmitz, 1989; Buer, Schmitz-Roden, 1999) und dem Marxismus (in diesem Band) auseinander gesetzt. In einem dritten Akt sind mir dann Parallelen zum Anarchismus (in diesem Band) aufgefallen und Michael Schacht (1989) hat damals die mystischen Seiten von Morenos Philosophie aufgedeckt. Im Epilog (Buer, 1989d) habe ich dann die aktuelle Bedeutung des so rekonstruierten Psychodramas für die Gestaltung einer besseren Zukunft hervorgehoben. Das Buch fand damals große Beachtung (Müller, 1991; Ottomeyer, 1991; Schwendter, 1991; Stimmer, 1990), eine zweite unveränderte Auflage erschien 1991, eine dritte überarbeitete und aktualisierte 1999. Durch diesen Erfolg motiviert habe ich dann beschlossen, jährlich einen Band herauszubringen, der diese Sicht des Morenoschen Werks weiterentwickelt und für die Praxis fruchtbar macht: die sechs „Jahrbücher für Psychodrama, psychosoziale Praxis & Gesellschaftspolitik" 1991-1996.

Meinolf Schönke hatte 1975 sein eigenes Psychodrama-Ausbildungsinstitut gegründet und mich gebeten, zusammen mit Michael Schacht und Ulrich Schmitz spezielle Theorie-Seminare zu entwickeln. Diese Seminare habe ich dann fast 20 Jahre in zahlreichen Ausbildungsgruppen durchgeführt, später auch einige Jahre am Psychodrama-Institut Szenen. Zentriert um die Begriffe Drama, Begegnung, Kreativität habe ich mich bemüht, zentrale Gedanken Morenos zu vermitteln, indem auf der einen Seite Texte Morenos diskursiv wie präsentativ erarbeitet und auf der anderen Seite die so gewonnenen Erkenntnisse mit den Erfahrungen und Anfragen aus der eigenen Psychodrama-Praxis konfrontiert wurden. Durch dieses Arrangement wurde Morenos Philosophie über Jahre einem Härtetest unterzogen. So musste ich in jeder Gruppe neu prüfen, ob Anerkennung, aber auch Ablehnung nun auf meine Vermittlung oder gar auf Morenos Ideen selbst zurückzuführen sei. Die Ergebnisse dieser Reflexionsprozesse sind dann zweifellos in meine weiteren Rekonstruktionsbemühungen eingeflossen.

Aus dieser Dekade der intensiven Auseinandersetzung mit Morenos Gedankenwelt von 1989 bis 1999 habe ich für die erste Abteilung: *Reflexionen* fünf Texte ausgewählt, die Morenos Projekt in gesellschaftspolitischer Hinsicht ausleuchten. Der zweite Abschnitt: *Dialoge* enthält alle Gespräche, die ich in den Jahrbüchern mit Wissenschaftlern geführt habe, die durchaus an Moreno interessiert waren, aber bisher nur wenig Kontakt zu seinem Werk hatten. Damit wollte ich zum einen die Mauer zwischen dem Soziotop der PsychodramatikerInnen und der übrigen Fachwelt durchbrechen. Zum anderen wollte ich prüfen, in wie weit es mir gelingt, Morenos Ideen kritisch denkenden Wissenschaftlern verständlich zu machen, ja vielleicht sogar nahe zu bringen. Seine Ideen sollten damit einem weiteren Härtetest unterzogen werden.

Diese Texte zeichnen auch nach dem neuesten Forschungsstand immer noch ein zutreffendes Bild von Morenos gesellschaftspolitischem Programm. Und weil dieses Programm mir auch heute noch, vielleicht gerade heute, richtungweisend zu sein scheint, stelle ich diese Texte hier erneut zur Verfügung.

Als Ausgangspunkt soll ein Text dienen, den ich im Jahrbuch von 1992 publiziert habe: „Morenos Projekt der Gesundung. Therapeutik zwischen Diätetik und Politik". Damals ging es um die Anerkennung des Psychodramas als psychotherapeutisches Verfahren. Manche haben daher das Psychodrama in die Nähe der Psychoanalyse gerückt. Diesem durch äußeren Druck erzeugten Anpassungsprozess wollte ich ein genuines Bild des Psychodramas entgegensetzen. Ich habe daher zunächst die Gemeinsamkeiten, aber vor allem die Unterschiede zur Psychoanalyse herausgearbeitet (Buer, Schmitz, 1989; Buer, Schmitz-Roden, 1999) und Morenos eigenständigen Begriff von Gesundheit und Krankheit herausgestellt (Buer, 1992a). In dem hier wieder vorgelegten Text ging es mir darum, Morenos Verständnis von Therapeutik als einem Ausläufer traditioneller Heilkunst zu verstehen, einer Tradition, die in Europa erst im 19. Jh. durch eine naturwissenschaftlich begründete Therapietechnologie an die Seite gedrängt wurde. Und diese Heilkunst versteht Erkrankung nicht als eine lokalisierbare Dysfunktion, die durch gezielte Intervention behoben werden könne. Sie sieht den ganzen Menschen in seinem ständigen Ringen um Gesundung angesichts kränkender Bedrohungen. Es geht daher um eine Lebensführung, die mit Erkrankungsprozessen umgehen kann, indem sie Gesundungsprozesse fördert. Eben das nennt man seit der Antike: Diätetik. Da diese Prozesse aber eingebunden sind in sie umgreifende Lebensverhältnisse, muss eine Therapeutik auch auf die Gestaltung dieser Verhältnisse Einfluss nehmen. Eben das nennt man seit der Antike: Politik.

So geht dieses Bild vom Psychodrama weit über das hinaus, was gegenwärtig unter „Psychotherapie" von Krankenkassen anerkannt ist. Wer also Psychodrama mit Psychotherapie verbinden will, muss auf Spannungen gefasst sein. Doch diese Spannungen sind unvermeidbar. Ja, sie sind sogar notwendig, wenn Psychotherapie wirksam sein will. Aber das habe ich erst viel später, nämlich 1999 mit der Herausstellung einer Dialektik von Format und Verfahren auf den Begriff gebracht (s.u.). Genau wegen dieses Arguments ist dieser Text auch heute noch im Ringen um eine menschenwürdige Psychotherapie wichtig (Hein, Hentze, 2007).

Der zweite Text befasst sich mit der psychodramatischen Praxis, genauer mit einem bestimmten Arrangement der Inszenierungsarbeit. Moreno hat dieses Arrangement seit 1937 „Psychodrama" genannt im Unterschied zu weiteren dramatischen Arrangements wie etwa dem Soziodrama, dem Axiodrama oder dem Stegreifspiel. Es geht in diesem Arrangement darum, die subjektive Innenwelt eines Menschen (Psyche) mit Hilfe einer Gruppe und eines Regisseurs durch spontane Rollenspiele (Dramen) objektiv so zu repräsentieren, dass das Wiedererleben bestimmter Szenen – jetzt aber in einem wohlwollenden Kontext – spontane Veränderungsprozesse auslöst. Da dieses Arrangement die subjektive Wirklichkeit eines Menschen in den Fokus nimmt, hat es von den oben genannten Arrangements die größte Nähe zur Psychotherapie im engeren Sinn. „Psychodrama" und Gruppenpsychotherapie wurde daher häufig – auch von Moreno – als Einheit betrachtet. Dieses Arrangement stellte daher – zumindest implizit – das Standardmodell dar. Alle anderen waren Nebenprodukte. Sie führten dementsprechend – gerade in dieser Zeit – ein Schattendasein.

Erst nachdem ich seit 1999 zwischen Format und Verfahren differenziere (Buer, 1999b), konnte ich diese Verschmelzung auflösen. Dann ist „Psychodrama" ein spezielles Arrangement der Inszenierungsarbeit innerhalb des Verfahrens Psychodrama (als Bezeichnung für den Gesamtansatz von Moreno). Und dieses Arrangement ist dann nicht nur in der Psychotherapie, sondern auch in anderen Formaten einsetzbar, etwa in Supervision oder Coaching.

In diesem zweiten Text, den ich 1995 zusammen mit Elisabeth Tanke Sugimoto verfasst habe, hatte ich allerdings diese Differenzierung noch nicht vorgenommen. Es geht hier also de facto um psychodramatische Gruppenpsychotherapie. Und doch gelten die hier präsentierten Erkenntnisse im Wesentlichen auch für die anderen dramatischen Arrangements. Die Praxis des Psychodramas wird hier als ein Opfer-Ritual beschrieben, das den Beteiligten bestimmte Rollen zuschreibt, einen Mythos durch magische Praktiken wieder zu beleben, so dass in einem kathartischen Geschehen kreative Prozesse ausgelöst werden. Dieses poetische Ritual bezieht sich dabei auf soziale Rituale, die der Protagonist in seinem Alltag als „Terrorzusammenhang" erlebt. Diese repressiven Rituale des Alltags werden durch das psychodramatische Ritual durchbrochen, so dass wieder eine freiheitliche Gestaltung des sozialen Lebens möglich wird. Das Psychodrama ist also ein antirituelles Ritual.

Durch diese Rekonstruktion wollte ich das Psychodrama abgrenzen von einer sozialtechnologischen Sichtweise, in der Veränderungen als präzise machbar dargestellt werden, wenn man nur die richtigen Instrumente zum Einsatz bringt. Auch hier erscheint das Psychodrama als ein Verfahren, das in der Psychotherapie wie auch in all den anderen Formaten unvorhersehbare, daher unplanbare und doch herbeigesehnte Veränderungsprozesse auslösen kann. Insofern kann auch dieser Text heute noch an- und aufregen.

Nachdem nun Morenos Projekt als Therapeutik zwischen Diätetik und Politik durch den Einsatz bestimmter ritueller Arrangements beschrieben wurde, berichtet der dritte Text von Morenos Auseinandersetzung mit dem Marxismus. Wenn Moreno schon eine grundlegende Neugestaltung der Gesellschaft wollte, dann musste er erklären, warum er sich nicht der marxistischen Bewegung anschloss. Denn die wollte doch genau das. Moreno lernte den Marxismus in einer revolutionären Umbruchphase während seiner Studienzeit in Wien 1909-1917 kennen, als er selbst Orientierung suchte. Ergänzend zum autodidaktischen Studium marxistischer Schriften engagierte er sich in der Randgruppenarbeit mit MigrantInnen und mit Prostituierten. Als er dann erleben musste, wie 1917 in Russland durch die und seit der Oktoberrevolution eine Gesellschaft repressiv von oben statt libertär von unten umgestaltet wurde, suchte er nach Wegen, wie die Menschen ihre eigenen Lebenswelten nach ihren eigenen Vorstellungen und in Abstimmung mit ihren Mitmenschen auf friedlichem Wege neu gestalten könnten. Ideen dazu waren ihm schon 1915-1918 bei seiner Arbeit als Kinderarzt im Flüchtlingslager in Mitterndorf gekommen. Aber erst in den USA erhielt er in der Public School in Brooklyn, im Gefängnis Sing Sing und dann vor allem 1932-34 in der New York Training School for Girls in Hudson zusammen mit Helen Jennings die Gelegenheit, seine soziometrische Aktionsforschungsmethode zu entwickeln, zu erproben und auszubauen. Basierend auf diesem Forschungsprojekt veröffentlichte er 1934 sein Hauptwerk: „Who Shall Survive? A New Approach to the Problem of Human Interrelations". Erst in der 2. Auflage von 1953 werden Gruppenpsychotherapie und Psychodrama einbezogen (Buer, 2001a).

Hier und dann in seinen weiteren soziometrischen Schriften hat Moreno sein gesellschaftspolitisches Programm ausführlicher entfaltet. Diese Arbeiten wurden aber in den 70er und 80er Jahren in der Psychodrama-Zunft kaum zur Kenntnis genommen. Ein Problem lag sicher auch darin, dass die Soziometrie schon bald in den USA von ihren Rezipienten zu einer positivistischen Methode der Kleingruppenforschung umformatiert worden war und als solche nach dem Zweiten Weltkrieg 1954 vom Soziologen Leopold von Wiese nach Deutschland geholt wurde. Die ursprünglich von Moreno entwickelte Aktionsforschungsmethode musste erst einmal rekonstruiert werden, damit sie auch für Handlungsforscher wieder interessant werden konnte (Dollase, 1981). Erst die Einbeziehung der soziometrischen Arbeiten wie der Frühschriften konnte dann den Blick auf den bedeutsamen Einfluss des Marxismus auf Morenos Denken freilegen.

In meiner Rekonstruktion dieser Kontroverse konnte ich auf mein Marxismus-Studium am Soziologischen Institut der Universität Münster zurückgreifen. Zweifellos haben sich auch andere in dieser Zeit mit dem Verhältnis von Psychodrama und Marxismus befasst, etwa Klaus Ottomeyer (1987). Allerdings wurden in diesen Bemühungen Morenos Aussagen zu diesem Thema kaum so umfassend aufgearbeitet und gewichtet, wie ich es in diesem Text versucht habe. Da der marxistische Diskurs nach 1990 erheblich zurückgefahren wurde, bleibt meine Darstellung nach wie vor ein wichtiger Referenztext für diese Thematik.

Bei meinen Nachforschungen zu den Einflüssen auf Morenos Ideenwelt war mir die Erwähnung vieler utopischer Sozialisten und konstruktiver Anarchisten aufgefallen. Zudem hatte Moreno sich in Wien um jüdische MigrantInnen aus dem Osten gekümmert, die nach Palästina auswandern wollten, um dort anarchistische Genossenschaften, eben die Kibbuzim, aufzubauen. Moreno war also durchaus mit anarchistischem Gedankengut vertraut. Leider war der Anarchismus durch seine destruktiven Strömungen in späterer Zeit ein Schimpfwort geworden. Das könnte erklären, warum Moreno in seiner amerikanischen Zeit sein Projekt nicht explizit in diese Tradition stellte, obwohl es den selbst bestimmten Aufbau einer Gesellschaft von unten nach oben vorsah. Um diese Parallelität herauszuarbeiten, habe ich den Text: „Morenos Philosophie und der Anarchismus" geschrieben, der hier als Nummer vier wieder abgedruckt ist. Dazu musste ich mich erst einmal in diese spezielle Ideenwelt einarbeiten. Brückenfigur war für mich Martin Buber, der von Morenos Frühschriften stark beeinflusst war (Waldl, 2005; 2006) und 1950 seine anarchistisch-utopische Sozialphilosophie vorgelegt hat.

Buber war wiederum mit Gustav Landauer bis zu dessen Ermordung 1919 befreundet und von dessen Ideen stark beeinflusst. Dessen Schriften – insbesondere sein „Aufruf zum Sozialismus" von 1911 (4. Aufl. 1923) – waren weit verbreitet, so dass ich davon ausging, dass Moreno zumindest einige seiner Ideen gekannt hat. Wenn man dann die gesellschaftspolitischen Programme beider Denker miteinander in Beziehung setzt, zeigen sich jedenfalls frappierende Übereinstimmungen. Diese Annahme fand ich später bestätigt, nachdem Morenos Sohn Jonathan dessen Autobiographische Schriften 1989 im Journal of Group Psychotherapy, Psychodrama & Sociometry veröffentlicht hat. In der Übersetzung von Michael Schacht heißt es dort über die Zeit in Wien nach dem Ersten Weltkrieg: „Die vielleicht populärste Philosophie unter Intellektuellen und Künstlern war der Marxismus. Gustav Landauer schrieb ein bekanntes Buch über Geschichte und Politik" (Moreno, 1995, 77f).

So enthält mein Text die Aufforderung, Morenos Programm zum Aufbau einer neuen Gesellschaft im Geist eines herrschaftskritischen, libertären und konstruktiven Anarchismus zu lesen. Mit dem gegenwärtig weiter zunehmenden Abschmelzprozess autoritärer Sicherungssysteme und dem zunehmenden Zwang, seine Lebens- und Arbeitswelten vermehrt selbständig und selbst bestimmt zu gestalten, könnte diese gesellschaftspolitische Strömung wieder aktuell werden. Diese Sichtweise einer selbst bestimmten Verbündung taucht heute unter anderem label wieder auf: als systemische Theorie der Selbstorganisation (Haken, Schiepek, 2006), die vor allem in der gemeinsamen Gestaltung von Organisationsentwicklungsprozessen durch alle Beteiligten eine prominente Rolle spielt (z.B. bei Thiel, Schiersmann, 2009, 47ff.). Auch die Idee des Mutualismus eines Pierre Proudhon wird heute wieder de facto in der Forschung zum mutual support aufgegriffen (vgl. z.B. Nestmann, 1991).

Das erste Jahrbuch von 1991 habe ich mit Morenos: „Globale Psychotherapie und Aussichten einer therapeutischen Weltordnung" (amer. Original von 1957, in der Übersetzung von Hans Heiner vom Brocke und Martina Gremmler-Fuhr) zusammen mit einem erläuternden Kommentar eröffnet. Hier legt Moreno noch einmal sein gesellschaftspolitisches Programm dar. Im Jahrbuch 1993 habe ich dann Stellungnahmen zu diesem Programm veröffentlicht: Vom Erziehungswissenschaftler, Sozialpädagogen und Psychoanalysekenner Burkhard Müller, vom Soziologen, Erziehungswissenschafter und Gestalttherapeuten Stefan Blankertz, vom humanistischen Erziehungswissenschaftler Heinrich Dauber, vom Utopieforscher und Sozialpädagogen Rolf Schwendter, vom Schulpädagogen Edmund Kösel und von den Psychodramatikerinnen Grete Leutz und Heika Straub (Buer, 1994).

Ab 1993 habe ich jedes Jahr ein Moreno-Symposium organisiert, um Morenos Gedanken unter die Leute zu bringen: 1993 an der Universität Göttingen mit dem Thema: „Psychodrama-Forschung", 1994 an der Universität Lüneburg in Zusammenarbeit mit Franz

Stimmer zum Thema: „Systemtheorie, Konstruktivismus", 1995 an der Ev. Fachhochschule in Hannover zusammen mit Gregor Terbuyken, Thema: „Leiblichkeit und Psychodrama" und 1996 zusammen mit Volker Riegels an der Ev. Fachhochschule in Bochum zum Thema: „Spiritualität". Aus diesen Symposien heraus sind dann so einige Texte für das Jahrbuch entstanden.

Von 1988 bis 1994 habe ich mich zusammen mit Marianne Schneider-Düker und Jörg Hein als zweitem Vorsitzender im Vorstand der Sektion Psychodrama im DAGG auch fach- und berufspolitisch engagiert, zuvor schon einige Jahre im Ausbildungsausschuss der Sektion. Dadurch war mir auch vertraut, welche Qualifikationen benötigt wurden, um Psychodrama in der beruflichen Praxis anwenden zu können. 1989 habe ich dann mein eigenes Ausbildungsinstitut gegründet: das Psychodrama-Zentrum Münster. Ich wollte allerdings nicht eine weitere kontextfreie Psychodrama-Ausbildung anbieten, sondern das Psychodrama von vorne herein auf Arbeitsfelder hin orientieren, im Anfang auf Theaterarbeit, Netzwerkarbeit und Praxisberatung (Buer, 1991). Seit 1994 habe ich dann vor allem Supervisionsausbildungen nach den Standards der Deutschen Gesellschaft für Supervision (DGSv) konzipiert, organisiert und zusammen mit KollegInnen – vor allem mit Marianne Kieper-Wellmer – durchgeführt.

1994 habe ich meine Rolle als Fulltime-Wissenschaftsbeamter auf eine Rolle als außerplanmäßiger Professor (Apl.-Prof.) im Fach Soziologie an der Universität Münster (WWU) zurückgefahren und mich „selbständig" gemacht. Seither bin ich als Wissenschaftlicher Schriftsteller, als Ausbildungsdozent und als Praktiker (vor allem in Supervision und Coaching) tätig. Diese berufliche Neukonstellierung hat auch meine Stellung zum Psychodrama verändert: Der Pragmatismus rückte ins Blickfeld. Davon zeugt der fünfte Text der ersten Abteilung. Aber dazu später.

Zunächst möchte ich die fünf Gespräche der zweiten Abteilung: *Dialoge* vorstellen. Ich beginne mit einem Gespräch mit *Grete Leutz* von 1991. Dieses Interview gibt einen detaillierten Einblick in eine wunderbare Kooperationsgeschichte. Seit ihrer Begegnung mit Moreno in Beacon hat sie viele Menschen nicht nur in den deutschsprachigen Ländern, sondern in der ganzen Welt für das Psychodrama begeistert. Zusammen mit Heika Straub, die ebenfalls mit Moreno in Beacon gearbeitet hat, hat sie das Psychodrama als Verfahren der Psychotherapie und darüber hinaus in Deutschland fest verankert. Sie ist eine der wenigen, die Moreno sehr persönlich kannte und darüber hinaus mit seinen sämtlichen Schriften gut vertraut war. Dieses Gespräch legt davon Zeugnis ab.

Moreno hatte in seiner Schrift über die Therapeutische Weltordnung von 1957 die Kibbuzim in Israel als ein Modell bezeichnet, das seinen Vorstellungen einer therapeutisch-soziometrisch gestalteten Gemeinschaft sehr nahe kommt. Was lag daher für mich näher, diesem Hinweis nachzugehen, zumal ich zufällig einen hervorragenden Kibbuzexperten kannte: *Wolfgang Melzer*. Ich war mit ihm zur Schule gegangen und hatte seinen weiteren Berufsweg verfolgt. Die Geschichte der Kibbuzim zeigt nicht nur, dass es dieses Streben, in frei gestalteten Kommunitäten zusammen zu leben und zu arbeiten, wirklich gibt. Sie zeigt auch, dass ein solches Gemeinschaftsleben unter günstigen Umständen und mit vereinten Kräften durchaus über viele Jahrzehnte möglich ist. Sie zeigt aber auch, mit welchen äußeren wie inneren Herausforderungen ein solches Sozialexperiment zu rechnen hat. Zweifellos wird sich die Weltgesellschaft wohl kaum so schnell nach diesen Prinzipien ordnen lassen. Es lohnt sich aber für viele Menschen, wenigstens im kleinen Kreis, in dem man selbst Einfluss hat, nach diesen Prinzipien gegen alle vorgegebenen Zwänge zu leben und zu arbeiten. Morenos Projekt ist daher nicht so weltfremd, wie manche Kritiker meinen.

Melzer vermutet in diesem Gespräch, dass Moreno in Wien auch Siegfried Bernfeld gekannt haben muss. Und tatsächlich: In der amerikanischen Übersetzung des „Stegreiftheaters" führt er auch ihn als Besucher seines Theaters auf (Moreno, 1947b, 100). Und 1970 reflektiert Moreno seine Kontakte zur Jugendbewegung in Wien (in: Hutter, Schwehm, 2009, 54):

> „Meine frühen deutschen Schriften sind wenig bekannt. Dennoch sind sie wichtig, weil sie die Einstellung der heutigen jungen Generation prophetisch vorwegnehmen. Ich habe den Begriff Homo Juvenis als Kontrast zum Homo Sapiens geprägt um, vielleicht erstmalig in der Literatur, auf philosophische Art und Weise auf eine Kluft zwischen den Generationen hinzuweisen. Ich habe Homo Juvenis 1908 geschrieben und es wurde 1914 in ‚Einladung zu einer Begegnung' erstmals publiziert. (…) Ich habe es zu vielfältigen Anlässen während der Jahre 1908-1914 als Inbegriff der Jugendbewegung vorgetragen. Viele der jungen Menschen von damals wurden in ihrem Erwachsenenleben wohlbekannt. Siegfried Bernfeld, der später ein angesehener Psychoanalytiker wurde…"

Zweifellos hat Moreno die meisten seiner methodischen Anregungen aus dem Theater entnommen. Er wollte aber mit diesen Mitteln nicht Theatralität, sondern ganz im Gegenteil Authentizität ermöglichen. Im Gespräch mit dem Erziehungswissenschaftler und Theaterregisseur *Martin Jürgens* von 1992 werden die Gemeinsamkeiten, aber auch die Unterschiede zwischen Theaterarbeit und Psychodramaarbeit Schritt für Schritt herausgearbeitet. Dieses Gespräch zeigt, was PsychodramatikerInnen auch heute noch von der Theaterarbeit lernen können. Aber auch, in welcher Hinsicht sich Psychodramaarbeit unterscheidet und nach welchen ganz anderen, originären Regeln es sich zu richten hat.

1993 habe ich ein Gespräch mit dem Philosophen *Ferdinand Fellmann* geführt. Hier wird Moreno fachkundig in die Philosophie- und darüber hinaus in die Geistesgeschichte eingeordnet. Für mich zeigt sich deutlich, wie Moreno grundlegende Motive der Lebensphilosophie aufgreift und mit seinen Arrangements soziale Orte einrichtet, an denen nicht nur über die Lebensgestaltung „philosophiert" werden kann. In seinen Arrangements werden individuelle wie kollektive Lernprozesse ausgelöst, die einem Veränderungsprozess tatsächlich Leben einhauchen können. Insofern dürften diese Prozesse umfassender, tief greifender und nachhaltiger angelegt sein als so mancher philosophische Disput. Denn hier wird nicht nur Orientierung erarbeitet. Hier entsteht auch Änderungsmotivation. Das sei den Philosophen gesagt, die heute ihr Geld mit „philosophischer Beratung" verdienen wollen.

Zum Schluss dieser Abteilung ein Gespräch mit dem Soziologen *Sven Papcke* aus dem Jahr 1996. Er kann durchaus würdigen, wie Moreno mit seinen Arrangements versucht, die von oben vorgegebenen Herrschaftsstrukturen zu relativieren durch Aktivierung kreativer Gestaltungsimpulse von unten. Allerdings konstatiert er auch, dass Moreno ganz offensichtlich die Wirksamkeit dieser Strukturen systematisch unterschätzt. In Zeiten allerdings, in denen unklar ist, wie die Welt- bzw. Erdbevölkerung tatsächlich zusammenleben will, in denen entsprechende Diskurse innerhalb dieser Strukturen kaum herrschaftsfrei angezettelt werden können, ist es schon etwas, den Raum für solidarische Verständigungsprozesse zu erweitern. Eben darin liegt nach wie vor das Verdienst Morenos.

Sowohl Fellmann als auch Papcke stellen die Nähe Morenos zum amerikanischen Pragmatismus heraus. Da lag es für mich nahe, mich mit dieser Denkrichtung zu befassen. Erste Frucht dieser Auseinandersetzung ist der fünfte Text der Ersten Abteilung aus dem Lehrbuch der Supervision von 1999. Motiviert dazu war ich zudem deshalb, weil ich seit 1994 das Moreno-Programm nicht mehr einfach vom Katheder verkünden konnte. Ich wollte als Freiberufler mit dem Psychodrama in marktgängigen Formaten ein angemessenes Einkommen erzielen. Mit dem Pragmatismus ließ sich nun eine Kulisse aufbauen, in der ich mich von totalitären Ansprüchen etwa des Marxismus wie der Psychoanalyse endgültig verabschieden konnte. Zum Zweiten konnte ich mich auf ein Wahrheitskriterium konzentrieren, das da heißt: Wahr ist, was in der Tat nützt. Und das nicht irgendwie, sondern gemessen an legitimen Ansprüchen sowohl derer, die an diesen Taten direkt beteiligt sind, als auch derer, die ihre Folgen zu tragen haben. Dieses Kriterium kann auch Moreno unterschreiben. Es kann aber auch ein Psychotherapeut oder ein Supervisor unterschreiben. Und es können Auftraggeber unterschreiben, die etwa bei mir Supervision oder Coaching bestellen.

Drei Motive sind für den Pragmatismus, wie er von Charles S. Peirce, William James, John Dewey und George H. Mead begründet wurde, charakteristisch (Nagl, 1998, 7ff.):

- Pragmatisches Denken ist *antifundamentalistisch*. Es bestreitet, dass es „Letztbegründungen", feststehende „Aprioris", invariant gültige „Absoluta" geben kann. Damit wendet es sich gegen transzendentalphilosophische, metaphysische oder szientistische Positionen. Um aber der Gefahr eines universellen Relativismus zu entgehen, beschäftigt es sich eingehend damit, wie Wahrheitsansprüche tatsächlich erhoben und eingelöst werden können.
- Pragmatisches Denken kritisiert jede *Universalisierung* deterministischer Erklärungsmuster. Jede soziale Entwicklung ist das Resultat historischer Handlungszusammenhänge, die so oder auch anders hätten verlaufen können. Aus Erfahrungen können keine Gesetze abgeleitet werden, nur Handlungsmaximen.
- Pragmatisches Denken ist *pluralistisch*. Es wendet sich gegen die Reduktion unterschiedlichster Wissensformen und Wissenschaftsdisziplinen auf nur ein Wissensideal, das dann leicht zur Orthodoxie gerinnt. Vielmehr kann in jedem Wissen zutreffende Erkenntnis stecken. Daher sind möglichst viele Perspektiven heranzuziehen, die dann allerdings miteinander vereinbart und an der Praxisrelevanz in einem offenen intersubjektiven Diskurs überprüft werden müssen.

Diese Position ist für mich relevant (Buer 1999d, 39),

- weil sie nach dem Kollaps totaler Erklärungssysteme eine bescheidene Handlungs- und Denkorientierung bietet,
- weil sie nach der Implosion tendenziell totalitärer Gesellschaftssysteme eine Liberalisierung anstrebt, die auf demokratische Partizipation (Jörke, 2003) setzt,
- weil sie einen Ausweg aus dem Dauerdilemma des Szientismus bietet, Exaktheit anzustreben, aber niemals erreichen zu können,
- weil sie angesichts postmoderner Unübersichtlichkeit eine Orientierung des Denkens und Handelns auf die nächsten verantwortbaren Schritte proklamiert.

Diese liberale Position eröffnet einen Diskurs, an dem sich alle beteiligen können. Sie müssen nur bereit sein, die Praxisrelevanz ihrer Überlegungen auch für andere nachvollziehbar zu machen. Sie wendet sich daher gegen DogmatikerInnen jeglicher Couleur, die immer schon wissen, was richtig ist. Das gilt für die wissenschaftlichen Disputationen der scientific communities, die Fachgespräche der professional communities, vor allem aber auch für Beratungsgespräche mit Fach- und Führungskräften. Damit hatte ich eine Basis geschaffen, die meinen Weg in die Praxis unterfüttern konnte (Buer 1999d, 37-59; Buer 2004b).

3 Vom Programm zur Praxis

Zu meiner Tätigkeit als Dozent im Rahmen von Psychodrama- bzw. Supervisionsausbildungen kam vor allem ab 1994 meine Tätigkeit als Supervisor. Ein dazu passendes Handlungskonzept konnte daher nicht von einem Therapiekonzept gespeist werden, ob nun eng oder weit gefasst. So habe ich – auch vor dem Hintergrund meiner erziehungswissenschaftlichen Profession – Morenos Ansatz kurz entschlossen und doch wohlüberlegt in eine „Theorie psychodramatischer Bildungsarbeit" transformiert. Der entsprechende Text erschien 2000 im Sammelband von Thomas Wittinger über „Psychodrama in der Bildungsarbeit" und ist hier in der dritten Abteilung: *Konzepte* wieder abgedruckt. Diese bildungstheoretische Grundlegung ist nicht so hochkomplex geraten wie etwa der Entwurf einer Psychodramapädagogik von Roland Springer (1995), jedoch umfassender als die Beiträge von Franz Stimmer zu einer psychodramatischen Sozialpädagogik (2000) oder von Edmund Kösel zur Psychodrama infizierten Subjektiven Didaktik (1993). Daher ist dieser Text auch heute noch grundlegend.

Vor diesem Hintergrund habe ich die Veränderungsprozesse auch in der Supervision immer als Lernprozesse verstanden. Die Frage war nur, durch welche Arrangements und Techniken können Lernprozesse in diesem spezifischen Format ausgelöst werden? So habe ich mich in meinen Publikationen zunächst darauf konzentriert, den Methodenreichtum des Psychodramas herauszustreichen. Publiziert wurden diese Beiträge vor allem in der Zeitschrift „Psychodrama", die Ulf Klein seit 1988 in seinem Inszenario-Verlag herausgab, seit 1994 auch in der Fachzeitschrift „Organisationsberatung, Supervision, Clinical Management", seit 2001 in „Organisationsberatung, Supervision, Coaching" umbenannt. Diese Zeitschrift wird herausgegeben von Astrid Schreyögg, die über Hilarion Petzold auch das Psychodrama kennen gelernt hat. Hier konnte ich Morenos Ansatz über die Psychodrama-Szene hinaus auch für SupervisorInnen, Coaches und OrganisationsberaterInnen bekannt machen.

Von den zahlreichen hier veröffentlichten Texten habe ich für diesen Band einen Text aus dem Jahr 2005 ausgewählt, der nicht wieder einmal die üblichen Methoden vorstellt, sondern der einen zentralen Aspekt von Morenos Philosophie herausstellt: seine Kreativitätstheorie. Der Text zeigt, wie diese spezielle Sicht die üblichen Ansichten vom kreativen Managen erweitern, ja umstülpen kann mit dem Ziel einer kreativen Neugestaltung der jeweiligen Arbeitswelt durch alle Beteiligten, also von unten.

Um kreative Lernprozesse auslösen zu können, müssen PsychodramatikerInnen jeweils angemessene Arrangements und Techniken einsetzten. Diese können sie aus dem reichhaltig zur Verfügung stehenden Psychodramarepertoire auswählen. Sie können und sollen aber auch hingehen und neuartige Arrangements entwickeln. Angeregt von der sich schnell ausbreitenden Aufstellungswelle habe ich ein Konzept der Aufstellungsarbeit entwickelt, das an zentrale Sichtweisen und Arrangements aus der Soziometrie (Pruckner, 2004) anknüpft: die soziometrische Aufstellungsarbeit. Dieses Konzept wird im dritten Text von 2005 vorgestellt.

Der vierte Text dieser Abteilung aus dem Jahr 2007 bietet nun eine Neusortierung des Psychodramas. Ausgehend von der Unterscheidung zwischen Format und Verfahren habe ich eine Transformationsgrammatik entwickelt. Zunächst habe ich die Arrangements in zwei Methodiken eingeteilt: In die Inszenierungsarbeit mit Psychodrama (im engeren Sinn), Soziodrama, Axiodrama, Stegreifspiel, Rollenspiel etc., die ihre Interpretationsfolien vor allem aus Morenos Rollentheorie zieht. Und in die Aufstellungsarbeit, deren Sichtweisen aus der soziometrischen Theorie entspringen. Erst die Verbindung mit der Soziometrie bot eine Brücke zur Aufstellungsarbeit, wie sie vor allem von Matthias Varga von Kibéd und Insa Sparrer konzipiert wurde. Mit meinem Konzept von soziometrischer Aufstellungsarbeit wird die Soziometrie jetzt nicht nur als Theorie und Forschungsmethodologie genutzt, sondern auch als Hintergrundstheorie für ein innovatives Handlungskonzept im Rahmen des Psychodramas (im weiteren Sinne).

Dabei ist zu beachten, dass in den Beratungsformaten psychodramatische Methoden keineswegs jegliche Kommunikation gestalten. Sie sind einsetzbar im Modus „Experiment", wenn die eher üblichen verbalen Modi „Beratung" und „Diskussion" durch nonverbale, präsentative Herangehensweisen ergänzt werden sollen (Buer, 2004c). Während also manche PsychodramatikerInnen jeder Zeit und überall Psychodrama einsetzen, plädiere ich dafür, sehr genau zu entscheiden, in welchem Format, mit welchen Adressaten, bei welchen Themen und zu welchem Zeitpunkt im Verlauf eines Lernprozesses welche Methoden, Arrangements oder Techniken aus dem Psychodrama-Repertoire eingesetzt werden sollten.

Der letzte Text basiert auf einem Vortrag, den ich 2007 auf dem 25. Symposium der Fachsektion Psychodrama im ÖAGG in Österreich gehalten habe. Er stellt die Aufstellungsarbeit in den umfassenden Kontext der Organisationsentwicklung angesichts des gegenwärtig global ablaufenden Steigerungsspiels und zeigt, wie die Aufstellungsarbeit nach Moreno trotzalledem zur Besinnung bringen kann.

In diesen fünfzehn Texten aus fast 20 Jahren wird natürlich eine Entwicklung sichtbar: Zunächst ging es mir um eine Rekonstruktion von Morenos Theorie, da diese in den deutschsprachigen Ländern wegen der unzureichenden Textgrundlage und der dominierenden therapeutisierenden Sichtweise zu einseitig und damit irreführend konstruiert war. Vor dem Hintergrund der Studentenbewegung und der Außerparlamentarischen Opposition (APO) war es zudem mein Interesse, eine Orientierung für eine gesellschaftspolitische Veränderung zu finden, die mit friedlichen Mitteln humanisierende Wirkungen erzielen könnte. Nachdem ich diese Wirkung selbst in Psychodramagruppen erfahren hatte, war ich motiviert, eine Rechtfertigung dieser Erfahrung in Morenos Schriften zu suchen. Und tatsächlich: Sie ließ sich finden.

Nach dieser Rekonstruktion des gesellschaftspolitischen Programms einer kreativen Neugestaltung der Gesellschaft von unten ging es darum zu klären: Wie kann ich dieses Programm in eine Praxis umsetzen, mit der ich auch noch Geld verdienen kann? Und hier boten sich die marktgängigen Formate als Nadelöhr an. Da Formate auf die belebende Wirkung von Verfahren angewiesen sind, habe ich mich theoretisch und praktisch mit Formaten befasst, die mir als Pädagogen und Soziologen zugänglich waren. Das waren die Beratungsformate vom Counselling über die Supervision bis zum Coaching. Damit rückte der Marxismus ins Off, der Pragmatismus eroberte die Bühne.

Diese persönliche Entwicklung reflektiert selbstverständlich die gesellschaftliche: Der Demokratisierungsprozess der BRD in den 70er und 80er Jahren bot den Boden für eine gesellschaftskritische Rekonstruktion und Weiterentwicklung vieler Verfahren der Beziehungsarbeit, die auch in den damals ausgebauten Feldern des Wohlfahrtsstaates zum Einsatz kommen konnten. Gegenwärtig haben jedoch Formate der Personal- und Organisationsentwicklung Konjunktur, die vornehmlich eine Steigerung der Wirtschaftlichkeit versprechen. Dass diese Versprechungen so nicht gehalten werden können, wird sich über kurz oder lang zeigen. Daher ist es wichtig, am Programm einer Neugestaltung gesellschaftlicher Verhältnisse auch in der Arbeitswelt durch die festzuhalten, die diese Verhältnisse tragen. Die hier versammelten Texte bieten dafür nach wie vor sowohl reichhaltige als auch bereichernde Anregungen. Das sollte reichen, um sie erneut vorzulegen.

I. Reflexionen

Morenos Projekt der Gesundung:
Therapeutik zwischen Diätetik und Politik (1992)

Die gesellschaftliche Akzeptanz des Psychodramas hängt davon ab, ob es seine Nützlichkeit in vielen Arbeitsfeldern bei Anbietern wie Nachfragern praktisch zeigen kann, ob es eine theoretische Reflexion entwickelt hat, die wissenschaftlich anerkennenswert ist, und ob es von Staat und Wirtschaft als förderungswürdig angesehen wird. Nun ist es aber keineswegs so, dass das eine aus dem anderen folgen würde. Es wird vieles gefördert, was praktisch nutzlos ist, vieles ist praktisch nützlich, wird aber wissenschaftlich nicht anerkannt, vieles ist wissenschaftlich anerkannt, wird aber nicht gefördert usw. Zudem treten stets innerhalb dieser drei Diskussionszirkel Unstimmigkeiten auf: Was dem einen geholfen hat, hilft dem anderen gar nicht. Was dem einen Wissenschaftler als theoretisch wie empirisch begründet erscheint, gilt dem anderen als barer Unfug. Was die eine politische Gruppierung fördern will, möchte die andere par tout verhindern. Des weiteren können Gruppierungen eines Zirkels mit Gruppierungen der anderen kombiniert sein, so dass sich eine Fülle weiterer Möglichkeiten ergibt...

Wenn wir Psychodrama (im weitesten Sinn) als ein Verfahren begreifen, das zur Förderung psychosozialen Wohlbefindens aller Menschen beitragen will, dann ist es in den gesellschaftlichen Bereichen, in denen es um dieses Ziel geht, also vor allem im Gesundheits-, Sozial- und Bildungswesen, mit mächtigen Allianzen konfrontiert, die für die Anerkennung eines Verfahrens praktisch entscheidend sind. Eine dominante Machtgruppe in diesem Feld ist in Deutschland (wie in vielen Industriestaaten) eine Koalition aus Ärzteschaft, Naturwissenschaft und Staat, die ein „naturhistorisch-biomedizinisches Modell" (Keupp, 1988) von Gesundheit und Krankheit durchgesetzt hat, an dem sich auch alle Verfahren, die sich mit dem psychosozialen Wohlbefinden der Bevölkerung befassen, auszurichten haben.

Dieses medizinische Modell – obwohl auch heute noch beherrschend – ist einer grundlegenden Kritik unterzogen worden (z.B. Szasz, 1973; Ilich, 1981; Lenzen, 1991, 14ff.) und hat vor allem von Seiten der Psychologen und Psychotherapeuten mit einem lebensgeschichtlichen (z.B. Becker, 1982; Horn et al., 1983, Bastine, 1984; Becker, Minsel, 1986; Dietrich, 1987; Jaeggi u.a., 1990) wie von Soziologen, Philosophen und Historikern mit einem sozialhistorischen Ansatz (z.B. Foucault, 1989a, 1989b; Bastide, 1973; Canguilhem, 1974; zur Lippe, 1979; Scheff, 1980; Schnabel, 1988; Hurrelmann, 1988; Zygowski, 1989) Konkurrenz bekommen.

Man könnte nun versuchen, den psychodramatischen Ansatz auf diese Diskussion zu beziehen, um besser verstanden und akzeptiert zu werden. Ergebnis meiner Untersuchungen ist aber nun, dass allein schon in Morenos Werk so viele Bezüge stecken, die in diesen Diskursen nicht angemessen zur Sprache kommen, dass dieser Vergleich ein einseitiges und damit auch verdunkelndes Licht auf das Psychodrama werfen würde. Daher sollen im Folgenden zunächst noch einmal die Dimensionen des Morenoschen Ansatzes ausgeleuchtet werden, um dann in einem geschichtlichen Abriss an einige heilkundliche Traditionen zu erinnern, die sich in Morenos Sichtweise wiederfinden lassen und gerade für die heutige Diskussion von Bedeutung sein dürften.

Das Material, das in den folgenden Seiten ausgebreitet werden wird, beansprucht nun keineswegs vollständig zu sein. Es ist vielmehr auf den verschiedensten Streifzügen meist eher zufällig entdeckt worden. Es kann aber – darauf ist zu achten – manche vielen Betrachtern bisher dunkle Seiten des Morenoschen Denkens erhellen, so dass der gesamte Bau an manchen Stellen deutlicher wird und in der gegenwärtigen Auseinandersetzung um gesellschaftliche Akzeptanz selbstbewusster vertreten werden kann.

1 Die Dimensionen des Projekts

Betrachten wir Morenos gesamten Ansatz als eine Einheit (Buer, 1989 a; 1989b), dann ist in ihm eine Sicht von Gesundungs- und Erkrankungsprozessen enthalten, die sich – ausgehend von der psychodramatischen Praxis – in vier Diskursen entfalten lässt:

In der *Rede von Spontaneität, Kreativität und Konserve* wird die Dynamik menschlichen Lebens thematisiert zwischen einem kreativen und einem konservierenden Zirkel. Im ersten Fall setzt die Stegreiflage Spontaneität frei, die wiederum Kreativität aktiviert. Diese formt aus alten Konserven neue. Dabei werden unter Konserven alle menschlichen Produkte verstanden, seien es soziale Stereotypen, soziale Institutionen oder kulturelle Schöpfungen bzw. technische Erfindungen. Diese neuen Konserven unterstützen die Person, als autonomes Subjekt zu handeln. Im zweiten Fall setzt eine Zwangslage Angst frei, die wiederum psychosoziale Stereotypen reaktiviert. Diese reproduzieren alte Konserven, die die Person als Ich verfestigen. Ein Erkrankungsprozess kommt in Gang, wenn eine Herausforderung an die Person herantritt in einer Lage, deren Ressourcen zur Bewältigung nicht ausreichen. Die Ausgangsposition ist um so ungünstiger, wenn dieser Kreislauf schon häufiger abgelaufen ist und die Person schon innerhalb zum „Ich" erstarrt ist, d.h. sich nicht mehr adäquat für kreative Prozesse öffnen kann. Ein Gesundungsprozess wird eingeleitet, wenn sich die Person gegenüber der Herausforderung in einer günstigen Ausgangsposition befindet, d.h. sich durch die Stegreiflage zu kreativen Prozessen anwärmen kann. Das kann sie um so besser, je prägender dieser Zirkel bisher für sie war, d.h. sie zu einem freien Subjekt gemacht hat.

Da Moreno davon ausgeht, dass der Mensch nur als Interagierender verstanden werden kann, formulieren die drei weiteren Diskurse diese Dynamik als Interaktionsdynamik auf verschiedenen Ebenen.

Auf der inhaltlichen Ebene bringt die *Rollentheorie* die Spannungen zwischen Rollenkreation und Rollenkonserve in den kulturellen Atomen der Personen zum Ausdruck. Die *soziometrische Theorie* formuliert dagegen quantitative Aspekte der Ausgeglichenheit der Konfigurationen in den sozialen Atomen. Beide Sprachspiele beleuchten die *Tele-Beziehungen* in Gruppen, deren Widersprüche wiederum durch die Begriffe „Begegnung" und „Entfremdung" gekennzeichnet werden können.

Fassen wir diese Überlegungen, die ich an anderer Stelle ausführlicher entfaltet habe (Buer, 1992a), zusammen, dann zeigt sich: Morenos Konzept ist dem lebensgeschichtlichen Modell zuzuordnen, da es von biographischen Verläufen zwischen Gesundung und Erkrankung des ganzen Menschen als somato-psychisch-soziale Einheit ausgeht statt von Zuständen des Gesund- bzw. Krankseins. Fokussiert ist es auf die Selbstheilungskräfte der Person in Interdependenz mit den Ressourcen seiner sozialen Lage. Morenos soziometrische wie soziatrische Verfahren sollen soziale Arrangements anbieten, die Selbstheilungskräfte zu stärken. Insofern lässt sich sein Ansatz als zusammenhängendes *Projekt der Gesundung* begreifen.

In dieser Sicht sind verschiedene Vorstellungen virulent, die in älteren heilkundlichen Traditionen auftauchen und dort zumeist noch nicht wie in heutiger Zeit diversifiziert waren. In diesen vormodernen Denk- und Handlungsweisen ging es um Praktiken, die die Gemeinschaft der von Leid betroffenen Person in ritueller Weise einbezog, um sie miteinander und mit den transzendenten Mächten zu versöhnen. Somit war das, was wir heute Wissenschaft, Kunst und Religion nennen, noch vereint.

Diese verschiedenen Aspekte sieht Moreno durchaus als Quellgründe seines Ansatzes und will ihre heutige Ausdifferenzierung in Sozialwissenschaft (vor allem Soziologie, Psychologie und Anthropologie), Bühnen-Kunst und Religionsphilosophie wieder zugunsten einer umfassenden Heilkunst rückgängig machen (Buer, 1989b; 1989c).

In den *Sozialwissenschaften* haben ihn daher immer Ansätze fasziniert, die grundlegende Störungen der zwischenmenschlichen Beziehungen und ihre gesellschaftliche Aufhebung zum Thema gemacht haben. So befand sich in Morenos Bibliothek in Bad Vöslau ein 1914 erschienenes Buch von F. Müller-Lyer: „Soziologie der Leiden", das Grete Leutz 1984 von der Schwester der damaligen Lebensgefährtin Morenos, Frau Selb-Lörnitzo, erhalten hat. Schon in diesem soziologischen Entwurf sind Vorstellungen enthalten, die in Morenos späterem Werk wieder auftauchen.

Exkurs: Müller-Lyer und die „Soziologie der Leiden"

So geht Müller-Lyer davon aus, „daß nahezu alle Leiden des Individuums, soweit sie nicht auf Naturkatastrophen beruhen, Ausflüsse sozialer Krankheiten sind" (1914, 7). Er plädiert daher für eine „größere Medizin", die eine allgemeine Pathologie zum Thema hat (ebd., 2). Die gesellschaftliche Differenzierung von Gesundheit und Krankheit wird bei ihm wie bei Moreno ersetzt durch einen Bezug zum Lebensprozess: „‚Übel' ist alles, was menschliche Leben stört und mindert. ‚Gut' ist alles, was das Leben fördert und steigert" (ebd., 11). Den zentralen Grund für die Leiden sieht er in einem „Widerstreit zwischen dem zielstrebenden Menschen und der anomischen Außenwelt, zwischen dem, was ist, und dem, was nach unserer Ansicht sein soll, zwischen Idee und Wirklichkeit" (ebd., 13).

In seiner Klassifikation der Konflikte misst er den Konflikten besondere Bedeutung bei, die durch das soziale Milieu („Miliosen") gekennzeichnet sind. Diese Sicht wird von Moreno mit seinem Begriff der „Soziose" (Moreno 1974a, 219) aufgegriffen. Den sozialen Krankheiten müssen nun aber auch soziale Mittel entgegengesetzt werden (Müller-Lyer, 1914, 57): Die Formen des Zusammenlebens müssen solidarisch geregelt werden. Es kommt alles „darauf an, ein Milieu herzustellen, wo die unsozialen Eigenschaften keinen Boden finden, während die Eigenschaften, die zum solidarischen Handeln führen, erzogen, gepflegt und gesteigert werden" (ebd., 126f). Genau das soll das Arrangement des Psychodramas leisten (Buer, 1990). Wie Moreno (1973a, 7) hält auch Müller-Lyer die Kooperation für das Prinzip des menschlichen Fortschritts (ebd., 145). Wenn „die Vermenschlichung des Lebens die eigentliche Aufgabe des Menschengeschlechts auf Erden ist," dann gibt es nur ein Mittel: „die Vereinigung der Einzelnen, ihre Verbindung zu solidarischem Handeln, die Organisation" (ebd. 162 f). Damit formuliert Müller-Lyer ganz ähnliche Vorstellungen, wie Moreno mit seinem Entwurf einer soziometrischen bzw. therapeutischen Gesellschaftsordnung (Moreno, 1991).

Dieses gemeinsame Streben nennt Müller-Lyer religiös (1914, 164). „An die Seite der Nächstenliebe ist die Solidarität getreten, der Altruismus ist durch den sozialen Gedanken verstärkt und ergänzt worden" (ebd., 166), eine Position, die Moreno ebenso vertritt. Basis der Leidensbekämpfung ist die „individuelle Selbsthilfe" (ebd., 187), sind wie bei Moreno die Selbstheilungskräfte des Einzelnen. Sie müssen aber angeregt und verstärkt werden durch „soziale Arbeit" (ebd., 188), die soziometrisch-soziodramatische Arbeit bei Moreno.

Interessanterweise sieht Müller-Lyer in der Auseinandersetzung mit der Kunst, insbesondere mit der Dichtkunst (so auch mit dem Drama), nicht nur die Möglichkeit, weitere Auskünfte über menschliches Leid zu erhalten, die wissenschaftlich so nicht gewonnen werden können:

> „Die Kunst kann dadurch, daß sie uns unseren eigenen Fall in poetischer Vertiefung vorführt, einen ungemeinen Trost gewähren, der um so mehr zu schätzen ist, als er uns (...) ein höheres und objektives Verständnis für unsern eigenen Fall ermöglicht und beibringt (...) Schon die Wahrnehmung, daß es anderen genau ebenso ergangen ist wie uns, hat etwas Beruhigendes und Tröstendes" (ebd., 206).

Was Müller-Lyer hier bezogen auf den Leser beschreibt, gilt natürlich um so mehr für den Zuschauer eines Dramas (Zuschauerkatharsis), erst recht für den Protagonisten im Psychodrama. Die innere Beteiligung kann zur Lösung eingeschränkter Denkweisen, eingeklemmter Gefühle und gehemmter Handlungsweisen führen.

Wie Moreno plädiert Müller-Lyer daher für „eine dauernde Symbiose zwischen Kunst und Wissenschaft" (ebd., 207): „Der Künstler (die Spieler, F.B.)... „beschreibt" (zeigen, F.B.) mit den Mitteln der Kunst (des Improvisationstheaters, F.B.), er liefert also den Rohstoff für die wissenschaftliche Betrachtung" (ebd., 208). Aufführung und Betrachtung, Produktion und Analyse, Kunst und Wissenschaft sind im Psychodrama vereint.

Die *Bühnen-Kunst* ist nun die zweite Dimension, die Morenos Projekt bestimmt (Fangauf, 1991). Hier greift Moreno auf eine lange Geschichte der Heil-Kunst durch Theaterspiel zurück von den magischen Riten der Frühzeit über das altgriechische Theater, die Commedia dell' Arte, das Welttheater Shakespeares bis zu heutigen Formen modernen Theaters (Petzold, Schmidt, 1978; Petzold, 1982; Weiß, R., 1985, 19ff.; Marschall, 1988; Wartenberg, Kienzle, 1991).

Brigitte Marschall hat darauf hingewiesen (1991, 490), dass die Verwendung eines therapeutischen Katharsis-Begriffes, der ja in Morenos Konzept den entscheidenden Umschwung zur Gesundung hin markiert, in Morenos Frühzeit in Wien vor allem durch die 1857 publizierte Schrift von Jacob Bernays „Grundzüge der verlorenen Abhandlung des Aristoteles über Wirkung der Tragödie" beeinflusst wurde (s. auch Petzold, 1979, 17). Diese therapeutische Interpretation wurde dann von Breuer und Freud in den Hysterie-Studien aufgegriffen. Während diese aber nun den Begriff ganz aus dem Konzept eines Gemeinschaftsrituals lösten (und ihn dann auch bald aufgaben), hat Moreno ihn wieder in diesen Kontext hineingestellt:

Das Psychodrama kann somit verstanden werden als ein Opfer-Ritual: Ein Auserwählter wird stellvertretend für die Gemeinschaft symbolisch geopfert, in dem er sich unter Beteiligung aller einer schmerzhaften Verwandlung unterzieht. Dadurch wird auch die Gemeinschaft befreit von der Schuld, die sie in ihrem Zusammenleben untereinander und mit den natürlichen wie übernatürlichen Mächten auf sich geladen hat (→ S. 64f.; S. 187ff.)

Morenos Projekt ist ohne eine *religiöse Dimension* überhaupt nicht angemessen zu verstehen. Er sah geradezu eine wesentliche Ursache unserer heutigen kulturellen Krise in der Auflösung der tiefen Verbundenheit des Menschen mit dem Schöpfungsprozess (Moreno, 1991). Ihm ging es ganz wesentlich darum, diese Verbindung wiederherzustellen. Daher hat der Rollentausch mit allen Geschöpfen eine so zentrale Stellung in seinem Projekt. In dieser Begegnung muss der Mensch die Verantwortung für die Weiterentwicklung der Welt übernehmen. Diese Aufgabe eines Mit-Schöpfers kann er aber nur verwirklichen, wenn er sich der in aller Schöpfung enthaltenen Kraft, der Kreativität, spontan öffnet, wenn er dieser „göttlichen Kraft" tatsächlich teilhaftig wird (Moreno, 1971; 1972; Kraus, 1984). Dazu will das Psychodrama bereit machen.

Erkrankung ist also immer auch verbunden mit einem Versagen gegenüber dieser Verantwortung. Gesundung heißt, den Herausforderungen der Situationen, in die man gestellt wird, zu entsprechen, ihnen gerecht zu werden.

Diese religiöse Haltung ist geprägt von dem jüdischen Kontext, in dem Moreno aufgewachsen ist (Moreno, 1989c, 15ff.), insbesondere von Traditionen der Chassidim und Sephardim (Geisler, 1991). In seiner Wiener Studienzeit hat er sich aber auch mit religiösen Gestalten, mystischen Strömungen und existentialistischer Philosophie auseinandergesetzt (Buer, 1989c; Schmitz, 1989; 1992; Schacht, 1989). Insbesondere zum Werk Martin Bubers lassen sich frappierende Parallelen aufzeigen (Buer, 1990).

Schon diese knappe Skizze zeigt, welche Dimensionen zu berücksichtigen sind, wenn Morenos Projekt der Gesundung einigermaßen angemessen erfasst werden soll. Davon sind wir aber immer noch weit entfernt. Einen Beitrag zu dieser Rekonstruktion möchte ich im Folgenden leisten, wenn ich an einige Traditionen der Heil-Kunst erinnere, von denen sich Morenos Projekt direkt oder indirekt speist.

2 Perspektiven traditioneller Heil-Kunst

Charakteristisch für Moreno ist, dass er sich stärker von Personen als von geistigen Strömungen hat beeinflussen lassen. Daher sollen am Anfang dieser Exkursionen seine Bezüge zu zwei zentralen Gestalten der Psychotherapie stehen: zu zwei Wiener Ärzten, zu Franz Anton Mesmer (1734-1815) und zu Sigmund Freud (1856-1939).

2.1 Gestalten: Mesmer und Freud

Mesmer (Schmidbauer, 1975, 159ff.; Ellenberger, 1985, 95ff.; Zweig, 1986, 29ff.; Schott, 1989) schuf ein psychotherapeutisches Grundmodell, auf das sich Moreno an mehreren Stellen seiner Schriften bezieht (z.B. Moreno 1973a, 9; 1974a, 174; 1990, 16). Die Inszenierung verlief ungefähr so:

Die Patienten versammeln sich in einem verdunkelten, mit Spiegeln versehenen geheimnisvollen Raum um ein großes Wasserbecken und bilden mit den Fingerspitzen eine Kette. Sie lauschen andächtig versunken geheimnisvollen Klängen etwa einer Glasharmonika aus dem Nebenraum. Nach einer Stunde gespannten Wartens tritt Mesmer in einer lila Seidenrobe ein und streicht mit seinem Magnetstab den Körper jedes Kranken hinunter und hinauf. Dann konzentriert er sich auf einen Patienten, bis dieser seine Spannungen lebhaft ausagiert. Diese individuelle Katharsis weitet sich schnell zur Gruppenkatharsis aus, bis alle wieder erschöpft zur Ruhe kommen (vgl. Zweig, 1986, 79ff.).

Mesmer hypnotisierte also den Einzelnen bzw. die Gruppen und trieb damit die inneren Spannungen auf die Spitze, bis diese sich in theatralischen Aufführungen entluden. Die Heilwirkung, die er damit durchaus erzielte, erklärte er durch die Kraft eines animalischen Fluidums, die er in einem intensiven Rapport auf die Kranken übertragen könne.

Die Parallelen zu Morenos psychodramatischem Arrangement springen ins Auge: In der Anwärmphase wird gemeinsam die Bereitschaft gesteigert, innere Konflikte auszuspielen. Hat sich diese Erwartung auf eine Person konzentriert, dann kann diese in der surplus reality der Bühnenwelt ihre inneren Spannungen zur Aufführung bringen. Dazu ist ein intensiver Tele-Kontakt der Mitspieler untereinander notwendig. Der Leiter tritt im Psychodrama allerdings in den Hintergrund. Moreno erklärt die Heilwirkung mit der Entfesselung von Kreativität, die durch die Gruppenkohäsion manifest wird.

Mesmer ist ein typischer Vertreter einer vormodernen Heil-Kunst. Er hatte 1774 erstmals seine Heilkraft erfahren und verbesserte ständig an der Erfahrung seine Technik. Dieses Erfahrungswissen wurde aber getragen von einem mystischen Glauben an eine geheimnisvolle Kraft, die er sich als Fluidum vorstellte. Auch Moreno hatte eher zufällig die Heilkraft des Improvisationstheaters durch die Wirkung auf die Schauspielerin Anna Höllering entdeckt, die 1922 in seinem Stegreiftheater in Wien mitspielte (Marineau, 1989, 74ff.). Auch er wollte die Krankheit durch das Spiel auf die Spitze treiben, wie er 1923 in seinem Buch über sein Steigreiftheater schrieb (1970, 71): „Absicht ist, die Krankheit sichtbar zu machen; nicht gesund, sondern krank werden. Der Kranke treibt selbst seine Krankheit aus."

Moreno hat nun dieses therapeutische Grundmodell, das er schon 1922 entwickelt hatte, vor allem in den USA entsprechend seinen konkreten Erfahrungen weiter ausgebaut und verändert, bis er es als „Psycho-Drama" in seinem Sanatorium in Beacon etablierte und 1937 erstmals umfassend beschrieb (Moreno, 1937). Wie Mesmer an der Wirksamkeit des Magnetismus, so hielt Moreno zeitlebens an der Wirksamkeit der Kreativität fest. Um aber dem Schicksal Mesmers zu entgehen, hat er stets versucht, die Wirksamkeit seiner Therapie „wissenschaftlich" zu erklären: durch seine soziometrischen Forschungen.

1784 wird Mesmer nämlich, damals in Paris weilend, vor eine Untersuchungskommission zitiert, die aus Mitgliedern der Académie des Sciences und der Académie de Médicine bestand, unter ihnen der Astronom Bailly, der Chemiker Lavoisier, der Arzt Guillotin, der Botaniker Jussieu und der amerikanische Gesandte Benjamin Franklin (Ellenberger, 1985, 106f; Zweig, 1986, 84ff.).

> „Das Programm der Versuche war von Lavoisier aufgestellt worden und war beispielhaft für die Anwendung der experimentellen Methode. Der strittige Punkt war nicht, ob Mesmer seine Patienten wirklich heilte oder nicht, sondern seine Behauptung, ein neues physikalisches Fluidum entdeckt zu haben. Die Kommissionen kamen zu dem Schluß, man habe keine Beweise für die physikalische Existenz eines ‚magnetischen Fluidums' finden können; mögliche therapeutische Wirkungen wurden nicht geleugnet, aber sie wurden der ‚Einbildung' zugeschrieben" (Ellenberger, 1985, 107).

Die Mitglieder der Untersuchungskommission waren typische Vertreter einer rationalistischen Wissenschaftsgläubigkeit, die nicht hermeneutisch die Glaubwürdigkeit der Zeugnisse von Geheilten untersuchte, sondern im Experiment das „Fluidum" dingfest machen wollte. So zielten sie mit ihrer Methodik haarscharf an der Sache vorbei und konnten damit dem durch Mesmers Erfolge beunruhigten Adel zu Diensten sein.

Freud verstand sich im Gegensatz zu Mesmer als Naturforscher. Trotzdem konnte auch er diesem Konflikt zwischen einer an der Naturwissenschaft orientierten positivistischen Szientifik und einer an den Geisteswissenschaften orientierten Hermeneutik nicht entkommen (Buer, Schmitz, 1989). Auch sein Vorgehen basierte auf Erfahrungen, die keineswegs in naturwissenschaftlichen Experimenten gewonnen worden waren.

Moreno hat die empirischen Erkenntnisse Freuds durchaus anerkannt, konnte aber seinem wissenschaftlichen Reduktionismus nicht folgen. Freud hielt weitgehend Distanz zum Patienten. Wie der Kranke beim Chirurg auf dem Operationstisch, wie das zu untersuchende Präparat beim Chemiker auf dem Labortisch, so musste der Patient vor seinen Augen auf der Coach liegen. Moreno dagegen wollte direkten Kontakt, er wollte sich einmischen. So will er schon 1912, als ihn Freud nach einer Vorlesung ansprach, gesagt haben: „Sie sehen die Patienten im unnatürlichen Rahmen ihres Ordinationszimmers, ich begegne ihnen auf der Straße, in ihrem Heim, ihrer natürlichen Umgebung. Sie analysieren ihre Träume. Ich werde ihnen Mut zu neuen Träumen geben" (Moreno, 1982, 71).

Indem Moreno sich von Freud abgrenzt und zu Mesmer hingezogen fühlt, öffnet er sich vormodernen Heiltraditionen, die durchaus in ihrem Kontext Wirkungen zeigten. Allerdings können sie mit Annahmen operieren, die durch eine experimentelle Methodik nicht nachweisbar sein werden. Wie schon im Fall Mesmer ist diese Methodik wohl auch nicht der richtige Umgang mit diesen Phänomenen. Mesmer hatte die Hypnose entdeckt als Grundmuster eines therapeutischen Kontakts. Freud hat die Widerstandsanalyse in der Übertragung ins Zentrum gestellt. Moreno setzt ganz auf die Macht einer authentischen, verständnisvollen Begegnung. Heute ist Konsens, dass eine bestimmte Qualität der Beziehung entscheidend für den therapeutischen Erfolg ist. Das „Zwischen" ist die Wirkkraft, wie Buber sagen würde. Man wird es wohl nie ganz fassen können.

2.2 Traditionen der Heilkunst

> „Seit dem ersten Auftreten des Menschen als Spezies gibt es zwei voneinander getrennte Traditionen ärztlicher Praxis. Die eine ist die Kunst des Heilens, die wirklich eine Kunst sein kann; sie wird mit Intuition und Einfühlung ausgeübt. Meistens erfordert sie eine besondere, schwierige Ausbildung und beinhaltet ausgefeilte Techniken; sie steht der anderen Tradition in bezug auf unabdingbare Fertigkeiten und Ausbildungsniveau nicht nach. Diese andere Tradition können wir die technologisch-naturwissenschaftliche Medizin nennen, und wir meinen damit sowohl die ersten, primitiven chirurgischen und pharmazeutischen Techniken, als auch deren hochentwickelte Formen in der gegenwärtigen globalen Kultur", schreibt der amerikanische Anthropologe Richard Grossinger (1985, 26).

In anderen Worten: Charakteristisch für die erstgenannte Tradition ist, dass Heilung durch eine Veränderung der Beziehungen zwischen Personen mit ihren seelischen, sozialen und leiblichen Aspekten erfolgt, während für die letztgenannte der Eingriff in das Körpergeschehen kennzeichnend ist. Psychotherapie, die nicht nur die Psyche, sondern auch den Leib und die Beziehungen zur Umwelt beeinflussen will, steht somit deutlich in der ersten Tradition. So betrachtet ist die Psychotherapie einer der ältesten Berufe der Welt (Schmidbauer, 1975, 31; Wasner, 1984). Da Morenos Ansatz in diesem Sinne Psychotherapie ist, sind seine Techniken, Arrangements, Konzepte und Vorstellungen von dieser Tradition her zu begreifen.

2.2.1 Magische Praktiken

Moreno (1959a, 314) schreibt:

> „Schon in prähistorischen Zeiten, lange bevor die Medizin sich in unserem Sinne zur Wissenschaft entwickelt hatte, wurden in primitiven Zivilisationen psychische und physische Leiden mit quasi-psychodramatischen Methoden behandelt. Ein bekannter Anthropologe berichtete mir vor einigen Jahren folgendes: Er hatte an einer wissenschaftlichen Expedition in das Gebiet der Pomo-Indianer, nahe der kalifornischen Westküste, teilgenommen. In einem Dorfe wurde er Zeuge einer Handlung, die mit dem therapeutischen Psychodrama manches gemeinsam hat. Ein Indianer, der allem Anschein nach im Sterben lag, war vom Feld ins Dorf gebracht worden. Sofort erschien der Medizinmann mit seinen Helfern und erkundigte sich, was vorgefallen sei. Der Mann, der den Kranken gebracht hatte, erklärte, daß dieser Angstzustände bekommen habe, als er einem wilden Truthahn begegnet sei. Er hatte noch nie zuvor einen gesehen. Der Medizinmann zog sich zurück. Nach einer Weile erschien er wieder und stellte unter Mitwirkung seiner Helfer die Situation, die den Schock verursacht hatte, dramatisch dar, wobei er darauf bedacht war, jedes Detail genau wiederzugeben. Der Medizinmann spielte den Truthahn, umkreiste den Kranken wie ein wild mit den Flügeln schlagender Vogel, doch so, daß der Kranke allmählich erkennen konnte, daß der Truthahn harmlos und seine Angst ungerechtfertigt war. Der Zustand des Mannes besserte sich zusehends und er gesundete wieder."

Diese Heilungen bei den Pomo bedienen sich also einer zeremoniellen Reproduktion eines Initialtraumas, wie der Psychotherapie-Historiker Ellenberger schreibt. Er bezeichnet sie als „psychische Schocktherapie" oder „Psychodrama" (1985, 60f). Aber auch die Kultdramen zur Verehrung der Gottheit, das Initiationsdrama, das Bestattungsritual wie der dramatischen Ritus der Dämonenaustreibung sind als Vorläufer des Psychodrama zu interpretieren. In diesen Ritualen geht es auch um Heilung durch Reinigung (Katharsis) von Schuld, bösen Gedanken und unsauberen Geistern (Petzold, 1979, 14f).

So sieht auch Schmidbauer (1975, 58) im Psychodrama „eine umfassende und wissenschaftlich begründete Wiederbelebung schamanistischer Techniken (...), denn die schauspielerische Darstellung und Überwindung seelischer Konflikte ist ja auch das Wesen vieler schamanistischer Geisterreisen, wobei allerdings der Schamane die Lösung dem Kranken vorspielt, während der Kranke im Psychodrama unter der Regie des Therapeuten selbst mitspielt." Deutliche Verwandtschaft zeigte sich auch in der Focussierung auf die schöpferische Spontaneität in der psychodramatischen Katharsis mit der Identifikation mit dem schöpferischen Prinzip im ekstatischen Kult. Auch der Rollentausch hat in den kultischen Festen – etwa zwischen Sklaven und Herren bei den römischen Saturnalien – seinen Ursprung (Schmidbauer, 1975, 62).

Moreno will durch das Arrangement des Psychodramas diesen Glauben an die Belebung versteinerter Verhältnisse herausfordern (1973a, 198):

> „Zukünftige Anthropologen werden animistischen und totemistischen Philosophen vergangener Kulturen einen Ehrenplatz einräumen. Indem diese die Belebung und Verwandlung als produktive Realitäten und nicht allein als ‚Methoden' annahmen und sie als erklärende Prinzipien für das Verhalten aller Wesen anwandten, gaben sie dem Universum ihrer Zeit eine Einheit und Totalität der Bedeutung, die offenkundig in unserer modernen Weltzivilisation fehlt (...). Es war die Bestimmung des wissenschaftlichen Geistes, den magischen Glauben zu zerstören und dafür mit einem Verlust an Spontaneität, Einbildungskraft und einer gespaltenen Philosophie des Lebens zu bezahlen. Aber der Kreislauf wird sich wiederholen, wenn wir auch nicht zur Zauber-

welt unserer Vorfahren zurückkehren können. Wir werden eine neue Magie produzieren auf einer neuen Ebene (...). Das Psychodrama selbst ist eine Form der neuen magischen Welt. Die Hilfs-ich-Methode ist in sich eine Form primitiven Psycho-Animismus. Die Methode der animistischen Philosophen (...) kehrte zurück auf therapeutisches Gebiet und wurde fruchtbar im Psychodrama. Dies bedeutet die Rückkehr der magischen Methoden der frühesten in ein wissenschaftliches Zeitalter und mit einer Aussicht auf neue Ziele."

2.2.2 Altindische und altchinesische Heilkunst

Moreno zeigt an keiner Stelle seines Werks, dass er direkt von den alten Heilvorstellungen Indiens oder Chinas beeinflusst wurde. Gestalten wie Buddha oder Lao Tse sind ihm aber Vorbild, weil sie in ihrem Leben ihre Ideen verkörpert haben (z.B. Moreno, 1972). Auch Gandhi sah er als „sozialen Experimentator" (1981, 67): „He was the director of his own sociodrama" (1948, 357). Wenn es auch keine direkten Einflüsse gibt, so gibt es doch deutliche Prallelen.

Beide Systeme verbinden Gesundheit mit der Ausgeglichenheit verschiedener Grundprinzipien und Grundelemente, Krankheit mit Disharmonie (Ackerknecht, 1986, 35ff.). Dabei wird der Mensch als Mikrokosmos des Universums gesehen, der durch seine Lebensführung für eine ausgeglichene Stellung in dieser Ordnung sorgen muss. Als „Wegweiser zur Gesundheit" (Gandhi, 1988) wird daher heute wieder das Ayurweda verbreitet (z.B. Chopra, 1990; Lad, 1990).

Der Ursprung menschlichen Leidens wird in der altindischen Philosophie in der Erfahrung der Trennung vom ursprünglich „Einen" durch die Vereinzelung gesehen (Hoch, 1979, 215f). Dem korrespondiert Morenos Sicht: „Der Ursprung der Angst ist die Trennung des Individuums vom Rest des Universums – das Ergebnis, vom Universum abgeschnitten zu sein" (Moreno, 1991, 16). Diese Trennungserfahrung macht jedes Kind in seiner Entwicklung, wenn es die ursprüngliche Phase der Allmächtigkeit aufgeben muss (Kraus, 1984). Ziel des Gesundungsprojektes bei Moreno ist es daher, diese ursprüngliche Verbindung zu den kosmischen Kräften, die Einheit des Seins (Schacht, 1989, 201ff.), wiederherzustellen.

In der Diagnostik der chinesischen Medizin (Petersohn, 1985) werden die Beschwerden nicht auf wenige Ursachen reduziert, sondern zu einem differenzierten Gesamtbild zusammengefügt. Durch Beobachtung und Vergleich sind so verschiedene Symptommuster entstanden, die verschiedenen Funktionskreisen zugeordnet werden (Ots, 1991). Dadurch wird die abendländische Spaltung des Menschen in Körper und Seele von vornherein vermieden.

Die chinesische Heilkunst ist wie die indische eingebettet in eine Lebensweise, die zu einem Ausgleich polarer Kräfte und einer Anregung der Lebensenergie führen soll. Wie das Yoga in Indien, so dienen die Übungen des Chikung (Zöller, 1984) und des Taichi Chuan (Anders, F., 1987; Kobayashi, 1989; Proksch, 1987) in China diesem Ziel.

So kann das Psychodrama als eine regelmäßig zu wiederholende Übung angesehen werden, durch das die mit dem Lebensprozess notwendig verbundenen Blockierungen des spontanen Lebenseinflusses (wie auch durch die Akupunktur) aufgehoben werden sollen. Normales Leben und spezielle Übung, Arbeit und Spiel, Alltag und Psychodrama sollen sich in einem ausgeglichenen Rhythmus abwechseln. Diese Vorstellung hat Moreno schon 1923 in seinem Buch über das Stegreiftheater eindrucksvoll in ein Bild gefasst (1970, 71):

„Die Ein- und Ausatmung der Lungen ist ein Bild der Entgiftung. Durch Einatmung von Sauerstoff wird der Körper lebend erhalten, aber dadurch die Bildung der tödlichen Kohlensäure veranlaßt; durch Ausatmung wird das Gift entfernt. – Das Leben ist Einatmung, Stegreif Ausatmung der Seele. Durch Einatmung entstehen Gifte (Konflikte), durch Stegreif werden sie wieder frei."

Im Psychodrama geht es darum, durch Entfesselung der Kreativität das Erproben und Einüben neuer Rollen zu ermöglichen, so dass eine Integration, ein Ausgleich in den kulturellen Atomen der Teilnehmer erfolgen kann. Denn: „Es ist beobachtet worden, daß sich häufige Unausgewogenheiten in der Bündelung von Rollen innerhalb des Bereiches psychosomatischer Rollen, psychodramatischer Rollen oder sozialer Rollen finden und auch Unausgewogenheiten zwischen diesen Bereichen selbst. Diese Ungleichmäßigkeiten führen zu einer Verzögerung im Entstehen eines wirklichen, erfahrbaren Selbst oder verschärften Störungen innerhalb des Selbst" (Moreno in: Petzold, Mathias, 1982, 292).

Dieses Streben des Menschen nach Herstellung eines Gleichgewichts zwischen verschiedenen Anforderungen und Wünschen ist eine Grundannahme Morenos: „Jedes Gruppenmitglied bewegt sich instinktiv in dem Feld sozialer Strukturen, in dem ihm die Herstellung und Aufrechterhaltung des Gleichgewichts am besten möglich ist (,Soziostasis')" (Moreno, 1974a, 218). Das zeigt sich dann auch in der Harmonie von Anziehung und Abstoßung in den sozialen Atomen (Moreno, 1974a, 139).

„Praktisch gesprochen gibt es keine Sphäre des vorstellbaren Universums, weder eine physische, geistige, soziale oder kulturelle, aus der nicht zum einen oder anderen Zeitpunkt irgendeine Ursache für ein Ungleichgewicht im Leben eines Menschen hervorgehen könnte. Es ist fast ein Wunder, daß der einzelne einen gewissen Grad der Balance erreichen und aufrechterhalten kann, und der Mensch war ständig auf der Suche nach Mitteln, die es ihm ermöglichen würden, sein Gleichgewicht zu erreichen oder zu vergrößern" (Moreno, 1989b, 90).

2.2.3 Heilkunst der Antike

Im alten Griechenland hat sich die technologisch-naturwissenschaftliche Strömung innerhalb der Heilkunst vom religiösen Kontext getrennt und zunehmend die abendländische Medizin bestimmt (Baisette, 1986). Jahrhunderte lang bedeutsam blieb aber auch die *Tempelmedizin* in den Heiligtümern des Asklepios (Ackerknecht, 1986, 46f). Der Kranke begab sich nach rituellen Reinigungen ins Allerheiligste, legte sich dort beim Einbruch der Dunkelheit zum Heilschlaf nieder und wartete auf das Erscheinen des Gottes. Uns sind hunderte von Schilderungen überliefert, aus denen hervorgeht, wie der Gott dem Kranken erschienen war und ihn geheilt hat. Aber nicht jeder wurde geheilt. In dieser Sicht unterliegt die Krankheit der Macht Gottes, er kann sie schicken, er kann sie wegnehmen. Heiler allein ist Asklepios, seine Priester sind nur Mittler zwischen ihm und dem Kranken (Widau, 1987).

Dieses theurgische Verständnis von Heilung war auch für die *Hebräer* prägend (Seybold, Müller, 1978). Einzig der Glaube an Jahwe kann heilen. Daher gab es keine ausgeprägte Medizin: weder die Medikamentenkunde, noch die ärztlichen Praktiken, noch die medizinischen Einrichtungen waren im Vergleich mit den Nachbarkulturen sehr entwickelt. Krankheiten wurden aufgefasst als Strafe für begangenes Unrecht. Insofern kann man hier mit Rothschuh (1978, 46ff.) von einem iatrotheologischen Krankheitsverständnis sprechen. Vor allem durch Fasten soll eine Reinigung erfolgen, die die Krankheit hervortreibt, aber auch die Gegenkräfte sammelt (Paál, 1985). Dieses Verständnis wird auch im Neuen Testament in der Sicht von Jesus als dem „Heiland" weitergetragen. Weder aus eigener Kraft, noch mit fremder Hilfe allein ist das Heil, das auch die Gesundheit umfasst, zu erlangen.

Vor diesem Hintergrund lässt sich eine Stelle aus dem „Stegreiftheater" (1970, 71) besser verstehen: „Edler ist es, nicht nur auf fremde Hilfe sondern auch auf die eigene Hilfe zu verzichten. Der höhere Arzt heilt nicht durch Mittel sondern durch bloße Begegnung." Der jüdische Kontext, aus dem Moreno ja stammt, hat ihn offensichtlich beeinflusst, auf den Arzt als den von außen kommenden alleinigen Experten zu verzichten. Vielmehr sollen die gemeinsamen Übungen der Anwärmphase wie die gemeinsame Gestaltung der Bühnenspiele für eine schöpferische Wandlung des Protagonisten (wie der Gemeinschaft) beitragen. Diese Wandlung kann nicht erzwungen werden. Sie ereignet sich im richtigen Augenblick, dem Kairos, als göttliche Gnade.

Neben dem Katharsiskonzept im altgriechischen Theater war daher diese Metanoiavorstellung bestimmend für Morenos Heilungsverständnis. Er lokalisiert sie in den „Religionen des Ostens und des Nahen Ostens. Diese Religionen gingen davon aus, daß ein Heiliger eine Anstrengung unternehmen mußte, um ein Erlöser zu sein; er mußte sich zunächst selbst erlösen. Mit anderen Worten, in der griechischen Situation dachte man sich den Prozeß der geistigen Katharsis als im Zuschauer lokalisiert – eine passive Katharsis. In der religiösen Situation wurde der kathartische Prozeß im Individuum selbst lokalisiert. Dies war eine aktive Katharsis" (Moreno, 1989b, 90).

Therapeutische Aufgaben haben in Morenos Gruppenpsychotherapie alle Mitglieder. Ihre Kompetenz ergibt sich somit nicht durch besondere Ausbildung wie beim Arzt, sondern durch Betroffenheit und Begegnungsfähigkeit. Sie sollen als Hilfs-Ich mithelfen, den Wandlungsprozess zu ermöglichen, sie sind „Diener" am Nächsten. So weist Moreno explizit auf die Bedeutung des Wortes Therapeut im Griechischen als „Diener" hin (Moreno, 1973a, 6). Tatsächlich verstand man im alten *Griechenland* unter Therapeia „alles, was einem Gott, einem Menschen oder einer Sache ‚dient', d.h. was ihnen dank Dienst, Pflege, Besorgung, Regelung und Aufwartung hilfreich angenehm, nützlich und vielleicht heilsam ist oder scheint" (Seidmann, 1979, 352). Therapie umfasst also auch den Dienst an der Gottheit. Dieser ist aber nach Platon nur möglich, wenn der Mensch das verwirklicht, was ihm gemäß ist.

Das Sokratische Gespräch ist „‚Therapierung der Seele' im Sinne der erzieherischen Sorge um den inneren Menschen, des erzieherischen Dienstes auch an der gesunden Seele auf Geheiß der Gottheit, die das Gute, die Gerechtigkeit und die Wahrheit vom einzelnen und von der Polis fordert. Therapeia für die Seele war für Sokrates-Plato *paideia*, erzieherische ‚Behandlung' als eine am Guten orientierte Formung des inneren und äußeren Menschen: Dienst am Menschen als Dienst für Gott" (Seidmann, 1979, 356). So meint nach Plato Therapie primär Pädagogik als Bildung des Menschen zu dem, als der er wesentlich angelegt ist, und erst in zweiter Linie Krankenheilung. Für Moreno waren diese Gespräche des Sokrates Anregung. „His dialogues impressed me, (...) because they were presented a ‚reports' of actual sessions (...) Sokrates was involved with actual people, acting as their midwife an clarifier, very much like a modern psychodramatist would" (Moreno, 1978a, XXII).

Die Gegenbewegung gegen die theurgische Heilkunst war die empirische Medizin, die vor allem mit dem Namen Hippokrates verbunden ist (Rothschuh, 1978, 158ff.). Krankheit wurde nicht mehr als übernatürliche Erscheinung angesehen, sondern von einem naturwissenschaftlichen Standpunkt aus betrachtet. Ihr Auftreten und ihr Verschwinden kann durch Praktiken des Menschen beeinflusst werden.

Der Mensch wird jetzt gesehen als Teil der Natur, die durch und durch mit göttlichem Leben erfüllt ist. Bei der Erhaltung der Gesundheit wie der Behandlung von Krankheit kommt daher alles auf die Übereinstimmung mit dem Kosmos, der inneren Ordnung der Dinge an. Die Natur ist daher die eigentliche Heilerin der Krankheit (Schipperges, 1985, 84).

Auch Moreno sieht den Menschen als Teil des Kosmos, der seine ihm gemäße Stellung in ihr finden muss. Er sieht das Universum durchflutet mit „göttlicher" Kreativität; der Freisetzung dieser natürlichen Kraft dient das Psychodrama. Er nennt es daher „ein Natur- und Realheilverfahren" (Moreno, 1973a, 84). Im Mikrokosmos der Gruppe sieht er den Makrokosmos abgebildet. Mit der therapeutischen Kraft einer kooperierenden Gruppe wird das Universum des Protagonisten, das in seinen alltäglichen Szenen auf die Bühne gestellt wird, neu geordnet und damit zugleich die Integration der Gruppe wie der mit ihr interagierenden Gruppe gefördert und damit der Makrokosmos in diesem Teil neu geschaffen.

In diesem altgriechischen Denken ist Gesundheit „kein Zustand, sondern ein Habitus. Der Arzt ist der Kybernetes und wird als Diener der Physis zum Meister des Nomos. Von hier aus versteht man, warum die klassische Medizin erst in zweiter Linie Krankenversorgung war, in erster Linie aber eine Gesundheitslehre, eine Kunst der Lebensstilisierung, die zwei Jahrtausende die Heilkunde gestalten konnte. Der Arzt, der sich in diesem Fließgleichgewicht zurechtfindet, wird notwendig zu einem Begleiter des Kranken, zu einem philosophisch geschulten Fachmann für alle Phasen und Krisen einer pathischen Existenz" (Schipperges, 1985, 85).

Hippokrates beschrieb das Verhältnis Arzt – Patient so: „Der Patient ist der Arzt. Der Arzt ist sein Helfer." Oder: „Der Arzt ist der Diener der Kunst. Der Kranke muß gemeinsam mit dem Arzt der Krankheit widerstehen" (zitiert in: Schipperges, 1985, 113). Von diesem Geist ist auch die Beziehung von Therapeut und Patient im Psychodrama bestimmt: „Der therapeutische Leiter und der Patient feuern einander an; es ist eine richtige Begegnung, ein Kampf der Geister. Der Leiter versucht den Patienten anzuregen, ein Problem, das ihn gegenwärtig beunruhigt, darzustellen... (Der Patient soll begreifen, F.B.) daß seine Mitarbeit und das volle Durchleben seiner krankhaften Ideen einen direkten Einfluß auf den Heilungsprozeß hat" (Moreno, 1973a, 81f). Der Protagonist soll durch den Leiter (wie die Mitspieler) herausgefordert werden, der Krankheit zu widerstehen.

Nach Hippokrates enthält der menschliche Körper vier Säfte, die den vier Elementen entsprechen. Gesundheit resultiert aus einem Gleichgewicht dieser Säfte, Krankheit aus ihrer Disharmonie. Dieses Denken des Gleichgewichts und des angemessenen Maßes, das wir schon bei der altindischen und altchinesischen Heilkunst erkennen konnten, hat als Humuralpathologie die abendländische Medizin bis ins 19. Jahrhundert geprägt (Rothschuh, 1978, 185ff.).

Auch Moreno sieht den Psychodramatiker als „Fachmann für Proportionen und Disproportionen" (Schipperges, 1985, 92):

„Eine Veränderung kann jederzeit im Leben eines Menschen eintreten (...) Wenn das Angebot (der Grad an Spontaneität) die Nachfrage (den Grad an Wandel) befriedigen kann, wird das relative Gleichgewicht des Menschen innerhalb seines sozialen und kulturellen Atoms aufrechterhalten bleiben. Solange er jedoch nicht in der Lage ist, die Spontaneität aufzubringen, die notwendig ist, um dem Wandel zu begegnen, wird sich ein Ungleichgewicht zeigen, das seinen größten Ausdruck in seinen zwischenmenschlichen Beziehungen und den Beziehungen zwischen den verschiedensten Rollen finden wird. Dieses Ungleichgewicht wird proportional zum Abfall der Spontaneität zunehmen und ein relatives Maximum erreichen, wenn seine Spontaneität sein Minimum erreicht. Es ist eine Eigenart dieser Unausgewogenheiten, daß sie ihre reziproken Effekte haben. Sie werfen gleichzeitig andere Personen aus ihrem Gleichgewicht" (Moreno, 1989b, 86). Und er schreibt an anderer Stelle: Wir führten eine Technik ein, eine Technik er Freiheit, die es möglich machte, die spontanen sozialen Kräfte aufeinander abzustimmen und dadurch die größtmögliche Harmonie und Einheit zu erzielen" (Moreno, 1974a, 8).

„Angemessenheit" des Handelns ist daher für Moreno Ziel jeglicher therapeutischer Bemühungen. So wie schon im altgriechischen Denken der Arzt gesehen wird als „Moderator, der Maß nimmt, Maß hält und Maßstäbe setzt" (Schipperges, 1985, 78). Maß halten muss aber vor allem jeder Mensch selbst durch eine seiner Lebenslage angemessene Lebensführung. Die hippokratische Medizin orientiert daher auf eine Diätetik im weitesten Sinne. Diese bezieht sich auf die Einflüsse von sechs Dingen:

„1. auf Licht, Luft und Wasser, 2. die Kultur des Essens und Trinkens, 3. den Wechsel von Arbeit und Ruhe, 4. den Rhythmus von Schlafen und Wachen, 5. die Ausscheidungen und Absonderungen im intermediären Stoffverkehr und 6. auf die psychischen Affekte und damit die Beherrschung der Leidenschaften. Mit diesen ‚sex res non naturales' ist alles zusammengefaßt, was nur der Erhaltung der Gesundheit dienlich sein kann und in der Lage ist, die verlorene Mitte, das rechte Temperamentum, die ‚mesotes' wiederzuerlangen und somit den gesamten Menschen auszurichten auf eine Eubiotik und Orthobiotik und Makrobiotik, auf die große Kunst nämlich, das Leben nicht nur zu verlängern, sondern auch zu vertiefen, zu bereichern und damit sinnvoll zu machen" (ebd., 97).

Diese Auffassung der Medizin als Gesundheitslehre prägte auch die Medizin bei den *Römern*, am deutlichsten formuliert bei dem Arzt Claudius Galenus (vermutlich 133 – 199 n.Chr.) (Villey, 1986; Schipperges, 1985, 101ff.), dessen zahlreiche Schriften bis ins 19. Jahrhundert weit verbreitet waren. Auch er sah die Probleme des Menschen in einem ökologisch-kosmischen Gesamtzusammenhang. Eine Medizin musste daher in ihrer Theorie diesen Zusammenhang einbeziehen, wie in ihrer Praxis zu beeinflussen suchen. Zur theoretischen Physiologie gehört die praktische Chirurgie, zur theoretischen Pathologie die praktische Pharmazie, zur theoretischen Hygiene die praktische Diätetik. Die Hygiene umfasst dabei die Theorie der Gesundung, die Diätetik die Lehre von der gesunden Lebensführung, im heutigen Sprachgebrauch Gesundheitserziehung genannt. Erkrankung wie Gesundung wurden in ihrem Zusammenhang gesehen und noch nicht, wie heute üblich, getrennt betrachtet. So ist heute die Diätetik auf der einen Seite zur Diät, auf der anderen Seite zur Prophylaxe oder Prävention verkommen. Die Aufgaben der Ärzte haben sich im Kern auf die curative Behandlung konzentriert. Im alten Rom dagegen konnte sich der selbständige Beruf des Arztes nicht durchsetzen. Er hatte im wesentlichen eine beratende Funktion gegenüber den Laien.

So ist auch in Morenos Projekt die Diätetik nicht von der Therapeutik getrennt. Es geht im Psychodrama nicht nur darum, Krankheiten zu heilen, sondern auch, eine angemessene Lebensführung zu erlernen: „Das ist es, was das Psychodrama und seine im verwandten Methoden für den Patienten planen, ihn mit den Kenntnissen und der Geschicklichkeit für die geeignete und produktive Lebensführung zu versehen" (Moreno, 1973a, 80).

Galenus begreift die Medizin noch als „eine Theorie der Kultur. Sie wird bestimmend nicht nur für die Gesundheitslehre, sondern auch die die Ethik, die Pädagogik, für die Politik" (Schipperges, 1985, 119). Aus diesem ganzheitlichen Denken heraus hat Moreno auch seinen Ansatz als „Welttherapie" (Moreno, 1973a, V) verstanden, durch den eine solidarische Welt, eine „therapeutische Weltordnung" (Moreno, 1991) ermöglicht werden soll.

2.2.4 Die Medizin des christlichen Mittelalters

Das heilkundliche Denken, wie es bei Hippokrates und Galenus formuliert ist, hat die Medizin des Mittelalters wesentlich geprägt. Die iatrotheologische Vorstellung (Rothschuh, 1978, 46ff.) von der Krankheit als Folge der Sünde und als göttliche Schickung kam von der mittelalterlichen Theologie wieder deutlicher hinzu. Krankheit ist ein Versagen an der Aufgabe einer Mitgestaltung der Welt:

> „Als das geschaffene Werk Gottes (opus operationis Dei) hat der Mensch vom Ursprung her eine optimale Verfassung und damit seine bevorzugte Stellung in der Welt. Der Mensch als ein gestaltendes Wesen (homo operans) ist berufen, die gesamte Kreatur zu repräsentieren und als Spiegel des Weltganzen (speculum universi) sein Werk an der Welt (opus cum creatura) zu vollenden. Als Vernunftwesen (homo rationalis) unterhält er ein permanentes Gespräch mit der Welt, wodurch er verantwortlich für die Schöpfung der Welt und deren Heilsbestimmung wird (homo responsurus)" (Schipperges, 1990, 21f).

Diese Mitverantwortung für den Schöpfungsprozess ist für Moreno ein zentrales Anliegen: „Der Mensch ist mehr als ein psychologisches, soziales oder biologisches Wesen. Die Einschränkung seiner Verantwortung eines Menschen auf den psychologischen, sozialen oder biologischen Lebensbereich macht ihn zu einem Ausgestoßenen. Wenn er nicht für das ganze Universum mitverantwortlich ist, hat seine Verantwortung keinen Sinn" (Moreno, 1981, 261).

Krankheit wird im Mittelalter verstanden als eine Störung des natürlichen Bezugs zur Schöpfung, die durch des Menschen Autonomiestreben (superbia) hervorgerufen wird. So sieht auch Moreno schon in seiner Frühschrift „Die Rede vor dem Richter" (1925, 9) die „Ich-Seuche" als zentrale Plage der Menschheit, die nur durch das Sich-Aufgeben in die Gruppe korrigiert werden kann (Daher auch die anonyme Veröffentlichung seiner Frühschriften bei Kiepenheuer).

Gesundheit meint in dieser Sicht: in Einklang mit der Schöpfung sein. Sie ist mehr als die Abwesenheit von Störungen; sie ist „die Kraft, trotz aller Beschwernisse ein sinnvolles Leben zu führen" (Schipperges, 1990, 61). Und so kann es im Psychodrama auch nicht darum gehen, alle Schwierigkeiten zu beseitigen, um dann ein unbeschwertes Leben führen zu können. Vielmehr soll Kraft gesammelt werden, um den schwierigen Aufgaben, die das je konkrete Leben stellt, gerecht werden zu können.

Allerdings wird die gegenwärtige Weltordnung von Moreno durchaus als pathologisch angesehen (Moreno, 1974a, 424). Erst in einer zukünftigen Welt kann allen Menschen die Gelegenheit gegeben werden, „entsprechend ihren besten Fähigkeiten am Gemeinschaftsleben teilzunehmen, d.h. am Leben zu bleiben" (ebd., 6). Insofern stellt die Korrektur des Schicksals im Psychodrama keine endgültige Lösung dar. „Das Stegreifspiel korrigiert unglückliches Schicksal. Es kann im Schein die Erfüllung eines gewünschten Zustandes gewähren. Vorwegnahme des idealen Lebenszieles: die kleine Harmonie" (Moreno, 1970, 71). Moreno bleibt hier dem Messianismus jüdischen Denkens treu, das an der Vollendung der Schöpfung in der Zukunft mitwirken will.

Im Zentrum mittelalterlicher Heilkunde steht wie in der Antike die Diätetik. Schipperges (1990, 145) fasst noch einmal zusammen: „‚Diaita' bedient sich daher der ‚physis' des natürlichen Wachsens und Gedeihens, und erreicht eben damit den ‚nomos', das rechte Maß und die Regel, den kultivierten Lebensstil einer verbindlichen Lebensordnung. Das geht nicht ohne

‚paideia', ohne Weisung und Lenkung, ohne ‚arete', die Tugend, und ‚sophrosyne', die Einsicht, nicht ohne Erziehung in jenem geschlossenen Milieu, das die Alten ‚kosmos' nannten, die so schöne Ordnung eines harmonisch gestimmten Universums." Der Arzt ist in dieser Sicht der ‚minister naturae', der Meister des ‚Nomos', der Lehrer unseres Lebensstils.

Dieses Eingebundensein in eine göttliche Ordnung aber zerfällt mit der Moderne. Moreno will mit seinem Projekt nicht diese alte Bindung restaurieren, sondern eine neue Bindung, eine neue „religio" möglich machen.

„Der Deus sive Natura ist herabgesunken zu einem Lucifer sive Natura. Alle alten Werte wurden aus guten oder schlechten Gründen zerstört, und neue Werte wurden geschaffen, um sie zu ersetzen. Die historische Situation zwang uns daher, mit dem Wiederaufbau ganz von vorn zu beginnen (...) Ich stellte daher die Hypothese auf, daß der werdende Kosmos die erste und letzte Existenz und der höchste Wert ist. Nur er kann dem Leben irgendeines Teilchens im Universum, sei es der Mensch oder ein Protozoon, Sinn und Bedeutung verleihen. Wissenschaft und experimentelle Methoden, wenn sie Anspruch auf Wahrhaftigkeit machen, müssen anwendbar sein auf die Theorie des Kosmos" (Moreno, 1973a, 3).

Moreno akzeptiert durchaus die moderne Kritik von Nietzsche, Marx und Freud an einer Vorstellung von Gott, wie sie im Mittelalter ihre höchste Ausprägung erfahren hatte. Aber er will der damit auch angezeigten Entfremdung des Menschen entgegentreten und zu frei gewählten Bindungen herausfordern.

Der mittelalterliche Arzt gewann Autorität, indem er sich mit der Philosophie und Theologie verband, und so zum gelehrten Lebensberater wurde. Auf die Wirksamkeit seiner technischen Fähigkeiten konnte er nicht bauen, sie waren zu gering. Praktische Medizin lag in den Händen von nichtakademischen Heilkundigen, den Barbieren, Badern und Hebammen. Die zentrale Einrichtung zur Versorgung der Kranken, die Hilfe nicht selbst organisieren konnten, also arm waren, waren die kirchlichen Hospitäler. Diese wurden wesentlich getragen von Bruderschaften, genossenschaftlich organisierten Laiengruppen. Dieser solidarische Organisationsmodus prägte auch die späteren Krankenkassen, in rudimentärer Form bis heute. Morenos Ansatz, therapeutische Gemeinschaften zu initiieren, steht in dieser Tradition.

In Theophrast von Hohenheim (1493-1541), der sich später Paracelsus nannte, verbinden sich im Übergang zur Neuzeit in besonderer Weise beide Traditionen der Heilkunst: die des intuitiven Eingehens und die des rationellen Eingriffs. Er wendet sich gegen reines Bücherwissen und will die Medizin naturwissenschaftlich grundlegen. Und doch glaubte er an ein mysteriöses Lebensprinzip, das er „Archäus" nannte (Ackerknecht, 1986, 96). Genau diese Mischung lässt sich bei Moreno wiederfinden!

Ausgangspunkt der Lehre des Paracelsus ist die Entsprechung des Innen und des Außen. „Die Welt ist infolgedessen nur erkennbar, indem der Mensch, also das Innen, das Subjektive gefaßt wird als ihr Erstes und zugleich als Frucht der Welt. Nicht, als ob hier das Außen erzeugt worden wäre von dem Innen, aber ohne das Innen fehlt der Schlüssel, das Außen zu öffnen", charakterisiert Ernst Bloch in seinen Leipziger Vorlesungen diese Sicht (1977, 220). Das Psychodrama ist nichts anderes als die praktische Umsetzung dieser Anschauung: Der Mensch veräußert auf der Bühne seine innere Welt und kann so seine innere Welt als Verinnerlichung der äußeren erkennen.

Krankheit wird auch bei Paracelsus wie schon im indischen, chinesischen und antiken Denken als eine Blockierung des gesunden Kreislaufs begriffen. Bloch zieht von hier aus eine Linie zu heutigen Vorstellungen (1977, 221): „Alle Krankheit ist parasitisch, eine Art wuchernder Krebszelle oder, psychopathologisch, ein verselbständigter seelischer Komplex, der den Menschen umtreibt." Durch Heilmittel sollen nun die Lebensgeister des Menschen gestärkt werden, so dass der Mensch wieder seine rechte Ordnung finden kann. Bloch kommentiert diese Vorstellung so (1977, 221):

> „Darin ist der uralte Zusammenhang von Krankheit mit Sünde erhalten, denn Sünde gilt ja auch als ein Sondersein, ein Trotz, ein Justament, ein Aufbegehren. Nur ist bei Paracelsus gar nichts Pfäffisches daran, der Trotz der Krankheit wird ja nicht gebrochen, niedergeworfen, ausgepeitscht sozusagen, sondern er wird zurückgebracht, nicht durch Zerknirschung, im Gegenteil durch Erhörung, nämlich des Lebens, der Fülle des Lebens."

Der Mensch soll in die Natur eingreifen, um sie zu vollenden. Aufgabe des Arztes ist es bei Paracelsus, „einen Menschen herzustellen, wie es ihn noch nie gab, einen von allen Schlacken befreiten. Besser als der Herr den Menschen geschaffen hat, möchte der Arzt den neuen Menschen schaffen, von Prometheus her bekommt der Homunculus-Mythos auch bei Paracelsus den ihm angemessenen Hintergrund" (Bloch, 1977, 222f). Die entscheidende Kraft, diesen Anspruch einzulösen, ist für Paracelsus die Imagination. Bloch zitiert (ebd., 223):

> „Alles Imaginieren" (das heißt schöpferisches Einbilden, zugleich Hineinbilden) „des Menschen kommt aus dem Herzen, das Herz ist die Sonne im Mikrokosmos. Und alles Imaginieren des Menschen aus der kleinen Sonne Mikrokosmi geht in die Sonne der großen Welt, in das Herz Makrokosmi. So ist die Imaginatio Mikrokosmi ein Samen, welcher materialistisch wird." „Imaginatio wird konfirmiert und vollendet durch den Glauben, daß es wahrhaftig geschehe; denn jeder Zweifel bricht das Werk."

1973, am Abend seines Lebens, veröffentlicht Moreno seine „Magna Charter of Psychodrama". Er bezeugt darin seinen Glauben an die verändernde Kraft der Imagination: „Psychodrama is the way to change the world in the here and now using the fundamental rules of Imagination without falling into the abyss of illusion, halluzination or delution" (1973b, 131). Das Erspielen einer heilenden Welt im Psychodrama soll der Same sein, der in der äußeren Welt Früchte trägt.

In seinem Hauptwerk „Das Buch Paragranum" (1990) hat Paracelsus sein „Haus der Heilkunde" errichtet. Die Medizin muss den Menschen mit all seinen Bezügen umfassen, seine toxische Situation („ens veneni"), seine historische Lage („ens astrorum"), seine Konstitution („ens naturale"), seinen sozialen Lebensraum („ens spirituale"), wie seine Einbindung in die göttliche Sphäre („ens Dei") (Schipperges, 1985, 137ff). Die grundlegende Säule der entsprechend ganzheitlichen Medizin ist die *Philosophie*, die sich mit dem Aufbau der Natur befasst, die zweite die *Astronomia*, die die Weltordnung in ihrer zeitlichen Struktur betrachtet, die dritte die *Alchimia*, die sich mit den Stoffen und ihren Umwandlungsprozessen beschäftigt. Als "quinta essentia" schläft in allen Dingen der mikrokosmische Lebensgeist Archäus. Er muss geweckt werden durch den Kraftstoff Mercurius, das Quecksilber des Lebens. Dann kann alles Erstarrte, zu Blei Gewordene verflüssigt werden und die Metalle reif gemacht, die Natur vollendet werden (Bloch, 1977, 225; Schipperges, 1985, 152f). Dem mikrokosmischen Archäus entspricht der makrokosmische Vulcanus. Die Lebenskraft der Welt nährt die Lebenskraft des Menschen und umgekehrt.

Dieses Denkmuster findet sich bei Moreno wieder, wenn er die Kreativität als Schöpferkraft betrachtet, die als Ursubstanz in allen Dingen schlummert und von der Spontaneität als Erzkatalysator geweckt werden muss, so dass sie die Dinge von ihren Konserven befreit (z.B. Moreno, 1974a, 12, 448). Und weiter: „Die Kreativität in der Welt der subatomaren Physik ist unregelmäßig in Raum und Zeit verstreut; sie unterscheidet sich zwar im Charakter, aber prinzipiell von der Kreativität, die auf einer menschlichen Ebene anzutreffen ist (...) Wenn es eine allerhöchste kreative nukleare Struktur des Universums gibt, gleich ob wir sie ‚x', ‚Gott' oder bei irgendeinem Namen nennen, so vermuten wir, daß diese nichts ist als reine Kreativität, das *mysterium aeternum et illuminosum*" (Moreno, 1991, 20). Nicht umsonst ist daher auch der Weltengott bei Moreno nichts anderes als der Ich-Gott, der in jedem von uns wirksam sei (Moreno, 1972).

Die vierte Säule der Medizin ist bei Paracelsus die Physica oder Virtus, die Redlichkeit und Verantwortung des Arztes. Sie ist integraler Bestandteil der Medizin und muss alles Handeln und Denken des Arztes leiten. Nicht umsonst hat Moreno der therapeutischen Haltung und Ethik einen so großen Wert beigemessen, da sie für die Wirksamkeit der therapeutischen Beziehung von entscheidender Bedeutung ist.

2.2.5 Traditionen der Erfahrungsmedizin im 19. und 20. Jh.

Diese Verbindung von spekulativem Denken auf der einen Seite und einer streng erfahrungswissenschaftlichen Orientierung auf der anderen, wie sie uns in den Gestalten des Hippokrates und des Paracelsus entgegengetreten sind, repräsentiert sich im beginnenden 19. Jahrhundert noch einmal in der Person des Samuel Hahnemann (1755-1843), dessen Homöopathie bis heute virulent geblieben ist (Grossinger, 1985, 207-304; Martiny, 1986). So findet sich der Ähnlichkeitsgedanke, der ihn berühmt gemacht hat, schon bei Hippokrates (Martiny, 1986, 2238) wie bei Paracelsus (Walach, 1986, 141).

Hahnemann geht in seiner Theorie von Gesundheitsbegriff aus: „Im gesunden Zustande des Menschen waltet die geistartige, als Dynamis den materiellen Körper (Organism) belebende Lebenskraft (Autocratie) unumschränkt und hält alle seine Teile in bewundernswürdig harmonischem Lebensgange in Gefühlen und Tätigkeiten" (Hahnemann in: ebd., 37). Diese Lebenskraft lässt sich als „Systemeigenschaft des Systems ‚Organismus'" lesen, wenn wir der systemtheoretischen Rekonstruktion der Homöopathie von Walach (ebd., 41) folgen. Sie zeigt sich als Harmonie im Zusammenspiel der Teile des Organismus. Krankheit äußert sich dann als Störung dieser Abläufe. Symptome sind also für Homöopathen nicht die Krankheit, die in unterschiedlichen lebensgeschichtlichen und situativen Kontexten unterschiedlich auftreten kann. Die genaue phänomenologische Erfassung der jeweils einmaligen Symptomatik bei einer konkreten Person ist nun entscheidend für das Herausfinden eines Stoffes, der nach der Simileregel ein „ähnliches Leiden" hervorrufen kann. Eine Nosologie ist also überflüssig, da sie in diesem Denken weder theoretische noch praktische Bedeutung hat.

Die „Lebenskraft" Hahnemanns dürfte der „Schöpferkraft" (= Kreativität) Morenos entsprechen. Kreativität betont aber ausdrücklich das bewusste Neuschaffen, das Neugestalten von Lebensprozessen und nicht nur das bewusstlose Funktionieren innerhalb eines gegebenen Systems. Daher kommt der Spontaneität als einer aus sich selbst schöpfenden Energie zur Aktivierung der Kreativität bei Moreno eine so große Bedeutung zu. Eine Behinderung dieses spontan-kreativen Prozesses kann dann als „Kreativitätsneurose" bezeichnet werden. Als solche ist sie nicht empirisch feststellbar, sondern zeigt sich in verschiedenen je konkreten Symptomatiken, die auf verschiedenen Ebenen beschrieben und interpretiert werden können. Da auch das psychodramatische Arbeiten ein Sicheinstellen auf die je konkrete Problematik bedeutet, ist auch hier – wie in der Homöopathie – eine klassifikatorische Nosologie von untergeordneter Bedeutung.

Durch die homöopathische Arznei soll nun der Organismus herausgefordert werden, eine erneute Anpassungsleistung zu vollbringen. Da diese Arznei in der richtigen Dosierung aber nicht schadet, sondern nur die Selbstheilungskräfte aktiviert, kommt es zu einem „Überhang an Gegensteuerung. Dies führt dazu, daß das noch bestehende Ungleichgewicht aufgehoben wird und das Anfangsniveau erreicht wird" (ebd., 58). Es wird also eine „Kunstkrankheit" erzeugt, die sich durchaus zunächst als eine Verschlimmerung des Erkrankungszustands zeigen kann. Das Psychodrama folgt nun genau diesem Muster (auch Freuds „Übertragungsneurose" hat was davon). So schreibt Moreno im „Stegreiftheater" schon 1923 (1970, 71): „Absicht ist, die Krankheit sichtbar machen; nicht gesund, sondern krank werden. Der Kranke treibt selbst seine Krankheit aus. Die Wiederholung in der Illusion macht ihn frei, wie Schutzimpfung die Entstehung der Blattern koupiert." Oder in der „Rede über den Augenblick" (1923b, 24f):

> „Wie der Arzt, in ein Volk geraten, das von Seuchen geplagt ist: dieses Gift gewinnt und die wirkende Lösung bereitet, dann die Einwohner holt, mit der Krankheit impft, und hat er einmal die Krankheit im Kleinen erzeugt, dann hat das Kleine das Große besieht und das Volk ist erlöst, so auch ich: in eine Welt geraten, die von Seuche geplagt war, saß ich still in meinem Tal. Da kamen Kranke, bekümmert und hilflos und riefen mich an. Ich gab ihnen Kunde, Salben und Kräfte, für ihre Wunden aller Organe. Doch das Grundübel blieb. (...)
>
> Ihre Schmerzen kamen aus der Tiefe. Mitten im Apfel kroch ein Wurm. Wer aber durfte den Wurm behaupten, ohne den Apfel zu zerschneiden? Das Greifbare war schön. Der Schein sprach für den Apfel. – Mitten im Augenblick saß ein Wurm und zerstörte ihn. Wer aber konnte behaupten, daß der Augenblick nicht da war? Der Schein sprach für den Augenblick.
>
> Ich werde sie daher in eine Lage führen, die sichtbar vom Augenblick verlassen ist. Wer heil ist, wird keinen Augenblick seine Augenblick aufgeben, aus Scham wird er den Schein wahren, wer heil ist, wird nichts von der Freiheit seines Leibes, vom Hinwandern zu seinen Zielen lassen, nur wer einen Schaden hat, wird die Gefahr nicht kennend, in die verräterische Falle laufen.
>
> Nun ihr seid in die Falle gelaufen: hier in die Ort. Hier ist die Lage. Ihr seid gekommen. Dreihundert Geladene seid voll erschienen. Eure Ankunft hat euch verraten. Euer Erscheinen ist die Krankheit. (...) Dieser Ort ist das Gift, dieser Augenblick ist das Gift, ihr seid das Gift, ich bin das Gift, wir sind das Gift. Frei wird die wirkende Lösung.
>
> Was führt uns wieder aus dieser Lage hinaus?
>
> Diese Rede führt uns hinaus. Gekommen, weil der Augenblick nicht da ist, hat sie ihn vollbracht. Sie ist jetzt entstanden, und wird mit dem letzten Wort auf der Höhe ihres Ganges erlöschen. Diese Rede hat keine Vergangenheit, keine Wiederkehr, keine Nachkommenschaft, sie ist kein Erbteil und kein Ergebnis. Sie ist vollendet."

Wer in eine Psychodrama-Gruppe geht, sucht Heilung, weil er einen Schaden hat, den er im Alltag nicht beheben kann. Gekommen, weil der Augenblick der Heilung im Alltag nicht da war, hat er sich dem Gift des psychodramatischen Arrangements ausgesetzt. Durch die homöopathische Dosierung im spielerischen Geschehen wird die Krankheit erneut hervorgerufen. Auf der Bühne treibt der Protagonist selbst seine Krankheit aus. Die Wiederholung der traumatischen Szenen in der Illusion, im „Sich-Hineinspielen" (illudere = hineinspielen), setzt eine kreative Gegenreaktion frei, die den Knoten löst. Durch die Katharsis des Bühnengeschehens wird eine Neukonstellierung der Beziehungen bewirkt, der eine Neu-Einstellung im Innern des Protagonisten entspricht. Makrokosmos (äußere Konstellation) und Mikrokosmos (innere Einstellung) korrespondieren.

Die Ähnlichkeit der gespielten Szene mit der traumatischen wird vom Protagonisten, aber auch von der Gruppe wie dem Leiter bestimmt. Dass diese Art von Spielen wirksam sind, hat zumindest der Leiter im Rahmen seiner Ausbildung im eigenen Leib erfahren, so wie Hahnemann, seine Mitarbeiter und Schüler die Wirkungen der homöopathischen Arzneistoffe am eigenen Leibe erprobt haben (Walach,1986, 60f). So wie die Art und die Dosierung der Arznei dem Einzelfall entsprechen muss, so muss auch die gespielte Szene genau der im Augenblick virulenten traumatischen Szene des Protagonisten entsprechen.

Eine hohe Potenzierung der homöopathischen Arznei hat zur Folge, dass sie auf der molekularen Ebene das Mittel nicht mehr nachweisbar ist. Und doch sind eindeutig Wirkungen festzustellen (ebd., 144ff.). Walach bietet als Erklärung an, dass die Arznei im Lösungsmittel Spuren hinterlassen hat, die jetzt wirksam werden (ebd., 72ff). So könnte auch die Erzählung des Protagonisten Resonanz in der Gruppe gefunden haben. Indem die Gruppe ihn im Spiel mit den Gegenrollen konfrontiert, wird er durch diesen Kontext zur Neuformulierung seines Textes herausgefordert. So wird erklärlich, dass psychodramatisches Spiel wirksam ist, obwohl es „nur" Spiel ist und das auch vom Protagonisten immer auch so gesehen wird. Kann er nicht mehr zwischen Spiel und Ernst unterscheiden, wird das psychodramatische Geschehen therapeutisch unwirksam. Es führt zur weiteren Vergiftung.

Aus dem Ähnlichkeitsprinzip („similia similibus curentur") folgt also für das psychodramatische „Vorgehen", dem Weg des Kranken folgen und ihm auf diesem Weg einen hilfreichen Kontext anbieten, der seine Eigenkräfte aktiviert. Im Gegensatz dazu würde allopathisches Vorgehen in den Gang des Geschehens eingreifen, d.h. dem Kranken den Weg abschneiden. Dieses Bild bietet aber schon eine Vorstellung von den Folgen einer solchen Intervention an: Da ihm dieser Weg, der ihm der noch einzig mögliche erschien, nun versperrt ist, muss er einen anderen finden, einen, der ihm noch weniger entspricht, der seine Kräfte noch weiter überfordert, will er nicht überhaupt aufgeben weiterzugehen, d.h. den Lebensweg beenden.

Homöopathisches und psychodramatisches Denken und Handeln gehen davon aus, dass es notwendig ist, dem erkrankten Menschen zu helfen, seiner inneren Verwirrung Ausdruck zu verleihen. Dadurch wird automatisch die Ausdruckskraft, die Gestaltungskraft, die Lebenskraft aktiviert, die dann den Gang wieder angenehmer machen kann. Entsprechend diesem Bild nimmt die Homöopathie an, dass hinter jeder Symptomatik eine Geschichte steckt. Es gilt also, hinter den verschiedenen Symptomatiken, Erzählungen oder Spielszenen eine grundlegende Problematik zu erkennen. Allopathisches Vorgehen bewirke nur eine Symptomverschiebung, da die zugrundeliegende Krankheit nicht gesehen werde. Für das psychodramatische Vorgehen bedeutet das, hinter den vorgespielten Szenen gemeinsame Muster zu erkennen. Erst ihre Neugestaltung kann dauerhafte Heilung zur Folge haben.

Dem Psychodrama kommt ein ähnlicher wissenschaftlicher Status zu wie der Homöopathie: Ihr Wissen beruht im wesentlichen auf den Erfahrungen von Praktikern. Was Walach (1986, 149) über die Homöopathie sagt, gilt auch für das Psychodrama:

„Erfahrung ist... der gemeinsame Boden für *alle* Formen der bewußten Welthabe. *Systematisierung* der Erfahrung, wie sie in den empirischen Wissenschaften geschieht, ist ein Modus von Welthabe, auf den man sich in einer bestimmten Generation unter bestimmten Bedingungen konventionell geeinigt hat... D.h.: Die sogenannte empirische Erkenntnis der empirischen Wissenschaften ist das Ergebnis einer bewußten Restriktion und Kanalisierung von Erfahrung, die sich nicht aus sich selber rechtfertigen kann, sondern nur aus dem gesamten Kontext *aller* Erfahrung. Wo sie darauf besteht, *einzige* bewußte Welthabe zu sein, verkennt sie ihren eigenen Charakter, nämlich Modus von Erfahrung zu sein, also perspektivische Hinsicht, die ihre Recht nur durch Rückbindung an andere Weisen der Erfahrung – geschichtliche, literarische, politische, geisteswissenschaftliche – und an kritische philosophische Analyse der eigenen Grundlagen geltend machen kann... Das ist nicht ein Freibrief für allgemeine Erkenntnisanarchie, sondern ein Plädoyer für vernünftige Anwendung systematisierter Empirie und eine Ablehnung von beschränktem oder gar blindem Methodenprimat der herrschenden Weise der Empirie."

Wenn Moreno wie Hahnemann, Paracelsus oder Hippokrates als Repräsentant ökologischen Denkens verstanden werden muss (Mayer-Tasch, 1991), dann ist eine naturwissenschaftliche, d.h. hier linear-kausale Betrachtung seines Denkens prinzipiell unangemessen. Wenn heute die Grenzen dieses ätiologischen Paradigmas offenkundig sind angesichts der realen Verflechtungen von Geschehnissen in Umwelt und Mitwelt eines jeden wie den negativen Auswirkungen einseitig zergliedernden Denkens, dann könnte die Vorherrschaft dieses Paradigmas zumindest in der Heilkunde durchaus auf die hundert Jahre beschränkt bleiben, die es denn nun dominant war.

Dieses analytische Denken war aber so zersetzend, dass es versucht hat, das Jahrhunderte alte ökologische Denken in der Heilkunst aufzulösen. So hat etwa Rudolf Virchow (1821-1902), der führende Exponent des naturwissenschaftlichen Paradigmas in der Medizin (Schipperges, 1985, 158ff.), völlig konsequent einen Bruch mit dieser Tradition gefordert. Dieser Verdrängungsprozess hat aber zum einen dazu geführt, dass die verdrängte philosophische Reflexion in der Anbetung der Wissenschaftlichkeit als der einzig wahren Erkenntnisweise fröhliche Urständ feierte. Wissenschaft war im Szientismus zur Religion geworden (ebd., 179). Zum anderen war die Durchsetzung des naturwissenschaftlichen Paradigmas in der Medizin mit einem Vernichtungsfeldzug gegen die o.g. ökologischen Heiltraditionen verbunden.

Schon am Beispiel des Anton Mesmer habe ich gezeigt, wie hier vorgegangen wurde. Dieser Fall zeigt aber auch, dass dieses Denken eben nicht auszurotten war. Mesmer hatte Nachfolger: Von Charcot, Janet, Freud, Jung, Adler (Ellenberger, 1985) bis zu den Humanistischen (Cohn, Farau, 1991) und Transpersonalen Psychotherapeuten (Zundel, Fittkau, 1989) wird der Protest gegen das zersetzende Denken und abschneidende Handeln fortgesetzt.

Auch die Homöopathie hat eine vergleichbare Leidensgeschichte vorzuweisen. Nachdem sie vor allen in den USA große Verbreitung gefunden hat, hat sie zur Formierung der allopathischen Ärzte in der American Medical Association geführt, die im Bündnis mit der aufkommenden pharmazeutischen Industrie die Ausschließung der homöopathischen Ärzte betrieben hat. Die Homöopathie konterkarierte nämlich die Professionalisierungsbestrebungen der Ärzteschaft, indem sie eine Heilmethode anbot, zu deren Anwendung naturwissenschaftliches Wissen, etwa aus der Physiologie oder Chemie, keineswegs nötig war (Grossinger, 1985, 286). Dieses Fachwissen hatte aber die Funktion, Laien von Professionellen zu scheiden. Diese Professionalisierung (Unschuld, 1978) gelang der Ärzteschaft aber nur, indem sie sich mit den staatlichen Interessen an der Formierung der Bevölkerung zu konformen Staatsbürgern und willigen Arbeitskräften solidarisierte (Frevert, 1984; Labisch, 1986; 1989; Barthel, 1989) und damit statt unterstützend eingriffsbereit wurde (Huerkamp, 1989). Das naturwissenschaftliche Denken hatte dann nur noch die Funktion, das Schlachtgelände zu beschreiben und die Lokalitäten des Eingriffs zu bestimmen. Angesichts dieser zerstörten Landschaften nimmt es nicht wunder, wenn heute die Homöopathie eine Renaissance erlebt.

Damit wurde aber auch der diätetische Auftrag der Heilkunst, die Bevölkerung zu einer angemessenen Lebensweise zu ermutigen, an den Rang gedrängt: Aus der Diätetik wurde die Diät. Während Hahnemann noch durchaus am Wert einer angemessenen Lebensführung festhielt (Grossinger, 1986, 225) wurde es mit der Ausgrenzung der Philosophie aus der Medizin zur Aufgabe von Philosophen, über ein gesundes Leben nachzudenken.

Einer der wichtigsten Denker über die Kunst zu leben war Friedrich von Hardenberg (1772-1801), der sich Novalis nannte. Heinrich Schipperges hat aus seinen Fragmenten und Notizen eine Lebensnaturlehre, eine Lebenskunstlehre und eine Lebensordnungslehre herausgelesen (1985, 183-209): „Unter Physiologie versteht Novalis nichts anderes als die ‚Lebenslehre' im ganz alten Sinne, den ‚logos' von ‚physis' eben (...) Die Physiologie beschäftigt sich mit der organischen Archtitektonik einerseits – und mit der organischen Technik andererseits." Beide Gebiete bilden die Lebenslehre, die ihrer Praxis nach nichts anderes sein kann als „die physiologische Politik" (Schipperges, 1985, 192). Der merkwürdige Begriff der physiologischen Politik meint nichts anderes als die Gestaltung des menschlichen Zusammenlebens im Einklang mit der Natur. Dem entspricht bei Moreno die Rede von der psychodramatischen und soziometrischen Arbeit an einer therapeutischen Weltordnung (Buer, 1987). Diese gemeinsame kooperative Gestaltung der Lebens-und Arbeitsverhältnisse muss den Selbstregulationsprinzipien der Natur als Kosmos (= Ordnung) von Anziehungen und Abstoßungen entsprechen.

Damit wird die Lebensnaturlehre zur Lebenskunstlehre. „Die Heilkunst dient ja letzten Endes nicht nur der ‚Erhaltung und Restauration', sondern auch der ‚Verbesserung aller Lebensumstände'. Sie ist nicht mehr und nicht weniger als die ‚Kunst der Lebensstilisierung'; sie ist letztlich aus auf eine ‚höhere Entwicklung unserer Natur'. Heilkunst aber wäre dann nichts anderes als die Kunst, vernünftig zu leben" (Schipperges, 1985, 198). „Alles zu beleben, ist der Zweck des Lebens", meint Novalis (ebd., 199). Das führt zur Auffassung der Medizin als Lebensordnungslehre: Hier kann Schipperges bei Novalis durchaus das hippokratische Gesundheitsprogramm mit der Ordnung der „sex res naturales" wiederentdecken (ebd., 200ff). Er fasst zusammen (ebd., 207):

> „Mit der gleichen Leidenschaft und Unbeirrbarkeit wie Paracelsus wollte auch Friedrich von Hardenberg das Wissen um den Menschen als ein Gespräch mit der Welt verstehen, als ein Gespräch um das Heil. Dieses universelle Gespräch im Umgang mit Natur und Kultur aber kann im Grunde nur von einer Wissenschaft getragen werden, von der Medizin als der Elementarwissenschaft eines jeden gebildeten Menschen. Heilkunde wäre daher gar nicht zu trennen von der Lebenskunst; sie ist nicht zu denken ohne die Philosophie, nicht zu vermitteln ohne Erziehungskunst; sie wäre kaum zu praktizieren ohne das geschlossene Milieu einer Gemeinschaft."

Das würde für Morenos Projekt bedeuten: Psychodramatische Therapeutik ist nicht zu trennen von psychodramatischr Diätetik; beide sind nicht zu denken ohne therapeutische Philosophie, nicht zu vermitteln ohne psychodramatische Pädagogik; sie wären kaum zu praktizieren ohne das Milieu von psychodramatisch belebten Gruppen und Gemeinschaften.

Radikaler noch als Novalis fordert Friedrich Nietzsche (1844-1900), „eine neue Art zu leben" (Schipperges, 1985, 210f). Er formuliert als Kulturauftrag für jedermann: „die Erzeugung des Philosophen, des Künstlers und des Heiligen in uns und außer uns zu fördern und dadurch an der Vollendung der Natur zu arbeiten" (Nietzsche in: Schipperges, 1985, 214). Genau das meint Moreno, wenn er die Menschen auffordert, Rollenspieler zu sein: Sie sollen durch die imaginierte Rollenübernahme von genialen Menschen innere, noch ungelebte, aber mögliche Rollen ausleben, verkörpern, um so den kosmischen Schöpfungsprozess zu bereichern. Die allumfassende Rolle, die Rolle Gottes als des Schöpfers, war ihm daher die wichtigste Rolle (Moreno, 1989c, 29ff.). Wegen dieser Geistesverwandtschaft wird auch die Philosophie Nietzsches eine großes Anziehung auf Moreno ausgeübt haben (z.B. Moreno et al., 1964, 43; 1919b).

Aus der Erfahrung der eigenen Schwächlichkeit und dann eines langen Siechtums hat Nietzsche Krankheit als Stimulanz zur Gesundheit verstanden. Ja in diesem Kampf sieht er die Möglichkeit, zu einer „höheren Gesundheit" zu kommen, die er die „große" nennt. Er versteht darunter „eine solche, welche man nicht nur hat, sondern auch beständig noch erwirbt und erwerben muss, weil man sie immer wieder preisgibt, preisgeben muß" (Nietzsche in: Schipperges, 1985, 228). So sieht Schipperges auch bei Nietzsche eine Vorstellung entworfen, nach der Gesundheit als Frucht einer angemessenen Lebensführung angesehen werden muss. Wie schon bei Novalis läßt sich auch bei Nietzsche das hippokratische Gesundheitsprogramm wiederentdecken (ebd., 231ff.).

Auch die anthroposophische Heilkunst Rudolf Steiners (1861-1925) steht in dieser Tradition, die Erfahrungsmedizin mit philosophischer Spekulation verbindet. Moreno hat durchaus schon in seiner Wiener Zeit von diesem Denken gewusst (Moreno, 1923a, 7). Steiner wendet sich in seiner Betrachtung des Menschen gegen einen unreflektierten Positivismus: Dem Intellekt komme nur eine methodologische Bedeutung zu. Qualitäten des Lebendigen ließen sich erst erkennen, wenn vom bloßen Abbilden in Vorstellungen zur Anschauung in der Imagination aufgerückt werde (Koob, 1988, 14). Tiefere Erkenntnis komme nur in „Begegnung" (ebd., 10), „Verschmelzung" (ebd., 14), „Liebe" (ebd., 33) zustande. Erst dadurch lasse sich ein Mensch in seiner Einmaligkeit ganzheitlich erfassen. Erst dann könne die Einheit von mikrokosmischer und makrokosmischer Welt in den Blick kommen (ebd., 18). „Die gewöhnlichen Fähigkeiten des Verstandes werden so zu künstlerischen Fähigkeiten erweitert und machen die Medizin zu einer wahren Heil-‚Kunst', die das intuitive Element unabdingbar beinhalten muß" (ebd., 50).

Neben die „materielle Erkenntnis" stellt Steiner also die „imaginative", die „inspirative" und die „intuitive" Erkenntnis. Durch diese verschiedenen Erkenntnisweisen werden auch verschiedene „Wesenheiten" des Menschen erfasst: Außermenschliche Substanz wird durch den physischen Kraftleib, den Ätherleib, den Astralleib wie das Ich zur menschlichen Substanz gebildet, die Träger des bewussten Geisteslebens ist (ebd., 35). Unter dem Äther-oder-Bildekräfteleib versteht Steiner die Lebenskraft, die den physischen Leib flüssig macht, d.h. lebendig, beweglich, aktiv. Diese Kraft entspricht nach Steiner in etwa den „Archäus", von dem Paracelsus besprochen hat (ebd., 52). Hier gibt es wieder Parallelen zu den Konzepten „Fluidum" bei Mesmer, „Libido" bzw. „Eros" bei Freud und „Kreativität" bei Moreno.

Steiner stellt fest, dass seit Hippokrates diese Sichtweise, das „atavistische Schauen", an den Rand gedrängt wurde. Das nur atomistische Begreifen der Welt, wie es vor allem in der Zellularpathologie von Virchow kulminierte, reiche nicht aus, um das Zusammenwirken von irdischen und kosmischen Kräften beim Verstehen von Gesundheit und Krankheit ausreichend zu beachten (ebd., 52f.

In dieser Sicht wird der Lebensprozess durch die Polarität von aufbauenden und abbauenden Strömungen charakterisiert. Störungen dieses Prozesses führen zu Ungleichgewicht zwischen den verschiedenen Wesenheiten des Menschen. Das zeigt sich in bestimmten Erkrankungssymptomen. Gesundheit wird demgegenüber durch einen Zustand des Gleichgewichts (ebd., 44, 96), der Harmonie (ebd., 57), der Entsprechung (ebd., 108) gekennzeichnet. Dabei wird der Mensch wie bei Moreno keineswegs als geschlossenes System begriffen (ebd., 59). Dementsprechend sieht Moreno in den zwischenmenschlichen Beziehungen ständig den Aufbau von soziometrischen und rollenhaften Mustern, wie den Abbau durch Zerstörung oder kreative Katharsis.

Die Heilkunst besteht nach Steiner dann darin, die Bildekräfte des Ätherleibes als Selbstheilungskräfte des Organismus zu stimulieren (ebd., 55). Entsprechend müssen die Heilmittel ausgewählt werden; der Homöopathie räumt Steiner dabei einen hohen Stellenwert ein (ebd., 72). Zusätzlich soll der Mensch durch Diät innerlich gestärkt werden (ebd., 70). Die angemessene Ernährung ist aber auch bei Steiner nur ein Teil einer umfassenden Diätetik, die aber vor allem auf die Entfaltung der geistigen Kräfte setzt (ebd., 176). Letztlich wird die Entwicklung des Menschen als Aufgabe eines umfassenden Bildungsprozesses gesehen:

> „Der Menschenbildeprozeß selbst ist es, der als gemeinsamer Prozeß der gesunden und kranken Organisation des Menschen zugrunde liegt: Gesundheit, d.h. normale körperliche, seelische und geistige Bildung unterscheidet sich von Krankheit nur dadurch, daß der letztere Prozeß nicht zeitgerecht und an falscher Stelle abläuft. Ihn wieder rückläufig zu machen, d.h. den fehlgelaufenen Prozeß wieder in einen menschengemäßen Prozeß zu verwandeln, indem durch das Heilmittel an die Selbstheilungskräfte appelliert und der Prozeß nicht nur einfach weggeschafft wird, ist die besondere Aufgabe des Therapeuten" (ebd., 159).

In diesem Heilungsprozess kommt der „seelisch-geistigen Initiative" des Menschen (ebd., 172) eine entscheidende Bedeutung zu. „Gesundheit wird... zu einem Akt freigewollten Schöpfertums von Seele und Geist, die die Gebrechlichkeit des Leibes durch ihre Gestaltungskräfte aufzuheben vermögen" (ebd., 173), in Morenos Worten: Der Mensch muss sich aus freien Stücken in eine Lage bringen, in der Spontaneität Kreativität freisetzt zur Neugestaltung vorhandener oder Schaffung neuer Konserven.

Gewisse Parallelen weist Morenos Projekt auch zur *Naturheilbewegung* auf (Rothschuh, 1983). So geht es ihm auch um die Ausnutzung „natürlicher" Kräfte, allerdings nur im Menschen selbst, auch um „natürlichen" Ausdruck dieser Potentiale. Die soziometrische Verortung des Menschen hat auch eine Umgestaltung der Lebensräume zur Folge, so dass erwünschte Kommunikation auch räumlich ermöglicht wird. So sind ihm die Kibbuzim, die im weitesten Sinne auch Ausdruck der Lebensreformbewegung sind, durchaus eine wichtige Zwischenstation auf dem Weg zu einer therapeutischen Weltordnung.

3 Therapeutik zwischen Diätetik und Politik

Dieser eher ideengeschichtliche Streifzug durch einige Jahrhunderte der Heilkunst zeigt Morenos Projekt der Gesundung in einer Tradition stehend, die bis zur Moderne das Denken und die Praktiken der Menschen weitgehend bestimmt hat. Mit der Durchsetzung der bürgerlichen Gesellschaft wird diese Strömung an den Rand gedrängt, bleibt aber stets virulent und bietet sich ständig als Alternative an, besonders in Zeiten, in denen die Modernisierungskosten ins Bewusstsein gelangen, etwa zur Zeit der Romantik, um die Jahrhundertwende oder in der heutigen Zeit der „Postmoderne". Die technologisch-naturwissenschaftliche Medizin hat zweifellos versucht, diese andere Seite des Heilens auszurotten. Aber nicht nur in der Volks- oder Laienmedizin (Neubauer, 1982) und in der Naturheilkunde haben sich diese Praktiken erhalten. Auch der Beruf des Heilpraktikers ist wieder attraktiv geworden und die staatliche Anerkennung des Psychotherapeuten als eigenständiger Beruf konnte nicht mehr länger verhindert werden. Im Gegensatz zum Mediziner sind Heilpraktiker und Psychotherapeut aber – idealtypisch betrachtet – diejenigen, die Heilen als Kunst verstehen, durch Intuition und Einfühlung Leid und Unwohlsein eines Menschen als einzigartigen Ausdruck seiner gegenwärtigen Lage im Kontext von Mit- und Umwelt zu verstehen und damit zugleich seine latenten Selbstheilungskräfte zu erspüren. Dieses Denken ist gekennzeichnet durch:

- *Respekt* vor der Natur. Es gilt, die Weisheit der Natur zu verstehen und Eingriffe nur dann vorzunehmen, wenn sie notwendig erscheinen und die Folgen abgeschätzt werden können. Dieses Postulat behält seine Gültigkeit auch dann, wenn wir bedenken, dass Natur uns fast immer „zivilisiert" gegenübertritt und niemals pur zu haben ist.
- *Vertrauen* auf die Selbstheilungskräfte der Natur. Diese Kräfte sollen gesucht und kultiviert werden, statt ständig künstliche Pharmaka zu produzieren, die kaum entsorgt werden können.
- Erkennen durch *Teilhabe*. Wir sind Teil der Natur und haben somit auch Verantwortung für ihren Zustand und ihre Entwicklung. Erst von dieser Position der Selbstbetroffenheit aus lässt sich der übliche Reduktionismus einer Analyse aus der Distanz vermeiden.
- *Ökologisches Denken*. Die o.g. Ein-Stellungen sind die Voraussetzung für ein solches Denken: Durch die Erfahrung der Verbundenheit mit der Natur kann die Wahrnehmung eines einmaligen Phänomens als Ausdruck einer Ganzheit verstanden werden.

Dass der Geist des Psychodramas diesem Denken entspricht, dürfte einleuchten. Insofern ist Morenos Versuch, die moderne, abendländische Trennung verschiedener Weltzugänge in Religion, Kunst und Wissenschaft in seinem Ansatz aufzuheben und vor allem die einseitige Vorherrschaft der Wissenschaft zu relativieren, nur konsequent.

Therapeutik als Dienst an Mensch und Natur, wie es das Wort im alten Griechenland bezeichnete, umfasst damit aber eine Polarität von Diätetik und Politik: Auf der einen Seite kommt es darauf an, eine Kunst der Lebensführung zu entwickeln, die das individuelle Wohlbefinden im Auge hat. Auf der anderen Seite ist dieses Wohlbefinden aber nicht zu haben, ohne eine Mit- und Umwelt zu gestalten, in der jedem einzelnen sein ihm angemessener Platz freigegeben wird: Der Kosmos als die Ordnung der Natur muss wahrgenommen, d.h. entdeckt und gestaltet werden. Ohne diese Polarität von Diätetik und Politik verkommt die Therapeutik entweder zur individualisierten Fitness-Veranstaltung oder zur staatlich verordneten Normalitätssicherung. Im ersten Fall wird angesichts der zunehmenden Auflösung traditionaler Lebensmuster das Bedürfnis der Individuen, ihre eigene Gesundheit als Basis ihrer gesellschaftlichen Bedeutung zu sichern, von der Gesundheitsindustrie aufgegriffen und vermarktet (Hörmann, 1989). Die vollkommene Gesundheit ohne Rücksicht auf die Mit- und Umwelt erscheint als das höchste Glück (Marcuse, 1972; Köhler, 1978). Im zweiten Fall wird – pointiert formuliert – Gesundheit als Fähigkeit zur rationellen Arbeitserfüllung bzw. zur kritiklosen Umsetzung staatsbürgerlicher Pflichten angesehen. Dem habe das Gesundheitswesen zu dienen.

Demgegenüber versucht eine Therapeutik, die von der Polarität zwischen Diätetik und Politik getragen wird, die gesellschaftliche bzw. staatliche Gestaltung der Mit- und Umwelt an die berechtigten Interessen der Individuen als Subjekt ihres Lebens zu binden, während die Realisierung individueller Wünsche an die Verantwortung für die Mitmenschen wie die Naturentwicklung gekoppelt bleibt (Göpel, 1989). Das Ziel einer solidarischen Gesundheitssicherung (O'Neill, 1984; Schmidt et al., 1987/1988; Deppe, 1987) kann nur erreicht werden im Rahmen der Realisierung einer Gesellschaft, die in sich und zur Umwelt Solidarität praktiziert. Genau diese Utopie meint Moreno, wenn er von der Aussicht auf eine therapeutische Weltordnung spricht (Moreno, 1991, 35):

„Eine therapeutische Weltordnung ermutigt autonome Therapie; sie ermutigt den Menschen, sein eigener Therapeut zu sein. Sie verringert das Bedürfnis nach professionellen Psychotherapeuten auf ein Mindestmaß. Ein Selbsttherapeut kann nicht in einem Vakuum leben, sondern in einer Gemeinschaft mit anderen Selbsttherapeuten. Ihre kommunale (= gemeinschaftliche, F.B.) Autonomie nimmt die Form einer ‚Autonomie der gegenseitigen Abhängigkeit' an (...) Um selber frei zu sein und eine stabile Stellung innerhalb einer Gemeinschaft zu erlangen, muß er anderen helfen und sich von ihnen umgekehrt helfen lassen. Eine therapeutische Weltordnung... ist... eine Welt, die so gebaut ist, daß alle Individuen, die kreativen und starken ebenso wie die schwachen, wirksam leben können."

In diesem Konzept umfasst *Diätetik* eine Reflexion von jedermann über seine Stellung in der Welt und damit die Verantwortung für seine eigene Lebenspraxis (praktische *Philosophie*). Diese Lebenspraxis meint zunächst einmal die Heraus-Bildung, die Formung der eigenen Fähigkeiten zu einer personalen Bildung im Sinne der altgriechischen paideia. Die Selbsterziehung und Selbstbildung zu einer Person, die lebt, was ihr gemäß ist, ist somit integraler Bestandteil dieses Konzepts. Gesundheitserziehung im engen Sinne hat sich einzuordnen in einer umfassenden *Pädagogik* des Menschen im Rahmen dieses Projekts der Gesundung. So beinhaltet Morenos Ansatz durchaus eine eigenständige Theorie und Praxis der Bildung. Als zentrales Bildungsziel formuliert er (Moreno, 1974a, 392):

„Angemessenheit oder Meisterschaft: In meiner Definition spontanen Verhaltens spreche ich lieber von angemessenen oder meisterhaften Reaktionen als von passenden oder kompetenten. Passend oder schicklich impliziert gehorsames, dem allgemeinen Standard sich anpassendes Benehmen; – Kompetenz impliziert technische Gewandtheit und mechanisches Können. Meisterschaft oder Angemessenheit des Auftretens ist in der Geschichte durch hervorragende Persönlichkeiten wie Jesus, Buddha, Franz von Assisi und zahllose unbekannt gebliebene Menschen aller Zeiten dargelegt worden. Im Grund ist es meistens durch Selbstverwirklichung im Leben, selten durch Selbstanalyse erreichte autonome Errungenschaften. Der Mensch durchlebt zahllose innere und äußere Lagen und erweist seine Meisterschaft in ihnen. Ein Eremit mag in seiner Einsiedelei eine gegrenzte Meisterschaft entwickeln und Erfüllung gefunden haben, seine eigentliche Prüfung folgt aber nach seiner Rückkehr ins Leben, im Umgang mit anderen Wesen. Die Meisterschaft muß sich ‚im Strom der Welt' erweisen, nicht abseits vom Leben."

Der *Psychotherapie* im engeren Sinne bleibt dann die Unterstützung einer geistig gestörten oder sozial gefährlichen Minderheit (Moreno, 1991, 36). Bei Pädagogik und Psychotherapie geht es aber nach Moreno nicht allein um die Bildung bzw. Heilung der Person als Individuum, sondern um die Gestaltung der zwischenmenschlichen Beziehungen zu angemessenen Netzwerken, in denen und durch die dann auch die personale Bildung möglich ist (*Sozialgestaltung*). Soziale Arbeit meint in diesem Sinne dann vor allem Gesundheitsförderung durch Gemeinwesen- und Netzwerkarbeit (Hörmann, 1986; Buer, 1988; Waller et al., 1989; Hellerich, 1989; Nestmann, 1991), um so eine humane, d.h. menschenangemessene Lebensweise herauszufordern (Böllert, 1989; Keil, 1989). Diätetik geht somit in Politik als der Gestaltung der gemeinsamen Lebensverhältnisse auf. Die Philosophin Susanne Langer hat schon 1942 für diese Perspektive Worte gefunden, die auch Moreno unterschreiben könnte:

„Die Gelegenheit zur Führung eines natürlichen, impulsiven, intelligenten Lebens, zur Verwirklichung von Plänen, die Möglichkeit, Ideen im Handeln oder in symbolischer Formulierung zum Ausdruck zu bringen, alles was uns begegnet zu sehen, zu hören und zu deuten ohne Angst vor Verwirrung, unsere Interessen und ihren Ausdruck in Einklang zu bringen – das ist die ‚Freiheit', nach der die Menschheit strebt" (Langer, 1987, 284).

PsychoDrama. Ein antirituelles Ritual[1] (1995)

Das Ernstnehmen des Rituals stößt in unserer säkularisierten Welt bei den einen auf Skepsis, Ablehnung, gar Empörung, weil mit Ritual die erzwungene Teilnahme an erstarrten Handlungen assoziiert wird, durch die der vorgegebene Glaube einer Gemeinschaft bestätigt und eingetrichtert werden soll: Ritual als *Terrorzusammenhang*. Bei anderen weckt das Thema gesteigertes Interesse, weil die Hoffnung auf gezielt durchsetzbare therapeutische oder pädagogische Veränderung durch Handlungstechniken enttäuscht wurden und sich jetzt auf magische Praktiken im rituellen Rahmen richten: Ritual als *Magie*. Wieder andere erinnert „Ritual" an schön gestaltete Feste, auf denen wichtige Ereignisse im Leben eines Menschen gefeiert werden: Ritual als *Poesie*.

In allen drei Fällen handelt es sich um sozial geregelte, kollektiv ausgeführte Handlungsabläufe, durch die eine *existentielle* Thematik symbolisch bearbeitet wird. Oft aber nutzen wir in unserem Alltag auch schlicht konventionelle Rituale, die die Bewältigung bestimmter sozialer Situationen vereinfachen, wie Begrüßung und Abschied, oder wir nehmen an einem öffentlichen Zeremoniell oder einer kirchlichen Kulthandlung teil. Diese eher formalen Rituale haben für viele keine existentielle Bedeutung mehr, sie verweisen nur mit einer gewissen Theatralik auf einen kollektiven Anlass.

Die heutige Ambivalenz dem Ritual gegenüber hängt offensichtlich damit zusammen, dass es auf der einen Seite als Terror abgelehnt bzw. als Folklore belächelt wird, auf der anderen Seite aber nach neuen Formen des kollektiven Umgangs mit existentiellen Ereignissen gesucht wird, die die alten Riten nicht mehr bieten können. Genau in diesen Spannungszusammenhang hat Moreno das Psychodrama plaziert. Das ist unsere These.

Wie die Religionen einen spezifischen Kultraum hervorgebracht haben: Tempel, Kirche, Moschee, Synagoge, so sieht Moreno für das Psychodrama den psychodramatischen Theaterraum als spezifischen „symbolischen Behälter", der notwendig ist, um existentiellen Ritualen einen angemessenen Ort zu schaffen (Moreno, 1974a, 418f). Überhaupt weist er den therapeutischen Ritualen in der gesellschaftlichen Entwicklung eine enorme Bedeutung zu:

> „Die gegenwärtigen gruppentherapeutischen und psychodramatischen Methoden haben eine ‚Gemeinde-typische Art' und erzeugen eine intensive persönliche Betroffenheit wie auch ein gemeinsames Erleben überindividueller Anliegen. Indem sie wie kollektive therapeutische Verbinder funktionieren, sind sie besonders nützlich für Individuen, die in der Mitte des 20. Jahrhunderts leben, und die von den alten Religionen entfremdet worden sind, selbst wenn sie noch formale religiöse Beziehungen aufrechterhalten. Aber die therapeutischen Methoden können ebenso die alten religiösen Rituale befruchten und verjüngen. Die Gruppensitzungen werden zur Möglichkeit individuellen und gemeinsamen Ausdrucks von Gefühlen und Gedanken, durch die selbst der Nicht-Eingeweihte gefühlsmäßig betroffen werden kann. Seine privaten und kollektiven Ängste hinsichtlich Geburt und Tod, Ehe und Familie können hier ein Ertasten nach Lösungen finden" (Moreno, 1991, 33).

---

1 Zusammen mit Elisabeth Tanke Sugimoto verfasst.

So stehen auch die psychodramatischen Handlungen in der Tradition alter ritueller Praktiken (Moreno, 1959a, 314; Schmidbauer, 1975, 58ff.; Petzold, 1979, 14f), wie umgekehrt bestimmte zeremonielle Heilungen als „Psychodramen" bezeichnet werden können (z.B. Ellenberger, 1985, 60f). Dementsprechend haben manche Psychodrama-Forscher versucht, die Ähnlichkeit des Psychodramas mit bestimmten altafrikanischen Riten herauszuarbeiten (Collomb, de Préneuf, 1979; Haan, 1983), können sich aber über die Bedeutung dieser Ähnlichkeiten und Unterschiede nicht ganz klar werden: So schreiben etwa Collomb und de Préneuf (1979, 312):

> „Zusammenfassend läßt sich sagen, daß das N´doep und das Psychodrama sich überschneiden, ohne jedoch deckungsgleich zu sein: das eine wurzelt in der Religion und in der Tradition und entfaltet sich in einem komplexen Kultus; das andere versteht sich wesenhaft als Befreiung einer gefangenen Spontaneität. Aber in etlichen ‚Momenten' berühren sie sich. Also, ist es angebracht, sie zu vergleichen? Nun, um zum Abschluß zu kommen, wagen wir ein ‚Ja', bieten ein ‚Nein' an und überlassen es dabei dem Leser, sich zu entscheiden, wie er will."

Hier wird nun eine offenbar unbegriffene Widersprüchlichkeit deutlich: Zum einen kann das Psychodrama als Ritual gesehen werden, da es dem N´doep vergleichbare Praktiken mit einem ähnlichen Personal vollzieht, auf der anderen Seite ist es offensichtlich gegen das Ritual gerichtet, da es ja Spontaneität befreien will. Wie ist das zu begreifen? Genau das soll im folgenden versucht werden.

1 Wandlungen des Rituals

1.1 Aspekte des Rituals

In archaischen Gesellschaften wird „Kosmos", die Ordnung der Welt, hergestellt, indem der „Mythos", die Geschichte der Kosmogonie, im „Ritual" in rhythmischer Wiederholung nachvollzogen wird. Dem dramatisierten Mythos wird somit eine weltkonstituierende Kraft zugeschrieben: Magie.

> „Das Ritual ist rhythmische Wiederholung, kultischer Nachvollzug, ein in überlieferten Formen sich abspielendes Ereignis, in dem ... eine Gestalt geschaffen wird ... Ritual ist vergegenwärtigtes Symbol, erlebte Geschichte. Im Ritual wird der Mythos nochmals heraufbeschworen, er wird inkarniert, übersetzt, gefühlt. Ich spiele ihn in einer Gemeinschaft, und die Gemeinschaft erlebt ihn in mir" (Laeuchli, 1987, 148).

Dieser rhythmischen Wiederholung wird eine ungeheure kosmische Kraft zugeschrieben, die nur durch Fixierung auf feste Rituale, sakrale Orte, sakrale Zeiten und sakrale Personen gebändigt werden kann. Die Wiederholung im kultischen Spiel ist echte mystische Partizipation (Wipf, 1979, 120). Anlässe können der Wechsel der Jahreszeiten (kalendarische Rituale), Wechsel des sozialen Status (Übergangsrituale) oder Krisen (kritische Rituale) sein (Hunter, Whitten, 1981, 572ff.). Durch den ordnenden Nachvollzug dieser Wechselfälle des Lebens werden die damit verbundenen Gefühle wieder wachgerufen und als gelenkte verarbeitbar gemacht.

„Diese Fähigkeit des Menschen, biologisch verankerte Empfindungsabläufe allein durch die Vorstellung, durch Spiel und Motorik auszulösen, führt schließlich nicht nur zu einer quantitativen Steigerung, sondern auch zu einer durchgehenden qualitativen Veränderung des Gefühlslebens. Es entsteht der für die menschliche Existenz charakteristische Bereich des ‚Seelischen', der zum Selbstzweck werdenden Empfindungen und Erlebnisse ... ‚Die Seele' ist der Ort, an dem das Verfügbare und das Unverfügbare, das Aufklärbare und das Nichtaufklärbare zu einer Einheit verschmelzen und zur persönlichen, unmittelbaren, bewußten (wenn auch rational nicht voll artikulierbaren) Erfahrung werden" (Szczesny, 1979, 84f).

Mit der Geburt des Seelischen aus dem Ritual ist auch die Möglichkeit des PsychoDramas, der szenischen Darstellung der Seele gegeben.

1.2 Vom Ritual zum Theater

Der Anthropologe Victor Turner sieht den Ursprung des Rituals wie des heutigen Theaters im *sozialen Drama*. Es entsteht in einem sozialen Prozess, der in vier Phasen unterteilt werden kann (Turner, 1989, 110ff.):

- Ausgelöst wird ein soziales Drama durch einen öffentlichen Bruch mit der sozialen Ordnung.
- Hieraus entsteht eine soziale Krise des bisherigen Zusammenlebens.
- Um eine Ausweitung des Bruchs zu vermeiden, setzen führende Mitglieder der betroffenen Gruppe bestimmte Anpassungs- und Bewältigungsmechanismen in Gang; von persönlichen Ratschlägen und informellen Schlichtungsversuchen bis zur Aufführung von sozialen Dramen wie etwa gerichtlichen Verfahren oder öffentlichen Ritualen.
- In der letzten Phase wird die abweichende Gruppe reintegriert oder ausgegrenzt.

In dieser dritten Phase ist die bisherige soziale Struktur in Frage gestellt. Es entsteht eine Phase der Antistruktur oder des Chaos. Diesen Zustand der Grenzüberschreitung nennt Turner *Liminalität*. Sie schafft einen Spielraum für Kritik, Spekulation und Entscheidung. In dieser Phase wird die Gruppe zu einer *Communitas* zusammengeschweißt. Es ist ein Zustand, in dem die Unterschiede zwischen den Menschen aufgehoben sind, in dem eine Gemeinsamkeit entsteht, in der jegliche Sozialstrukturen unwirksam geworden sind. Diese Gemeinschaft beruht nach Turner auf „Ich-Du-Beziehungen", wie sie Martin Buber hervorgehoben habe. Turner unterscheidet drei Formen der Communitas:

1. Spontane Communitas

„ist ‚eine direkte, unmittelbare und totale Konfrontation menschlicher Identitäten', ein weniger intensiver als eindringlicher persönlicher Interaktionsstil. ‚Sie hat etwas Magisches an sich. Subjektiv ist sie mit dem Gefühl unbegrenzter Macht verbunden'. Ist nicht jedem von uns schon einmal dieser Augenblick widerfahren, wenn Menschen, die sich vertragen – z.B. Freunde, Verwandte –, auf der existentiellen Ebene ein Aufblitzen luziden, gegenseitigen Verstehens erleben, wenn sie das Gefühl haben, daß alle, nicht nur ihre eigenen Probleme, emotional oder kognitiv gelöst werden könnten, sofern nur die als ‚wesenhaftes Wir' (in der ersten Person) empfundene Gruppe diese intersubjektive Erleuchtung aufrechterhalten könnte ... (Dann) legen wir großen Wert auf persönliche Aufrichtigkeit, Offenheit und den Verzicht auf Ambitionen und Dünkel. Wir fühlen, daß es wichtig ist, sich im Hier und Jetzt direkt auf den anderen, so wie er sich darstellt, zu beziehen, ihn auf einfühlende Weise (nicht empathisch – denn Empathie impliziert ein Zurückhalten, ein Nicht-hingeben des Selbst) zu verstehen, frei von den kulturell definierten Lasten seiner Rolle ..." (Turner, 1989, 74f).

Wird hier nicht eindrücklich das, was Moreno Begegnung, Zweifühlung = Tele genannt hat, beschrieben (Moreno, 1973a, 53f)?

2. Ideologische Communitas
in den Entwürfen kommunitären Lebens. Hierzu wäre auch Morenos Entwurf einer therapeutischen Weltordnung oder einer soziometrischen Gesellschaft (Moreno, 1991) zu rechnen.

3. Normative Communitas
als kommunitäre Lebensgemeinschaft. Auch die Psychodrama-Gruppe kann als kommunitäre Gemeinschaft auf Zeit verstanden werden.

Diese Form des Zusammenlebens, die Communitas, die einem Beziehungsmodus entspricht, den Buer in einem anderen Zusammenhang als „Bund" bezeichnet hat (Buer, 1993a), steht eher strukturierten Gruppierungen gegenüber, die durch „Zwecke" (= „Gesellschaft") oder durch Herkunft (= „Gemeinschaft") geprägt sind (Turner, 1989, 77).

In tribalen und agrarischen Kulturen war in der liminalen Phase Arbeit und Spiel noch nicht getrennt. Erst mit der Industrialisierung werden beide Bereiche ausdifferenziert, die Freizeit wird zu einer eigenständigen Sphäre. Damit verloren auch die Rituale ihren ursprünglichen Stellenwert. Das Dramatische wanderte in die Unterhaltungsbranchen ab: Aus dem Liminalen wurde das *Liminoide*. Liminale Phänomene sind nach Turner durch Pflichtcharakter, zentralen Stellenwert für die Gemeinschaft, kollektive Gestaltung und Funktionalität gekennzeichnet, liminoide dagegen durch Freiwilligkeit, periphere Bedeutung für die Gesellschaft, individuelle Gestaltung und kritische Distanz. Das Liminale ist in modernen Gesellschaften noch in den Aktivitäten von religiösen Gruppen, in den Initiationsriten von Clubs, Studentenverbindungen u.ä. anzutreffen, das Liminale umfasst die Mußegattungen Kunst, Sport, Freizeitbeschäftigungen, Spiel usw. (Turner, 1989, 83ff.).

Das Theater entsteht erst dadurch, dass eine Trennung von Darsteller und Publikum erfolgt. Da die Teilnahme freiwillig ist, muss sich das Theater in besonderer Weise um die Gunst des Publikums bemühen. Trotz dieses wesentlichen Unterschieds zum Ritual bleiben auch Gemeinsamkeiten erhalten: Zunächst findet eine Trennung vom „Alltag" statt durch das Aufsuchen eines bestimmten Ortes zu einer bestimmten Zeit. In der nun folgenden Aktion wird ein Mythos erzählt und durchlebt. Diese Phase verläuft unter der Ägide einer Autorität und soll eine Communitas, eine intensive Beteiligung aller am Geschehen, erzeugen. Die dritte Phase besteht aus einer Reaggregation, einer Ernüchterung beim Zurückgehen in den Alltag (Turner, 1988, 25; 1990, 14).

Der Theaterwissenschaftler und Regisseur Richard Schechner, der intensiv mit Victor Turner zusammengearbeitet hat, sieht nun eine fundamentale Korrespondenz zwischen dem Sozialen Drama im Alltag und dem Bühnendrama:

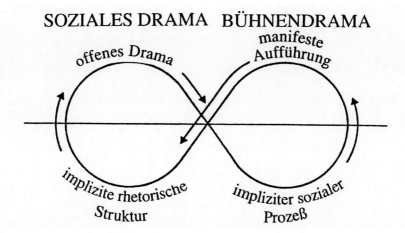

Abb. 1 (Turner, 1989, 116)

Das offene Drama der sozialen Wirklichkeit wird implizit reflektiert bei den Theaterschaffenden und führt zu einer manifesten Aufführung. Diese bietet dann ein unterschwellig wirkendes ästhetisches Modell für das soziale Drama. Insofern kann die Beschäftigung mit einer Aufführung, gar eine Beteiligung daran, unmittelbare Informationen über soziale Dramen in unserer Gesellschaft bieten. Denn:

> „Gerade durch den Prozeß der Darstellung wird das, was normalerweise hermetisch in den Tiefen des soziokulturellen Lebens verschlossen, der Alltagsbeobachtung und dem Verstand nicht zugänglich ist, ans Licht befördert – Dilthey verwendet hier das Wort *ausdrücken* im Sinne von ‚herauspressen'" (Turner, 1989, 17).

Wenn wir uns also mit dem sozialen Leben beschäftigen wollen, müssen wir uns dem subjektiven Erleben zuwenden, denn nur als solches ist das soziale Leben greifbar. Ein Erlebnis ist aber erst dann zum Abschluss gekommen, wenn es in einer Objektivation zum Ausdruck gekommen ist. Turner leitet das Wort Performance vom französischen *parfornier* her: „abschließen, vollenden" und zieht den Schluss: „Eine Darstellung (performance) ist also der geeignete Abschluß eines Erlebnisses" (ebd., 18). Gerade das Wechselspiel von Introspektion und forschender Betrachtung sozialer Objektivationen stellt eine hermeneutische Spirale dar, die die jeweiligen Pole transzendiert. Genau dieses Grundmusters bedient sich auch das Psychodrama.

Für Schechner enthält das Theater immer rituelle und unterhaltsame Elemente. Das rituelle Element verschmilzt Darsteller und Publikum zu einer Communitas, in deren Schoß eine existentielle Transformation der Beteiligten erfolgt. Das unterhaltsame Element hat lediglich transportierenden Charakter: Es „kommt etwas rüber", ohne dass die Beteiligten erschüttert wurden (Turner, 1990, 239).

1.3 Vom Theater zum Ritual

Das professionelle Theater heute droht sich aufzulösen in eine gigantische Vergnügungsindustrie mit dem Film in Kino, TV und Internet als Vorreiter auf der einen Seite und der Theatralisierung der Alltagswelten durch Verbreitung immer neuer Moden und Lebensstile in immer rascher sich wandelnden Kulissen auf der anderen. In dieser Lage haben sich manche Protagonisten des Theaters wieder auf seine rituellen Elemente besonnen, von Antonin Artaud, Jerzy Grotowski, Eugenio Barba über Peter Brooks, Richard Schechner oder George Tabori. Sie alle wollen Spieler und Publikum in einen gemeinsamen rituellen Transformationsprozess hineinziehen. Der bedeutendste Protagonist dieser Bewegung trat aber schon im 19. Jahrhundert auf: Richard Wagner (→ S. 182ff.).

Wagner (Mayer, 1990; Gregor-Dellin, 1991) hat mit dem Musikdrama als Gesamtkunstwerk (Dahlhaus, 1990; Bermbach, 1994), insbesondere mit der Trilogie und einem Vorabend „Der Ring des Nibelungen" (Shaw, 1991; Bermbach, 1989) und dem Bühnenweihfestspiel „Parsifal" (Metzger, Riehn, 1982) eine Erneuerung des Rituals im Theater vorgenommen, wie sie danach nicht wieder erreicht wurde. Nicht nur war er sein eigener Mythendichter (Borchmeyer, 1982); er hat auch durch die Schaffung einer neuen Bühnenkonzeption und eines sakralen Theaters in Bayreuth (Mayer, 1978), durch die eigene Regiearbeit und Sängerschulung, durch den Entwurf von Bühnenbildern und Ausstattung bis hin zu einer Propagierung einer „Wagner-Gemeinde" alles dafür getan, dass das Publikum mitgerissen wurde in einen kollektiven Läuterungsprozess, der zu einer Revolutionierung der Welt führen sollte. Der zeitgenössische Kritiker Eduard Hanslick hat ihn deshalb des „ästhetischen Terrorismus" bezichtigt. Im Gesamtkunstwerk sollen alle Sinne gebunden werden. Dazu hat Wagner eine eigene Musikkonzeption realisiert: Die Technik der Leitmotive. Wie im Kino wird die affektive Bannung aufs Geschehen durch eine Musik unterstützt, die – oft den Hörern unbewusst – gezielt den Stimmungsgehalt auf sehr subtile Weise hervorzaubert. So kann der Musikkritiker Ulrich Schreiber (1991, 456) festhalten:

> „Das durchkomponierte Netzwerk aus Leitmotiven führt zu einer totalitären Inanspruchnahme des Publikums, dem jeder Fluchtweg in eine durch das alte Nummernsystem gegebene Entspannung abgeschnitten wird. Aus dem musikalischen Spektakel herkömmlicher Art, das in seinen von Wagner mit Recht geschmähten Auswüchsen letztlich Zubrot zu einer anderen Art der Unterhaltung, etwa gastronomischer Art, war, ist durch seine Reform des Musiktheaters ein zwanghaftes Kollektivritual geworden."

Wagner orientierte sich in seinem Anspruch explizit an den Aufführungen der attischen Tragödie (Melchinger, 1990). Im Athen des 5. Jh. vor Chr. war in Europa zum erstenmal ein Theater entstanden, das über das Ritual hinausging.

> „Es ist ein denkwürdiges Paradoxon, daß eben aus der Krise des mythischen Denkens die mächtigste dichterische Gestaltung des Mythos erwuchs: die attische Tragödie ... eben für eine sich differenzierende, auseinanderstrebende Wirklichkeit konnte der Mythos noch einmal den gemeinsamen Bezugsrahmen abgeben. Weil das individuelle Denken sich von den Zwängen kollektiver Überlieferungen nicht mehr fraglos leiten ließ, vermochte es die Tradition in neuer Weise zu durchleuchten; eben weil die direkte Wirklichkeit der mythischen Tradition bereits im Schwinden war, ließ sie sich um so geschlossener in der Scheinwirklichkeit, im Maskenspiel vergegenwärtigen. Indem aber die Hinwendung zum Mythos aus dem erlebten Traditionsbruch der beginnenden Moderne erfolgt, erscheint die mythische Welt nicht mehr im Glanz des Vor-

bildlichen, sondern in zuvor nicht bemerkter Gebrochenheit. Die Tragödie betrachtet die mythischen Situationen fast ausschließlich unter dem Aspekt der Katastrophe, die Klage evoziert. ‚Furcht und Mitleid', nach der bekannten Definition des Aristoteles, hat das tragische Geschehen auszulösen. Gerade weil der Individualismus im Aufbruch ist, erscheint ihm im Spiegel des Mythos seine unheimlichst kollektive Kompensation: das Menschenopfer" (Burkert, 1988, 29).

Aus dem zwingenden Gemeinschaftsritual war ein Drama geworden, an dessen einmaliger Aufführung zwar die gesamte Polis im Anschluss an das Fest des Dionysos teilnahm. Die Tragödie ermöglicht jetzt aber eine kritische Auseinandersetzung mit dem Mythos. Wenn Aristoteles in seiner Poetik der Tragödie die Aufgabe zuweist, im Zuschauer Furcht und Mitleid hervorzurufen, dann um „dem Zuschauer zur Distanz von einem Schicksal zu verhelfen, das nicht bloß dasjenige der Helden auf der Bühne ist, sondern auch sein eigenes und dasjenige aller Menschen sein könnte" (Gigon, 1988, 114). Das Leitbild für diesen Reinigungsvorgang hat Aristoteles, dessen Vater Arzt war, aus der Medizin übernommen: Durch die homöopathische Erzeugung von Furcht und Mitleid sollen im Zuschauer Kräfte geweckt werden, die ihn mit seinem Geschick individuell fertig werden lassen. Insofern kann die Konstitution des Subjekts zu Recht im Diskurs der antiken Tragödie verortet werden (Lehmann, 1991).

Diese schon in der griechischen Tragödie erreichte Reflexivität des Subjekts will Wagner dagegen zurücknehmen. Er geht mit seinem Musikdrama mit allen künstlichen Mitteln hinter diese Stufe zurück. Die narkotisierende Wirkung seines Theaters, gegen die sich schon Nietzsche so vehement aufgelehnt hat (1988), will gerade den Trancezustand erzeugen, den das Ritual zur Durchsetzung seines Terrors benötigt. Da das alte naive Ritual aber in der säkularisierten Welt nicht mehr ohne weiteres funktioniert, kann es nur als Kunst-Ritual auftreten, das eine verändernde Wirkung mit allen künstlich-künstlerischen Mitteln durchsetzen will. Dass dieser Anspruch letztlich zum Scheitern verurteilt ist, hat Wagner wohl selbst geahnt

1.4 Rituale heute

Schon im alten Griechenland fand eine Spaltung des religiösen Rituals in eine poetische (Drama), religiöse (Kult) und politische Sphäre (Zeremoniell) ihren Anfang, die in der bürgerlichen Gesellschaft offensichtlich wurde. Während eine kommunitäre Wirkung des politischen Rituals angesichts einer pluralistischen Gesellschaft kaum noch erzeugt werden kann, ist das poetische Ritual in der Freizeitsphäre durchaus noch eindrucksvoll. Zum einen durch die Auflagung zur Kunst zeigt das Theater nach wie vor Wirkungen, zum anderen durch die massenhafte Verbreitung dramatischer Genres in Film und Fernsehen (Esslin, 1989). Religiöse Rituale haben nach wie vor ihren Stellenwert innerhalb einer Kirchengemeinde. Bestimmte Rituale ziehen auch heute noch ein Publikum auch außerhalb der Gemeinden an, etwa die Trauung oder das Begräbnisritual (Josuttis, 1988, 188ff.). Gerade auch in den Sakramenten der katholischen Kirche werden zentrale Schwellensituationen symbolisch bearbeitet (Geburt: Taufe; Erwachsenwerden: Firmung; gesellschaftliche Teilhabe: Eucharistiefeier; Paarung: Ehe; Erkrankung: Krankensalbung; Schuld: Beichte). Allerdings ist mit dem Protestantismus gerade der Gefühlsausdruck der Sakramente (Langer, 1987, 146ff.) reduziert worden. Dieser Prozess der Entsinnlichung hat mit dem II. Vatikanischen Konzil auch die katholische Kirche erreicht (Lorenzer, 1988).

Korsgaard sieht auch den Ursprung des Sports als das heute wohl wichtigste säkularisierte Ritual in der Ablehnung des körperlich-sinnlichen Ausdrucks im Protestantismus, der sich dann in den sportlichen Aktivitäten ein Ventil geschaffen hat.

> „... we can also see in sport a magic action with the urge to express the ideals of industrial culture ... Sport ... tries to create a reality in the world outside the arena. A race shows that one should strive to use as little time as possible, high jump points to the value of a greater production ... When athletes go out into the life of production and trade, then they actualize what they have created in their ritual activity" (Korsgaard, 1990, 118).

Religiöse Rituale, vor allem ihre magischen Praktiken, haben sich in der heutigen Zeit wohl noch am ehesten erhalten in der Psychotherapie (Wasner, 1984). Gerade das Sakrament der Beichte hatte eine Modellfunktion (Halmos, 1972). Der Soziologe Alois Hahn sieht in der Beichte wie in der Psychotherapie eine Möglichkeit, durch die Neuerzählung der eigenen Biographie zu einer Sinnstiftung zu gelangen (Hahn, Willems, Winter, 1991). Während heute nicht nur die archaischen Mythen, sondern auch die großen ideologischen Erzählungen zur Identitätserzeugung und Sinnstiftung ausgedient haben (Lyotard, 1986), bleiben oft nur noch die privaten Erzählungen, die allerdings zumeist erst mit professioneller Hilfe hergestellt werden müssen. Genau das wird in den reflexiven Therapien professionell betrieben.

Neben der wenn auch gebrochenen Macht der rituellen Darbietungen in den Bereichen Unterhaltung, Kirche und Politik existiert auch heute noch der Glaube an die Wirkungen von magischen Handlungen (Haarmann, 1992), werden Gemeinschaftsgeschichten zu Mythen stilisiert (Familienmythen, Firmenmythen ...), werden im Umgang miteinander Rituale eingesetzt (Goffman, 1991). Die mit der Aufklärung einsetzende Verwissenschaftlichung unseres gesamten Lebens und damit der Glaube an die vollständige Durchschaubarkeit und Planbarkeit scheint geradezu der zentrale Mythos des Industriezeitalters zu sein. Die Verdrängung des Rituellen im abendländischen Rationalisierungsprozeß führt ständig zu seiner unterschwelligen Wiederkehr. Offensichtlich drückt sich hier ein menschliches Bedürfnis nach Sicherheit aus, das durch die wissenschaftlich-diskursive Sicht der Dinge nicht hinreichend befriedigt werden kann (Langer, 1987).

2 Das PsychoDrama

2.1 Rituelle Elemente im PsychoDrama

„The entire procedure of psychodrama may be regarded as a kind of ritual, a healing ceremony with relevance for the protagonist" (Kellermann, 1992, 135). Im Psychodrama werden wie im Ritual Menschen von einer Lebensphase in die nächste oder durch Lebenskrisen hindurch begleitet. So finden im Psychodrama häufig Initiationsrituale, Versöhnungsrituale, Trauer- und Begräbnisrituale statt. Durch den Vollzug einer bestimmten Handlung soll ein unabgeschlossenes Geschehnis zu einem angemessenen Ende gebracht werden.

Der Raum
Das Psychodrama findet (oft nur symbolisch) in einem Theater statt mit Bühne und Zuschauerraum. Während des gesamten Treffens soll kein Teilnehmer den Raum verlassen, sollen auch keine fremden Besucher hinzukommen. Dieser Raum ist klar abgegrenzt. In-

nerhalb dieses Theaters spielt die Bühne eine besondere Rolle. Sie ist der Raum, in dem Wirklichkeit und Phantasie in der Surplus reality zusammen in Erscheinung treten können. „Der Bühnenraum ist eine Erweiterung des Lebens über das wirkliche Leben hinaus" (Moreno, 1973a, 77). In Morenos Vier-Stufen-Bühne in Beacon soll die vierte Stufe die Konkretisierung der Transzendenz, der überirdischen Welten ermöglichen (Leutz, 1974, 83). Die Bühne erhält damit eine sakrale Dimension.

Die Zeit
Alles Geschehen findet im Hier und Jetzt der Aufführung statt. Im Augenblick des Spiels kulminiert Vergangenes und Zukünftiges. Das übliche quantitativ-chronometrische Zeitempfinden ist aufgehoben zugunsten des subjektiven Erlebens eines einmaligen Moments.

Das Personal
Im Psychodrama müssen verschiedene Funktionen erfüllt werden: Der Leiter muss als eingeweihter Spezialist das Spiel des Protagonisten deuten (Analytiker), er muss den angemessenen rituellen Ablauf sicherstellen (Regisseur), er muss Wirkungen hervorrufen können (Therapeut/Pädagoge) und er muss für die Solidarität der Gruppe als Unterstützungssystem Sorge tragen (Gruppenleiter) (Kellermann, 1992, 45ff.; Wartenberg, Kienzle, 1991, 64ff.; Blomkvist, 1991). Um diese Rolle ausfüllen zu können, bedarf der Psychodramatiker nicht nur einer „Einweihung" durch Ausbildung, sondern auch einer charismatischen Gabe.

> „While many features (e.g. beauty, charm, brilliance, wit, altruism) may also arouse love and admiration, charisma speciafically refers to spiritual powers, personal strength, forceful character, and the ability to excite, stimulate, influence, persuade, fascinate, energize, and/or mesmerize others" (Kellermann, 1992, 59).

Der *Protagonist* übernimmt durch die soziometrische Wahl die Aufgabe, das eigene Thema als das Gruppenthema stellvertretend erneut zu durchleben. Die Teilnehmer werden so zu Schicksalsgenossen, sie sind gerade auch als Mitspieler direkt eingebunden in das Geschehen. In dieser existentiellen Teilhabe durchleuchtet die Gruppe exemplarisch das Schicksal jedes Einzelnen und erfährt in der Katharsis des Protagonisten selbst eine Wandlung. In den Rollen der *Hilfs-Iche* wirken die Mitspieler als „gute Geister":

> „... wie eine gute Fee dringen sie mit ihrem Zauber in die Psyche des gescheiterten Menschen ein. Wie gute und böse Poltergeister erschüttern und erregen sie manchmal den Patienten und überraschen und trösten ihn ein andermal" (Moreno, 1973a, 84).

Die *Zuschauer* repräsentieren die öffentliche Meinung. Sie binden wie der Chor in der attischen Tragödie mit ihrer Kritik den Protagonisten in der liminalen Phase des fließenden Übergangs wieder an die Gemeinschaftsnormen. Neue existentielle Erfahrungen der Communitas in dieser Phase können aber auch eine Wandlung kollektiver Normen zur Folge haben.

Psychodrama als Performance
Das Psychodrama kann als eine Darstellung betrachtet werden, deren Durchführung nach genauen Regeln erfolgen muss. So lassen sich Schechners Merkmale einer Performance (Schechner, Appel, 1990, 4ff.) sämtlich im Psychodrama wiederfinden: Im Psychodrama

findet die Transformation des Seins durch die Rollenübernahme im Bühnengeschehen, die Transformation des Bewusstseins im Erleben der Surplus reality, insbesondere in der Phase der Katharsis, statt. Im Ergriffensein während des Spiels wird zweitens eine Schwelle überschritten, die der Bühnenrealität eine eigene Wirksamkeit schafft (Sader, 1991, 49). Drittens wird die Performance entscheidend vom gegenseitigen Einfluss von Darstellern und Zuschauern bestimmt. Viertens verläuft das Psychodrama in festgelegten Phasen und fünftens wird das psychodramatische Wissen weniger literal, sondern oral, d.h. durch praktische Einweihung übermittelt. In der Prozessanalyse kann dann sechstens die Aufführung bewertet werden. Die von Schechner für die Performance generell festgestellte Ambivalenz der Spieler und Zuschauer zwischen Eingenommensein im Spiel und ästhetischer Distanz gibt auch dem Psychodrama seine Wirksamkeit durch Unterhaltung (vgl. auch Scheff, 1983, 107ff.).

2.2 Das PsychoDrama als Opferritual

Wenn der Protagonist als Repräsentant des leidvollen Schicksals der Gruppe gewählt wird, übernimmt er die Aufgabe, stellvertretend für die Gruppe einen schmerzhaften Weg erneut zu gehen. An ihm als Sündenbock kann die Gruppe selbst geläutert werden. Der Protagonist wird aber nicht zu diesem Opfer gezwungen, er muss es freiwillig auf sich nehmen. Die Bereitschaft, sich als Repräsentant der Gruppe zur Verfügung zu stellen und im Spiel Entbehrungen auf sich zu nehmen, ist ein Selbstopfer. Die „Selbstentblößung" und der Wandlungsprozess bedeutet ein schmerzhaftes Absterben alter Gewohnheiten zugunsten einer vorerst ungewissen Entwicklung. Im Vertrauen auf die Kreativität, die ihm im Spiel zukommen soll, begibt sich der Protagonist in eine liminale Situation, um zu einer Neuordnung seines Kosmos zu gelangen. Diese Erfahrung, im Selbstopfer Schöpfer und absolute Autorität der eigenen Darstellung zu sein, verleiht diesem Prozess einen numinosen Charakter. In der Phase der Integration wird das Sündenbock- wie das Selbstopfer bewusst:

> „.... jetzt aber verschwindet das ganze Theater, die Darstellung selber mit den HilfsIchen, den guten Mitarbeitern und Geistern, die ihm, dem Protagonisten-Patienten, geholfen hatten, ein neues Gefühl von Einheit, Macht und Klarheit u erwerben. Der Patient fühlt ... sich betrogen und zornig, weil er anscheinend der einzige ist, der das Opfer der Selbstentblößung gebracht hat, deren Rechtfertigung er nicht vollkommen einsieht" (Moreno, 1973a, 83).

Daher muss das Opfer durch das Sharing in die Gemeinschaft reintegriert werden:

> „Hat der Protagonist sein Leiden bislang als etwas Einmaliges aufgefaßt, so bekommt es für ihn durch das Sharing allgemein menschliche Züge. Protagonist und Zuschauer erleben eine tiefgehende Verbindung. Neben diesem Teilen der Lebenserfahrungen bedeutet Sharing aber auch Mitleiden mit dem Protagonisten in seinen dargestellten Nöten, ein Mittragen seiner Last sowie die Mitfreude über seine durch die Katharsis zustande gekommene Erleichterung. ‚Einer trage des anderen Last', im Rollentausch der Spielphase zur erlebten Wirklichkeit geworden, wird im Sharing zu der Erfahrung, ‚viele tragen des einen Last' erweitert" (Leutz, 1974, 103).

Dadurch entsteht beim Protagonisten das Gefühl, das Opfer habe sich gelohnt. Wenn im Sinne Thiels (1984, 117) das Wesentliche am Opfern die Opferhaltung, die Tatsache des „Sich-abhängig-Wissens" und des „Sich-Unterwerfens" ist, dann bedeutet das im psychodramatischen Kontext, dass die Gruppenmitglieder sich einerseits ihres gegenseitigen Aufeinanderangewiesenseins bewusst sein müssen, andererseits aber auch anerkennen, dass kreativer Wandel auch Opfer verlangt. „Jede Weiterentwicklung erfordert das Opfer dessen, was in einer früheren Phase von fundamentaler Bedeutung war, damit nicht eine liebe Gewohnheit die Welt zugrunde richtet" (Turner, 1989, 135).

2.3 Der Mythos des PsychoDramas

Der zentrale Mythos des Psychodramas ist die Auffassung vom Menschen als eines gefallenen Gottes, der in der Begegnung mit sich, dem anderen und der Welt wieder zu einem allmächtigen Schöpfer seiner Welt werden kann (Moreno, 1972). Diesen Mythos enthält die Legende von Morenos Fall, als er in seiner Kindheit im Spiel mit Nachbarskindern versuchte, Gott zu spielen, und sich den Arm brach. Dieser Mythos wird auch beschworen, wenn Moreno schreibt (1973a, 53):

„Im Anfang war die Existenz, aber Existenz gibt es nicht ohne Existierenden oder ein Existierendes. Im Anfang war das Wort, die Idee, aber die Tat war früher. Im Anfang war die Tat, aber eine Tat ist nicht möglich ohne Täter, ohne ein Objekt, auf das der Täter zielt, und ein Du, dem er begegnet. Am Anfang war die Begegnung".

Die Dynamik der Begegnung enthält eine Spannung, die zur Tat wird, indem sie Ich und Du zur Existenz verhilft Dieser Mythos ist stark geprägt von chassidischem Gedankengut, wie sie auch in der Kabbala zum Ausdruck kommt:

„Gott schränkte sich zur Welt ein, weil er, zweiheits- und beziehungslose Einheit, erkannt, geliebt, gewollt werden wollte, weil er seiner Einheit die Anderheit entsteigen lassen wollte, die zur Einheit strebt. Der Feuerstrom der göttlichen Gnade schüttete sich über die erstgeschaffenen Urgestaltungen, die die Kabbala Gefäße nennt, sie aber vermochten nicht der Fülle standzuhalten, sie zerbrachen in unendlicher Vielheit, der Strom, zersprühte in Millionen von Funken, die von Schalen, wie die Kabbala es nennt, umwachsen werden. So sind Gottes Funken in alle Dinge gefallen, sind aber von dem Mangel an Gotteskraft, von den Schalen, dem Übel, umgeben ... (Im Menschen) ist das rechtmäßige Subjekt des Aktes erstanden, in dem Gott erkannt, geliebt, gewollt werden will. Hier erst ist die Bewegung zu Ende ... ‚In unserer Welt erfüllt sich das Schicksal Gottes.' Denn die Beziehung von Mensch zu Gott ist doppeltgerichtet, ist eine Begegnung, ist die Realität der Gegenseitigkeit ... ‚Um seiner, des Wählenden, des Gottwählenden willen ist die Welt erschaffen worden. Ihre Schalen sind dazu da, daß er durch sie in den Kern dringe. Die Sphären sind auseinandergewichen, daß er sie einander nähere.' Die Funken in den Dingen und in aller Kreatur wollen von ihm erlöst werden" (Kohn, 1979, 79f).

Diesen Mythos erlebt jeder Protagonist im Psychodrama neu, wenn er im psychodramatischen Spiel seine Geschichte darstellt: die Geschichte, wie sein Leben immer mehr von Schalen umhüllt, von Konserven behindert wurde und wie er versuchte, die Schalen zu durchdringen, um zum Kern, seiner Lebenskraft, vorzustoßen, und dabei scheiterte. Das Psychodrama stellt ihn vor die Aufgabe, seinem Leben eine selbst gewählte und somit selbst verantwortete Richtung zu geben, um nicht mehr willenlos den vorgegebenen Schablonen und Konventionen zu folgen. Diese aufgenötigten Handlungskonserven stellen nach Moreno das eigentliche Übel dar, die durchbrochen, flexibilisiert, neu gestaltet werden müssen, um die dahinter steckenden Funken der Kreativität wirksam zu machen. Erst indem sich der Protagonist mit seiner Schalenwelt konfrontiert, ihr nicht ausweicht, sondern in sie hineingeht, kann er sie transzendieren. Das spontane Spiel ist genau die Kraft, die diese Muster reproduziert und zugleich eine Kreativität zu ihrer Umgestaltung freisetzen kann. Indem jeder Mensch seine je individuelle Welt neu schafft, wird der gesamte Kosmos neugeordnet, denn jede individuelle Welt ist in der Begegnung mit jeder anderen direkt verbunden.

Insofern soll jeder Mensch zum Mythen-Dichter seines eigenen Daseins werden und ihm nicht wie noch bei Wagner ein Mythos eingeträufelt. Und diesem Anspruch versuchte Moreno auch selbst gerecht zu werden: „Ich bin der Mythe. Was mir begegnet hat Teil am Mythus ..." (Moreno, 1918b, 110; Marschall, 1988).

2.4 Magische Praktiken im PsychoDrama

Es gilt also im Psychodrama, Verbindung zu einer immer schon vorhandenen Kraft herzustellen. Das geschieht vor allem durch die Verlebendigung der Dinge durch ihre Verkörperung im darstellenden Spiel. So sah Moreno (1973a, 198) das Psychodrama als „eine Form der *neuen* magischen Welt" an, in der Objekte durch Rollenübernahme neu beseelt werden. Gerade indem auch die Rollen aller anderen Menschen übernommen werden können, können deren Kräfte leibhaftig erfahren und angeeignet werden. Auch der Doppelgänger kann dem Protagonisten neue Kraft geben, sich mit sich selbst zu konfrontieren und neue Wege zu erproben. Selbst der Spiegel zeigt nicht einfach ein photographisches Abbild einer beliebigen Situation, sondern ein wirkungsvolles Bild einer typischen Lage voller symbolischer Energie. Im „Magic shop" sollen gar magische Kräfte neu gewonnen werden, wenn dafür auf andere verzichtet wird. In all diesen Prozessen sind Kräfte feststellbar, die „nichtspezifisch" auf bestimmte Interventionen zurückgeführt werden können.

> „The magic practices of psychodrama are based on the notion that illness results from a disharmony among the various energies that are present in the individual, in society and in nature ... In order for a person to become healthy, he or she must find a suitable equilibrium, or integration, among these various forces" (Kellermann, 1992, 132).

Vier Faktoren tragen nach Kellermann (ebd., 133) zu dieser magischwirkungsvollen Atmosphäre bei:

> „First, there ist the emotionally charged, ‚real' therapist-patient relationship which optimally includes caring, confidence and the absence of ulterior motives ... Second, the patient is persuaded to perceive the therapist as possessing special healing powers ... Third, there is a healing context which provides a sense of hope and safety through suggestion. Finalley, therapeutic rituals and healing ceremonies with symbolic relevance are performed to help people make important transitions in their lives."

2.5 Die Erregungskurve im psychodramatischen Prozess

Der psychodramatische Verlauf ist genau wie der rituelle Prozess durch einen langsamen Anstieg der Erregung und einen schnellen Abfall gekennzeichnet. Geschehnisse, die so verlaufen, werden als „lustvoll und lebensbereichernd" erlebt (Schönke, 1977, 185):

Erstens soll das Erregungspotential langsam ansteigen und die TeilnehmerInnen nicht überfordern. Zweitens muss der Protagonist wissen und sich darauf verlassen können, dass sein Erregungsanstieg ein Ende haben wird. Das weiß er durch die wiederholte Teilnahme am Ritual (Schechner, 1990, 274). Drittens muss die Erregung schneller abgebaut als aufgebaut werden. Das Wissen um den rituellen Rahmen und Ablauf gibt die erforderliche Sicherheit, um sich erneut mit bedrohlichen Situationen auseinanderzusetzen und sie nicht als überwältigend zu erleben (Scheff, 1983, 26). Der Einsatz von Distanzierungstechniken lässt die mit der dargestellten Situation zusammenhängenden Gefühle bewusst aufkommen, wodurch ihre Entladung zugelassen werden kann (Scheff, 1983, 64). Dieser Wechsel zwischen Eintauchen in den Prozess und Auftauchen ist der entscheidende Erkenntnismodus:

„Das Hin- und Herpendeln zwischen scheinbar entgegengesetzten Perspektiven wird schließlich bedeutsamer als das Eintauchen in die unterschiedlichen Perspektiven als solche. *Das Hin- und Herpendeln wird zur eigentlichen Erkenntnisquelle, die die Unvereinbarkeit gegensätzlicher Perspektiven aufhebt und die verbindenden Muster der Wechselbeziehungen erkennbar werden läßt* ... Wir erleben dann Momente von Ganzheit, auch wenn wir im nächsten Augenblick wieder hinunterspringen und in eine der vielen Realitäten eintauchen müssen" (Fuhr, Gremmler-Fuhr, 1991, 79).

Dieses Hin- und Herpendeln ist auch Ziel der „ästhetischen Distanz", von der der Soziologe Scheff in seinen Reflexionen zu Katharsis und Ritual spricht (1983, 67). Hier kommen Denken und Fühlen in ein Gleichgewicht. Innen und Außen sollen in einem intermediären Raum korrespondieren (Schäfer, 1989).

Viertens muss der Protagonist in der Lage sein, den Verlauf der Dinge selbst zu lenken, um den gesamten Prozess und seinen Ausgang zu überblicken. Der Psychodramaleiter begleitet ihn auf seinem Weg, indem er ihm hilft, diese Balance zwischen Ein- und Auftauchen einzuhalten. Fünftens erlaubt die wiederholte Erfahrung, dass der Höhepunkt der Erregung sich löst und Entspannung mit sich bringt, die Entwicklung zunehmender Risikobereitschaft in der zukünftigen Gestaltung ähnlicher Prozesse. Durch die Verwandlung eines beängstigenden Ereignisses in eine Erfahrung wie jede andere gelingt es dem Menschen zu wachsen. Bateson (1985) nennt diese Weiterentwicklung durch Krise und Spaltung „Schismogenese", die eine der Hauptantriebskräfte der kulturellen Entwicklung sei.

2.6 Die Katharsis als Geburt der Kreativität

Unter den Bedingungen der modernen Gesellschaft greift das Psychodrama soziale Dramen auf: Nach dem Bruch mit den üblichen oder verabredeten Regeln des Zusammenlebens und der daraus resultierenden Krise entsteht ein *manifestes Drama*, das eine latente *theatralische Struktur* enthält Diese Struktur wird in den inszenierten *Psycho-Dramen* aufgegriffen. Das manifeste Drama in der Alltagsrealität des Protagonisten spiegelt sich als *latentes Drama* auf der Ebene der Dynamik der Psychodramagruppe.

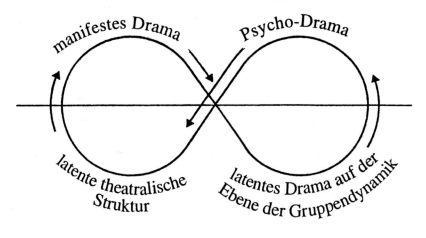

Abb. 2

Da im manifesten Drama im Alltag des Protagonisten keine angemessene Lösung gefunden werden konnte, bedarf es einer eigenständigen Form, die zum einen eine latente Wiederholung dieses Dramas enthält, zum anderen aber auch eine distanzierende Neuinszenierung ermöglicht. In dieser liminalen Phase wird also nach einem neuen Ausgang gesucht. Das Psychodrama als diese eigenständige Form ist also als liminoides Genre zu betrachten.

Die Bereitschaft, neue Lösungen zuzulassen, bedeutet Vertrauen in die eigene Spontaneität. „Spontaneity is a readiness of the subject to respond as required. It is a condition – a conditioning – of the subject; a preparation of the subject for free action" (Moreno, 1971, 177). In der liminalen, chaotischen Phase werden die im Spiel automatisch wiederholten Konventionen labilisiert. In der offenen Begegnung mit den Anforderungen der Situation und den eigenen Wünschen, Aufgaben und Möglichkeiten ist eine Neugestaltung dieser Szene verlangt, die die Handlung zu einem angemessenen Abschluss bringt. Diese Handlung durchbricht alte Muster und schafft neue Formen. Das ist das, was wir unter *Aktionskatharsis* verstehen. Sie ist oft mit Abreaktion, in jedem Fall mit Einsicht und Integration verbunden. Sie muss nicht sofort die Neugestaltung bringen, sie kann auch der Anstoß zu einem längeren latenten Prozess sein, der erst später zu einem deutlichen Abschluss kommt. Moreno geht nun davon aus, dass dem Protagonisten idealerweise in der kathartischen Phase eine Kraft zuströmt, die er so bisher nicht kannte und die ihn überwältigt. Er hatte Teil an einer „göttlichen" Schöpferkraft, die im gesamten Universum „als Funke" vorhanden ist.

> „Actually the universe is continuously becoming and so is God; being the result of millions and millions of forces which fill the cosmos ... the universe ... is basically infinite creativity; ... this infinite creativity ... is true on all levels of existence ... (It) ties us together. We are all bond together by responsibility for all things, there is no limited partial responsibility. And responsibility makes us automatically also creators of the world" (Moreno, 1971, 200ff.).

Katharsis kann also gesehen werden als heiliges Ereignis, eine Entrückung, die die Verrückung wieder richten kann. Diese Ekstase ist oft verbunden mit dem Erlebnis, integraler Teil eines einheitlichen großen Ganzen zu sein. Auch der Kontakt mit der Gruppe kann zu einer Verschmelzung führen. Diese spontane Communitas, von der Turner spricht, kann dazu beitragen, diese Ganzheitlichkeit erlebbar zu machen, die den Zusammenhang aller Dinge spürbar werden lässt. In dieser Phase folgt der Protagonist quasi einer „inneren Stimme", die mythologisch als „Wort Gottes" bezeichnet werden kann.

> „The voice ... is experienced in moments of extraordinary emergency as flahes of intuition. More than at any other time it makes itself felt in moments of bold creativity, in creative acts which seem to surpass any personal, human origin, and in moment of love" (Moreno, 1971, 155).

Unverbundenes wird plötzlich als verbunden erlebt. Sein und Schein verschmelzen zu neuer Gestalt:

> „Indem ich meine einstige Tragödie noch einmal scheine, wirke ich auf mich, dem ursprünglichen Heros der Tragik, komisch, befreiend, erlösend. Ich breche, indem ich mich doch zugleich tiefernst vor dem Volk, nackt, wie ich war, widerspiegele, innerlichst in Gelächter aus; denn ich sehe meine Welt des vormaligen Leidens aufgelöst im Schein. Sein ist plötzlich nicht mehr schmerzlich, sondern lustig. Meine ehemaligen Schmerzen, Wutanfälle, Begierden, Freuden, Jubel, Siege, Triumphe sind schmerzlos, gierlos, freudlos, jubellos, sieglos, triumphlos, gegenstandslos geworden. War ich das je, Bruder Zuschauer, was aus mir spielt und spricht?" (Moreno, 1919b, 62).

In diesem Spiel ist das eigene Ich aufgelöst in die Hilfs-Iche und eine unpersönliche Kraft. Es muss sterben, um neu geboren zu werden.

> „Das Spiel des Protagonisten funktioniert ... wie eine zunehmende Enttäuschung: er sieht immer mehr, daß das, was er zu Anfang noch für sein individuelles und einzigartiges Schicksal hielt, das ihn von allen anderen und für alle Zeit isoliert und trennte, ein für alle nachvollziehbares und sie selbst betreffendes, ebenso komisches wie tragisches Theaterstück ist. Im Psychodrama wird die von Moreno immer wieder beklagte moderne ‚Ich-Seuche' geheilt" (Wartenberg, Kienzle, 1991, 60f).

Die Erleuchtung muss aber Früchte tragen: Sie muss in ein kreatives Handeln münden, das tatsächlich den Anforderungen und Möglichkeiten entspricht. In der Realitätsprobe werden Neuentwürfe noch einmal einem Test unterzogen. Dabei müssen noch die letzten Reste schöner Illusionen, die sich in die utopischen Entwürfe eingenistet haben, erstorben werden.

Alle Formen der Katharsis, ob nun bewusst oder unbewusst; kognitiv, affektiv oder somatisch; aktional oder meditativ; individuell oder kollektiv, werden von Moreno auf ein gemeinsames Prinzip zurückgeführt, auf das der „schöpferischen Spontaneität„ (Moreno, 1973a, 79), die hinter den Schalen als Funken den gesamten Kosmos durchströmt.

3 Vom Auftrag des PsychoDramas in einer säkularisierten Welt

Die Entzauberung der industriellen Welt durch den abendländischen Rationalisierungsprozess kann nicht einfach rückgängig gemacht werden, auch wenn die Verluste heute deutlicher ins Bewusstsein rücken (Berman, 1985; Kamper, 1986). Die Befreiung von selbstverschuldeter Unmündigkeit als Unterwerfung unter Konventionen, die oft genug die Form zwanghafter Rituale im öffentlichen wie im privaten Bereich als Terrorzusammenhang annehmen, hat weitgehend die Rückbindung an einen vorgegebenen Kosmos (= religio) aufgelöst. Das hat zur Ausbeutung der Welt geführt, deren Folgen heute die Lebensbedingungen für die Entfaltung aller Arten in Frage stellen. Ein Weltethos wäre zu formulieren, das die Verantwortung aller für alle (auch für die Natur, die stumm beteiligt ist) in klare Verhaltensnormen umsetzt, an die sich alle halten würden (Jonas, 1984). Aber wie soll das geschehen, wenn das Einschränkung und Opfer bedeutet, die zunächst vom anderen verlangt werden wird?

Im Psychodrama kommen Menschen zusammen, die sich in gegenseitiger Hilfe (mutual aid) von ritualisierten Zwängen befreien wollen, die sich in psychischen Störungen, psychosomatischen Erkrankungen, Entwicklungsdefiziten und Einschränkungen persönlichen Wachstums zeigen. Diese rituellen Zwänge wiederholen sich automatisch in der Gruppendynamik und zeigen sich im spontanen Spiel auf der Bühne. Schon diese Wiederholung ist schmerzhaft und mit Angstgefühlen verbunden. Erst recht werden in der kathartischen Phase oft destruktive Impulse frei, die höchst angstbesetzt sind. Um diesen Weg zu gehen, bedarf es eines nicht nur vertrauten Gefährten, sondern auch eines festen Rahmens, der Orientierung und Stütze sein kann. Genau das bietet das Psychodrama als Ritual. Es muss flexibel genug den spontanen Weg des Protagonisten absichern. Wenn es dagegen zum starren Korsett wird, kann es selbst zum terroristischen Unterdrückungsinstrument werden. Passt es sich dem Fluss an, dann wird es selbst zu einer poetischen Gestalt verdichtet, die wiederum schöpferische Spontaneität ermöglicht. Eben das ist der einmalige ästhetische Aspekt psychodramatischen Arbeitens.

Die Freisetzung schöpferischer Phantasie in der psychodramatischen Performance kann aber auch Gestaltungskräfte auf den Plan rufen, die sich beim Protagonisten bis zum Größenwahn steigern. Damit diese nicht in Destruktivität umschlagen, müssen sie gebunden werden an die Realien, die pragmatischen Erfordernisse des je konkreten Lebens durch die Distanzierungstechniken. Damit aber auch der Leiter nicht zum allmächtigen Magier werden kann, muss die Gruppe bei der Wahl des Protagonisten, beim Mitspiel auf der Bühne und bei Sharing und Feedback in der Abschlussphase ihre autonome Rolle spielen. Und auch der Protagonist muss seine Rolle freiwillig übernehmen; erst auf dieser Basis kann er sich selbst verzaubern. Damit dieses Ineinanderspiel gelingen kann, ist das Einhalten der Grundregeln des psychodramatischen Rituals notwendig.

So kann das Psychodrama als ein antirituell ausgerichtetes Ritual verstanden werden, das in einer säkularisierten Welt zwanghafte Bindungen auflösen und kraftgebende Bindungen herstellen will. Wir sehen für ein solches Psychodrama drei Aufträge:

Zum *Ort der Sammlung und Besinnung* wird es, indem es sich zunächst von der Alltagswelt strikt abgrenzt und einen eigenen Raum der Konzentration und Verdichtung schafft. Gerade dadurch kann die Alltagswelt in poetischer Weise eindringen und zum Gegenstand der Betrachtung und leibhaftigen Auseinandersetzung gemacht werden. Erst in dieser Sammlung der Kräfte in der Gruppe wird ein Durch-Schauen disparater Lebensläufe möglich, die (wieder) Sinn gibt.

Als *Ort der Kritik und der Transzendenz* unterzieht es das bisherige Leben der TeilnehmerInnen einer Prüfung und fragt nach dem ungelebten Leben jedes Einzelnen. Es führt an die je konkreten Grenzen und fordert auf, sie zu überschreiten in eine lebendigere Zukunft hinein (Buer, Schmitz-Roden, 1992). Dieses Wagnis kann aber nur gelingen in einer Communitas, die sich in der Begegnung öffnet für einen existentiellen Wandlungsprozess.

Dann wird das Psychodrama zu einem *Ort der Kreation neuer Welten*. Indem die individuelle Imagination im Spiel die Welt beseelt und die kollektive Performance den individuellen Erlebnissen eine soziale Gestalt gibt, werden soziale Lebenswelten leibhaftig hergestellt, die in den Leibern und Seelen der TeilnehmerInnen aufgehoben und in die verschiedenen Alltagswelten mitgenommen und mitgestaltend eingebracht werden. Von hier aus kann ein ganz bescheidener Impuls ausgehen, Verantwortung für die je konkrete Lebenswelt zu übernehmen und globale Wandlungsprozesse anzustoßen.

Morenos Philosophie und der Marxismus (1989)

„Als ein in Rumänien gebürtiger Europäer, der seine Jugend- und Studienjahre in Wien verbracht hat, bin ich von jeher zwischen Ost und West gestanden und schon früh marxistischen Theorien ausgesetzt gewesen... Mir war es schon damals selbstverständlich, das marxistische System auf seine von Marx nicht erfaßten schwachen Punkte hin zu untersuchen. Mein soziometrisches System kann daher als eine Erweiterung und Weiterentwicklung des Marxismus betrachtet werden, sozusagen als seine Revision vom Gesichtspunkt der Mikrogruppe aus" (Moreno, 1974a, 383).

Schon während seines Medizinstudiums an der Wiener Universität liest Moreno mehr soziologische, philosophische und theologische Literatur als medizinische. In einem Klima der Revolution und der Durchsetzung sozialistischer Reformen im „Roten Wien" ist die Lektüre von *Marx* und *Engels* selbstverständlich (Moreno, 1981, 269). Schon 1913 hatte er begonnen, neben seinem Studium mit Randgruppen zu arbeiten. Was Marx und Lasalle für die Arbeiterklasse getan hätten, wollte er für die Prostituierten tun: Sie sollten Ansehen und Würde erhalten, indem sie sich organisierten, um ihre Interessen gemeinsam zu vertreten (Moreno, 1973a, 134; Moreno, 1978a, XXIX).

Die politische Diskussion im damaligen Wien wird bestimmt vom Austromarxismus (Johnston, 1980, 112ff.), vor allem von *Otto Bauer, Karl Renner, Rudolf Hilferding* und *Max Adler*, von dem im Daimon ein Beitrag angekündigt wird (Daimon, 121, 168, 216). Alfred Adler, der 1919 mit Moreno im Genossenschaftsverlag des „Neuen Daimon" zusammenarbeitet, beteiligt sich an den sozialistischen Reformen, in dem er und seine Mitarbeiterinnen seit 1920 Erziehungsberatungsstellen für Lehrer und Eltern einrichten (Bruder-Bezzel, 1983, 142). 1907, dann 1911-1914 hält sich *Leo Trotzki* in Wien auf (Trotzki, 1981, 182ff.) und ist in dieser Zeit häufig zu Gast bei den Adlers (Rattner, 1972, 123).

Georg Lukács lebt 1919 bis 1929 im Wiener Exil, wo er zwischen 1919 und 1922 „Geschichte und Klassenbewußtsein" schreibt (Johnston, 1980, 368). Schon im ersten Heft des Daimon vom Februar 1918 kann Moreno einen Beitrag von ihm ankündigen (S. 64), der allerdings nie erscheint. Dagegen schreibt dessen Freund *Ernst Bloch* im ersten Heft des neuen Daimon 1919 einen kurzen Artikel, der auf sein neues Buch „Geist der Utopie" hinweist (S. 18f).

1917 publiziert *Lenin* seine Schrift „Staat und Revolution" in Russland; 1923 richtet Moreno seinen Königsroman auch an die Leser von „Nikolaus Lenin: Staat und Revolution". 1919 veröffentlicht Moreno in Heft 1/2 des neuen Daimon eine „Erklärung an Spartakus", in der er schreibt, „daß der zweite, der nachkommende, von den Sklaven als Organ der Unterdrückung gerufene Staat einmal wirklich ‚absterbe', wird nie ohne völlige innere Umkehr aller Teile der Gemeinschaft geschehen können" (Moreno, 1919a, 32), eine Kritik an einer „Schwachstelle" der Leninschen Argumentation (Moreno, 1981, 211f)!

Zwar entscheidet Moreno sich 1925, nicht in die revolutionäre UdSSR auszuwandern, sondern in die USA, da er dort größere Möglichkeiten sieht, seine „fixe Idee" des „Godplaying" auszuleben (Moreno, 1947b, 4ff.; Moreno, 1978a, XXXIX). Er hält aber an seinem Programm der Weltrevolution fest (Moreno, 1934, 3; Moreno, 1974a, 3), meint allerdings eine Revolution nicht mit gewaltsamen Mitteln, sondern durch therapeutische, also dienende (Moreno, 1973a, 6).

1959 reist er in die UdSSR auf Einladung der Akademie der Wissenschaft (Moreno, 1960a), nachdem ein Jahr zuvor sein Buch „Sociometry, Experimental Methods and the Science of Society. An Approach to a New Political Orientation" auf russisch erschienen war (Einleitung M. Bachitow). Moreno wiederholt dort in vielen Vorträgen seine Kritik des Marxismus. Vor allem weist er – wie schon 1919 – darauf hin, daß die zweite Phase der kommunistischen Gesellschaft, die Lenin in „Staat und Revolution" in Anschluss an Marx skizziert, nicht von selbst kommt. „There is still much to be done but by means of sociometric methods we can at least ‚begin' to work toward this and we all are able to organize the collectives slowly in such a way that productivity can progress to each according to his ability and to each according to his needs" (Moreno, 1960, 69; vgl. Moreno, 1974a, 425).

1 Die Kontroverse zwischen Morenos System und dem Marxismus

1.1 Morenos Kritik des Marxismus

Während seines ganzen Lebens ist der Marxismus für Morenos soziologische Orientierung die entscheidende Einflussgröße, mit der er sich ständig auseinandersetzt (Moreno, 1981, 269). Diese Faszination erklärt er selbst mit den vielen *Affinitäten* zu seinem eigenen Ansatz (ebd., 215):

- Beide seien auf direkte politische Praxis gerichtet (ebd., 51, 78).
- Beide forderten eine Revolutionierung der kapitalistischen Gesellschaft (Moreno, 1974a, 424).
- Beide gingen davon aus, dass eine wissenschaftliche Untersuchung der Dynamik sozialer Beziehungen und Verhältnisse für eine Theorie der sozialen Revolution unabdingbar sein.
- Beide erklärten die sozialen Probleme aus einem Gesamtzusammenhang heraus.
- Beide wüssten, dass die Utopie einer neuen Gesellschaft sich „eng an ein im Menschen auf traumartige Weise inhärentes Lebensmodell anlehnen und es vorwegnehmen muß" (Moreno, 1981, 67; vgl. ebd., 262).
- Beide bestünden darauf, „daß das Volk für sich selbst handelt und daß es zu universeller sozialer Aktion aufgerufen wird" (ebd., 215).

Diesen Gemeinsamkeiten stellt er eine Reihe von Unterschieden gegenüber. Seine *Kritik* am Marxismus richtet sich vor allem gegen folgende Punkte:

- Für eine „wahre Veränderung der sozialen Ordnung" reiche die Kenntnis der Ökonomie nicht aus; sie müsse vor allem ergänzt werden durch die Analyse „der interindividuellen und intergruppalen Beziehungen" (ebd., 215, 45, 207; Moreno, 1974a, 384). Marx habe nur die Bedeutung des „ökonomischen Klassenkampfs" auf der Ebene der äußeren Gesellschaft erkannt (Moreno, 1974a, 429), nicht die grundlegende soziometrische Struktur auf der informellen Ebene (Moreno, 1981, 79).

- Daher habe er die sozialistische Revolution nur als Revolution des Proletariats begriffen. Die soziometrische Revolution dagegen erfasse alle Klassen, ja die gesamte Menschheit (ebd., 216). Alle Individuen in einer Gesellschaft müssten zu aktiv Handelnden werden (ebd., 190, 216).
- So sei der Mehrwert „lediglich ein Sonderfall des ‚soziodynamischen Gesetzes'" (ebd., 230). Moreno bezieht sich dabei auf zwei Stellen des „Kapital" (ebd., 229; Moreno, Z.,1966, 99):

„Der Mehrwert, welchen ein gegebenes Kapital produziert, ist gleich dem Mehrwert, den der einzelne Arbeiter liefert, multipliziert mit der Anzahl der gleichzeitig beschäftigen Arbeiter" (MEW 23, 341). Und: „Ein Dutzend Personen zusammen liefern in einem gleichzeitigen Arbeitstag von 144 Stunden ein viel größeres Gesamtprodukt als zwölf vereinzelte Arbeiter, von denen jeder 12 Stunden, oder als ein Arbeiter, der 12 Stunden nacheinander arbeitet" (MEW 23, 345).

Dieser Kooperationseffekt ist für Moreno ein Gruppeneffekt, der durch Abstoßungen und Anziehungen auf der soziometrischen Ebene zustande komme. Der Mehrwert sei somit ein Sonderfall des „Wirklichkeits-Mehrwerts" (surplus-reality) (Moreno, 1974a, 419; Moreno, 1978b, 105). Die ungleiche Verteilung dieses Effekts in der Bevölkerung sei das eigentliche Problem, das durchaus mit der ungleichen Verteilung der Güter verglichen werden könne (Moreno, 1974a, 354; Hart, 1971).

- Da Marx diese grundlegenden Tatsachen nicht erkannt habe, musste die von ihm angestrebte Revolution einen irrationalen Charakter annehmen (Moreno, 1981, 79). Der Glaube, der mit der „Diktatur des Proletariats" errichtete „sekundäre" Staat würde allmählich absterben, habe sich als falsch erwiesen, weil eben eine soziometrische Umstrukturierung der Gesellschaft nicht durchgeführt worden sei (ebd., 211ff.; Moreno, 1974, 424f).
- Marx habe vor allem auch religiöse Kräfte unterschätzt (Moreno, 1978a, 11). Sein „ökonomischer Materialismus" (Moreno, 1947a, 6) habe den Menschen als kosmisches Wesen verkannt. Demgegenüber postulierte Moreno „einen ‚Willen zum höchsten Wert', den alle Wesen ahnen und der sie alle vereinigt... Der werdende Kosmos (ist) die erste und letzte Existenz und der höchste Wert" (Moreno, 1973a, 3).
- Die entscheidenden Mittel zur Veränderung der Gesellschaft seien nicht Gewalt und Kampf, sondern „Heilmittel", die durch Soziometrie und Soziatrie gefunden und gewaltfrei und mit anhaltender Wirkung vom Volk genutzt werden können (Moreno, 1981, 217): Soziometrie sei Soziologie des Volkes, durch das Volk und für das Volk, Psychodrama Psychotherapie des Volkes, durch das Volk und für das Volk (Moreno, 1968, 176).

Moreno sieht den Marxismus fixiert auf Ökonomie und Klassenkampf. Dieses Bild ist jedoch nicht aus der Luft gegriffen. Es war typisch für den Marxismus der II. Internationale wie den Sowjetmarxismus (Fetscher, 1967). Dieses Bild hat Moreno kaum hinterfragt; eine genauere Reflexion (etwa: Vranicki, 1972; Fleischer, 1970; Dahmer, Fleischer, 1976) ist in seinen Werken nicht festzustellen. Auf der einen Seite sieht er das Kapitalverhältnis als „Auswirkung eines heftigen Kampfes zwischen zwei ideologischen Kräften – zwischen Kapital und Arbeit" (Moreno, 1981, 79), dann wieder als Resultat der Ökonomie. Dass der gesellschaftliche Reproduktionsprozess im Kapitalismus auf der Mehrwertproduktion beruht und dass genau das Basis der Ausbeutung ist, hat er wohl nie nachvollzogen (ebd.,

217f.). Für ihn besteht die Ungerechtigkeit nur in der ungleichen Einkommensverteilung (ebd., 211) und eben nicht in der repressiven Produktion. Er erkennt nicht an, dass revolutionäre Gewalt aus vorgegebener struktureller Gewalt resultiert. Er unterstellt den Kommunisten sogar einen supermachiavellistischen Machtwillen und setzt sie darin den Faschisten gleich (ebd., 219).

Dieses defizitäre und verformte Marxismus-Bild ist ihm Anlass zu Ergänzungen und Korrekturen: Die Makrosoziologie wird durch die Mikrosoziologie erweitert, die sozialistische Bewegung durch die soziometrische und gruppentherapeutische ergänzt (Moreno, Z., 1966, 28), so dass viele „kleine, aber vertiefte soziometrische Revolutionen" „an die Stelle der hoffnungslosen ‚großen' Revolutionen" treten können (Moreno, 1974a, XIV). Träger dieser Revolutionen seien die schöpferischen Menschen, denen bisher ihre Ideen und Erfindungen genommen würden. Mit dieser „am stärksten ausgebeuteten Minderheit" müsse die Weltrevolution beginnen, so dass eine freie Weltgesellschaft entstehen könne, die durch eine schöpferische Ordnung mit einer „kreativen Ökonomie" (Moreno, 1974a, 28) gekennzeichnet sei, durch „Kreatokratie" (Moreno, 1981, 218).

Im Grunde aber hält Moreno die Soziometrie sowohl der positivistischen Soziologie eines Comte wie dem Marxismus für überlegen (Moreno, 1974a, 385). In ihr sollen Soziologie und wissenschaftlicher Sozialismus aufgehoben werden (Moreno, 1974a, XXV).

1.2 Kritik der Konzepte und Methoden Morenos aus marxistischer Sicht

Eben jener Bachitow, der 1958 Morenos „Sociometry, Experimental Methods and the Science of Society" in russischer Sprache herausgebracht hat, hat im gleichen Jahr eine fundamentale Kritik der Mikrosoziologie veröffentlicht. In dieser Schrift „berichtet der Verfasser über die grundlegenden Gedanken der Mikrosoziologie, unterzieht sie einer scharfen Kritik und löst die aufgeworfenen Probleme auf marxistische Art" (Bachitow, 1961, 7). Diese marxistische Art – wohl eher Unart –, „bürgerliche" Wissenschaftler zu erledigen, zeigt sich wie folgt:

Zunächst wird – ohne dass das ausgesprochen werden müsste – davon ausgegangen: Der Marxismus hat immer recht! Dann werden seine Gegner, ob Moreno, Gurvitch, Simmel, v. Wiese oder König in einen Topf geworfen und festgestellt, dass dieser Brei nichts Marxistisches an sich habe. Daraus folgt: Sie haben Unrecht! So schreibt Bachitow (ebd., 32) etwa:

> „Moreno ließ solche ‚Mikroelemente' (wie das Verhältnis der Arbeiter zu den Kapitalisten und zum gesamten System der kapitalistischen Ausbeutung, F.B.) nicht deswegen unberücksichtigt, weil sie unwesentlich oder nicht zu erforschen sind, sondern weil er sich als bürgerlicher Ideologe sie zu berühren fürchtet."

Angesichts dieses Niveaus fällt es Moreno leicht, diese Kritik zurückzuweisen (Moreno, 1974a, 428ff.): Vor allem weist er zurecht darauf hin, dass Bachitow Morenos Aktionsmethoden so gut wie keine Beachtung geschenkt hat. Ferner ist keinerlei Bemühung erkennbar, Morenos eigenwillige Kombination von Philosophie, Forschungs- und Handlungsmethodik als ganzheitliches System überhaupt ernst zu nehmen.

Gewichtiger ist die Kritik des Philosophen Pontalis in seinem Buch „Nach Freud" (1974). Er entwickelt seine Kritik aus einer Würdigung des Gesamtansatzes von Moreno heraus. Trotzdem:

- Die Kriterien für „Heilung" blieben allzu vage (ebd., 198).
- Veränderungen im Rollenrepertoire veränderten nicht die entfremdete Rollenstruktur selbst (ebd., 200).
- Veränderungen im Hudson-Projekt bleiben oft allzu banal oder würden zu wenig auf ihre politischen Dimensionen reflektiert (ebd., 204f).
- Der Schlüsselbegriff des sozialen Atoms bliebe widersprüchlich und oberflächlich definiert. Er würde in Analogie zur Gesellschaft stehen, statt seine gesellschaftliche Formierung herauszuarbeiten (ebd., 204f).
- Morenos Strategie zur Veränderung der Gesellschaft durch Initiierung einer soziometrischen Bewegung wirke naiv bis närrisch (ebd., 205f).
- Moreno gehe in seiner Analyse fehl, das Soziale erforschen zu können, indem er es in abstrakte psychologische Mechanismen auflöse, auf einfache, mathematische Formeln bringe und es durch quantitative Messung zu begreifen suche" (ebd., 206f).

Diese Kritik wird von Hörmann und Langer (1987) ergänzt – ohne sich allerdings auf Pontalis zu beziehen. Sie konstatieren eine Spaltung zwischen der „mystischen Theorie" eines „poetisch-missionarischen Weltverbesserers" und der kreativen Methodik eines „geschickten Praktikers und geistreichen Forschers" (ebd., 185). Seine Philosophie wird als verworren, naiv, konterrevolutionär, offen reaktionär, phantastisch, esoterisch, schwärmerisch verworfen (ebd., 183f), ohne sie allerdings – etwa durch Kenntnisnahme der Frühschriften und der theologischen Arbeiten (z.B. Moreno, 1971; 1972) – eines genaueren Blicks zu würdigen. Zudem werden grundlegende Bücher zum Psychodrama (Moreno, 1975a; 1975b; 1977) und zur Soziometrie (Moreno 1981) einfach unberücksichtigt gelassen. Da aber das Psychodrama nur als Teil von Morenos Gesamtsystem begriffen werden kann, muss die Betrachtung von Hörmann und Langer fragmentarisch bleiben. So werden wichtige Basiskonzepte wie Spontaneität – Kreativität – Kulturkonserve, Heilung durch Begegnung etc. nicht genügend beachtet wie auch Morenos Projekt der Soziatrie, das neben dem Psychodrama auch Stegreiftheater und Rollenspiel sowie Soziodrama umfaßt. Ihre Kritik bleibt jedoch in vielen Punkten zutreffend:

- Wenn Moreno die Ökonomie als bestimmender Faktor des gesellschaftlichen Reproduktionsprozesses negiert zugunsten soziometrischer Prozesse durch willkürliche Setzung, dann bleibt sein Alternativprogramm ideologisch-dogmatisch (Hörmann, Langer, 1987, 192f).
- Morenos Kategorien bleiben abstrakt, d.h. nicht auf eine bestimmte Stufe der Gesellschaftsentwicklung bezogen. So bleiben seine Begriffe von Gruppe, Rolle oder sozialem Atom inhaltsleer genau so wie der von ihm abgelehnte Begriff des Individuums, da sie durch nichts außer ihnen selbst begriffen werden. Damit werden gesellschaftliche Verhältnisse psychologisiert (ebd., 193ff.).
- Gruppenimmanente Aktion ersetzt zumeist praktisch-politische Aktivität (ebd., 193).
- Die soziometrischen Gesetze werden nicht nur als Fakten genommen, sondern zu Normen erhoben, an die man sich anzupassen habe. So seien Rangordnung und Hierarchie Ergebnis dieser Gesetze und nicht Resultat gesellschaftlicher Machtkämpfe (ebd., 197).
- Die Organisation der Psychodramatiker in zunftmäßigen, privatwirtschaftlichen Verbänden birgt die Gefahr der unkontrollierbaren Mythenbildung so wie des „Psychotherapiemarketings" (ebd., 199).

In seinem Buch „Lebensdrama und Gesellschaft" (1987) versucht Ottomeyer Psychodrama, Psychoanalyse und marxistische Praxis- und Gesellschaftstheorie zu verbinden, um zu einer „szenisch-materialistischen Psychologie für soziale Arbeit und politische Kultur" zu kommen. Im Rahmen dieses Entwurfs kritisiert er das psychodramatische Menschen- und Gesellschaftsbild (Ottomeyer, 1987, 57ff.):

- Der menschliche Aktionshunger und die Kreativität würden auf die rastlos-flexible Gestaltung von Rollen reduziert.
- Der Rollenaspekt des Handelns werde verabsolutiert und enthistorisiert. Der Entfremdungscharakter des Rollenspiels würde unterschlagen.
- Gesellschaft werde auf eine große komplexe Interaktionsstruktur reduziert. Produktive, gegenstandsbezogene Praxis werde weitgehend ausgeblendet.

Leider hat auch Ottomeyer damals nicht den ganzen Moreno zur Kenntnis genommen. Diese geringe Materialbasis – er zitiert nur „Gruppenpsychotherapie und Psychodrama" und einige Schriften von MorenoschülerInnen – relativiert seine Kritik erheblich.

Bedenken wir noch einmal die kritischen Einwände von Pontalis, Hörmann und Langer und von Ottomeyer, dann verstärkt sich der Eindruck: Ihre Kritik trifft in vielen Punkten zu. Damit könnte Morenos Philosophie, aber auch seine Praxistheorie als fragwürdig angesehen werden. Es bliebe allein der Versuch, seine Handlungsmodelle zu retten, in dem man sie aus seinem Gedankengebäude herausschneidet und theoretisch neu begründet. Damit wären wir allerdings der epistemologischen Logik der bisher referierten Kritik auf den Leim gegangen!

1.3 Perspektiven einer kritischen Moreno-Lektüre

Moreno abstrakte Begrifflichkeit, willkürliche Setzungen, unklare Kategorienbildung, widersprüchliche Konzeptualisierungen oder politische Naivität vorzuwerfen, ist das eine, noch aus seinen Fehlern Erkenntnisgewinne zu ziehen, das andere.

Ernst Bloch und Hanns Eisler diskutieren 1937 im Prager Exil über die Kunst zu erben. Ihnen geht es darum, in der zeitgenössischen Musik, in der Literatur, aber auch in der Psychoanalyse nicht nur einen Ausdruck kapitalistischer Verhältnisse und ihrer dekadenten Tendenzen zu sehen, sondern auch die Antizipation einer künftigen Gesellschaft (Eisler, 1976, 153). Gerade auch der Expressionismus – ein zentraler locus nascendi für Morenos Ideen – war ihnen Anlass für diese Debatte. Durch diese epistemologische Haltung sollen alle Ideen fruchtbar gemacht werden für eine gemeinsame Abwehr sozialer Destruktionsprozesse wie für einen kollektiven Aufbau einer neuen Gesellschaftsordnung.

Bloch hat diesen Gedanken später genauer gefasst, wenn er neben die aufdeckende Schlüsselerkenntnis die verändernde Hebelerkenntnis stellt. Es geht darum, einen Gegenstand nicht nur passiv abzubilden, sondern seinen latenten, vorwärtstreibenden Gehalt aktiv herauszuarbeiten, ihm eine neue Erkenntnis durch In-Formieren abzuringen (Bloch, 1985a, 118ff.). Damit wird die kalte Analyse durch die wärmende Intuition ergänzt; beide gehören zusammen (Bloch, 1985b, 372ff.).

Moreno zu beerben, heißt also, mit dem Aufdecken seiner Schwächen das Entdecken seiner Stärken nicht zu vergessen. Dass durch dieses Verfahren, überholte, rückschrittliche

Schichten abgetragen und neue, bisher kaum geahnte hervorgeholt werden, ist die notwendige Konsequenz. Es geht also nicht darum darzustellen, was Moreno wirklich meinte, sondern was wir heute für den Aufbau einer solidarischen Gesellschaft nutzen können. Es geht also weniger um peinlich korrekte Exegese – um die auch, und zwar unter Berücksichtigung seiner wesentlichen Schriften –, sondern vielmehr um interessierende Lesarten. Die können aber nur entfaltet werden, wenn Morenos Ideen wie seine Praxen in der Auseinandersetzung mit ideen-, sozial- und kulturgeschichtlichen Entwicklungen verstanden werden. Und genau das haben seine Kritiker bisher zu wenig geleistet.

In diesem Beitrag geht es nun um die Beziehung zum marxistischen Gedankengebäude. Gemeinsamkeiten und Unterschiede sollen aus dieser Erkenntnishaltung heraus im folgenden dargestellt werden.

2 Morenos Werk – von Marx kritisiert

2.1 Darstellung

2.1.1 Der Mensch als Mitschöpfer des Kosmos oder der Mensch als Bearbeiter der Natur

Moreno berichtet von einem religiösen Erleuchtungserlebnis in seinem Haus in Bad Vöslau (etwa 1920, Moreno, 1972, 201f). Die Worte von Gott-Vater, die er dabei vernahm, hat er 1920 als „Testament des Vaters" veröffentlicht. Seit dieser Zeit war er von einer „fixen Idee" beherrscht:

> „It proclaimed that there is a sort of primordial nature which is immortal and returns afresh with every generation, a first universe which contains all beings and in which all events are sacred" (Moreno, 1947, 4). Als Moreno sich entschlossen hatte, dieses Reich zu verlassen und die Welt zu verändern, sollten diese Ideen zu seinem Führer werden. „Whenever I entered a new dimension of life, the forms which I had seen with my own eye in that virginal world stood before me. They were models whenever I tried to envision an new order of things or to create a new form. I was extremly sure of these visions. They seemed to endow me with a science of life before experience and experiment verified their accuracy. When I entered a familiy, a school, a church, the house of congress and any other social institution, I revolted against them in each case; I knew they had become distorted and I had a new model ready to replace the old" (Moreno, 1947a, 5; vgl. Moreno 1978a, XIX).

Die Vision einer neugeordneten Gesellschaft hat Moreno also nicht erarbeitet durch wissenschaftliche Analyse und Kritik der vorhandenen; sie war ihm gegeben durch innere Schau. Erst in seiner Arbeit im Flüchtlingslager in Mitterndorf wie durch sein Stegreiftheaterexperiment in Wien wurde er veranlasst, diese unsichtbaren Konfigurationen zwischen den Menschen empirisch zu untersuchen. Was aber ist der Ausgangspunkt seiner Weltsicht?

Der Mensch ist ein kosmisches Wesen: Er ist Teil der Creatura wie des Creators. „Die psychodramatische Antwort auf das Postulat ‚Gott ist tot' heißt: Wir können ihn leicht wieder lebendig machen. Dem Beispiel Christi folgend, können wir Gott neues Leben geben, allerdings nicht in der Form, die unseren Ahnen heilig war. Wir sehen anstelle des toten Gottes Millionen von Menschen, die Gott in ihrer eigenen Person verkörpern können" (Moreno, 1978b, 110). Gott ist zum Ich-Gott geworden, „der alle Verantwortung auf uns legt, auf das Ich und die menschliche Gemeinschaft, die Gruppe" (Moreno, 1978b, 110). Wir haben die Aufgabe, die Schöpfung zu vollenden. Dazu ist uns göttliche Schöpferkraft verliehen: unsere gemeinsame Kreativität. Das Zentrum dieser Kreativität, das ist in Morenos Sicht Gott. Von diesem Zentrum aus strömt Kreativität zu allen Lebewesen und kehrt von dort zurück, „thus forming a multidimensional network of relations" (Moreno, 1971, XIII). Diese networks of interpersonal relations sind die psychosozialen Netzwerke, die Moreno in seiner Soziometrie untersucht.

In der surplus-reality des Psychodrama kann der Mensch alle Lebewesen verkörpern, „überhaupt jedwede Imagination, und zwar nicht in Form einer Regression, sondern in Form schöpferischer Aktion ... Durch des Menschen Glauben an die unendliche Kreativität des Kosmos mag er das, was er in seiner psychodramatischen Welt verkörpert, eines Tages in die Wirklichkeit umsetzen ... Die zukünftige Realität hat er hic et nunc" (Moreno, 1978b, 109f).

Moreno geht es um den Kosmos, um die „Ordnung" der Welt (Kosmos: gr. = Ordnung). Eine Neu-Ordnung, eine Neu-Formierung, eine In-Formation der Welt soll eine „lebenswürdige Weltordnung" (Moreno, 1974a, XIV) schaffen, in der alle Lebewesen miteinander in Frieden und Harmonie leben (vgl. Moreno, 1968, 175). Moreno will der kreativen Energie, die tief in der Welt steckt, auf der Oberfläche der Welt zum Durchbruch verhelfen. Er will einen Prozess in Gang setzen, in dem die Menschheit Konstellationen schafft, in denen sich jedes Lebewesen gemeinsam mit allen anderen frei entfalten kann. Wie diese Entfaltung im Einzelnen aussieht, ist offen und soll offen gehalten werden. Warum sie allerdings bisher nicht zustande kam, bleibt zu klären.

Marx dagegen betrachtet die Welt zunächst einmal als materielle Natur, die jedem Bewusstsein und jeder Erkenntnis ursprünglich ist.

> „Die Natur ist der unorganische Leib des Menschen, nämlich die Natur, soweit sie nicht selbst menschlicher Körper ist. Der Mensch lebt von der Natur, heißt: Die Natur ist sein Leib, mit dem er in beständigem Prozeß bleiben muß, um nicht zu sterben" (MEW, EB 1, 516; vgl. MEW 3, 20ff.; Grundrisse 376f., 388f.). Um zu leben, muss der Mensch der Natur Lebensmittel abringen, er muss sie bearbeiten.

Diese Realität wird in ihrer grundlegenden Bedeutung für das Weiterleben der Menschheit von Moreno völlig verkannt. Die hinreichende Produktion von Lebensmitteln ist ihm offenbar kein Problem. Denn die materielle Basis ist für ihn vorhanden, er will sie als Intellektueller vergeistigen. Die Produktion der Welt ist anscheinend für Moreno abgeschlossen, es kommt darauf an, die Distribution der Lebewesen in ihr lebenswürdig zu gestalten. Dass die Verteilung der Menschen im Geflecht psychosozialer Netzwerke von der Herstellungsweise der Lebens- und Arbeitsmittel abhängen könnte, kann somit im Denken Morenos gar nicht als Frage auftauchen.

Während für Marx die Welt als Natur erst durch die Arbeit für den Menschen nützlich gemacht wird und insofern humanisiert (vgl. MEW, EB 1, 538), ist sie für Moreno immer schon Kosmos, Ordnung, und der Mensch in ihr eingeordnet. Er partizipiert am Kosmos und kann seine Weiterentwicklung direkt mitbestimmen. Zwar ist der Mensch nach Marx auch Teil der Natur; er steht ihr aber gegenüber und muss sie mühsam bearbeiten. Für Moreno ist das Verhältnis Mensch – Welt synthetisch, für Marx dagegen dialektisch (Schmidt 1973). Die Welt wird nach Moreno von einer göttlichen Kraft getragen, sie kann daher nicht vollständig von den Menschen zerstört werden. Marx und Engels gehen von ihrem materiellen Grund aus und betrachten daher religiöse Aussagen als phantastische Widerspiegelung, in der die irdischen Mächte die Form von überirdischen annehmen (MEW 20, 294).

2.1.2 Drama in Leben und Spiel oder Praxis als Grundkategorie menschlichen Lebens

Um die formalen Strukturen der Gesellschaft zu verändern, bedarf es der Freisetzung von Spontaneität als Voraussetzung für Kreativität. Moreno sah diese Möglichkeit im Stegreiftheater mit einer Bühne, die in ihrer Mehrdimensionalität von einem Zentrum aus offen ist nach allen Seiten. „I had taken the model from nature itself" (Moreno, 1947a, 5). In diesem visionären Theater kann alles verändert werden, nur nicht der Aufbau der Bühne. Die Spieler auf dieser Bühne sollen agieren „as the highest kind of actors, the saints and prophets", die ihre Bühne auf den Marktplätzen aufgeschlagen haben mitten in der Gemeinde (ebd., 5).

Schon in seinem Buch über das Stegreiftheater von 1923 schreibt Moreno: „Das Stegreiftheater war die Entfesselung des Scheins. Dieser Schein ist die Entfesselung des Lebens. Das Theater des Endes ist nicht die ewige Wiederkehr des gleichen aus eherner Notwendigkeit, sondern das Gegenteil davon, die selbsterzeugte Wiederkehr seiner selbst" (Moreno, 1970, 78). Durch die Verkörperung imaginierter Rollen in der surplus-reality der Bühne werden Fähigkeiten entdeckt und entwickelt, die bisher ungeahnt waren. Diese Befähigung zur „Metapraxie" ist Basis zur Veränderung der Verhältnisse im alltäglichen Leben.

> „Das Leben ist die Einatmung, Stegreif Ausatmung der Seele. Durch Einatmung entstehen Gifte (Konflikte), durch Stegreif werden sie wieder frei. Stegreif läßt das Unbewußte unverletzt (durch das Bewußtsein) frei steigen. Diese Lösung tritt nicht durch fremden Eingriff ein sondern autonom. Darauf beruht seine Bedeutung als Heilmittel. An Stelle der Tiefenanalyse tritt Tiefenproduktion, für den Arzt Selbsthilfe. Absicht ist, die Krankheit sichtbar machen; nicht gesund, sondern krank werden. Der Kranke treibt selbst seine Krankheit aus. Die Wiederholung in der Illusion macht ihn frei, wie Schutzimpfung die Entstehung der Blattern koupiert. Der Kranke geht den Weg des Dichters" (Moreno, 1970, 71).

Ausgangspunkt für Veränderung ist für Moreno also nicht die Alltagspraxis, sondern das Spiel. Nur über diesen Umweg kann Praxis entfesselt und befreit werden zu schöpferischer Kreation. Der Mensch wird begriffen als Komödiant, als Akteur, der auch im Alltag seine Rollen spielen will, aber nur zur Rollenkreation findet über spielerisches „acting out" (Moreno, 1978a, XIX).

Der Versuch, durch Stegreiftheater revolutionäre Kreativität freizusetzen, stieß schon in Wien an seine Grenzen. Moreno wurde deutlich, dass eine totale Kulturrevolution nötig sei, um die Hemmungen seiner Schauspieler wie seines Publikums aufzuheben. Vorläufig wandte er sich daher dem therapeutischen Theater zu.

> „The estetic imperfections of an actor could not be forgiven but the imperfections and incongruities a mental patient might show on the stage were not only more easily tolerated but expected and often warmly welcomed. The actors were now turned into auxiliary egos and they too, in their therapeutic function, were accepted in the nudity of the natural talent without the borrowed perfectionism of the theatre" (Moreno, 1947b, 8).

Im Psychodrama und Soziodrama kommt die kreative Entfesselung des Lebens von den Mühseligen und Beladenen und eben nicht von den etablierten und arrivierten Gesellschaftsschichten.

Um gesellschaftliche Verhältnisse, zwischenmenschliche Beziehungen, intrapsychische Rollensets zu erkennen, reicht es nicht aus, darüber zu reden, man muss mit anderen handeln, um sie zu verändern. Das sieht Marx ähnlich: „Die Frage, ob dem menschlichen

Denken gegenständliche Wahrheit zukomme – ist keine Frage der Theorie, sondern eine praktische Frage. In der Praxis muss der Mensch die Wahrheit, i.e. Wirklichkeit und Macht, Diesseitigkeit seines Denkens beweisen" (MEW 3, 5): Erkennen durch Eingreifen in die gesellschaftliche Praxis.

Dabei fällt nach Marx das Ändern der Umstände und der menschlichen Tätigkeit oder Selbstveränderung als revolutionäre Praxis zusammen (ebd., 6). Revolutionäre Praxis aber ist Klassenkampf um die Herrschaft im Staate mit dem Ziel, jegliche Klassenherrschaft abzuschaffen.

In der alltäglichen Praxis steckt aber auch nach Marx das Bedürfnis nach repressionsfreier Tätigkeit, nach befriedigender Selbstverwirklichung. Diese Praxis als schöpferischer und spontaner Akt unter der Bedingung der Freiheit ist das, was Moreno Spiel nennt. Marx unterstellt, dass „das Individuum ‚in seinem normalen Zustand von Gesundheit, Kraft, Tätigkeit, Geschicklichkeit, Gewandtheit' auch das Bedürfnis einer normalen Portion von Arbeit hat, und von Aufhebung der Ruhe" (Grundrisse, 504f). „Dieses mit der Selbstverwirklichung identische Spiel – nach Marx ‚Fischen', ‚Musizieren' und ‚Diskutieren' – findet seinen höchsten Ausdruck in der Philosophie und in der Kunst", meint Kofler (1985, 24). Das, was nach Marx unter den gegebenen Umständen Philosophen und Künstlern möglich ist, soll nach Moreno allen zu Teil werden: nämlich im Psychodrama (Moreno, 1974a, 418f). Das, was in Philosophie, Kunst und Psychodrama erträumt wird, gilt es dann in allen Bereichen gesellschaftlicher Praxis umzusetzen.

2.1.3 Soziometrische Matrix oder materielle Produktionsverhältnisse

Mit seiner Idee der soziometrischen Umgruppierung der Tiroler Flüchtlinge in Mitterndorf und der Begründung der Stegreifforschung in seinem Wiener Theater (Moreno, 1978a, XXXIV) versucht Moreno seine religiösen Visionen in ein wissenschaftliches Konzept zu transformieren. „I tried to do through sociometry what ‚religion without science' has failed to accomplish in the past and what ‚science without religion' has failed to accomplish in Soviet Russia" (Moreno, 1978a, XV). Dabei geht er von drei Hypothesen aus:

- „the hypothesis of spontaneity-creativity as a propelling force in human progress, beyond and independent from libido and socioeconomic motives",
- „the hypothesis of love and mutual sharing as a powerful, indispensible working principle in group life",
- „the hypothesis of superdynamic community based upon these principles which can be brought to realization through newer techniques" (Moreno, 1978a, XV).

Diese Kräfte wirken auf einer normalerweise unsichtbaren Ebene, können aber durch soziometrische Verfahren sichtbar gemacht und gemessen werden. Der Prozess des sozialen Lebens wird nun nach Moreno bestimmt durch diese Kräfte wie durch formelle wie informelle Gruppierungen der „äußeren Gesellschaft".

> „Unter sozialer Wirklichkeit verstehe ich die dynamische Synthese und die gegenseitige Durchdringung der beiden. Es liegt auf der Hand, daß weder die Matrix noch die äußere Gesellschaft wirklich sind oder allein existieren können, die eine ist eine Funktion der anderen. Als dialektische Gegensätze müssen sie gewissermaßen miteinander verschmelzen, um den tatsächlichen

Prozeß des sozialen Lebens hervorbringen zu können. Der dynamische Grund für diese Spaltung ist die verborgene Existenz von zahllosen sozialen Konstellationen. die fortwährend auf die äußere Gesellschaft einwirken, teilweise in dem Bestreben, sie aufzulösen, teilweise in dem Bestreben, sie zu verwirklichen, und nicht zuletzt der Widerstand, den die äußere Gesellschaft ihrer Abschaffung oder Veränderung entgegensetzt" (Moreno, 1981, 175).

Den Motor für die Entwicklung der gesellschaftlichen Wirklichkeit ortet Moreno nicht auf der Ebene der gesellschaftlichen Verhältnisse, sondern in der Tiefenstruktur zwischenmenschlicher Interaktionen, die vom Streben nach kreativ gestalteten, gegenseitig befriedigenden und liebevollen Beziehungen in der Gemeinschaft „getrieben" sind.

Auch Marx kennt dieses Streben nach Selbstverwirklichung. Er sieht es im Bedürfnis nach sinnvoller Arbeit wie nach unmittelbaren, natürlichen Beziehungen des Menschen zum Menschen (vgl. Fromm, 1970). Realisiert kann dieses Streben aber erst werden, wenn das gesellschaftliche Leben gemeinsam von den Produzenten reguliert wird, d.h. im Kommunismus (MEW 19, 226). Marx hat nun im Gegensatz zu Moreno dieses Streben nicht genauer untersucht. Er hat statt dessen ihre Behinderungen analysiert und festgestellt, dass die Dynamik gesellschaftlichen Lebens wesentlich bestimmt wird von der Dialektik von Produktivkräften und Produktionsverhältnissen (MEW 6, 407f).

Im Kapitalismus ist das herrschende Produktionsverhältnis das Kapitalverhältnis, in dem die Bewegung des Kapitals die gesellschaftliche Reproduktion dominiert. Allerdings: Die die herrschenden Produktionsverhältnisse infragestellenden Produktivkräfte schließen nicht nur die Entwicklung der materiellen, sondern auch die der menschlichen Produktivkräfte ein. Und die Entfaltung des produktiven Arbeiters umfasst eben nicht nur die Entwicklung seiner verwertbaren Arbeitskraft, sondern auch seiner kreativen Potenzen, die vom lebendigen Arbeiter nicht abgeschnitten werden können. Die Entfaltung dieser Kräfte, gerade auch die der Kooperation (MEW 23, 341ff.), durch die kapitalistische Produktions- und Lebensweise ist die entscheidende Basis des Protestes. Er kann aber nur wirksam werden, wenn die gesellschaftlichen Verhältnisse in eine strukturelle Krise geraten und eine grundlegende Umgestaltung zulassen (MEW 4, 372). Insofern gehört zum revolutionären Elan immer auch die revolutionäre Lage.

2.1.4 Rollenkonserve oder Entfremdung

Die Entwicklung vom Axiodrama über das Soziodrama zum Psychodrama und von der Theometrie zur Soziometrie brachte auch eine Neufassung des Erkenntnisgegenstandes mit sich: von der Begegnung zu den „interpersonal relations", den Tele-Beziehungen (vgl. Pfau-Tiefuhr, 1976). Diese informellen Beziehungen innerhalb von Gruppen und zwischen Gruppen haben nach Moreno unteilbare Kerne, die Sozialatome. Diese psychosozialen Beziehungsnetze ergeben sich durch emotionale Strömungen von Anziehung und Abstoßung, Sympathie und Antipathie, Liebe und Haß, Kooperation und Trennung. Hier wollen sich Strukturen organisieren, die selbst gewähltes Zusammenleben und -arbeiten ermöglichen. In Konflikt geraten diese Strebungen mit den formalen Beziehungsstrukturen, die sich durch Verhaltenserwartungen der sozialen Institutionen an die sozial Handelnden ergeben.

Diesen Konflikt zwischen den Forderungen und Erwartungen der äußeren Gesellschaft und den Wünschen der Individuen nach Selbstbestimmung (Nehnevajsa, 1960, 732f) formuliert Moreno in seiner Rollentheorie (vgl. Petzold, Mathias, 1982). In das Netz von Rollenbeziehungen eines Menschen als kulturelles Atom gehen die Motive aus seinen Sozialatomen wie die Forderungen aus seinen Mitgliedschaften in sozialen Institutionen ein. Insofern bietet für Moreno die Mikrosoziologie die entscheidende Perspektive, um soziale Veränderungen entdecken und beeinflussen zu können. Er untersucht soziale Strukturen im status nascendi, in einem Augenblick, wenn sie sich aus dem eben beschriebenen Konflikt heraus bilden.

Die Rollen dieses Musters können stark von den formalen Institutionen geprägt sein, dann handelt es sich um soziale Rollen. Diese haben als Rollenkonserven entlastende Funktion: In diesen Rollen kann das Individuum in formalen Beziehungen adäquat funktionieren. Diese Rollenkonserven werden für das Individuum zur Belastung, wenn seine Wünsche in diesen Rollen auf Dauer unterdrückt werden. Dann kann der individuelle Anteil an der Rolle aktiviert werden, um sich von der Rolle zu distanzieren, sie abzustreifen oder eine neue Rolle zu schaffen. Das ist im alltäglichen Leben angesichts der Dominanz sozialer Institutionen oft nicht möglich. Daher hat Moreno einen Ort geschaffen, an dem das möglich werden kann: die Psychodrama-Bühne. Hier können in der surplus-reality neue Rollen entwickelt und erprobt werden. Diese psychodramatischen Rollen speisen sich aus dem psychischen Phantasiepotential der Spieler und umfassen positive wie negative utopische Entwürfe (Moreno, 1975c, 20).

Entscheidend ist, dass diese Rollen den ganzen Menschen erfassen, sie werden von ihm verkörpert. Insofern müssen soziale wie psychodramatische Rollen immer vermittelt werden mit den körperlichen Bedürfnissen, mit den psychosomatischen Rollen.

Verfestigte Beziehungsmuster können nicht nur auftreten als Rollenkonserven, sondern sich auch vergegenständlichen als kulturelle und technologische Konserven. Diese können nach Moreno Freund und Helfer sein, aber auch Feind und Zerstörer. Das hat er vor allem am Beispiel des Roboters wie der Atombombe aufgezeigt.

> „As our perfectionism has failed us again and again in its application to us as biological and social beings, as individuals and as a society of individuals, we give up hope and invest it in automations. The pathological consequences are enormous. Man turns more and more into a function of cultural and technological conserves, puts a premium an power and efficiency and loses credence in spontaneity and creativity" (Moreno, 1947a, 20).

Von Rollenkonserven, sozialen Institutionen bis hin zu kulturellen und technologischen Apparaten werden von den Menschen hergestellte Produkte und Verhältnisse zum Subjekt des menschlichen Lebens. Die mit dieser Subjekt-Objekt-Verkehrung einhergehende Unterdrückung kreativer Gestaltungskräfte sieht Moreno als das entscheidende Problem im gegenwärtigen Stadium der kosmischen Entwicklung (Moreno, 1981, 177).

Warum bestimmte Konserven – obwohl der zu bewältigenden Situation nicht adäquat – weiterhin Geltung beanspruchen können, ahnt Moreno nur. Er schreibt:

> „Die Rollen wurden häufig als fremd in bezug auf das Selbst erlebt, wie sie auch häufig dem Leben des Schauspielers fremd sind. Für diesen Widerstand gegen Rollenkonserven und Stereotypen kann man verschiedene Erklärungen haben:
> Wir leben in einer Welt, die sich verändert. Neue Rollen-Sets kommen auf und versuchen, alte zu verdrängen.
> Innerhalb einer gegebenen Gesellschaft repräsentiert ein Rollen-Set eine ethnische Gruppe, ein anderer andere ethnische Gruppen, und beide kämpfen um die Herrschaft.

Wie das Kind der Assimilation der organisierten, syntaktischen Sprache Widerstand entgegensetzt, wehrt es sich gegen soziale Rollenbündel (role-cluster), mit denen es während der Kindheit und der Adoleszenz konfrontiert ist. Dieser Widerstand kann wachsen, wenn es dadurch von sich weg geführt wird" (Moreno in: Petzold, Mathias, 1982, 265).

Hier tauchen immerhin die Kategorien Herrschaft und Widerstand auf. Eine systematische Analyse von Herrschaftsstrukturen und Widerstandsaktionen lässt sich aber bei Moreno nicht finden.

Marx dagegen hat genau darauf sein Augenmerk gerichtet. Ihm geht es um die Untersuchung von Herrschaftsstrukturen auf makrosoziologischer Ebene, also innerhalb der Anatomie der bürgerlichen Gesellschaft, wie der Bedingungen ihrer Revolutionierung. Am Anfang seiner theoretischen Entwicklung steht die Entfremdungstheorie, die er aus der Arbeitstheorie entwickelt (vgl. Mészarós, 1973).

Die Tatsache, daß mit der Verwertung der Sachenwelt die Entwertung der Menschenwelt in direktem Verhältnis zunehme, begreift er als Resultat der Entfremdung des Arbeiters in vier Aspekten:

- Entfremdung des Arbeiters vom Produkt seiner Tätigkeit, das ihm gegenüber eine unabhängige, blinde Macht wird.
- Entfremdung von der Tätigkeit selbst, die zur Zwangsarbeit wird.
- Entfremdung von der menschlichen Gattung, für die eine freie, bewußte Tätigkeit charakteristisch ist,
- Entfremdung vom anderen Menschen, dem die Befriedigung der Bedürfnisse des anderen kein entscheidendes Motiv seiner Tätigkeit mehr ist (Marx, 1966, 54ff.).

Diese Entfremdungstheorie entwickelt Marx weiter über die Theorie der Arbeitsteilung (MEW 3, 32) bis zur Theorie vom Doppelcharakter der Arbeit als abstrakte und konkrete im „Kapital" (MEW 23, 61). Während konkrete Arbeit die Formierung der Arbeit zu einem bestimmten Zweck meint (also gebrauchswertorientiert ist), bedeutet abstrakte Arbeit die Verausgabung menschlicher Arbeitskraft als homogene und durch den Tausch gleichgesetzte (also tauschwertorientiert). Durch die Formierung der Arbeit als abstrakte wird von den konkreten Fähigkeiten und Interessen des Arbeitenden abgesehen. Seine Arbeit wird betrachtet wie jede andere, so daß ihr Wert mit jeder anderen verrechnet werden kann.

Diese Abstraktion = Entfremdung des Menschen von seinem Interesse an Selbstverwirklichung durch die kapitalistischen Produktionsverhältnisse führt zur Subjekt-Objekt-Verkehrung, d.h. zur Herrschaft der Ware, des Geldes, des Kapitals über die Produzenten dieser „Dinge". In der Klassentheorie wird diese Herrschaftsstruktur soziologisch entfaltet.

Moreno ist das Phänomen der Entfremdung nicht unbekannt. „The robot in its various forms – the work tool, the weapon, the cultural conserve, the zoomaton, the atomic bomb, and the calculating machine – is at the core of the process of alienation, of man from nature, from himself and from society" (Moreno, 1957, 4). Allerdings hat er die gesellschaftliche Produktion entfremdeter Verhältnisse, die Verdinglichung im Unterschied etwa zur Vergegenständlichung, nicht verstanden, obwohl er sich durchaus offen zeigt gegenüber der Klassentheorie (Moreno, 1981, 177) bzw. der Marxschen Theorie des Kapitalismus (Moreno, 1974a, 424, 429).

2.1.5 Soziometrisch neu geordnete Gesellschaft oder Kommunismus

„Das praktische Prinzip der Mikrosoziologie: kleine, aber vertiefte soziometrische Revolutionen zu fördern, als die eigentliche Hoffnung auf eine lebenswürdige Weltordnung, im Gegensatz und an Stelle der ‚hoffnungslosen großen' Revolutionen der letzten drei Jahrhunderte, wie die amerikanische (1776), die französische (1789), die russische (1917) und die chinesische (1949). Die Mikrorevolutionen der Zukunft müssen auf Millionen Mikrorevolutionen fundiert sein, oder sie werden immer wieder scheitern."

Das schreibt Moreno noch 1966 (Moreno, 1974a, XIV).

Die revolutionären Veränderungen in Gruppen mit Unterstützung von soziometrischen Methoden kommen nach Moreno durch mentale Katharsis zustande.

„If the supply (the amount of spontaneity) can meet the demand (the amount of change) the individual's own relative equilibrium within his social and cultural atoms will be maintained. As long, however, as he is unable to summon the spontaneity necessary to meet the change, a disequilibrium will manifest itself which will find its greatest expression in his inter-personal and inter-role relationships. The disequilibrium will increase in proportion to the falling-off of spontaneity and will reach a relative maximum when his spontaneity has reached its maximum point. It is a peculiarity of these disequilibria that they have their reciprocal effects. They throw out of equilibrium other persons at the same time. The wider the range of disequilibrium, the greater becomes the need for catharsis" (Moreno, 1975c, 16).

Der Ort, an dem das Gleichgewicht in den sozialen und kulturellen Atomen unter kontrollierten Bedingungen wiederhergestellt werden kann, ist die Psychodrama-Bühne.

„The method is to warm the subject up by means of mental and physical starters calling in another person to assist, if necessary. If this method is applied again and again, the subject learns through self-activation to get his organism ready for spontaneous action. It is a training in summoning spontaneity. In the course of overcoming the disequilibrium between the somatic and the mental processes, larger and larger portions of the organism are brought into play, pathological tensions and barriers are swept away and a catharsis takes place" (Moreno, 1975c, 24).

In der Psychodrama-Gruppe kann neben der Handlungskatharsis des Protagonisten eine Katharsis des Zuschauers wie eine Katharsis der gesamten Gruppe erfolgen, wenn sich weitere Spannungen aufgestaut haben und plötzlich neu ausgeglichen werden. Findet dieser Prozess innerhalb von größeren Gemeinschaften statt, spricht Moreno auch von „sozialer Katharsis" (Moreno, 1981, 191). In der Katharsis wird durch das „acting out" Spontaneität freigesetzt, die Rollenkonserven gesprengt und neue Einsichten ermöglicht. Die kreative Neuordnung der Netze von Anziehung und Abstoßung in den sozialen Atomen wie der Neugestaltung der Rollen-Sets in den kulturellen Atomen im gesamten Interaktionsgefüge der Gruppenmitglieder erfordert im zweiten Schritt die Einbeziehung aller Interaktionspartner. Insofern kann diese Initiative nur soziale Wirklichkeit verändern, wenn sie auf weitere Netzwerke und Rollensysteme übergreift und Kreativität, d.h. Interesse und Kompetenz an Neugestaltung, freisetzt. Das meint der berühmte erste Satz von „Who shall survive?" (1934, 1): „A true therapeutic procedure cannot have less an objective than the whole of mankind." Diese Initiative ist, will sie gelingen, auf Konsens in einem herrschaftsfreien Dialog angewiesen.

Das Setzen auf Spontaneität und Kreativität scheint Moreno überlebensnotwendig zu sein angesichts der zunehmend das ganze menschliche Leben beherrschenden Automatisierung (Moreno, 1974a, 442ff.). Spontaneität aber setzt den „Wirklichkeits-Mehrwert" frei, durch den die schöpferische Vollendung des Kosmos erst möglich wird (ebd., 423).

> „Ziel der Soziometrie ist die Entwicklung einer Welt, die jedem Menschen ungeachtet seiner Intelligenz, Rasse, Religion oder ideologischen Gebundenheit die Möglichkeit zur Entfaltung seiner Spontaneität und Kreativität gibt, die Möglichkeit zu leben oder die gleichen Rechte zu genießen" (ebd., 391).

In dieser soziometrischen Gesellschaft sollen alle Beziehungen nicht vorgegeben oder aufgeherrscht sein, sondern frei gewählt (ebd., 282f.; Moreno,1923, 116ff.). In dieser Gesellschaft wird es keine „Polarität zwischen Begünstigten und Benachteiligten" (Moreno, 1974a, 369) mehr geben. Niemand wird ausgestoßen; alle können „entsprechend ihren besten Fähigkeiten am Gemeinschaftsleben teilnehmen" (Moreno, 1974a, 6). Für Moreno geht es dabei um die Realisierung einer göttlichen Vorherbestimmung:

> „Die Religionen haben uns mit einem wunderbaren Mythus beschenkt. Lange bevor wir geboren werden, leben wir in einer anderen Welt, in Eden, und der weise Weltenvater, der alle geborenen und ungeborenen Wesen sieht und alle Nöte der Welt kennt, entscheidet, auf welchem Planeten, in welchem Land und in welcher Familie wir leben sollen. Diese Mär könnte ‚kosmischer Platzanweisungsmythus' genannt werden" (Moreno, 1974a, 281).

Indem wir unseren Platz in der Gesellschaft und in der Welt gemeinsam selbst bestimmen, realisieren wir einen göttlichen Plan, dessen Umsetzung wir nicht gänzlich verfehlen können, wenn wir Spontaneität und Kreativität freisetzen. Diese herrschaftsfreie neue Gemeinschaft „wird dem Therapeuten therapeutisch, dem Religiösen religiös, dem Co-operativen cooperativ, dem Demokraten demokratisch und dem Kommunisten kommunistisch erscheinen" (Moreno, 1974a, 396).

Auch wenn Marx das Streben nach Selbstverwirklichung der Menschen für den entscheidenden Motor radikaler sozialer Veränderungsprozesse hält, so geht er doch davon aus, daß seine Aktivierung wie seine Durchsetzung abhängt von objektiven Faktoren. Diese sind im wesentlichen die tiefgreifende ökonomische Krise, in der Zentralisation der Produktionsmittel und Vergesellschaftung der Arbeit in Gegensatz geraten zu den Produktionsverhältnissen (MEW 23, 791), der Stand der Klassenauseinandersetzung und damit die Existenz eines „kommunistischen Bewusstseins" (MEW 3, 70).

Indem die kapitalistische Produktionsweise selbst auf eine Verwandlung der vergesellschafteten Produktionsmittel in Staatseigentum drängt, schafft sie die objektive Basis für die Eroberung der Staatsgewalt durch die Arbeiterklasse. Damit hebt sich die Arbeiterklasse als beherrschte Klasse selbst auf und damit auch den Staat als Herrschaftsinstrument der herrschenden Klasse (MEW 20, 261). Mit der Beseitigung des Privateigentums an den Produktionsmitteln und der Herrschaft des Proletariats ist der Sozialismus erreicht (MEW 19, 19ff.). Erst im Kommunismus ist die Entfremdung überwunden, Arbeit ist erstes Lebensbedürfnis geworden.

> „Nachdem mit der allseitigen Entwicklung der Individuen auch ihre Produktivkräfte gewachsen und alle Springquellen des genossenschaftlichen Reichtums voller fließen – erst dann kann der enge bürgerliche Rechtshorizont ganz überschritten werden und die Gesellschaft auf ihre Fahne schreiben: Jeder nach seinen Fähigkeiten, jedem nach seinen Bedürfnissen!" (MEW 19, 21)

Marx glaubt, durch den wissenschaftlichen Sozialismus die wirklichen Mittel entdeckt zu haben, durch die die Ziele auch der utopischen Denker des Frühsozialismus erreicht werden können (MEW 17, 557). Damit kommentiert er noch einmal indirekt Morenos utopische Visionen.

2.2 Kritik

Vergleicht man den Ansatz von Moreno mit dem von Marx, dann muss zunächst einmal die unterschiedliche soziale Lage berücksichtigt werden, aus der sie schreiben. Moreno musste feststellen: In den Metropolen des Kapitalismus war keine Revolution erfolgt; die Revolution in Russland fraß ihre Kinder. Die Arbeiterklasse in Europa konnte nicht einmal den Ausbruch zweier Weltkriege wie den Faschismus verhindern. Von daher ist es verständlich, wenn er der Arbeiterklasse keine besonders revolutionären Potenzen zuspricht. Da er aber wie Marx an einer herrschaftsfreien Gesellschaft interessiert ist, muss er nach neuen revolutionären Kräften suchen. Er findet sie in den unterschwelligen Wünschen aller Menschen nach selbst gewählten Lebens- und Arbeitsverhältnissen. Er möchte durch seine soziometrischen Methoden diese Kräfte aufdecken, zum Bewusstsein bringen, stärken. Er hofft, daß die Menschen dann gemeinsam in ihrem Lebensbereich neue befriedigendere Verhältnisse schaffen gegen jeglichen Widerstand. Eine Analyse der entgegenstehenden Kräfte muss ihm nicht so wichtig wie Marx sein, da diese kreative Tendenz ja von göttlicher Kraft getragen wird. Die positiven, innovativen Entwicklungstendenzen der Gesellschaft im Erfahrungsbereich von Jedermann werden Gegenstand seiner wissenschaftlichen Untersuchungs- und Veränderungsmethoden. Die negativen, restaurativen Kräfte werden aus seiner spirituellen Grundeinstellung heraus aber keiner genaueren Analyse unterworfen. Daher steht sein Entwurf stets in der Gefahr, die kapitalistische Wirklichkeit zu verkennen und einem blinden Voluntarismus zu huldigen.

Mit dem Rückgang der industriellen Arbeit und der Ausdehnung des Dienstleistungsbereichs rückt die Arbeit als Bearbeitung der Natur immer mehr in den Hintergrund und mit der Ausdehnung der arbeitsfreien Zeit die soziale Beziehung in den Vordergrund des gesellschaftlichen Lebens. Gerade wenn Lebensqualität wichtiger wird als die Art der Arbeit (vgl. Negt, 1984), dann hat Moreno recht, wenn er die Beziehungsstruktur der Gesellschaft zum zentralen Thema gesellschaftlichen Interesses macht. Allerdings bleibt Marxens Erkenntnis nach wie vor gültig, dass das gesellschaftliche Leben davon geprägt wird, wie die Gewinnung von Lebensmitteln organisiert ist. Von den Produktionsmittelbesitzern im Verein mit dem bürgerlichen Staat wird nach wie vor die gesellschaftliche Entwicklung dominiert. Dass es darum geht, aufgeherrschte Arbeit abzuschaffen und freie, schöpferische Tätigkeit zu ermöglichen, darin sind sich Moreno und Marx einig.

Moreno möchte alle Menschen aktivieren, ihre Verantwortung für die Welt wahrzunehmen und sich an ihrer Gestaltung zu beteiligen – gerade angesichts der Umweltzerstörung und der atomaren Gefahren. Dabei baut er auf kleine Basisgruppen, die immer wieder Bewegung in größere Bevölkerungsgruppen bringen. Ob Gruppen des Bürgertums großes Interesse daran haben, diese kreative Bewegung zu initiieren, dürfte unwahrscheinlich sein. Auch größere Gruppen der Industriearbeiter dürften hier kaum zu finden sein. So geht diese Bewegung – wenn überhaupt – von den Mittelschichten aus. Wäre damit nicht Morenos Projekt als typisch kleinbürgerlich entlarvt? Aber: Entstammten die Theoretiker und Führer der sozialistischen Bewegungen nicht bürgerlichen Schichten und führten Mittelschicht-

Existenz? (vgl. Jacoby, 1988). Wurden massenhafte Aufstände und revolutionäre Aktionen nicht von kleinen Gruppen angestoßen und oft auch angeführt? (Sartre, 1974, 91ff.). Moreno hat mit seiner Hervorhebung der kleinen Mittelschicht-Gruppe als Medium der Veränderung nur eine Erkenntnis zur Sprache gebracht, die zum festen Erfahrungsschatz aller sozialistischen Bewegungen gehört. Er will – ähnlich wie Brecht (vgl. Fahrenbach, 1986) – durch soziologische Experimente und theatralische Interventionen eingreifendes Denken und aufgeklärtes Einmischen anregen, um so das „kulturelle Kapital" (Bourdieu, 1982) gerade auch der gebildeten Schichten zu nutzen. Neben vielen Unvereinbarkeiten zwischen dem Marxismus und der Philosophie Morenos bestehen aber auch viele Übereinstimmungen, die umso deutlicher werden, je stärker wir bestimmte Strömungen des heutigen Marxismus heranziehen.

3 Morenos Philosophie und der heutige Marxismus

Schon der Marxismus, der z.Z. Morenos in Wien vertreten wurde, ergänzte und revidierte manche Positionen von Marx und Engels, so dass schon hier eine größere Nähe zu Morenos Philosophie hervortritt. So verstand Max Adler, der 1921 bis 1937 an der Universität Wien lehrte, den Menschen a priori als soziales Wesen, weil er schon immer in seinem Bewusstsein sozial sei. Er wandte sich gegen einen materialistischen Geschichtsdeterminismus und stellte „den tätigen, nach Plänen und Ideen handelnden Menschen in den Mittelpunkt" (Adler, 1974, 17). Er glaubte an die Bildungsfähigkeit der Arbeiterschaft und an die Möglichkeit, schon in der bürgerlichen Demokratie Elemente einer „solidarischen Gesellschaft" zu verwirklichen. Daher unterstützte er 1919 die Arbeiterräte als eine zukunftsweisende Form der Selbstverwaltung.

Die Betonung der revolutionären Aktion und der Selbstregulierung der gesellschaftlichen Angelegenheiten durch Räte verband in den 20er Jahren Marxisten wie Karl Korsch, Herman Gorer, Anton Pannekoek und Otto Rühle. Sie wandten sich gegen die zentralistische Parteienherrschaft und setzten stärker auf die Spontaneität der Massen (vgl. Kool, 1970; Mattik, 1975). Otto Rühle, der zusammen mit seiner Frau Alice Rühle-Gerstel auch als Individualpsychologe tätig war, definierte „Sozialismus global als eine Neuregulierung der Beziehungen der Menschen untereinander sowie der Beziehungen der Menschen zur Arbeit, zu den Arbeitsmitteln und zum Arbeitsertrag" (Jacoby, Herbst, 1985, 53f).

Die Einbeziehung individualpsychologischer bzw. psychoanalytischer Theorien in die marxistische Gesellschaftstheorie etwa ab 1925 war Ausdruck des Versuchs, die bis dahin im Marxismus vorherrschende Geschichtsmetaphysik zu überwinden. Dieser konnte das Ausbleiben einer proletarischen Revolution und später den Durchbruch des Faschismus nicht erklären. Gerade auch die Kritische Theorie reflektierte diesen Mangel (vgl. Jay, 1981). So wurde der Soziologe und Psychoanalytiker Erich Fromm 1930 Mitglied des Instituts für Sozialforschung.

Insbesondere Herbert Marcuse (vgl. Arnason, 1971; Brunkhorst, Koch, 1987) formuliert in seinen Schriften viele Einsichten, die denen Morenos nahekommen. Spätestens seit Anfang der vierziger Jahre betrachtete auch er das Proletariat nicht mehr als revolutionäre Kraft. Basis der Rebellion sind für ihn die Lebenstriebe des Menschen, deren Befriedigung er für unvereinbar mit der gegenwärtigen Gesellschaft hält (Marcuse, 1969a, 9). Diese Lebenstriebe umfassen Sinnlichkeit, Erotik, Imagination, Phantasie, Ästhetik, Spiel.

> „Der Spieltrieb könnte, würde er tatsächlich als Kulturprinzip Geltung gewinnen, die Realität im wahrsten Sinn des Wortes umgestalten. Die Natur, die objektive Welt, würde dann nicht mehr in erster Linie als den Menschen beherrschend erfahren (wie in der primitiven Gesellschaft), sondern vielmehr als ein Gegenstand der ‚Betrachtung, der Reflexion'" (Marcuse, 1969a, 187f).

Die innovativen Kräfte des Spiels, der Spontaneität und Kreativität, der Phantasie und Imagination (Moreno, 1973b), der Liebe und gegenseitigen Anteilnahme, das sind Kräfte, auf die Moreno wie Marcuse setzen.

Mit dem Versuch Marcuses, den romantischen Impuls in die Aufklärung zu integrieren, wollte er die Tiefendimension des Imaginativen erschließen und doch die Vernunft nicht verraten. Allerdings hält er die gegenwärtig vorherrschende Form der Vernunft für kritikwürdig. „Die repräsentative Philosophie der westlichen Kultur hat einen Vernunftbegriff entwickelt, der die hervorstechenden Züge des Leistungsprinzips enthält. Die gleiche Philosophie aber endet mit der Vision einer höheren Form der Vernunft, die die gerade Verneinung dieser Züge ist nämlich Rezeptivität, Kontemplation, Freude" (Marcuse, 1969a, 130). Das ist genau der Zustand, der auch Morenos Vision entspricht. Marcuse nennt diese Utopie „Sozialismus", Moreno die „therapeutische Weltordnung". Diese „Ordnung der Erfüllung" kommt nicht allein, sie muss aktiv gewollt und angestrebt werden. Insofern ist dieser Entwurf immer normativ. Marcuse stellt fest: „Dieser normative Zug gehört zum Wesen des wissenschaftlichen Sozialismus. Der Sozialismus soll sein" (Marcuse 1969b, 185). Wie Marcuse wendet Moreno sich gegen einen Geschichtsdeterminismus und setzt auf die Entscheidung der Bevölkerung für gemeinsam regulierte menschenwürdige Verhältnisse.

Diese Idee der Selbstverwaltung, die die gemeinsame, herrschaftsfreie Regulierung der Arbeits- und Lebensverhältnisse durch das Volk selbst meint, verbindet auch viele westliche und östliche Marxisten, die sich dem „sozialistischen Humanismus" verpflichtet fühlen (vgl. Fromm, 1966), von Markovic (1969), Supek (1976) und Stojanovic (1970) bis Garaudy (1974; 1981) Gorz (1983) und Bloch.

Nach Vranicki (1974, 819) besteht der Wert des Werkes von Ernst Bloch (vgl. Zudeick, 1985) vor allem „in einer allseitigen Analyse der menschlichen Kreativität unter einem einzigen Aspekt – dem Aspekt des Utopischen". Bloch sieht in der menschlichen Geschichte nicht nur restaurative Tendenzen, sondern vor allem auch innovative, denen durch eingreifende, revolutionäre Praxis zur Geburt verholfen werden soll. Ausgangspunkt für in ist die existentielle Erfahrung des Menschen, dass sein Leben zunächst einmal kontingent ist, ohne Grund und ohne Sinn. Beides muss erst gewonnen werden. In diesem „Dunkel des gelebten Augenblicks" ist aber der „erfüllte Augenblick" enthalten. Kommen revolutionäre Lage und erfüllte Zeit zusammen, dann können Wünsche wahr werden, kann die Utopie vom glücklichen Leben konkret werden.

Gerade das kennzeichnet auch die psychodramatische Situation. In der „Stegreiflage" wird mit solidarischer Unterstützung der Gruppe Spontaneität freigesetzt, durch die die Wünsche nach neu geregelten Beziehungen in der kreativen Gestaltung psychodramatischer Rollen realisiert werden. Dieser erfüllte Augenblick im Spiel, in der surplus reality, im Schein, ist Sein geworden, Realität, ist eingetreten, allerdings unter günstigen „Umständen". Es gilt, diese Umstände im Alltag herzustellen, allerdings mit dem Elan im Rücken, den die psychodramatische Erfahrung freigesetzt hat.

Das Substrat realer Möglichkeit, das also, woraus sich die neuen Gestaltungen ausprägen, ist nach Bloch die Materie. „Die Materie selber ist unabgeschlossen; also ist die Materie nach vorwärts, ist offen, hat eine unabsehbare Karriere vor sich, in die wir Menschen mit eingeschlossen sind, sie ist die Substanz der Welt. Die Welt ist ein Experiment, das diese Materie durch uns mit sich selber anstellt" (Bloch in: Traub, Wieser, 1980, 286). Sie enthält also einen subjektiven Faktor, umfasst nicht nur das Sein, sondern auch den Geist. Daher beinhaltet die Utopie nicht nur den Sozialismus, sondern auch eine neue Welt. Die Materie kommt zu sich selber in einem durch die Menschen vollendeten Kosmos. Genau das meint Moreno, wenn er den Menschen als kosmisches Wesen betrachtet und ihn zum Co-Creator des Universums macht.

Dieser revolutionäre Messianismus in Blochs Werk (vgl. Münster, 1982) kennzeichnet auch die Frankfurter Schule. Wenn Adorno „das Motiv der Rettung des Hoffnungslosen als Zentralversuch aller meiner Versuche" nennt (in: Brumlik, 1983, 228) oder Benjamin schreibt: „Nur um der Hoffnungslosen willen ist uns die Hoffnung gegeben" (in: Brumlik, 1983, 229), dann ist radikale Gesellschaftskritik in ihrem Kern bereits theologisch gedacht. In dieser Tradition steht auch Moreno, wenn er angesichts der Frage „Who shall survive?" seine Hoffnung auf die Selbstheilungskräfte der Menschheit setzt und die Rettung in der allseitigen Entfaltung der „göttlichen" Kreativität sieht gegen die Tendenzen der Destruktion und Entfremdung.

Morenos Philosophie und der Anarchismus (1989)

„Für mich ist das alles Ein Ding: Revolution – Sozialismus – Menschenwürde, im öffentlichen und gesellschaftlichen Leben – Erneuerung und Wiedergeburt – Kunst und Bühne."
G. Landauer 1919

1 Moreno und der Anarchismus

1.1 Bezüge und Beziehungen

Claude Saint-Simon und *Pierre Proudhon* nennt Moreno in einem Atemzug mit August Comte und Emile Durkheim, wenn er die Begründer der Soziologie aufzählen will, der Soziologie als einer der drei Hauptströmungen des sozialen Denkens neben dem wissenschaftlichen Sozialismus und seiner eigenen Soziometrie (vgl. Moreno, 1974a, XIX). Dass beide aber nicht nur eine Bedeutung für die Entstehung der Soziologie hatten (vgl. Klages, 1969), sondern auch für die Entwicklung des utopischen Sozialismus, wird von Moreno mit keinem Wort erwähnt. Zumindest steht fest, er hat sie gekannt; Proudhon las er – wie er behauptet – schon zu seinen Wiener Zeiten (Moreno, 1981, 269).

Mit *Charles Fourier* und *Robert Owen* geht es uns etwas besser: Sie werden in einschlägigem Zusammenhang genannt:

> „Die großen religiösen Experimentatoren in situ Buddha, Christus und Gandhi, die Sozialutopisten Fourier und Owen, die Sozialrealisten Marx und Lenin – wie unvereinbar auch ihre verschiedenen Ansätze sein mögen – wußten etwas über die Spontaneität des Individuums und der Massen. Sie wußten intuitiv, daß sich ein erfolgreicher Versuchsplan der Gesellschaft eng an ein im Menschen auf traumhafte Weise inhärentes Lebensmodell anlehnen und es vorwegnehmen muß: Obwohl sie nie die Absicht hatten, ihre hypothetischen sozialen Systeme zu validieren, trugen sie zu dem Wissen, das die Sozialwissenschaften bis heute angesammelt haben, bei weitem mehr bei als alle künstlich konstruierten Experimente zusammen" (Moreno, 1981, 67).

Und im Abschnitt über „sociometric planning of society" in „Who shall survive" (1978a, 551) schreibt er:

> „In the history of community experimentation Charles Fourier and Robert Owen have earned a place of honor. Over a century ago these two indefatigable pioneers evolved ingenious schemes for social organization. It was their Utopian concept of human nature and of human society which accounts for the failure of their respective efforts. Aided by the theory of sociometric realism and sociometric methods their experiments might have succeeded."

Petr Kropotkin wird neben Aristoteles, Adam Smith, Comte, Feuerbach, Spencer, Darwin und Espinas als Kronzeuge angeführt, wenn es gilt, Morenos soziometrische Befunde zu stützen.

> „Sie alle sahen schon die Kräfte, sowohl von gegenseitiger Anziehung als auch Abneigung, die in Tier- und Menschengesellschaften bestehen. Kooperative Kräfte sind biologisch wichtiger als die Kräfte der Zerstörung. Wenn Kooperation nicht die stärkere Macht gewesen wäre, dann hätten sich die komplizierten Tierformen, wie Wirbeltiere oder Anthropoiden, nicht aus den einfacheren entwickelt. Kreativität und Produktivität vermehrt sich mit größerer Intensität in Gruppen, die auf der Basis gegenseitiger Hilfe begründet sind, als in Zufallsgruppen oder in Gruppen, deren Mitglieder einander feindselig gegenüberstehen. Im sozialen Universum gibt es echte Produktivität. Diese Kräfte der sozialen Gesundheit werden benützt und weiterentwickelt durch Methoden wie der Gruppenpsychotherapie und die Soziatrie" (Moreno, 1973a, 7).

Moreno bezieht sich hier offensichtlich auf Kropotkins Werk von 1902 „Mutual Aid. A Factor of Evolution", das Gustav Landauer ins Deutsche übertragen hat und hier 1904 bzw. 1908 unter dem Titel „Gegenseitige Hilfe in der Tier- und Menschenwelt" erschien, bis 1920 in 20000 Exemplaren.

Dass anarchistische Ideen im damaligen Wien heiß diskutiert wurden, bezeugt auch Manès Sperber, der 1920 Schüler Alfred Adlers werden sollte:

> Entstanden war „das Interesse für die Sozialrevolutionäre, die Nachfahren der Narodniki, und für die anarchokommunistische Lehre Kropotkins, des revolutionären Fürsten, viel mehr als für den Marxismus. Kropotkins Erinnerungen und seine ‚Gegenseitige Hilfe' haben uns zutiefst beeindruckt und gewiß wesentlich dazu beigetragen, den Wiener Schomer für jene Ideen und Ziele zu gewinnen, die später im Kibbuz verwirklicht werden sollten" (zitiert in: Paffenholz, 1984, 21f).

Auch Moreno sieht die Kibbuzim („kwutzoth") als wichtiges Experiment auf dem Weg zu einer „therapeutischen Weltordnung" an (vgl. Moreno, 1957, 23): „‚Open' therapeutic villages, and colonies populated by *normal* groups involving all dimensions of living, from labor to family life, are the promising next step, anticipated by the experiment in colonization by the kwutzoth in Israel."

Einer der geistigen Wegbereiter der Kibbuzbewegung (→ S. 151ff.) war *Martin Buber* (Buber, 1985, 231); er hat mit Moreno 1919 am Neuen Daimon zusammengearbeitet; zugleich war er enger Gefährte von Gustav Landauer seit 1900 bis zu dessen Ermordung 1919 in den Wirren der Zerschlagung der Räterepublik in München. Nach dessen Tod hat Buber eine Reihe seiner Briefe und Schriften herausgegeben (z.B. Landauer, 1922; 1929; 1977a; 1977b).

Gustav Landauer, dessen „Skepsis und Mystik" 1903, „Revolution" 1907 und „Aufruf zum Sozialismus" zuerst 1911 erschienen, dessen Zeitschrift „Der Sozialist" weit verbreitet war, der Proudhon und Kropotkin ins Deutsche übertragen hat, muss somit Moreno – wenn auch flüchtig – bekannt gewesen sein. Dafür spricht auch, daß Moreno durch seine Kontakte zu expressionistischen Künstlern und zu Alfred Adler für revolutionäre Ideen aufgeschlossen war. Manès Sperber schildert (1986, 303) das Klima der Nachkriegszeit in Wien so:

> „Im hungernden Wien ertrugen wir die furchtbaren Nöte des Alltags viel leichter, weil wir das Herannahen von Taten und Ereignissen erwarteten, die alles von Grund auf ändern und jedem ausnahmslos ermöglichen würden, zugleich als Einzelner und als Mitglied einer Gemeinschaft frei in innerer Wahrhaftigkeit zu leben. Wir erhofften einen herrschaftslosen Sozialismus, eine Gesellschaft, welche die Lenkung durch einen Staat nicht dulden und nicht brauchen würde. Bei der Begegnung mit Büchern waltet oft eine seltsame Logik der Koinzidenzen, die bewirken, daß dem Suchenden das Buch, das ihm die gesuchten Antworten bringt, genau dann in die Hände gerät, da er ihrer am dringendsten bedarf. So erging es uns damals mit dem ‚Aufruf zum Sozialismus' von Gustav Landauer."

Allerdings, diese Einflüsse werden weder in Morenos Frühschriften, noch in seinen amerikanischen Werken je explizit genannt (→ S. 20). Gerade in den USA wird die Auseinandersetzung mit dem Anarchismus – ganz im Gegensatz etwa zum Marxismus – eher beiläufig geführt. Seine Sicht des Anarchismus scheint jetzt von Vorurteilen nicht ganz frei zu sein (vgl. Moreno, 1981, 206). Und Zerka Moreno (in: Petzold, Mathias, 1982, 312) meint sich 1944 in einem Aufsatz zu Anpassungsproblemen im militärischen Bereich von anarchistischem Verhalten abgrenzen zu müssen.

Anarchistische Ideen werden daher nur unterschwellig in Morenos Werk vorhanden sein, möglicherweise ihm selbst unbewusst. Und wenn Ähnlichkeiten nicht auf Einflüsse zurückzuführen sind, dann kann man mit Fug und Recht zumindest von Parallelität sprechen.

Auf jeden Fall läßt sich Morenos Philosophie revolutionären Theorien zurechnen (vgl. Lenk, 1973). So ordnet Nehnevajsa (1960, 760) Morenos Ansatz den revolutionären Sozialsystemen zu und sieht hier deutliche Verbindungslinien: „Illustrations of revolutionary systems are the Communistic systems of Marx, Engels and Lenin, the Utopian systems of Thomas Moore and Charles Fourier and the sociometric system of Moreno."

1.2 Anarchismus und utopischer Sozialismus

Saint-Simon (1760-1825), Fourier (1772-1837) und Proudhon (1809-1865) gehören zu einer Gruppe von französischen Gesellschaftstheoretikern, die in einer Zeit des radikalen Wandels („Französische Revolution") Ideen einer besseren Gesellschaft entwickelten und einen Weg dorthin auf einer Kritik der bestehenden gründeten. Damit stellten sie sich in die lange Tradition sozialer Utopien seit der Antike (vgl. Bloch, 1976, 547ff.), sehen sie aber in Verbindung mit den sozialen Bewegungen ihrer Zeit (vgl. Hofmann, 1971, 39ff.). Zusammen mit Owen (1771-1858) werden sie als utopische Sozialisten bezeichnet (Bedarida et al., 1974).

Insbesondere Marx und Engels haben seit dem Kommunistischen Manifest von 1848 diesem Terminus einen negativen Beigeschmack gegeben. Ihre Kritik bezieht sich vor allem auf deren Hoffnung, durch Vernunft und Aufklärung, ohne feste Verbindung mit den Interessen der Arbeiterklasse eine radikale Gesellschaftsveränderung bewirken zu können. Statt dessen müsse die neue Gesellschaft, der Kommunismus, aus den objektiven Entwicklungsgesetzen der Geschichte abgeleitet werden (Marx, Engels, 1970). Engels sieht daher in der Entfaltung des Marxschen Systems eine positive Entwicklung des Sozialismus von der Utopie als Illusion zur Wissenschaft (Engels, 1970). Von dieser Position aus unterzieht Marx vor allem Proudhon einer vernichtenden Kritik (Marx, 1971). Bezogen auf diesen Standpunkt werden die oben genannten zur Gruppe der Frühsozialisten gerechnet (Ramm, 1968; Vester, 1971).

Allerdings stimmt die marxistische Vision einer vernünftigen und herrschaftsfreien Zukunftsgesellschaft mit den Utopien der Frühsozialisten überein (vgl. Buber, 1985, 147ff.). Nachdem die Hoffnungen auf die revolutionäre Kraft der Arbeiterklasse gedämpft sind und der Geschichtsdeterminismus mit seiner technologischen Fortschrittsvorstellung weitgehend obsolet geworden ist, hat utopisches Denken wieder an Relevanz gewonnen (vgl. Neusüß, 1968; Bloch, 1976; Schwendter, 1982; 1984). Auch die Krise eines objektivistischen Marxismus hat bewirkt, dass wieder andere, alternative Traditionen des Sozialismus Beachtung finden. Insbesondere in der Ökologiebewegung hat der Anarchismus eine Renaissance erlebt (vgl. Cantzen, 1987). Aber auch in christlichen Gruppen spielen anarchistische Ideen bei der Suche nach neuen Lebens- und Gesellschaftsformen wieder eine Rolle (vgl. Harms, 1988).

Mit Kant kann Anarchie als „Gesetz und Freiheit ohne Gewalt" umschrieben werden (zitiert in: Oberländer, 1972, 11); Anarchismus meint also „Utopien und Theorien freiheitlicher Gesellschaften ohne Macht und Herrschaft von Menschen über Menschen" (Neumann, 1984, 223). Die Ideengeschichte des Anarchismus beginnt mit Proudhon, wichtigster Theoretiker neben Bakunin war Petr Kropotkin (1842-1921) (vgl. Guérin, 1969; Nettlau, 1972; 1984; Wittkop, 1988). Die meisten Strömungen des Anarchismus bekennen sich zum Sozialismus, grenzen sich aber vom Marxismus ab, indem sie diesen als autoritär, sich selbst als libertär oder freiheitlich bezeichnen. Im Unterschied zu den Frühsozialisten erwarten sie die Veränderung nicht von oben, durch Staat oder Unternehmerschaft, sondern von unten, durch autonome Selbstorganisation der Gesellschaft.

Martin Buber (1878-1965) hat nun in „Pfade in Utopia" versucht, die Idee „einer Erneuerung der Gesellschaft durch Erneuerung ihres Zellengewebes" (1985, 17) in ihrer Entwicklung von den Anfängen bei Saint-Simon und Fourier über Owen und Proudhon bis zu Kropotkin und Landauer nachzuzeichnen.

Im Gegensatz zum Marxismus will „der ‚utopische' nicht-marxistische Sozialismus den mit seinem Ziel artgleichen Weg; er weigert sich daran zu glauben, daß man sich auf den dereinstigen ‚Sprung' verlassend, das Gegenteil von dem zu bereiten habe, was man anstrebt, im Jetzt den im Jetzt möglichen Raum schaffen muß, damit es sich im Dann erfülle; er glaubt nicht an den nachrevolutionären Sprung, aber er glaubt an die revolutionäre Kontinuität, genauer gesagt: an eine Kontinuität, innerhalb deren Revolution nur die Durchsetzung, Freimachung und Erweiterung einer bereits zum möglichen Maß erwachsenen Wirklichkeit bedeutet" (ebd., 39).

> Es wird „in zunehmendem Maße eine Restrukturierung der Gesellschaft angestrebt, – nicht, wie die marxistische Kritik meint, in einem romantischen Versuch, überwundene Entwicklungsstadien zu erneuern, sondern im Bunde mit den in den Tiefen des wirtschaftlichen und gesellschaftlichen Werdens wahrnehmbaren dezentralen Gegentendenzen, aber auch im Bunde mit der langsam in der Tiefe der Menschenseele wachsenden innerlichsten aller Auflehnung, der Auflehnung gegen die massierte oder kollektivierte Einsamkeit" (ebd., 41).
>
> „Der ‚utopische' Sozialismus kämpft für das innerhalb einer Restrukturierung der Gesellschaft jeweils mögliche Höchstmaß der Gemeinschaftsautonomie" (ebd., 42).

Als (vorläufig) letztes Glied dieser Erneuerungsbewegung sieht Buber seinen Lehrer Gustav Landauer (1870-1919) (vgl. Buber, 1985, 91ff.; 315ff.).

1.3 Landauer und Moreno

Landauers Lebensweg, seine Interessen und seine Aktivitäten weisen in vielen Punkten eine frappierende Nähe zu Morenos Leben auf (Wolf, 1988; Dericum, 1988; Kalz, 1967). Wie Moreno Sohn jüdischer Eltern, war er zeitlebens wie dieser beeinflusst vom prophetischen Messianismus, gefördert durch seine Freundschaft mit Buber. Seine frühen Schriften sind wie bei Moreno dichterische Werke, ein Roman „Der Todesprediger" (1893) und ein Novellenband „Macht und Mächte" (1903) (vgl. Fähnders, 1987, 22ff.). Zunächst hat er an der Zeitschrift „Der Sozialist" nur mitgearbeitet (1893-1899), sie dann 1905-1915 neu herausgegeben (vgl. Link-Salinger, 1986), so wie Moreno für den Daimon gearbeitet hat und später für Sociometry (ab 1937), Sociatry (ab 1947) usw.

Intensiv hat Landauer sich mit Literatur befasst, insbesondere mit dem Theater (z.B. Landauer, 1977a). Wie für Moreno war Shakespeare für ihn von hervorragender Bedeutung (Landauer, 1922). 1918 will er nach Düsseldorf gehen, um die Stelle eines hauptamtlichen Dramaturgen anzutreten und die Theaterzeitschrift „Masken" herauszugeben. Der Ausbruch der Novemberrevolution vereitelt diesen Plan.

Bereits 1892 aber hatte er der Kunst eine Absage erteilt. Er schreibt (zitiert in: Fähnders, 1987, 26): „Wir haben vorerst keine Zeit mehr für die Kunst. Kunst braucht Ruhe; wir brauchen Kampf. Die Kunst auf ihrer Höhe braucht Abgeklärtheit; wir brauchen Gärung." Moreno stellt sein dichterisches Schaffen von vorneherein unter das Motto „Einladung zu einer Begegnung"; seine Schriften sollen zum Handeln aktivieren. Im therapeutischen Theater mit Patienten überwindet er dann das Stegreiftheater mit Schauspielern und findet eine Synthese von Theater-Kunst und Aktion zum Zwecke therapeutischer Veränderung.

Wie Moreno schon vor dem 1. Weltkrieg eine Gruppe gegründet hatte, die seine religiösen Ideen praktisch umsetzen sollte, so gründete Landauer 1908 zusammen mit Martin Buber und Erich Mühsam u.a. den „sozialistischen Bund", eine lose Organisation von autonomen kleinen Gruppen, die im Geist des Sozialismus ohne Herrschaft gemeinsam leben und handeln wollten (vgl. Linse, 1969, 275ff.).

Landauer versuchte das, was er anderen predigte, selber umzusetzen. „Es kommt nur die Anarchie der Zukunft, wenn die Menschen der Gegenwart Anarchisten sind, nicht nur Anhänger des Anarchismus ... eine Wesenswandlung ist notwendig oder wenigstens eine Umkrempelung des ganzen Menschen, so daß endlich die innere Überzeugung etwas Gelebtes wird, das in die Erscheinung tritt" (zitiert in: Wolf, 1988, 21). Deshalb griff er Ungerechtigkeiten der Justiz an und ging dafür ins Gefängnis (1899), beteiligte er sich an der Gründung von Landkommunen (vgl. Linse, 1986, 72ff.) und sozialrevolutionären Bünden, reiste ständig zu Vorträgen durch die Lande und stellte sich der Münchener Räterepublik zur Verfügung. Moreno, der selbst auch später viele therapeutische Gemeinschaften und Vereinigungen gegründet hat, hätte Landauer sicher „bearer of truth" genannt (Moreno et al., 1964, 39ff.).

1916 schickte Landauer, um gegen den Krieg zu arbeiten, einen Brief an den amerikanischen Präsidenten Wilson, in dem er einen Zusammenschluss der Völker vorschlug und damit ein Konzept für den späteren Völkerbund darlegte. Moreno wendet sich in seinem Königsroman (1923b, 7) auch an die Leser der Rede Wilsons an den Kongreß vom 8.1.1918. Später plant er „the sociometric foundation of the United Nations Organization" (Moreno, 1947a, 3). Auf dem Höhepunkt des Vietnamkrieges schlägt er Präsident Johnson vor, ihn zu beauftragen, eine „persönliche Begegnung" mit dem Premierminister von Nord-Vietnam zu arrangieren (Moreno, 1966a). Ihr hohes Sendungsbewusstsein treibt beide, in die hohe Politik einzugreifen.

Philosophisch waren beide beeinflusst von Nietzsche, Kierkegaard und Spinoza. Das mystische Element, das bei Moreno deutlich hervortritt, wird bei Landauer vor allem in „Skepsis und Mystik" 1903 formuliert, nachdem er sich intensiv im Gefängnis mit Meister Eckhard auseinandergesetzt hat. Einige seiner Schriften hat er übersetzt und herausgegeben.

Eine Betrachtung von Morenos Werk mit den Augen von Landauer kann uns helfen, darin freiheitliche Strömungen (wieder) zu entdecken und aufzuheben als Anregung für neue Initiativen.

2 Ideen des Anarchismus in Morenos Werk

2.1 Der Mensch in Gesellschaft

In seinem Essay „Der Sozialismus und die Seele des Menschen", von Gustav Landauer und seiner Frau Hedwig Lachmann ins Deutsche übertragen, schreibt Oscar Wilde (1982, 63): „Das einzige, was man von der Natur des Menschen wirklich weiß, ist, daß sie sich verändert." Allerdings, muss man hinzufügen, innerhalb eines bestimmten Rahmens, z.B. dem der Sozialität. So stellt Landauer (1977c, 48) fest: „Isolierte Individuen hat es gar nie gegeben; die Gesellschaft ist älter als der Mensch." Und dieser Mensch in Gesellschaft sei im Grunde gut. „Wir glauben an die Gutartigkeit und Entwicklungsfähigkeit des Menschenschlags" (Landauer in: Link-Salinger, 1986, 253). Nach Landauer ist der Mensch auf „Geselligkeit" hin angelegt. „Der Mensch soll mit seinesgleichen zusammen richten, zusammen raten, zusammen taten" (Landauer in: Kalz, 1967, 106). Und dazu sei er prinzipiell in der Lage. Damit stellt Landauer sich in die libertäre Tradition, „die von der Vernunftbegabtheit des Individuums ausgeht und allen Menschen die Fähigkeit zuspricht, sich nach den humanen Prinzipien der Toleranz, Solidarität und gegenseitigen Hilfe zu organisieren" (Wolf, 1988, 11). Auch Moreno geht von der Bestimmung des Menschen zur Sozialität aus. Aber:

> „Jeder Mensch folgt seiner inneren Sehnsucht, jeder ist guten Willens, und dennoch scheitert die Gemeinschaft als Ganzes. Selbst wenn jedes Mitglied unserer Gesellschaft die Vollkommenheit eines Heiligen erreichte, wären die Interaktionen der Heiligen vielleicht noch immer unvollkommen. Zwei Heilige müssen miteinander harmonieren und mehrere auch als Gruppe segensreich wirken können! Hier wird der Sinn der ‚therapeutischen Gesellschaft' klar: das harmonische Zusammenleben einer Gruppe von verschiedenen Individuen zu verwirklichen" (1932; in: Moreno, 1974a, 396).

Der Mensch soll das, was ihm gegeben ist, seine Begabung zum guten Zusammenleben als Aufgabe begreifen, annehmen und aufgreifen. Dazu braucht er Hilfsmittel.

Die Formation der gesellschaftlichen Verhältnisse haben wir allerdings selbst hergestellt und halten sie ständig aufrecht. „Die Verhältnisse sind, wie wir uns zueinander verhalten. Wie wir uns zueinander verhalten, das heißt, was die wenigen Mächtigen gebieten und was die eigentlich Mächtigen, die Massen, sich bieten lassen und befolgen und tun, das bestimmt der Geist, der unter uns waltet" (Landauer, 1977b, 39). Und so ist auch der Staat für Landauer ein Verhältnis, eine Beziehung zwischen den Menschen (Landauer, 1979b, 53).

Staat und Gesellschaft sind also nicht so sehr Resultanten der Arbeitsverhältnisse wie in der marxistischen Theorie, sondern der Verkehrsverhältnisse, der Beziehungskonfigurationen, wie Moreno sagen würde. Für ihn ist Tele „feeling of individuals into one another, the cement, which holds groups together" (Moreno, 1977, XI) und damit die Gesellschaft eine größere Einheit von Gruppenverbänden.

Landauer und Moreno betonen stärker die Interaktion als gesellschaftskonstituierendes Moment als die Arbeit. Sie sei auch weniger Mittel zur Selbstverwirklichung als Mittel zum Genuss (Landauer in: Link-Salinger, 1986, 218f). Arbeit soll wieder werden „ein Spiel und ein Sport, eine lustvolle Bewegung ..., die in der zweckmäßigen Herstellung der Güter zugleich Selbstzweck, ein nerviges Leben im Muskelspiel ist" (Landauer, 1977a, 87).

Dem Menschen ist es nach Landauer und Moreno aufgegeben, seine prinzipielle Freiheit autonom zu gestalten. Damit schließen beide sich, wie Kropotkin (zitiert in: Cantzen,

1987, 87) sagt, der freiheitlichen Tradition unserer Kultur an, „welche im zwölften Jahrhundert die Menschen antrieb, sich zu organisieren auf der Grundlage der freien Vereinbarung, der freien Initiative des einzelnen, der freien Föderation der Interessenten." So vertrauen beide wie Proudhon (Oberländer, 1972, 20) und Bakunin (Oberländer, 1972, 22; Neumann, 1984, 248; Cantzen, 1987, 112) auf die „Spontaneität des Lebens".

Moreno schreibt (1956b, 361): „Spontaneität is the arch catalyzer, creativity is the arch substance". „Creativity is the nourishing maternal center; spontaneity is the ever moving masculine fertilizer; conserve is *the* product and synthesis of their interaction" (ebd., 359). „Spontaneity-creativity ... is the problem of the universe" (ebd., 361). Durch seine Methoden will er Spontaneität freisetzen, um Kreativität, d.h. Schöpferkraft, zur Lebensbewältigung zu nutzen. „Life is fluid, and so the techniques of life have to be spontaneity techniques" (Moreno, 1977, 132).

Auf diesem Konzept von universeller Spontaneität-Kreativität (vgl. Meyer, 1975) basiert die Soziometrie und Soziatrie. Moreno geht von der Feststellung aus:

„Jeder Einzelne sehnt sich nach Lebenslagen, in denen seine ganze Persönlichkeit spontan zum Ausdruck kommen kann, und jeder sucht dauernd nach teilnehmenden Gefährten" (Moreno, 1974a, 225). Deshalb verlangt er, „daß die idealen Bedingungen eines soziometrischen Tests nur dann verwirklicht sind, wenn allen Beteiligten unbeschränkte Wahlfreiheit gewährt wird, um auf diese Weise allen Graden und Schattierungen der Spontaneität eine Ausdrucksmöglichkeit zu geben" (ebd., 117).

Diese „freien Wahlen" der Gefährten (Moreno, 1957, 13) durch „freiheitliche Methoden" (Moreno, 1974a, 427), sollen eine „therapeutische Weltordnung" in Gang setzen, in der die Individuen „free, independent and autonomous" sein können (Moreno, 1957, 24). Die Menschen haben nach Moreno ein „right to a free society" (Nehnevajsa, 1960, 717), das durch „free and independent life of its members" gekennzeichnet ist (Moreno, 1960a, 77).

Freiheit bedeutet in dieser Tradition aber nicht Ungebundenheit, sondern Unabhängigkeit, um sich freiwillig zu binden und zu verbünden. Landauer (1978b, 2f) schreibt:

„Der Einzelne, über den es wie eine Erleuchtung kam, sucht sich Gefährten; er findet, da sind andere, über die es im Geiste, im Herzen schon wie eine Erschütterung und ein Gewitter gekommen ist; es liegt in der Luft für seinesgleichen; er findet wiederum andere, die nur leicht schlummerten ..., sie sind nun beisammen, die Gefährten suchen Wege, sie reden zu Mehreren, zu den Massen in den Großstädten, in den kleineren Städten, auf dem Lande; die äußere Not hilft die innere erwecken; die heilige Unzufriedenheit regt und rüttelt sich; etwas wie ein Geist – Geist ist Gemeingeist, Geist ist Verbindung und Freiheit, Geist ist Menschenbund ... – ein Geist kommt über die Menschen; und wo Geist ist, ist Volk, wo Volk ist, ist Keil, der vorwärts drängt, ist ein Wille; wo ein Wille ist, ist ein Weg; das Wort gilt; aber auch nur da ist ein Weg."

Moreno schreibt 1924 in seiner „Rede über die Begegnung":

„Ich bin auf dem Wege. Der Namen des Ortes, in dem sie wohnen, ist mir bekannt. Die Namen der Männer, der Frauen, der Kinder sind mir bekannt. Die Straßen, die Häuser, die Wohnungen sind mir bekannt. Ich gehe zu ihnen in höchster Eile. Wie viele Männer dort wohnen, so vielen will ich begegnen ... Ich habe ihren Ruf gehört" (Moreno, 1924, 9f).

Ist in der Begegnung ein Riss, so muss die Lage geprüft, erkannt und bewältigt werden und zwar von denen, die von ihr betroffen sind. So ist ein Liebesproblem ein Thema der Liebenden, „Verwirrung im Dorf" ein Thema der Dorfbewohner, „Entstehung von Elend" ein Thema für alle (ebd., 14ff.).

> „Habe ich so allen Lagen entsprochen und ebenso jene, denen ich begegnet bin, und jene, die diesen begegnet sind, und so ins Unendliche fort, dann ist in meiner Begegnung mit dir kein Riß, kein Bruch, kein Übel, kein Verdruß, keine Ungeschicklichkeit, keine Unvollkommenheit mehr ... Nichts ist mehr, das mich hindert zu begegnen, mein Gefühl ist geheilt, der Knoten gelöst, die Begegnung vollendet" (ebd., 25f.).

Moreno wie Landauer spüren die Sehnsucht der Menschen nach ungezwungenen, unbehinderten, unmittelbaren Beziehungen auf und wollen ihr zum Ausdruck und zur Wirklichkeit verhelfen. Diese Beziehungen sind durch Gegenseitigkeit und Liebe gekennzeichnet.

Der Begriff der Gegenseitigkeit bei Landauer (z.B. 1977b, 147; 1978b, 105) greift „mutual aid" Kropotkins und den Mutualismus Proudhons auf (vgl. Buber, 1985, 69f; Neumann, 1984, 236f). Moreno (1957, 13) rechnet mutuality neben creativity, spontaneity und tele zu der „ultimate source of all existence and of all values". „Tele-Gegenseitigkeit ist der gemeinsame Charakterzug aller Begegnungserlebnisse. Sie ist der überspringende Funke zwischen den Beteiligten" (Moreno, 1974a, 393).

Das Prinzip der gegenseitigen Hilfe wird das entscheidende Prinzip von Morenos Gruppenpsychotherapie. Er geht davon aus, „daß jedes Individuum – nicht nur der behandelnde Arzt – als therapeutisches Agens für jedes andere Individuum, jede Gruppe als therapeutisches Agens für andere Gruppen wirken kann" (1932; zitiert in: Moreno, 1973, 52). Insofern kann er seine Gruppenpsychotherapie als „mutual therapy" bezeichnen (Moreno, 1960e, 117).

Neben dem „mutual sharing" gehört nach Moreno (1978a, XV) die Liebe zu den grundlegenden Hypothesen seines Ansatzes. Sie ist erfüllt von der grundlegenden Liebe des Schöpfers zu den Menschen. „All creators are alone until their love of creating forms a world around them" (Moreno, 1971, 138). Für Landauer (1978a, 21) ist die Liebe „darum ein so himmlisches, so universelles und weltumspannendes Gefühl, ein Gefühl, das uns aus unseren Angeln, das uns zu den Sternen emporhebt, weil sie nichts anderes ist als das Band, das die Kindheit mit den Ahnen, das uns und unsere ersehnten Kinder mit dem Weltall verbindet." Und diese „Liebe, die Kraft ist" (Landauer, 1977e, 65) erfüllt die Schöpfung, ermöglicht den Schöpfungsprozess.

Eros, dem Gott der Liebe, stellten schon die Griechen Eris, die Göttin der Zwietracht, gegenüber. „So trugen die Griechen den Kräften der Anziehung und Abstoßung zwischen den Menschen Rechnung", schreibt Moreno (1974a, 137).

> „In allen Formen der Gesellschaft, in Menschen- und Tiergruppen und allen Stadien ihrer Entwicklung erscheinen zwei fundamentale Tendenzen: Anziehung und Abstoßung; positive oder kohäsive, negative und zerstörende Kräfte treten in allen möglichen Verbindungen auf. Die Angehörigen der Gesellschaft ziehen sich an und stoßen sich ab. Von diesen allgemeinen Grundlagen gehen alle Formen der Gesellschaft aus, von den einfachsten bis zur kompliziertesten Struktur" (Moreno, 1974a, 77).

Diese „Bisozialität" des Menschen (Moreno, 1974a, 177) mit ihren „forces of both mutual attraction and repulsion" (Moreno, 1957, 16) knüpft an zentrale Vorstellungen schon bei Fourier an in seiner Theorie der Leidenschaften (Fourier, 1966, 56ff.). Auch Proudhon (in:

Zenker, 1895, 219) stellt fest: „Jeder Mensch besitzt schon dadurch, daß er lebt ... in sich bis zu einem gewissen Grade die Fähigkeit oder Eigentümlichkeit, in dem Augenblick, wo er andern Wesen gegenübergestellt ist, anzuziehen oder angezogen zu werden, zurückzustoßen oder zurückgestoßen zu werden." Dementsprechend sollen für Kropotkin „Kooperation sowie freiwillige Verbindung (Assoziation) und Trennung (Sezession) ... zentrale Organisationsprinzipien einer anarchistischen Gesellschaft sein" (Cantzen, 1987, 29).

2.2 Die Utopie der Anarchie

Die Geschichte ist nach Landauer von einer Abfolge von Topien und Utopien geprägt. Topie nennt er den „Zustand einer gewissen autoritativen Stabilität" (Landauer, 1977e, 12), Utopie „ein Gemenge individueller Bestrebungen und Willenstendenzen, die immer heterogen und einzeln vorhanden sind, aber in einem Moment der Krise sich durch die Form des begeisterten Rausches zu einer Gesamtheit und zu einer Mitlebensform vereinigen und organisieren" (ebd., 13). Revolution ist der Weg von einer Topie durch die Utopie zur anderen Topie. Seit der Reformationszeit befinden wir uns in einer revolutionären Phase der Utopie, in einer Phase des Werdens.

> In dieser Situation der Verwirrung „müssen die Menschen, die sich dagegen wehren, ein Ideal haben. Sie haben eine Einsicht in das Unwürdige, Gepreßte, Erniedrigende ihrer Lage; sie haben unsäglichen Ekel vor der Erbärmlichkeit, die sie wie ein Sumpf umgürtet, sie haben Energie, die vorwärts drängt, und also Sehnsucht nach dem Besseren, und daraus ersteigt ihnen in hoher Schönheit, in Vollendung ein Bild einer guten, einer reinen und gedeihlichen, einer freudebringenden Art des Zusammenlebens der Menschen" (Landauer, 1978b, 2).
> „Die in unseren Seelen, in den Gestalten und Rhythmen der Kunst, in den Glaubensgebilden der Religion, in Traum und Liebe, im Tanz der Glieder und Glanz der Blicke sonst verborgene Wirklichkeit drängt zur Verwirklichung" (ebd., X).

Wie dieses Ideal, diese Utopie en detail aussehen soll, das weigert sich Landauer zu beschreiben. Er verweist nur auf Signaturen wie etwa „Gerechtigkeit" (ebd., 21). Statt dessen strebt er „völlige Klarheit ... über die Wirklichkeit an" (Landauer, 1977b, 146). Und er sieht: „Die Menschheit rund um den Erdball herum will sich schaffen und will sich in einem Moment schaffen, wo gewaltige Erneuerung über das Menschentum kommen muß, wenn nicht der Beginn der Menschheit ihr Ende sein soll" (Landauer, 1978b, 115). Moreno schreibt in der „Rede vor dem Richter" 1925 (S. 11):

> „Wenn eine Krise alle Teile der Gesellschaft erfaßt hat, tritt sie erst in ihren obersten Teilen, den leitenden Ideen, welche zugleich auch die verletzlichsten sind, in Erscheinung. Diese Umstellung erfolgt ohne leiseste äußere Erschütterung. Und doch ist der Plan der kommenden Welt völlig fertig. Immer sind es ein oder mehrere Träger, die getrieben sind, in leidender Form die Überprüfung der bestehenden und die Vision einer neuen Ordnung zu erleben. Die Ideen sind zu jeder Zeit in einem amorphen Zustand potentiell vorhanden ... Der Geist kehrt wieder, nicht die Gestalt."

Morenos fixe Idee des God-playing (Moreno, 1978a, XVII) möchte den Menschen wieder zum Creator machen. Er soll „die Welt dem menschlichen Willen nach gestalten" (Moreno, 1974a, 283). Die Bühne wird ihm dabei zum „Gleichnis einer noch unsichtbaren Menschheit" (Moreno, 1925, 3), auf der die Wünsche, unsichtbare und ungelebte Rollen auszuspielen, ausgelebt werden können (Moreno, 1974a, 328). Mit seiner Idee von der „therapeutischen Weltordnung" setzte er seine Hoffnung auf einen Weg, „which will carry the spontaneous creative matrix to the periphery of man's actuality – his daily life" (Moreno, 1977, S. 109). Er hatte die Vision von einer Welt, „in which each man can help to create and into which he can project his own dreams" (Moreno, 1971, XII). Wie diese Welt en detail aussehen soll, das muss gemeinsam entworfen werden, z.B. auf der Psychodrama-Bühne. „Ich habe keine Lehre zu geben", schreibt Moreno 1923 (1923b, 15).

Die wichtigste Signatur dieser erhofften Zukunft bleibt in Landauers Denken die An-Archie, „die Herrschaftslosigkeit, die Staatslosigkeit, das freie Ausleben der einzelnen Individuen" (Landauer in: Link-Salinger, 1986, 218). „Unser Ideal ist enorm friedfertig und jeder aggressiven Gewalt abgeneigt; freilich bedeutet es nicht die Schäferhaftigkeit, sondern das saftige, kraftstrotzende Ausleben ganzer und reifer Persönlichkeiten" (Landauer in: Link-Salinger, 1986, 251f). Der autoritäre Zentralstaat gehört abgeschafft, zumindest muss er – wie Buber (1985, 93) vorschlägt – auf seine tatsächlich nützlichen Funktionen zurückgedrängt werden. Oscar Wilde (1982, 29) bringt die Kritik am Staat auf den Punkt:

> „Demokratie bedeutet lediglich, daß das Volk durch das Volk für das Volk niedergeknüppelt wird. Ich muß sagen, daß es hohe Zeit war, denn jede autoritäre Gewalt ist ganz entwürdigend. Sie entwürdigt die, die sie ausüben, und ebenso die, über die sie ausgeübt wird. Wenn sie gewalttätig, roh und grausam verfährt, bringt sie eine gute Wirkung hervor, indem sie den Geist der Rebellion und des Individualismus erzeugt oder wenigstens hervorruft, der ihr ein Ende machen wird. Wenn sie in einer gewissen freundlichen Weise verfährt und Belohnungen und Preise verleiht, ist sie schrecklich entsittlichend."

Anarchie ist aber – positiv gewendet – für Landauer (1978b, 156) „Ordnung durch Bünde der Freiwilligkeit". Diese grundlegende anarchistische Idee der autonomen Selbstregulierung, Selbstverwaltung, Selbstregierung ist seit Fourier und Owen, seit Proudhon und Kropotkin als Föderation dezentraler Basiseinheiten zu verwirklichen. Das gegenseitige staatliche Verhältnis der Menschen zueinander muß überwunden werden durch ein gesellschaftliches. Das nennt Landauer „Volk". Moreno stellt in seinen soziometrischen Untersuchungen fest:

> Es „stimmt die aktuelle Lebensgruppe eines Einzelnen fast nie mit der von ihm gewünschten überein. Meistens wird von autoritärer Seite eine unerwünschte Struktur den natürlichen Strukturen aufoktroyiert" (Moreno, 1974a, 118).
> Seine Forschungen zeigen, „daß wir häufig nicht mit den von uns gewünschten Personen zusammenleben, daß wir mit Menschen zusammenarbeiten, die wir nicht gewählt haben, daß wir intime Beziehungen zu Personen pflegen, die wir nicht lieben, daß wir andere Personen, die wir dringend brauchten, abstoßen und isolieren und daß wir unser Leben für Personen und Prinzipien wegwerfen, die es nicht wert sind" (Moreno, 1974a, 167).

Deshalb soll die soziometrische Methode dazu beitragen, „die Absurdität autoritärer Systeme bloßzulegen" (ebd., 42). Die Befreiung des Individuums und der ganzen Gruppe von diesen Zwängen (vgl. ebd., 306) soll – nach seinem Verständnis – „nicht von Gesetzgebern und der Obrigkeit, sondern von den betroffenen Menschen selbst" kommen (ebd., XXVIII). „Self government, aided by sociometric analysis could be a powerful advice" (Moreno, 1978, S. 554). Dazu müssen die „self-regulating mechanisms of groups" (Moreno, 1978a, 564ff.) untersucht, gefördert und entwickelt werden. Dadurch sollen die Menschen das Vermögen (= Macht) erhalten, sich so zu gruppieren, wie es ihren Wünschen entspricht.

Landauer (in: Kalz, 1967, 94) fordert in gleicher Richtung, die Herrschaftsverhältnisse zu beseitigen, „auf daß im Verbande des Menschengeschlechts jeder einzelne die Position einnehmen kann, die er kraft seiner natürlichen Anlage sich herzustellen vermag". Von unten nach oben soll das „freie Gefüge der mannigfachsten, einander durchdringenden, in tausend Farben spielenden Interessenvereinigungen und Gruppen" (Landauer in: Link-Salinger, 1986, 220) nach dem Prinzip der Schichtung, wie es im Mittelalter vorherrschte, geordnet sein. „Ein Zusammenschluß natürlicher Art ergibt sich uns Menschen nur da, wo wir in örtlicher Nähe, in wirklicher Berührung beisammen sind ... Dieser Kern alles echten Gemeinschaftslebens ist die Gemeinde, die Wirtschaftsgemeinde, von deren Wesen niemand ein Bild hat, der sie etwa nach dem beurteilen will, was sich heute Gemeinde nennt" (Landauer, 1978b, 132).

Um dieses Ziel zu erreichen, ist eine Revolution nötig. Für Landauer bedeutet das nicht gewaltsame Destruktion des Bestehenden, sondern Austritt aus dem formellen Sektor der Gesellschaft und Aufbau eines informellen, der auf Dauer den formellen ersetzen kann und somit überflüssig werden lässt. Die herrschende Zwangsvergesellschaftung soll durch eine freiwillige, gemeinsam ausgehandelte ersetzt werden. So sieht er etwa durch die Gründung von Konsumgenossenschaften die Möglichkeit, die Produktion von Konsumgütern verändern zu können (Landauer, 1977b, 133ff.). Dieser permanente Aufbau von unten durch alle, die guten Willens sind, wird initiiert von Wenigen. „Man suche in seinem weiten Kreise die Gleichgearteten und schließe sich mit ihnen zur Gruppe zusammen" (ebd., 119).

Die Mikrorevolutionen von unten, darauf setzt auch Moreno (z.B. 1974a, XIV). Er berichtet:

„Die Repräsentanten der soziometrischen Bewegung haben ... nie den Umsturz der Regierung oder die Auslösung einer soziometrischen Revolution auf makroskopischer Ebene geplant. Sie haben jedoch begabten Führern den aus ökonomischen, rassistischen oder nationalen Gründen unzufriedene Minderheiten Theorien und Methoden zur Vorbereitung und Ausführung ihrer revolutionären Aktivität in die Hand gegeben." Dadurch soll gerade „eine gewaltsame Revolution verhindert werden" (Moreno, 1974a, 431).

Wie Landauer fordert auch Moreno (ebd., 219) „eine radikale Revolution auf allen Lebensgebieten." In allen Bereichen soll in der therapeutischen (= dienenden) Weltordnung der Mensch dem Menschen Helfer sein. „It encourages man to be his own therapist. It reduces the need for professional psychotherapists to a minimum. A self therapist cannot live in a vacuum, but in community with other therapists. Their communal autonomy takes the form of ‚autonomy of inter-dependence'" (Moreno, 1957, 34f).

Diese Revolution ist für Moreno wie für Landauer zunächst einmal eine geistige. Er spürt in der Menschheitsgeschichte einen Geist am Werke, einen Geist der Verbindung, der Liebe, der Gemeinschaft, des Tuns und Bauens. Und darauf setzt er. „Wieviel geschieht da, wenn erst der Geist der Initiative, des frohen Schaffens, der Unternehmungslust, der Hoffnung über das Volk, über die Massen kommt!" (Landauer, 1977b, 103). Wird dieser Gemeingeist in staatlich dominierten Verhältnissen unterdrückt, dann „lebt er in Einzelnen, Genialen, die sich in all ihrer Mächtigkeit verzehren, die ohne Volk sind: vereinsamte Denker, Dichter und Künstler, die haltlos, wie entwurzelt, fast wie in der Luft stehen" (Landauer, 1978b, 7). Und dieser schaffende Geist ist die einzige entscheidende Macht in der Welt (Landauer, 1977b, S. 41).

In „Skepsis und Mystik" (1978a, 9) ruft er auf: „Seien wir jetzt das Medium der Welt, aktiv und passiv in einem. Bisher haben wir uns begnügt, die Welt in den Menschengeist, besser gesagt: in den Hirngeist zu verwandeln; verwandeln wir jetzt uns in den Weltgeist." Und dieser Geist ist verbunden „mit dem einigen Geist, mit dem Schöpfer, mit Gott, in unlösbaren, von Urbeginn an und bis in die Ewigkeit hin währenden Zusammenhang" (Landauer in: Link-Salinger, 1986, 319).

Damit erhält Landauers Philosophie religiöse Dimensionen. „Religion ist der der Menschheit für ihren Entwicklungsweg eingepflanzte Drang zur Vervollkommnung. Es gibt nur eine Religion; das ist ‚die' Religion. Gründer dieser Religion ist die Allmacht, der Schöpfer, Gott" (Landauer: in Link-Salinger, 1986, 317). Und er fordert: „Sehen wir zu, wie wir Götter werden, wie wir die Welt in uns finden können" (Landauer, 1978a, 12).

Bei Moreno entspricht diesem Geist die Kreativität mit ihren schaffenden, verbindenden und spirituellen Dimensionen.

> „Das Universum ist unendliche Kreativität... (Es) ist mit den Erzeugnissen spontan-kreativer Kräfte erfüllt, die a) sich in der Geburt und Erziehung Neugeborener auswirken, b) die Erschaffung neuer Kunstwerke (Kulturkonserven), neuer sozialer Institutionen (soziale Konserven und Stereotypen), neuer technischer Produkte, Roboter und Maschinen ermöglichen und c) der Errichtung neuer sozialer Ordnungen zugrunde liegen" (Moreno, 1974a, 11).

Und die höchste Form der Kreativität ist Gott (Moreno, 1971, XIII). Wir sind seine Teile, seine mitwirkenden Kräfte, seine Strömungen, durch die eines Tages die Schöpfung vollendet wird (Moreno, 1972, 200). Diese Schöpferkraft verkörpern insbesondere Genies, die wiederum die Kreativität des Volkes „anwärmen". Jeder kann auf der Psychodrama-Bühne „Gott spielen" und damit seine „göttlichen Kräfte" entfalten.

2.3 Freie Erkenntnis

In Morenos Philosophie wird der Mensch als Teil des Kosmos und der göttlichen Kreativität gesehen. Und doch differenziert er eindeutig zwischen Natur- und Gesellschaftsordnung. Er hat festgestellt, daß sich die Gesetze der menschlichen Gesellschaft „von anderen Gesetzen und Ordnungen im Universum unterscheiden" (Moreno, 1974a, 388). Obwohl er zeitlebens an seinen religiösen Ideen festgehalten hat, hat er doch versucht, sie kritisch zu durchleuchten.

> „Es war die erste Aufgabe der Soziometrie, Begriffe wie Universum, Spontaneität, Kreativität, Angemessenheit, Kompetenz, Tele, Soziales Atom, Anziehung, Abstoßung, Wahl, Ablehnung, zwischenmenschliche Kontaktquote, emotionales Ausdehnungsvermögen, Erwärmung, Selbstverwirklichung, Katharsis, Intuition, Rolle, Gruppe, Kohäsion und therapeutische Veränderung aus dem Bereich mystischer Vorstellungen herauszuheben, neu zu definieren und in die Kategorie jener Begriffe zu übertragen, die empirisch definiert, gemessen und bewertet werden können" (Moreno, 1974a, 392).

Dieser Positivismus wird aber immer in Frage gestellt durch Morenos spekulative, utopischen Ideen. Wenn im Psychodrama etwa die Grenzen menschlicher Existenz in der surplus reality aufgehoben werden, dann bedeutet das „die Rückkehr der Magie in die Wissenschaft" (Moreno, 1974a, 420).

Landauer verfällt nicht der Sucht, die menschlichen Verhältnisse statt begreifen in den Griff kriegen zu wollen. Zweifellos war er nicht wie Moreno später dem amerikanischen Szientismus ausgesetzt. Aber auch im Expressionismus war dieses Schwanken zwischen metaphysischer Spekulation und technologischer Intervention auf der Basis exakter Wissenschaft thematisch. Den Marxismus, dem Landauer einen positivistischen Determinismus unterstellte[2], hat er scharf bekämpft (Landauer, 1978b). Wie Moreno wollte er kein umfassendes Wissenschaftssystem generieren; er sah sich als Philosoph, Prophet, Dichter (ebd., 34). Der Sozialismus war für ihn keine Wissenschaft, wie etwa bei Engels formuliert, sondern eine Kunst (ebd., 147). Ihm ging es darum, die sozialen Verhältnisse, insbesondere die mikrosozialen, genau zu erfassen, zu verstehen und wo möglich zu erklären, ohne allerdings exakte Feststellungen zu treffen, um so eine Ethik des Handelns zu entwickeln, aus der die „Vision des Sozialismus" (Landauer, 1977b, 84) angestrebt werden sollte. „Treiben wir Sozialpsychologie, treiben wir Revolution. Wir treiben sie, indem sie uns treibt" (Landauer, 1977c, 28). Diese enge Bezogenheit seiner Theorie auf die Praxis kennzeichnet auch Morenos Ansatz.

Aus dieser Position heraus konnte Landauer schon damals eine radikale Kritik am technologisch orientierten Fortschritt formulieren. „Keinerlei Fortschritt, keinerlei Technik, keinerlei Virtuosität wird uns Heil und Segen bringen; nur aus dem Geiste, nur aus der Tiefe unsrer inneren Not und unsres inneren Reichtums wird die große Wendung kommen, die wir heute Sozialismus nennen" (Landauer, 1978b, 11). Und Oscar Wilde (1982, 35) meint lakonisch: „Der Fortschritt ist die Verwirklichung von Utopien." Ähnlich sieht Moreno (1974a, 444) die Zukunft des Menschen: „als zootechnisches Wesen, selbst quasi Roboter, oder als Kreator." Diese Lage verlangt nach einer grundlegenden Entscheidung.

2.4 Der Wille zur Tat

Da Landauer wie die ganze anarchistische Tradition, auf die er sich bezieht, den Menschen nicht als Geschöpf seiner Verhältnisse betrachtet, sondern als Mitschöpfer, der in jedem Moment diese Verhältnisse trägt (vgl. Oberländer, 1972, 21, 25; Neumann, 1984, 280; Buber, 1985, 33), und sie, wenn sie ihm nicht mehr „passen", auch nicht mehr zu ertragen braucht, ist für ihn die Formulierung einer Ethik des Handelns fundamental. Denn überall da, wo die Verhältnisse nicht mehr ertragen werden, entsteht der Wille, sie nicht mehr zu tragen: Werden die Pfeiler entzogen, stürzt das Gebäude zusammen. Den Willen zur Tat zu stärken, dem gilt seine ganze Aktivität. Er wendet sich an alle, denn alle können durch Aussteigen das System ins Wanken bringen (Landauer, 1978b, XIV). Aber alle sind auf je spezifische Weise ans System gebunden, auch das Proletariat (ebd., 62ff.). Dass das Proletariat den Sozialismus vielleicht gar nicht wollen könnte – selbst wenn es seine Lage erkannt hätte –, darauf war Marx nicht gekommen.

> „Nur die werden den Sozialismus schaffen, die aus ganzer Seele Ruhe brauchen und Erlösung; die sie aber nicht finden im Nichtstun, sondern die sich flüchten aus der verruchten Arbeitsplage des Kapitalismus in die gesunde freudebringende sozialistische Arbeit!" (Landauer, 1977b, 60f).
> „Nichts lebt, als was wir aus uns machen, was wir mit uns beginnen; die Schöpfung lebt; das Geschöpf nicht, nur der Schöpfer. Nichts lebt als die Tat ehrlicher Hände und das Walten reinen wahrhaften Geistes" (Landauer, 1978b, XVII).

---

2   Landauer war der Marxismus wohl nur aus dritter Hand bekannt, nämlich durch das Studium der Schriften von Eugen Dühring, Benedikt Friedländer und Franz Oppenheimer (vgl. Fähnders, 1987, 23).

Und diese Handlungsbereitschaft entspringt den „individuellen Willentendenzen".

> „Das Ganze ist immer nur dadurch in Bewegung gekommen, daß das Bewegen, das innere Bewegt-Sein und, daraus zwingend entsprungen, die äußere Rührigkeit über die Einzelnen kam, die ihm entsprangen, sich von ihm fortbewegten und es gerade dadurch sich nachrissen" (Landauer, 1977b, 46).

Dadurch wird die soziale Bewegung eine „ganz wirkliche, ganz leibhaftige Bewegung" (ebd., 41) und entfaltet „die Lust zum Schaffen der kleinen Gruppen und Gemeinden der Gerechtigkeit" (Landauer, 1978b, S. 99).

Wie Landauer sieht Moreno den Menschen als Mitschöpfer der Verhältnisse. Er möchte sie dazu bewegen, die unterschwelligen Wünsche nach befriedigenden Beziehungen zu verwirklichen unabhängig von den offiziellen Forderungen der „äußeren Gesellschaft". Dazu hat er seine Methoden und Techniken erfunden, als „Provokation zur Tat" (Moreno, 1974a, 32). Aber auch Landauer möchte Wege (= Methoden) bereiten.

> „Wie eine Art Gehen schon da ist, ehe die Beine werden, und wie dieses Gehen die Beine erst baut und bildet, so wird es nicht der Geist sein, der uns auf den Weg schickt, sondern unser Weg ist es, der ihn in uns zum Entstehen bringt" (Landauer in: Buber, 1985, 104). Und an anderer Stelle: „Es gibt keinen andern Weg zum Sozialismus, als daß wir lernen und üben, wofür wir arbeiten" (Landauer, 1978b, 145).

Wie Moreno betont Landauer den Augenblick, das richtige Hier und Jetzt, in dem etwas getan werden muss. „Was wir nicht jetzt, im Augenblick tun, tun wir gar nicht" (ebd., 150). „Nur die Gegenwart ist wirklich, und was die Menschen nicht jetzt tun, nicht sofort zu tun beginnen, das tun sie in alle Ewigkeit nicht... Wir brauchen Täter. Die Täter, die Beginnenden, die Erstlinge werden aufgerufen zum Sozialismus" (ebd., 153) Damit stehen beide fest in anarchistischer Tradition, in der ungeduldig die radikale Veränderung hier und heute verlangt wurde (vgl. Neumann, 1984, 279). Ob aber jeder Augenblick der richtige ist, bleibt ungefragt.

Dieser radikale Wandlungsprozess wird wie bei Moreno von Landauer als „Reinigung" begriffen. Er schreibt an Mauthner 1918: „Unerbittlich sein will ich in der Sache, die nun unser Amt ist; nenne sie Reinigung, Revolution oder Aufbau" (Landauer, 1929, II, 238). Diesen Gedanken der Reinigung entnimmt Landauer den religiösen Vorstellungen des Judentums, dem er sich durchaus verbunden weiß (vgl. Wolf, 1988, 96ff.) und von dem auch Moreno stark beeinflußt ist. „From the ancient Greeks we have retained the drama and the stage, from the Hebrew we have accepted the catharsis of the actor" (Moreno, 1977, XIV).

Den psychosozialen Zustand der damaligen Gesellschaft beurteilt Landauer (1977a, 54f) ähnlich wie Moreno; auch er teilt dessen Skepsis gegenüber der Psychoanalyse[3] (vgl. Buer, Schmitz, 1989):

> „Der Verfall und die Herabgekommenheit unserer Zeit äußert sich längst nicht mehr bloß in den Beziehungen zwischen den Menschen, den Verhältnissen und den Einrichtungen der Gesellschaft. Vielmehr ist es schon so weit gekommen, daß die Körper und Seelen der Menschen begonnen haben, krank zu werden. Die am empfindlichsten sind, und das sind oft die besseren, sind zuerst ergriffen worden. Die Nervosität, die Nervenschwäche, die Hysterie und mehr solche

---

[3] Landauer wird hier vor allem an den Psychoanalytiker Otto Gross gedacht haben, mit dem er über Erich Mühsam bekannt war (Buer, Schmitz-Roden, 1989, 144f).

Erscheinungen sind soziale Krankheiten, und die Heilungen, die gegen sie versucht werden, z.B. die geradezu verbrecherischen oder wahnsinnigen Psychoanalysen, sind oft schlimmere Verfallserscheinungen als die Krankheiten selbst."

Echte Veränderungen traute Landauer der reinigenden Kraft der Kunst zu (vgl. Fähnders, 1987, 32), vor allem dem Theater:

> „Die Bühne hat in den Zeiten, die kommen, eine wundervolle Aufgabe; ... wir wollen mit Menschen das Kunstwerk des guten Lebens aufbauen; und die Brücke zwischen dem Bild der Menschheit wie es die Kunst aufbaut, und den wimmelnden Menschenhaufen, die Gestalt werden sollen, ist die Bühne, die zugleich Kunst und zugleich unmittelbaren Verkehr mit Menschen bietet" (Landauer, 1929, II, 351f).

Um das zu erreichen, wollte er in Düsseldorf Dramaturg werden; mit diesem Ziel setzte er sich für die Gründung von Volks- und Wanderbühnen ein (vgl. Kalz, 1967, 70). „Für mich ist das alles Ein Ding: Revolution – Sozialismus – Menschenwürde, im öffentlichen und gesellschaftlichen Leben – Erneuerung und Wiedergeburt – Kunst und Bühne" (Landauer, 1929, II, 353). Das schrieb Landauer 1919. Am 1. April 1921 findet die erste offizielle „Psychodrama- Sitzung" im Komödienhaus in Wien statt (Moreno, 1977, 1). Das Vermächtnis Landauers, Moreno tritt es an!

3 Morenos Philosophie und der Anarchismus heute – Perspektiven einer kreativen Beziehung

Ökologiebewegung, Selbsthilfebewegung und Friedensbewegung, alle drei basisdemokratischen Bewegungen stehen in der hier skizzierten anarchistischen Tradition (vgl. Cantzen, 1987). Alle wollen Gesellschaft und Staat verändern, indem sie gewaltfrei von unten neue Formen des Zusammenlebens aufbauen (vgl. Gizycki, 1984). Die Selbsthilfebewegung hat inzwischen ein Netz von Gruppen gespannt, das allein in der BRD über 600.000 Menschen miteinander verknüpft (vgl. Runge, Vilmar, 1988). Entwürfe für eine Neuordnung der Gesellschaft, durch die vielleicht die drohende ökologische Katastrophe noch verhindert werden kann, knüpfen explizit oder implizit an die skizzierten Ideen eines utopischen Sozialismus an (z.B. Bookchin 1985; Roszak 1986; Bahro 1987).

Ein Idol der Friedensbewegung, Mahatma Gandhi, mit seinen Strategien des gewaltlosen Widerstand und seiner Utopie einer dezentralen Gesellschaft (vgl. Galtung, 1987), war auch für Moreno Vorbild. Sein Handeln war für ihn ein Beispiel für

> „the survival of an aboriginal sociodrama... He was the director of his own sociodrama; he had an invisible stage under him whereever he sat, stood or walked, in the market place, in the prayer house, in the prison cell or in the place of kings, with an audience of millions, visible or invisible accompanying his actions. He took it upon himself to play the role of the poorest, of the humblest ones" (Moreno, 1948, 357).

Es ist klar: Morenos Ansatz steht in dieser Tradition gewaltfreier Aktion für Frieden und Gerechtigkeit in einer libertären und fraternitären Basis-Demokratie. Zur Erreichung dieser konkreten Utopie hat er seine Methoden und Techniken konzipiert. Sie stehen zur Nutzung frei.

Morenos Philosphie und der Pragmatismus (1999)

1 Moreno und der Pragmatismus

Moreno hat sein Projekt in den USA in einer Phase etabliert, als die Politik durch den „New Deal" gekennzeichnet war, einer optimistischen Reformphase, die Intersubjektivität und Solidarität betonte. In dieser Zeit wird der Pragmatismus begründet, ausgehend von Harvard-Gelehrten, die sich 1871-1874 in Cambridge zu einem Diskussionszirkel, dem „Metaphysischen Club" zusammengeschlossen hatten. Dazu gehörten neben Charles Sanders Peirce (1839-1914) (Nagl, 1992) vor allem auch William James (1842-1910) (Diaz-Bone, Schubert, 1996). John Dewey (1859-1952) (Suhr, 1994), der noch bei Peirce Logikvorlesungen gehört hatte, war zudem stark von James' Schriften beeinflusst. Er war bald eng mit Georg Herbert Mead (1963-1931) (Joas, 1989; Wenzel, 1990) befreundet und wirkte mit ihm zusammen zunächst in Ann Arbor, Michigan, wo von Charles Horton Cooley (1864-1929) ein prägende Wirkung auf Mead ausging. 1894-1905 arbeiteten Dewey und Mead dann zusammen an der Universität von Chicago. Herbert Blumer (1900-1987) wird 1931 Nachfolger von Mead. Er konzipiert den Symbolischen Interaktionismus und greift dabei vor allem Grundgedanken Meads auf (Helle, 1992; Joas, 1992a, 23ff.).

Diese pragmatischen Denker und Forscher haben mit ihrem Ansatz ein Feld erschlossen, das sich von der Psychologie (James, Dewey, Mead), über die Pädagogik (Dewey), die Soziologie (Mead, Cooley, Blumer), die Philosophie und Wissenschaftstheorie (Pierce, James, Dewey, Mead) bis zur Politiktheorie (Dewey) ausdehnt. Sie stehen dabei in Traditionen der Lebensphilosophie (Fellmann, 1993) bzw. haben auf ihre europäischen Varianten Einfluss gehabt: auf Nietzsche, Bergson, Mach, Dilthey, Simmel, Scheler, Husserl, Heidegger, Gehlen (Gerthmann, 1987).

In dieser Zeit wird Morenos Denken durchaus auch vom Pragmatismus beeinflusst. „Mind, Self and Society" von Mead wird 1934 herausgegeben. Morenos „Who Shall Survive?" erscheint im gleichen Jahr. Dieses Buch ist ebenfalls von diesem reformerischen Geist durchdrungen. Selbst Dewey hat sein Erscheinen zur Kenntnis genommen und Moreno geschrieben: „This seems to be the next step and the technique is already quite developed" (in: Moreno 1956a, 95). Moreno hat umgekehrt seinen soziometrischen Ansatz zur Neuordnung der Gesellschaft als sozialwissenschaftliche Ergänzung des Pragmatismus gesehen.

> „Pragmatism and sociometry, for instance, developed in historical sequence, one preparing the way for the other. Pragmatism is more nearly than any other view of life its native philosophical brand, and sociometry, taken in its broadest sense, is becoming growingly its native social science. Pragmatism and sociometry are closely related, they combine the perceivable with the measurable" (ebd., 95).

Diese Reformphase der USA sah Moreno ebenso günstig für die Entwicklung der Gruppenpsychotherapie an: „Die Vereinigten Staaten boten ein günstiges soziales Klima, da der Boden bereits vorbereitet war durch amerikanische Philosophen und Soziologen, wie John Dewey und Charles Cooley, die die Wichtigkeit der primären Gruppen betonten" (Moreno

1973a, 17). Auch von Zeitzeugen wurden Morenos Experimente der Umgruppierung im Gefängnis in Sing-Sing, in einer Schule in Brooklyn, in einer Privatschule in Riverdale wie im Erziehungsheim in Hudson (1932-1934) als „in Einklang mit der Erziehungsphilosophie" gesehen, die Dewey an der Columbia Universität lehrte (Moreno 1973a, 129).

Die Arbeiten von Peirce, Cooley, Dewey, Mead, Thomas boten offensichtlich für Morenos Sozialexperimente wie seinen Forschungs- und Denkansatz einen fruchtbaren Nährboden. Er sah diese Forscher aber als Theoretiker an, die keine Konzepte der wissenschaftlichen Sozialveränderung entwickelt hätten (Moreno 1981, 256, 277), obwohl sie in der Zielvorstellung mit ihm übereinstimmten, „eine sich kreativ entwickelnde und soziometrisch geordnete Gesellschaft" zu schaffen" (Moreno 1991, 167). So sei

> „die Bedeutung von George Herbert Mead stark überschätzt worden. Sein großer Beitrag war die Analyse der ‚cognitiven Struktur des Selbst', des soziologischen Rollenbegriffs. Dieser Beitrag hat ein tieferes Verständnis gesellschaftlicher Prozesse gebracht, aber in sich selbst hätte er niemals zum experimentellen Rollenspiel und Psychodrama geführt. Es war die dynamische Rollentheorie europäischer Herkunft, die in Wien mit meinem Experiment begann, welche das moderne Rollenspiel und seine Anwendung entwickelt. Die weitere Entwicklung dieser Rollentheorie sowohl zum Training als auch zur Theorie, war eine logische Konsequenz. Mead war eben ein sozialer Philosoph und nicht auf die Praxis eingestellt. Von der Theorie einer Idee zur Idee ihrer Praxis ist ein großer Schritt. Es ist historisch interessant, daß ich mit meiner Rollentheorie vom Theater komme und mit meinen Untersuchungen anscheinend früher begann (1911-24) als George Mead. Er war Professor in Chicago in den Vereinigten Staaten, während ich in Wien Medizin studierte. Die Entwicklung unserer Ideen ist diametral entgegengesetzt. Meads Arbeitsweise ging immer mehr in die Beobachtung, meine Arbeitsweise war das Experiment" (Moreno 1973a, 103).

Mead wie Dewey rechnete Moreno zu den „zuschauenden Philosophen" (Moreno 1981, 166). Dabei war Mead durchaus in sozialen Reformprojekten engagiert und Dewey hat nun explizit Schulexperimente durchgeführt und dazu nicht nur eine Theorie vorgelegt, sondern auch Methoden wie etwa die Projektmethode entwickelt und erprobt. Morenos Kritik zeugt also auf den ersten Blick von Ignoranz und Konkurrenzneid. Auf den zweiten Blick jedoch wird der Unterschied deutlich: Moreno war zunächst Praktiker, dann erst Forscher und Theoretiker. Er hat immer zunächst in Life-Experimenten seine Erfahrungen gemacht, sie dann ausgewertet und erst dann fixiert und das oft nur auf eine sehr flüchtige Weise. Die Pragmatisten haben die Dualität von Theorie und Praxis theoretisch abgelehnt, Moreno hat ihre Einheit praktiziert!

Durch seine Experimente in Stegreiftheater, Rollenspiel und Psychodrama hat er aber auch Seiten des Rollenhandelns entdeckt, die zweifellos die Meadsche Theorie korrigieren kann. Er sah hier die soziale, sprachliche Seite überbetont (Moreno 1981, 270, 280).

> „Es scheint, als wären Mead und ich von Wundts (bei dem Mead studiert hat, F.B.) Ideen über die Beziehung der Gestik zum Sprechen beeinflußt worden. Für Mead umfaßte aber die Entwicklung der Gestik und Sprache einen zu großen Bereich der Psyche, *anti*-semantische Bereiche wurden kaum berücksichtigt und erforscht. Nach meiner Hypothese gibt es einen beträchtlichen Widerstand gegen das Eindringen der Sprache und sogar einen gewissen Widerstand gegen das Eindringen der Gestik. Es gibt keinen Grund zu der Annahme, daß die *sprachfreien Bereiche* nichtmenschlich seien (wie *Mead* das tut). Die stummen Bereiche existieren beim Menschen gemeinsam mit den sprachlichen und haben große Wachstumsmöglichkeiten. Es kann Formen der ‚sozialen' Kommunikation ohne Beteiligung der Gestik geben. Deshalb ist es ein Fehler, das

Telephänomen auf eine bloße Widerspiegelung und Entsprechung des Kommunikationsprozesses auf sprachlicher Ebene zu reduzieren" (ebd., 168).

Mit der Ergänzung der sozialen Dimension des Rollenhandelns um die leibliche und imaginäre in seiner „sozialpsychiatrischen" Rollentheorie (Petzold, Mathias, 1982) hat Moreno zweifellos Aspekte thematisiert, die der gesellschaftlichen Normierung unterworfen waren (Frankl, 1991). Moreno kannte aber nicht nur Meads „Mind, Self and Society". Er hatte auch die „Collected Papers" von Peirce zur Kenntnis genommen, die 1931 in der Havard University Press erschienen waren. Wie zumeist in seiner Lektüre hat Moreno sich auch hier nicht mit der grundlegenden Argumentation auseinandergesetzt. Er ließ sich von interessanten Stellen anregen. Bei Peirce sind es dessen Äußerungen zur Spontaneität. So

> „machte der Amerikaner Charles Sanders Peirce, der Begründer des Pragmatismus, erstaunliche Bemerkungen über die Spontaneität... ‚Was ist Spontaneität? Das, was nicht gesetzmäßig aus Vorausgegangenem resultiert.' ‚Ich kann der Spontaneität keine andere Bedeutung als die des Neuen, Frischen, Andersartigen beimessen.' Im ganzen posthum veröffentlichen Werk Charles Sanders Peirce findet man Bemerkungen über die Spontaneität verstreut. Seine Spekulationen hatten aber in der Gleichsetzung von Zufall und Spontaneität einen schwachen Punkt" (Moreno 1996, 438).

Interessanterweise hält Moreno 1948 Vorlesungen an der Havard Universität, jener Universität, von der der Pragmatismus seinen Ausgang genommen hat.

So kann insgesamt festgehalten werden: Wenn sich Moreno auch nicht umfassend mit den damals veröffentlichten Schriften der Pragmatisten befasst hat, so hat er sich doch sporadisch darauf berufen und eine grundsätzliche Übereinstimmung in der Denkrichtung zwischen seinem Ansatz und dem pragmatischen festgestellt. Er behauptete aber darüber hinaus, dass sein Werk Arrangements und Techniken biete, die pragmatisches Denken operationabel für eine entsprechende kreative Praxis mache.

2 Die pragmatische Perspektive psychodramatisch operationalisiert

2.1 Menschliches Leben als Drama

> „Die ganze Welt ist Bühne. Und alle Frau'n und Männer bloße Spieler. Sie treten auf und gehen wieder ab. Sein Leben lang spielt einer manche Rollen durch sieben Akte hin..." (Shakespeare, Wie es euch gefällt, II,7).

Dieser Weltsicht mit Tradition, die in diesem Zitat exemplarisch zum Ausdruck kommt, hat sich Moreno immer verpflichtet gefühlt. Er sah die Menschen als Rollenspieler, die sich der Aufgabe stellen müssen, im Weltendrama ihre Rolle zu finden und so auszugestalten, dass möglichst viele MitspielerInnen möglichst viele gewünschte Rollen ausspielen können. Diese Rollengestaltung wird ausgelöst durch die Anforderungen der Szenen, die bewältigt werden wollen, und angetrieben durch den Aktionshunger der Menschen, darauf eine kreative Antwort zu finden.

> „Im Anfang war die Existenz, aber die Existenz gibt es nicht ohne einen Existierenden oder ein Existierendes. Am Anfang war das Wort, die Idee, aber die Tat war früher. Im Anfang war die

Tat, aber eine Tat ist nicht möglich ohne Täter, ohne ein Objekt, auf das der Täter abzielt, und ein Du, dem er begegnet. Am Anfang war die Begegnung" (Moreno 1973a, 53).

Moreno setzt den Ausgangpunkt seiner Weltsicht nicht einfach bei irgendeiner Tat, Aktion, Handlung, sondern er qualifiziert sie zugleich. Er sieht den Menschen eben nicht einfach als Schauspieler, der sich und anderen etwas vorspielt. Er sieht die Aktion als Inter-Aktion, in der offen und ehrlich der Andere als der Andere wahrgenommen und dadurch das eigene Selbst erst konstituiert werden kann.

Durch die Verwendung des Begegnungsbegriffs wird der Interaktion eine Richtung gewiesen: Der Mensch wird erst zum Menschen, indem er in seinen Interaktionsnetzen seine Rollen so gestaltet, dass die Potentiale der jeweiligen Szenen in jeglicher Beziehung ausgeschöpft werden. Es geht bei Moreno also nicht nur um eindrucksvolle Selbstdarstellung als Selbstverwirklichung, wie es etwa Goffman unterstellt (Gosnell, 1975). Sondern es geht um eine angemessenere Gestaltung der jeweiligen Szene. Diese Verbesserung der sozialen Lage findet seinen Ausdruck in einer ästhetischen Inszenierung, die „Wachstum" ermöglicht. Eben dieses Ziel hat auch Dewey als zentrales Ziel menschlichen Bemühens bestimmt (Dewey 1989, 205ff.; Rorty 1994, 17).

Wie bei den Pragmatisten wird auch bei Moreno das Weltendrama nicht mehr von einem göttlichen Demiurgen gelenkt. Wir sind Autoren unseres eigenen Lebensskripts. Es lässt sich kein Text finden, den wir einfach nur aufsagen müssten. Wir müssen in jeder Situation aus dem Stegreif spielen, ja sogar die Regie übernehmen. Dabei können wir vielleicht die nächsten Auftritte vorhersehen, wenn wir konservierte Spielregeln und Muster erkennen und die geheimen Absichten der MitspielerInnen durch inneren Rollentausch voraussahnen. Aber auch dann können unsere Handlungspläne plötzlich durchkreuzt werden und wir landen auf einem Nebenschauplatz, von dem kaum noch agiert werden kann. Wenn wir dann auch noch Zuflucht in sozialen Stereotypen und Routinen suchen und keinen Mut mehr zu spontanen Handlungsexperimenten haben, dann stecken wir offensichtlich in Sackgassen, wo uns Rollen nur noch aufgedrückt werden oder wir gar aus dem Spielfeld gedrängt werden sollen.

Diese tragischen, schwierigen Handlungsverläufe zum Untersuchungsgegenstand zu machen, um die Betroffenen wieder ins Spiel zu bringen, dem festgefahrenen Stück eine neue Wendung zu gehen und dem Rollenspiel neuen Schwung, dazu hat Moreno das Psychodrama erfunden. Wenn hier der Protagonist gemeinsam mit dem Regisseur und den Mitspielern etwas „auf die Bühne bringt", wird damit eine soziale Welt re- wie neuproduziert, die zugleich zum Beobachtungsgegenstand durch den zuschauenden Teil der Gruppe wird. Damit wird in die alltägliche Inszenierung von Welt ein reflexives Element eingeführt, das auch wieder als Selbstbeobachtung in die alltägliche Praxis übernommen werden kann. Insofern bereichert die psychodramatische Inszenierungspraxis die alltägliche in den Lebens- und Arbeitswelten um weitere Wahrnehmungs-, Entscheidungs- und Steuerungsmöglichkeiten.

Im Folgenden soll das protagonistenzentrierte Psychodrama im Format der Gruppensupervision exemplarisch in den Blick genommen werden.

2.2 Erfahrungslernen durch spielerisches Probehandeln

„Drama ist ein griechisches Wort und bedeutet ‚Handlung' (oder etwas, was geschieht). Psychodrama kann darum als diejenige Methode bezeichnet werden, welche die Wahrheit der Seele durch Handeln ergründet. Die Katharsis, die sie hervorruft, ist daher eine ‚Handlungskatharsis'" (Moreno 1973a, 77).

Im Psychodrama werden die inneren Bilder, die inneren Dialoge, die inneren Szenenentwürfe einer Person mit Hilfe der Gruppe und des Psychodrama-Regisseurs auf die Bühne gebracht. Diese Inszenierungen wiederholen zum einen die problematischen Handlungsverläufe, sie fordern aber ständig durch das unterstützende Mitspiel die Schöpferkraft des Protagonisten heraus, so dass es zum Auftauen restriktiver innerer wie äußerer Muster kommt und zugleich zu einer kreativen Neugestaltung der Rollen und damit der interaktiven Konstellationen wie des *self*. Die dramatische Katharsis bewirkt eine Neutarierung der verschiedenen Kräfte und bereitet den Protagonisten auf seinen nächsten Auftritt vor.

Wie bei Dewey ist hier ein Lernfortschritt durch Probehandeln vorgesehen. Moreno betont aber die Erschütterungen, die mit wirklich kreativem Lernen verbunden sind. Damit diese Neutarierung überhaupt möglich wird, bedarf es einer Vorbereitungszeit, in der eine spezifische Problematik zur Klärung auftaucht und die notwendige Innovationskraft angeregt wurde. Erst nach dieser *Anwärmphase* kann überhaupt mit einem grundlegenden Umschwung gerechnet werden, der als neuartig und weiterführend erlebt werden kann. Diese neuen Erfahrungen müssen dann integriert und gesichert werden. Dazu kann eine *Realitätsprobe* dienen, in der die neu gestaltete Rolle mit den zu erwartenden Reaktionen der Interaktionspartner konfrontiert wird, so dass sie modifiziert und/oder zusätzlich gefestigt wird.

Für diese Handlungsexperimente bietet das Psychodrama ein umfangreiches Reservoire an großen und kleinen *Arrangements* und *Techniken*. Der Supervisor arrangiert die Versuchsanordnung und führt bei der Durchführung Regie. Er hat zwar Hypothesen über den Fortgang des Prozesses, kennt aber selbst den Ausgang nicht. Daher muss er stets den Prozess begleiten und spontan steuern. Dieser Prozess nutzt die präsentative Symbolik und ist gekennzeichnet durch *Aisthesis*, eine sinnlich-ganzheitliche Wahrnehmung, *Mimesis*, das wandlungsfähige Sichhineinversetzen in Rollen, *Katharsis*, die Erschütterung bisher bewährter Gewohnheiten, und *Poiesis*, die Schaffung neuartiger und angemessenerer Handlungweisen (→ S. 193ff.)).

Hier ist der Protagonist ganz involviert und schwimmt im Erfahrungsstrom (James) mit. Er muss aber zur Auswertung, Reflexion und Absicherung immer wieder aufs Ufer geholt werden. Das kann für eine kurze Unterbrechung des Experiments geschehen, kann aber auch zur umfassenden Vor- oder Nachbereitung eines Experiments dienen. Gerade das Pendeln zwischen diesen beiden Kommunikationsmodi ist kennzeichnend für psychodramatisches Arbeiten (Buer, 1999d, 105). In diesem Modus stehen nicht nur die gerade im Spiel gemachten Erfahrungen zur Diskussion. Hier können selbstverständlich auch die Praxiserfahrungen aus dem Berufsalltag zum Thema gemacht werden. In Supervisionsgruppen können bei der Bewertung Differenzen zwischen den TeilnehmerInnen auftreten. Zur Orientierung des Diskussionsmodus hat aber das Psychodrama wenig anzubieten. Hier kann das pragmatische Prinzip der Folgenabschätzung richtungsweisend sein.

2.3 Rollentausch und Sharing

Beim Rollentausch im Psychodrama geht es darum, dass der Protagonist in einer Handlungssequenz mit einem Gegenspieler die Rolle tauscht und sie konsequent weiterspielt, als wäre er der andere, während der andere seine Rolle übernimmt. Durch diese Verkörperung des Anderen erfährt er radikal dessen Lage, d.h. dessen Sichtweise des Geschehens. Ferner spürt er in der Rolle des Anderen die Wirkungen, die von ihm selbst ausgehen. Er hat mit sich selbst als einem Fremden zu tun und ms als der Andere damit fertig werden. Dadurch bildet er aktiv ein neues *me* von sich selbst im Sinne Meads. Indem er die Rolle zurücktauscht, fließen die gemachten Erfahrungen mit seinem bisherigen Erfahrungsstrom zusammen. Im *self* ist eine neue Zusammensetzung von I und *me* entstanden.

Diese Verkörperung im Rollentausch lässt den Protagonisten in einen szenischen Erfahrungsstrom eintauchen und führt ihn zu einem *interpersonalen* Bewusstsein. Dadurch wird seine bisherige Sicht relativiert und bereichert hin zu einer umfassenderen Multiperspektivität. Schon dadurch geraten bestimmte Sichten in den Hinter- und andere in den Vordergrund: Neue Handlungsmöglichkeiten bieten sich an. Diese quantitative Vermehrung der Perspektivenwechsel reichen Moreno aber nicht:

> „A psychodramatist is... not confined to a theatre of psychodrama. There are numbers of situations in life which may provoke a simple man to turn psycho-dramatist. Imagine that you are in a restaurant eating at a table and a Negro sits down next to you. The manager comes and advises him to leave: ‚Negroes are not allowed as guests.' You may have the urge to put yourself into the place of the Negro and, in protest, when he leaves the restaurant, you leave with him. This is the first psychodramatical law: Put yourself into the place of a victim of injustice and share his hurt. Reserve roles with him" (Moreno et al. 1964, 40).

Es geht um den Rollentausch mit den Opfern von Ungerechtigkeiten und die Beteiligung bei der Schadensbehebung. Jeder, der Zeuge eines solchen Vorgangs ist, ist involviert und hat sich mit den Opfern zu solidarisieren. Gerade durch den Rollentausch kann erreicht werden, dass Sensibilität und Empfänglichkeit für die Bedürfnisse einer immer größeren Vielfalt der Menschen und Dinge wachsen, wie der Neopragmatist Richard Rorty (1994) erhofft.

In den psychodramatischen Spielen geht der Protagonist zunächst davon aus, dass er Opfer ist. Durch den Rollentausch wird er aber damit konfrontiert, dass auch sein Handeln nicht zu rechtfertigende Folgen haben kann. Er hat also nicht nur auf seinem Recht zu bestehen, er muss es durch die Rechte der anderen relativieren. Daher kann es auch in der Supervision nicht nur darum gehen, dem Supervisanden zu seinem Recht zu verhelfen. Er muss sich auch damit beschäftigen, wie er intervenieren kann, wenn er Zeuge ungerechter Handlungen wird.

Insofern geht es in der psychodramatischen Supervision nicht nur darum, die Ansichten anderer zutreffend kennenzulernen und angemessen zu berücksichtigen. Es geht auch darum, sich leibhaftig in die Lage der „Erniedrigten und Beleidigten" hineinzuversetzen und aus dieser Erfahrung Handlungskonsequenzen zu ziehen.

So beginnt das *Sharing* im Psychodrama schon im szenischen Spiel, wenn der Protagonist mit den anderen InteraktionspartnerInnen Lust und Last der jeweiligen Szene teilt. Indem die Gruppenmitglieder im Spiel Rollen übernehmen, nehmen auch sie aktiv als Hilfs-Iche des Protagonisten Anteil an seinem „Schicksal" und sind bereit, „Freud und

Leid" mit ihm zu teilen. Diese unmittelbare Teilnahme am psychodramatischen Geschehen ist die Basis für den Einsatz der Integrationstechnik *Sharing* in der Abschlussphase, bei dem die GruppenteilnehmerInnen dem Protagonisten vergleichbare Erfahrungen aus ihrem Leben mitteilen.

Diese aktive solidarische Anteilnahme der Gruppe für den Protagonisten als einem Opfer ungerechter Verhältnisse macht alle TeilnehmerInnen zu PsychodramatikerInnen in dem weiten Sinn, den Moreno im obigen Zitat anspricht. Durch diese psychodramatische Ausrichtung der Supervision sollen die SupervisandInnen zu Professionellen werden, die für Klientenrechte im Interesse des Gemeinwesens eintreten. Das heißt nicht, dass sie sich einseitig mit deren Interessen identifizieren dürfen. Gerade Professionelle müssen genügend Distanz bewahren, um ausgewogen urteilen zu können. Ausgewogen darf aber nicht bedeuten, den kleinsten gemeinsamen Nenner zu finden oder einen Kompromiss zu akzeptieren, der offensichtlich ungleichgewichtigen Machtverhältnissen entspringt. Hier ist als Metainstanz das eigene fachlich geschärfte Gewissen in Berücksichtigung des Gemeinwohls zu beachten.

2.4 Szenische Verantwortung

Wenn Professionelle die Verantwortung für das Geschehen in ihren sozialen Arbeitswelten übernehmen wollen, dann müssen sie wieder lernen, die An-Sprüche, die der Berufsalltag an sie stellt, überhaupt in ihrer Radikalität wahrzunehmen. Denn in unserer Gesellschaft – und hierin ist Bauman (1995) recht zu geben – ist unsere innere Stimme, Moreno nennt sie auch Daimon, meist kaum noch hörbar, ist unsere Einbildungskraft weitgehend versandet, ist unsere Fähigkeit zur Selbstbesinnung in vielen Fällen auf eine rationalistische Reflexionskompetenz reduziert. Eine Umkehr ist nur möglich, wenn wir die Hilfe anderer annehmen, um

- unsere Wahrnehmung zu stärken,
- unsere Einbildungskraft zu entfalten,
- unsere Selbstbesinnung zu ermöglichen,
- unser Gewissen zu schärfen gegen die eigene Selbsttäuschung und Selbstbeschwichtigung.

Dieser Abbau der Selbsttäuschung ist oft mit einer schmerzhaften Katharsis liebgewordener Gewohnheiten verbunden. Erst die Entscheidung gegen bestimmte selbst gewählte Einschränkungen und für den freien, den bedingungslosen spontanen Impuls kann wieder zu moralischem Handeln führen. Das Hin-*Hören* auf das Gegenüber fordert den Rollentausch mit ihm. Indem ich seine Lage wahr-*nehme*, die Wahrheit seiner Existenz ganzheitlich erspüre, kann ich seine An-Sprüche erkennen und in meiner Antwort mit meinen An-Sprüchen und Möglichkeiten konfrontieren. Genau das geschieht im Psychodrama.

Gemäß dem psychodramatischen Imperativ: Sei bereit zum Rollentausch! Muss sich der Protagonist den Ansprüchen aller signifikanter Anderer in der konkreten Szene stellen und eine spontane Antwort geben, die einmalig, konkret, emotional, unmittelbar, unbedingt ist. Und diese Antwort ist nicht auf Gegenseitigkeit aus. Nur der Protagonist sieht sich gefordert. Forderungen an die Anderen können nicht erhoben werden. Sie sind nämlich gar nicht anwesend.

Und so entspricht gerade das protagonistenzentrierte Psychodrama den Anforderungen an den moralischen Raum, den Lévinas (1986) und Bauman (1995) beschreiben, indem es vor die soziale Auseinandersetzung *mit* dem Anderen den moralischen Impuls *für* den anderen stellt. Erst in einem zweiten Schritt kann in der Realitätsprobe mit Verstand und Klugheit geprüft werden, ob dieser spontane moralische Impuls auch im Berufsalltag Bestand hätte.

Der pragmatischen Folgenabschätzung, die durch die Realitätsprobe operationalisiert werden kann, ist in der psychodramatischen Tradition das Herausfordern des spontanen Engagements vorgeschaltet. Wie müsste ich eigentlich handeln, wenn ich alle Bedenken bei Seite schieben würde? Dieser moralische Impuls soll im psychodramatischen Vorgehen wieder eine Chance erhalten, bevor er mit guten Gründen sozialisiert wird. Erst dadurch können moralische Kräfte zum mutigen Eingreifen geweckt werden, das auch ungerechte Reaktionen der Mitwelt in Kauf nimmt.

Die Übernahme der Verantwortung nicht nur für mich selbst, sondern für die gesamte Szene, in der ich mich in diesem Moment befinde, stellt für die KlientInnen eine große Herausforderung dar. Diese psychodramatische Position geht über die üblichen Forderungen weit hinaus, die sich aus dem Berufsethos eines professionellen Beziehungsarbeiters ergeben. Danach kann nur die Beachtung der Gesetze, vertraglichen Bindungen und professionellen Standards verlangt werden. Diese Position konkretisiert auch die pragmatische Verantwortungsübernahme für meine Handlungsfolgen. Sie fordert die *Empathie*, die Teilhabe am Leid meiner sozialen Welten. Das macht das Leben nicht eben leichter, es macht es nur moralischer und damit vielleicht sinnvoller.

2.5 Soziometrische Neuordnung der Gesellschaft

> „Ziel der Soziometrie ist die Entwicklung einer Welt, die jedem Menschen ungeachtet seiner Intelligenz, Rasse, Religion oder ideologischen Gebundenheit die Möglichkeit zur Entfaltung seiner Spontaneität und Kreativität gibt, die Möglichkeit zu leben oder die gleichen Rechte zu genießen" (Moreno, 1996, 391).

In dieser soziometrischen Gesellschaft sollen alle Beziehungen nicht vorgegeben oder aufgeherrscht sein, sondern frei gewählt. Hier soll der eine dem anderen Therapeut sein, d.h. Helfer zu seiner und des anderen Selbstverwirklichung. Diese Utopie Morenos von einer „therapeutischen Weltordnung" (Moreno, 1991) ist immer wieder gern missverstanden worden. Sie impliziert eben keinerlei inhaltliche Vorgaben, sondern beschreibt nur ein herrschaftsarmes egalitäres Verfahren, um möglichst vielen einen angemessenen Platz zu geben. Und eben weil hier keine materialen Vorgaben gemacht werden, wird diese Gemeinschaft „dem Therapeuten therapeutisch, dem Religiösen religiös, dem Cooperativen cooperativ, dem Demokraten demokratisch und dem Kommunisten kommunistisch erscheinen" (Moreno 1996, 396).

Dewey würde diese Gesellschaftsform demokratisch nennen, weil hier über die gemeinsame Zukunft in demokratischen Aushandlungsprozessen entschieden wird. Wie Dewey (1986; 1993) versucht hat, in öffentlichen Einrichtungen wie der Schule demokratische Prinzipien umzusetzen, so hat Moreno seine verschiedenen Handlungsarrangements entwickelt, damit die TeilnehmerInnen hier exemplarisch in einer kommunitären Gemeinschaft die Interessen des Einzelnen wie die der ihn umfassenden Bezugsgruppen austarieren können. Gerade in den Spielen im protagonistenzentrierten Psychodrama geht es immer um die

Selbstverwirklichung des Protagonisten in Gerechtigkeit gegenüber den anderen Beteiligten. Und die Psychodramagruppe selbst kann durchaus als genossenschaftliche Selbsthilfegruppe verstanden werden, die gemeinsam einen besseren Umgang mit ihren lebenspraktischen Problemen erforschen und erproben wollen. Minimalkonsens ist: Gleichberechtigung der Mitglieder, guter Wille, sich zu verändern, und die Bereitschaft, sich auf die psychodramatischen Kommunikationsregeln einzulassen. Der Psychodrama-Leiter ist dann ein Dienstleister, der von der Genossenschaft zur Erledigung bestimmer Regieaufgaben eingekauft wurde.

Auch im Format Supervision kann es diese egalitäre Arbeitsform geben: Intervision oder kollegiale Supervision ohne Leiter oder mit sporadisch hinzugezogenem Supervisor. Normalerweise ist das Format aber durch eine Asymmetrie zwischen Supervisor und SupervisandIn gekennzeichnet. Psychodramatische Supervision nimmt zwar diese Asymmetrie an, gestaltet sie aber so aus, dass der Supervisor aus einer Metaposition heraus dafür sorgt, dass die SupervisandInnen möglichst oft durch Selbsttätigkeit, Selbsterfahrung, Selbstreflexion und Selbstentscheidung ihre Probleme angehen. Der Supervisor kann dann als Katalysator gesehen werden, der einen kooperativen, kreativen Handlungsprozess ermöglicht, ohne dabei selbst groß in Erscheinung zu treten. Allerdings sind solche aktiven Selbststeuerungsprozesse nur dann zu erwarten, wenn eine Gruppe länger zusammen und der Transfer in die Praxis nicht allzu schwierig ist.

Als Resümee kann wohl festgehalten werden, dass das Psychodrama eine kompatible Operationalisierung der pragmatischen Perspektive bietet. Darüber hinaus enthält der Pragmatismus viele philosophische, soziologische und sozialpsychologische Erkenntnisse und Theorien, die die Philosophie und die Interpretationsfolien des Psychodramas erweitern und anschlussfähig machen für aktuelle Diskurse in den Referenzwissenschaften. Allerdings beugt das Psychodrama mit der Begegnungsphilosophie und dem moralischen Imperativ zum Rollentausch einer tendenziellen Unverbindlichkeit und einem rationalen Intellektualismus vor.

II. Dialoge

Ein Leben mit J. L. Moreno. Impulse für die Zukunft. Ein Gespräch mit Grete Leutz[4] (1992)

FB: Moreno war sicher eine ungewöhnliche Person, die viele Menschen fasziniert, aber auch viele schockiert hat. Sein Werk wird heute von Psychodramatikern und Soziometrikern auf der ganzen Welt weitergetragen. Viele seiner Ideen scheinen mir aber nur verständlich, wenn man die kulturellen, sozialen und persönlichen Kontexte berücksichtigt, aus denen heraus sie entstanden sind. Du hast über Jahre mit ihm zusammengearbeitet und bist eine der wenigen Zeugen, die heute noch von seinem Leben und Arbeiten berichten können. Wie hast Du ihn kennengelernt?

GL: Im August 1951 war ich als Abiturientin in Springvalley, N.Y.. Ich suchte damals eine Arbeit, um mir mein Medizinstudium finanzieren zu können. Dort habe ich per Zufall auf der Straße ein Paar kennengelernt. Es waren Eya Fechin und Dane Rudhyar, ein gebürtiger Franzose. Er war Musiker, Maler, Philosoph, Schriftsteller, auch Astrologe (Rudhyar, 1988; 1991). Sie war die Tochter des bekannten russischen Malers Nikolai Fechin. Da Eya tanzen gelernt hatte und Rudhyar nicht über allzu große Mittel verfügte, wollte sie etwas dazuverdienen. Rudhyar war mit Gardener Murphy befreundet. Der empfahl den Kontakt zu Moreno. „Vielleicht könnte Eya dort durch Tanzangebote zur Lockerung der Patienten beitragen." Eya und Rudhyar verbrachten daraufhin einige Monate in Morenos psychiatrischem Sanatorium in Beacon, N.Y. Dieses Ehepaar lernte ich also nach einem Konzert in Springvalley kennen. Sie luden mich gleich ein und erfuhren von mir, dass ich eine Arbeit suchte, die etwas mit Medizin zu tun haben sollte. Sofort erzählten sie mir von Moreno. „Das ist ein ganz außergewöhnlicher Mann. Er hat ganz besondere therapeutische Methoden entwickelt. Seine englischen Bücher haben wir gelesen. Er hat aber auch auf deutsch gedichtet. Wir könnten uns vorstellen, dass ihr sehr gut zusammenpassen würdet. Er sucht jemanden für seine 12jährige Tochter Regina. Moreno hat sich vor wenigen Jahren scheiden lassen und ist jetzt mit seiner früheren Sekretärin Zerka verheiratet. Regina, das Kind aus der ersten Ehe, lebt bei ihrer Mutter. Sie hat dort aber intensives Heimweh nach ihrem Vater bekommen und will zurück nach Beacon." Sie konnte sich nicht mehr konzentrieren und hatte in der Schule nachgelassen.

Nach dieser Begegnung mit Rudhyar stellte ich mich bei Moreno in seiner New Yorker Praxis, 101 Park Avenue, vor und wurde engagiert.

Für den Vater, der als Psychiater auf die Untersuchung zwischenmenschlicher Beziehungen durch die von ihm entwickelte Soziometrie spezialisiert war, bestand kein Zweifel an der soziometrischen Ursache dieser Störung.

---

[4] *Grete A. Leutz* geb. 1930, Ärztin, Psychotherapeutin, Gründerin des Moreno-Instituts Überlingen, enge Mitarbeiterin von J.L. Moreno und Zerka T. Moreno. Dieses Gespräch wurde am 2. Mai 1991 im Moreno Institut Überlingen geführt. Ferdinand Buer hat es transkribiert, redigiert und mit Literaturhinweisen versehen.

1 Ein soziometrisches Life-Experiment

GL: Im Nachhinein beeindruckt mich am meisten, dass Moreno damals seine eigenen Methoden auf die eigenen Familienprobleme angewandt hat. Da Regina offensichtlich begonnen hatte, unter der Trennung vom Vater zu leiden und sich wünschte, wieder bei Moreno zu leben, stand für ihn fest, dass die Heilung eine Berücksichtigung ihrer soziometrischen Wahl erfordern würde. Ihm war aber auch klar, dass er Regina nicht einfach nach Beacon zurückholen konnte. Mit Zerka führte Moreno keinen bürgerlichen Haushalt. Sie pflegten bis in den Morgen hinein zu arbeiten. Zerka schlief am Vormittag. Außerdem hatte er sie ja nicht geheiratet, damit sie die Stiefmutterrolle für Regina ausübe. Er konnte also Reginas Erwartungen nicht ohne weiteres erfüllen. Soziometrisch dürfte er folgendermaßen gedacht haben: Die Skizze soll es veranschaulichen.

Die Mutter Florence, geb. Bridge, und Regina lebten nach der Scheidung zusammen, waren sich einerseits gegenseitig zugetan (dies übrigens bis heute), andererseits hatte Regina damals ihrer Mutter wohl auch viel vorgeheult. Der Vater wurde durch die soziometrische Wahl der Tochter noch mehr idealisiert als zuvor. Wie aber würde Zerka reagieren, falls er Regina wieder nach Beacon nähme? Von der Soziometrie her gesehen entschied Moreno, ggf. müsse eine vierte Person in diese Familienkonstellation. Ferner dachte er in Rollenkategorien: Gesucht wurde eine Person, zu der Regina eine gute Beziehung aufbauen könnte, was sowohl ihn als auch Zerka entlasten würde. Diese Person X sollte die Rolle der älteren Schwester übernehmen. Und Person X in diesem Arrangement wurde ich für ein Jahr (Abb. 3).

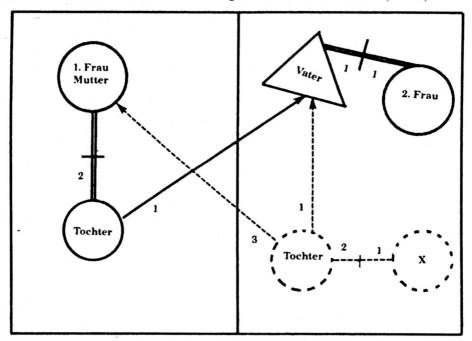

Bezogen auf das Kriterium des Zusammenwohnens geben die durchgehenden Linien in der Abb. die aus therapeutischen Gründen veränderungsbedürftige Familienkonstellation wieder, die gestrichelten Linien stellen den soziometrischen Familienplan dar.

Abb. 3

Heute würden wir mit Watzlawick sagen, ohne die vierte Person wäre diese Maßnahme nur ein Wandel erster Ordnung gewesen, ein Spiel ohne Ende. Denn enttäuscht über die veränderten Verhältnisse in Beacon, hätte das Kind womöglich wieder zurück zur Mutter gewollt und ein ewiges Hin und Her hätte anfangen können. Moreno hat durch die Anwendung seiner Methoden – das weist ihn als einen ersten Familientherapeuten aus – einen Wandel zweiter Ordnung bewirkt, so dass manche Erwartungen Reginas durch die „ältere Schwester" erfüllt werden konnten und nicht er „für alles herhalten" musste.

FB: Nun wird aber durch diese Intervention ein System stabilisiert, das soziologisch betrachtet einen bestimmten Familientyp darstellt. Dieses Modell ist doch um den Mann, den Vater, zentriert, also patriarchalisch ausgerichtet. Und zweitens ist es auch typisch für Wissenschaftler- oder Künstlerhaushalte, wo sich alles um den Gelehrten oder den Künstler dreht. Bei Freuds war es ja auch so. Das ist eine spezifische Konstellation, sie scheint notwendig zu sein, um diese Leistungen vollbringen zu können. Auf der anderen Seite werden aber alle Personen um diese eine Person herumgruppiert. Wie würdest Du das sehen?

GL: Ich würde es etwas anders sehen. Die Regina hat den Vater ja nicht nur als zweiten Elternteil gewählt. Wenn sie große Sehnsucht nach ihm hatte, ist das nur zu gut verständlich. Denn es war Moreno, der sich ein Leben lang von den Kindern – nicht nur seinen eigenen –, sondern schon von den Wiener Kindern, dem Kind an sich, dem kreativ-spontanen, unverdorbenen menschlichen Wesen hat faszinieren lassen. Kinder achtete er viel mehr als die intelligentesten Erwachsenen. So sagte er z.B.: „Reich einem Kind den kleinen Finger und es gibt Dir die ganze Hand." Diese Haltung hat sich der kleinen Tochter erst recht mitgeteilt, und so ist es nicht verwunderlich, dass sie nach der Trennung ihrer Eltern Sehnsucht nach ihrem Vater entwickelte und er die Verantwortung übernahm. Regina kam also nach Beacon und ich habe sie dort so genommen, wie sie war. Ich fand sie gar nicht besonders schwierig.

FB: Wie alt warst Du damals?

GL: Ich war zu dieser Zeit 20/21 und sie war 12. Ich hätte tatsächlich die ältere Schwester sein können.

FB: Inwieweit ist dieses soziometrische Experiment tatsächlich gelungen, zumal Du ja auch nicht auf Dauer bleiben konntest?

GL: Es war wohl so von Moreno konzipiert, dass ich am Nachmittag der Regina zur Verfügung stand, wenn sie keine Schule hatte. Wir machten dann Ausflüge, gingen ins Kino oder in ein Museum u.a.m.

FB: Es ist übrigens ja eine ähnliche Rolle wie die, die Moreno selbst als Tutor in der Familie Bergner gespielt hat.

GL: Genau. Er hat mich in seine einstige Rolle gebracht. Nach zwei, drei Monaten war Regina wieder in die Schule integriert, sie brachte manchmal Schulkameradinnen ins Haus und wurde ihrerseits zu diesen Kindern eingeladen. Auch ich war nun entlastet und dennoch in der Rolle der älteren Schwester. Moreno nahm mich in den freigewordenen Zeiten immer häufiger ins Sanatorium mit und beauftragte mich, sein Standardwerk „Who Shall Survive" unter dem Titel „Die Grundlagen der Soziometrie" ins Deutsche zu übersetzen.

FB: Wie hat das auf Regina gewirkt, als Du nach einem Jahr gegangen bist?

GL: Moreno hatte zwar versucht, mich länger zu halten. Ich wollte jedoch mit dem Studium anfangen. Das Jahr meines Aufenthalts in Beacon hatte gereicht, die erwarteten familiären Spannungen abzupuffern, so dass die Tochter unbelastet Beziehungen zu ihren Schulkameradinnen zu knüpfen vermochte. Es ergab sich eine Routine des Familienlebens, und in diesem Rahmen konnte eine wertvolle Beziehung zwischen Regina und Zerka entstehen. Außerdem kam noch vor meiner Abreise der kleine Halbbruder Jonathan zur Welt. Das war für Regina ein besonderes Ereignis.

FB: Nun war Regina die Erste. Dann kam der Zweite. Sie war schon eingeführt in die Familie.

GL: Ich weiß noch, wie Zerka zur Geburt fünf Tage im Krankenhaus weilte. Es waren die einzigen fünf Tage in diesem ganzen Jahr, in denen sie nicht mit ihrem Mann arbeitete. Ich erinnere mich noch, wie Moreno nach Hause kam und uns mitteilte, es sei ein Bübchen geboren worden. Regina vollführte einen Freudentanz und schrie: „I'm still my daddy's only daughter".

FB: Dieses eine Jahr hat also genügt, um eine feste Position in dieser Familienkonstellation zu gewinnen. Jetzt kam Jonathan hinzu. Sie war jetzt die ältere Schwester vom jüngeren Bruder, hat also Deine Rolle übernommen

GL: In der Tat! Es war sogar eine Fünferkonstellation, weil Zerka gleich nach der Geburt wieder mit Moreno arbeitete und für das Baby eine nette Schwester angestellt worden war. Sie kam vormittags ins Haus und versorgte das Kind.

FB: So war der Zeitpunkt, zu dem Du die Familie verlassen hast, relativ günstig.

GL: Es war, wie wenn in einer Familie die älteste Tochter zur Berufsausbildung weggeht.

2 Das Sanatorium als therapeutische Gemeinschaft

FB: Du bist auch von Moreno in die Arbeit mit Patienten eingeführt worden. Wie ist Moreno mit seinen Patienten umgegangen, was hat er konkret dort mit ihnen gemacht?

GL: Zu jener Zeit waren schwerkranke, psychotische Patienten in einem furchtbaren Zustand. Es gab ja noch keine Psychopharmaka. Außerdem war es die Zeit der Leukotomie bzw. Lobotomie, der einseitigen Durchtrennung eines Vorderhirnlappen von Patienten, die sehr aggressiv und unkontrolliert waren. Gelegentlich wurden auch zu Moreno solche leukotomierten Jugendliche gebracht in der Hoffnung, er könne sie mit seinen Spontaneitäts- und Kreativitätstechniken wieder aktivieren. Aber bei ihnen hat man eben den organischen Eingriff gemerkt. Sie standen mehr oder weniger teilnahmslos herum.

FB: Hat Moreno denn wirklich geglaubt, hier etwas tun zu können?

GL: Er hat's probiert, aber auch gesehen, dass die Lobotomie ein ethisch unvertretbarer Eingriff war. So sprach er in diesem Zusammenhang auch von der „Macchiavellischen Psychiatrie" und meinte damit diese brutalen chirurgischen Eingriffe, während er seinen Ansatz als „Shakespearian Therapy" bezeichnete. Manchmal hat er von letzterem auch als „psychotherapeutischer Naturheilmethode" gesprochen.

FB: Was wurde in seinem Konzept von der Natur aufgegriffen?

GL: Er ging davon aus, dass der Mensch mit einem Potential an Spontaneität, an Aktionshunger geboren wird und die ganze Entwicklung darauf angelegt sei, dass er integriert in den Kosmos, sich handelnd verwirkliche. Für Moreno war Selbstverwirklichung eigentlich immer Verwirklichung in der Begegnung mit der Umgebung, in Aktivität und Kreativität.

FB: Also Beachten der „Naturgesetze": Die Natur heilt, nicht der Arzt. Es gilt herauszufinden: Was ist eigentlich die natürliche Entwicklung?

GL: Moreno hat seine Methoden als Maßnahme zur (Wieder)Belebung der natürlichen Kräfte betrachtet. Er war immer darauf aus, die Autonomie der Patienten zu erhöhen, auch wenn sie noch so gering war.

FB: Inwieweit war dieses Sanatorium auch eine „therapeutische Gemeinschaft"? Wie lebten die Bewohner miteinander? Welche Rolle spielte Moreno?

GL: Die Klinik hatte damals 25 bis maximal 30 Patienten. Ich habe später in meinem ganzen Studium und in meiner psychiatrischen Zeit nie mehr so schwerkranke Patienten gesehen, weil es dann ja schon Psychopharmaka gab. Damals stand erst Atosil zur Verfügung. Moreno verwendete Insulinschocks und im äußersten Notfall auch Elektroschocktherapie. Er hat sie nicht selbst angewandt, war aber immer dabei. Viele Patienten waren so krank und reduziert, dass sie nicht sehr viel zum Gemeinschaftsleben beitragen konnten. Moreno ging aber schon damals vom Gedanken der heilenden Kräfte einer Gemeinschaft aus. Bevor die Tochter Regina wieder nach Beacon zurückkam, hatten Moreno und seine Frau Zerka jeden Abend mit den Patienten gegessen, nicht zuletzt weil sie gar keinen eigenen Haushalt führten.

Als Regina wieder in Beacon war, wollte Moreno das Kind wohl vor dem ständigen Anblick der schwerkranken Patienten schützen und ging nur noch einmal wöchentlich mit uns allen zum Abendessen in die Klinik. Moreno saß dann patriarchalisch, wie ein gütiger Familienvater, am Tisch und erkundigte sich bei allen, wie es ihnen gehe. Das wirkte aber nicht routinemäßig. Vielmehr ging Moreno auf jeden so ein, wie dieser sich an dem Tag präsentierte.

Einmal begegnete mir eine Patientin in Schwesternuniform. Sie stakste steif durch die Gegend. Vor dem Abendessen sah ich, wie Moreno diese junge Frau, die schwer schizophren und behindert war, zu sich kommen ließ, um ihr den „Wochenlohn" auszuzahlen. Er hatte nämlich gemerkt, dass die Patientin auf diesem Sektor ansprechbar war. Folglich steckte er sie in die Uniform. Sie war kaum in der Lage, sich als Schwesternhelferin zu betätigen. Sie wurde jedoch in dieser Rolle in die Sanatoriumsgemeinschaft integriert und demgemäß angesprochen. Auf solche Art versuchte Moreno, auch schwerkranke Patienten auf angemessene Weise in die Sanatoriumsgemeinschaft einzubinden.

FB: Gab es besondere Sitzungstermine, die dann eingehalten wurden, oder hat Moreno auch spontan aus der Begegnung heraus etwas entwickelt?

GL: Ein Termin waren diese Mahlzeiten, die dann nach Reginas Rückkehr reduziert wurden. Morgens machte Moreno im Hospital Visite und ließ sich von den Schwestern berichten. Da gab es dort auch eine Tobzelle, wo jemand notfalls hinter gepolsterten Türen eingesperrt werden konnte. Moreno hat die Patienten vermutlich lieber einmal toben lassen, als sie festzuschnallen. Es gab auch einen vergitterten Balkon für Patienten, die noch nicht in Begleitung in den Park gelassen werden konnten. Durchschnittlich ein- bis zweimal in der

Woche bzw. je nach Bedarf machte Moreno nachmittags auf der von ihm entworfenen Rundbühne im Theateranbau der Klinik Psychodrama. Mindestens einen Tag pro Woche verbrachte er in der New York University, nachmittags und abends in seiner Praxis.

FB: Bist Du dabeigewesen und kannst Du beschreiben, wie das im einzelnen ablief?

GL: Das Psychodrama in der Klinik dauerte im allgemeinen eine bis anderthalb Stunden, gelegentlich auch kürzer, selten länger. Von den schwerkranken Patienten nahm Moreno zwei oder drei, die eine ruhige Phase hatten, mit in die Gruppe. Süchtige nach der Entziehungskur waren oft dabei, vor allem auch Schwestern oder Kollegen. Diese Ärzte und Psychologen hatten bei öffentlichen Anlässen Moreno und seine Arbeit kennengelernt. Sie interessierten sich weiter für Psychodrama und nahmen besonders im Sommer an der Psychodrama Arbeit in Beacon teil. Hierbei wurden sie für das Feedback und das Sharing eingesetzt und übernahmen Komplementärrollen für die Protagonisten. Denn die anderen schwerkranken Patienten konnten dies nicht immer genügend ausfüllen. Als Kollegen waren sie gleichzeitig in der Rolle des Schülers und Psychodrama-Assistenten.

FB: Das war dann meistens protagonistenzentrierte Arbeit auf der Bühne. Und die Gruppe der Zuschauer wechselte. Wie groß war diese Gruppe?

GL: Neben ca. drei oder weniger geordneten Patienten waren ein bis drei Schwestern bzw. Pfleger, manchmal auch der Hausmeister und ich dabei. Also ungefähr sechs bis zehn Personen und natürlich Moreno oder seine Frau als Psychodrama-Leiter.

FB: Wurden die Patienten, mit denen er auf der Bühne gearbeitet hat, herbestellt?

GL: Moreno hatte ja morgens seine Visiten gemacht, die Patienten einzeln gesehen, die Berichte der Schwestern entgegengenommen und mit ihnen und seiner Frau Zerka, die oft an den Psychodramen beteiligt war, den Anfang oder Fortgang der Psychodrama-Therapie abgesprochen.

FB: Moreno war also der Haupttherapeut.

GL: Ja. Er war der einzige Arzt in der Klinik. Er arbeitete aber mit einem praktischen Arzt aus dem Ort zusammen, der die Patienten regelmäßig untersuchte und körperlich behandelte. Das hat Moreno damals nicht mehr gemacht. Zusätzlich kam ein organisch orientierter Psychiater vom Mental State Hospital, der gelegentlich Elektroschocks machte. Aber Moreno tolerierte diese „Macchiavellische Gewaltmethode" nur als „ultuma ratio", damit die Patienten in einen Zustand versetzt würden, in dem mit einer Psychodrama-Therapie begonnen werden konnte. Manche katatonen Patienten lagen in den bizarrsten kataplexen Haltungen im Bett, die man heute ja gar nicht mehr sieht. Wenn das Tage oder Wochen dauerte, sagte Moreno: „Jetzt muss man handeln". Insulinschocks wandte er auch selbst an.

FB: Es war sicher ungewöhnlich, sich mit diesen Patienten so intensiv zu beschäftigen. Hast Du denn mitbekommen, dass da wirklich positive Veränderungen eingetreten sind? Oder war das Bemühen eher vergeblich?

GL: Sicher war es öfter auch mehr oder weniger vergeblich. Sinnvoll war aber auch dann, dass sich die Patienten von Moreno so ganz angenommen fühlten. Er nahm sie in ihrer Leidensrolle ebenso ernst wie einen Star in der Glamour-Rolle; vielleicht sogar wichtiger. Im Grunde betrachtete er alle Menschen – auch sich – mit dem tiefen Ernst des Humors als

Wesen in „seltsamen Rollen". Das spürten die Patienten. Moreno hat vor allem aber dann positive Resultate erzielt, wenn er bei akut psychotischen Reaktionen ansetzen konnte und die Krankheit nicht einen der ganz schweren schizophrenen Verläufe zeigte. In diesem Zusammenhang erinnere ich mich, wie Jahre später der bekannte Schweizer Psychiater Ludwig Binswanger, in dessen Klinik ich mehr als fünf Jahre gearbeitet habe, mir einmal sagte: „Ja, es gibt halt die schizophrenen Reaktionen, bei denen man Hoffnung haben kann. Daneben muss es aber etwas wie eine große maligne Schizophrenie geben, die praktisch unbeeinflussbar ihren traurigen Verlauf nimmt."

FB: Was würdest Du denn als positive Entwicklung bezeichnen? Was kann man überhaupt erreichen mit diesen Patienten?

3 Johnny's Psychodrama: Moreno als Therapeut

GL: Ich erinnere mich an einen der ersten Fälle, wo ich als Hilfs-Ich eingesetzt wurde, nicht zuletzt weil der Patient Johnny mich gleich bei der ersten Sitzung von der Bühne runterschmiss. Das hat mich stark beeindruckt. Johnny war ein Junge von nicht ganz 16 Jahren. Nach seiner Verbringung ins Bellevue State Hospital von New York City wurde er in das Sanatorium zu Moreno gebracht. Vom Gesichtsschnitt und den dunklen Haaren her sah er aus wie ein junger Napoleon. Er war blass und sprach mit niemandem. Man wusste nur, dass er aufgrund von paranoiden Ideen sich vor kurzem eine Militäruniform und einen Revolver beschafft hatte und so vor dem Weißen Haus aufkreuzte, um Präsident Eisenhower Ratschläge zu erteilen. Das Unternehmen endete damit, dass Johnny aufgegriffen und in die größte New Yorker Irrenanstalt gesteckt wurde. Die Tageszeitungen haben über ihn geschrieben und ihn in Uniform abgebildet. Von seiner Familie wusste man, dass sie einen kleinen Gemüseladen betrieb. Johnny hatte eine armenische Stiefmutter, die im Unterschied zu ihm prokommunistisch eingestellt war. Johnny's Ideal dagegen waren die „minute-men" der „american revolution". Er wollte Präsident Eisenhower darlegen, dass wieder eine solche Miliz gegründet werden müsse. Johnny war ein Sozialutopist, redete aber zunächst nicht darüber, auch nicht mit Moreno.

In diesem Stadium begann die Psychodrama-Therapie. Johnny saß mutistisch im Psychodrama-Theater, und Moreno wandte sich ihm mit der ihm eigenen unbefangenen Freundlichkeit zu: „I hear you went to Washington. That's very interesting. You are a man of action, indeed. You are a ‚doer'. I believe you had a reason to go to the White House." An diesem Punkt ging Moreno nicht weiter auf das Kernproblem ein, sondern fragte einfach: „How did you go? Did you go by train or by bus?"

Sah man Moreno, wie er mit Patienten umging, so schienen sie in eine von ihm ausgehende Wolke natürlicher Wärme und Sympathie eingehüllt zu sein, ohne dass er ihnen zu nahe getreten wäre. Er hatte ein genaues Gespür dafür, wieviel Nähe ein Schizophrener oder Schizoider ertragen konnte. Bei Wahrung der Distanz hat er aber immer Wärme verströmt, nach der diese Patienten sich ja in besonderem Maße sehnen. Ich glaube, darin lag das Geheimnis seines so unkomplizierten Umgangs mit Patienten.

Eingehüllt in eine solche Wolke von Sympathie antwortete Johnny kurz: „By bus." Und im Handumdrehen guckte Moreno uns Hilfs-Iche an, rückte einige Stühle auf der Bühne zusammen und sagte zu Johnny gewandt: „Here is the bus. Where did you sit? Let's go there." Sekunden später saß Johnny in diesem Bus.

Moreno hielt für das szenische Wiedererleben früherer Situationen nicht nur die Erinnerung, sondern auch das körperliche Wiedererleben des Raumes für ausschlaggebend. Letzterer ist auch für die Erwärmung des Protagonisten wichtig. Wir kamen zusammen mit Johnny in Washington an. Er ging zum Weißen Haus. Ein Hilfs-Ich, das die Wache darstellte, hielt ihn an. Johnny erwiderte darauf herablassend, er müsse den Präsidenten sehen. Er wollte sich ins Weiße Haus Bahn brechen, wurde statt dessen aber per Flugzeug nach New York ins State Hospital verbracht.

Bei dieser ersten Psychodrama-Sitzung Johnnys spielte ein entsetzlich egozentrischer Opernsänger mit. Das Interessante war nun, dass dieser in dem Intervall zwischen der Busgeschichte und dem nächsten Psychodrama mit allerlei Vorschlägen auf mich zukam: „I think, it could be good for Johnny to do this or that." Sein erstmals gezeigtes Interesse an einem anderen Menschen als Beiprodukt von Johnnys Psychodrama-Therapie war bei diesem Mitspieler ein Zeichen beginnender Heilung. Du siehst an diesem Beispiel, wie Morenos Prinzip der Begegnung sich konkret auswirken konnte. In der zweiten oder dritten Sitzung war der junge Patient dann schon so weit aufgetaut, dass er doch einige wenige Auskünfte gab. Rein verbal wäre man mit ihm wohl nicht weitergekommen bzw. gar nicht erst ins Gespräch. Über Morenos Fragen hinsichtlich der familiären Verhältnisse erwähnte Johnny kurz seine Stiefmutter. Moreno unterbrach ihn: „Zeig doch die Erinnerung, von der Du soeben sprichst." Schnell wurde das Zimmer eingerichtet, in dem er der Mutter begegnete. Ich wurde in ihre Rolle gewählt. Das kam mir sehr komisch vor, weil Johnny ja nur wenige Jahre jünger war als ich. Unsere psychodramatische Interaktion stellte dar, wie er von der Schule heimkam. Er hatte eine Zeitung unterm Arm. Im Rollentausch zeigte er, wie die Mutter ihn gleich auf die Zeitung ansprach: „Schon wieder mit deiner Politik. Du sollst lieber dem Vater helfen und deine Schulaufgaben machen." Als bester in der Schule waren die Aufgaben für Johnny nicht das Problem, hingegen die Stiefmutter. Er legte ihr eine gewisse Aggressivität in den Mund. Aber alles war noch im Rahmen. Als ich nach dem Rücktausch der Rollen diese Sätze wiederholte und Johnny in seiner eigenen Rolle war, wurde er immer gespannter. Es gab mehrmals einen Rollentausch. Dabei spürte ich, wie sich – bei unserer Interaktion beiderseits – eine starke Aggressivität aufschaukelte. Er hat mich in der Rolle der Mutter in eine echte Irritation hineinmanövriert und wurde schließlich so frech, dass mir der Geduldsfaden riss und ich ihn anfuhr: „I am not willing to take this any longer." Dabei gab ich ihm quasi ungewollt einen Schubs. Er taumelte rückwärts die Bühne hinunter und fing schallend an zu lachen. Die Gruppenmitglieder und ich schauten uns überrascht an und Moreno sagte nur: „What's the matter?" Johnny guckte dann zu mir her und meinte lachend: „How can you be just like my mother?" und ich spontan darauf: „Wasn't I like you, as well. I don't know your mother. But you made me act like that."

Damals habe ich zum ersten Mal richtig begriffen, was Psychodrama war und was das Hilfs-Ich bewirken soll und kann.

In der eben geschilderten Szene sagte Johnny des weiteren: „She threw me out of the house like you threw me off the stage and then I went to a twentyfour-hours-movie and spent the night there. The next day I went back home, to steal money from my father's desk and got me the uniform and the gun to go to Washington. I wanted to give advice to the president to do more against the communists."

Es ist phantastisch mitzuerleben, wie Wahnideen beim Handeln psychodramatischer Szenen so durchsichtig werden. Wir wussten nun nicht mehr nur, dass er ein „schizoider mutistischer Patient" war, sondern auch, dass er unter seiner Stiefmutter leidet. Die Stiefmutter war ja überzeugte Kommunistin. Johnny hatte seinen Hass auf sie aus dem Rahmen der Familienkonstellation ins Politische transportiert, und von da an nur noch antikommunistische Bücher gelesen. Er stellte sich vor, Amerika – so tatkräftig wie die „minute-men" der amerikanischen Revolution – vor dem Kommunismus bewahren zu müssen. Er war nicht nur ein Phantast, sondern auch ein Tatmensch und war nach Washington gegangen, bevor er 10 Jahre später vielleicht einen Verfolgungswahn entwickelt hätte oder gar ein kleiner Hitler oder sonst eine Art von Verfolger geworden wäre.

Nachdem Johnny bei unserem Psychodrama lachend aus der Rolle des hassenden Stiefsohns gefallen und den mutistischen Bann gebrochen hatte, wurde er im Umgang mit der Umgebung im Sanatorium ganz normal.

In den folgenden Psychodramen überlegten wir, wie er unter den gegebenen Umständen seine Zukunft am befriedigensten gestalten könne. Den Vorschlag seines Vaters, in eine Kadettenschule einzutreten – eine Reaktion auf seinen bewaffneten Ausflug nach Washington – wies er vehement ab. Wir stellten in verschiedenen Psychodrama-Sitzungen unterschiedliche Berufsszenarien dar und Johnny wurde als Anfänger hineinversetzt. Das war zu einer Zeit, da Moreno seine Spontaneitätstests und Realitätsproben häufig anwandte.

Johnny interessierte sich bei einem der inszenierten Vorstellungsgespräche am meisten für den Beruf eines Handelspiloten und wollte mit dieser Zielsetzung wieder in die Schule und später auf das College gehen. Solange Moreno ihn nach seiner Entlassung im Auge behalten hatte, entwickelte er sich unauffällig in dieser Richtung weiter.

FB: Wie direktiv war eigentlich Morenos Stil als Regisseur im Psychodrama? Man könnte den Eindruck haben, er steuert sehr stark, er setzt suggestive Kräfte ein. Die ganze Tradition der Hypnose, der Suggestion könnte dahinter gesehen werden. Oder war er mehr Begleiter, der die vorhandenen Kräfte stimuliert hat, ist er also mehr nach dem späteren Modell von Rogers vorgegangen?

GL: Ich denke, Moreno hatte sehr starke intuitive Kräfte. Wenn ich jetzt an mein eigenes Psychodramaleiten denke, so meine ich, der Psychodrama-Leiter hat auf der bewussten Ebene die Regie; auf der unbewussten hingegen lasse ich mich vom Protagonisten leiten. Das habe ich Moreno abgeguckt. Er war im Umgang mit dem Patienten ungeheuer flexibel. Du konntest sehen, er verfolgt direktiv eine bestimmte Richtung.

Plötzlich aber kommt vom Protagonisten ein anderes Zeichen und sofort ändert auch er die Richtung, läßt sich also vom Unbewussten des Protagonisten leiten. Nicht umsonst sagte Moreno (1970, 71) schon 1923 in seinem Buch „Das Stegreiftheater": „Stegreif läßt das Unbewußte, unversehrt durch das Bewußtsein, frei steigen."

FB: Welche Rolle hat die Gruppe, haben die Mitspieler als Hilfs-Iche tatsächlich gespielt? In Deinem Bericht hat es den Anschein, als seien es nur Assistenten, die das ausgeführt haben, was Moreno ihnen vorgegeben hat. In der Theorie postuliert er doch deutlich die eigenständige therapeutische Rolle der Gruppe.

GL: Im Psychodrama wurde nicht gespielt, „was Moreno vorgegeben hatte", sondern was sich spontan aus der Interaktion mit dem Protagonisten ergab. Z.B. wurde ich in der Rolle der Stiefmutter, da ich diese ja nicht gekannt hatte, durch die Interaktion, die Provokation, die in der Spielphase von Johnny auf die Stiefmutter ausging, so in die Reproduktion der Szene hinein konstelliert, dass ich in ihr entsprechend reagieren konnte. Johnny sagte mir: „Genau so war's, das habe ich erlebt." Tatsächlich war für Moreno als Arzt bei der psychodramatischen Behandlung eines Patienten „in der Gruppe, mit der Gruppe, durch die Gruppe", das Prinzip des Hilfs-Ichs von vorrangiger Bedeutung. Natürlich wurde die Gruppe beim Sharing und beim Feedback einbezogen. Das war wichtig und wurde von Moreno (1973a) als Liebeskatharsis beschrieben.

Wenn der Protagonist in die Gruppe zurückkehrt, ist er oft erschreckt, wieder im Hier und Jetzt der Gruppe und nicht mehr in seiner imaginären Welt zu sein. Dieselben Menschen, die früher für ihn fremde Außenwelt darstellten, teilen ihm nun aber als Eingeweihte in seine innerste Welt ähnliche eigene, oft intime Lebenserfahrungen als Feedback mit. Das ist, besonders für Schizophrene, eine wichtige stützende Erfahrung.

Durch die spontane psychodramatische Inszenierung ist es Moreno gelungen, gesunde Menschen in das Wahnsystem des Patienten – nicht als Außenstehende, sondern Beteiligte – einsteigen zu lassen. Für den Patienten wurde der „Verfolger" oder „Präsident" anfaßbar. Damit wurden die Wahnvorstellungen psychotherpeutisch auch „behandelbar". Es gab für beide Seiten nicht mehr die Trennung zwischen normal und anormal, einfühlbar und uneinfühlbar.

Denn im Erleben des Patienten gehören die Normalen ja auch in eine fremde, ihm nicht mehr verständliche Welt. In der Phase der Nachbesprechung des Psychodramas ist wieder eine gemeinsam erfahrene Welt vorhanden, auf die sich alle gleichermaßen beziehen können.

FB: Inwieweit hat Moreno sich darauf eingelassen, seine besondere Therapeutenrollen im Sharing zurückzunehmen und von seiner persönlichen Betroffenheit zu erzählen?

GL: Im allgemeinen hielt er sich mit Sharing zurück. Er kommentierte das Psychodrama eher anteilnehmend oder humorvoll.

FB: Hast Du auch miterlebt, wie Moreno damals in New York mit Neurotikern gearbeitet hat? War das Vorgehen unterschiedlich?

GL: Eigentlich nicht; er war jedem Protagonisten immer voll zugewandt. Bei den Neurotikern lief es halt entsprechend normaler, etwa so wie in unseren üblichen Ausbildungsgruppen ab.

FB: Moreno war immer in der Regisseurrolle. Er hat nie als Hilfs-Ich mitgespielt oder gedoppelt?

GL: Gedoppelt ja, aber nicht mitgespielt. Hätte er mitgespielt, so hätte er nicht mehr die freien Valenzen für den Überblick über die ganze Szene gehabt. Er wäre in die Situation des Analytikers gekommen, der die Übertragungen ja auf sich nehmen muss, um auf diese Weise den Patienten Gelegenheit zum „Wiedererleben" zu geben. Im Psychodrama wäre die Übertragung zwar immer noch leichter kontrollierbar und aufhellbar gewesen als in der Analyse. Durch den Realitätswechsel von der Interaktion in der imaginären Welt der Bühne zurück in die Gruppe, werden den Darstellern der Bezugspersonen des Protagonisten die Rollen ja wieder abgenommen. Für Moreno war dies einer der Punkte, die ihn sagen ließ: „Ich habe das Psychodrama als Antithese zur Psychoanalyse entwickelt." Aus diesem zweimaligen Realitätswechsel – von der Gruppe zur Bühne und zurück zur Gruppe – ergibt sich, wie ich immer wieder betone, die Möglichkeit einer anderen Art der therapeutischen Beziehung, die Möglichkeit zur Begegnung.

FB: Nun kann es aber trotzdem sein, dass sich doch eine negative Übertragung auf ihn entwickelt hat.

GL: Das schon, aber nicht während des Spiels. Am ehesten vor der Spielphase. Da konnte Moreno z.B. sagen: „You are angry at me as perhaps at your father. How was it with him?" – und auf diese Weise mit dem Patienten in ein Vater-Spiel einsteigen. Er konnte aber auch die Leitung an Zerka oder einen Kollegen delegieren zum Patienten gewandt mit den Worten: „You may prefer her to direct your psychodrama".

4   Moreno und die Frauen

FB: Wie ging Moreno mit positiven Übertragungen um? Wie ging er mit sexuellen Wünschen um, die an ihn gerichtet waren?

GL: Allgemein möchte ich vorausschicken, dass auch bei der positiven Übertragung sich der Vorteil des zweimaligen Realitätswechsels zeigt, sich keine so kontinuierliche positive Übertragung wie bei der analytischen Einzeltherapie aufbauen kann. Sofern bei Morenos Beziehungen Übertragungen im Spiel waren, kamen sie dann wohl eher außerhalb der psychotherapeutischen Situation vor. Zu der Zeit als ich in Beacon war, habe ich diesbezüglich nichts Besonderes bemerkt.

Da war er ganz in der Zusammenarbeit mit Zerka aufgegangen. Sie waren noch nicht lange verheiratet, aber beide schon seit Jahren total auf sein Werk eingestellt. Später war es vielleicht wieder anders. Das könnte sein.

FB: Aus seiner Autobiographie geht ja hervor, dass er sich selbst als „sexuell emanzipiert" ansah (Moreno, 1989c, 20f, 24, 90, 104).

GL: Ja, er hat z.B. beim I. Internationalen Psychodrama-Kongress 1964 in Paris von der „sexual revolution" gesprochen, worunter er wohl weniger die Auswirkungen seiner Arbeit gemeint hat als die schon von der Psychoanalyse ausgegangene sexuelle Befreiung. Ich glaube, René Marineau (1989; 1990) ist Moreno persönlich in seiner Biographie gerecht geworden, wenn er feststellt, dass Moreno offensichtlich unterschiedliche Phasen hatte. War er besonders kreativ und auf seine Arbeit bezogen, dann gab's nur das. Und wenn dann eine Frau mitgemacht hat, wie z.B. Zerka in der Zeit, als er noch mit Florence verheiratet war, dann wurde diese Beziehung vorrangig für ihn. Natürlich gehören immer zwei dazu. Ich könnte mir nicht vorstellen, dass eine andere Frau so mit ihm hätte arbeiten können, wie Zerka sich „aufgeopfert" hat. Später kam vielleicht wieder eine andere Phase. Aufgrund einiger Bemerkungen und Spannungen zwischen Zerka und einer anderen Psychodramatikerin meinte ich eine Beziehung zu letzterer zu ahnen. Aber da war ich in Europa und weiß nichts Konkretes.

FB: Moreno hat die Musenrolle häufig Frauen angetragen.

GL: Zum 100. Geburtstag von Freud hat Moreno in seiner Zeitschrift eine Würdigung publiziert, in der er schreibt, die Tragik Freuds habe darin bestanden, dass er bei der Entwicklung seiner Methode hauptsächlich von Männern umgeben war, ihm die Musen gefehlt hätten.

FB: Dieses Modell ist ja auch bei anderen „Genies" aufzufinden. Bei Bert Brecht z.B. der ja auch immer viele Frauen um sich scharte. Auch bei ihm fielen sexuelle Kontakte mit geistiger Mitarbeit zusammen, ob es nun bei Elisabeth Hauptmann war oder bei Ruth Berlau oder bei Margarethe Steffin oder bei Helene Weigel. Oder bei Wagner kann man das finden. Sie alle wurden stark inspiriert durch diese intensiven Liebesbeziehungen. Das scheint bei Moreno auch ganz wichtig gewesen zu sein.

GL: Ja, ich glaube, diese Beziehungen ging auch Moreno eher in seiner Künstlerrolle ein als in der Therapeutenrolle.

FB: Nun gibt es z.B. im Fall Brecht Zeugnisse von Frauen, die sich über Brechts Verhalten sehr beklagt haben, z.B. von seiner ersten Frau, Marianne Zoff. Oder auch von Ruth Berlau, die hinter im herreiste, um in seiner Nähe zu sein, als er schon mit Helene Weigel liiert war. Wie ist Moreno damit klargekommen? Gab es nicht auf der Seite der Frauen auch Leid?

GL: Diesen Teil erfuhr die Marianne Lörnitzo in Bad Vöslau, solange sie noch auf Morenos Rückkehr aus den USA wartete. Offensichtlich hatte Moreno auch eine starke Beziehung zu dem Haus in Bad Vöslau, wo er mit Marianne bis 1925 gelebt hatte. Als ich 1984 mit Morenos Sohn Jonathan in Bad Vöslau war und die Schwester von Marianne kennenlernte, fragte ich, wie diese Beziehung ausging. Die Schwester hatte uns Gedichte und ein Büchlein gezeigt, in das Moreno Ende der zwanziger Jahre von USA aus seiner Freundin Gedanken geschrieben hatte, mit der Bitte, auf den freigelassenen Seiten, nach einem Gedicht oder Aphorismus ihre Stellungnahme zu schreiben. Bezüglich des Endes der Beziehung meinte die Schwester, „letzter Anlass war wohl das Haus". Als Moreno nach Amerika ging, hatte er offensichtlich seiner Freundin den Auftrag gegeben, dieses Haus zu verwalten und zu erhalten. Mariannes Familie hatte wohl eine Zeitlang die Miete bezahlt. Moreno ging es damals in Amerika nicht bestens. Nach einiger Zeit hatte die Gemeinde der Familie Lörnitzo zugesetzt, das Haus zurückzugeben, da ein Kinderheim dort entstehen sollte. Wegen der Kinder habe sich Marianne dann zu der Aufgabe des Hauses bewegen lassen, wahrscheinlich nicht zuletzt im Wissen um Morenos besondere Beziehung zu Kindern im allgemeinen. Das habe zum endgültigen Bruch beigetragen. Nachdem Moreno Marianne aber nicht gleich in die USA hatte nachkommen lassen, wäre bei den damaligen Verkehrsmitteln die transatlantische Beziehung wohl sowieso zum Scheitern verdammt gewesen. Vielleicht wollte sie auch nicht gehen, sondern lieber auf Morenos Rückkehr in das Haus im Maital warten. Interessanterweise wollte er 1968, als er in Baden bei Wien weilte, dieses Haus wieder kaufen!

Die Emigration nach Amerika ermöglichte ihm dort größere soziometrischer Experimente. Auf diese Weise lernte er drüben Helen Jennings kennen. Das war wohl auch eine intensive Beziehung, inspirativ, kooperativ und wohl auch sexuell.

5 Erleuchtung in Bad Vöslau

FB: In diesem Haus in Bad Vöslau hatte Moreno ja, wenn wir seinem Zeugnis glauben dürfen, ein Erleuchtungserlebnis, aus dem heraus er „Das Testament des Vaters" geschrieben hat. Wie würdest Du dieses Erlebnis einschätzen?

GL: Die Gedichte aus „Das Testament des Vaters" waren wohl der stärkste Berührungspunkt zwischen Moreno und mir, während ich in Beacon war. In guten Stunden noch nach meinem Studium, als ich 1960 in New York City wohnte, las er mir gerne daraus vor. Er hatte in New York City ein Praxis-Haus gekauft, wo er regelmäßig arbeitete. Einmal, als er wusste, dass ich mit der Klinikarbeit fertig war, telefonierte er mir: „Could you come over. I would like to read ‚Vom Testament des Vaters'". Das waren unvergessliche Stunden. Seine Wohlbeleibtheit gab der Rezitation den richtigen Resonanzboden. Er erzählte, die Gedichte mit roter Tinte auf die Tapeten des Vöslauer Hauses geschrieben zu haben. Sein Freund, der Verleger Gustav Kiepenheuer, habe später eine Sekretärin geschickt, um sie zu kopieren. So seien die Gedichte erhalten worden. Ich kann mir das schon vorstellen. Sicher waren nicht alle Gedichte aus „dem Testament" an den Wänden gestanden, aber oft hat man keinen Zettel zur Hand ...

FB: Die erste Ausgabe in der Zeitschrift „Die Gefährten" (1920) ist ja vom Umfang her wesentlich kleiner als die Buchausgabe von 1922. Er muss nachträglich noch einiges geschrieben haben.

GL: In Vöslau.

FB: In der englischen Fassung „The Words of the Father" (1971) stehen auch noch weitere Gedichte drin.

GL: Da stehen weitere englische, die ich auf Morenos Wunsch zum Teil ins Deutsche übersetzt habe.

FB: Wie willst Du diesen Zustand, aus dem er heraus geschrieben hat, begreifen? War das ein Trancezustand?

GL: Wenn Du z.B. bei Nietzsche nachliest, wie er den Zustand der Inspiration beschreibt, dann war es bei Moreno wohl auch so ein Zustand. Nietzsche hat seinen „Zarathustra" in drei Wochen geschrieben.

FB: Es gibt aus der Religionsgeschichte sehr viele Beispiele für diesen Entrückungszustand.

GL: Natürlich. Diese Gedichte kamen von selbst. Moreno hat sie sicher ohne große Überlegung hingeschrieben, aus einem melodischen Rhythmus heraus, sozusagen im Rollentausch mit Gott, der Schöpferkraft des Universums. Ich habe ihn immer als modernen Mystiker erlebt, obwohl er später sich nicht als solchen bezeichnete.

Er sagte eher: „I had ‚a psychotic phase.'" De facto hat er in der Zeit, da er die Gedichte an die Wand schrieb, normal praktiziert und ging außerdem nach Wien in sein Stegreiftheater. Er hatte also ganz normale Seiten. Hauptsächlich sein Dichten muss sich in einem Ausnahmezustand, einer Art Inspiration, vollzogen haben. Er sagte gelegentlich: „Ja, das kann man als eine Megalomanie ansehen, für Gott zu sprechen." Diesbezüglich wurde er oft missverstanden. In der Einleitung zu der englischen Ausgabe „The Words of the Father" und auf der Schallplatte sagt er zum Thema: „Dieser Rollentausch mit Gott ist aber dennoch das Gegenteil von einer Megalomanie." Auch in der „Rede vor dem Richter" (1925) geht es ihm vielmehr um die „Ent-Ichung". Das ist ja auch ein Begriff der Mystik aller Kulturkreise. In dieser Rede sagt Moreno u.a.: „Eine Ich-Seuche verzehrt die Menschheit. Das Ich ist der Baal, dem die Natur geopfert wird (!) ... Das einzige Mittel gegen die Seuche ist wieder das Ich. Es gibt keine Flucht aus dem Ich heraus, nur hinein. Wer aus diesem Labyrinth flüchten will, muß an sein Ende denken. Das Ich zu Ende gedacht, führt aus dem Labyrinth heraus, ins Zentrum."

Die Theosophen sprechen in diesem Zusammenhang z.B. vom Selbst bzw. Over-Self. Dies hat den Niederschlag in seinen Gedichten gefunden. Wie könnte er sonst sagen: „Ich bin der Buckel, der sich krümmt, um Euch zu tragen, ich bin der Himmel, der sich stirnt, um Euch zu krönen" usw. Er hat damit nicht sein enges menschliches Ich gemeint, sondern im Rollentausch mit Gott gesprochen. Daher auch seine Faszination von der Anonymität. Er hat „Das Testament des Vaters" ja anonym veröffentlicht. Der menschliche Name, an den alle Eitelkeiten geknüpft sind, zählt in diesem Zusammenhang nicht.

FB: Das Paradoxe ist eigentlich: Diese Konzentration durch das Ich hindurch auf das Selbst öffnet zur Welt hin. Die Ent-Ichung öffnet das Tor zur ganzen Welt. Die Rollenübernahme bedeutet zugleich Kon-Zentration. Das ist das typisch mystische Paradox.

GL: Das stimmt. In Rollendiagrammen von nichtinspirierten Menschen, also Menschen ohne „die große Erfahrung", um einen Zen-Ausdruck zu gebrauchen, hat Moreno für das Individuum einen Kreis verwendet, in den er die Alltagsrollen hineinzeichnete. Bei Menschen im Zustand der Inspiration dagegen hat der das Individuum in die Mitte eines größeren Kreises gezeichnet, der die religiöse Rolle bedeutete, etwa die des Buddha oder des Christus. Die sozialen Rollen sind hier nicht mehr eingezeichnet (Moreno 1977, 157).

So wird etwa der Prinz Gautama als von der Buddha-Rolle ergriffen, d.h. aufgesogen, dargestellt. Moreno hat allgemein weniger von Gott gesprochen als von der Gottheit. Für ihn war sie ein Synonym für die kosmische Schöpferkraft. Er hat im Erleben dieser Schöpferkraft in jedem Menschen, auch in sich selber, die heilsame Wirkung gesehen und daher die Menschen aufgefordert, im Rollentausch Gott zu spielen, das bedeutete nicht, dass die Person Gott sei. Die Ent-Ichung durch den Rollentausch sollte vielmehr helfen, die schöpferischen Kräfte zu erspüren, zu merken, dass der Wassertropfen zwar nur ein Tropfen ist, aber dennoch dasselbe Wasser wie das Meer.

So hat Moreno den Psychodrama-Kongreß 1966 in Barcelona damit eröffnet, daß er in das Auditorium hineinmarschierend zur Begrüßung rief: „You are God, I am God!"

Einer seiner Kritikpunkte an Freud war der Vorwurf: „He made man a stranger in the universe" Moreno in seiner antithetischen Haltung zur Analyse wollte diesen Riss heilen, religio als Wiederverbindung herstellen, nicht nur theoretisch, sondern im Erleben der Einheit.

1976 habe ich auf Einladung von Zerka Moreno bei der Jahrestagung der American Society of Group Psychotherapy and Psychodrama in New York die Moreno-Lecture gehalten. In diesem Vortrag habe ich Morenos Statement „Psychodrama als Antithese zur Analyse" aufgegriffen und gezeigt, was sicher antithetisch war. Zuletzt bezog ich mich auf die jeweilige religiöse Einstellung und das Gottesbild. Freud sah darin ja eine Projektion des angstbesetzten menschlichen Vaters, von der er seine Patienten erlösen musste. Moreno dagegen hat in diesem Gott-Vater-Bild die zeugende, kosmische Schöpferkraft gesehen. Daher hat er sich auch als religiöser Heiliger verstanden.

Interessant sind in diesem Zusammenhang seine Ausführungen über die Universen des Kindes. Im ersten Universum der All-Identität sieht er diese Verbundenheit mit dem kosmischen All. Im zweiten Universum kommt es zum Bruch, dann werden die sozialen Rollen erfahren und ausgeübt. Seine therapeutische Zielsetzung war letztlich die Wiederverbindung, das bewusste Wiedererleben dieser kosmischen Einheit, die der Säugling unbewusst lebt. Diesen Zustand als therapeutisches Ziel habe ich, an Moreno anknüpfend, das „dritte Universum" genannt.

FB: Man müsste auch noch berücksichtigen, dass in unserer abendländischen Kultur diese Entfremdung noch einmal spezifisch angelegt ist. Man kann sich andere Kulturen vorstellen, die enge Verbundenheit leben und nicht in dem Maße trennen, wie das für uns typisch ist. Da steckt auch der Ansatzpunkt seiner Gesellschaftskritik. Weil unsere Kultur durch Zerschneidung gekennzeichnet ist, geht es vor allem um die erneuerte Verbindung.

GL: Genau.

6   Moreno als wissenschaftlicher Autor

FB: Ich möchte noch einmal zurückkommen auf Deine Schilderungen des Lebens in Beacon. Kannst Du etwas über den Tagesablauf sagen?

GL: Moreno kannte damals fast nur eine Aktivität, das war sein Werk. Ich sage bewusst nicht Arbeit, sondern Werk. Er stand meistens zwischen halb acht und acht auf, erschien dann im Morgenrock, guckte sich die Post an. Ich habe ihm den Kaffee serviert. Dann hat er sich fertig gemacht, ging ins Sanatorium, hat nach seinen Patienten geschaut und dort den ganzen Morgen verbracht. Er kam um 12 Uhr zum Mittagessen, hat sich dann kurz ausgeruht und fing gegen halb zwei an zu schreiben mit Zerka. Gelegentlich kam dann auch mal ein Patient oder eine Schwester. Die Schreibarbeit ging bis in den Morgen. Wenn ich um Mitternacht zu Bett ging, hörte ich Moreno mit Zerka arbeiten. Das ist beachtlich, wenn man bedenkt, dass Moreno damals über sechzig war. Er hat sehr wenig geschlafen. Zerka hat mehr Schlaf gebraucht, zumal sie damals mit Jonathan schwanger war. Nach dem Mittagschläfchen also hat er zunächst mit Zerka seine Korrespondenz erledigt Dann kam er zu seiner wissenschaftlichen Arbeit. Es ging damals um die zweite Ausgabe von „Who Shall Survive?" Wenn es losging, hat Zerka ihm oft die letzte Seite des bisher Geschriebenen vorgelesen oder sie haben sich gemeinsam erinnert: „Wo waren wir stehengeblieben?" Ich erinnere mich noch sehr gut, wie er ins Sanatorium ging. Dann merkte man deutlich, dass er tief in Gedanken versunken war und überlegte, was zu schreiben war. Oder wenn er aufs Essen wartete, konnte er mit einem Bleistift auf einem Stück Papier rumkritzeln und ein Rollendiagramm oder etwas Ähnliches entwerfen.

FB: Zerka hat das dann aufgeschrieben.

GL: Zerka saß eigentlich ständig hinter der Schreibmaschine. Moreno ging auf und ab und diktierte. Er sagte z.B. „Lies mir noch mal diesen Satz vor", besprach ihn mit Zerka und diktierte weiter. Sie korrigierte auch sein Englisch.

FB: Er hat eigentlich seine Gedanken aus dem Steigreif heraus formuliert?

GL: Ja, ja als Peripathetiker.

FB: Zerka war eher Hilfs-Ich oder Muse, die die Atmosphäre geschaffen hat, in der er diese Gedanken formulieren konnte.

GL: Sie hat die Atmosphäre geschaffen und vor allem konkret seine Gedanken mitgedacht und zu Papier gebracht.

FB: Wie hat Moreno sich denn vorbereitet? Hat er vorher gelesen oder ist er einfach so eingestiegen? Hat er einfach da weitergemacht, wo er vorher aufgehört hatte? Bücher müssten eigentlich ja einen vorher konzipierten Aufbau haben. Hat er vorher einen Aufbau geplant?

GL: Er diktierte mehr aus seinen laufenden Überlegungen heraus oder hatte Erfahrungen durchdacht, und in kürzeren Aufsätzen zu Papier gebracht. Damals arbeitete er nicht nur an der zweiten Auflage von „Who Shall Survive", sondern schrieb auch Artikel für seine Zeitschriften. Er konnte sich dabei oft auf seine Diskussionen bei Tagungen beziehen und diese Überlegungen diktieren.

FB: Es ist ja festzustellen in seinen vielen Artikeln, dass er oft ganze Passagen übernimmt aus früheren Werken, ohne das anzugeben. Wie ist es denn dazu gekommen?

GL: Moreno hat meist aus einem ständigen Rollentausch heraus mit Menschen geschrieben, die er überzeugen wollte. Er hat sich wohl vorgestellt: „Der weiß nun gar nichts und deshalb muss ich ihn einführen." Daher diese vielen Redundanzen. In „Gruppenpsychotherapie und Psychodrama" hat er z B. ihm wichtig erscheinende Kapital aus dem einen oder anderen Buch genommen und neu zusammengestellt.

FB: Durch die Konzentration auf einen bestimmten Adressaten kommen also diese Wiederholungen zustande

GL: Er konnte nicht voraussetzen, dass seine Werke bekannt wären, hatte er sie doch meistens im Eigenverlag publiziert. Was immer er gebracht hat, war damals so neu und so revolutionär, dass er kein Verständnis erwarten konnte. Daher fand er oft auch keinen direkten Anknüpfungspunkt Er musste einfach das, was aus ihm kam, übermitteln.

FB: Man hat den Eindruck, wenn er sich mit Positionen anderer Autoren auseinandersetzt, ist ihm das spontan eingefallen. Er geht nie hin und rekonstruiert ganze Argumentationszusammenhänge und bezieht sich dann systematisch darauf.

GL: Er erwähnt, was gerade zu seinem Gedankengang passt.

FB: Diese Autoren hatten wohl eher eine Anreger-, eine Starterfunktion für Morenos Gedanken.

GL: Moreno sah echte Anknüpfungspunkte eigentlich nur bei den Heiligen oder einem Philosophen wie Sokrates.

FB: Seine Ideen waren sicher im damaligen wissenschaftlichen Kontext in den USA ungewöhnlich. Wenn wir aber seine Wiener Zeit nehmen, so waren doch die Autoren, die er erwähnt, damals in aller Munde, Nietzsche z.B.

GL: Damals, als ich in Beacon war, versuchte er, all seine Überlegungen und soziometrischen Experimente in den westlichen szientistischen Rahmen hineinzubringen.

FB: War das für ihn einfach eine Sprache, die man auch sprechen muss, um Anerkennung zu finden? Oder hat er das ernst genommen?

GL: Er hat das ernst genommen. Er hat sich genauso wenig nur mit den Literaten und Philosophen der Wiener Zeit identifizieren können. Zwar hatte er gesehen, dass die Existentialisten oder etwa Buber einen vergleichbaren Ansatz hatten. Seine Kritik an Buber war aber, er komme über das Wort nicht hinaus. Für Moreno war der Schritt vom Wort zur Tat das Wichtigste. Das Experiment war wichtig, um zu beweisen, dass seine Annahmen empirisch nachweisbar seien.

FB: Trotzdem scheint mir hier doch ein Missverständnis vorzuliegen. Auch Freud hat ja stark an diesem naturwissenschaftlich-szientistischen Modell festgehalten, um sich tatsächlich dem Unbewussten öffnen zu können (Buer, Schmitz, 1989, 137f). Insofern war diese naturwissenschaftliche Orientierung eher ein Halt. Mir scheint, dass diese szientistische Orientierung bei Moreno eine vergleichbare Funktion gehabt hat gegenüber den religiösen Tiefendimensionen. Er wollte diese Erfahrungen nachvollziehbar und intersubjektiv überprüfbar machen.

GL: Um nicht Künstler und Mystiker zu werden.

FB: Er schreibt ja selbst, dass damals in Wien für ihn die Möglichkeit gegeben war, Sektengründer zu werden (Moreno, 1989c, 29ff). Anders als Buber versucht Moreno schon, quantifizierend zu forschen.

GL: Das war immer Morenos Kritik an den Literaten und den Philosophen. Was ich aber auch interessant finde, ist, dass Du in Deinem Buch so deutliche Parallelen zu Landauer herausgearbeitet hast, obwohl Moreno nie Bezug auf ihn nimmt (Buer, 1989b; → S. 96ff.). Aber über Buber muss er ihn ja gekannt haben.

FB: In seiner Autobiographie (1989c, 71) bezieht sich Moreno ausdrücklich auf Landauer, was ich bei Abfassung meines Textes nicht wusste. Das sehe ich nun als eine wunderbare Bestätigung meiner Interpretation.

GL: Ich erinnere mich auch, dass Moreno Erich Mühsam erwähnt hat. Nicht, dass er ihn näher gekannt hatte. Aber er hat ihn schon erwähnt.

FB: Mühsam, Buber und Landauer haben damals ja eng zusammengearbeitet. Du hast dann „Who Shall Survive?" übersetzt. Wie war diese Zusammenarbeit?

GL: Eines Tages fragte mich Moreno, ob ich das Buch übersetzen würde. Es wurde damals an der Sorbonne ins Französische übertragen. Moreno lag der deutsche Sprachraum aber besonders am Herzen, und so wollte er so schnell wie möglich auch eine deutsche Übersetzung herausbringen.

Ich ging auf den Vorschlag ein, denn solange ich bei ihm wohnte, konnte ich ihn ja immer fragen, wenn ich etwas nicht verstehen sollte. Und das habe ich reichlich getan. Typisch für Moreno war, dass ein Dolmetscherzeugnis ihn überhaupt nicht interessiert hätte. Traute er jemanden etwas zu, so konnte er den verrücktesten Menschen im Sanatorium, von der Straße oder sonst woher damit beauftragen. Von mir hatte er sich vorher kürzere Texte übersetzen lassen. Das war vermutlich ein Test. Dann begann ich mit der Übersetzung.

Wenn Moreno und Zerka an der zweiten Auflage arbeiteten, konnte es vorkommen, dass ich zu ihnen gestoßen bin und Moreno etwas frage. Oder auch wenn Zerka in der Stadt war. Ihn haben ja naive Fragen immer sehr interessiert, weil er selbst so völlig unvoreingenommen an die Phänomene heranzutreten pflegte. Er ging dann auf meine Fragen ein und erklärte. Es konnte passieren, dass er bei Zerkas Heimkehr sagte: „Oh, Zerka, Gretel just asked me something and we have to change the last pages." Oder umgekehrt geschah es, dass ich übersetzte Seiten zeigte, und er mit einem Ausdruck des Bedauerns sagte: „Jetzt habe ich doch vergessen zu sagen, dass Zerka und ich diesen Teil total verändert haben." Zerka und ich schauten uns bei solchen Gelegenheiten an und sagten nur noch: „Who Shall Survive that!"

FB: In dem Gespräch über die Übersetzung ist teilweise eine neue Version entstanden, so dass die deutsche Übersetzung nochmals einen anderen Text enthält als die erste Auflage von 1934 wie auch die zweite Auflage von 1953?

GL: Der deutsche Text ist wohl sehr nahe bei der zweiten Auflage. Er wurde auf Wunsch des Herausgebers, Karl Gustav Specht, allerdings gekürzt (Moreno, 1954).

7   Die letzten Jahre Morenos

FB: Du hast Moreno aber auch in seiner letzten Zeit oft begleitet.

GL: Meine Anwesenheit dürfte ihn immer auch an seine Wiener Zeit erinnert haben. Er erzählte dann gerne von damals. Einmal – das war schon während meines ersten Aufenthalts in Beacon – bekam ich Post von Friedrich Schnack, der damals in unmittelbarer Nachbarschaft zu meinem Elternhaus in Überlingen wohnte. Als Moreno, das Päckchen in der Hand, den Absender las, erinnerte er sich: „Ist das ein Dichter? Wenn ja, dann habe ich seine ersten Gedichte publiziert." Und so war es auch. Tatsächlich finden sich frühe Gedichte Schnacks in Morenos Zeitschrift „Der Daimon" (1918a, 1918b).

Ich besitze auch einen interessanten Brief von E.A Rheinhardt, dem Mitherausgeber des Daimon. In ihm schreibt er an Schnack, der als deutscher Soldat noch im Osmanischen Reich in Konstantinopel stationiert war, über „Kontroversen mit Herrn Moreno Levy". Schnack hat Moreno nicht persönlich gekannt, wie er mir bei seinem Besuch 1973 erzählte. Nach unserem Gespräch schrieben sich Schnack und Moreno noch gegenseitig Grüße in Erinnerung an ihre Kontakte nach dem 1. Weltkrieg.

FB: Wie hat Du Morenos letzte Lebensphase erlebt?

GL: 1968 beim III. Internationalen Psychodrama-Kongress in Baden bei Wien kam er mir erstmals gealtert vor. Bald darauf hatte er auch etwas Herzbeschwerden. Zu jener Zeit wurde das Sanatorium in ein Ausbildungsinstitut umgewandelt. Die Behandlung stationärer Patienten ließ Moreno auslaufen, und Zerka widmete sich nun stärker den Ausbildungsaufgaben. Seinerzeit besuchte ich ihn in seiner Praxis on West 78 Street in New York. Dort machte er wöchentlich öffentliche Psychodrama-Veranstaltungen, an denen für 5 Dollar Menschen von der Straße teilnehmen konnten. An jenem Abend eröffnete er die Sitzung und sagte zum Schluss: „Well, and now my wife Zerka will work with you." Dann ging er mit mir rauf in einen kleineren Raum, setzte sich behäbig in einen Sessel und schmunzelte zu mir herüber: „You see, I am becoming more and more like a real Buddha." Er ruhte sozusagen in seinem Gewicht. Da war er aber noch gut beieinander.

1971 sah ich ihn auf dem Internationalen Psychodrama-Kongress in Amsterdam. Ich hatte „Das Testament des Vaters" mitgenommen und habe ihn gebeten, für die deutschsprachigen Kollegen daraus vorzulesen. Er war gleich dabei. In seiner Hotel-Suite versammelten sich 20 bis 30 Personen. Meinolf Schönke hat davon Fotos gemacht (Leutz, 1974, VIII). Beim Vortragen kam Moreno richtig in Fahrt.

1973 vor dem VI. Kongreß der Internationalen Gesellschaft für Gruppenpsychotherapie in Zürich telefonierte Moreno von USA aus mit mir. Seine Stimme klang wie in den fünfziger Jahren: „Du weißt, es geht mir nicht so gut. Ich bin jetzt alt. Und wenn Zerka zum Kongress geht, werde ich mich im Hotel aufhalten. Es wäre gut, wenn ich dort ein Hilfs-Ich hätte. Vielleicht kennst Du jemanden, der interessiert wäre, mich ein paar Tage zu betreuen." Ich konnte dann Ursula Kuypers vermitteln. In Zürich angekommen, telefonierte ich sogleich mit Moreno ins Hotel. Er meinte: „Well, you know it's very unpleasant, if one becomes so dull." Ich hatte nicht den Eindruck, dass er depressiv war, sondern dass ihn ein allgemeines Nachlassen der geistigen Kräfte bedrückte. Sein Elan war dahin.

In Zürich wurde 1973 der International Council of Group Psychotherapy offiziell in eine internationale Gesellschaft nach Schweizer Recht umgewandelt. Das hatte Professor Adolf Friedemann noch mit Moreno vorbereitet. Als er während der Gründung gelassen am oberen Ende eines langen rechteckigen Tisches thronte, flüsterte Heika Straub mir zu: „Sieht er mit seinen weißen Haaren und dieser Ruhe nicht schön aus?!" Es war in der Tat eine gewisse Verklärung und Jenseitigkeit um ihn.

Am Abend saßen Morenos mit Herrn und Frau Schindler, anderen Gründungsmitgliedern und mir im Hotel Dolder. Unvergesslich das Adieu von Raoul Schindler, als er zu einer Komitee-Sitzung aufbrechend sich von Moreno – für immer – verabschiedete. Seine Frau Jutta und Tochter Judith blieben mit mir zusammen bei Moreno. Und plötzlich war sein Elan wieder da. Als Frau Dr. Schindler Moreno auf die Wiener Zeit, die damaligen Literaten und Schauspieler ansprach, begann Moreno nur so zu sprudeln. Es war ein unvergessliches Gespräch. Doch mitten drin schaute er mich ganz hilfesuchend an und bat mich, ihn auf sein Zimmer zu führen. Er war inkontinent.

Ein letztes, ähnliches Aufflattern habe im Januar 1974 stattgefunden, als er bei der Jahrestagung der Clinical Psychologists of the City of New York eingeladen war. Zerka erzählt, sie habe ihn plötzlich nicht mehr gekannt. Er wäre wie früher aufgetreten und hätte aus dem Stegreif eine 10-15-minütige Ansprache gehalten.

Am Ende dieser Abendsitzung sei er wie nach früheren Veranstaltungen in den „Russian Tearoom" geeilt. Als er das berühmte Künstler-Lokal betrat, hätten sich die Gäste nach ihm umgedreht.

Nach diesem Abend sei er rasch wieder in sich zusammengesunken. Ende März fiel er nachts aus dem Bett. Eine Lähmung oder Verletzung konnte anderntags nicht festgestellt werden. Er stand anschließend aber nicht mehr auf und rührte außer Wasser nichts an.

Zerka verständigte mich, dass Moreno sich seinem Ende näherte. Offensichtlich war er der Ansicht, seine Zeit habe sich erfüllt. Er lehnte ärztliche Hilfe ab: „Let nature take its course."

Am 20. April 1974 flog ich für zehn Tage nach Beacon. In diese Zeit fiel die Jahrestagung der American Society of Group Psychotherapy und Psychodrama, die er 1942 gegründet hatte und die zum ersten Mal ohne die „J.L. Moreno-Lecture" eröffnet werden musste. Damals wohnte ich zunächst im einstigen Sanatorium, wo seit einigen Jahren nur noch Studenten untergebracht waren. Auf Zerkas Wunsch sollte ich nach ihrer Abreise zur New Yorker Tagung in das Doktorhaus umziehen. Da Moreno Arztbesuche abgelehnt hatte, war meine ständige Anwesenheit im Doktorhaus beruhigend für Zerka. Noch war ich nicht umgezogen, da telefonierte die Haushälterin, sie könne Moreno nicht im Bett halten. Ich ging sogleich hin. Moreno hatte ein Bein über das Geländer seines Bettes gelegt und sagte: „I must go to the lecture hall." Und ich erwiderte: „Yes, but we are in Beacon; Ann Hale is still drawing sociogrammes for the meeting." Ich hielt dies selbst für eine billige Ausrede. Aber es stimmte, und ich wollte Zeit gewinnen. Zunächst schien Moreno beruhigt. Aber bald überkam ihn wieder eine innere Getriebenheit: „Now, I must go to the lecture hall." Jetzt schien es mir angezeigt, Morenos eigene Methode anzuwenden. Im Sinne des Realitätstests sagte ich zur Haushälterin: „Let's help the doctor." Wir ließen das Geländer am Bett herunter, brachten ihm den Morgenrock und halfen ihm auf. An meinem Arm ging Moreno gezielt einige Schritte in Richtung Toilette, aber schon versagten ihm die Beine. Nie werde ich den Blick vergessen, mit dem Moreno mich nun anschaute. Er war ein Gemisch von seinem üblichen Vorwärtsdrang und der Erkenntnis, jetzt ist endgültig alles aus.

FB: Moreno ist offensichtlich immer an seine Grenzen gegangen. Er hat Anforderungen aufgegriffen und gesagt: „Ich mache das. Und wenn ich's nicht schaffe, dann werde ich das schon konkret erfahren." Das ist doch das Grundmodell seines Lebens.

GL: Dieses Grundmodell hat sich in der „Realitätsprobe" niedergeschlagen. Sie macht es möglich, den noch so chaotischen Psychotiker ernst zu nehmen. Gelang es ihm, seine Vorstellung auf der Bühne konkret umzusetzen, so war dies positivenfalls für den Patienten eine Ermutigung, negativenfalls überzeugender Anlass, sie aufzugeben. Dieses Vorgehen hat sich bei Patienten wie auch Klienten immer bewährt.

Moreno fiel nach „diesem Test" keuchend in seinen Sessel. Ich erlebte das als unendlich schmerzlich und dachte: „Es muss für diesen Tatmenschen der schlimmste Augenblick in seinem Leben sein, wirklich zu wissen, jetzt geht's nie mehr." Er hatte früher auch seine Niederlagen, dann aber immer neu oder anders anfangen können. Jetzt war er körperlich am Ende. Nachdem ich ihm wieder ins Bett geholfen hatte, und er ruhig dalag, fragte ich: „Would you like to hear any poems from the ‚Testament des Vaters'?" Er nickte, und ich las ihm zwei, drei Gedichte vor. Darüber schlief er ein.

Am Abend so gegen neun Uhr, kam Anne Ancelin Schützenberger aus New York zurück. Wir saßen im oberen Stock des Hauses. Moreno hatte nachts einen schwarzen Pfleger. Dieser kam nun hilfesuchend herauf: „Dr. Moreno will etwas. Er ruft ständig einen Namen, aber spricht eine Sprache, die ich nicht verstehe. Wenn ich ihn in Englisch frage, antwortet er in dieser anderen Sprache." Ich ging mit dem Pfleger hinunter. Nie werde ich vergessen, wie Moreno auf seinem Sterbebett lag. Es war dunkel im Zimmer. Nur ein kleines Lämpchen brannte auf seinem Nachttisch. Er nahm mich erst wahr, als ich nahe am Bett stand. Auf meine Frage, was er brauche, schaute er mich an und sagte mit schwacher Stimme: „Noch ein Gedicht." So las ich ein Gedicht, war wieder still, habe abgewartet. Er lag mit geschlossenen Augen. Plötzlich: „Noch ein Gedicht." Dies wiederholte sich, bis ich mindestens sechs seiner frühen Gedichte gelesen habe. Es war sehr bewegend, dass Moreno bei seinem Abschied von dieser Welt noch einmal seine Gedichte hören wollte. Sie sind doch der Quell, aus dem sein Werk entstanden ist.

FB: Da werden ja auch die Ich-Grenzen wieder aufgehoben. Der gleiche Zustand, in dem er „Das Testament" geschrieben hat. Er war jetzt in einer Phase des Übergangs. (Moreno ist am 14. Mai 1974 gestorben).

8   Moreno und das Finanzielle

FB: Nun hat er ja sehr viel ausgestrahlt und viele Leute gefunden, die seine Ideen aufgegriffen haben. Aber es war doch offensichtlich schwierig, die Ausbildungsstätte in Beacon selbst weiterzuführen. Er hatte nicht für Nachfolger gesorgt. War es für ihn schwierig, Personen aus seiner Nähe etwas zu übergeben?

GL: Das hatte wohl andere Gründe. Die Leute, die diese Psychodramatherapie bei solchen Patienten anwenden bzw. Ausbildung geben konnten, waren ja meistens alle niedergelassen und in Praxen oder Kliniken beschäftigt und wollten das Risiko nicht eingehen. In den USA gab es ja damals keine Krankenkassen. Später hätte die Übernahme des Trainingszentrums die totale Aufgabe der persönlichen Sicherheit bedeutet. Jüngere Leute hatten noch keinen Namen, prominente Personen aber waren nicht zu bezahlen.

FB: Ich glaube, Moreno hat auf Risiko gelebt. Er hat sich um das Finanzielle eigentlich nie gekümmert. Er hat immer Leute gefunden, die für die Finanzierung gesorgt haben.

GL: Nun, er verdiente als Arzt, aber das große Werk war anders nicht möglich zu verwirklichen. Ich habe das an mir selbst erlebt. Die Vorbereitung der Gründung des Moreno Instituts hat zwar in meine damalige Lebensphase gepasst. Ich war mir nicht sicher, ob ich unter den gegebenen Umständen eine Praxis anfangen wollte. So habe ich aufs Psychodrama gesetzt, ohne zu fragen, wo das Geld herkommen wird.

Das Psychodrama in Deutschland war damals mit einem Schneebällchen vergleichbar. Es hätte sich in Wasser auflösen können. Ich konnte nicht ahnen, dass es sich plötzlich zu einer Lawine entwickeln würde.

FB: Wie hat Moreno sich denn finanziert?

GL: Durch Privathonorare.

FB: Hat der Verlag irgend etwas abgeworfen?

GL: Am Anfang hatte er eher Einiges hineinstecken müssen. Erst mit der Zeit trug der Verlag sich wohl selbst.

FB: Wenn er nicht so viele Finanziers gefunden hätte, hätte er doch seine Projekte nicht durchführen können. So hat doch Gertrude Franchot Tone sein Theater in Beacon finanziert.

GL: Diese Frau hat wohl auch am Elizabeth Hospital in Washington die Psychodrama-Bühne finanziert. Das ist aber in Amerika nichts Ungewöhnliches.

FB: Das Mäzenatentum ist natürlich auch wiederum ein künstlerisches Modell. Der Künstler braucht Mäzene, um für seine Kunst leben zu können. So hat auch Moreno gelebt.

9   Gesundheit und Krankheit

FB: Eine andere Frage. Moreno hat sich ja mit Zerka sehr eng verbunden gefühlt. Nun wird gesagt, Moreno habe die Vorstellung gehabt, wenn er sterbe, müsste Zerka eigentlich auch sterben.

GL: In der Zeit, als ich dort war und der Sohn Jonathan unterwegs, sagte Moreno einmal zu mir: „Well, I think it is very important for Zerka to have a child of her own. I know I am older. Thus, later on she will not be alone." Das war im Sinne psychischer Versorgung gedacht. Zerka hatte ja ihr Leben für Moreno aufgegeben – sie stand ausschließlich ihm zur Verfügung –, dass sie andere Kontakte kaum pflegen konnte. Später einmal sagte Moreno unvermittelt: „Well, you know, I believe that Zerka was the best sociometric choice in my life."

Als ich nach Jahren in seinem Sterbezimmer das Bild von Jonathan seinem Bett gegenüber sah, sagte ich: „Das ist ja das Büblein mit den Grüblein." (So hatte ich Morenos Sohn nach der Geburt genannt). Mit Vaterstolz sagte er: „Ja, das Büblein, das ist jetzt ein richtiger Philosoph. Auch Zerka ist stolz auf ihn."

Wäre Zerka an ihrer Armamputation gestorben, so hätte Moreno wohl befürchten müssen, selbst einzugehen. Vielleicht kam es deshalb zu der von Dir erwähnten Projektion.

Wo hätte er je wieder einen Menschen gefunden, der so ganz und gar mit ihm in sein Werk eingestiegen wäre? Zwar hat er darüber nie gesprochen, z.Z. von Zerkas Erkrankung hatte er aber in seinem rechten Arm neuritische Symptome.

FB: Moreno hatte sich doch angesichts dieser Armerkrankung vorgestellt, er könne ihr helfen durch seinen Einfluss.

GL: Ich habe die Morenos seinerzeit bei ihrer Reise durch Deutschland erlebt. Zerka hatte schon schlimme Schmerzen in ihrer rechten Schulter. Ich vereinbarte für sie eine ärztliche Untersuchung an der Universitätsklinik in Freiburg, wo ich damals studierte. Es wurde ihr eine Kur in Badenweiler empfohlen. Dort verbrachten Zerka und Moreno anschließend vier Wochen im Hotel Römerbad. Die Schulter war zu diesem Zeitpunkt schon dick und die Kur brachte keine Besserung vor der Rückreise nach USA. Zu Weihnachten hörte ich wider Erwarten nichts von ihnen. Erst Ende Januar kam ein Brief von Zerka. Sie schrieb auf der Maschine in lauter großen Buchstaben, dass der Hausarzt ihre unerträglich gewordenen Schmerzen in einer New Yorker Krebsklinik abklären ließ. Dort wurde ein Osteochondrosarkom diagnostiziert. Bestrahlung habe auch nichts gebracht.

So wurden Zerka und ihre Familie vor die Tatsache gestellt, dass ihre einzige Überlebenschance in der Amputation des Armes bestünde, die dann auch vorgenommen wurde. Das muss Moreno sehr mitgenommen haben.

Aber auf der vorausgegangenen Reise durch Deutschlang war Moreno noch der Meinung, dass die Orthopäden die Krankheit konservativ bewältigen würden.

FB: Er schreibt selber: „Certainly I wasn't a hero in that terrible time" (Moreno 1989c, 117).

GL: Am Anfang hatte er Zerkas Schmerzen wohl nicht so ernst genommen; auch auf der Reise die Tragweite noch nicht erkannt. Niemand, auch nicht die Ärzte der Universitätsklinik und in Badenweiler.

FB: Sein Vertrauen in die Ärzte war ja auch ambivalent.

GL: Er hatte selbst die Gesundheit eines Rosses oder eines Elefanten.

FB: Er schreibt ja selbst in seiner Autobiographie, dass er sich durch seinen engen Kontakt zur Gottheit als gesund erlebt, dass er von daher auch Kraft geschöpft hat.

GL: Sicher hat er die von der Gottheit bekommen. Aber er hatte von der Gottheit auch ganz gute Gene mitbekommen. Er konnte viel aushalten. Andererseits hat er aber auch vernünftig gelebt, weder geraucht noch getrunken. Schlaf hat er offensichtlich nicht viel gebraucht.

FB: Er hat einen Lebensstil gelebt, den man als gesunderhaltend bezeichnen kann. Er konnte ständig an seine Grenzen gehen, weil ihn seine fixe Idee erfüllt hat. Ist das nicht auch das Modell, das er als „kreativen Menschen" bezeichnet?

GL: Ich glaube, dass Moreno für sich persönlich nicht über Krankheit oder Gesundheit nachdachte. Er hat gelebt. Er war leistungsfähig. An den Tod hat er als Philosoph gedacht. Damals als Zerka schon erkrankt war, saßen wir einmal mit Herrn und Frau Teirich in Freiburg in der Weinstube „Zum Heiligen Geist". Dr. Teirich war ein Psychiater aus Graz, der in Freiburg mit der Leiterin der Gymnastik- und Massageschule, Frau Dr. Leube, verheiratet war. Moreno und ich saßen nebeneinander auf der Holzbank, als Dr. Teirich sich ihm mit den Worten zuwandte: „Ach, Herr Professor, was Sie alles in letzter Zeit unternommen haben und dazu die Reisen, ist unglaublich. Wie machen Sie das? Sie müssten sich jetzt doch einmal Ruhe gönnen". Moreno erwiderte: „Warum? Das hat mir Spaß gemacht."

Und Teirich, der eher ein asthenischer Typ war, fuhr fort: „Ja also, wo werden Sie denn Urlaub machen?" Moreno meinte darauf zunehmend irritiert: „Ich halte das gut aus". Er wollte über etwas anderes sprechen. Teirich perseverierte aber: „Sie dürfen sich nicht zu viel zumuten. So jung sind wir ja auch nicht mehr. Sie sollten wirklich Ferien machen". Nun rutschte Moreno auf der Holzbank herum und platzte fast hilflos heraus: „Ferien, ja was soll ich denn dann machen? Wollen Sie, dass ich mich morgens auf ein Schaukelpferd setze?" Teirich guckte ihn darauf entsetzt an, und Moreno erläuterte: „Ich bin doch lebenslänglich in Ferien!" Das war typisch für seine Lebensführung.

FB: Als Modell heißt das doch: Es kommt darauf an, dass jeder eine Aufgabe findet, die ihn erfüllt.

GL: Die seinem Wesen entspricht. Die ihn erfüllt, die er ausfüllen kann ohne Entfremdung.

FB: Und auch eine soziometrische Position findet, von der aus er das machen kann.

GL: Gestalten kann. Genau.

FB: Hierin ist doch sein Gesundheitsbegriff enthalten.

GL: Das ist auch seine Vorstellung. Grundlage seiner Soziometrie war ja seit der Tätigkeit im Flüchtlingslager Mitterndorf die Annahme, dass Anziehung und Abstoßung von zentraler Bedeutung für das Wohlbefinden des Menschen sind. Diese Vorstellung gibt es auch in anderen Kulturen. Sie gilt aber auch für physikalische oder physiologische Zusammenhänge. Bei den Griechen gab es Eros und Eris. Wächst ein Kind in einem Milieu heran, in dem Harmonie herrscht, so kann es sich ganz anders entwickeln als in einem hochgeladenen Spannungsfeld. Darum war für Moreno die Soziometrie die eigentliche Grundlage für die Entfaltung der kreativen Entwicklungsenergien. Ihm war wichtig, das Milieu, das menschliche Umfeld, die soziometrische Konstellation so zu gestalten, dass jeder sich in der Art und Weise entwickeln kann, wie seine angeborenen Fähigkeiten es ermöglichen.

FB: Das heißt vor allen Dingen: freie Wahl der Konstellation. Da können durchaus auch Spannungen oder Kontroversen enthalten sein. Die sollen dann aber auch gewählt sein.

GL: Ja. Dann müssen auch Auseinandersetzungen stattfinden. Moreno war nicht der Ansicht, man müsse ohne Rücksicht auf Verluste beieinander bleiben, „bis dass der Tod euch scheidet", bzw. ihr euch vorher verstümmelt, so dass Entfaltung kaum mehr möglich ist. Besser eine saubere Trennung als eine spontaneitäts- und kreativitätshemmende Konstellation.

FB: Das finde ich auch das Spannende an seinem Konzept. Nicht unbedingt zu versuchen durch alle möglichen Übungen sich an die Situation, in der man nun mal steht, total anzupassen, sondern sich zu überlegen, gibt es nicht eine andere Konstellation, die für mich wesentlich günstiger ist, und wie kann ich dahin kommen? Ich muss natürlich erst die Fähigkeit entwickeln, das zu erkennen, und die Kompetenz, das zu verwirklichen. Die Überlegung ist also nicht, alles auszuhalten, sondern ggf. einen anderen Kontext zu wählen.

GL: Diese andere Konstellation soll aber nicht oberflächlich werden. Moreno hat in dem zu Anfang geschilderten Beispiel im Umgang mit dem Problem in der eigenen Familie gezeigt, dass er die Tochter nicht nur schnell zurückgeholt, sondern wirklich ein Umfeld gestaltet hat, das von der soziometrischen Konstellation wie vom Rollenangebot der Tochter die Möglichkeit gab, sich zu entfalten.

10 Moreno und die Politik

FB: Wie sah es mit seinem politischen Engagement aus? Er ist ja in Wien in einer sehr politisierten Situation aufgewachsen. In den USA ist mir seine politische Orientierung nicht mehr so deutlich. Es scheint doch eine Entwicklung gegeben zu haben. Und was hat Moreno konkret unter seiner Perspektive einer Welttherapie verstanden?

GL: In seinen letzten Jahren war ich nicht so häufig mit Moreno zusammen und wenn, dann eher in Sachen Psychodrama. Zur Zeit meiner Übersetzungsarbeit waren seine politischen Überlegungen natürlich Thema. Er war wohl von Jugend an Realist. Er sagte sich, alles was man zum Besseren ändern will, das verändert sich mit dem Menschen und mit der Gruppe, also in den kleinen Bezügen. Große Konzepte und Ideologien bringen Komplikationen und Enttäuschungen. Das hat sich ja auch bestätigt. Er sagte sich, nur dort, wo sowohl die Matrix der Gesellschaft als auch die der individuellen Entwicklung liegt, nämlich in der Kleingruppe, kann man ansetzen. Es ist möglich, entweder die ganze Gruppe umzukrempeln oder Einzelne herauszunehmen und in andere Gruppen zu versetzen, in die sie besser hineinpassen.

Moreno hat doch in seiner Anfangszeit in den USA dazu aufgefordert, sich einzumischen. So hat er sich doch während des Vietnamkrieges an Präsident Johnson gewandt (Moreno, 1966a).

GL: Das kann wohl sein, dass er mal einen Brief geschrieben hat oder im Fernsehen aufgetreten ist. Aber in Amerika passiert viel, wenn der Tag lang ist.

FB: War das nun ernst gemeint oder nicht?

GL: Schon. Aber nicht mit der Erwartung, dass er dadurch die Politik der Vereinigten Staaten unmittelbar beeinflussen könnte; allenfalls indirekt, indem er auf seine Utopie aufmerksam machen wollte; ein Utopie, die für ihn – im Unterschied zu anderen Utopisten – realisierbar war dank der Techniken, die er entwickelt hatte.

FB: Er hatte ja keine Lehre zu verkünden, wie er in den Frühschriften schreibt. Er hat nicht gesagt, so oder so soll es sein, sondern: Die Leute müssen auf eine bestimmte Weise zusammenkommen und dann werden sie Ideen entwickeln, wie es sein könnte. Es kommt auf die Konstellation an, aus der heraus etwas entstehen kann. Daher auch der Vorschlag an Johnson, im Rollentausch zu verhandeln.

GL: Er wusste natürlich genau, dass dieser Vorschlag nicht aufgegriffen würde. Aber er hat ihn gemacht, um diese Utopie in eine größere Öffentlichkeit zu bringen, um auf seine Methoden aufmerksam zu machen.

FB: Von Soziologen werden diese Aktionen doch eher belächelt. Sie würden sagen, da werden doch die Herrschaftsverhältnisse überhaupt nicht beachtet. Solche Vorschläge gehen doch an der Realität vorbei.

GL: Das ist doch ganz klar. So ernst wie diese Soziologen hat Moreno diese Vorschläge selbst nicht genommen. Das war für ihn mehr eine Metapher für seinen Ansatz.

FB: In seiner Schrift „Globale Psychotherapie und Aussichten einer therapeutischen Weltordnung" von 1957 (1991) hat Moreno eine stufenweise Entwicklung aufgezeigt hin zu seiner Utopie. Er hat „Therapeutische Gemeinschaften" oder die Kibbuzim schon als erste Ansätze in die richtige Richtung gesehen (→ S. 152ff.). Er hat diese Utopie schon als realisierbares Programm verstanden.

GL: Ja, aber nicht so realistisch, dass morgen Chruschtschow und Kennedy Rollentausch machen. Das waren seine Metaphern, seine Provokationen, um auf sein umfassendes Modell aufmerksam zu machen, das seit seiner „Einladung zu einer Begegnung" 1911 bzw. 1914/15 ja feststand (1918c): Veränderung durch Begegnung vom Individuum bis hin zum Kosmos. Daran hat er auch geglaubt.

FB: Das hieße aber doch, dass viele Menschen bereit sein müssten, auf diese Weise miteinander umzugehen, auf diese Methoden sich einzulassen, um gemeinsam Ideen zu entwickeln und zu verwirklichen, ähnlich wie in den Zukunftswerkstätten, die Robert Jungk ins Leben gerufen hat.

GL: Man könnte sogar denken, Moreno hätte diese Werkstätten entworfen. Wenn Menschen sich sagen, der Planet kann nur noch überleben, sofern erkannt wird, was jetzt Not tut, nämlich sich weltweit zu vernetzen, so entspricht das genau Morenos Anliegen, seinen soziometrisch-soziatrischen Grundideen.

FB: Wir müssen an die kreativen Kräfte der „einfachen Mitbürger" anknüpfen und dürfen die Entwicklung nicht den Politikern überlassen. Die Konserven müssen von unter her aufgebrochen werden. Diese Ideen sind immer wieder virulent.

GL: Moreno hat schon vor Jahrzehnten betont, dass bis zur Erfindung der Atombombe die Natur sich quasi gottgegeben entwickelt hat, ihre weitere Existenz nunmehr aber in der Verantwortung jedes einzelnen Menschen liege.

FB: Das ist doch auch schon das Programm der Aufklärung, nämlich selbst zu denken und sich nichts vormachen zu lassen, selber Entscheidungen zu fällen. Insofern steht Moreno schon in dieser Tradition. Man muss aber doch sagen, dass die soziometrisch-psychodramatische Bewegung in der Empirie doch sehr stark auf Therapie, auf den Umgang mit Patienten reduziert ist, dass sein politisches Projekt nicht engagiert weitergeführt wird.

GL: Morenos „soziatrischer Anspruch" war eigentlich schon in seiner „Einladung zu einer Begegnung" enthalten. Auf dieser Grundlage hat er zunächst als Arzt in Österreich praktiziert, dann als Psychiater in Amerika, und schließlich über die Soziometrie immer auch die Beziehung zur Öffentlichkeit gesucht.

FB: In diesem Zusammenhang muss auch das Projekt einer soziometrischen Gestaltung einer Siedlung erwähnt werden (Moreno, 1981, 99ff.).

Moreno versucht also immer, Menschen zu aktivieren, sie zu motivieren, an ihre Grenzen zu gehen, neue Dinge tatsächlich zu erproben. Er hat weniger von außen Grenzen analysiert. Z.B. hat er in seiner Arbeit im Erziehungsheim in Hudson nie diese Einrichtung selbst einer Kritik unterworfen. Oder er hat nicht diskutiert, ob das Gefängnis Sing-Sing, in dem er gearbeitet hat, tatsächlich sinnvoll ist. Er hat ja auch während des Zweiten Weltkrieges an militärischen Projekten mitgearbeitet. Da hätte er sich doch auch fragen können, darf ich mich da überhaupt beteiligen? Er hat die institutionellen Rahmen immer erst einmal akzeptiert und hat dann versucht, von innen heraus kreative Entwicklungen in Gang zu setzen. Kritisch könnte man fragen, hat er damit nicht doch – ohne dass er das wollte – zu einer Stabilisierung dieser Institutionen beigetragen? Hat er nicht doch dazu beigetragen, die Menschen mit diesen Einrichtungen zu versöhnen?

GL: Moreno hätte wahrscheinlich gesagt, die russische Revolution wollte die Rahmenbedingungen umkrempeln, hat schließlich aber selbst schlimme Verhältnisse stabilisiert. Diese Sicht ist ja schon in seiner „Erklärung an Spartakus" (1919a) erhalten. Es wird nie bessere Verhältnisse im geistig-menschlichen, chassidischen Sinne geben, solange die Menschen überhaupt noch an Ideologien glauben und sich nicht von der Unmittelbarkeit der Begegnung leiten lassen. In seiner Rede über die Begegnung (Moreno, 1924) stellt er ja die zentralen Fragen: „Worin besteht die Lage? Was hat uns in diese Lage gebracht? Was führt uns aus dieser Lage heraus?" Wenn man bedenkt, dass sich Moreno schon vor dem Ersten Weltkrieg als Student auf die Lage bezieht und alles unter dem Blickwinkel der Lage angeht, dann wird hier schon systemisches Denken präsentiert.

11 Morenos Werk – etwas Besonderes

FB: Wo siehst Du eigentlich das Besondere an Morenos Werk?

GL: Zunächst einmal in seinem phänomenologischen Ansatz. Er ging völlig unvoreingenommen an alle Dinge heran. Er untersuchte sie nicht einzeln, wie es für einen Arzt zu seiner Zeit normal gewesen wäre, sondern er versuchte alles in größerem Zusammenhang zu verstehen und zu behandeln.

FB: Er nimmt ja auch die verschiedenen subjektiven Wirklichkeiten ernst als eine Möglichkeit, Welt zu sehen.

GL: Ich sehe die Bedeutung seines Ansatzes auch in der Interdependenz. Er nimmt zunächst einmal die subjektive Wirklichkeit derjenigen, die ihm begegnen, wahr und ernst, sieht sie dann aber auch in ihrer Bedingtheit und Gewordenheit im Rahmen gesellschaftlicher Einbindungen.

FB: Ihm kam es darauf an, nicht gleich alles zu zergliedern, sondern innere Vorstellungen ernst zu nehmen als Weltbilder und auch die Kräfte, die da drinstecken, das Ergriffensein von einer Idee, von einer Aufgabe, als gesellschaftsverändernd wahrzunehmen. Der Mensch als Verwirklicher seiner Vorstellungen und nicht nur als Opfer der Verhältnisse.

GL: Moreno war da sehr offen und fragte, in wieweit jemand Opfer der Verhältnisse ist und wo er noch Möglichkeiten hat, seine eigenen Ideen zu verwirklichen.

FB: Auch die aus unserer Sicht eingeschränkten Lebensverhältnisse von Patienten sind ja auch gestaltete. Moreno hat immer die jeweilige Gestaltung wahrgenommen, die sicherlich nicht den üblichen Vorstellungen entspricht.

GL: Moreno ist diesen Gestaltungen stets mit einem gewissen religiösen Ernst begegnet, in dem Bewusstsein, das sich auch hierin das Weltganze ausdrückt.

FB: Was bedeutet, dass Moreno den Menschen im Zusammenhang mit dem Kosmos sieht.

GL: Zunächst einmal im Zusammenhang mit der Lage, mit dem Kosmos ist vielleicht etwas weit gegriffen. In der „Rede über die Begegnung" verwendet Moreno die Metapher des Stromes, der einmal ungehindert fließt und dann wieder in Sandbänken versickert oder durch Biegungen aufgehalten wird. Das ist die Metapher für die mißglückte Begegnung. Da stellt er die Frage nach der Lage. Er hat immer die Lage als Ganzes im Auge gehabt: Zunächst einmal die zwischenmenschliche Konstellation, die Interaktion, aber darüber hinaus vom Individuum über das Paar zur Dorfgemeinschaft bis hin zu jedem Wesen, jeder Pflanze im Kosmos.

FB: Das heißt: Wir sind Teil einer Bewegung. Das Problem kann darin bestehen, aus dieser Bewegung ausgeschieden zu sein, in dieser Bewegung blockiert zu sein, nicht mehr mitgehen zu können.

GL: Uns nicht mehr im Zuge dieses Flusses mitentfalten zu können.

FB: Auch sein Setzen auf Aktivität heißt nicht Aktivismus, heißt vielmehr: Sich mitbewegen, herausspüren, wo geht die Bewegung hin und was ist mein Platz innerhalb dieser Bewegung.

GL: Spontaneität bedeutet bei ihm ja auch nicht Aktionismus, vielmehr: sich selber treu sein, sich so zu geben, wie man sich wirklich erlebt und im Augenblick empfindet.

FB: Das Sicheinlassen auf diese Bewegung heißt ja auch eigentlich, diesem Schöpfungsprozess eine positive Tendenz zuzutrauen.

GL: Eben. Da ist bei Moreno das absolute Vertrauen in den Prozess, da er weitergeht, wie auch immer wir uns entwickeln. Dass wir die Erde erhalten oder zerstören, steht in unserer Verantwortung; Sub specie aeternitatis aber ist auch das eine quantité négligable.

FB: Das ist doch eine völlige Antithese zu Freuds Haltung, der ja äußerst kritisch und skeptisch orientiert war, auch dem Menschen gegenüber (Buer, Schmitz, 1989).

GL: Da war Moreno wirklich ein therapeutischer Optimist. Wenn wir dem Einzelnen ermöglichen, sich in eine neue Konstellation einzubringen, dann ändert sich auch der Einzelne. Moreno hat den circulus vitiosus gesehen; umgekehrt aber betont, dass jede kleine Änderung seines Handelns die Spirale auch in die andere Richtung umzukehren vermag.

FB: Nun bestehen doch oft Schwierigkeiten im Verständnis seines Ansatzes. Kann das auch daran liegen, dass sein Ansatz auch Defizite enthält, die ergänzt werden müssen?

GL: Wenn Du Moreno gefragt hättest, was er von anderen Ansätzen hält, dann hätte er wahrscheinlich gesagt, da sind Defizite, die ergänzt werden müssen. Jeder ist nur auf sein Gebietchen ausgerichtet.

Die Schwierigkeiten in der Rezeption war, dass bei unserem Spezialistentum und unserer mehr und mehr abhanden kommenden Weisheit es wahnsinnig schwierig war und z.Z. noch ist, es zu akzeptieren, dass Moreno als Arzt sich aktiv dem Theater als einer Therapieform zugewandt hatte, zum anderen interessierten seine soziologischen Theorien in Therapeutenkreisen ebenso wenig, wie seine therapeutischen in Soziologiekreisen; von seinen theologischen Überlegungen und seiner Poesie ganz zu schweigen. Das Haupthindernis auf dem Gebiet der Psychotherapie war, dass sie in Amerika, besonders in New York, damals absolut orthodox analytisch orientiert war, und dass die Analytiker – mit einigen Ausnahmen natürlich – allein beim Wort Theater nur an Agieren im verpönten analytischen Sinne dachten.

Wenn heute Argelander und Lorenzer (1974) vom „szenischen Verstehen" sprechen, so darf man sagen, dass sich die Analytiker inzwischen selbst auf Morenos Gedankengänge zu bewegen.

FB: Das Trennende ist ja auch eher die Grundorientierung, die Haltung, der man sich verpflichtet fühlt. Das Sicheinlassen auf die Praxis bringt einen ja immer näher, weil sich hier die Wirksamkeit des therapeutischen Handelns zeigen wird. Denksysteme haben immer auch eine Legitimationsfunktion, die leider immer wieder zu unfruchtbaren Streitereien führt.

GL: Man kann Moreno nicht begreifen, wenn man Beziehungs- bzw. Aktionssoziometrie und Psychodrama trennt und dann noch sein philosophisches Fundament negiert.

FB: Die Provokation für die Wissenschaft war schon, dass er nicht nur Wissenschaft, sondern auch Religion und Kunst zu den Quellen seines Ansatzes gemacht hat. Er hat die übliche Spaltung nicht mitgemacht.

GL: Das hätte er nicht gekonnt. Dann hätte er sich selbst untreu werden müssen. Er war auch zutiefst davon überzeugt, dass ihm alles Kreative aus dieser Einheit erwachsen ist.

FB: Wo siehst Du Aufgaben für eine Weiterentwicklung des Morenoschen Ansatzes? Oder meinst Du, dass sein Ansatz noch zu wenig verstanden wurde?

GL: In meiner Moreno-Lecture 1976 habe ich Berta von Suttner zitiert: „Jede große Bewegung durchläuft drei Phasen: In der ersten wird sie verlacht, in der zweiten wird sie bekämpft, in der dritten rennt sie offene Türen ein."

Ich glaube, ich habe noch die erste und zweite Phase erlebt. Jetzt stehen wir weitgehend in der dritten. Zu Beginn der siebziger Jahre waren in Deutschland viele von meinen ersten Psychodrama-Demonstrationen beeindruckt. Als sie dann aber mein Buch „Psychodrama" von 1974 gelesen hatten, fragten mich einige: „Musste das denn sein, dass Du Morenos religiöse Ideen und Gedichte in so ein therapeutisches Buch aufnahmst?" Meine Antwort war: „Ja, das musste so sein!" Professor Kisker an der Medizinischen Hochschule Hannover begrüßte es. Er hatte alle Kapitel vor der Publikation gelesen und mir in einem Gespräch gesagt: „Es kommen immer wieder neue Ideologien, die sich verzweigen, differenzieren, sich schließlich gegenseitig bekämpfen. Dann bedarf es eines Menschen, der sie wieder in anderem Rahmen zusammenzuführen vermag."

Professor von Baeyer, Ordinarius für Psychiatrie an der Universitätsklinik Heidelberg, der Moreno auf seiner Deutschlandreise zu einer Demonstration eingeladen hatte, schrieb mir nach Erscheinen meines Buches einen sehr anerkennenden Brief über Moreno.

Man muss verstehen, dass die etablierten Leute früher nicht ohne weiteres ihre weißen Kittel ausziehen konnten, um plötzlich mit Patienten Theater zu spielen. Das war zunächst undenkbar. Später hieß es: „Psychodrama ist eine eindrucksvolle Methode. Aber man müsste eine Charakterstruktur haben wie Moreno, um so arbeiten zu können. Das ist doch nicht lehr- und lernbar." Darüber sind wir inzwischen längst hinaus. Oder: „Psychodrama kann man nur mit den exihibitionistischen Amerikanern machen." Ich habe inzwischen mit Angehörigen vieler Nationen psychodramatisch gearbeitet, egal ob das Japaner waren, Türken, Schweden oder Russen. Es geht!

FB: Es zeigt sich ja auch, dass dieser Ansatz nicht nur im engeren Rahmen der Psychotherapie von Relevanz ist, sondern auch darüber hinaus, in der Pädagogik, in der Sozialwissenschaft. Nur wurde er doch immer sehr stark unter dem label „Psychotherapie" abgehakt. Es ist heute eine Schwierigkeit, diese Engführung auf Psychotherapie wieder aufzuheben.

GL: Genau. Oder es wurde nur der soziometrische Teil gesehen. Das brachte auf lange Sicht auch nichts. So bestätigte mir ein Soziologe aus Hamburg, der sich im Rahmen seines Studiums mit Soziometrie befasst hatte, dass er erst nach der psychodramatischen Selbsterfahrung Zugang zu diesem Ansatz gefunden habe.

FB: Ich denke, es steht auch ein anderes Wissenschaftsmodell dahinter: Ich kann nur Erkenntnisse über andere gewinnen, in dem ich Erkenntnisse über mich gewinne. Ich muss mich selber öffnen. Wenn ich aus der Distanz heraus etwas erkennen will, ohne meine Subjektivität einzubringen, dann kann ich nur etwas „fest-stellen", nur eine Konserve, etwas Totes betrachten.

GL: Wenn du den Ansatz nur aus der Literatur kennenlernst, dann kannst du dir das nicht einmal vorstellen, schon gar nicht feststellen. Hast du dagegen erlebt, so weißt du, worum es geht.

FB: Dahinter steckt eben ein völlig anderes Wissenschaftsmodell. Das dominante Modell arbeitet immer noch nach der Maxime, möglichst die Subjektivität ausschalten, weil da die Verzerrungsquellen stecken würden, und möglichst objektiv bleiben. Das ist eine völlige Täuschung. Die Methoden erkennen ja nichts, sondern nur der Mensch. Und den Menschen kann man nicht aus dem Erkenntnisprozess herausschneiden, den muss man drinlassen. Wenn man ihn drinlässt, muss man ihn allerdings auch akzeptieren, und kann ihn dann auch voll zur Geltung bringen. So ist auch das Psychodrama selbst als Forschungsmethode von hoher Relevanz, weil die Beteiligten von einem Interesse getrieben sind, sich selbst zu erkennen.

GL: Das war auch Morenos Ansicht. Er hat ja auch dafür den Begriff des „action-research" eingeführt.

FB: Diese Erkenntnisse sind eben nicht verzerrt, weil sie spontan hervorgebracht werden, weil sie kongruent sind, weil sie Bedeutung haben für das Leben, weil man auch selbstkritisch daran geht, denn sonst würde man dieses Unternehmen ja gar nicht mitmachen. Denn es wäre ja durchaus Angst auslösend und anstrengend, während umgekehrt gerade das Sichheraushalten vezerrt.

GL: Genau. Obwohl Moreno sich dem szientistisch-positivistischen Ansatz verpflichtet fühlte, hat er doch strikt abgelehnt, Tests nur der Test halber, „l'art pour l'art" zu machen, sondern immer größten Wert darauf gelegt, dass z.B. ein soziometrischer Test nur in Bezug auf ein ganz spezifisches Kriterium durchgeführt wird, und das Kriterium muss von den augenblicklichen Bedürfnissen der Probanden abgeleitet werden. Nur so ist laut Moreno eine gewisse Zuverlässigkeit des Testes gewährleistet.

FB: Der Test ist nur ein Hilfsmittel für den Selbsterkenntnisprozess der Probanden. Erst wenn sie sich selbst erkennen wollen, weil sie ein Problem haben, das sie existentiell interessiert, kann etwas Bedeutsames herauskommen Insofern hat Moreno einen Ansatz vorgestellt, dessen Relevanz für die Zukunft gerade heute, mir jedenfalls, immer deutlicher wird.

Psychodrama und Kibbuz. Zwei Modelle der Verwirklichung gesellschaftlicher Utopien
Ein Gespräch mit Wolfgang Melzer[5] (1991)

FB: In unserem Gespräch soll es zunächst darum gehen, die Ideen, die Moreno entwickelt hat und die im Psychodrama kulminieren, mit den Ideen, die in den Kubbuzim verwirklicht worden sind, zu vergleichen. Mir sind nämlich sehr viele Parallelen aufgefallen im Laufe meiner Beschäftigung mit der Rekonstruktion des Morenoschen Ansatzes (Buer, 1989a; 1989b; 1989c) wie in meiner wissenschaftlichen Auseinandersetzung mit der Kibbuzbewegung. Neben diesen inhaltlichen Bezügen gibt es aber auch Berührungen im Leben Morenos zur Kibbuzbewegung. Moreno hat ja bis 1925 in Wien bzw. ab 1919 auch in Bad Vöslau gelebt. Vor dem ersten Weltkrieg hat er zusammen mit seinem Freund Chaim Kellmer ein „Haus der Begegnung" eröffnet. In diesem Haus hat er viele arme Juden betreut, die aus dem Osten gekommen waren, um von Wien aus nach Amerika oder Palästina auszuwandern (Moreno, 1989c, 42). Aber schon sein Vater Nissim Moreno Levy war auf seinen Handelsreisen nach Morenos Zeugnis (Moreno, 1989c, 22) in Palästina gewesen und hat dem kleinen Jakob sicher von diesem Land erzählt. Als weiterer Kontext muss gesehen werden, dass Wien in der damaligen Zeit eine Hochburg des Zionismus war. Theodor Herzl hatte in Wien als Journalist gewirkt und 1896 sein Buch „Der Judenstaat" veröffentlicht. Moreno schreibt ferner in seiner Autobiographie, dass sein Freund Chaim Kellmer vorgehabt habe, nach Palästina zu gehen. In der Auseinandersetzung mit Moreno hat er sich dann aber entschlossen zu bleiben. Ich möchte diese Passage hier einmal – übersetzt – zitieren: „Ich möchte nicht mehr nach Palästina gehen. Ich habe deine Ansicht verstanden. Ich weiß, du denkst nicht, ich sollte gehen. Ich weiß nicht, warum ich so weit weggehen sollte. Die Welt hier ist genau so gut wie dort. Auch hier gibt es Land, das Hände braucht, um es zu bebauen. Die Idee, nach Palästina zu gehen als Chalutz, war ein Traum meiner frühen Tage. Ich dachte seit ich ein Jude war, ich gehöre dort hin und dass ich zum jüdischen Volk gehöre. Aber nun weiß ich nicht mehr, was ein Jude ist. Ich versuche, den Juden in mir selbst zu finden und ich kann ihn nicht finden. Vielleicht können einige das. Ich denke, Palästina ist genau hier" (Moreno, 1989 c, 42f).

Aus dieser Äußerung kann man schließen, dass Moreno offensichtlich auch der Meinung war, dass es nicht darauf ankommt, jüdisch-utopische Ideen in einem fernen Land zu verwirklichen, sondern im Hier-und-Jetzt in sich selbst seine Aufgabe zur Mitgestaltung der Welt zu suchen.

Dass Moreno diese Ideen, die in den Kibbuzim verwirklicht worden sind, auch später noch hoch schätzte, zeigt eine Stelle aus seiner 1957 erschienen Schrift zur „Therapeutischen Weltordnung". Hier entwickelt er ja ein Modell, wie diese therapeutische Weltord-

---

5   *Wolfgang Melzer* geb. 1948, 1987-1992 Mitarbeiter an der Fakultät für Pädagogik der Universität Bielefeld, seit 1993 Professor für Schulpädagogik an der TU Dresden. Dieses Gespräch wurde am 7.8.1990 in der Universität Bielefeld geführt. Ferdinand Buer hat es transkribiert, redigiert und mit Literaturhinweisen versehen.

nung in verschiedenen Stufen verwirklicht werden kann. In der vierten Stufe bezieht er sich zunächst auf „therapeutische Gemeinschaften" als Formen des Zusammenlebens für Kranke. Und er sagt dann, ich zitiere (Moreno, 1991, 34):

„*Offene* therapeutische Dörfer und Kolonien, die von *normalen* Gruppen bewohnt werden und alle Dimensionen des Lebens einschließen von der Arbeit bis zum Familienleben, sind der verheißungsvolle nächste Schritt, der durch die Siedlungsexperimente durch die Kwuzoth (= Kibbuzim) in Israel vorweggenommen wird."

1958 besucht Moreno auf einer Israelreise auch einige Kibbuzim. Ich übersetze aus seinem Bericht: „Der Kibbuz hebt die Autonomie der kleinen Gemeinschaft hervor und ist für die soziometrischen Methoden der Organisation empfänglich" (Moreno, 1959b, 7). Allerdings sah er damals durchaus die Schwierigkeiten dieses Sozialexperiments, als kooperative Gemeinschaft innerhalb einer kapitalistischen Umwelt attraktiv und lebensfähig zu bleiben.

Aus all diesen Hinweisen ist meine Idee entstanden, einmal diese Vorstellungen Morenos mit den Kibbuz-Ideen zu vergleichen. Deshalb habe ich Dich gewonnen zu diesem Gespräch, da Du Dich in mehreren neueren Publikationen gerade auch mit den Kibbuzideen ausführlich beschäftigt hast (Melzer, 1988; Melzer, Neubauer, 1988; Melzer, Fölling, 1989; Fölling, Melzer, 1989; Melzer, 1989).

1   Kibbuz und Psychodrama

WM: Es ist zunächst einmal eine „fixe Idee", den Zusammenhang von Psychodrama und Lebenswelt des Kibbuz untersuchen zu wollen.

Man könnte erstens Strukturelemente und Interaktionsformen beider – nennen wir sie einmal „lebensweltliche Modelle" – miteinander vergleichen. Wir müssen dabei aber genau definieren, was das „tertium comparationis" ist. Das Zweite wäre: die Leitideen, die Utopien, die mitschwingen, die beide „Systeme" beeinflussen, müssten reflektiert werden. Es müsste geschaut werden: passen sie zusammen, stoßen sie sich ab, spielen sie eine Rolle für beide „Systeme"? Und als Drittes fände ich nicht unwichtig herauszufinden, ob bestimmte Personen, die für die beiden Konzepte stehen, miteinander Kontakt gehabt haben. Dabei interessiert mich insbesondere Siegfried Bernfeld, weil er als Person die Elemente integriert, die konstitutiv sind für die Kibbuzpädagogik. Auf der einen Seite war er Marxist, Linkssozialist, zweitens Psychoanalytiker, drittens Vertreter der linken Jugendbewegung in Deutschland und Österreich, ein enger Vertrauter Wynekens. In ihm vereinigen sich also Marxismus, Psychoanalyse und Jugendbewegung, *die* Fundamente der Kibbuzpädagogik.

FB: Zunächst sollten wir noch einmal klären, was unter Psychodrama und was unter Kibbuz zu verstehen ist, denn da gibt es doch sehr unterschiedliche Vorstellungen. Ich gehe bei meiner Vorstellung von Psychodrama eigentlich von einem sehr weiten Verständnis aus. Moreno hat ja einen Ansatz entwickelt, der den Anspruch erhebt, gesellschaftliche Verhältnisse zu verändern in Hinblick auf eine „soziometrische" oder „therapeutische Weltordnung". Und in diesem Kontext hat er verschiedene Handlungsarrangements vorgeschlagen, u.a. das Psychodrama, aber auch viele andere. Erst wenn man diesen gesamten Hintergrund nimmt, gibt es überhaupt einen Sinn, seinen Ansatz mit der Kibbuzbewegung zu vergleichen (Bartölke, Bergmann, Liegle, 1980; Brüggemann, Weidinger, 1983; Busch-Lüthy, 1989; Erel, 1979; 1983; Godenschwenger, Vilmar, 1990; Heinsohn, 1982; Koestler, 1983; Porat, 1985; Souchy, 1984).

WM: Eine genaue Definition, was Kibbuz ist, findet sich beispielsweise in den Kibbuzstatuten der Vereinigten Kibbuzbewegung, der alle Kibbuzim unabhängig von ihrer spezifischen politischen Ausrichtung angehören. Der gemeinsame Nenner könnte lauten:

„Der Kibbuz ist eine freie Vereinigung von Personen zum Zweck der Errichtung, Integration und Bewirtschaftung einer kollektiven Siedlung, die nach den Prinzipien von gemeinschaftlichem Eigentum an Grundbesitz, eigener Arbeit, Gleichheit und Zusammenarbeit in den Bereichen der Produktion, des Konsums und der Erziehung organisiert ist. Der Kibbuz ist eine eigenständige Siedlung. Der Kibbuz versteht sich als integraler Teil der Arbeiterbewegung in Israel, als Pionier des nationalen Neubeginns, und sein Ziel ist die Errichtung einer sozialistischen Gesellschaft in Israel, die auf wirtschaftlicher und sozialer Gleichheit basiert" (Heinsohn, 1982, 157).

Hier sind eine Reihe von Definitionskriterien angesprochen. Ich würde in erster Linie nennen: die ökonomische Gleichheit und das Prinzip der Selbstarbeit. Juden waren in Osteuropa, wo sie im 18. Jh. im Ansiedlungsrayon lebten, von landwirtschaftlicher Arbeit ausgeschlossen. Sie durften qua zaristischem Dekret keine Landarbeit verrichten. „Selbstarbeit" bedeutete vor diesem historischen Hintergrund: Zum jüdischen Arbeitsethos der Gründerjahre gehörte immer auch landwirtschaftliche Arbeit, Arbeit am Boden. Es hieß weiter Verzicht auf die Ausbeutung anderer. Die Gleichheit der Menschen wird also primär in der Ökonomie hergestellt. Andere Aspekte sind die Gleichheit der Geschlechter, die von Anbeginn an eine Rolle spielte, oder die Gleichheit von Hand- und Kopfarbeit. Wir sehen in den Kibbuzim Elemente politischer Gleichheit durch Basisdemokratie verwirklicht. Wir finden vor allem eine Reihe von interaktiven Komponenten beispielsweise in einem Zusammenschluss auf freier Basis von kleinen Gruppen, „Bund" genannt, wo sich in der Tat viele Vergleichsgesichtspunkte anbieten.

Der erste Kibbuz Degania wurde 1909 am Ufer des Sees Genezareth gegründet (Baratz, 1963). Zu dieser Zeit fand die zweite Einwanderungswelle von Juden nach Eretz Israel statt. Eine erste Welle setzte 1892/3 nach der Ermordung Alexander II. ein. Auslöser waren die desolaten Lebensverhältnisse der Juden im Ansiedlungsrayon. In diesem Zusammenhang ist es wichtig zu wissen, dass von Anbeginn an verschiedene Konzepte miteinander konkurrierten, nach welchen Prinzipien die Kibuzzim aufzubauen seien. Von daher hat es innerhalb der Kibbuzbewegung immer und bis heute spürbare Unterschiede in der Lebensweise gegeben. Da war beispielsweise die kleine Gruppe des „Hapoel Hatzair", 1905 gegründet, mit einer stark anarchistischen Tradition, die sich über Aaron David Gordon auf Tolstoi zurückführen lässt und sich der Idee der kleinen Kwutza, der kleinen Genossenschaftssiedlung, verschrieben hatte. Dieser Strang der Kibbuzbewegung ist verebbt und ist aufgegangen in einem größeren, sozialistischen Strang der „Poale Zion", die assoziiert war mit der Zweiten Internationale. Es hat einen dritten Strang gegeben, den linkssozialistischen „Hashomer Hatzair", die „Jungen Wächter", eine in Galizien gegründete Jugendorganisation zur Selbstverteidigung gegen Pogrome, die sich dann später entschlossen hat zu emigrieren und unter zionistischen Gesichtspunkten Genossenschaften in Israel zu gründen. Also: trotz eines gemeinsamen Nenners ist das, was der Kibbuz heute darstellt, sehr unterschiedlich. Es gibt z.Z. etwa 270 Genossenschaftssiedlungen mit einer Bevölkerung von gut 125 000 Menschen, deren Lebensverhältnisse durchaus differenziert zu betrachten sind (Liegle, 1979).

FB: Das, was Du jetzt zu den Kibbuzim gesagt hast, gilt natürlich auch für die Psychodramabewegung. Es gibt sehr unterschiedliche Ansätze und Praxen. Für mich sind zunächst einmal Morenos Ideen und Projekte als Bezugspunkte des Vergleichs wichtig. Ein wichtiger Punkt ist sicherlich bei Moreno, dass die *Gruppe* im Vordergrund steht. Moreno hat ja schon 1932 Grunddefinitionen seines Ansatzes formuliert:

„Es ist ein fundamentales Prinzip der Gruppenpsychotherapie, daß jedes Individuum – nicht nur der behandelnde Arzt – als therapeutisches agens für jedes andere Individuum, jede Gruppe als therapeutisches agens für eine andere Gruppe wirken kann." Und ein anderes Zitat:

„Gruppenpsychotherapie ist eine Methode der Psychotherapie, welche die günstigste therapeutische Gruppierung der Mitglieder anstrebt. Sie vermittelt, wenn es nötig ist, die Umgruppierung der Mitglieder, um die Konstellation der Gruppe in Übereinstimmung mit den spontanen Motiven und Neigungen der Mitglieder zu bringen" (Moreno, 1973a, 52).

Gruppentherapie heißt bei Moreno eben nicht, dass es um individuelle Therapie in der Gruppe geht, sondern es geht tatsächlich um die Beziehungen, um die Konstellationen, um – mit Norbert Elias (1991a) gesprochen – die Konfigurationen zwischen den Beteiligten. Entsprechend geht es doch auch in den Kibbizim um die Sozialgestaltung. Welche Rolle spielen eigentlich die Konzepte von Gruppe, Gemeinschaft, Kollektiv in der Kibbuzerziehung, aber auch im Kibbuzleben insgesamt?

2   Gemeinschaft und Gruppe

WM: Ich hatte ja angedeutet, dass es einen Entwicklungsprozess der Kibbuzim gibt in den letzten 80 Jahren. Der größte Kibbuz Givat Brenner umfasst etwa 1800 Menschen, die dort leben, darunter mehr als 1000 Mitglieder. Der moderne Kibbuz besteht in seiner Binnenstruktur aus den verschiedensten Gruppen, die arbeitsteilig ineinanderwirken. Wenn wir dagegen an die Geschichte denken, haben wir es mit ganz, ganz kleinen Gruppen von Siedlern zu tun. 15 bis 20 Personen haben etwa den Kibbuz Degania gegründet. Es gab dort damals noch eine Identität von Gruppe und Gemeinschaft, die sich ausdrückt in dem Begriff des Bundes. Der Bund der Mitglieder, der geeint war durch ein einheitliches Wertesystem, der keine Unterscheidung kannte zwischen Privatheit und Öffentlichkeit. Dieser Bund – so wird auch in der Entwicklungstheorie der Kibbuzim die erste Phase bis zur Gründung des Staates Israel 1948 genannt (Cohen, 1982) – war die eigentlich tragende Kraft der Entwicklung, in der das gesamte Potential der Mitglieder, das geistige, seelische, künstlerische etc. kulminierte. Es gab keine Personen, die arbeitsteilig bestimmten Dingen nachgingen und andere anderen. Es gab keinen Unterschied zwischen Freizeit und Arbeit. Man hatte einen Gemeinschaftsraum, in dem man seine Freizeit verbrachte, in dem man aß, in dem man trank, in dem man feierte, in dem man diskutierte, in dem man die hebräische Sprache erlernte. Es existierte eine ursprüngliche Allgemeinheit, die mit dem Begriff des Bundes gefasst wird. Die Gruppe hatte also eine ganz zentrale Bedeutung. Ohne die auf diese Weise entwickelte Solidarität der Mitglieder wäre ein Überleben gar nicht möglich gewesen. Vielleicht ist diese Solidarität durch einen bundistischen Zusammenhalt ein Vergleichspunkt zur Gruppe im Psychodrama.

FB: Ich denke, dass gerade der Begriff des Bundes (Schmalenbach, 1922) ganz wichtig ist, weil man sagen kann, dass sich hier Menschen „verbünden", um etwas Gemeinsames zu machen, die Kibbuzniks, um ihr gesamtes Leben gemeinsam zu gestalten, und die Teilnehmer einer Psychodramagruppe, um gemeinsam über persönliche oder gesellschaftliche

Probleme, die sie alle etwas angehen, nachzudenken, um dadurch konkrete Schlussfolgerungen für ihr persönliches Handeln zu ziehen. Ganz entscheidend ist die Idee der Kooperation in der Gruppe, die Gruppenkohäsion. Wir müssen uns zusammenschließen, um gemeinsam bestimmte Dinge erreichen zu können. Das können wir nicht allein, individualistisch, sondern nur in einem qualifizierten Zusammenschluss, in einem Bund. Daraus ergeben sich auch qualitativ neue Lebensperspektiven, Lebensstile.

WM: Dieses bundistische Gemeinschaftsleben im Kibbuz war von einer Urbegeisterung getragen, die bereits in den zionistischen Jugendbünden der Herkunftsländer entwickelt worden war. Man trat heraus aus den Zwängen der alten Lebenswelt und kam in ein relativ unstrukturiertes Land, in dem die Herrschaft der Ottomanen zu Ende ging und das viele Freiräume und Entwicklungsmöglichkeiten, aber manchmal auch unüberwindlich scheinende Schwierigkeiten bot. Das Ende der bundistischen Phase ist dadurch markiert, dass individuelle Konflikte unter den Mitgliedern zugenommen haben. Es gab starke Ermüdungserscheinungen. Ich weiß nicht, ob es eine Urbegeisterung auch im Psychodrama gibt?

FB: Man könnte die Gesamtentwicklung der Kibbuzim vergleichen mit der Entwicklung einer Psychodramagruppe, die sich ja zunächst zusammenschließt, um eine bestimmte Zeit miteinander zu verbringen zur Lösung bestimmter Probleme. Daher ist zunächst auch eine Ursprungsmotivation da, die in der ersten Phase einer Psychodramasitzung noch einmal eigens aktiviert wird, um so in der zweiten Phase auf der Basis dieser Verbindung, dieses Bündnisses, tatsächlich neue Lebensformen zu praktizieren. Das geschieht im Psychodrama zunächst noch im Spiel, im Kibbuz schon gleich im alltägliches Leben. Aber auch im Psychodrama ist festzustellen, dass sich diese erste Begeisterung und dieses Engagement mit der Zeit abkühlt. Es setzen sich Verhaltensweisen durch, die auch aus dem Alltag der Teilnehmer bekannt sind. Die Psychodramagruppe beginnt an Schwung zu verlieren. Das ist wohl generell ein Problem in der Entwicklung von Gruppen.

Wir können aber auch die Psychodramagruppe vergleichen mit Untergruppen innerhalb der Kibbuzgemeinschaft, die Kindergruppe, die Jugendgruppe usw.

WM: Im Erziehungssystem gibt es sehr unterschiedliche Gruppen vom Babyalter beginnend über Schulgruppen, peer-groups im Jugendalter, die für sich in einem eigenen Jugendhaus leben, bis zur Familie in erneuerter Form (Bettelheim, 1985; Fölling-Albers, 1977; 1987; 1988; Liegle, 1971a; 1971b; 1985; Liegle, Konrad, 1989). Auch in den Bereichen von Arbeit, Politik und Freizeit besteht eine formelle bzw. informelle Gruppenstruktur. Der moderne Kibbuz stellt eine diversifizierte Lebenswelt dar.

FB: Wichtig ist mir, dass diese Gruppen ihre eigene Autonomie, ihre eigene Kultur haben, qualitativ bestimmt sind.

WM: Ich hatte anfangs eine Definition vorgetragen, aus der sich ergibt, dass jeder Kibbuz für sich eine eigene Gemeinde darstellt. Wie jeder einzelne dieser 270 Kibbuzim sein Leben gestaltete, liegt an der willentlichen Mitarbeit, Partizipation der Mitglieder und verschiedener Subgruppen. Die partizipative Kraft der Gruppen ist nicht nur gefragt, sie ist sogar konstitutiv. Das erklärt auch die vielen Unterschiede in den Gruppen. Dieses Moment von Partizipation und Aufbau von unten ist aber auch konstitutiv im pädagogischen Prozess. Im Gegensatz zu anderen Autoren, die zwischen nur zwei emotionalen Zentren der Erziehung unterscheiden, zwischen der organisierten Erziehung der Gruppen und der Familienerziehung – Familien in erneuerter Form füge ich hinzu –, sehe ich ein drittes Strukturelement, nämlich die autonome Kinder- und Jugendgesellschaft. Ich konzediere, dass in früheren historischen Phasen diese Kinder- und Jugendgesellschaft – ein Element aus der Reformpädagogik – schon einmal besser funktioniert hat. Aber sie besteht bis heute fort und ist ein zentrales Element der Selbstregulierung und Partizipation. Früher war es so, dass eine eigene Kinder- und Jugendgesellschaft existierte, etwa auch im Sinne von Bernfeld. Probleme, die Jugendliche hatten, oder abweichendes Verhalten wurde in dieser Gruppe weitgehend selbst thematisiert und reguliert.

Dabei sollte man nicht vergessen, dass sich die Gründergeneration diese Autonomie erkämpft und sie vorgelebt hat. Die Errungenschaft der Kibbuzpädagogik ist, dass heute gewissermaßen künstlich solche Freiheitsräume bereitgestellt werden. Allerdings sind Jugendliche heute mit den ursprünglichen Formen, etwa des Lagerlebens, nicht mehr zu begeistern. Das ist mit ein Grund, warum dieser Bereich heute etwas marode geworden ist. Auch wird die Lebenswelt der Jugendlichen heute durch Interventionen von Erwachsenen eingeschränkt, was in den Gründerjahren durch das Fehlen einer älteren Generation nicht der Fall war.

3 Die Idee der Verwirklichung

FB: Wichtig scheint mir bei Moreno auch die Idee der Verwirklichung zu sein. Es geht ihm immer um das *Handeln*, um die Tat. Es geht nicht – wie etwa in der Psychoanalyse – nur darum, etwas zur Sprache zu bringen, sondern um die Aktivierung des ganzen Menschen, etwas zu tun, natürlich innerhalb des Psychodramas zunächst einmal auf der Bühne im Spiel. Und erst damit werden auch entsprechende Ideen, Gedanken, Gefühle erzeugt, die man dann – also sekundär – zur Sprache bringen kann. Das scheint mir aber auch eine wichtige Idee der gesamten Kibbuzbewegung zu sein, diese Idee der Verwirklichung, des In-die-Tat-Umsetzens und nicht nur des Darüber-Redens, des Philosophierens.

WM: Der Begriff der Verwirklichung geht ja auf Buber zurück. Buber spielte eine ganz große Rolle für die Gruppen aus dem Kreis der deutschen Jugendbewegung. Ich selbst habe vor einiger Zeit eine Gruppe untersucht, die in der jüdischen Jugendbewegung verankert war. Sie hat sich etwa 1925 in Deutschland konstituiert mit dem Ziel, ihre Visionen eines neuen jüdischen Lebens, eines Lebens der Gleichheit zu verwirklichen. Wir haben dieser Studie den Titel: „Gelebte Jugendträume" (Fölling, Melzer, 1989) gegeben. Dies soll ausdrücken, wie ernst die Gruppenmitglieder den Anspruch der Verwirklichung genommen haben. Es waren insgesamt 50 bis 60 junge jüdische Linkszionisten, die sich in einer norddeutschen Region um Hameln und Wolfenbüttel durch für sie ungewohnte körperliche Arbeit auf das schwere Leben in Eretz Israel vorbereitet haben. Sie haben sich nach einer Rede von Buber „Kibbuz Cherut" genannt. Übersetzt heißt das „Kibbuz Freiheit". Sie haben eine gemeinsame Kasse gehabt, sie haben all das, was einen Kibbuz ausmacht, hier schon zu leben versucht und sind dann als Gruppe emigriert. Es ist die erste Gruppe, die geschlossen aus Deutschland ausgewandert ist. Das war Ende der 20er Jahre, weit vor Beginn der nationalsozialistischen Herrschaft. Was für diese Gruppe gilt, gilt auch für die osteuropäischen Zionisten. Sie wollten ihre Visionen eines egalitären Zusammenlebens verwirklichen. Die von mir untersuchte Gruppe hat den Kibbuz Givat Brenner gegründet, den heute größten Kibbuz im Lande.

An diesem Beispiel lässt sich zeigen, dass dieser Begriff der Verwirklichung nicht nur philosophisch gemeint war, sondern ganz reale Bedeutung hatte.

FB: Du hast eben Martin Buber erwähnt. Moreno hatte auch in Wien zu ihm Kontakt. Er schreibt in seiner Autobiographie, dass er ihn im Café Museum getroffen habe (Moreno, 1989c, 70). 1919 hat Buber bekanntlich eine kleine chassidische Erzählung in Morenos Zeitschrift „Der Neue Daimon" veröffentlicht. In dieser Zeit hat Buber ja seine grundlegende Schrift „Ich und Du" in Wien verfasst. Moreno hat sich später immer wieder auf Buber bezogen (z.B. Moreno, 1973a, 103f). Er warf ihm jedoch vor, dass er zwar von Begegnung rede, sie aber nicht praktisch umgesetzt habe. Hier muss man aber sagen, dass Moreno möglicherweise Bubers Position nicht ganz trifft. Buber hat zwar kein Spielarrangement wie Moreno entwickelt, seine Philosophie zielte aber schon, wie du eben ausgeführt hast, auf Verwirklichung. Er hat zwar selber nicht in einem Kibbuz gelebt, kam aber selbst aus der Siedlungsbewegung. Mit Gustav Landauer und Erich Mühsam hatte er Kontakt zur Gruppe „Neue Gemeinschaft" der Brüder Hart in Friedrichshagen bei Berlin (Linse, 1983, 65). Er ist dann 1938 ja auch nach Palästina gegangen. Aufgegriffen wurden seine Ideen aber von anderen, die sie dann realisiert haben. Realisierung schließt für Moreno aber diesen Zwischenschritt ein: über das Spiel, über das Psychodrama abklären, was jetzt zu tun ist. Dann erst kommt der eigentliche Schritt der Verwirklichung, nämlich das Umsetzen in das alltägliche Leben, was zuvor erspielt wurde. Buber hat eben nur diesen Zwischenschritt nicht entwickelt.

WM: Buber mag den Hinweis auf die Notwendigkeit der Verwirklichung an alle Juden gerichtet haben. In besonderer Weise lag ihm aber die Jugend am Herzen. Jugend sei die entscheidende Phase der Umgestaltung des Lebens; Jugend sei die Zeit der Alloffenheit: „Mit allwärts offenen Sinnen empfängt sie die Fülle und Vielfältigkeit der Welt."

Es geht hier ja auch um einen Generationenkonflikt. Diejenigen, die verwirklichten, das waren Jugendliche (Seeligmann, 1988). Das war nicht das etablierte, assimilierte Judentum. Von daher nehmen diese Gruppen, von denen ich berichte, eine Sonderstellung in Eretz Israel ein. Die Kibbuzim sind immer schon Teil des linken politischen Spektrums gewesen, Teil der sozialistischen Parteien und eng mit der Histadrut/Gewerkschaft verbunden. Die Idee bestand darin, Palästina insgesamt zu einer sozialistischen Gesellschaft umzugestalten. Dieses Entwicklungsmoment, von einer kleinen Jugendgruppe über größere Strukturen bis hin zu einer Veränderung der Gesellschaft im größeren Stil, ist ganz wichtig. Vielleicht ist es auch ein Entwicklungsmoment, das im Psychodrama steckt. Wie ist es mit dem Transfer des in der Gruppe Erlernten in einen größeren Kontext?

FB: Morenos Idee ist, dass seine Arrangements wie etwa das Psychodrama einen Zwischenschritt darstellen hin zu einer neuen Gesellschaft, auf eine Gemeinschaft, auf eine „therapeutische Weltordnung". D.h. dass die zwischenmenschlichen Beziehungen eben nicht durch Ausbeutung bzw. Herrschaft gekennzeichnet sind, sondern tatsächlich durch „Begegnung", wo der eine den anderen ernstnimmt, anerkennt, seine Individualität respektiert (Buer, 1990). Aus dieser Begegnung soll eine neue Qualität des Zusammenlebens entstehen, die in Gemeinschaft stattfindet. Das sind Ideen, die auch Buber ausformuliert hat. Wichtig ist aber, dass sich das Ganze bei Moreno neben der eigentlichen Subsistenzsicherung abspielt. Veränderung findet sozusagen in der Freizeit statt, im Reproduktionsbereich. In der Freizeit tut man sich zusammen, um neue Beziehungen zu entwickeln. Erst sekundär soll das Auswirkungen auch auf den Produktionsbereich haben. Während die

Kibbuzim ja völlig anders vorgehen gerade auch vor dem Hintergrund, dass jetzt ja vor allem Landarbeit gemacht werden soll.

WM: So gesehen, ist die Kibbuzidee natürlich im Kontext der materialistischen Ideen anzusiedeln, als sie eine klare Bewertung vornimmt, was das Verhältnis von Produktion und Reproduktion angeht mit klaren Akzenten zunächst im Bereich der Ökonomie und der Politik. Sie ist eine real gewordene Utopie, die anknüpft an Arbeitsgesellschaftsutopien.

FB: Diese Differenz zur materialistischen Orientierung zeigt sich auch darin, dass bei Moreno sicherlich die *Spontaneität* eine ganz große Rolle spielt. Er führt das Wort auf „sua sponte" zurück: aus freiem Willen. Der Mensch soll sich aus freien Stücken in eine Lage begeben, wo er tatsächlich neu gestalten kann. Für Psychodrama ganz konstitutiv ist, sich in eine Situation bewusst hineinbringen, wo Veränderungen anstehen, aber auch möglich sind. Diese Entscheidung für einen Veränderungsprozess dürfte doch auch in der Kibbuzbewegung eine große Rolle gespielt haben?

4 Die Idee der Selbstbestimmung

WM: Ein zweiter Begriff, der mit dem der Verwirklichung korrespondiert und der ebenfalls für den Aufbau der Kibbuzim sehr grundlegend war, ist der des Voluntarismus. In meinen historischen Analysen bin ich diesem Begriff immer wieder begegnet, in Dokumenten, in Verlautbarungen, in Reflexionen. Gemeint ist damit, daß der Wille die Grundfunktion jeden seelischen Lebens ist und dass willentliche Entscheidungen des Menschen sein Leben tragen. Der Voluntarismus ist so gesehen auch stark mit dem Glauben an die Fähigkeit des Menschen zur Selbstverwirklichung und Selbstbestimmung geknüpft. Der Begriff geht übrigens auf Tönnies zurück und spielt auch in der Philosophie Schopenhauers eine große Rolle. Ich meine, dass derartige theoretische Unterfütterungen des Lebens der Kibbuzim ganz stark auch aus der deutschen Kultur stammen. Sie werden wohl nach der Emigration der deutschen Juden, also frühestens in den 20er Jahren, spätestens nach 1933 eine wichtige Rolle gespielt haben. Wir müssen überhaupt unterscheiden zwischen den realen Entwicklungen im Lande, die nach dem Prinzip von trial and error im Umgang mit den mitgebrachten Ideen zu verstehen sind, und der erst später einsetzenden Reflexion des Tuns z.B. in einer eigenständigen Pädagogik oder einer eigenständigen Theorie der Ausgestaltung des kibbuzischen Lebens.

FB: Neben diesem Strukturprinzip Voluntarismus, bei Moreno Spontaneität, kann man ein weiteres herausheben. Das ist die Idee der *Selbstbestimmung*. Im Psychodrama ist es ganz klar, dass die Probleme, die auf die Bühne gebracht werden, von den Beteiligten selbst gelöst werden müssen, die Lösung immer nur eine selbstbestimmte sein kann. Es kann nicht sein, dass die Gruppe oder der Leiter in irgendeiner Weise Lösungen vorgeben. Sie müssen vom Protagonisten erarbeitet werden. Sie sind natürlich von der Gruppe, vom Kollektiv, mitgetragen und werden auch kollektiv entwickelt. Hier wird aber nicht ein Zwangskollektiv etabliert. Dieses Prinzip hat auch Auswirkungen für Morenos gesamte soziometrische Forschungsmethodologie. Er geht grundsätzlich davon aus, dass Forschung immer auch Selbsterforschung der Beteiligten sein muss. Die Betroffenen erforschen sich selbst. Sie müssen auch selbst an dieser Forschung interessiert sein und jeden Forschungsschritt selbst bestimmen. Denn sonst erforsche ich eben fremdbestimmte Personen und bekomme

Ergebnisse, die für autonome Menschen nicht zutreffen. Diese Idee der Selbstbestimmung auch für Forschungsprozesse, für Veränderungsprozesse, für Erkenntnisprozesse, für Lernprozesse insgesamt ist ein Grundprinzip, auf dem Moreno besteht. Ich denke mir, das ist sicherlich auch gültig nicht nur für die Kibbuzpädagogik, sondern auch für das Kibbuzleben generell.

WM: Wenn man unter diesem Gesichtspunkt der Selbstbestimmung die geschichtliche Entwicklung der Kibbuzim in den letzten 80 Jahren resümierend betrachtet, dann könnte man vielleicht im Gegensatz zu anderen, die die Kibbuzim am Ende sehen, zu der Überzeugung gelangen, dass hinsichtlich Selbstverwirklichung, Selbstbestimmung, Individualisierung in den drei großen Phasen der Kibbuzentwicklung eher ein Zugewinn zu verzeichnen ist. Denn frühe Formen des Zusammenlebens sind doch stark durch Kontrollmechanismen der Gruppe bestimmt gewesen. Das Individuum befand sich damals häufig in einem Zwiespalt zwischen dem Willen zur Selbstverwirklichung und den notwendigen Anforderungen, die auf der anderen Seite die Gemeinschaft formulierte und auf deren Umsetzung sie auch drang. Die Geschichte der Kibbizum ist gespickt mit Beispielen von Konflikten des Individuums mit der Gruppe. Eine These von mir wäre: Da die Sanktionsmöglichkeiten der Gruppe in den Anfängen „totale" waren, haben sich die einzelnen Mitglieder nach und nach in eine schützende Sphäre der Privatheit der Familie zurückgezogen. Die Familie hat sich dann erst als Gegenreaktion auf die Gruppe konstituiert. Sie gab es ja in den Anfängen nicht. In der Familie war es möglich, mehr Freiräume zur Selbstverwirklichung und Selbstbestimmung zu schaffen. So gesehen darf diese erneuerte Familie nicht verwechselt werden mit der Kleinfamilie bei uns.

FB: Hier kann man sicherlich auch eine Differenzierung machen, die Buber eingeführt hat. Er differenziert zwischen dem Sozialen als dem Kollektiven und dem Zwischenmenschlichen (Buer, 1990). Buber hat ja immer den Kollektivismus abgelehnt, den er im Bolschewismus realisiert sah. Er hat immer darauf hingewiesen, es kommt nicht auf diese Vereinheitlichung an, auf diese Vermassung, die damit aus seiner Sicht zumindest verbunden ist, sondern auf eine Verbindung, die jeder Einzelne aus eigener Entscheidung eingeht. Dadurch kann eine Zwischenmenschlichkeit neu entstehen. Das ist sicher auch in der Entwicklung der Kibbuzim deutlicher geworden: Die kollektiven Ideen des Anfangs waren eben doch Zwangsideen der Vereinheitlichung, der Gleichmachung. Jetzt erst wird die Selbstbestimmung jedes Einzelnen und damit auch eine ganz andere Form von Individualität ermöglicht, ohne völlig aus diesem Bündnis herauszuspringen.

WM: Wenn dieses System in dem von Dir skizzierten Sinne nicht offener geworden wäre, hätte es sich überlebt. Es sind heute immer noch trotz dieser Öffnung über 50% der dort geborenen Jugendlichen, die dieser Lebensform den Rücken kehren. Meine These wäre: Wenn diese stärkeren Möglichkeiten der Selbstbestimmung nicht geschaffen worden wären, dann wäre die Abwanderung noch stärker und das System insgesamt schon zusammengebrochen.

FB: Es ist aber doch vom Entwurf dieser Lebensform her ganz normal, dass diejenigen, die hineingeboren werden, sich später auch ganz gewusst dafür entscheiden müssen. Sie können sich daher auch dagegen entscheiden.

WM: Das korrespondiert auch mit dem Begriff des Voluntarismus.

FB: Genau!

WM: Er meint doch die willentliche Entscheidung dafür, aber auch dagegen. Den Pionieren, die wir interviewt haben als 80jährige, haben wir auch die Frage vorgelegt, ob diese Austrittswellen nicht ein Indiz des Scheiterns seien. Sie sagten uns mit einem weinenden Auge – auch verständnisvoll: „Wir haben unsere Eltern *auch* verlassen, wir haben mit dem traditionellen Judentum gebrochen. Wir waren Jugendliche und haben für uns die Autonomie der Jugendphase in Anspruch genommen, unser eigenes Leben in die Hand zu nehmen. Das müssen wir heute unseren Jugendlichen *auch* zubilligen." Sie tun es, auch wenn sie darunter leiden.

FB: Das ist natürlich auch gültig für jede therapeutische bzw. pädagogische Gruppe. Für diesen Veränderungsprozess muss man sich freiwillig entscheiden. Man kann nur solange mitmachen, wie man aus freien Stücken dahintersteht. Immer dann, wenn man sagt, ich kann nicht mehr, ich will nicht mehr, das ist nicht mein Leben, muss man auch aussteigen können, und zwar jederzeit. Jede Gruppe, die eine Zwangsgruppe ist, in die man hineingesteckt wurde, kann eigentlich diesen Prozess der Selbstentscheidung, des Lebens mit der eigenen Entscheidung, diesen Bildungsprozess hin zur Mündigkeit gar nicht entwickeln.

WM: Die Frage ist nur, was sind die vereinigenden Werte. Wenn es die alten Werte nicht mehr sind, gibt es neue, die an die Stelle treten?

FB: Das ist, glaube ich, eine grundlegende Problematik, vor der wir alle stehen. Wir sind doch sehr stark von dem geprägt, was wir erfahren haben, was bisher gedacht wurde. Etwas Neues denken, ist die große Schwierigkeit. Deswegen sind solche Experimente, wie sie im Kibbuz gemacht werden, wie sie im Psychodrama gemacht werden, ganz entscheidend wichtig, weil hier Situationen geschaffen werden, wo man experimentieren kann, wo man ausprobieren, wo man erproben kann, ist das eigentlich ein lebenswertes Leben, wie wir es führen, oder müssen wir es korrigieren? Und eine Korrektur ist eigentlich auch etwas ganz normales in einem Experiment.

WM: So gesehen sind die Kibbuzim ein über 80jähriges Experiment. Die Forscher aus den Kibbuzim weisen zu Recht immer wieder darauf hin, dass kein Sozialexperiment auf der Welt von so langer Dauer war. Darauf sind sie in der Tat stolz. Es gibt nur eben Gruppen, die dieses System stärker annehmen. Die Jugend als eine Phase des Umbruchs, der Veränderung bietet eben mehr Möglichkeiten, sich auch *gegen* etwas zu entscheiden.

Alte und kranke Menschen im Kibbuz sind diejenigen, die sich voll mit diesem System, wie es ist, bis heute identifizieren, vielleicht einigen Veränderungen nachtrauern. Sie sind aber im Vergleich zu anderen Altersgruppen im Kibbuz am besten aufgehoben nicht nur unter dem Gesichtspunkt des Versorgungsaspekts, also einer eher sozialpädagogischen Betrachtungsweise. Sie tragen bis zu ihrem Tode bei zum Gemeinschaftsleben. Es ist ein Prozess der *gegenseitigen Hilfe* zur Selbsthilfe.

5   Die Idee der gegenseitigen Hilfe

WM: Alte und kranke Menschen im Kibbuz werden, solange es geht, in ihren Häusern versorgt. Sie erhalten alle Formen von Unterstützung, sich selbst helfen zu können. Sie erhalten z.B. kleine, mit Akkus angetriebene Fahrzeuge, mit denen sie sich – für uns etwas fremd – in der hügeligen Kibbuzlandschaft bewegen. Man will sie, obwohl sie alt und gebrechlich sind, bei der Gemeinschaft halten, man will sie im Zentrum halten, man will ihnen die Möglichkeit geben, zur Arbeit oder zur Vollversammlung zu kommen, die Mahlzeiten im zentralen Haus gemeinsam mit allen Kibbuzmitgliedern einzunehmen. Manchen wird die Arbeit ins Haus gebracht. Oder es werden Werkstätten aufrechterhalten, in denen weitergearbeitet wird, weil diese Arbeit den Mitarbeiter nach wie vor wichtig ist. Insofern ist der Kibbuz sicher ein Modell für die Integration alter und kranker Menschen.

Morenos Methoden werden doch auch eingesetzt für die Integration sozialer Problemgruppen.

FB: Du sprichst jetzt ein wichtiges Prinzip Morenos an, wie Zusammenleben gestaltet werden soll, nämlich durch Gegenseitigkeit. Alle Beteiligten im Kibbuz sind integriert, wenn sie nicht nur empfangen, sondern auch geben können. Jeder wird soweit ernst genommen, als er auch als Gebender ernst genommen wird. Dieser gleichgewichtige Austausch ist ein wichtiges Kriterium für die Qualität der Beziehungen.

Das gilt natürlich auch für das Psychodrama. Alle, die an einer Psychodramagruppe teilnehmen, sind gefordert, gemeinsam mitzuhelfen, die Probleme, die hier nun verhandelt werden sollen, zu lösen, in dem sie sich an der Bühnenarbeit beteiligen, in dem sie ihre eigenen Probleme zur Diskussion stellen, in dem sie ihre Resonanz auf die Probleme anderer deutlich machen. Jeder Teilnehmer wird ernst genommen als jemand, der aus seiner Lebenserfahrung wichtige, unverzichtbare Beiträge leisten kann Da spielt das Alter keine Rolle, da spielt auch keine Rolle, an welcher Problematik man nun leidet. Moreno weist häufig darauf hin, dass gerade auch in den Mühseligen und Beladenen, in den Epileptikern und Schizophrenen Kräfte stecken können, die wiederum hilfreich für alle anderen sind. Gerade die in unserer Gesellschaft verbreitete Ausgrenzung ist genau das Gegenteil von dem, was im Kibbuz wie im Psychodrama für möglich gehalten wird. In der Interaktion mit allen Menschen, auch den scheinbar depriviertesten, steckt immer noch die Möglichkeit zur gegenseitigen Befruchtung drin. Man muss nur darauf zugehen wollen.

WM: Für den Kibbuz kann ich sagen, dass dieses Geben und Nehmen ein zentrales, wenn auch ungeschriebenes Prinzip des Zusammenlebens ist. Das Geben nach seinen Möglichkeiten und das Erhalten nach seinen Bedürfnissen. Es geht nicht – wie immer betont wird – und eine mechanische Gleichheit, sondern um eine essentielle. Das ist eine klassische Definition von Kibbuz überhaupt.

FB: Hier sind wir aber auch beim Leitmotiv des ursprünglichen Kommunismus: „Jeder nach seinen Fähigkeiten, jedem nach seinen Bedürfnissen."

6 Orte der Entscheidung

FB: Ein weiteres wichtiges Element, das vergleichbar ist aus meiner Sicht, ist ja, dass es im Psychodrama einen spezifischen Ort gibt, die *Bühne*. Sie ist dafür vorgesehen, die Probleme, die in der ersten Phase angesammelt worden sind, zur Diskussion zu stellen, zu klären und möglicherweise zu lösen. Auch im Kibbuzleben gibt es bestimmte Zeiten und Orte, z.B. die Vollversammlung, die spezifisch dafür da sind, die Probleme des Gemeinschaftslebens zu thematisieren, zu klären, möglichst konsensuell zu lösen. Kann man heute noch sagen, dass dieses Ritual der Entscheidung und Klärung von gemeinsamen Problemen auf der Vollversammlung funktioniert?

WM: Diese Idee ist noch lebendig. Sie wird nicht in Frage gestellt vom Prinzip her. Es versteht sich aber, dass das Anwachsen der Kibbuzim bis zu 1800 Bewohnern andere Antworten verlangt hinsichtlich Austausch, hinsichtlich Klärung von Problemen, bei der Entwicklung von Zukunftsperspektiven. Die kleine Gruppe des Kibbuz der 10er und 20er Jahre hat, glaube ich, sehr viel Ähnlichkeit mit der Psychodramagruppe. Es wurde nicht nur besprochen, wo wird investiert, wie bauen wir unsere Ökonomie auf, schaffen wir einen Traktor an oder einen Esel oder ein Pferd. Es wurden alle Dinge, die die Gruppe betrafen, also auch Wertfragen, Konflikte zwischen den Mitgliedern, persönliche Probleme vor der gesamten Gemeinschaft diskutiert. Es wurden auch Verstöße gegen Gruppennormen besprochen und sanktioniert. Dieses Arrangement kommt aus der Jugendbewegung und der Reformpädagogik. Die Schulgemeinde – etwa in Bernfelds Konzept – ist ja ein Interaktions- und Partizipationsforum, ein Forum der Selbstregulierung und Selbstklärung. Man kann dieses Arrangement aber auf moderne, differenzierte, diversifizierte Gesellschaften kaum übertragen allein von der Gruppengröße her.

Es ist wohl kaum vorstellbar, dass vor 1800 Menschen etwa Scheidungs- und Erziehungsprobleme oder die psychischen Probleme, die ein israelischer Soldat hat, der töten musste, öffentlich verhandelt werden, obwohl inzwischen Vollversammlungen auch öffentlich übertragen werden mit neuen Medien. Vom Prinzip her würde diese Öffentlichkeit herstellbar sein. Aber es widerspricht eigentlich der Struktur und auch dem Selbstverständnis moderner Gesellschaften, Privatheit in einen so großen Raum zu streuen.

FB: Die Medien können aber auch nicht die Unmittelbarkeit ersetzen. Das direkte Beteiligtsein ist etwas anderes, als wenn ich über Medien etwas „vermittelt" bekomme. Es ist immer etwas dazwischen. Wenn ich in einer Versammlung direkt dabei bin, bin ich ganz anders emotionalisiert, kann ich mich ganz anders einbringen. Das kann durch Medien nicht erreicht werden. Gerade das unmittelbare Beteiligtsein ist ja gerade das, was gewollt ist in einer überschaubaren Gruppe, wo jeder jeden wahrnehmen kann. Das macht ja auch den Reiz des Psychodramas aus, überhaupt jeder Live-Veranstaltung.

WM: Die Entwicklung zur Moderne, allein schon das Faktum der Gruppengröße, machten andere Antworten nötig. So sind auch in den Kibbuzim spezifische Institutionen zur Bearbeitung spezifischer Probleme entwickelt worden: Für psychische Probleme gibt es einen Beratungsdienst mit Therapeuten, für Ehescheidungsprobleme und Dinge, die damit auch ökonomisch zusammenhängen, entsprechende kleinere Kommissionen usw.

7   Kibbuz und Psychodrama als Utopien

FB: Sowohl für die Kibbuzim wie für Morenos Ansatz ist das Entwerfen von Zukunftsperspektiven von großer Bedeutung, das Setzen darauf, *Vorstellungen zu entwickeln*, sie auszuprobieren und im Hier-und-Jetzt umzusetzen. Es soll also nicht auf irgendeinen Punkt x gewartet werden, an dem der Umschwung kommt. Der Umschwung muss im Alltag ausprobiert werden, allerdings orientiert an Entwürfen vom besseren Leben, die durchaus durch Intuition, Phantasie beflügelt sind. Das ist ganz zentral im Psychodrama. Ich denke mir, dass auch im Kibbuz eine ähnliche Einstellung eine entscheidende Rolle spielt.

WM: Stichwort Utopie. Eines meiner Bücher heißt so: „Der Kibbuz als Utopie" (Melzer, Neubauer, 1988). Der Titel ist in Israel nicht unumstritten. Er hat bei einigen Kollegen

Widerspruch herausgefordert. Sie haben auf die ursprüngliche Bedeutung des Wortes „Utopie" hingewiesen: ou-topos = kein Ort, das Land Nirgendwo. Sie sagen, wir haben es doch realisiert. Mein Verständnis von Utopie ist ein etwas anderes. Der Kibbuz ist eine realisierte Utopie. Es ist jedenfalls nicht die Utopie der fiktionalen Raumutopien etwa eines Thomas Morus, Campanella oder Bacon gemeint, die ihre Vorstellungen vom Zusammenleben von Gleichen an einen fiktiven Ort transponiert haben. Es ist vielmehr ein Anknüpfen an Arbeitsgesellschaftsutopien, wie sie etwa von Fourier, Saint-Simon entwickelt worden sind oder auch von dem russischen Literaten Tschernyschewskij.

Wir müssen aber auch zu einigen zentralen Unterschieden zwischen Psychodrama und Kibbuz kommen. Beide gehören zu verschiedenen Typen von Utopie. Der Kibbuz ist in erster Linie definiert als eine Utopie im Bereich ökonomischer Gleichheit, im Bereich der Selbstarbeit, im Bereich der Gleichheit der Geschlechter, im Bereich der Produktion. Utopien, die es zu tun haben mit Therapie, mit Wohnen, mit Kindererziehung (etwa Eltern-Kind-Gruppen, Kinderläden) beschränken sich eben nur auf den Reproduktionsbereich. Sie sind damit auch ein Stück weit dem sie umgebenden entfremdeten Umfeld ausgeliefert. Das wollte der Kibbuz umfassender lösen, indem er diese grundlegenden Bereiche des gemeinsamen Arbeitens und Wirtschaftens, des gemeinsamen Beschließens kollektiv, solidarisch und partizipatorisch gestaltet hat. Alle anderen Formen, die auf den Reproduktionsbereich bezogen sind, sind ein Stück weit auch vorbestimmt durch die Produktionssphäre.

FB: Der Ansatz der Kibbuzim ist von vorneherein ein umfassender: In einem Land, das alt und zugleich neu für sie war, ein ganz neues Leben zu führen mit allem Drum und Dran. Das bedeutet natürlich, dass zunächst einmal die eigene Subsistenz gesichert werden muss. Das war ja auch der Grund für viele zu emigrieren. Der Ansatzpunkt für Moreno ist ein völlig anderer. Die Subsistenzsicherung ist nicht sein Problem. Sein Problem ist die Sinnkrise, ist Krankheit, sind persönliche Schwierigkeiten, die z.B. auch damals in Wien auf dem Theater formuliert worden sind, etwa von Ibsen. Sein Konzept entsteht ja aus der Theaterarbeit heraus, im Freizeitbereich, wo man sich gleichwohl ernsthaft mit ganz wichtigen, zentralen Fragen und Problemen beschäftigt, im Spiel neue Lebensentwürfe ausprobiert, die dann aber erst im zweiten Schritt ins alltägliche Leben umgesetzt werden. Moreno verbleibt im angestammten Kontext, schafft aber spezifische Orte, Zeiten, Räume, in denen andere Gesetze gültig sein sollen, um zu neuen Erkenntnissen zu kommen, um neue Dinge auszuprobieren.

WM: Ich glaube, dass die Fragen teilweise noch ähnlicher sind als die Antworten. Wenn Du an das Dahinvegetieren der 5 Mio. Juden im Ansiedlungsrayon denkst, an ihre Entwurzelung, dann ist der Ansatzpunkt für die Emigration und den Kibbuzaufbau auch so etwas wie eine kollektive „Krankheit". Vielleicht war die Situation für viele, die in Auswanderungsgruppen gegangen sind, ähnlich aussichtslos und problembelastet wie für die Menschen, die in eine Psychodramagruppe gehen. Die Fragestellungen sind gar nicht so unterschiedlich, die Lösungen setzen nur in anderen Bereichen an.

FB: Es gibt ja eine historische Begebenheit, bei der Moreno real mit eben diesen Auswanderern zu tun hatte, nämlich in Wien im „Haus der Begegnung". Hier haben sich Ostjuden, die ja Leidende waren, gesammelt, um dann auszuwandern. Moreno schreibt dazu:

„Ich bin immer noch erstaunt darüber, dass sich so viele Leute in diesem Haus drängten und das untereinander teilten, was sie hatten, aber es gab wenig Privatheit. Trotzdem wurden mehrere Babies während der langen Wartezeit auf die Überfahrt empfangen und geboren. Nach dem Abendessen hielten wir Sitzungen ab, in denen Probleme vorgetragen und Streitigkeiten geschlichtet wurden ..." (Moreno, 1989c, 295).

Hier haben wir die Vollversammlungen vor uns, die Moreno sicher auch dramatisch gestaltet hat. Es gab also eine historische Phase, wo Kibbuzbewegung und Psychodrama schon vor dem Ersten Weltkrieg tatsächlich zusammengekommen sind. Dann sind diese Strömungen wieder auseinandergegangen. In den USA, als Moreno sich mit Gruppenpsychotherapie und Soziometrie etabliert hat, sind diese Verbindungen in den Hintergrund getreten. Die Kibbuzgründer sind weitergegangen als Moreno, in dem sie eine umfassende neue Lebensordnung realisiert haben. Moreno ist im Reproduktionsbereich stehengeblieben. Für eine Teilgruppe der Bevölkerung kann dieser Bereich aber auch das ganze Leben umfassen, dann nämlich, wenn sie sich in totalen Institutionen befinden, also in Psychiatrischen Anstalten oder Gefängnissen. Interessanterweise hat Moreno ja auch hier seine wichtigsten soziometrischen Forschungen betrieben: Im Gefängnis „Sing-Sing" und im Erziehungsheim in Hudson. Oder in seinem Sanatorium in Beacon ab 1936 hat er das erprobt, was er „therapeutische Gemeinschaft" genannt hat. All diese Menschen mussten aber nicht für ihre Subsistenz selber sorgen, wie auch Moreno selten für seine eigene Subsistenzsicherung gesorgt hat. Das hat er meist anderen überlassen (Marineau, 1989).

Moreno hat aber immer intendiert, zu einer vollständigen Umgestaltung der Gesellschaft zu kommen. Sein Ansatzpunkt ist ganz klar: Veränderung der Beziehungen, der Interaktionsmuster, um von da aus auch die Arbeitsverhältnisse zu verändern, während in den Kibbuzim die Veränderung gleichzeitig verläuft.

WM: Die Unterschiede, die wir gemeinsam konstatiert haben, kommen m.M. nach auch durch tendenziell unterschiedliche Leitideen zustande. Du hast zwar in deinem Buch (Buer, 1989b) auch auf den Zusammenhang des Psychodrama mit dem Marxismus und der Psychoanalyse hingewiesen. Die Frage ist für mich jedoch, ob hier nicht doch eher größere Unterschiede deutlich werden. Marxismus und Psychoanalyse gehören eben zu den Grundpfeilern des Kibbuzentwurfs. Diese Begründungselemente – wie auch das der Jugendbewegung – beinhalten wohl eher Prinzipien, von denen sich Moreno abgrenzt.

FB: Richtig ist, dass Moreno nicht den Begriff der Arbeit in den Vordergrund stellt, also nicht durch eine Neuorganisation der Arbeit neue Lebensverhältnisse schaffen will, sondern dass er umgekehrt ansetzt. Aber auch die sozialistischen Ideen, die im Kibbuz umgesetzt werden, sind ja keine staatssozialistischen Konzepte. Es geht ja nicht darum, die Macht im Staate zu erobern über sozialistische Parteien, um dann in einer Diktatur des Proletariats kommunistische Verhältnisse zu schaffen. Es geht vielmehr darum, im Hier-und-Jetzt sozialistische Lebensformen zu verwirklichen, also nicht auf den Tag der Revolution zu warten. Dieser aktive Sozialismus ist ja immer schon eine spezifische Variante, die nicht in jeder Hinsicht kompatibel ist zu allen Ideen von Marx. Im Austromarxismus ist diese aktive Komponente ja viel stärker betont worden, die Orientierung auf das Machbare, als in der orthodoxen marxistischen Tradition. Diese sozialistische Tradition hat auch in anarchistischen Kontexten eine nicht unbedeutende Rolle gespielt.

Der Anarchismus ist ja sehr heterogen. Was man aber allgemein sagen kann: Er versucht Zusammenleben politisch zu begreifen. Ihm geht es zunächst um das egalitär gestaltete Zusammenleben ohne Herrschaft, dann erst um die Arbeit. Anders zusammenleben, heißt dann auch, anders zusammenarbeiten. Insofern kann man Moreno in eine Tradition stellen, die eher anarchistisch-libertär orientiert ist, aber auch sozialistische Elemente enthält. (→ S. 93ff.) So gibt es eben doch zumindest eine große Nähe von Morenos Ideen und den Kibbuzideen.

Ich hatte ja schon erwähnt, dass Moreno in Wien mit Martin Buber zu tun hatte. Martin Buber war nun sehr eng befreundet mit Gustav Landauer. Dieser anarchistische Literat hat in seinen Schriften sehr stark auf Siedlungsexperimente hin orientiert. Insofern war er auch zumindest Ideenspender für die Kibbuzbewegung. In meinem Beitrag zum Anarchismus in meinem Buch „Morenos therapeutische Philosophie" habe ich Morenos Ideen mit denen Landauers verglichen und habe dabei eine hohe Übereinstimmung festgestellt, ohne einen konkreten Hinweis dafür zu haben, dass Moreno je Landauer zur Kenntnis genommen hat. Inzwischen ist Morenos Autobiographie erschienen, in der er schreibt, dass Gustav Landauer damals ein „well-known book about history and politics" geschrieben habe (Moreno, 1989 c, 71). Es dürfte sich wohl um das Buch „Aufruf zum Sozialismus" handeln, das 1911 in der ersten Auflage erschienen ist. Meine Vermutung, dass Moreno durchaus von Landauers Ideen beeinflusst wurde, hat sich also bestätigt.

8 Wien: Der Geburtsort von Kibbuzpädagogik und Psychodrama

WM: Die von dir angesprochene Wiener Zeit des beginnenden 20. Jh. ist eine Zeit, die für die Entwicklung der Kibbuzim nicht ganz unwichtig war. Die Einwanderungswelle beginnt nach 1882. Die Träger der Kibbuzidee stammten alle aus Osteuropa, die ihre Idee durch die Haskala, den Zionismus, den Sozialismus geformt hatten, nachdem sie eine revolutionäre Veränderung in Russland verworfen hatten. Auf dem Weg der Auswanderung machten sie Zwischenstation in Westeuropa, etwa in Wien oder Berlin. Sie grenzten sich dabei von den assimilierten Westjuden ab. Wien war sicher ein Ort, wo damals viele Ideen kulminierten, die aus Galizien kamen, sozialistische Ideen der Landerziehungsheimbewegung, der Jugendbewegung diskutiert wurden. Es war auch der Ort, wo wichtige Personen, die für die Entwicklung der Kibbuzpädagogik wegweisend waren, gelebt haben. Ich meine vor allem Siegfried Bernfeld. Für das beginnende 20. Jh. hat es noch gegolten, dass man in den damals überschaubaren Intellektuellenkreisen zumindest Kenntnis voneinander genommen hat. Bernfeld und Moreno haben jedenfalls Jahre lang zur gleichen Zeit in Wien gelebt. Bernfeld ist ja 1892 geboren und war wie Moreno bis 1925 in Wien. Er stammte wie Moreno aus Osteuropa. Moreno hat die Grundzüge seiner Philosophie zwischen 1910 und 1925 entwickelt. Für Bernfeld gilt ähnliches. Beide haben ihre spätere Arbeit in den USA fortgesetzt. Ich persönlich würde mich wundern, wenn beide nicht voneinander gewusst hätten. Hier ist ja noch vieles im Dunkeln, da es noch keine Bernfeld-Biographie gibt. Bernfeld gehörte zum linken Flügel der Jugendbewegung. Meine Frage wäre, welche Rolle die Jugendbewegung für Moreno gespielt hat? Über Wyneken hatte Bernfeld Kontakt zur reformpädagogischen Schulreform, zum Konzept der Schulgemeinde als einem Ort der autonomen Selbstregulation. Gesellschaft sollte verändert werden von der Schule aus. Hatte Moreno Kontakt zu diesen schulischen Reformbewegungen?

Bernfeld war linker Sozialdemokrat. Alle Vorstellungen im Kibbuz, die mit Gruppe, Kollektiv zu tun haben, speisen sich aus dieser sozialistischen Einstellung. Bernfeld war Mitglied des inneren Kreises um Freud, er war 1924 Sekretär der Wiener Vereinigung für Psychoanalyse und Vizedirektor am Wiener Ausbildungsinstitut für Psychoanalyse, bevor er nach Berlin ging. In Wien werden diese Grundlagen seines integrativen Systems von Sozialisation entwickelt, die ja auch konstitutiv sind für die Kibbuzbewegung. Er praktiziert dieses neue Erziehungskonzept im Kinderheim Baumgarten. Er macht quasi einen Modellversuch für Kibbuzpädagogik im Jahre 1919. Das alles hat Lutz von Werder, einer der Herausgeber der dreibändigen Bernfeldausgabe, veranlasst, Bernfeld als den eigentlichen Begründer der Kibbuzpädagogik zu bezeichnen, dem ich mich anschließen würde. Gibt es bei Moreno Bezüge zu diesen drei Ideengebäuden?

FB: Mir ist aus Morenos Schriften keinerlei Bezug zu Bernfeld aufgefallen. Auch in seiner Autobiographie erwähnt Moreno Bernfeld nicht, obwohl er sonst dort sehr viele Namen nennt, gerade auch aus seiner Wiener Zeit. Auch in der Biographie Marineaus wird Bernfeld nicht erwähnt. Zur psychoanalytischen Bewegung hatte Moreno durchaus Kontakt. Er kannte Freud, Helene Deutsch und Paul Schilder (Marineau, 1989, 29). Er selbst erwähnt Theodor Reik und August Aichhorn als Besucher seines Stegreiftheaters (Moreno, 1989c, 76). Eine wichtigere Beziehung hatte er aber zu Alfred Adler, der ja zusammen mit ihm und anderen in einem Genossenschaftsverlag den Neuen Daimon herausgab. Adler war damals in Wien mit seinen Einflüssen auf die Schule und die Erziehungsberatung schon sehr bedeutsam. Man sollte auch den Einfluss der Individualpsychologie auf die Entstehung der Kibbuzpädagogik genauer untersuchen. Es ist also durchaus denkbar, dass Moreno von Bernfeld gewusst hat (→ S. 22).

WM: Bernfeld hat dieses jüdische Experiment Kinderheim Baumgarten 1919 ins Leben gerufen, um damit die Ideen einer Lebensgemeinschaftsschule für jüdische Kinder zu realisieren. Damit hat er sich in einem starken Gegensatz zum etablierten Judentum des damaligen Wien befunden. Dieses Experiment muss also von der jüdischen Gemeinde zur Kenntnis genommen worden sein. Wenn man den gemeinsamen Hintergrund beider Autoren kennt, dann würde ich eben bezweifeln, dass Moreno an Bernfeld irgendwie vorbeigekommen ist. Er hatte bereits 1925, als „Sisyphus oder die Grenzen der Erziehung" erschien, eine lange Liste von Publikationen veröffentlicht, war also in der literarischen Öffentlichkeit durchaus bekannt.

FB: Es wäre spannend, dieser Frage nachzugehen. Moreno hat sich allerdings wohl eher außerhalb etablierter Organisationen bewegt. Er hat sich damals nie organisiert, er hat immer auf informelle Gruppen gesetzt. Es gibt allerdings eine Parallele zum Kinderheim Baumgarten, das ja etwa 300 jüdische Kriegswaisen aufgenommen hatte und nach den Vorstellungen Bernfelds zu einer Schulsiedlung ausgebaut werden sollte (Bernfeld, 1970, 84-191). Moreno war ja als Arzt 1915 bis 1918 in einer Flüchtlingssiedlung Südtiroler Bauern in Mitterndorf bei Wien tätig (Moreno, 1989c, 63ff.). Er hatte es also wie Bernfeld mit einer Gruppe durch den Krieg entwurzelter Personen zu tun, die sich in einer Gemeinschaft zusammenfinden mussten. Während Bernfeld nun ein Konzept mitbrachte, wie diese Gruppe strukturiert werden sollte, nämlich als Schulgemeinde wie in Wickersdorf, ist Moreno erst durch seine Erfahrungen mit diesen Flüchtlingen auf die Idee einer Neustrukturierung gekommen Er schreibt dazu in seiner Autobiographie; ich übersetze:

„Ich studierte die psychologischen Strömungen, die sich um verschiedene Elemente des gemeinschaftlichen Lebens entwickelten: Nationalität, Politik, Sexualität, Personal versus Flüchtlinge usw. Ich stellte fest, dass die Trennung dieser Elemente die Hauptursache der meisten berüchtigten Symptome der Fehlanpassung war, deren Zeuge ich im Lager wurde. Durch diese Erfahrung kam ich auf die Idee einer soziometrisch geplanten Gemeinschaft" (Moreno, 1989c, 65 f).

Moreno hat dann 1916 in einem Brief an den Innenminister eine soziometrische Umgestaltung der Siedlung vorgeschlagen, hat aber keine Antwort erhalten.

Moreno und Bernfeld haben sich also parallel mit Lebensgemeinschaften befasst, die sich nach eigenen Vorstellungen strukturieren sollten.

Mit Organisationen der Jugendbewegung hat Moreno aber, soweit ich sehe, nichts zu tun gehabt. Bei ihm sind aber viele Ideen, die in der Jugendbewegung eine Rolle gespielt haben, wiederzufinden. So hat er in den Wiener Gärten mit den Kindern Stegreifspiele gemacht, weil er die Kindheit als besondere Phase begriff, in der noch spontanes Leben möglich war. Er hat das vor allem in seinem Königsroman genauer beschrieben (Moreno, 1923a, 105 ff.). Eine seiner ersten Schriften heißt: „Homo Juvenis" von 1908. Jugend war natürlich damals, gerade auch in Wien, das Thema. Man denke allein an den „Jugendstil". Bernfeld verstand sich als eher cooler Wissenschaftler. Seine positivistisch-technologische Orientierung wird später deutlich, als er versuchte, mit Hilfe eines von ihm konstruierten Apparates die Libido-Energie zu messen. Moreno dagegen wollte Religion und Wissenschaft miteinander verbinden. Er ging davon aus, dass die etablierten Religionen abgewirtschaftet haben. Er hat sich in seiner Religionskritik immer wieder auf Nietzsche, auf Kierkegaard, auf Bergson bezogen. Er wolle die Impulse, die in den Religionen stecken, nicht einfach streichen und hat den Positivismus nicht als die Lösung angesehen, der ja auch bei Freud eine große Rolle gespielt hat. Das hat ihn auch in den Gegensatz zur Psychoanalyse gebracht (Buer, Schmitz, 1989).

Moreno ist also in ganz anderen Bereichen zuhause, als Bernfeld. Er praktiziert ab 1918 auf dem Lande in Bad Vöslau und ist in Wien nur tätig als Herausgeber seiner literarischen Zeitschrift, die vielleicht von Bernfeld wahrgenommen wurde, da in ihr doch viele auch damals zumindest in Wien bekannt Autoren schrieben wie etwa Werfel oder Wassermann. Ferner ist er natürlich durch sein Stegreiftheater an der Maysedergasse bekannt geworden. Davon war ja auch in Wiener Zeitungen zu lesen (Moreno, 1970, V). Er hat sich auch häufig in Caféhäusern aufgehalten, insbesondere dürfte ihn seine Auseinandersetzung mit dem Architekten Kiesler 1924 um den Entwurf einer Stegreifbühne bekannt gemacht haben (Moreno, 1925). Von diesem öffentlichen Streit sind noch Zeitungskarikaturen erhalten (Marineau, 1989, 81 ff.). Moreno war aber damals nicht als Erfinder einer neuen Therapiemethode oder als Wissenschaftler bekannt, sondern als Literat.

Allerdings hat Moreno sich zwischen 1931 und 1938 in den USA mit den Gruppenstrukturen in Schulen befasst (Moreno, 1974 a, 43 ff.).

WM: Charakteristisch für Moreno ist ja sein Interventionsansatz bezogen auf Krankheit. Andererseits berichtest du von seinen soziometrischen Überlegungen. Wie passt das zusammen? Ist Soziometrie eher auf Prävention, Psychodrama eher auf Intervention gerichtet? Der lebensweltliche Ansatz des Kibbuzlebens ist ja ein präventiver. Er will „Krankwerden" verhindern, Entfremdung aufheben. Bietet nicht die Soziometrie eher Anhaltspunkte zur Regulierung von Großgruppenproblemen wie die der Kibbuzim als das Psychodrama?

9 Psychodrama, Soziodrama, Soziometrie: Wege zur Umgestaltung der Gesellschaft

FB: Die Grundidee von Moreno, die er in Wien schon entwickelt hat, heißt: Wie kann ich die Menschen veranlassen, ihre Beziehungen selbst nach ihren Bedürfnissen zu regeln? Er behauptet, dass ihm schon als Kind die verschiedenen Strömungen zwischen seinen Kontaktpersonen farbig vor Augen standen. Dieser besondere Blick hat ihn ständig begleitet. Das ist auch die grundlegende Idee, die er dann über das Stegreiftheater im Psychodrama etabliert. Schon im Stegreiftheater sieht er, dass die spontanen Aktionen abhängig sind von der soziometrischen Konstellation der Personen auf der Bühne. Es kommt dann darauf an, ein bestimmtes szenisches Arrangement zu finden, um zu bestimmten Handlungen zu kommen. Handeln ergibt sich aus dem Beziehungsgefüge, aus der Positionierung der Beteiligten. Insofern ist schon damals der Zusammenhang zwischen Soziometrie und Drama gegeben. Im Psychodrama wird das dann systematisch verknüpft. Beim Psychodrama als Gruppenarbeit geht es immer um Umgruppierung. Die Menschen sollen in eine Lage versetzt werden, in der sie viel besser als bisher handeln können. Dass dieses Konzept auch im engeren Sinn von psychotherapeutischer Bedeutung war, hat er schon in seiner Stegreifarbeit erkannt, siehe den Fall Barbara (das ist die Schauspielerin Anna Höllering). Für Moreno ist also diese Trennung von normal und abweichend, von gesund und krank gar nicht gegeben. Dieses von ihm praktizierte Arrangement ist für alle Menschen wichtig, insofern als wir alle in Beziehungen leben, die als „entfremdet" begriffen werden können. Dabei sind selbstverständlich Differenzierungen zu machen.

Es gibt sicher Personengruppen, die noch einmal besonders etikettiert und ausgegrenzt wurden und „privatistische" Verhaltensweisen und Denkmuster entwickelt haben, die man dann „Psychisch Kranke" nennt. Insofern ist die Kibbuzidee eine Idee, die mit Morenos Ansatz korrespondiert. Es geht nicht um Prävention, sondern um eine andere Lebensform, in der der Begriff Prävention seinen Sinn verliert. In dieser Lebensform soll eben der Zugang zu den eigenen kreativen Lebenskräften nicht blockiert sein als in dem bisherigen Leben, in dem man isoliert wurde oder sich selbst isoliert hat. Krankheit ist für ihn kein vornehmlich innerpsychischer Prozess, sondern ist immer ein Interaktionsprozess. Damit bezieht er sich auf Heilungstraditionen, die in Europa noch bis ins 19. Jh. vorherrschend waren (Schipperges, 1985). Er hat immer eine ganzheitliche Veränderung im Hinterkopf gehabt (→ S. 30ff.).

WM: Bei den Kibbuzim haben wir es heute mit sehr unterschiedlichen Gruppen zu tun. Mit Gruppen, die man als Gemeinde definieren kann, aber auch mit verschiedenen kleinen Gruppen, zwischen denen es auch zu Konflikten kommt. Inwieweit kann man den Grundansatz Morenos nutzen, um auf Gruppenkonstellationen einzuwirken?

FB: Wenn ich eine bestimmte, überschaubare Gemeinschaft habe, also einen Kibbuz von etwa 300 Bewohnern, und diese Personen ihre Gemeinschaftsprobleme gemeinsam lösen wollen, dann wäre das Mittel der Wahl das Soziodrama. Im ersten Schritt würde untersucht, wie sind eigentlich die Beziehungen und Bezüge zu diesen genannten Problemen, wie stehen die Leute zu diesen Problemen, wer hat die Probleme, wer hat sie nicht, wem werden sie zugeordnet usw. Es müsste eine öffentliche Darstellung dieser soziometrischen Konfigurationen und der Rollenbeziehungen untereinander gemacht werden. Es würden also die formellen wie die informellen Konstellationen herausgestellt. Diese beiden unterschiedlichen Beziehungskarten werden dann miteinander konfrontiert. Das kann man aktionssoziometrisch oder graphisch darstellen. Man kann aber auch im zweiten Schritt soziodramatisch arbeiten, also die Konflikte, die deutlich geworden sind, theatralisch auf die Bühne bringen. Z.B. können die verschiedenen Gruppen Repräsentanten wählen, die ihre Position darstellen. Es können aber auch schon vorhandene trainierte Darsteller von den verschiedenen Gruppen instruiert werden. Das hat den Vorteil, daß diese oft leichter kreative Umsetzungen einbringen können.

Diese Experimente hat Moreno in den USA gemacht etwa bei Rassenkonflikten (Moreno, 1956c). Er hat auch bei Siedlungsprojekten mitgearbeitet (Moreno, 1981, 99ff.), bei denen es darum ging, die Siedler nach soziometrischen Gesichtspunkten zu verteilen. Auch für das Erziehungsheim in Hudson hat er bekanntlich eine Umorganisation der Wohn- und Funktionsgebäude vorgeschlagen.

Prinzipiell ist der Ansatz von Moreno geradezu prädestiniert, die Gestaltung und Umgestaltung von Gemeinschaften zu beraten. Der nachfragenden Gruppe würden durch den Psychodramatiker bzw. Soziometriker die Instrumente und Konzepte in die Hand gegeben, sich selbst zu untersuchen und zu verändern. Der Leiter dient hier ja nicht, wie in psychoanalytischen Modellen, als Übertragungsobjekt. Was hier passiert, kann vollständig offen gelegt werden.

Wenn ich das Gespräch resümiere, ist es mir wichtig gewesen, deutlich zu machen, welche gesellschaftspolitischen Dimensionen eigentlich im Psychodrama stecken. Morenos Ansatz ist nicht nur wichtig für die Gestaltung solcher Gemeinschaften, wie der Kibbuz sie darstellt. Genau so wichtig ist es umgekehrt, jede Psychodrama-Sitzung, als politisches Projekt zu begreifen, in dem es um die Verbesserung der Lebensqualität auf dieser Welt geht. Das Thema, wie wollen wir zusammenleben, ist eigentlich immer das zentrale Thema jeder Psychodramasitzung, auch und gerade dann, wenn spezifische Probleme anstehen, wie das Zusammenleben mit einem „Schizophrenen". Wenn dessen private Welt auf die Bühne gestellt wird, ist das auch noch einmal ein gesellschaftliches Thema. Das sagt etwas aus über unsere gesellschaftlichen Zustände insgesamt.

WM: Man könnte die Frage stellen, welches ist der Ort, an dem dieses Thema auftaucht. Wenn Psychodrama ernst genommen werden will, nicht nur als eine Therapieform, die beim Individuellen ansetzt, sondern als ein Ansatz, der sich gesellschaftlichen Fragen zuwendet, dann sehe ich nach dem, was ich heute dazu gelernt habe in diesem Gespräch, stärker Anhaltspunkte, an anderen Orten zu intervenieren.

Mich würde reizen, mit Gruppen zu arbeiten, die gesellschaftspolitisch ein Problem darstellen, z.B. mit Ausländergruppen, die abgedrängt sind auf bestimmte Wohnquartiere und im Konflikt mit den angrenzenden Vierteln leben. Muss Psychodrama den Ort seines Handelns nicht verschieben?

FB: Es ist leider so, dass das Psychodrama weitgehend im klinischen Raum stattfindet. Moreno hat sein Konzept allerdings „in situ" oder „in vivo" in Wien mit allen möglichen Randgruppen entwickelt, mit Prostituierten, mit Auswanderern, mit Flüchtlingen. Er hat dann aber erkannt, dass diese Art der Auseinandersetzung eine sehr anstrengende und schwierige ist. Er hat sich dann später mehr oder weniger zurückgezogen auf das Gebiet der Psychiatrie und Psychotherapie. Es ist eben nicht so einfach, Morenos soziometrische und dramatische Arrangements direkt in alle möglichen sozialen und politischen Auseinandersetzungen einzubringen (→ S. 333). Es setzt voraus, dass die an einem Konflikt Beteiligten bereit sind, sich auf ein solches Setting einzulassen. Ich könnte mir schon vorstellen, dass Auseinandersetzungen zwischen „Ausländern" und „Inländern" psychodramatisch gestaltet werden können. Es gibt ja häufig Situationen, wo beide Gruppen rituell aufeinanderstoßen, z.B. bei einer Podiumsdiskussion. Statt einer solchen oft unfruchtbaren Diskussion könnte man durchaus auch Szenen spielen, wenn man einen Spielleiter evtl. mit mehreren Spielern akzeptieren würde. So könnten die Konflikte viel plastischer, viel nachgehender, viel deutlicher vorgestellt werden. Dadurch würden auch Veränderungsperspektiven viel stärker angewärmt. Diese Konzepte sind ja in anderen Ländern, etwa von Augusto Boal in Brasilien entwickelt und erprobt worden, weil die Menschen dort spielbereiter sind. Die geringe Spielbereitschaft, vielleicht auch Spielmächtigkeit in unseren Breiten ist wohl das größte Hindernis. Es kommt natürlich auch darauf an, ob die Leute, die das vorschlagen, diese Spielfreude auslösen können. Psychodramatiker, die über diese Erfahrungen verfügen, gibt es – zumindest in Deutschland – nur sehr wenige. Diese Kompetenzen zur öffentlichen soziodramatischen Arbeit müssen noch sehr entwickelt werden.

WM: Zum Schluss möchte ich festhalten, es wäre doch ganz sinnvoll, an die Wurzeln des Psychodramas anzuknüpfen, seine soziodramatischen Anfänge zu reaktualisieren, auch um diesen Vorwurf zu widerlegen, den ich von sozialpädagogischen Kollegen immer wieder höre, die Disziplin werde durch solche Ansätze zu stark psychologisiert und kommerzialisiert.

FB: Dass diese Bedenken sicher gegenüber manchen psychodramatischen Aktivitäten angebracht sind, will ich gern zugestehen. Dass aber das Psychodrama mehr enthält, das ist durch unser Gespräch bestimmt auch deutlich geworden.

Was das Psychodrama vom Kibbuz lernen kann, ist: Die Orientierung der Arbeit auf den Aufbau einer soziometrischen Gesellschaft ist keine Illusion, sie ist eine konkrete Utopie, die durchaus verwirklicht werden kann.

Das Theater mit dem Psychodrama. Theaterästhetische Betrachtungen
Ein Gespräch mit Martin Jürgens[6] (1994)

FB: Wir sind zusammengekommen, um gemeinsam zu klären, inwieweit das Psychodrama als Theater verstanden werden kann (vgl. Fangauf, 1989). Welche Unterschiede, aber auch welche Gemeinsamkeiten können festgestellt werden? Ist es sinnvoll, Theatertheorie oder Theaterästhetik (vgl. Brauneck, 1982; Esslin, 1989; Lazarowicz, Balme, 1991) als Denkmodell zum Verständnis des Psychodramas zu nutzen? Auf welche Theatertraditionen greift Moreno zurück oder von welchen Theatertraditionen her läßt sich Psychodrama sinnvoll interpretieren (vgl. Fiebach, 1991)? Wir sollten so vorgehen, dass wir einige Begriffe, einige Metaphern aus dem Fundus der Theaterästhetik aufgreifen, um von daher verschiedene Scheinwerfer auf das Psychodrama zu richten.

Ich habe Dich für dieses Gespräch gewonnen, weil Du Dich als Kunst- und Literaturwissenschaftler in der Ästhetik-Diskussion auskennst (Jürgens, 1988), als Pädagoge aber auch um die Wirksamkeit des Theaters weißt und als Regisseur – vor allem beim *transittheater* – auch über langjährige theaterpraktische Erfahrungen verfügst.

1 Der Ursprung des Psychodramas aus dem Geist des Stegreif

FB: Moreno hat, bevor er das Psychodrama im engeren Sinne entwickelt hat, sein Stegreiftheater in Wien konzipiert und praktiziert (Marschall, 1988). Darüber hat er 1923 bei Kiepenheuer ein Buch veröffentlicht: „Das Stegreiftheater" (Moreno, 1970). Schon in diesem Text entwickelt er eine Reihe von grundlegenden Ideen, die im Konzept des Psychodramas aufgenommen werden. Dieses Buch hat er 1947 ins Englische übertragen und um einige Passagen erweitert mit dem Titel: „The Theatre of Spontaneity" (Moreno, 1947). Das Buch ist insofern äußerst bedeutsam, weil Moreno hier seine ursprüngliche, eher poetische Ausdrucksweise in seine spätere, eher wissenschaftliche Sprache direkt übersetzt. Spätwerk und Frühwerk werden hier also Wort für Wort aufeinander bezogen. Aus diesem Buch möchte ich zunächst einige Anregungen für unser Gespräch aufgreifen.

Moreno war von der Idee besessen, er habe eine Vision von der ursprünglichen Form des Theaters, die es wiederherzustellen gelte. Er schreibt: „When I entered a theatre I knew that it had moved far astray from its primordial form" (Moreno, 1947, 4). Das Theater, das er antrifft, nennt er „dogmatisches Theater", da es eine vorher festgelegte Aussage vorträgt. Er kann es nur als „Auferstehungskult" sehen, weil etwas Totes (der Text des Stückes)

---

[6] *Martin Jürgens* geb. 1944, bis 2000 Hochschullehrer am Institut für Erziehungswissenschaft der Universität Münster, Theaterregisseur. Dieses Gespräch wurde am 20.8.1992 in der Westfälischen Wilhelms-Universität geführt. Ferdinand Buer hat es transkribiert, redigiert und mit Literaturhinweisen versehen.

durch die Aufführung wieder lebendig gemacht wird. Unter ursprünglichem Theater versteht Moreno – so meine ich – das Ausleben bisher ungeborener Rollen in einer surplus reality. Es geht ihm also nicht darum, etwas zu demonstrieren, vorzuführen, zu zeigen oder etwas nachzuahmen. Es geht ihm vielmehr darum, etwas Neues zu schaffen. Kannst Du mit dieser Position etwas anfangen?

MJ: Was „ursprüngliches Theater" sein soll, weiß ich nicht. Aber ich könnte mir denken, dass Moreno in Wien einen bestimmten Typus von Sprechtheater vorgefunden hat. Wenn man sich die Sprechtheaterkunst der damaligen Zeit anhört, wie sie auf alten Tonaufnahmen dokumentiert ist, hat man von heute her den Eindruck, dass es sich dabei weitgehend um eine komisch wirkende Art des Zelebrierens alter Texte handelt: das Schönsprechen, das Rundsprechen, das große Zungen-R. Das ist sicher etwas, was jedem sensiblen Menschen auch damals schon aufstieß, wenn er das, was man alltäglich auf der Straße an Theater erlebte, mit dem verglich, was z.B. im Burgtheater als stilistisches Glanzstück galt. Man könnte also diesen Wunsch nach einem ursprünglichen Theater vielleicht so verstehen, dass er sich an der verstaubten Sprechtheaterpraxis der damaligen Zeit gestoßen hat. Das Ausleben ungeborener Rollen ist natürlich das Gegenstück zum Repetieren der allseits bekannten Rollen in möglichst schönsprecherischer Weise.

FB: Moreno sagt sehr deutlich, dass sein Ausgangspunkt eigentlich nicht das Theater war, sondern das Kinderspiel (Moreno, 1947, 100). Er ging von seiner Erfahrung aus, dass Kinder im Spiel ständig etwas Neues produzieren, indem sie etwas ausprobieren, und daran Spaß haben. Diesen „Spielraum" hat er für Erwachsene geschaffen durch die Einrichtung seines Stegreiftheaters (Fangauf, 1989).

MJ: Auch das Kindertheater wäre als Opposition zum musealen Sprechtheater denkbar. Es ist aber nicht zwangsläufig so, dass man sagen muss, wer vorgegebene Rollen spielt, verhindert das, was das „Ausleben ungeborener Rollen" vielleicht meinen könnte.

FB: Man muss selbstverständlich sehen, dass in jedem kreativen Akt etwas vorgegeben ist. Wenn ich ungeborene Rollen verwirklichen will, dann deswegen, weil das bisher „Geborene" nicht reicht.

MJ: Aber das macht Theater, wenn es gut ist, also nicht nur reines Sprechtheater sein will, aus. Theater passiert jeden Abend neu. Das ist unabhängig davon, ob man nun im Rahmen des vorgegebenen Rollentextes bleibt oder nicht.

FB: Das „Ausleben ungeborener Rollen" bedeutet bei Moreno „self realization and self expansion" (Moreno, 1947, 11), also Selbstverwirklichung. Das meint die Herausbildung der eigenen Person, die allseitige Entfaltung der einmaligen Persönlichkeit. Darum geht's.

MJ: Das ist sicher das Ziel aller Bildungsprozesse. Nun kann man von seiten der Theaterpraxis fragen, wie soll das denn nun eigentlich geschehen? Das kann sicher im Theater nicht so geschehen wie etwa im Psychodrama, dass die jeweils Agierenden an ihrem Selbstverwirklichungsprozess in dieser Sekunde arbeiten, in der sie agieren. Das ist für Schauspieler selbstverständlich nicht möglich. Dass solche Prozesse dennoch immer auch hier eine Rolle spielen, ist fast unausweichlich, weil jeder permanent an seiner eigenen Geschichte arbeitet. Auch der Schauspieler, der seine Rolle gerade zum hundertsten Mal spielt. Trotzdem wird die Aufführung nicht dafür veranstaltet, dass das geschieht.

FB: In der „Straßenszene" versucht Brecht (1965) deutlich zu machen, was das Grundmodell des epischen Theaters sei: die Demonstration eines Unfalls für die Umstehenden, damit diese sich ein Urteil über das Vorkommnis bilden können. Wesentlich ist also das darstellende Zeigen für andere. Für Moreno geht es nicht so sehr darum, sondern um das Ausdrücken, das Realisieren, das Verkörpern von neuen Möglichkeiten. Sie sollen nicht nur ausgedacht oder phantasiert werden, sondern tatsächlich ausprobiert. Es geht um das leibhaftige Erleben dieser Möglichkeiten im darstellenden Spiel. Das ist doch ein anderer Akzent als bei Brecht.

MJ: Leibhaftiges Erleben haben wir in der Alltagspraxis ja sowieso vor uns. Die Frage ist doch: Wie bestimmt sich die Praxis des Theaters im Vergleich zu der des Psychodramas? Ich kann nur auffordern, sich anzuschauen, was Theater unter allgemeinsten Bestimmungen leisten kann. Ich möchte dabei auf einen Aufsatz von Mollenhauer, einem kunstinteressierten Erziehungswissenschaftler, hinweisen (Mollenhauer, 1986). Er hat hier u.a. versucht, Bilder von Rembrandt über den Rückgriff auf eine bestimmte Tradition einer theatralischen Darbietungsform im 16. Jh. zu erläutern, nämlich des „anatomischen Theaters": In den Wintermonaten wurden Leichensezierungen an mehreren Tagen nacheinander vorgenommen. Dabei konnte man zuschauen. Und das taten die Leute, die sich das leisten konnten, mit großer Vorliebe. Das war eine große Attraktion damals, bei einer Leichenöffnung, bei einer demonstrativen Zurschaustellung dessen, was die menschliche Anatomie ist, dabeizusein. Das Übertragen dieses Interesses auf die Bühne wäre vielleicht das Allgemeinste, was man über die Leistung des Theaters sagen könnte. Das, was hier der in der Mitte liegende Leichnam ist, ist im Theater so etwas wie der Kosmos menschlicher Verhaltensweisen. Das kann im Theater, wenn's denn gut geht, aufgeblättert werden. Das kann studiert und betrachtet werden. Da kann bei Identifikation mitgelitten und mitgelacht werden. Das Interesse, das die Leute ins anatomische Theater trieb, ist vergleichbar dem allgemeinsten Interesse, weshalb man überhaupt ins Theater geht: den Gesamtkorpus menschlichen Verhaltens vorgeführt zu bekommen, ohne dass man selber vollständig davon betroffen wäre. Der letzte Satz macht vielleicht die Differenz zum Psychodrama deutlich. Es ist eine Form von demonstrativem Probehandeln, an dem man als Zuschauer schaudernd-genussvoll teilnimmt. Es macht einen Teil des Unterhaltsamen aus, dass das gefahrlos geschieht. Das macht das Theater aus: Es ist keine Ernstsituation. Man kann dem Mord zugucken, ohne eingreifen zu müssen. Man kann den drohenden Inzest kommen sehen, aber man muss nicht dauernd Halt rufen. Das ist auch eine Differenz zur Alltagspraxis. Das Mitagieren des Zuschauers ist also gar nicht notwendig, in der Regel auch gar nicht erwünscht.

FB: Moreno definiert in „The Theatre of Spontaneity" Psychodrama so: „It means full psycho-realization. Under this term are included all the forms of dramatic production in which the participants, either actors or spectators, provide: a) the source material, b) the production, and c) are the immediate beneficiaries of the cathartic effect of the production. Every session is a cooperative, communal act. No part of the production is supplied and produced by outsiders" (Moreno, 1947, 111). Die Beteiligten an solchen dramatischen Produktionen stellen eine Gemeinschaft dar, die das alles nur für sich veranstalten, nicht für andere. Theater im engeren Sinn meint dagegen immer das Spielen für andere.

MJ: Die an einer Theateraufführung Beteiligten spielen auch für sich. Die Anwesenden schließen sich auch jeden Abend zu einer Art Einheit zusammen. Aber der Graben oder der

Vorhang, der die Agierenden und die Zuschauenden voneinander trennt, ist eine notwendige Voraussetzung dieser Verabredung, aufgrund der die Veranstaltung stattfindet.

2 Morenos Stegreiftheater und die Ästhetik

FB: Im „Stegreiftheater" versucht Moreno, das Stegreifverfahren in eine generelle Ästhetik einzuordnen. Er schreibt (Moreno, 1970, 18f):
„Schöne Gegenstände entstehen demnach durch ein Spaltungsverfahren (erste Ordnung): die Werke der Bildhauer und Maler (Emotion und Geist in artfremdes Material gebracht), durch Entbindungsverfahren (zweite Ordnung): arteigener Geist und arteigenes Material zu einem selbständigen Körper verdichtet, der nach Abspaltung vom Produktor (Geburt) ein äußeres selbständiges Leben führt: die Werke der Autoren und Musiker, durch ein kompilatorisches Bewußtseinsverfahren am eigenen Selbst (dritte Ordnung): das alte Theater. Artfremder Geist mit arteigenem Material, zu einem eigenwilligen Produkt verdichtet, das, wiewohl ein inneres selbständiges Leben führend, nicht zur äußeren Lösung vom Produktor gebracht wird, durch ein Stegreifverfahren (vierte Ordnung): arteigener Geist und arteigenes Material vereint."

Das heißt also: Ich produziere „schöne Gegenstände", indem ich spiele. Produktion und Produkt sind eins. Und weiter: „Die ersten drei Gruppen von Gegenständen gehören zur Ästhetik" (ebd., 19).

Auf der einen Seite sieht Moreno hier das Stegreiftheater und damit auch das Psychodrama durchaus in der Tradition der Produktion „schöner Gegenstände", also der Kunstproduktion. Auf der anderen Seite geht es über sie hinaus, insofern, als dass eben keine Produkte geschaffen werden, die außerhalb des Produzenten existieren könnten.

MJ: Diese Spaltungsprozesse gehören offenbar zu jeglicher ästhetischer Produktion. In einem kreativen Prozeß entsteht eine Struktur, die sich abspalten lässt von dem, der sich in diesem Prozess befindet. Die Werke bekommen so etwas wie ein Eigenleben, eine eigene Existenz, die über den Entstehungszusammenhang hinaus relevant ist. Das ist sicher eine richtige Beobachtung Morenos, die auch die Erklärung dafür bietet, dass alte Texte und Kunstwerke heute überhaupt interessant sein können. Mir ist aber nicht klar, was Moreno unter der vierten Ordnung verstehen will.

FB: Moreno stellt Spontaneität-Kreativität in den Vordergrund bei all seinen Überlegungen auch zum Theater. Es geht ihm also nicht darum, ein Produkt mit Eigenleben herzustellen, was mich dann möglicherweise später rückwirkend erschlägt, sondern es geht ihm darum, ein Arrangement anzubieten, in dem der Mensch im Augenblick des Spiels selbst Schöpfer sein kann. Diese spontane Praxis nennt er im „Stegreiftheater" auch „Metapraxie". Insofern nimmt der Mensch mit der Metapraxie „den Gesichtspunkt des Schöpfers" (ebd., 19) ein und nicht den des Geschöpfes. So sagt er an einer anderen Stelle: „Theater ist nur die Premiere" (ebd., 9). Die Produktion ist einmalig und unwiederholbar. Im Theater dagegen ist die Wiederholung nun doch vorgesehen. Es ist auf Wiederholung angelegt, auch wenn diese in jeder Aufführung anders ausfallen kann.

MJ: Auch im Theater wird so getan, als sei jede Aufführung Premiere. Dazu gibt es einen hübschen Witz: Ein berühmter Schauspieler wird gefragt, wie er es denn hinbekomme, im ersten Akt so gelöst und heiter zu sein, wo er doch wisse, dass er im fünften sterben werde? Darauf sagt er: Aber das weiß ich im ersten Akt doch nicht.

Darin steckt die ernstzunehmende Aussage: Er muss wirklich im ersten Akt so spielen, als wisse er um sein späteres Schicksal nicht. Er spielt auch nur dann gut im ersten Akt, wenn er das dann nicht präsent hat. Insofern ist jedes Spiel einmalig, auch wenn es fünfzigmal wiederholt wird.

FB: Moreno bezieht sich häufiger auf Stanislawski (z.B. Moreno, 1970, XVff.), und er sieht natürlich, dass dieser genau diesen Aspekt nicht nur thematisiert, sondern auch in seinem Schauspielertraining praktikabel gemacht hat (Rellstab, 1976). Wie kann man eine Rolle je neu lebendig machen? Moreno geht allerdings weiter als dieser. Ihm geht es um neue Rollen, nicht um die Belebung vorgegebener.

MJ: Moreno trifft damit durchaus einen Punkt, den jeder kennt, der Theater macht. Wahrscheinlich kennen das andere Künstler auch: Die Proben sind das Spannende. Spannender ist für viele Theaterleute – und ich will mich da gar nicht ausnehmen – allemal eine gelungene Probe. Wahnsinnig toll ist eine gelungene Premiere, gute Aufführungen sind immer gut. Aber das, was einen am Theaterspielen wirklich interessiert und immer wieder fesselt, ist der Weg zur Premiere.

FB: Moreno hat für diesen Zustand des Hervorbringens einen speziellen Begriff geprägt: status nascendi. Das Interessante ist für ihn das Frische, das Belebende am Produktionsprozess, nicht das Produkt.

MJ: Alle Künstler würden sofort sagen: Ja selbstverständlich, das ist so. Die Nacht, in der der Romancier ein Kapitel schreibt, ist für ihn, wenn er das denn schafft, mit einer großartigen Erfahrung verbunden, nicht unbedingt der Zeitpunkt des Erscheinens auf der Buchmesse.

FB: Was das Psychodrama ausmacht, ist, dass nichts vorgegeben ist, es also eine Aufforderung enthält, etwas Neues zu schaffen. Und zum anderen, dass alle Anwesenden aktiv daran beteiligt sind. Die Produktion ist das Entscheidende. Ob das Produkt ästhetisch gelungen ist, ist dann uninteressant. Das trennt das Psychodrama von der Kunstproduktion. Der kreative Akt führt hier nicht zu einem Kunstwerk, sondern zu einer produktiven Veränderung des Produzenten. Oder würdest Du sagen, dass allein die performance schon Kunst sei, ohne dass etwas bleibt?

MJ: Das reicht sicher nicht. Dieser Vorgang muss sich schon in einer Weise vergegenständlichen, dass er sich nach außen hin vermitteln kann. Das gilt aber für fast alle Formen menschlicher Praxis. Wer immer nur in der Weißglut des Interagierens bleibt und meint, auf jedes Produkt verzichten zu können, fetischisiert dieses Erlebnis. Menschliche Praxis generell sollte schon darauf gerichtet sein, sich soweit zu vergegenständlichen, dass sie auch ohne die Agierenden noch bestehen kann. Man kann nicht in einem dauernden Kreativitätsschub sein und daran sein Genügen haben.

FB: Man muss dabei zwei Aspekte unterscheiden: Moreno sagt z.B. im „Stegreiftheater" (ebd., XIII): „Das moderne Psychodrama ist ... immer frisch, in jeder Sitzung, unwiederholt ... Das große Problem, das noch immer zu lösen ist, ist die *Qualität* der Schöpfung und die *Stabilität* der Vorstellungen auf ein höheres Niveau zu bringen. Wir haben wohl gesehen, daß in hunderten Orten mit jeder beliebigen Gruppe von Personen ein sinnvolles Psychodrama geschaffen werden kann. Aber wie wertvoll die therapeutischen Wirkungen auch sein mögen, das *Niveau* der Produktion ist häufig sehr niedrig. Wie kann man das Niveau auf eine höhere Stufe bringen? Im Zusammenhang damit ist die Frage nach der Qualität (zu stellen, F.B.)."

MJ: Qualität kann offenbar immer nur diskutiert werden nicht anhand der therapeutischen Wirkungen oder der Intensität des Erlebens, sondern anhand von Werkstrukturen. Es läuft also auf eine Gestalt hinaus, die den Produktionsprozess hinter sich gelassen hat.

FB: Ich will ergänzen (ebd., XIV): „Eine Übersicht von tausenden psychodramatischen Direktoren (wir würden sagen, Regisseuren oder Leitern, F.B.) hat das Resultat ergeben: Von hundert praktizierenden Direktoren hat höchstens einer (1%) die Qualität, die Spontaneität, das Charysma, die durchdringende Kraft, eine Produktion zu inspirieren, daß dasselbe Niveau erreicht wie etwa die Vorführung eines Dramas von Shakespeare oder Ibsen" Und weiter: „Genauso wie es eine Rangordnung unter den Direktoren gibt, gibt es eine Rangordnung unter den Protagonisten. Es gibt Protagonisten, die eine unerhörte Fähigkeit der Selbstdarstellung haben, und dann gibt es Protagonisten von geringerem Talent."

MJ: Das ist ja eigentlich ein ästhetisches Programm! Das kannst Du für den Protagonisten auf dem Theater genauso sagen.

FB: Man muss zwei Aspekte unterscheiden: Wenn es um die therapeutische oder pädagogische Wirkung geht, dann kommt es darauf an, ob der kreative Prozess so vollendet, so abgeschlossen, so gestaltet wurde, dass der Protagonist damit einen für ihn befriedigenderen Alltag gestalten kann. Das wäre das Gütekriterium. Der andere Aspekt wäre der ästhetische: Ist dieses Ergebnis als „schön" (Grassi, 1980) zu bezeichnen? Moreno würde auf jeden Fall den Protagonisten dazu herausfordern, aus der Diffusität der Ausgangssituation eine Gestalt zu kreieren, die für ihn angemessener zu sein scheint.

MJ: Moreno verlangt aber in diesem Zitat nach Protagonisten und Regisseuren, die noch andere als therapeutische Wertmaßstäbe miterfüllen können, die er nicht aufgeben will.

FB: Moreno sieht ganz klar in der Reflexion der damaligen Experimente in Wien, dass dieser Anspruch, ein solches Stegreiftheater als ästhetisches zu realisieren, nicht machbar war. Er hat ja damals mit später berühmt gewordenen Schauspielern gearbeitet, etwa mit Peter Lorre, die aber schon bald zum normalen Theater bzw. zum Film abwanderten. Er musste erkennen, dass ein solches Theater in einer erstarrten Kultur nicht möglich war. Die spätere Konzentration auf die Therapeutik sieht er durchaus als strategische Entscheidung: „Faced with this dilemma I turned ‚temporality' to the therapeutic theatre, a strategic decision which probably saved the psychodramatic movement from oblivion" (Moreno, 1947, 7). Wenn also Patienten Protagonisten sind, dann achtet man mehr auf die therapeutische Wirkung als auf die ästhetische Qualität der Aufführung (Moreno, 1970, VIII). Dadurch, dass die Patienten Geschichten aus ihrem eigenen Leben authentisch vorspielen, ist man schon beeindruckt. Eigentlich hat Moreno aber zeitlebens an diesem Anspruch festgehalten, jedoch gesehen, dass dazu „eine totale Revolution unserer Kultur" (ebd., VII) nötig sei. Das Psychodrama ist also ein Kompromiss.

3 Moreno als Theaterreformer

MJ: Mir ist jetzt deutlicher als bisher, dass das, was unter dem Titel Psychodrama firmiert, eigentlich eine bescheidene Umsetzung des Anspruchs darstellt, mit dem Moreno einmal angetreten ist. Es wäre interessant zu sehen, was er sagen würde, ginge er heute nach Wuppertal in eine Aufführung von Pina Bausch, wo es ja solche Elemente des Spontanen noch gibt (Jürgens, 1992). Es gibt mittlerweile einige Beispiele dafür, wie man aus der Tradition des Sprechtheaters unter Aufbietung und Kombination verschiedenster Mittel zu einer äußerst lebendigen und produktiven Theaterarbeit kommen kann.

FB: Moreno hat bis zum Ende seines Lebens immer an seinem Konzept eines „Theaters der Spontaneität" festgehalten und hat auch in den USA öffentliche Theaterarbeit vor großem Publikum gemacht (Fox, 1993). Er hat sich auch mit dem Avantgardetheater weiter beschäftigt, z.B. mit dem Living Theatre, mit Grotowski (Fiebach, 1991). Das waren nach wie vor Korrespondenzpunkte seines Konzept.

JB: Hat Moreno in diesen Theaterformen etwas eingelöst gesehen von seiner Idee?

FB: Er schreibt z.B. noch 1970: „Das Theater Laboratorium, das Grotowski im Jahre 1955 in Polen begründet hat, hat die Methode Stanislavskis verfeinert und verbessert, aber das Dilemma ist geblieben" (Moreno, 1970, XVIII). Das Dilemma sah Moreno nach wie vor darin, dass auch in dieser Arbeit der spontane Ausdruck persönlicher Erfahrungen der Schauspieler wieder zu einem festen Stück verarbeitet wurde.

Wichtig an Morenos Konzept ist die Einsicht, dass das Spiel aus der „Stegreiflage" heraus zu entstehen hat. Man improvisiert aus dem Kontext, aus der Szenerie heraus. Dann erst bildet sich das Wort. Er schreibt z.B.: „Der Versuchsleiter muß immer scharfe Einstellung auf die Lage verlangen, nicht auf das Wort. Gefahr des Gehirnspiels: bloßes ‚Reden', Lage als ob. Worte nicht ‚herausschleudern', bevor die Lage heiß anschießt" (ebd., 41). Zum anderen muss „der Darsteller seinen Charakter aus dem Leibe schütteln" (ebd., 56), während im traditionellen Theater das Wort ja durch den Text des Dichters vorgegeben ist und dann sekundär erst angereichert werden muss.

MJ: Das ist wieder die Kritik am Sprechtheater. Aber auch gute Sprechtheaterregisseure – z.B. Kortner – sind nie so verfahren, dass etwa ein Gang, die Gestik oder die Körpersprache dem Schönsprechen nur appliziert wurden. Das ist ja nicht der Fall. Gute Regisseure haben immer gewusst, dass Sprechen und Darstellen eine Einheit sind. Dass das auch heute in vielen Stadttheatern noch immer anders ist, ist bekannt. Man fängt mit Leseproben an, macht dann Stellproben, dann darf man irgendwann mal agieren. Diese Kritik Morenos trifft also heute nur noch eine Stadttheaterpraxis schlechtesten Zustands.

FB: Insofern war Moreno natürlich auch Exponent einer Bewegung, die um die Jahrhundertwende entstanden ist (Brauneck, 1982; 1988; Fiebach, 1991) und die heute eine breite Strömung darstellt.

MJ: In der viele Elemente dessen, was Moreno gefordert und wohl auch schon umgesetzt hat, wie selbstverständlich praktiziert werden. Z.B. hast Du eben gesagt: Aus der spontanen Aktion heraus entspränge die Darstellung. Das ist eine wichtige Sache, die sich alle Regisseure überlegen müssen, wenn sie es nicht eh schon tun. Man muss als Regisseur z.B. beachten, was die Schauspieler in unbeobachteten Momenten machen. Wie weit wird da etwas bearbeitet, was sie auf der Bühne nicht hinbekommen haben. Inwieweit kann man darauf zurückgreifen? Das ist ein Vorgang, der in der Arbeit des *transittheaters* dauernd geschieht.

FB: Den „dichterischen Wert" einer Stegreifproduktion bestimmt Moreno 1923 folgendermaßen: „Der Rang einer Stegreifvorführung hängt ab: von der dichterischen Eigenmächtigkeit der darstellenden Kräfte und vom Genie des Regisseurs, die Spieler wie Saiten einer Geige zusammenzustimmen" (Moreno, 1979, 67). Wenn jeder Darsteller im spontanen Spiel zugleich Produzent ist, dann entsteht das Problem, wie diese verschiedenen Produktionen zu einer gemeinsamen Produktion zusammengebracht werden können. Insofern hat der Stegreifregisseur eine besondere Aufgabe. Moreno schreibt: „Der Stegreifregisseur, alias Dichter, muß drei oder mehr Dichtungen zu einem Gesamtwerk verbinden. Die Schwierigkeit, mehrere schöpferische Akte, während sie entstehen, so zu dichten, daß sie nicht kollidieren und ein magisches Stück vollbringen, fordert eine neue Kunst der Regie" (ebd., 33). Im traditionellen Theater liegt die Arbeit des Regisseurs vor der Aufführung, im Stegreiftheater findet sie während der Aufführung statt. Über Stegreifregie hat Moreno sich in seinem Buch seitenweise ausgelassen (ebd., 60ff.). Auch hat das Stegreiftheater seine eigene zeitliche Rhythmik: „Die Länge eines Theateraktes ist für die Stegreifbühne zu groß. Die Verkürzung des Spiels ist notwendig, weil die Intensität nur eine bestimmte Zeit währen kann (Spannungszeit). Auf Spannung folgt Entspannung. Ein Stegreifakt darf daher den Spannungsmoment des Spielers nicht überdauern (Krise, Peripetie des Stegreifspielers). Die Produktion geht in Aufschwüngen mit interkalierten Ruhepausen vor sich (...) Im Stegreiftheater entscheidet ... nicht das Gesamtwerk, das ‚Drama', sondern die szenischen Atome. Kein deus ex machina hat vorgesorgt. Es wird nicht ‚Zeit' gespielt, sondern Momente. Die Akte eines Stückes sind voneinander gelöst: sie bilden eine Schnur von je und je aufleuchtenden Impulsen. Auch der Zuschauer erlebt Momente, nicht Zusammenhänge. Diese Schwierigkeit beseitigt die Regie: durch (experimentell geprüften) Aufbau der Szenen und Motive (Illusion einer Fabel und der Charakterentwicklung)" (ebd., 37). Der Regisseur muss also sehr genau darauf achten, ob in einer Szene noch etwas drinsteckt oder ob die ganze Spannung schon raus ist.

MJ: Das sind doch alles ästhetische Kategorien! Wann eine Szene ausgespielt ist, ist doch offensichtlich nicht den Akteuren bewusst. Die Beendigung ist auch nicht den Spielern anheim gegeben. Auch die Formulierung: „die Spieler wie Saiten einer Geige zusammenzustimmen", meint doch die ästhetische Wirkung des Spiels und nicht eine therapeutische. Oder wie ist das gemeint?

FB: Diese Theaterpraxis wird offensichtlich genutzt, um die therapeutischen Wirkungen, die in jedem Theaterspiel auch enthalten sind, zu optimieren. Denn jedes Theater ist in irgendeiner Weise verändernd.

MJ: Das ist ein interessanter Punkt. Das hieße aber doch, dass ein ästhetisches Kriterium wie das: diese Szene, die gibt jetzt nichts mehr an Darstellungsmöglichkeiten her, zugleich ein therapeutisches Kriterium wäre. Therapeutisch richtig ist, was auch ästhetisch stimmt. Ist das gemeint?

FB: Ja. Das schreibt Moreno so nicht. Das würde ich aber so herauslesen.

MJ: Das ist ja interessant. Ich bin von einem Naturwissenschaftler einmal darauf hingewiesen worden, dass diese Doppelhelix von Watson, dieses Molekularmodell, das für die Gentechnik dann wichtig wurde, mit der Formulierung vorgestellt wurde: „Wir wissen nicht, ob alles genau stimmt. Aber es ist so schön, dass es nicht ganz falsch sein kann." Das ist ja eine ähnliche Unterstellung des Verhältnisses von Richtigkeit und Schönheit. Das ästhetisch Stimmige kann zumindest therapeutisch nicht falsch sein oder ist sogar richtig. Ist das gemeint?

FB: Ja. Schönheit bedeutete schon in der Antike den Zustand der Vollendung, die Fülle vitaler Existenz, die angestrebt wird (Grassi, 1980). Eine Szene ist dann ausgespielt, wenn sie vom Kontext her betrachtet vollendet ist.

MJ: Es gibt eine ästhetische Vorstellung von evidenter Stimmigkeit, die hier offensichtlich zugrunde liegt. Diese Vorstellung hält Moreno auch für therapeutisch adäquat?

4 Vom Weihetheater zum Psychodrama

FB: Moreno sieht selbstverständlich auch die Schwierigkeiten dieses Theaterkonzepts. Er schreibt: „Es gibt kein menschliches Schaffen, welchem plötzlicher Umschlag in Dilettantismus so knapp auf dem Fuße folgt. Der Mensch kann hier am größten, aber auch in seiner ganzen Kläglichkeit erscheinen" (Moreno, 1970, 73). Es ist eine radikale Herausforderung, so aus dem Stegreif zu spielen, dass es ästhetisch interessant ist. Auf der anderen Seite ist der Erfolg aber doch sehr selten. Das musste er in Wien feststellen. Deswegen auch der Rückzug aufs Psychodrama. Er hat aber schon in seinem Buch über das Stegreiftheater als letztes Konzept das therapeutische Theater beschrieben. Er nennt es hier Weihetheater. In der englischen Fassung übersetzt er dieses Wort mit „Therapeutic Theatre".

„Die Weihebühne ist das Privathaus. Hier entsteht das tiefste Theater, weil sich der heimliche Schatz am heftigsten gegen Berührung wehrt. Es ist das völlig Private (...) Die Spieler der Weihebühne sind die Bewohner des Privathauses" (ebd., 74f). Das ist eigentlich sein grundlegendes therapeutisches Konzept: in die konkrete soziale Situation hineinzugehen – er sagt immer: in situ – und das Vorgefundene spielen zu lassen. Das nennt man heute Familientherapie, soweit das Private und die Familie noch identisch sind (vgl. Hörmann, Körner, Buer, 1988; Reichwein, 1993). Er nennt diese Konzeption „das letzte Theater. Die Personen spielen sich wie einst aus Not in selbstbewusster Täuschung dasselbe Leben vor. Der Ort des Konflikts und seines Theaters ist gleich. Sein und Schein werden gleichnamig.

Sie wollen das Sein nicht mehr überwinden, sie bringen es hervor. Sie wiederholen es. Sie sind souverän: nicht nur als Scheinende, sondern auch über ihr eigenes Sein. Wie könnten sie es sonst noch einmal gebären? Denn soviel tun sie. Das ganze wird entfaltet, seine gegenseitigen Verwicklungen, im zeitlichen Zusammenhang, kein Augenblick ist ausgelöscht, jede Langeweile, jede Frage, jeder Angstanfall, jeder Frost tritt wieder auf" (Moreno, 1970, 76f).

MJ: Das sieht aber gar nicht so aus, als wäre das der Schritt zurück.

FB: Nein. Hierin steckt eine Dialektik. Das Programm bleibt erhalten. Im Psychodrama findet er aber eine Nische, in der er den Funken brennen lassen kann, so dass er irgendwann überspringen und eine kreative Revolution, wie er das später nennt, entzünden kann. Er schreibt weiter: „Zuschauer der Weihebühne ist die gesamte Gemeinde. Alle sind geladen und versammeln sich vor dem Hause. Die Einweihung beginnt, wenn der Letzte erschienen ist" (ebd., 77). Moreno verwendet hier eine Sprache, die das therapeutische Theater als religiöses Ritual erscheinen lässt. Kennzeichnend für ein Ritual ist ja, dass es innerhalb einer Gemeinschaft stattfindet. Alle sind beteiligt, keiner kann sich ausschließen. Man kann nicht einfach den Saal verlassen wie im Theater. Und Einweihung heißt ja auch, man begibt sich in eine neue Sphäre, wo auch etwas zugelassen werden kann, was sonst nicht zugelassen wird. Einweihung ist analog der Initiation zu sehen.

MJ: Aber zu einem Ritual gehört doch die Wiederholbarkeit. Das geht doch so ohne weiteres nicht zusammen.

FB: Ja und Nein. Dazu komme ich gleich. Zunächst noch ein Zitat von Moreno: „Diese wahnsinnige Passion, diese Aufrollung des Lebens im Schein, wirkt nicht wie ein Leidensgang, sondern bestätigt den Satz: jedes wahre zweite Mal ist die Befreiung vom ersten" (ebd., 77).

MJ: Von wem soll der stammen?

FB: Man kann hier den Ähnlichkeitsgrundsatz wiedererkennen, der seit der Antike in der Medizin bis hin zu Hahnemann, dem Begründer der Homöopathie, virulent ist: Heilung durch eine erneute Gabe des Giftes, jetzt aber in dosierter Form (→ S. 45ff.)). Indem die Geschehnisse gespielt werden, meint Moreno, leiden die Leute nicht direkt, sondern indirekt.

MJ: Das ist im Theater ja ähnlich.

FB: Völlig klar. Gleichwohl wird das Spiel ernst genommen. Moreno schreibt weiter: „Befreiung ist eine idealisierende Benennung, denn restlose Wiederholung macht ihren Gegenstand lächerlich. Man gewinnt zu seinem eigenen Leben, zu allem, was man getan hat und tut, den Aspekt des Schöpfers – das Gefühl der wahren Freiheit, der Freiheit von seiner Natur. Das erste Mal bringt durch das zweite Mal zum Lachen" (ebd., 78). Indem ich also die Alltagsszenen noch einmal aufgreife, jetzt aber unter anderen Bedingungen, nämlich denjenigen des Spiels – oder wie Moreno später sagt, der „surplus reality", wo alles möglich ist, – kann ich das Ganze verändern, also neu schaffen. Zunächst einmal werden also Dinge aufgegriffen, die schon da sind, sie werden wiederholt. Therapeutisch gesprochen: die alten Muster, die rigiden Zwänge, die Pathologien sind Anlass des Spiels und werden zunächst auf der Bühne vorgestellt. Aber indem der Protagonist sie freiwillig auf die Bühne bringt, ist der Zwangscharakter dieser Verhaltensweisen aufgehoben. Er ist mit der Wiederholung Schöpfer. Ein gespielter Zwang kann kein Zwang mehr sein. Hierin liegt die Paradoxie des Vorgehens. Dadurch kommt die Befreiung zustande. Man kann hinterher drüber lachen. Das ist der entscheidende therapeutisch wirksame Vorgang.

Am Ende seines Buches geht Moreno auf Aristoteles ein: „Diese vielfache Ortsbestimmung des Theaters gestattet, die gewonnene Auffassung von der Ansicht des Aristoteles (in der Poetik, Anm.: Die Aufgabe der Tragödie ist, durch Furcht und Mitleid eine Befreiung von derartigen Gemütsbewegungen zu bewirken.) abzugrenzen. Sein Urteilsgrund ist die fertige Tragödie. Ob nach seinen Worten die läuternde Wirkung im Leser (Zuhörer) oder in den tragischen Personen der Dichtung eintritt: der Streit darüber währt bis in die Gegenwart; er sucht irrtümlich von der Wirkung aus den Sinn des dogmatischen Theaters zu erschließen... Der Urteilsgrund dieser Schrift ist kein fertiger Prozeß, sondern die gleichzeitige Materialisation einer in Bildung begriffenen Dichtung. Und es tritt eine (unbedingte) heilende Wirkung ein: doch nicht im Zuhörer (erwünschte Wirkung), noch in den dramatis personae eines imaginären Werkes, sondern in den Dichtern, den Stegreifspielern der Tragödie, die sie bilden, indem sie sich zugleich von ihr befreien" (ebd., 81)

MJ: Alle Formulierungen, die Moreno hier verwendet, haben Gültigkeit auch fürs Theater. Nur: Diese apodiktischen Behauptungen bezogen auf Aristoteles, die muss man nicht nachvollziehen (Aristoteles, 1967).

FB: Moreno setzt sich hier von einem Klischee ab, das über die Jahrhunderte als die Auffassung von Aristoteles zurechtgestutzt wurde.

Noch ein Wort zur Grenze zwischen Spielern und Zuschauern, die ja für das Theater konstitutiv ist. Sie wird zwar im Ritual – wie auch im Psychodrama – überschritten, aber nicht aufgehoben. Es wird doch auch hier unterschieden zwischen den Akteuren

MJ: – auch wenn diese nur auf Zeit da sind –

FB: und den Zuschauern. Zwar kann jeder Akteur werden und jeder kann zwischen diesen beiden Positionen und Räumen pendeln, aber nicht jeder Teilnehmer ist zu jeder Zeit Akteur. Es gibt ganz klar eine Bühne und nur da wird gespielt. Hier herrschen andere Gesetze als im Zuschauerraum. Aber jeder Teilnehmer muss bereit sein, Protagonist zu werden oder als Mitspieler oder Doppel mitzuspielen. Dazu muss er aber jeweils diese Grenze überschreiten. Während im Theater die Grenze nur in bestimmten Ausnahmesituationen überschritten wird. Das ist besonders schwierig bei der üblichen Guckkastenbühne.

MJ: Man kann auch Bühnenraum und Zuschauerraum in einer Aufführung austauschen. So wurde in einer Inszenierung der „Glücklichen Tage" von Beckett der Zuschauerraum bespielt und die Zuschauer saßen auf der Bühne. Das ändert aber an der Grundkonstellation nichts.

FB: Ich glaube auch, dass gerade diese Grenze das eigentlich Entscheidende ist.

MJ: Sie ist jedenfalls funktional. Sie ist auch sehr sinnvoll. Es sind Spezialisten auf der einen Seite und – wenn es gut geht – auch auf der anderen, die Zuschauerkünstler. Brecht hat ja gesagt, die erste Kunst ist die Zuschauerkunst. Diese Arbeitsteilung ist für das Theater im Prinzip nicht aufhebbar. Sie ist zwar immer wieder zu problematisieren. Sie hat aber für die Theaterproduktion ihren Sinn. Die Utopie, diese Grenze zu überwinden, die ja immer wieder in diesem Jahrhundert, bei Brecht wie bei Moreno, aufscheint, gibt es. Dieses Bestreben hat aber an der Theaterpraxis nichts geändert. Darunter muss man nicht leiden.

FB: Auch unter den Stegreifspielern muss es eine Differenz geben, damit ein gemeinsames Spiel zustande kommt. Moreno meint daher: „In der Mehrheit der Stegreifkomödien ist ein Spieler mit der Führung betraut. Er muß von der Spielidee am stärksten beherrscht sein" (Moreno, 1970, 48). Diese Führung kann zwar wechseln. Diese Aufgabe muss aber ununterbrochen wahrgenommen werden. Auch der Stegreifregisseur hat hier seine Steuerfunktion. Wenn man sich vorstellt, die Masse der Theaterbesucher soll spontan agieren, so kann das nicht gut gehen.

MJ: Es würde in ein unartikuliertes Chaos übergehen. Das kann aber durchaus etwas Schönes sein.

FB: Es treten unweigerlich Zwänge auf. Mögliche Kreativität wird immer massiv behindert. Übrigens übernimmt im Psychodrama der Protagonist genau diese Führungsrolle, da er natürlich von der Spielidee am stärksten beherrscht ist.

5 Das „Theater der Spontaneität" – das „letzte Theater"?

FB: Ich möchte gemeinsam mit Dir die These prüfen, ob nicht das Theater Morenos eine letzte Konsequenz aus der Theaterentwicklung – mindestens der abendländischen – zieht. Wenn wir einmal das Gesamtkunstwerk Wagners als Kulmination des klassischen illusionistischen Theaters interpretieren (Borchmeyer, 1982; Dahlhaus, 1990), dann zeigt sich, wie in diesem Modell alle Mittel aufgeboten werden, die Zuschauer zu bannen. Wagner bietet nun in seinen Musikdramen mythologische Deutungen vom Aufgang und Untergang der Welt an, insbesondere in seinem „Ring des Nibelungen" (Bermbach, 1989). Wie im heutigen Kino sollten die Zuschauer in den Gang des Geschehens hineingezogen werden und dadurch mehr oder weniger beeinflusst. Brecht dagegen will die Magie des Theaters zerstören – Stichwort „Verfremdungseffekt" –, will aber doch mit seinem Theater etwas rüberbringen. Er hat eine Botschaft parat, mit der sich die Zuschauer auseinander zu setzen haben (Fahrenbach, 1986). Bei Wagner ist die Botschaft ein von ihm entworfener Kunstmythos, bei Brecht Ergebnis wissenschaftlichen Erforschens der gesellschaftlichen Verhältnisse. Brecht geht davon aus, dass diese Ergebnisse zutreffend sind. Der Zuschauer soll sie bitte schön zur Kenntnis nehmen. Sie sollen ihm zwar nahegelegt, aber nicht aufgezwungen werden. Moreno geht nun noch einen Schritt weiter, meine ich: Er geht davon aus, dass es heute keine verbindliche Weltsicht mehr geben kann. Jeder ist gezwungen, sich seine Geschichte selbst zu inszenieren. Ich sehe im Theater Morenos einen Reflex der gesellschaftlichen Entwicklung, mindestens in den modernen Industriestaaten.

MJ: Das kann ich nicht nachvollziehen. Ich lasse mal Wagner beiseite. Ob er eine Weltdeutung anbieten kann, die irgendeinen Anspruch auf Wahrheit oder nur Konsistenz stellen kann, würde ich bezweifeln. Wenn ich Dich rechtverstanden habe, so hast Du mit den Namen Wagner – Brecht – Moreno so etwas wie ein Dreiermodell vorgeschlagen: Im ersten ist noch eine stark ideologiehaltige Weltdeutung präsent. Im zweiten ist ein „Theater des wissenschaftlichen Zeitalters" intendiert, dessen Anliegen u.a. darin besteht, wichtige Erkenntnisse der Gesellschaftswissenschaften zu verallgemeinern. Und als drittes Modell firmiert Morenos Theater, in dem auch dieses Anliegen fallen gelassen wird. Moreno verzichtet sowohl auf ideologische Deutung als auch auf den Verweis auf Gesellschaftstheorie. Und an die Stelle würde treten: Jeder erzähle doch seine Geschichte.

Jeder *soll* seine Geschichten erzählen. Dagegen ist erstens nichts zu sagen und zweitens entspricht es wohl der psychodramatischen Praxis wie mancher therapeutischen Praxis überhaupt. Daran kann man ja nicht zweifeln, das hat seinen guten und richtigen Sinn. Ich sehe bloß nicht, inwieweit das in ein Modell der Abfolge von Theaterkonzepten hineinpassen soll. Das ist mir überhaupt nicht klar. Jeder kann seine Geschichte erzählen, jeder kann seine Leidensgeschichte erzählen, jeder kann seine Selbstverständigungsprozesse spielerisch ausagieren. Das finde ich richtig und wenn es gut läuft, kann es sowohl spannend zu beobachten sein als auch Gegenstand hochkarätiger Reflexion. Das ersetzt natürlich nicht Gesellschaftstheorie. Und das ersetzt auch nicht gesellschaftliche Praxis. Das ist eine andere Dimension. Das Theater ist eine gesellschaftliche Veranstaltung, keine individualtherapeutische.

FB: Wir diskutieren, so glaube ich, auf verschiedenen Ebenen. Indem Moreno die „letzte Form des Theaters" in das Privathaus hinein verlegt, geht er von der Position aus: Die zentralen Probleme zeigen sich heute mehr denn je als private. Natürlich gibt es weiterhin massive gesellschaftliche Konflikte. Aber die Wahrnehmung davon ist stark individualisiert und privatisiert, z.B. durch die Bedeutung der Massenmedien, die in jedem Privathaus konsumiert werden. In seinem Theater drückt sich doch aus, dass heute die gesellschaftliche Wirklichkeit kaum noch eindeutig gesehen wird. Er kann daher keine Botschaft mehr verkünden. Er hat keine Gesellschaftsdeutung mehr parat. Der Impetus bei Wagner und bei Brecht war doch zweifellos, eine bestimmte Sicht vorzugeben, mit der sich das Publikum auseinanderzusetzen hatte und zwar so, dass es daraus Konsequenzen für die gesellschaftliche Praxis zog. Beide wollten doch auf die Zuschauer Einfluss nehmen. Sie wollten das Publikum mit bestimmten, von ihnen vorgegebenen Positionen konfrontieren. Demgegenüber sagt Moreno: Ich habe eigentlich keine Position. Ich weiß aber, dass viele nach ihrer Position suchen. Und für diese Suche schaffe ich einen Spielraum. Das heißt nicht, es geht bei ihm nur darum, sich auszuleben, sondern: Indem ich das Publikum auffordere, das tatsächlich zu spielen, was sie an versponnenen Ideen so haben, werden sie schon merken, was geht und was nicht geht. Denn das Ganze bewegt sich ja in einem Kontext, wo durchaus austariert und kritisiert wird. Die heutige Skepsis gegenüber der absoluten Eindeutigkeit einer wissenschaftlichen Aussage oder gar einer festgefügten Weltsicht wird radikal in Morenos Ansatz repräsentiert, wie auch immer man dazu stehen mag (vgl. Lyotard, 1983; Reese-Schäfer, 1989).

MJ: So eine Form von Dreierschritt kommt mir sehr gekünstelt vor. Damit kann ich wenig anfangen. Moreno gibt verschiedene Hinweise, die ihn als Theatertheoretiker interessant machen. Die Praxis, die ihm gefolgt ist, ist meiner Meinung nach nicht in der von Dir vorgeschlagenen Abfolge von Theaterästhetiken einzuordnen. Die Skepsis gegenüber Entwürfen der Welterklärung ist existent. Das ändert nichts daran, dass mehr denn je die Weltpolitik gegenwärtig von sehr ideologiehaltigen Entwürfen gesellschaftlicher Wirklichkeit geprägt ist. Siehe das Auferstehen von Nationalismen. Das ist jedoch die Frucht dessen, was noch vor zwei, drei Jahren als Entideologisierung bezeichnet worden ist. Den damit verbundenen kriegerischen Auseinandersetzungen kann man nicht beikommen dadurch, dass jeder seine eigenen Geschichten erzählt.

FB: Keineswegs. Ich meine einen anderen Aspekt. Schon im 19. Jh. ist doch die Unsicherheit in unserer Kultur darüber, worauf es denn im Leben ankommt, ungeheuer angewachsen. Nicht von ungefähr hat sich Wagner 1848 zusammen mit Bakunin in Dresden auf die Barrikaden gestellt (Gregor-Dellin, 1991). Diese revolutionären Ereignisse haben ihn dazu gebracht, den Siegfried-Mythos aufzugreifen, um dadurch neue Orientierung zu finden und weiterzugeben. Die Frage ist doch öffentlich geworden, wie ist die gesellschaftliche Entwicklung zu deuten, welche Antworten kann man da geben? Wagner hat noch versucht, eine Antwort in einem Mythos als Gesamtkunstwerk zu gestalten. Brecht hat doch eigentlich einen parallelen Anspruch. Bei ihm werden allerdings nicht die Künste gebündelt und in ihrer Wirkung gleichgerichtet, sondern bleiben autonom und verfremden sich gegenseitig; sie sollen dadurch das Nachdenken der Subjekte anregen. Während noch bei Wagner die Zuschauer eher in ein Reiz-Reaktionsschema gepresst werden; sie sollen nicht zu sich selbst kommen, sondern mitgerissen werden. Moreno geht von vornherein davon aus, dass nichts Unbestreitbares mehr vorgegeben sei, und daher jeder auf eigene Rechnung zu sich selbst kommen muss. Er macht daher auch keinerlei inhaltliche Vorgaben, wie etwa Wagner, wie aber auch Brecht. Ob das der gegenwärtigen Lage angemessen ist, ist noch eine andere Frage. Auf jeden Fall kommt hier eine Entwicklung, die schon im 19. Jh. ansetzt, zu einem vorläufigen Abschluss.

MJ: Es ist aber doch die Frage, ob das als Entwicklung zu begreifen ist, oder ob man nicht eher sagen soll, mit den heute aktuellen Theatertendenzen hat Moreno nicht allzuviel zu tun. Das ist eher ein Bereich Theater affiner therapeutischer Praxis. Hier müssen sicher die eigenen Geschichten erzählt werden. Das soll ja auch passieren. Das passiert ja auch in der Psychoanalyse. Das ist eine Form der therapeutischen Praxis und das ist etwas anderes als Theaterpraxis. Es mag ja verlockend sein zu sagen, die Entideologisierung lässt sich über verschiedene Stationen hinweg nachzeichnen und Moreno wäre dann so etwas wie ein Schlusspunkt – wenn nicht in der realen Praxis, sondern zumindest im Anspruch. Das scheint mir aber nicht schlüssig zu sein. Ich kann mir nicht vorstellen, dass es sinnvoll ist, so wie Du das in Deiner These formulierst, die Ebenen zwischen Theater und Therapie so zu verwischen. Das würde mir Bauchschmerzen bereiten. Das eine ist ein gesellschaftlicher Selbstverständigungsprozess, hochkarätig besetzt, wenn es gut geht, teuer bezahlt von den Kommunen und von der öffentlichen Hand, und das andere ist in Gruppen zusammenhängender und an der Gesundheit des einzelnen interessierter Spielprozess.

6   Psychodrama und Theater in einer medial inszenierten Welt

FB: Vielleicht sollten wir unsere Diskussion einmal beziehen auf die heutige Situation, die doch dadurch charakterisiert werden kann, dass sie als weitgehend inszeniert gelten muss. Durch den Fernsehkonsum hat man ja ständig mit Inszenierungen zu tun, nicht nur in den eigentlichen Spielfilmen oder Game Shows, sondern schon dadurch, dass bewegte Bilder in der Guckkastenbühne des Fernsehapparats dargeboten werden, ausgewählt, geschnitten und aus bestimmten Perspektiven gezeigt. Deswegen ist es auch schwierig, die Botschaften der Nachrichten von denen der Spielfilme zu unterscheiden.

MJ: Das ist ja gewollt.

FB: Gut. Auf der anderen Seite wird auch das alltägliche Auftreten inszeniert, in der Politik (Goldmann u a., 1992), in der Geschäftswelt, in der Freizeit. Das Theaterelement ist heute sehr dominant. Daneben gibt es aber auch noch dieses klassische Theater oder das eher experimentelle Avantgardetheater. In wie weit bezieht sich dieses Theater eigentlich auf diese Situation? Denn jeder spielt ständig und ist gewohnt, dass ihm mitgespielt wird. Jeder weiß, dass ihm etwas vorgespielt wird (Goffman, 1976).

MJ: Das ist schwer zu sagen. Was Du zuerst gesagt hast, ist sicherlich richtig: Die gesellschaftliche Realität, wie sie medial vermittelt wird, ist durchweg eine mehr oder minder gut oder schlecht kalkulierte Inszenierung. Die französischen Meisterdenker mit ihrer Simulationsthese (z.B. Baudrillard, 1978) finden auf allen TV-Kanälen jeden Tag hunderte und tausende von Beispielen, um gesellschaftliche Realität als eine inszenierte oder simulierte auszuweisen. Die Kritik, die an diesem Zustand zu üben ist, findet ihre Nahrung allüberall. In jeder medial vermittelten Wirklichkeit bestätigt sich gleichsam die Sicht der wissenschaftlichen Konstruktivisten (z.B. Berger, Luckmann, 1980; v Foerster, 1985; Watzlawick,

1978) und der Simulationstheoretiker immer wieder. Das ist richtig. Die Frage ist aber, wie kann das Theater als Stätte ganz offener Simulation mit dieser Situation umgehen? Erst einmal kann man auf eine lange Traditionslinie verweisen, in der es hunderte qualifizierte Beispiele gibt, die die heutige inszenatorische Praxis der gesellschaftlichen Wirklichkeit als Stümpertum ausweist. Jedes Shakespeare-Drama ist ungleich komplexer, in sich widersprüchlicher und unmoralischer als all das, was uns in der Wirklichkeit zugemutet wird. Die Wirkungsmöglichkeiten von Theater muss man angesichts von realen Machtverhältnissen, die sich in Sehgewohnheiten niederschlagen, relativ skeptisch beurteilen. An Wirkungsmächtigkeit ist das Theater selbstverständlich den audiovisuellen Medien vollständig unterlegen, vor allem in quantitativer Hinsicht. Von der Qualität her würde ich weiterhin davon ausgehen, dass es der gängigen simplifizierten Form von Wirklichkeitskonstruktion in den Medien weit *über*legen ist.

FB: Wie reagiert das Theater darauf? Wenn man die Theatermodelle nimmt bis hin zum Naturalismus, dann geht es doch darum, das Leben, wie es ist, auf die Bühne zu bringen. Ab da übernehmen Fotographie und Film weitgehend diese Aufgabe. Diese Form der Wirklichkeitsauffasung ist ja auch im Fernsehen die dominante. Das bedeutet für die Zuschauer: Ich bin heimlicher Zeuge. Das ist doch die Rolle, die mir verpasst wird: Wenn ich mir einen Spielfilm angucke, werde ich mit reingerissen. Es ist so, als wäre ich dabei. Und trotzdem kann ich und brauche ja auch nicht eingreifen. Es gibt bei einer Filmvorführung keinen Kontakt zwischen den Spielern und mir, was ja im Theater immerhin noch der Fall ist, zumindest atmosphärisch durch Beifall, Lachen usw. Das ist ja das Besondere des Films, dass nichts mehr veränderbar ist, er läuft ab.

Übrigens hat Morenos in seinem „Stegreiftheater" den Film seinem Stegreiftheater diametral gegenübergestellt. Er schreibt: „Das Wesen des Theaters fällt im Kino weg. Nur die chiffrierte Leinwand ist da. Das Kino verhält sich zum Theater wie ein Buch zu seinem lebendigen Geist. Die mimische Schrift auf der Leinwand reizt den Zuschauer zu künstlerischer Erzeugung, zur Erzeugung des wahren, hier verdrängten Theaters im Geiste. Das Kino schuf den Zuschauer-Spieler (...) Das Filmgesetz ist die Verdrängung des Theaters und dessen Ersatz durch ein Physiogramm (...) Je weiter eine Theaterform vom Stegreifpol entfernt ist, je näher sie an den Filmpol rückt, desto größer ist der Verdrängungsprozeß. Es läßt sich die Theaterintensität durch eine Verdrängungsskala konstruieren (...) Im allgemeinen können als Hauptglieder der Skala gelten: Film – Puppenspiel – dogmatisches Theater – commedia dell'arte – Stegreiftheater" (Moreno, 1970, 38f).

Im Film reproduziert sich ein Grundmuster, dem wir heute weitgehend ausgesetzt sind: Wir sind ohnmächtige Zeugen von Geschehnissen, die an uns vorbeilaufen, ohne dass wir mitgestalten können und sollen. Wenn das Theater dieses Muster nicht wiederholen will, was macht es dann?

MJ: Man kann Möglichkeiten aufzählen, sich darauf einzustellen. Es gibt verschiedene strategisch-taktische Manöver avancierter Theatergruppen, Aspekte davon in ihren Reflexionshorizont mit hineinzunehmen. Das geht von den japanischen High-Tech-Theatern, die durchaus den Computer, die Fernseh-Maschinerie, die Video-Technik in das szenische Arrangement einbeziehen, ganz handgreiflich, z.T. unglaublich raffiniert, immer mit dem Vorsatz, die Simulation selber zum Thema zu machen. Das Living Theatre versuchte auf der anderen Seite durch eine bewusste Entblößung von allen technischen Mitteln und die Rückführung auf den theatralischen Kern von Körpersprache und Gestik, also mit archaischen Mitteln, eine Gegenposition zu formulieren. Zwischen diesen Polen gibt es jede Menge mehr oder minder gut durchdachter, intelligenter und intensiver Formen der Auseinandersetzung mit der Medienwelt.

FB: Diese ganzen Veranstaltungen, das gilt sicher für Kunst generell, haben einen gewissen Unterhaltungswert: Ich verjage die Langeweile, gestalte mir meine Zeit angenehm, trete raus aus dem Alltag. Zum anderen sind sie aber auch anstrengend: Da passiert etwas, was mich angeht. Ich werde herausgefordert, mich damit auseinanderzusetzen. Dieser Unterhaltungsaspekt wird doch nun stark ausgenutzt, nicht nur in den Medien, auch in Massenveranstaltungen, die ja alle inszeniert sind, ob das nun Sportveranstaltungen sind oder Altstadtfeste oder Karnevalsumzüge. Das alles kann man ja im weitesten Sinne als Theater bezeichnen. Ins eigentliche Theater gehe ich aber, wenn ich mich darüber hinaus selbst in Frage stellen lassen will, mich nicht nur anregen, sondern auch aufregen lassen. Ich will nicht nur konsumieren, ich will auch mitarbeiten. Diese Motivation ist aber doch schon der sehr ähnlich, die die Leute ins Psychodrama treibt, nämlich die Erfahrung des Nichtzurechtkommens. Ich bin bereit, mich einer Prozedur auszusetzen, in der ich mich mit mir selber beschäftigen muss.

MJ: Das Theater hat hier eine mittlere Stellung zwischen reiner Unterhaltung und eindeutiger Therapie. Das Theater soll sich nie von den Unterhaltungsfunktionen verabschieden, die es auch hat. So gibt etwa Brecht genügend Hinweise, dass Unterhaltung nicht im Gegensatz etwa zu Reflexion oder distanzierter Beobachtung stehen muss.

FB: Übrigens wird im Psychodrama der Unterhaltungswert auch berücksichtigt. Es soll nicht zu langweilig werden: Es soll durchaus kurzweilig, es soll auch zum Lachen sein. Aber das ist nicht das Ausschlaggebende.

MJ: Ich denke, es gibt keinen Widerspruch zwischen einer Praxis, die die Leute auf sich selber stößt, und ihren Unterhaltungs- und Lachbedürfnissen. Das hat gutes Theater eigentlich nie als Problem gesehen.

FB: Aber das Publikum überlegt sich ja nun doch und das überlege ich mir ja auch: Habe ich abends noch Lust, mich einer solchen Prozedur auszusetzen oder schalte ich den „Apparat" an.

MJ: Das „Apparat-Einschalten" ist einfacher. Da muss man keinen Schritt aus dem Hause tun, keine Parkplätze suchen, kein Kleingeld bereithalten, sich nicht den schlecht gelüfteten Theaterräumen aussetzen etc. Das verlangt schon einen höheren Aktivierungsgrad, den man sich selber verordnen muss. Bilderpräsenz von einem hohen Reizwert auf allen Kanälen, diese Quantitäten und auch diese Extremitäten, was Bildgestaltung, Schnelligkeit, Schnittwechsel, technische Manipulation von Bildern angeht, die kann das Theater nie einholen. Das ist unmöglich. Es wäre auch fatal, wenn das Theater meinte, man könnte durch immer größere Bühnentechnik, durch immer gewagtere Effekte auf der Bühne da mitziehen. Das kann nie gut gehen. Deshalb werden auch solche High-Tech-Experimente, wie sie in Japan angestellt werden, obwohl sie hoch interessant sind, auf die Dauer zu nichts führen. In dieser Konkurrenzsituation muss sich das Theater auf das besinnen, was das Fernsehen nicht bieten kann, nämlich die reale Präsenz.

FB: Richtig. Nun kann der Fernsehkonsument immer noch entscheiden, wann er einschaltet und wann er ausschaltet, welchen Kanal er wählt oder ob er eine Video-Cassette reinschiebt. Wenn ich aber in eine Theaterveranstaltung gehe, dann muss ich drin bleiben oder ich gehe. Dann habe ich aber mein Geld umsonst ausgegeben. Das ist schon eine gewisse Zwangssituation. Und ich bekomme nun etwas vorgesetzt, was ich kaum noch beeinflussen kann. Im Psychodrama muss ich auch viel bezahlen, ich muss mich extra zum Sitzungsraum hinbegeben, aber: Das, was gespielt wird, kann ich weitgehend mitbestimmen. Und es kann nur das gespielt werden, was mehr oder weniger alle wollen. Im Psychodrama wird das aufgegriffen, was im Moment bei den Teilnehmern anliegt, während sich das Publikum in einer Theaterveranstaltung auf die Vorführung einstellen muss, ob sie will oder nicht.

MJ: Damit muss man klarkommen. Einerseits ist es so, dass alle Versuche auf dem Theater, Mitspielelemente einzuführen, sei es in der freien Theaterszene oder in großen Theatern, als gescheitert betrachtet werden müssen. In aller Regel reagiert das Publikum auf eine solche Anforderung mit äußerstem Unwillen, mit Verstörtheit, Ängstlichkeit. Das, was eine gelungene Psychodramasitzung ausmacht, dass da tatsächlich agiert wird, eingegriffen, ausgewechselt, gespiegelt und gedoppelt wird, wäre auf dem Theater nur mit fast terroristischen Mitteln oder mit reiner Verführung durchzusetzen. Es ist eigentlich nicht erwartet, es ist auch nicht erwünscht. Zur Zeit ist diese Praxis des Mitspieltheaters – ich glaube, Paul Pörtner hat das wohl am häufigsten versucht (Pörtner, 1972) – nicht mehr aktuell. Es wird nicht nur nicht gewollt, es müsste erzwungen werden. Ich denke, dass sich die Theater-Klientel an dieser Stelle schon spaltet, in die, die ins Theater gehen, und die, die Interesse daran haben, die Spielprozesse, z.B. im Psychodrama, mit zu beeinflussen. Das sind andere Leute.

FB: Es ist ja so: Wenn ich spielen will, mache ich eine Theatergruppe auf. Wenn ich nur zugucken will, gehe ich ins Theater. Dann will ich nämlich nicht spielen. Theaterspielen kann man heute in allen möglichen Workshops.

MJ: Das ist aber die Grauzone, in der sich das schon vermischt. Wenn ich theaterpädagogische Angebote an der Universität mache, dann gibt es feine Scheidungslinien zwischen denen, denen es um den Selbstverwirklichungsaspekt geht, die sich selbst erfahren wollen und zwar auch im Hinblick auf die, wie Du es genannt hast, je eigenen Geschichten, die daran interessiert sind, im „zweiten Mal die Befreiung vom ersten Mal zu erleben". Diese gehören m.M.n. in eine Selbsterfahrungsgruppe, die zu diesem Zweck theatralische Mittel verwendet. Dann gibt es die, die eigentlich in die Workshop-Szene gehören, die vielleicht spielen wollen und das auch irgendwann auf der Bühne, oder die nur gucken wollen, ob das denn geht, oder wie sie sich dabei fühlen. Und es sind die da, die eigentlich richtig Theater spielen wollen, die möglichst schnell auf die Bühne wollen. Diese drei Gruppen kann man in etwa unterscheiden. Damit korreliert, was sie eigentlich vom Theater wissen. Wenn diese Studierenden befragt werden, was sie denn zuletzt im Theater gesehen haben, dann können diejenigen aus den beiden zuerst genannten Gruppen äußerst selten überhaupt eine Antwort geben.

7   Psychodrama zwischen Theater und Ritual

FB: Der amerikanische Regisseur und Theaterforscher Richard Schechner (1990) unterscheidet zwischen Theater und Ritual. Das Theater ist eine ästhetische Veranstaltung von Schauspielern für ein Publikum, das kommen, aber auch gehen kann (→ S. 55ff.).

MJ: Schauspieler und Publikum können aber auch interagieren. Die Aufmerksamkeit eines Publikums ist durchaus messbar. Ob eine „Chemie" existiert zwischen beiden Gruppen, ist durchaus feststellbar.

FB: Völlig klar. Das ist eben der Unterschied zum Film. Das Ritual ist im Gegensatz zum Theater eher auf Wirkung aus. Die Menschen nehmen teil, um sich zu verändern. Das entspricht der Motivation der ersten Gruppe, die Du eben genannt hast. Ritual bedeutet aber auch Gemeinschaft aller Beteiligten. Schechner meint, dass dieses Ritual auch heute noch überall anzutreffen ist. Meine These ist, dass das Psychodrama eigentlich eher als Ritual zu verstehen ist denn als Theater (Moreno, 1991, 32).

MJ: Ich habe Probleme mit diesem Ritualbegriff. Ich sehe Rituale da, wo die Leute in die Kirche gehen. Da sind zwar alle von der Gemeinde da, wenn's gut geht, meist sind weniger da. Diese Rituale dienen doch bestimmten Zwecken: dem Gruppenzusammenhalt, der Erhaltung einer religiösen Identität und zwar dadurch, dass man gleichbleibende Veranstaltungen mit kleinen Varianten kontinuierlich zu bestimmten Zeiten in einer bestimmten Abfolge durchführt. Das ist doch nicht unbedingt psychodramatische Praxis. Ein Ritual weltlicher Art ist z.B. der Stierkampf. Er findet nach genauen Regeln, nach genauer Abfolge statt und symbolisiert hier etwas anderes als in der Kirche, wo der Tod des Gottessohnes nachvollzogen wird mit der anschließenden Teilhabe aller daran durch die Kommunion. Ein anderes Beispiel wären bestimmte Totenfeiern, Weihefeiern auch weltlicher Art, etwa in Parlamenten, oder im militärischen Bereich, etwa der Zapfenstreich, der Fahnenappell, die Vereidigung. Ich weiß nicht, warum Du jetzt diesen Ritualbegriff auf die psychodramatische Praxis, die ja doch ein anderes Offenheitspathos hat, übertragen willst?

FB: Schechner hat selbst Rituale in tribalen Kulturen kennengelernt und bezieht sich bei seinem Verständnis von Ritual auf den Kulturanthropologen Victor Turner (1989), der eine Beziehung zwischen Ritualen in diesen Gesellschaften mit Ritualen in der „modernen Welt" herstellt. Turner stellt nun fest, die Themen der Rituale sind immer Übergangsphänomene (van Gennep, 1986), liminale Phänomene, Übergänge in neue Lebensphasen, die hoch angstbesetzt sind.

MJ: Das ist in der Kirche ja genau so.

FB: Hier sind diese Rituale in das Gemeinschaftsleben noch integriert, sie sind sozial lebendig. Was Du mit dem Ritualisierten, dem Erstarrten, ansprichst, ist nur der Schutz vor dem ganz Neuen, dem Unvorhersehbaren, dem Angstmachenden, dem eigentlichen Anlass der Veranstaltung. Das kann man auch auf den Stierkampf beziehen. Natürlich ist das ein Ritual. Aber wie der Torero mit dem Stier zurande kommt, das weiß man eben nicht, das ist offen (vgl. Hemingway, 1977). Wenn das nicht offen wäre, wäre es ja nicht mehr spannend.

MJ: Das gilt für die Kirchen genauso.

FB: Das möchte ich bestreiten. Zwar spielen die eben genannten Hintergründe auch in den kirchlichen Ritualen noch eine Rolle, sie werden aber heute nur noch selten aus einer lebendigen Gemeinschaft heraus vollzogen. Dieses Gemeinschaftserlebnis wird vielleicht von manchen noch gesucht, ist aber zumeist eben nicht mehr gegeben. Das ist ja gerade im Psychodrama völlig anders. Wenn auch kaum noch ernst genommen, so gibt es doch z.B. in der katholischen Kirche die Pflicht, am sonntäglichen Gottesdienst teilzunehmen, das gibt es so im Psychodrama nicht. Auch was gemacht wird, ist völlig frei. Ich kann auch ausscheiden. Die Teilnehmer müssen sich allerdings verpflichten, sich gegenseitig beizustehen, andere nicht allein zu lassen oder die Peinlichkeiten, die hier offengelegt werden, nicht gleich außerhalb der Gruppe an die große Glocke zu hängen. Diesen „Gruppeneid" gibt es schon im Psychodrama. Aber gerade weil hier Themen behandelt werden, die hoch mit Angst besetzt sind, braucht es eine hohe Ritualisierung, eine klare Regelung von Abläufen. Das Psychodrama ist hoch ritualisiert: Es gibt ganz klare Phasen, es gibt ganz klare Techniken, die zum Einsatz gebracht werden, und es ist nicht so, wie z.B. in einer psychoanalytischen Sitzung, in der es zwar klare Rollen gibt, in der es aber völlig offen ist, was passiert. Es ist allerdings auch klar, was hier nicht passieren darf, „Agieren" zum Beispiel. Die Abfolge im Psychodrama entspricht durchaus dem Grundmuster des Rituals, das auch in der Messe eine Rolle spielt: Da gibt es die Einleitung, in der man sich sammelt, die alten Geschichten abwirft, mit der Gemeinschaft Kontakt aufnimmt, sich auf das Vorhaben besinnt. Dann wird die Wandlung vollzogen. Und zum Schluss findet eine Reintegration statt. Das Ganze dient der Stabilisierung des Wandlungsprozesses. Um sich diesen mit Angst besetzten Veränderungsprozessen aussetzen zu können, braucht es klare Bezugspunkte.

MJ: Wenn Du das so siehst, dann muss man psychodramatische Vorgänge doch anders bewerten. Das würde ja bestätigen, dass die psychotherapeutische Praxis nichts anderes sei als ein Ersatz für die wohltätige Wirkung der Rituale, die früher von den Kirchen bzw. von der Religion praktiziert wurden, um so die Identität der daran Beteiligten zu sichern. Es würde dann darum gehen, über alle Fährnisse hinweg jene Stabilität zu bieten, die die religiösen Rituale immer schon geboten haben, jetzt nur unter säkularisierten Verhältnissen. Das fände ich doch reichlich wenig, wenn es so wäre: Dass das, was die Kirchen nicht mehr leisten in der Bearbeitung der psychischen Probleme der Menschen, der Ängste gegenüber dem Nichtvorhersehbaren, jetzt in die Hände der Psychodramatiker oder anderer Therapeuten gelegt wäre.

FB: Empirisch ist dieser Zusammenhang erst einmal durchaus zu konstatieren (Halmos, 1972). Ich würde diesen Prozess allerdings etwas anders bewerten. Ich meine, Rituale stellen eines von vielen Grundmustern sozialen Lebens dar (Douglas, 1974). Ich halte die kirchlichen Rituale heute weitgehend für erstarrte, entfremdende Rituale. Die Psychotherapie macht nichts anderes, als dieses Grundmuster zu reaktivieren, nutzt es aber durchaus kritisch. Die Gefahren, die in den Ritualen stecken, dass z.B. jemand auf eine Gruppe oder eine Position eingeschworen wird, auf Gruppennormen festgelegt, so dass er keine Individualität mehr entfalten kann, sehe ich natürlich.

MJ: Diese Psychoclans gibt es ja auch.

FB: Natürlich. Diese Gefahren liegen sicher in diesen Therapieritualen.

MJ: Sie sind auch nicht immer gebannt.

FB: Völlig richtig. Das ist auch in der Psychodrama-Praxis nicht völlig ausgeschlossen, weil eben dieses Muster diese Gefährdung per se mit sich bringt, strukturell enthält. Der psychodramatische Ansatz ist aber doch sehr stark darauf gerichtet, dass in der Bühnenphase tatsächlich etwas Neues, etwas Unvorhergesehenes, etwas Kreatives passiert. Denn wenn sich immer alles wiederholen würde, würde die Geschichte von sich aus auslaufen.

MJ: Die Kirchen zeigen doch, dass es nicht ausläuft. Das Sündenbekenntnis und die Vergebung der Sünden, das hat sich enorm stabilisierend ausgewirkt. Rituale sind stabilisatorische Elemente für bestimmte institutionalisierte Interaktionsformen, die durchaus gut funktionieren.

FB: Aber gerade das rituelle Element ist in der kirchlichen Praxis immer mehr in den Hintergrund getreten.

MJ: Zum Nachteil ihrer eigenen Kraft.

FB: Ja. So hat z.B. Alfred Lorenzer in seinem Buch über das Zweite Vatikanum „Das Konzil der Buchhalter" (1988) aufgezeigt, dass mit den damals beschlossenen Liturgiereformen gerade diese Kraft, die mit den Ritualen verbunden sein kann, reduziert wurden. Das entsprach der heutigen Wirklichkeit: Die kirchlichen Rituale kommen nicht mehr an. Was bleibt, sind im wesentlichen das Eheritual und das Beerdigungsritual. Das Eheritual wird aber heute seines rituellen Charakters beraubt, in dem es vom Fernsehen in die eigentlich unbeteiligte Öffentlichkeit gezerrt wird. Hier wird ein Ritual als Theater aufgezäumt, um es so verkaufen zu können.

MJ: Ich kann nicht ohne weiteres nachvollziehen, dass es nur darauf ankomme, das Grundmuster des Rituals im Psychodrama qualifiziert zu handhaben, also die kreativen Schübe noch mit einzuplanen. Da denke ich doch, dass die Emphase, die gutes Theater immer wieder für sich formuliert, interessanter ist, nämlich: Theater sei der Ort, wo man Enttäuschungserfahrungen möglichst sicher hat, d.h. dass das, was man erwartet, nicht erfüllt wird. Das wäre das beste, was das Theater leisten könnte: ein Ort zu sein, in dem die Erwartungen auf möglichst überraschende Weise andauernd enttäuscht werden. Die besten Zuschauer wären die, die sich darauf einstellen und diese Enttäuschungserfahrungen erwarten, die das geradezu genießen. Das wäre eine Form gesellschaftlicher Praxis, die sich ritualferner nicht vorstellen lässt. Das Theater kann unendlich viele ritualisierte Formen benutzen, aber es tut es zum Zweck der Entritualisierung und nicht der Reritualisierung.

FB: Das Rituelle im Psychodrama sehe ich in den Rahmungen, also in der Art der Zusammenkunft, im Ablauf einer Sitzung, in der Art des Abschieds.

MJ: Das gilt aber für das Theater auch. Auch hier kommen die Leute zusammen. Und es fängt an, wenn der letzte da ist.

FB: Aber sie nehmen nicht wie im Psychodrama Kontakt auf, sie bleiben sich persönlich fremd. Sie wissen nicht, wie der Nachbar heißt; er wird auch nicht begrüßt. Das ist im Psychodrama anders. Auch durch die Darstellung persönlicher Geschichten lernt man sich gut kennen. Entscheidend für das Psychodrama ist aber, dass in der Bühnenphase alles Ritualisierte in Frage gestellt wird. Im Spiel sollen zwar die einengenden Rituale des Alltags auf die Bühne gebracht werden. Aber dann soll etwas möglichst Überraschendes passieren, jedenfalls für den Protagonisten. Das ist die Paradoxie, die man deutlich sehen muss: Auf der einen Seite ein ganz klarer Rahmen. Der ist aber die Voraussetzung, damit jetzt etwas völlig Unerwartetes passieren kann. Ich bin nur bereit, mich in diese angstauslösende Situation auf der Bühne zu begeben, wenn ich weiß, es gibt ganz bestimmte Regeln, Absprachen und Abläufe, die mich stützen werden. Es gibt Mitspieler, die halten zu mir, es gibt einen Regisseur, der wendet die bekannten Techniken an, nach einer festgesetzten Zeit werde ich wieder entlassen und das nur dann, wenn ich einigermaßen wieder klargekommen bin, die lassen mich nicht stehen.

MJ: Dann nenn' das doch nicht Ritual. Es gibt also einen festen Rahmen, der hat ritualhafte Züge, da kommt man ja eh nicht drumherum.

FB: Ich habe den Eindruck, wir streiten uns um Worte, weil Du das Wort anders konnotierst als ich.

MJ: Die Befreiung vom ersten Mal durch die Mimesis beim zweiten Mal, das ist etwas, was das Ritual im Grunde *nicht* will. Der Stier muss tot sein. Und die Gemeinschaft der Gläubigen muss den Herrn in sich aufnehmen. Das kann doch nicht geändert werden. Es müsste aber doch heißen: Das muss aufhören!

FB: Du hast recht: Es gibt natürlich einen Bruch zwischen dem, was Du jetzt als Ritual bezeichnest, und dem, wie das Psychodrama Rituelles aufnimmt. Der Bruch ist der: Es geht nicht um Einschwören, sondern um Befreiung und das Durchbrechen alltäglicher Rituale. Das Paradoxe liegt darin, dass das nur mit Hilfe eines Rituals möglich zu sein scheint. Ich beziehe mich auf das Ritualverständnis bei Turner und Schechner, Du auf die rituelle Praxis der christlichen Kirchen.

MJ: Der Ausgangspunkt jeder religiösen Praxis ist natürlich die Bewältigung dieser offenen Horizonte: die Situation, bevor man stirbt, bevor man sich dem anderen Geschlecht nähert etc., die Bewältigung dieser Übergänge. Das gilt für alle Rituale.

FB: Moreno stellt sich in bestimmter Hinsicht bewusst in diese religiöse Tradition, lehnt sie aber in anderer Hinsicht durchaus ab. Er sieht nach wie vor wertvolle Elemente, z.B. rituelle, die in der heutigen technologisch orientierten Welt eher weggeworfen werden, als sei alles neu konstruierbar. Auf der anderen Seite ist er Religionskritiker und wendet sich gegen jede Dogmatik und jede erstarrte Konvention. Hierin sieht er geradezu ein wesentliches Hindernis bei der personalen Selbstverwirklichung der Menschen. Er will eben nicht das Kind mit dem Bade ausschütten, sondern greift bestimmte Elemente auf. Er betont – jetzt komme ich wieder zum Ausgangspunkt unseres Streits – die Wirksamkeit gemeinschaftlichen Handelns, d.h. die repräsentative Rolle, die der Hauptspieler für die Gruppe, und die tragende Rolle, die die Gruppe für den Protagonisten hat. Diese Rollenaufteilung ist ja auch in Ritualen von hoher Bedeutung. Insofern tauchen im Psychodrama schon rituelle Elemente wieder auf, wenn auch in anderer Gewichtung als im religiösen Ritual. Diese Hypothese sollte weiter untersucht werden. Moreno hat ein Konzept entwickelt, das dann im Psychodrama auf Therapeutik orientiert ist. Dieses Projekt steht nun aber in einer langen Tradition des Theaters, therapeutisch wirksam zu sein (Petzold, Schmidt 1978; Marschall, 1991). Morenos therapeutisches Theater kann daher auch als „Paratheater" bezeichnet werden, wie es Lazarowicz und Balme in ihrer Text-Sammlung zur Theorie des Theaters tun (1991, 653ff.). Wenn das aber so ist, dann geht es beim Psychodrama primär um Wirksamkeit, erst sekundär um die kunstvolle Herstellung eines „schönen Gegenstands". Das Theater im Psychodrama hat also eine instrumentelle Funktion: Therapeutische oder auch pädagogische Ziele sollen durch ästhetische Mittel, durch kunstvollen Ausdruck bzw. gebildeten Eindruck, erreicht werden. Moreno möchte beides, Ästhetik und Therapeutik/Pädagogik, umsetzen. Ist beides aber nicht zu haben – das wird in unserer Kultur meist der Fall sein –, hat aber die Therapeutik/Pädagogik eindeutig den Vorzug. Das zeigt sich auch in der Psychodrama-Praxis, in der die Therapeutik vorherrscht, die Ästhetik aber meist zu kurz kommt. Wenn aber das Konzept Morenos wirklich ernst genommen würde, müssten für die Psychodramapraxis viel mehr Theaterkompetenzen vorhanden sein, als derzeit anzutreffen sind. Denn auch die therapeutisch/pädagogische Wirksamkeit hat etwas mit diesen Kompetenzen zu tun, mit der Bühnengestaltung, mit der Lichtregie, mit der Konstellierung der Spieler im Raum, mit dem Einsatz von Requisiten, mit der Kostümierung, mit der Maske usw.. Diese Möglichkeiten des Theaters werden meist nicht ausgeschöpft. Schon aus diesem Grund ist die Auseinandersetzung mit der Theaterpraxis für Psychodramatiker notwendig (Blomkvist, 1991).

MJ: Das müsste man experimentell erproben. Es wäre ja nicht allzu schwer festzustellen, wo die Defizite bei Leitern psychodramatischer Sitzungen liegen. Die Frage bleibt, ob dadurch tatsächlich die therapeutischen Effekte gesteigert würden. Eine solche Untersuchung wäre sicher hoch interessant.

FB: Moreno hat ja in Beacon die Psychodrama-Bühne als Theaterbühne eingerichtet und auch schon in Wien eine Architektur des Stegreiftheaters ohne Zuschauer entworfen (Moreno, 1970, 107ff.). Das alles wird im Psychodrama meistens nicht beachtet. So wird auch der Umgang mit Requisiten nicht systematisch trainiert. Da werden Möglichkeiten verschenkt.

MJ: Das kann ich mir vorstellen. Man macht ja auch oft die Erfahrung bei ganz normaler Regietätigkeit, dass sich die Ausdrucksfähigkeit und die Plausibilität einer kleinen Teilszene entscheidend dadurch verändert, ob das richtige Requisit da ist und richtig gehandhabt wird. Und die falschen Requisiten führen auch oft zu falschen Ergebnissen.

FB: Es müsste also ein Fundus da sein, auf den man jederzeit zurückgreifen kann.

MJ: Oder es müßte von einer Sitzung auf die andere geplant werden, was man denn mitbringt. Eine weitere Frage ist, wo setzt man Musik ein und welche? Solche für die Theaterpraxis normalen Überlegungen könnte man natürlich auch für das Psychodrama anstellen.

FB: Wenn die Psychodramatiker und die Mitspieler diese theatralischen Möglichkeiten präsent hätten und sie tatsächlich richtig einsetzen könnten, dann könnten die Spielszenen atmosphärisch ganz anders aufgeladen werden.

8 Das Spiel als Lebenselexier von Theater und Psychodrama

FB: Das wichtigste Element der Veränderung im Psychodrama ist aber nicht das Theater an sich, sondern das Spiel.

MJ: Spieltheorien gibt es viele (Scheuerl, 1991). Schon in der Umgangssprache ist von Spielern und Schauspielern die Rede. Natürlich ist das die Basis der ganzen Praxisform Theater, dass da nämlich gespielt wird in den verschiedensten Dimensionen, z.B. in Hinsicht auf das, was Mimesis genannt wird. Alles Spiel ist erst einmal mimetisch: Ich will so sein, wie ein anderer: Aus der eigenen Rolle raus und eine andere Rolle übernehmen. Eine andere Dimension ist: diese Rolle nicht ganz ernst nehmen und sie in verschiedener Richtung über- oder untertreiben, mit der Rolle anders umgehen, als es vorgesehen ist. Alle Schauspieler machen das andauernd. Komische Effekte resultieren z.B. daraus, dass sich einer nicht adäquat verhält, dass er die Rollen gezielt falsch auslegt. Wer keine Lust daran entwickelt, ist als Schauspieler wahrscheinlich verloren.

FB: Es geht hier aber immer um darstellendes Spiel. Spiel umfasst aber mehr (Huizinga, 1987).

MJ: Spiel ist die Basis von Theater und Psychodrama. Wenn man z.B. einen Kreisel zum Kreisen bringt und guckt ihn dabei an, dann ist man zwar kein darstellender Spieler. Trotzdem ist diese Form von Selbstvergessenheit wiederum die Basis von darstellendem Spiel.

FB: So ist etwa auch für Friedrich Schiller in seiner Theorie der ästhetischen Erziehung (Düsing, 1981) das Spiel entscheidend für die Menschwerdung. Erst das Spiel enthält für ihn die Möglichkeit, etwas in Freiheit selbst zu gestalten. Spiel betrachtet er als „Zustand realer und aktiver Bestimmbarkeit" (Rittelmeyer, 1991). Im Zustand des Spiels wird durch Handeln tatsächlich etwas verändert, was sonst nicht möglich wäre. Und diese Erfahrung, wenn sie auch im „Als-Ob" stattfindet, ist ja real, ist leibhaftig gespeichert worden und bleibt auch außerhalb des Spiels wirksam. Das ist auch für das Psychodrama ganz zentral (Kellermann, 1982). Diese Erfahrung, in Freiheit gestalten zu können, bleibt als Stachel, auch andere Kontexte nach eigenen Vorstellungen zu formen.

MJ: Man agiert ja als Spielender nie im luftleeren Raum. Man nimmt das, was als Material da ist, und das Material kann der Brummkreisel oder kann die Rolle des strengen Vaters sein oder des Pantalone oder der Columbine. Der spielerische Umgang damit sprengt in jedem Falle die äußere Konvention, die in der Rolle angelegt ist.

FB: Das darstellende Spiel bietet noch einmal besondere Möglichkeiten des mimetischen Aufgreifens von Wirklichkeit.

MJ: Vor allen Dingen dessen, was nicht erlaubt ist. Das ist ja das Allerwichtigste. Wenn man den größten Bühnendichter nimmt, Shakespeare, dann wimmelt es in seinen Stücken nur so von asozialem Verhalten. Die ist in der normalen Realität nicht nur nicht vorgesehen, es würde auch scharf sanktioniert.

9 Katharsis – Mimesis – Poiesis – Aisthesis

FB: In Morenos Konzeption des Psychodramas geht es aber nicht nur um die Relevanz des Spiels als solches, sondern spezieller um einen Bruch in diesem Spiel, um das, was er Katharsis nennt (Moreno, 1989b; Moreno, Z., 1979; Wartenberg, Kienzle, 1991). Für ihn ist es nicht nur wichtig, dass etwas auf der Bühne durchgespielt wird, sondern dass das Spiel einen Kulminationspunkt erreicht, wo ein Umschlag erfolgt. Ist für Deine Theaterpraxis „Katharsis" überhaupt eine irgendwie relevante Kategorie?

MJ: Eine Kategorie, über die in unserer Arbeit geredet wird, ist es auf gar keinen Fall. Ob kathartische Wirkungen beim Theater erzeugt werden, weiß ich nicht. Es gibt sicher tiefe Formen von Erschütterungen im Theater, bei den Zuschauern wie bei den Spielern, wie auch im Miteinander von beiden Gruppen. Das gibt es, wenn auch selten. Ob man das Katharsis nennen soll, weiß ich nicht. Ich hänge an dem Begriff überhaupt nicht. Er spielt auch in meiner Praxis weder als Begriff, noch als Erfahrung irgendeine Rolle. Was wichtig ist am Theater und was unabdingbar ist, sind die unterschiedlichsten Formen von Intensität. Das Theater muss eine Intensität erreichen, die im normalen gesellschaftlichen Leben nicht erreicht werden kann. So sind die besten Stücke auch gebaut, dass sie innerhalb der relativ kurzen Aufführungszeit diese Intensität ermöglichen. Theater ist ein Laboratorium, in dem sich in einem Zustand hoher Verdichtung Intensitätserfahrungen machen lassen. Theater ist nicht so sehr eine Sache von Bildung als ein Set vermittelbarer Werte – wenn das denn überhaupt Bildung ist. Theater ist auch keine moralische Anstalt in dem Sinne, dass da Bewertungen von Verhalten auf der Bühne vorgeführt werden. Oft genug ist das Gegenteil der Fall. Zum Beispiel: Othello bringt seine Frau nach etwa dreieinhalb Stunden Bühnenzeit um. Die Geschichte dieser Eifersucht wird in der unwahrscheinlich kurzen Zeit von wenigen Stunden gezeigt, was der Glaubwürdigkeit und schon gar nicht der Intensität Abbruch tut. Wenn man das denn als Katharsis auffassen möchte, kann man das tun. Für mich hat er jedenfalls keinen zentralen Stellenwert.

FB: Im Kern meint Katharsis: Umschwung im Handlungsverlauf. Es stoßen zwei widersprüchliche Handlungsstränge, zwei Lagen, zwei Motivationen aufeinander. Das führt zu einem akuten Konflikt, der – ausgetragen – eine Neutarierung der zwei Tendenzen bewirkt. Ein Beispiel: Theaterbesucher bringen bestimmte Vorstellungen mit. Diese werden aber oft mit völlig anderen Vorstellungen zu einer bestimmten Lage oder Handlung konfrontiert. Wenn beide Vorstellungen aufeinanderstoßen und eine innere Auseinandersetzung zugelassen wird, dann ergibt sich eine Abwehr der zugemuteten Vorstellungen oder eine Erschütterung der eigenen Vorstellungen. Eben das würde ich Katharsis nennen. Wenn Du von Intensitäten sprichst, gehst Du ja auch von der Wahrnehmung der Intensitäten durch das Publikum aus. Bestimmte Intensitäten haben – je nach dem, was es bei mir trifft – umkrempelnde Wirkung, eben eine kathartische.

MJ: Wenn Du das meinst, dann würde ich sagen: Die Enttäuschungen müssen zur normalen Erwartungshaltung werden. Man wird enttäuscht durch das Theater bezogen auf das, was man mitbringt, und bekommt in diesem Laboratorium menschlichen Verhaltens eine andere Qualität präsentiert, als die, die man bisher kannte. Wenn man das Katharsis nennen will, soll man das tun. Ich mag den Begriff nicht besonders, er hat so etwas „Lebensentscheidendes" an sich, im Sinne des etwas parfümierten Rilkeschen Duktus: „Du musst Dein Leben ändern!" Die Empfindung wahrer Kunst könne nicht anders sein. So hat Rilke es wohl gemeint. Man kann's auch etwas schlichter sagen, denke ich.

FB: Das hängt jetzt davon ab, ob man es auf die therapeutischen oder pädagogischen Wirkungen absieht, oder nicht. Wenn ich nur zum Pläsier ins Theater gehe, ist der Katharsisbegriff nicht sonderlich relevant. Wenn ich aber hingehe, um zu neuen Einsichten zu gelangen, dann könnte er sinnvoll gebraucht werden (Scheff, 1983; Wartenberg, Kienzle, 1991).

MJ: Wenn man ihn benutzen will, ist er natürlich angesichts des Bühnentodes vonnöten. Wenn das Problem des Todes im Theater wirkungsmächtig zur Sprache kommt und man wahrnimmt, was das heißt, dass da einer stirbt, dann denke ich, liegt dieser Begriff nahe. Wenn die, die am Schluss rausgehen und noch leben, eine Ahnung des Unvorstellbaren haben, nämlich dass sie nicht mehr sind – jeder weiß das ja nur abstrakt, keiner glaubt ja wirklich dran, dass er einst nicht mehr ist; das ist ja fast denkunmöglich – dann kann man sinnvoll von Katharsis sprechen.

FB: Man kann Tod auch symbolisch fassen: Veränderung bedeutet immer auch das Absterben bestimmter Lebensstränge. Tiefgreifende Veränderungen haben immer etwas mit dem Tod zu tun.

MJ: Gut. Aber es gibt Veränderungen, die man sich vorstellen kann, und es gibt welche, die man sich nicht vorstellen kann.

FB: Wir hatten schon mehrfach den Begriff Mimesis verwendet. Und auch Moreno benutzt im „Stegreiftheater" den Begriff mimetisch im Gegensatz zu sprachlich. So schreibt er bezogen auf die Technik des Schauspielens: „Die Tendenz des mimetischen Anteils ist zentrifugal, die Lage wird von innen nach außen entwickelt, die des sprachlichen zentrifugal mit einer *zentripetalen Inversion* ... Der Spieler rollt von innen nach außen die Lage auf, *im Augenblicke aber, wo er Worte produziert, tritt eine rückläufige Bewegung ein. Das dichterische Produzieren zentriert ihn und er wird abwesend"* (Moreno, 1970, 41). Der Spielmächtige ist derjenige, der sich einer Lage mimetisch nähert, sich einer Situation anverwandelt, in sie hineinhorcht, um darauf zu antworten. Erst nach dem Hinhören wird das Gehörte zur Sprache gebracht.

MJ: Man muss mimetisch nicht generell in Opposition zu sprachlich setzen. In einem kleinen Aufsatz über das mimetische Vermögen der Sprache Robert Walsers (Jürgens, 1991) habe ich versucht, diese mimetische Qualität gerade im sprachlichen Verhalten aufzuzeigen.

FB: Das ist aber eine poetische Sprache im Gegensatz zu einer diskursiv-abstrakten Sprache.

MJ: Für mich ist Mimesis da interessant, wo es sich nicht einfach nur um Abschilderung handelt, um Imitation oder Nacherzählung. Ich verwende ihn am liebsten in der emphatischen Bedeutung, den der Begriff in der „Dialektik der Aufklärung" bei Horkheimer und Adorno hat (1947). Sie bestimmen hier das mimetische Vermögen als eines, das dem anzueignenden Gegenüber keinerlei Gewalt antut, das sich gleichsam dem anschmiegt, was es zu erkennen gilt. Das ist natürlich die humanste Art, mit der Welt umzugehen. Die beste Schauspielerin, die im *transittheater* spielt, verwendet dafür immer den Begriff der Durchlässigkeit. Sie sagt: Man muss versuchen, sich durchlässig zu machen gegenüber dem, was der Text bietet, und dem, was er in einem freisetzt. Dann kann man agieren. Man kann genügend Schauspieler sehen, denen das auch nicht im Ansatz gelingt. Aber es gibt natürlich viele Auslegungen dieses Begriffs Mimesis (Gebauer, Wulf, 1992).

FB: Ich denke, dass gerade das Psychodrama genau diese Form des mimetischen Herangehens an Situationen für alle Beteiligten ermöglichen will. Es geht genau darum, sich zu öffnen für das, was in der Szene enthalten ist, und sich dessen bewusst zu werden, nicht im Sinne des abstrakten Begreifens, sondern im Sinne der Bewusstheit oder wie die Gestalttherapeuten sagen, der „awareness" (Stevens, 1976), um dann nach respektierender Zurkenntnisnahme des Vorhandenen eine angemessene Antwort zu finden. Das steht im Gegensatz zu einer beherrschenden Herangehensweise nach dem Motto: „Egal, was kommt, wir werden es schon beherrschen!" Das heißt aber auch, dass das eigentlich der Kern der Therapeutik ist bei Moreno: Erst wenn ich diese mimetische Haltung gegenüber der Welt erworben habe, kann ich ihr adäquat begegnen und sie dann ausgestalten. Psychosoziale Probleme entstehen ja gerade dadurch, dass ich der Welt mit Gewalt gegenübergetreten bin. Ich werde dann das Opfer dieser Gewalt und der Gegengewalt, die damit automatisch provoziert wurde. Es gibt natürlich auch Situationen, wo eine solche mimetische Herangehensweise unklug wäre.

MJ: Man braucht dafür auch Zeit. Die Zeitstruktur im Theater wie im Psychodrama ist sicher ähnlich. Die Außerkraftsetzung der Wahrnehmung der verstreichenden Zeit, wenn ein Theaterabend gelingt, ist sicher immer wieder das Tollste: Wenn man merkt, dass die Zuschauer keinerlei Bewusstsein davon haben, wie lange das eigentlich dauert.

FB: Es verschmilzt in einem Augenblick, kann man sogar sagen.

MJ: Ja, ja.

FB: Dadurch entsteht auch das Gefühl der Gleichzeitigkeit. Man hat den Eindruck, man kann überall einsteigen.

MJ: Alle ästhetischen Reize beruhen ja darauf, dass solche Vorstellungen von Gleichzeitigkeit und eine emotionale Färbung dieser Erfahrung da sind.

FB: Ich halte den Mimesis-Begriff für ganz zentral, um das psychodramatische Arbeiten angemessen zu bezeichnen.[7] Das mimetische Herangehen an Personen ist das, was therapeutisch oder pädagogisch hilfreich ist. Zum zweiten ist es aber auch ein Erkenntnismodell, das von der dominanten Wissenschaftspraxis an den Rand gedrängt wurde.

MJ: Dieses Konzept ist nicht zu operationalisieren. Das ist das Schwierige bei allen emphatischen Begriffen.

FB: Man könnte schärfer sagen: Sie sind nicht berechenbar.

MJ: Man kann also sagen, dass die theatralische wie die psychodramatische Praxis – auch bei unterschiedlichen Zwecken – sich ähnlicher Verfahren bedienen müssen, um zu einem Ergebnis zu kommen. Das mimetische Vermögen von Schauspielern ist für das Theaterspielen ebenso notwendig wie dasjenige der Spieler im Psychodrama.

FB: Eine andere Vorstellung für das mimetische Vermögen ist im Psychodrama das „sharing", die Teilhabe, die Partizipation. Ich muss mich als Teil eines Vorgangs begreifen. Damit bin ich immer auch mitangesprochen und mitverantwortlich für das Gelingen einer Entwicklung. Ich stehe nicht draußen, sondern ich stehe mitten drin. Insofern bin ich immer mitbetroffen.

MJ: Wenn das die Schauspieler nicht sind auf der Bühne, dann sieht man das.

FB: Wenn ein Mensch neben sich steht.

---

7   In einem Artikel von 1966 über die Ursprünge des Psychodramas weist Moreno darauf hin: „Psychodrama did not have a theatrical origin ... It told me what not to do" (Moreno, 1966b, 140). Er schließt sich der Zurückweisung des „Theatralischen", der Mimesis als Nachahmung bei Platon und Sokrates an: „The theatre is, therefore, according to them, an 'imitation of an imitation', and thus an alienation from life rather than a liberation and elevating agent. Some of the religions of the Near East also rejected the theatre" (ebd., 140). Ja er bezeichnet das Theater, ein Wort von Marx abwandelnd, als „narcosis of the masses" (ebd., 140). Dem Mimetischen als dem Artefiziell-Theatralischen stellt er die Begegnung gegenüber, in der alles Gespielte, alles Zur-Schau-Gestellte zugunsten eines „existentialistic rapport" (ebd., 142) überwunden sei. So kommt er zu der paradoxen Formulierung:
„The result is that psychodrama is in a dialectic movement between mimesis and anti-mimesis. The two are extremes, opposites. The more psychodrama conforms to the theatre, the more it is mimesis and the more it conforms to the encounter, the more it es anti-mimesis. Between this Scylla and Charybtis psychodrama has traveled for the last 50 years, but it leans toward the encounter as its master guide" (ebd., 141).
Mein Versuch, das mimetische Vermögen existentialistisch zu interpretieren, als Offen-Sein für eine gewaltfreie, teilnehmende Wahr-Nehmung des mir Begegnenden, versucht diese Spannung einzufangen.

MJ: Ja. Oder wenn er nur ins Spielen kommt, wenn er spricht. Schlechte Schauspieler, die wenig zu sprechen haben, stehen dann auf der Bühne rum wie ein Stapel Falschgeld. So etwas erkennen auch ungeübte Beobachter.

MJ: In der Auslegung des antiken Mimesis-Begriffs ist die Nachahmung, die Imitatio besonders betont worden. Das würde rollentheoretisch gesprochen dem „role-taking" entsprechen, also dem konformen Übernehmen von gesellschaftlich vorgegebenen Verhaltensmustern (Eisermann, 1991). Demgegenüber hat Moreno das „role-creating" betont, also das Ausdrücken, das Darstellen, das Neuschaffen von Verhaltensmustern (Buer, 1992d), ein Aspekt, der ursprünglich ja im Mimesis-Begriff auch enthalten war.

MJ: Das ist der Unterschied zwischen dem geschulten Außenmitarbeiter als Verkäufer an der Tür und einem ordentlich ausgebildeten Schauspieler.

FB: Hier nähert sich der Mimesis-Begriff dem der Poiesis an (Grassi, 1980; 1990). Dieser Begriff ist in der Antike noch nicht wie in unserem Wort Poet oder Poetik auf Dichtkunst reduziert, sondern meint allgemein das handwerkliche Schaffen. In diesem Begriff steckt aber auch die Kurzschließung von Kunst und Lebenskunst, die auch bei Moreno von Bedeutung ist. Der Mensch soll die Kunst der Lebensführung erwerben und damit sein Leben zum Gelingen bringen. Das ist dann das, was man ein „schönes" Leben nennen könnte. Der Poiesis-Begriff kann also deutlicher noch als der Mimesis-Begriff den kreativen Aspekt des Rollenhandelns oder der Lebensgestaltung bei Moreno betonen.

MJ: Das wäre die aktive Seite jedes mimetischen Prozesses: Man kann sich nur an ein Gegenüber anschmiegen, wenn man es neu erfindet. Keine Desdemona, kein Othello gleicht dem anderen. Gute Theatertexte lassen diese kreative Ausgestaltung durch die Schauspieler zu (Ebert, 1979).

FB: Im Mimesis-Begriff steckt aber auch die sinnliche Wahrnehmung, die beim Vorgang des Anschmiegens notwendig ist. Und damit wären wir auch beim Begriff der Aisthesis, der ja zunächst einmal in der Antike Wahrnehmung meint. Ästhetik meinte also zunächst die Kunst der Wahrnehmung, dann führte sie auch zur Wahrnehmung der Kunst, zu ihrer Anschauung, griechisch Theoreia genannt. Moreno will die Kunst der Wahrnehmung wieder mit der Kunst des Produzierens verbinden: Über das mimetische Herangehen an die Welt, über ihre ästhetische Wahrnehmung einen Weg finden, das Leben künstlerisch, d.h. nach eigenen Schönheitsvorstellungen, zu gestalten.

MJ: Aisthesis war in der Begriffsgeschichte ja nicht immer nur auf Kunst bezogen; man kann sie auch als qualifiziertes Wahrnehmungsvermögen begreifen. Die Kunst oder das Theater sind dann besonders elaborierte Formen, wahrnehmen zu lernen.

FB: Aber wann fängt die Kunst an? Das ist ja zumindest juristisch nicht uninteressant, denn sie ist besonders geschützt.

MJ: Wann die Kunst anfängt und wo sie aufhört, das kann man den Leserbriefschreibern überlassen, wenn sie sich über irgendein „Kunstwerk" empören (vgl. Magistrat der Stadt Kassel, 1992). Ich habe da keine definitorischen Probleme.

FB: Interessanterweise verwendet Moreno den Begriff Kunst – so weit ich sehe – im Zusammenhang mit Stegreiftheater und Psychodrama nie. Es kommen „schöne Gegenstände" vor, auch „Ästhetik", es gibt ein „Gelingen", es geht um „Gestalten", um „Kreativität"; aber es geht nie um Kunst.

MJ: Kunst als institutionalisierter Raum, dessen Außengrenzen klar definiert sind und dann der juristischen Würdigung zur Verfügung stehen, ist nicht das eigentlich Interessante. Man kann sowohl jede therapeutische Praxis, als auch jedes Thekengespräch, als auch den Besuch einer hochqualifizierten Theateraufführung daraufhin untersuchen, was sie zur Lebenskunst beizutragen haben.

FB: Auch in dem Begriff Kunst steckt wie in dem Begriff Ästhetik diese Doppelbedeutung: Lebenskunst als Fähigkeit zur angemessenen Lebensführung und Kunst im besonderen Sinn als Fähigkeit zum artefiziellen Produzieren. Gerade die Spannung zwischen diesen beiden Sphären in unserer Kultur ist sicher das Beunruhigende und Faszinierende. Auch im Begriff der Kultur sind beide Ebenen enthalten: Zum einen die „Hochkultur" als Sphäre der Kunst im engen Sinn und die „Alltagskultur" (Volkskultur, Laienkultur, Arbeiterkultur etc.) als Sphäre des gestalteten täglichen Lebens.

MJ: Wie sehr Kunst und ästhetische Qualifikation als Unterscheidungsmerkmal fungieren, das hat Bourdieu in seiner Studie „Die feinen Unterschiede" gezeigt (1982). Im Sinne solcher Unterscheidung interessiert keinen ernsthaften Künstler Kunst. Sondern er versucht so zu handeln wie Marx es einmal gesagt hat, nämlich nach den Gesetzen der Schönheit zu formieren. Das ist nicht getrennt von dem, was Lebenskunst meint, sondern ist – wenn auch vermittelt – darauf bezogen, eben nicht elitär geschieden.

FB: Zusammenfassend kann man vielleicht mit dem Literaturwissenschaftler Hans Robert Jauß das Verhältnis von Poiesis, Aisthesis und Katharsis im theatralen wie psychodramatischen Spiel so beschreiben: Poiesis ist der „Genuß am selbst hervorgebrachten Werk" (Jauß, 1977, 61). Das gilt sowohl für den Stückeschreiber, den Regisseur, als auch für die Mimen, die Schauspieler, bzw. den Protagonisten, die Mitspieler und den Psychodramaleiter. Aisthesis meint dann den „Genuß des erkennenden Sehens und sehenden Wiedererkennens" (ebd., 62). Das gilt nicht nur für die Zuschauer im Theater und im Psychodrama, sondern auch für die Spieler, die im Spiel menschliche Verhaltensmuster an sich und den anderen neu wahrnehmen. Und Katharsis bedeutet dann „den Genuß der durch Rede und Dichtung erregten eigenen Affekte" (ebd., 62). Das kann sowohl bei den Zuschauern wie bei den Spielern „zur Übereinstimmung seiner Überzeugung wie zur Befreiung seines Gemüts führen" (ebd., 62). Grundlegend für das Gelingen dieser Prozesse des Hervorbringens, des Wahrnehmens und der Erschütterung ist sicher das mimetische Vermögen, das im geschützten Bühnenraum erprobt werden kann.

10 Psychodrama als Arrangement ästhetischer Bildung

FB: Meine These wäre: Jeder tiefergreifende Bildungsprozess muss die Bilder, die wir von uns und von der Welt haben, erschüttern, um so Bilder von uns und von der Welt aufsteigen zu lassen, als die wir und als die die Welt „eigentlich" gemeint sind. Unsere Ant-Wort auf diesen An-Spruch ist der Bildungsprozess, das schöpferische Herausbilden „neuer" Menschen in einer „neuen" Welt nach diesen Vor-Bildern. Meine Behauptung ist, Bildung hat immer was mit Bildern zu tun (Pazzini, 1988), aber auch mit Herausbilden (Lichtenstein,

1966), ist also in diesem weiten Sinne immer ästhetisch vermittelt. Wenn das im üblichen Bildungsdiskurs weitgehend verdrängt ist, tut mir das leid, aber für mich ist klar: Eine angemessene Reflexion über Bildung muss diesen Aspekt thematisieren; der Begriff darf nicht als besondere Variante der Bildung, etwa wie zumeist in den Konzepten der ästhetischen Erziehung bzw. Bildung als Bildung der sinnlichen Wahrnehmung oder als künstlerische Bildung aufgefasst und damit eingeengt werden (vgl. Otto, 1987; Matthies, 1988; Mollenhauer, 1988; Lenzen, 1990; Zacharias, 1991).

MJ: Dass man Bildungsprozesse so zu organisieren hätte, dass dadurch die Bilder der Welt erschüttert würden, dem stimme ich gern zu. Aber was heißt, neue Bilder aufsteigen zu lassen? Die Bilder und Entwürfe sind doch in letzter Instanz Produkte von Arbeit. Wenn Bilder denn aufsteigen, das gibt es auch, dann ist das nur ein *scheinbar* müheloser Prozess. Denn in ihm steckt die Arbeit vorangegangener Stunden und Tage. Ich kenne so etwas aus der Regiearbeit, dass ich plötzlich auf eine Musik oder einen anderen Auslöser hin ein Bild vor mir habe, das ich brauchen kann.

FB: Man muss beides sehen: Die Bildproduktion bedarf einer mühevollen Anstrengung, wie eines schwebenden Sich-Öffnens. Das ist ein Zustand der aktiven Passivität oder der passiven Aktivität. Wie in der Kunst des Bogenschießens beschrieben, muss ich, um das Ziel zu erreichen, das Ziel aus den Augen verlieren können.

MJ: Das ist völlig richtig. Es darf nicht zu willentlich angestrebt werden. Man sollte in der ästhetischen Praxis nie etwas erzwingen, mit Brachialgewalt zu Lösungen kommen wollen.

FB: Das bedeutet aber für den Bildungsprozess: Es geht nicht nur darum, sich vorgegebene „Bildungsgüter" anzueignen, das auch. Es geht darüber hinaus immer auch darum, in sich hinein zu hören, was ich denn „eigentlich" vorhabe mit meinem Leben, was denn „eigentlich" meine einzigartige Aufgabe wäre in dem Weltprozess, dessen Teil ich bin.

MJ: Von der Formulierung her bin ich da auf Dissens. Solche meditativen Aspekte im Umgang mit Problemen, die man sich noch meist selbst geschaffen hat, können sehr sinnvoll sein. Erzwingen lässt sich das alles überhaupt nicht. Aber wenn Du sagst, „als die wir ‚eigentlich' gemeint sind", dann muss ich sagen, das ist mir eine zu dunkle und zu religionsnahe Formulierung. Wer soll denn meinen, als was wir gemeint sind?

FB: Es ist natürlich klar, dass wir das selbst formulieren müssen. Mit diesem „eigentlich" ist gemeint, dass jeder Mensch die Aufgabe hat, das, was er in sich hört, wahrzunehmen und ernst zunehmen. Bildung heißt nicht einfach, sich qualifiziert zu informieren, sondern heißt auch, herauszufinden, was mein Beitrag zur Weltentwicklung ist. Das kann ich mir von keinem sagen lassen. Das muss ich schon selbst heraushören. Das „eigentlich" wendet sich subversiv gegen gesellschaftlich vorgegebene Aufgaben und Aufträge.

MJ: Damit bin ich einverstanden.

FB: Unabhängig von äußeren und inneren Vorgaben, auch meinen Vorlieben und Leidenschaften, muss ich fragen, was ist „eigentlich" der Sinn meiner Existenz? Einfacher gesagt, was habe ich „eigentlich" vor, was könnte ich „eigentlich" tun?

MJ: Die letzte Frage finde ich okay. Worauf Du damit zielen könntest, ist das, was ich als Motto für einen Aufsatz verwenden möchte, ein Wort von Fichte: „Alles bloß leidende Verhalten ist das gerade Gegenteil der Kultur." Das ist problemlos zu unterschreiben. Das *nur* leidende Verhalten derer, die ins Psychodrama kommen, wie das *nur* leidende Verhalten derer, die sich im Theater langweilen, hat mit Kultur wirklich nichts zu schaffen.

FB: Bildung ist sicher als Praxisprozess zu sehen, ist nicht etwas, was ich auf sitzende Weise in mich „reinziehen" kann. Bildung ist auch nicht etwas Individualistisches, sondern immer etwas Gemeinschaftliches. Ich muss nämlich immer ein Verhältnis zu den Menschen, Tieren und Dingen bilden. An diesem Prozess sind immer beide bzw. viele Seiten beteiligt. Das heißt, es geht darum, Umgangsformen, Stile im Umgang mit der Welt zu bilden. Sich eine angemessene Umgebung schaffen, sich eine Wohnung einrichten, das gehört alles nach meinem Verständnis zum Bildungsprozess dazu. Wir müssen lernen, in dieser Wechselbeziehung Kontexte wie Texte und umgekehrt zu bilden. Ich glaube, dass der ästhetische Aspekt eines jeden Bildungsprozesses gerade in der Theaterpraxis, sei es im vorgeführten Theater, sei es im spontanen Theater, besonders erfahren werden kann, weil das darstellende Spiel dafür die umfassendsten Möglichkeiten enthält: Es bezieht durch die Evokation der inneren Welt die psychisch-imaginale Dimension ein, durch das gemeinsame In-Szene-setzen die soziale und durch die konkrete Verkörperung (Bernd, 1987) auch die leibliche Dimension.

MJ: Es ist so nahe an der Lebenspraxis, wie keine andere Form der Kunst bzw. Bildung. Deshalb ist es ja auch interessant zu sehen, dass es zumindest vage Bestrebungen gibt, Theaterpädagogik in der Bundesrepublik diskutierbar zu machen. Die Bundesrepublik liegt etwa gegenüber Skandinavien oder England weit, weit zurück, was die Berücksichtigung von Theater in der schulischen Praxis angeht. Institutionalisiert ist fast gar nichts. Fast alles beruht auf dem Improvisationstalent einiger Lehrer, die so etwas betreiben. Das liegt allerdings im Trend: Man sieht ja, dass die ästhetische Erziehung kontinuierlich abgebaut wird, oft nur noch wahlweise in ein, zwei Stunden Musik- oder Kunstunterricht besteht.

FB: Das Problem besteht darin, dass ästhetische Bildung auf Fächer bezogen ist. Es geht dabei aber im Grunde um eine andere denn wissenschaftliche Herangehensweise, eben um eine mimetische. Man könnte in jedem Fach diese Herangehensweise, diese Methode der Welterschließung, arrangieren. Daran arbeiten z.Z. viele Psychodramatiker (Kösel, 1989). Das würde die Lernprozesse erheblich verändern, obwohl die bürokratischen Kontexte selbstverständlich weiter hemmend wirksam bleiben. Wenn man Psychodrama vor diesem Hintergrund sieht und nicht von vorneherein als Therapeutik für Leute, die an psychischen Störungen leiden, sondern als ein Modell des mimetischen Eröffnens von Welterfahrung, des role-creating, dann wird deutlich, dass es als ein genuin pädagogisches Verfahren angesehen werden kann, das eine ganz hohe Relevanz nicht nur für die schulische Praxis, sondern für intendierte Bildungsprozesse generell hat (Springer, 1993).

MJ: Das wird nach meiner Überzeugung keinerlei Früchte zeigen, da wir ja nicht mehr in einer Zeit leben, wo das Wünschen noch geholfen hat. All das, was Du als Qualität des Bildungsprozesses aufgeführt hast, widerspricht den Quantifizierungsbedürfnissen, die den schulischen Alltag prägen. Die Quantifizierbarkeit und Segmentierung von Lernprozessen ist das ebenso dumme wie stählerne Rückgrat der schulischen Praxis. Dagegen können wir nichts machen.

FB: Das ist eine undialektische Betrachtungsweise. Um die Quantifizierung und Segmentierung umzusetzen, müssen Lehrer, Schüler und Eltern mitmachen. Es bedarf geradezu des pädagogischen Engagements der Lehrer. Diese unsägliche Arbeit der Zubereitung der

Schüler zu etwas, was den Lehrern selbst mehr Unlust als Lust macht, stellt einen hohen Stressfaktor auch für die Lehrerschaft dar. Wenn also die Lehrer nicht ganz „ausbrennen" und die Schüler sich nicht total verweigern sollen, müssen gewisse Freiräume zugestanden werden. Und eben hier liegen die Spielräume für Bildungsprozesse, wie ich sie oben beschrieben habe.

Das Psychodrama als philosophische Praxis. Zum Verhältnis von Philosophie und Psychodrama
Ein Gespräch mit Ferdinand Fellmann[8] (1995)

FB: Herr Fellmann, Sie haben sich auf meine Anregung hin mit Moreno befasst, der ja in Philosophenkreisen wohl so gut wie unbekannt ist. Nun hat Moreno zweifellos eine eigenwillige Philosophie zur Grundlage seines Ansatzes gemacht (Buer, 1989b). Mich interessiert nun, welche Bedeutung Sie dieser Gestalt aus philosophischer Sicht zubilligen.

1 Die geistesgeschichtliche Bedeutung Morenos

FF: Ich möchte vorausschicken, dass mir Moreno bisher nicht bekannt war. Man kann sicher davon ausgehen, dass es wohl den meisten akademischen Philosophen so geht. Um so dankbarer bin ich, dass ich durch Sie die Gelegenheit erhalten habe, mich mit dieser faszinierenden Gestalt zu beschäftigen. Moreno interessiert mich zunächst aus geistesgeschichtlicher Sicht als eine „seismographisch begabte Figur", welche die verschiedenen gegenläufigen Strömungen der geistigen Entwicklung zu Beginn unseres Jahrhunderts aufnimmt und reflektiert. In dieser Hinsicht sehe ich deutliche Parallelen zwischen Moreno einerseits und Georg Simmel auf der anderen Seite, der wie Moreno jüdischer Herkunft ist. Allerdings wirkte er in einem ganz anderen Milieu als Moreno, nämlich im Berliner Bürgertum. Eine weitere Parallelgestalt scheint mir Theodor Lessing zu sein, der ebenfalls wie Moreno vom Judentum geprägt und der lebensphilosophischen Tradition verpflichtet war und auch eine starke künstlerische Neigung aufweist (Fellmann, 1993, 166ff.).

Mir scheint es nun unzweifelhaft zu sein, dass ein umfassendes Verständnis der Jahrhundertwende und der dann folgenden Zeit ohne Moreno nicht möglich ist. Moreno gehört zu den „Übergangsfiguren" dieser Zeit. Was mich sachlich an Moreno interessiert, ist insbesondere sein Beitrag zur Gruppenforschung und zur therapeutischen Praxis. Dabei möchte ich von vornherein betonen, dass ich keine Erfahrung mit dem Psychodrama habe und es ganz schön fände, wenn Sie mich darüber belehren und aufklären würden, damit ich so zu einer gerechten Beurteilung kommen kann.

Ich sehe das Psychodrama zunächst als eine interessante Modifikation des psychoanalytischen Ansatzes, welche stärker die *Praxis* und die *Intersubjektivität* betont und damit sicherlich manche Defizite der Psychoanalyse ausgleichen kann. Für die Gesamteinschätzung möchte ich von vornherein einschränkend bemerken, dass nach meiner Ansicht Moreno zu den Denkern gehört, die keine klassische Bedeutung besitzen, wie sie etwa Freud

---

[8] *Ferdinand Fellmann* geb. 1939, 1980-1993 Professor für Philosophie an der Universität Münster, 1993-2005 Professor für Philosophie und Wissenschaftstheorie an der TU Chemnitz. Dieses Gespräch wurde am 15.9.93 an der Universität Münster geführt. Ferdinand Buer hat es transkribiert, redigiert und mit Literaturhinweisen versehen.

zukommt. Ich glaube, man tut Moreno einen Gefallen, wenn man ihn nicht überstrapaziert, ihn also stark im Kontext seiner Zeit sieht. Dann kommen seine Stärken besonders gut heraus, und man vermeidet die Gefahr von Verzerrungen, die angesichts der unbestreitbaren großen Wirkungen auf die Geistesgeschichte von Freud einerseits und der vergleichsweise geringen von Moreno andererseits zwangsläufig gegeben ist. Ich bin grundsätzlich der Meinung, dass die Wirkungsgeschichte eine unhintergehbare Faktizität darstellt. Alle Versuche, „Randfiguren" in den Mittelpunkt zu rücken, haben sich nach meiner Beobachtung in der Geistesgeschichte als Fehlschläge erwiesen. Das schließt nicht aus, dass man nicht für einen interessanten Autor eintreten sollte.

FB: Ich gebe Ihnen gern zu, dass Freud sicher eine grundlegende Wandlung der Ansichten menschlichen Lebens durchgesetzt hat, obwohl ja auch er auf den Schultern etwa von Charcot und Janet steht (Ellenberger, 1985). Vieles von seinen Entdeckungen und Sichtweisen lag ja schon vor. Freud hat sicher diese dynamische Orientierung fundiert und verbreitet, so dass sie nicht nur in Europa, sondern auch in den USA rezipiert wurde. Man muss aber auch sehen, dass sich die Psychoanalyse doch sehr ausdifferenziert hat und sehr in Frage steht, inwieweit Freuds Grundkonzept heute überhaupt noch für Psychoanalytiker verbindlich ist, wenn man die Spannbreite etwa von Lacan über Lorenzer bis zu Kernberg und Kohut ins Auge fasst. Ferner hat sich gezeigt, dass viele psychoanalytische Strömungen sich inzwischen de facto der Position Morenos angenähert haben, nimmt man etwa die Objektbeziehungstheorien, den Ansatz Winnicotts oder auch den von Diane und Albert Pesso (1986).

Moreno ist zudem auch nicht nur vor dem psychoanalytischen Hintergrund zu sehen. Es gibt eindeutige Übereinstimmungen mit der humanistischen Psychologie und Psychotherapie oder auch mit interpersonalen Ansätzen, so dass sein Ansatz sicher auch Ausdruck einer breiten Opposition und Alternativentwicklung zur Psychoanalyse darstellt. Er steht gar nicht so isoliert da, wie das aus geistesgeschichtlicher Sicht zunächst den Anschein haben kann. Man muss auch sagen, dass der Einfluss der Psychoanalyse auf die Psychotherapie vor allem in den USA, aber auch in Europa an Bedeutung abnimmt. Allerdings scheint auch der Einfluss des Psychodramas in den USA, der ja nie gewaltig war, noch weiter zurückzugehen scheint, jedenfalls, was die psychotherapeutische Relevanz betrifft. Lebendig scheint das Psychodrama vor allem in Südamerika zu sein, aber auch in manchen Ländern Europas wie etwa Großbritannien. Ich kann Ihrer Einschätzung daher durchaus im Großen und Ganzen zustimmen, würde aber allerdings doch einige andere Akzente setzen.

FF: Ich fühle mich durch Ihre Ausführungen durchaus bestätigt. Man wird Moreno nicht als gleichgewichtigen Gegenpol zu Freud aufbauen können. Er bietet wohl eher eine interessante Modifikation des psychoanalytischen Ansatzes. Ich kann Ihnen auch zustimmen, dass vieles von Freuds Ideen bei Charcot und Janet vorgeprägt war. Auf der anderen Seite meine ich, dass Freud unterschätzt wird, wenn man ihn als jemanden ansieht, der das alles nur gebündelt hat. Freud hatte schon ein wirklich durchgreifendes theoretisches Konzept, welches – auf eine Formel gebracht – eben darin besteht, dass den irrationalen Momenten in der menschlichen Psyche eine dominierende Kraft zukommt und dass die Rationalität gegenüber der grundlegenden Triebstruktur nur regulative Bedeutung besitzt. Das ist eine große geistesgeschichtliche Verschiebung gewesen, von der auch Moreno wie viele andere dieser Zeit leben.

FB: Morenos Abgrenzung ist nicht darin zu sehen, dass er etwa Freuds Entdeckung der Rolle des Unbewussten abgelehnt hätte. Die Differenz liegt zum einen in den ganz unterschiedlichen Konzeptualisierungen. Moreno lehnt Freuds geschlossenes mechanistisches, ökonomistisches, energetisches Modell des Menschen ab. Er vertritt dagegen ein Konzept der offenen Entwicklung, ganz in der lebensphilosophischen Tradition. Auch in der Technik gibt es grundlegende Differenzen. Moreno sieht die psychoanalytische Standardsituation fixiert auf eine bestimmte gesellschaftliche Situation bürgerlicher Schichten am Ende des 19. Jahrhunderts. Sein Ansatz des vertrauensvollen Redens und Sichdarstellens in einer größeren Öffentlichkeit gehört doch schon in eine andere Zeit. Ich möchte die These vertreten, dass Morenos Konzept moderner ist, also besser in die heutige Zeit passt als Freuds Ansatz.

FF: Dem kann ich durchaus zustimmen.

2 Das Psychodrama als praktische Lebensphilosophie

FB: Ich habe ja schon angedeutet, dass ich in der Lebensphilosophie (Bollnow, 1958) einen ganz zentralen Anküpfungspunkt für Morenos Gedankenwelt sehe (Buer, 1989c). Moreno spricht gelegentlich in seinen Arbeiten selbst von der „Philosophie des Lebens" als der „underlying philosophy" seines Ansatzes (Moreno, 1978a, VX; 1973a, 198). Er bezieht sich allerdings nicht systematisch auf die Lebensphilosophie, gleichwohl knüpft er direkt an prominente Vertreter dieser Tradition an: An Bergson, den er auch gelesen hat, zumindest die „schöpferische Entwicklung", deutsch 1912 (Moreno, 1971, 169f; 1977, 103), an Nietzsche (Moreno, 1919c; 1960c, 7; Moreno et al., 1964, 43) an Simmel – er erwähnt die „Philosophie des Geldes" (Moreno, 1981, 269) –, aber auch an von der Lebensphilosophie beeinflusste Philosophen wie Max Scheler (Moreno, 1981, 269) und Autoren des amerikanischen Pragmatismus wie Charles Saunders Peirce (Moreno, 1972, 211; 1974a, 437f; 1981, 256), John Dewey (Moreno, 1973a, 17, 129; 1981, 166, 208) oder George Herbert Mead, auf dessen Rollentheorie er sich ausführlich bezieht (Moreno, 1974a, XXI; 1981, 166ff., 256, 266, 277; Moreno in: Petzold, Mathias, 1982, 264, 269f, 276, 280).

Da Sie nun neuerdings eine interessante Interpretation der Lebensphilosophie vorgelegt haben, die aus ihr „Elemente einer Theorie der Selbsterfahrung" herausarbeitet (Fellmann, 1993), möchte ich gern im Dialog mit Ihnen prüfen, inwiefern sich das Psychodrama als eine praktische Form der Lebensphilosophie verstehen lässt.

FF: Ich kann dieser These zustimmen. Ich glaube, dass Sie damit vollkommen richtig liegen. Morenos Denken und wahrscheinlich auch seine Praxis, so weit ich sie sehe, spiegelt offenkundig die für die Lebensphilosophie charakteristische Dynamisierung der Ontologie wieder. Das Letzte ist nicht ein starres Sein, sondern ein Werden, eine Entwicklung. Das betrifft nicht nur den Menschen selbst, sondern auch das Universum, natürlich dann auch Gott. Das drückt Moreno ganz klar in seiner Konzeption des „werdenden Gottes" aus. Ich denke, dass Moreno in diesem Punkt ganz besonders von Bergsons Metaphysik beeinflußt ist (Fellmann, 1993, 73ff.; Kolakowski, 1985; Deleuze, 1989; Schmitz, 1989).

Henri Bergson

FF: Ich habe den Eindruck, dass Bergson den zentralen Bezugsautor darstellt, was nicht unbedingt bedeuten muß, dass Moreno mit den Schriften Bergsons sehr vertraut gewesen ist. Bergson war nämlich der Autor, der damals in der Luft lag. Man brauchte ihn fast gar nicht gelesen zu haben, um zu wissen, was in ihm steckt.

FB: Was Moreno sicher sehr entgegen kam.

FF: Die „Schöpferische Entwicklung" (1921), 1907 erschienen, gehörte zu den erfolgreichsten philosophischen Büchern in Deutschland in der ersten Hälfte unseres Jahrhunderts, erst 1927 wurde es von Heideggers „Sein und Zeit" abgelöst. Übersetzt wurde es von Gertrud Kantorowitz, der Freundin Simmels. Charakteristisch für die Bergonsche Lebensphilosophie ist die Ausweitung seiner bewusstseinstheoretischen Ansätze, die er in psychologischen bzw. erkenntnistheoretischen Schriften vor 1900 entwickelt hat, insbesondere in den Analysen des inneren Zeitbewusstseins (Bergson, 1948; 1949; 1991), zu einer Kosmologie und, wenn man so will, zu einer Theologie. Das ist der Inhalt des Buches „Schöpferische Entwicklung", den man geradezu als einen metaphysischen Roman lesen kann: Der Held ist das Sein oder der Kosmos, der sich nach einem ganz bestimmten Schema entwickelt. Dahinter wiederum stehen die Gedanken zur Evolution von Herbert Spencer. Dessen Evolutionismus ist quasi der Vater der metaphysischen Ausweitung der Bewusstseinsanalysen Bergsons in die kosmische Dimension. Nun muss allerdings einschränkend gesagt werden, dass diese Gestalt der Lebensphilosophie historisch geworden ist. Die „Schöpferische Entwicklung" ist fast zum Kuriosum geworden. Heute betreibt niemand mehr diese Art von Metaphysik, auch nicht als „induktive". Denn für die dort aufgestellten Behauptungen gibt es keine plausiblen Gründe. Diese eher phantastische Konzeption hat sicher dazu beigetragen, dass ab einem bestimmten Punkt das Ende der Lebensphilosophie besiegelt war. Vor allem der ungebrochene Optimismus, der aus dem Buch spricht, war nach dem Ersten Weltkrieg so nicht mehr nachzuvollziehen. Ich sage das deshalb, weil Moreno in seiner theoretischen Gesamtkonzeption Bergsons Ansatz stark verpflichtet ist. Dort liegt sicher auch die Zeitbedingtheit seiner Position. Die in die Zukunft weisende Leistung Morenos sehe ich darin, daß er diese Metaphysik in eine bestimmte Praxis transformiert hat. Ich würde diese Praxis so betrachten, dass sie auch ohne die Metaphysik auskommt, obwohl Moreno bis zum Ende seines Lebens an ihr festgehalten hat. Ich meine jedoch, dass man beide Seiten durchaus trennen kann. Um Moreno zu retten, halte ich die Trennung für erforderlich. Ich folge damit einer Strategie, die ich auch in meinem Buch „Lebensphilosophie" beachtet habe. Ich habe mich ja mit großer Sympathie den einzelnen lebensphilosophischen Autoren zugewandt. Aber ich konnte in keinem Fall den Schritt zur Metaphysik im Sinne eines „werdenden Gottes" usw. nachvollziehen. Ich meine, dass man auf einer gemäßigten Ebene diese metaphysische Grundkonzeption operationalisieren und fruchtbar machen kann, so natürlich auf der Ebene der Anthropologie und dann, wie Moreno sehr schön beweist, auf der Ebene der therapeutischen Praxis.

FB: Hier berühren Sie einen neuralgischen Punkt in der Diskussion um die Bedeutung der Philosophie Morenos für die psychodramatische Praxis innerhalb der Psychodrama-Szene. Die einen sagen, diese ganze Philosophie, die Moreno vorträgt, ist überflüssig, ist Ballast, die Praxis kann auch anders begriffen werden und das ist notwendig. Die Gegenposition, die auch ich vertrete, meint: Ohne die sicher auch kritischen Reflexionen dieser Philosophie wird der Blick auf die von Moreno gemeinte Praxis doch sehr getrübt. Ohne diese Verankerung werden alle möglichen theoretischen Konstrukte herangezogen, die gerade auf dem Markt sind, ohne ihre Kompatibilität mit Morenos Grundorientierung ernsthaft zu prüfen. Als die Lerntheorien „in" waren, hat man das Psychodrama eher verhaltenstherapeutisch interpretiert. In dem Maße, wie die Psychoanalyse wichtig genommen wurde, hat man das Psychodrama als „tiefenpsychologisch fundiert" gesehen. Heute, wo die Systemtheorie und der Konstruktivismus in aller Munde sind, wird alles über diesen Leisten geschlagen. So wird das Psychodrama auf eine Technik reduziert, die allen zu Diensten sein kann. Diese Beliebigkeit scheint mir problematisch zu sein. Ich kann Ihnen folgen, wenn Sie sagen, dass eine Metaphysik á la Bergson heute nicht mehr nachvollziehbar ist. Und das trifft sicher auch auf Morenos Philosophie, insofern sie daran gebunden ist, zu. Insofern plädiere ich für eine reflexive Pendelbewegung von Morenos Philosophie auf seine Praxis, wie auf den heutigen Reflexionshorizont, um dann genauer ins Auge zu fassen, was davon bleiben kann und soll. Insofern halte ich die Einstellung, man bräuchte sich erst gar nicht mit der Philosophie Morenos und ihren z.B. lebensphilosophischen Bezügen zu befassen, als ganz fatal, weil dadurch de facto etwa anthropologische Grundpositionen aufgegeben werden, ohne dass das überhaupt auffallen kann Vielen Psychodramatikern fällt natürlich diese hermeneutische Reflexion schwer, weil sie das in ihrem Studium (z.B. Psychologie, Medizin, Sozialarbeit) oft nicht mitbekommen haben. Mir ist die Auseinandersetzung mit Morenos Philosophie auch deshalb wichtig, weil zum Gelingen der psychodramatischen Praxis eine bestimmte Haltung notwendig ist, die von der persönlichen Philosophie geprägt wird: etwa das Vertrauen in kreative Kräfte, das Setzen auf Spontaneität ... Insofern kommt kein Psychodramatiker darum herum, seine eigene Philosophie zu entwickeln, die für die psychodramatische Praxis nützlich ist. Und dazu ist die Auseinandersetzung mit Morenos Philosophie höchst geeignet, was ich aus der Erfahrung in der Ausbildung von Psychodramatikern weiß.

FF: Ich kann Ihre Bedenken verstehen, was die Praxis betrifft, das Psychodrama mit allen möglichen modischen Konzeptualisierungen zu verbinden. Ich meine auch nicht, wenn ich vorschlage, die Metaphysik auszuklammern, dass man damit jedes theoretische Fundament aufgeben soll. Ich meine schon, wenn man die Metaphysik substrahiert, dass auch theoretisch in der Lebensphilosophie noch etwas übrig bleibt und zwar etwas, das im Psychodrama durchaus zum Ausdruck kommt, nämlich eine ohne kosmologische und theologische Implikationen entwickelbare anthropologische Theorie, die den Menschen definiert als ein endliches, zeitliches Wesen, die also streng auf dem Standpunkt der Immanenz beharrt. In dieser Richtung habe ich die Lebensphilosophie sicherlich uminterpretiert. Morenos Betonung des Augenblicks in der psychodramatischen Praxis scheint mir eigentlich eine Bestätigung des Standpunkts der Immanenz zu sein. Natürlich ist für Moreno der Augenblick metaphysisch aufgeladen, aber ich meine, man kommt auch ohne diese Aufladung zurecht. Man kann eine sehr plausible Theorie des Augenblicks auf der Grundlage von Analysen des inneren Zeitbewusstseins entwickeln und man könnte das Psychodrama als eine Art Darstellung des inneren Zeitbewusstseins auffassen, so wie es von Bergson, von Husserl und anderen Philosophen dieser Zeit entwickelt wurde. In dieser Konzeption ist der Augenblick nicht nur eine Grenze, sondern der Augenblick ist auch gefüllt, aber eben nicht gefüllt mit Gott und dem Kosmos, sondern gefüllt mit der Vergangenheit und mit der Zukunft. Man kann das Psychodrama auffassen als eine Form, diese verschiedenen Zeitdimensionen auszuleben, darzustellen und darin einen Zugang zur Fülle des Lebens zu gewinnen. Da bleibt dann auch noch eine optimistische Perspektive, aber auf einer viel bescheideneren Grundlage, nämlich auf der Tatsache, dass wir endliche Wesen sind und, wenn wir den letzten Atemzug getan haben, uns in Staub oder Rauch auflösen, je nach dem, wie wir uns bestatten lassen. Wie es mit dem Kosmos ist und mit dem lieben Gott, das mag dahingestellt bleiben.

FB: Ich sehe auch bei Moreno, dass er deutlich differenziert hat zwischen seinem persönlichen Glauben, der sicherlich von der jüdischen Tradition her geprägt war, und dem Versuch einer theoretischen Grundlegung des Psychodramas. Er beharrt nämlich auf einer klaren Wissenschaftsorientierung. Zum Beispiel muss das, was er Kreativität nennt, nach ihm konkret erfahrbar und d.h. auch, empirisch nachweisbar sein. Er wendet sich geradezu gegen metaphysische Begriffe, die im Spekulativen bleiben. Er will gerade eine Praxis begründen, die das alles, was etwa Bergson beschreibt, erfahrbar macht. Nur dann und nur insofern die „schöpferische Entwicklung" von den Beteiligten des psychodramatischen Prozesses nachvollziehbar ist und als wirksam glaubwürdig bezeugt wird, ist es relevant.

FF: Wenn Sie das so formulieren, kann ich Ihnen zustimmen. Und ich meine, man täte der „psychodramatischen Bewegung" einen Gefallen, wenn man sie von dem Ballast überfordernder Metaphysik befreit. Die Anschlussfähigkeit zu akademischen Traditionen würde sich dadurch sicherlich erhöhen und die Gefahr der weltanschaulichen Indienstnahme geringer werden. Bei außerakademischen Bewegungen dieser Art muss man ja immer befürchten, dass sie in die Hände von Scharlatanen und Geschäftemachern geraten. Es geht immer um die Grenze zwischen Seriosität und Unseriösem bzw. Modischem. Moreno hat es eigentlich verdient, gegen derartige modische Indienstnahmen in Schutz genommen zu werden.

FB: Nun bewegen sich die psychotherapeutischen Ansätze immer in einem Zwischenbereich. Auch an Freud kann man das ja sehen. Seine wissenschaftlichen Leistungen, die er als Mitglied der Universität erbracht hat, waren sicher nicht so bedeutend, wie die, die er außerhalb vorgelegt hat. Denn gerade aus diesem Zwischen schöpfen diese lebensweltbezogenen Ansätze ihre Kraft (Ellenberger, 1985). Mir ist jedenfalls wichtig, dass keine kopflose Akademisierung betrieben wird, sondern dass auf Traditionen bezug genommen wird, die den spezifischen Gehalt eines Ansatzes auch zur Sprache bringen. Gerade die Lebensphilosophie scheint mir da – was das Psychodrama betrifft – ein interessanter Bezugspunkt zu sein, die sich ja auch in diesem Zwischenbereich bewegt. Die Gefahr eines grenzenlosen Irrationalismus ist sicher gegeben und ihr sind auch manche Vertreter der Lebensphilosophie wie Spranger und Klages erlegen. Das Aushalten dieser Ambivalenzen lässt sich aber nicht ganz vermeiden.

FF: Ich halte den Begriff des Akademischen nicht für ein Schimpfwort. Gleichwohl weiß ich um die Defizienzen des akademischen Betriebs und des akademischen Denkens. Dieses Denken bietet schon ein gewisses Reservoire an Rationalität und gewisse Resistenzen gegenüber Verführungen seitens des Irrationalen.

FB: Wissenschaftlichkeit wird leider im common sense oft nur an den Universitäten für möglich gehalten. Wissenschaft kann aber ebenso gut – wenn denn Zeit und Kompetenzen vorhanden sind – außerhalb betrieben werden. Zudem wird Wissenschaftlichkeit leider oft genug mit science, mit Naturwissenschaft, identifiziert. Dass aber den Wissenschaften, die sich mit Menschen beschäftigen, also den Humanwissenschaften, ein völlig anderer Status zukommt, insofern sie selbstreflexiv sind, da hier Menschen Menschen untersuchen, wird häufig – zumindest in den Köpfen vieler Therapeuten und Pädagogen – nicht beachtet. Ferner wird zu wenig berücksichtigt, dass es auch in den Humanwissenschaften ganz unterschiedliche erkenntnistheoretische Positionen gibt, die sich gegenseitig durchaus in Frage stellen. Mir geht es – so auch in diesem Gespräch – darum, deutlich zu machen, dass das Psychodrama nur dann wissenschaftlich weiter begründet und entwickelt werden kann, wenn die genuine Logik psychodramatischer Erkenntnis in Korrespondenz zu den damit kompatiblen Methodologien der Humanwissenschaften herausgearbeitet wird (Buer, 1992b). Mir geht es darum, die Anschlussfähigkeit psychodramatischen Denkens an heute relevante wissenschaftstheoretische bzw. philosophische Strömungen herzustellen.

FF: Um es auf eine Formel zubringen: Anschlussfähigkeit ist nach meiner Überzeugung erst dann gegeben, wenn man sowohl die Lebensphilosophie als auch Morenos Denken reduziert.

FB: Welche Positionen der Lebensphilosophie wie des Psychodramas sollten denn Ihrer Meinung nach in jedem Fall festgehalten werden?

FF: Anschließend an Bergson würde ich an den Analysen des inneren Zeitbewusstseins festhalten mit der Betonung auf die Mehrdimensionalität der Gegenwart. Ich denke, dass das Psychodrama aufgefasst werden kann als eine Art Darstellung dieser Mehrdimensionalität.

FB: Da möchte ich Ihnen voll zustimmen. Es geht ja im Psychodrama einmal darum und ich beziehe mich jetzt auf die klassische protagonistenzentrierten Form, dass der Protagonist das, was in ihm vorgeht, zunächst einmal erzählt, dann aber auch unter der Regie der Leiterin und der Mitspieler in verschiedenen Szenen darstellt. Es werden Szenen gespielt, die in *diesem* Moment relevant zu sein scheinen. Ausgangspunkt ist immer der Augenblick: Was ist *jetzt* virulent, was ist *jetzt* da, was ist *jetzt* lebendig? Das kann sich durchaus auf etwas Vergangenes oder Zukünftiges beziehen. Das *jetzt* Vorhandene soll zum Ausdruck gebracht werden. Indem es dann produziert wird, macht der Protagonist neue Erfahrungen, insofern er jetzt der Autor, der Urheber seines Handelns ist, während er in seiner Erinnerung eher Betroffener von auf ihn einströmenden Ereignissen war. In diesem besonderen Raum kann er sich diese Darstellung auch noch einmal von außen anschauen. So kann er im Rollentausch nicht nur eine seinem Bewusstsein bisher fremde Position erspüren, er kann auch sich und seine Szene aus dieser verfremdeten Position anders sehen. Er kann auch aus der Szene herausgehen und sich das, was er und die anderen gerade dargestellt haben, noch einmal vorspielen lassen. Das nennt man Spiegeltechnik. Der Protagonist nimmt also innerlich teil, ist ganz involviert, tritt aber auch aus dem Geschehen heraus. Dieser Wechselprozess von Partizipation und Distanzierung, von Mitschwimmen und vom Ufer aus Anschauen ist charakteristisch für die psychodramatische Selbsterfahrung. Im Hindurchgehen durch verschiedene Szenen kann dann eine neue Qualität des Lebens erfahren werden, indem bisherige Handlungsmuster durchbrochen werden und jetzt etwas Neues gespielt wird. Zur Bezeichnung dieses Bruchs, dieses Wandlungsprozesses greift Moreno den Katharsis-Begriff aus der Dramentheorie auf. Da liegt das eigentlich Schöpferische. Und das Hindurchgehen durch die Verkrustungen der gespielten Szenen würde ich durchaus als Transzendieren, als ein Hinübergehen, ein Überschreiten bis hin zu einer neuen Qualität von Lebendigkeit verstehen wollen (Buer, Schmitz-Roden, 1992). Dann ist es aber noch einmal wichtig, dass das neue Verhalten mit den alltäglichen Kontexten, aus dem die Motivation zur Darstellung ja stammt, in einer „Realitätsprobe" konfrontiert wird, um die Haltbarkeit zu prüfen. Im Schlusskreis können dann alle Beteiligten *ihre* Erfahrungen als involvierte Mitspieler oder als teilnehmende Zuschauer einbringen, so dass dann ganz verschiedene Perspektiven aus verschiedenen Positionen zum einundderselben Spiel des Protagonisten zusammengebracht werden. Die einzelnen Mitspieler treten quasi in das Bewusstsein des Protagonisten ein, indem sie Teile dieses Bewusstseins verkörpern. Dabei modifizieren sie es aber zugleich. Um eine therapeutisch oder pädagogisch gelungene Veränderung voranzutreiben, müssen die Mitspieler dabei mit dem Regisseur an einem Strang ziehen, so dass nicht einfach ein Fortschritt, sondern ein Überschreiten hin zu einem neuen Zustand möglich wird.

Arthur Schopenhauer

FF: Ihre Schilderung der Praxis erinnert mich an den geistigen Vater der Lebensphilosophie, nämlich an Schopenhauer (Fellmann, 1993, 35ff.; Safranski, 1987). Er charakterisiert das menschliche Leben als Doppelleben: Der Mensch sei zum einen Akteur auf der Bühne des Lebens, zum anderen Zuschauer dieses Schauspiels. Selbst wenn es eine Tragödie darstellt – und für den Menschen ist das Leben notwendig eine Tragödie, da wir alle sterben müssen –, kann er nach der Betrachtung wieder gelassen auf die Bühne gehen und mitspielen. Diese Übereinstimmung mit der psychodramatischen Praxis bestätigt meine Vermutung, dass man das Psychodrama als Methodik auf die lebensphilosophische Grundfigur zurückführen kann, nämlich die der Doppelrolle des Menschen, Akteur und zugleich Zuschauer seiner selbst zu sein.

Im Übrigen war Schopenhauer damals allen Gebildeten bekannt und nur auf diesem Hintergrund konnte auch Bergson so groß werden. Die Differenz zwischen dem Pessimismus Schopenhauers und dem Optimismus Bergsons ist nicht so entscheidend. Wichtig ist der für die Lebensphilosophie zentrale Grundansatz, dass der Mensch in seiner Immanenz ohne das Muster der Transzendenz definiert wird. Gegenüber dem deutschen Idealismus nimmt Schopenhauer den Menschen in seiner Endlichkeit ernst. So stellt das Sinnliche überhaupt keine Trübung des idealen Wesens dar, sondern ist wesentlicher Ausdruck des Menschlichen. Es verhält sich keineswegs so, dass die Wirklichkeit, das Empirische, das Sinnliche bloßer Abfall von einem Höheren, von einem Idealen wäre. Die Endlichkeit ist das einzige, was wir im Leben zur Verfügung haben. Und es ist dem Menschen aufgegeben, mit seiner Sinnlichkeit und seiner Endlichkeit so umzugehen, dass er ein vernünftiges und erfülltes Leben führen kann. Ich denke, dass Morenos Position in großen Zügen jedenfalls diesem Ansatz entspricht.

FB: Das Psychodrama will ein Arrangement anbieten, in dem jeder, der will, sich mit den Fragen auseinandersetzen kann, die ihn tatsächlich bewegen, und das nicht abstrakt-rationalistisch, sondern aus den Handlungskontexten heraus, aus dem die Fragen stammen.

FF: Dem entspricht Schopenhauers Hochschätzung des Leibes. Schopenhauer war der erste deutsche Philosoph, der dem Leib eine Schlüsselstellung zugebilligt hat als Verbindung zwischen Geist und Sinnlichkeit. Der Leib ist eigentlich das Erste und erst wenn man den Leib ausdifferenziert, kommt man zu so etwas wie einer intelligenten Geistigkeit und einer intelligenten Sinnlichkeit. Der Mensch ist im Leib immer beides. Dem entspricht auch die von mir eben geschilderte Doppelrolle des Lebens.

Nun war Moreno sicher nicht Schopenhauerianer. Diese Sicht gehört zu der allgemeinen lebensphilosophischen Bühne, auf der sich die ganze Bewegung abspielt. Spezifischer ist wahrscheinlich der Bezug Moreno – Simmel.

Georg Simmel

FF: Beide waren Zeitgenossen, jedenfalls bis zum Tod Simmels 1918. Es ist offenkundig, daß es hier Berührungspunkte gibt. Einmal betrifft das die Kategorie der Wechselwirkung, die Simmel in seiner „Philosophie des Geldes" (1989) entwickelt (Buer, 1989c, 35), vor allem auch die soziologischen Konzeptionen, also den Relationismus, der die Intersubjektivität als das Primäre gegenüber dem Individuum betont, und nach dem das Individuum nur Kreuzungspunkt von Verkehrskreisen darstellt (Dahme, 1987).

Den zentralen Berührungspunkt sehe ich jedoch eher im Dualismus von Leben und Form bei Simmel (Fellmann, 1993, 124ff.). Simmels Formbegriff entspricht dem der Konserve bei Moreno. Simmel beschreibt in einem damals sehr viel gelesenen kulturphilosophischen Aufsatz die Entwicklung der Menschen und der Kultur als Dialektik von Leben und Form: Das Leben als eine dynamische Potenz produziere ständig Formen, in denen es sich erhalten kann. Ohne Formen, z.B. ohne Institutionen, kein Leben. Aber diese Formen wenden sich nach kurzer Zeit gegen das Leben, gegen den Veränderungswillen. Es wechselt ständig ein Destruieren der Formen mit ihrem Neuaufbau. Simmel beschreibt das Verhältnis von Leben und Form als Tragik. Zwar kann das Leben ohne die Form nicht sein, wird aber durch sie immer wieder behindert, „zu leben". Mir scheint, dass Morenos Konzeption der Konserve dieser Denkfigur sehr speziell entspricht.

FB: Simmel führt diese Dialektik ja schon 1908 in seiner „Soziologie" (1992, 51f) und in seinem Aufsatz „Zur Philosophie des Schauspielers" (1993) näher aus, in dem er die Rollenmetapher aufgreift. Hier trifft er sich ganz eng mit Moreno, der ja den Rollenbegriff auch in dieser Zeit aus der Theatersprache übernimmt (Petzold, Mathias, 1982). Die Rollen sind ja die ausgedrückten Formen des Lebens, die fixierten Ausdrucksweisen, die im gesellschaftlichen Austausch gegenseitig wahrgenommen werden. In seinen Frühschriften tritt Moreno noch sehr stark gegen jegliche Fixierung ein, er plädiert damals für die totale Improvisation und gründet 1921 sein Stegreiftheater in der Hoffnung, dass dadurch eine Befreiung von jeglicher Konvention möglich würde. Er wendet sich gegen das damals vorherrschende Repertoiretheater, das vorgegebene Stücke zur „Aufführung" brachte, indem die Schauspieler sich hinstellten und den Text deklamierten, also an der vorgegebenen Rolle kleben blieben. Insofern spricht Petzold zu Recht davon, dass Moreno damals eine „Antirollentheorie" vertrat (Petzold, Mathias, 1982, 62). Später in den USA – gerade in der Auseinandersetzung mit Mead – hat er natürlich deutlicher gesehen, wie Simmel auch, dass die Form grundsätzlich notwendig ist, sonst kann ja nichts festgehalten werden.

FF: In der Bevorzugung der Spontaneität, die beim frühen Moreno offenbar betont wird, trifft er sich mit Simmel. Denn Simmel sagt in einem seiner kulturkritischen Aufsätze aus dieser Zeit: Wenn es darum ginge, zwischen Form und Leben zu wählen, dann würde er lieber dem Leben den Vorzug geben, dem Nichtgeformten. Das sei zwar auch nicht ideal, aber die Schäden, die durch die Formlosigkeit angerichtet würden, seien nicht so groß, gemessen an der kreativen Kraft, die aus dem Leben wächst. Das Schlimmste für Simmel ist die Erstarrung und für Moreno die Konservierung, das ist ganz klar.

FB: Allerdings wird bei Moreno diese Dialektik immer bezogen auf die je konkrete Szene. Die Frage lautet, wieviel Form und wieviel Spontaneität passt eigentlich, damit ein Leben in dieser Lage als gelungen betrachtet werden kann?

FF: Man könnte also sagen, dass das Psychodrama die lebensphilosophische Dialektik von Leben und Form auf die Bühne bringt.

FB: Ja. Aber nicht abstrakt, sondern auf je konkrete Lebensszenen bezogen, die für die direkt Beteiligten tatsächlich im Moment virulent sind im Unterschied zu einem Theaterstück, wo eine allgemein interessante Konstellation vorgeführt wird. Im Psychodrama wird nur *das* zum Thema gemacht, was im Moment spontan da ist. Im Soziodrama kann man auch gesellschaftlich relevante Themen aufgreifen, wenn sie denn auch die Teilnehmer dieser konkreten Gruppe betreffen.

3 Die Bedeutung des Pragmatismus

FF: Moreno ist sicher in den USA mit einer ganz anderen philosophischen Tradition in Berührung gekommen, die aber im weiteren Sinne auch von der Lebensphilosophie tangiert ist, mit dem Pragmatismus. In dieser Philosophie wird das menschliche Denken zunächst auf seine Folgen hin betrachtet und insbesondere die Intersubjektivität betont, die Solidarität und der damit verbundene Optimismus. Das hat sich dann in den USA im New Deal niedergeschlagen. Da gibt es ja offenkundig Beziehungen zu Morenos „Who Shall Survive" von 1934. Aber man sollte auch sehen: Nicht der New Deal hat die USA aus der wirtschaftlichen Talsohle gebracht, sondern der Zweite Weltkrieg, so zynisch das klingt. So viel nur zu den Grenzen der Umsetzbarkeit derartiger sozialpolitischer Konzepte. Ich bin dabei immer etwas zurückhaltend. Das betrifft nicht nur Moreno oder den Pragmatismus, es betrifft die Philosophie überhaupt. Die Philosophen können nicht die Rolle der Könige spielen, um anstelle der Politiker die Welt zu verbessern. Das halte ich für eine fatale Illusion.

FB: Moreno hat natürlich auch keine *konkrete* Utopie anzubieten. Um aber die fundamentale Frage: Wer wird überleben, also welche Voraussetzungen müssen wir schaffen, damit wir überleben können, überhaupt sinnvoll reflektieren zu können, braucht es Orte und Gelegenheiten, bei denen nicht abstrakt, sondern konkret diskutiert und ausprobiert wird. Das Psychodrama ist der bescheidene Versuch, das Gelingen des Alltags von jedermann von den Betroffenen selbst voranzubringen. Erst auf dieser Basis sollten weiterführende Perspektiven und Strategien entwickelt werden. Moreno hat ja schon 1919 seiner Skepsis gegenüber einer Revolution von oben in Russland Ausdruck gegeben, nicht weil er keine Sympathien für dieses gesellschaftliche Projekt gehabt hätte – er hat ja überlegt, in die Sowjetunion zu gehen –, sondern weil er sah, dass hier nicht die konkrete Entscheidung der Beteiligten Ausgangspunkt war.

FF: Ich plädiere trotzdem für eine Trennung von lebensweltlichem Denken einerseits und politischen Strategien andererseits. Ich glaube nicht, dass man das eine so an das andere heranführen kann. Natürlich soll man versuchen, durch Erziehung auf das gesellschaftliche Leben Einfluss zu nehmen. Das ist aber ein sehr langer Weg. Politische Strategien müssen notwendigerweise abstrakt sein. Ein Politiker, der für mehrere Millionen Menschen Entscheidungen treffen muss, kann keinen bruchlosen Übergang seiner Politik bis in die unteren Schichten des personalen Lebens herstellen. Politik, wenn sie denn funktionieren soll – und wir sind ja alle darauf angewiesen –, muss diese Abstraktion in Kauf nehmen und jeder, der selbst politisch agieren muss, wird das sofort spüren.

4 Bezüge zum Judentum

FF: Was die weiteren philosophischen Bezüge betrifft, wäre sicher die jüdische Tradition zu nennen, in der Moreno steht (Geisler, 1994; 1999). Ich will in diesem Zusammenhang nur darauf hinweisen, dass die Lebensphilosophie nicht unbedingt mit der jüdischen Tradition in Verbindung zu bringen ist, wenn man davon ausgeht, dass die Väter dieser Strömung Schopenhauer und Nietzsche waren. Die Meinungen, wie stark die jüdische Tradition bei Bergson Einfluss gehabt hat, gehen in der Forschung weit auseinander.

FB: Ich denke, man kann sicherlich zwischen beiden Traditionen Übereinstimmungen feststellen, ohne dass man annehmen muss, die eine habe die andere beeinflusst. Etwa tritt der Chassidismus ein für eine neue Unmittelbarkeit, für eine Weltfreudigkeit, eine Bereitschaft zur Tat, eine Orientierung auf das Gelingen der profanen Alltäglichkeit, für eine individuelle, objektiv-intentionale Ethik (Kohn, 1979, 75ff.). Diese Orientierung ist sicher mit lebensphilosophischen Positionen vereinbar. Viele der lebensphilosophisch orientierten oder beeinflußten Philosophen waren ja jüdischer Herkunft wie Bergson, Simmel, Lessing, Scheler oder auch Husserl. Hier gibt es sicher Affinitäten.

Friedrich Nietzsche

FF: Eine weitere wichtige auf Moreno wirkende Strömung scheint mir der Ästhetizismus zu sein, also die durch Nietzsche bestimmte Stilisierung und Formalisierung der Lebenswelten. Hier werden Ethik und Ästhetik geradezu gleichgesetzt. Besonders prominenter Vertreter ist Oscar Wilde. Bei Nietzsche (Fellmann, 1993, 53ff.; Ries, 1987) selbst wäre an sein Diktum von der ästhetischen Rechtfertigung der Welt zu erinnern, die er auf eine bestimmte Kunstgattung bezieht, nämlich die Tragödie. Die Tragödie wird in „Die Geburt der Tragödie" als Prototyp einer ästhetischen Rechtfertigung der Welt gesehen, dann auch als Prototyp einer bestimmten Lebensform, nämlich die des Philosophen, der die unauflösbaren Spannungen der Moderne auszutragen hat.

Wie verhält sich nun die Entstehung des Psychodramas aus dem Stegreiftheater zur Tragödie? Beim Stegreiftheater denkt man zunächst an Komödie, an Commedia dell' Arte, jedenfalls an Spaß und Spiel.

FB: Zunächst zum Stegreiftheater. Moreno hat 1923 einen Roman bei Kiepenheuer herausgebracht, den „Königsroman", in dem er seine eigene Suche nach dem Göttlichen als dem Ursprünglichen verarbeitet. Der Ich-Erzähler ist auf der Suche nach dem König bei den Kindern, bei den Prostituierten, bei den Dichtern und eben auch im Stegreiftheater. In seinem eigenen Stegreiftheater, das er 1921 eröffnet hat, sollte jeder Dichter, Schauspieler und Zuschauer in einer Person sein (Moreno, 1923a, 151). Damit greift Moreno zweifellos Traditionen des Wiener Stegreiftheaters und der Commedia dell'Arte auf. Es geht ihm aber nicht um volkstümliche Lustigkeit, sondern um die spielerische Bemächtigung sozialer Probleme, von denen jeder betroffen ist oder sein könnte. Das Stegreiftheater war der Versuch, nach der Enttäuschung darüber, dass die Revolution in Wien eben nicht eine wirkliche Befreiung des menschlichen Lebens gebracht hatte, wie es damals auch viele „Expressionisten" wie etwa Werfel erhofft hatten, einen langfristiger angelegten kulturellen Wandel in die Wege zu leiten. Zweifellos spielt in dieser Konzeption das Lachen – übrigens ganz in der Tradition der Überlegungen Bergsons (1914) – eine entlarvende Rolle, in dem in der Improvisation die Mächte der Konvention lächerlich gemacht werden. Im Psychodrama wird die Tragik des Lebens dann noch deutlicher, als eine erleichternde Befreiung nur durch ein Hineingehen in angstauslösende, schmerzliche und leidvolle Szenen möglich ist. Auf seiner *Fahrt* muss sich der Protagonist auch *Gefahren* und *Gefährdungen* aussetzen, um existentielle *Erfahrungen* machen zu können, allerdings mit Hilfe von *Gefährten*.

FF: Ich kann mir trotzdem nicht vorstellen, wie Nietzsches tragisches Philosophieren psychodramatisch aufbereitet werden soll. Hier wirkt doch vielleicht eher die Tradition des jüdischen Witzes, die eine gewisse Auflockerung mit sich bringt. Ich hielte es für eine interessante Aufgabe, die Bezüge des Psychodramas zu Tragödie und Komödie zu untersuchen und sich nicht mit dem Bezug zum Drama zufriedenzugeben. Während nämlich Nietzsches Philosophie mit der Tragödie verbunden ist, lässt sich etwa Hegels Theorie der Moderne eher mit der Komödie verbinden.

FB: In seinem Buch über Nietzsches tragische Philosophie im Anschluss an „Die Geburt der Tragödie" entwirft Peter Sloterdijk eine für mich faszinierende Sicht des Psychodramas. Er verwendet sogar mehrfach dieses Wort, ohne jedoch auf Morenos Schöpfung je Bezug zu nehmen. Er kann sich Aufklärung heute nur noch „als dramatische Selbstaufhellung des Daseins" (1986, 10) vorstellen und sieht Nietzsche als wichtigsten Zeugen für diese Auffassung. Er schreibt: In Nietzsches „Dramaturgie des Geistes gelten keine Sätze mehr, sondern nur noch Szenen; keine ‚Ideen' mehr, sondern nur Spielzüge; keine Diskurse mehr, sondern nur noch Herausforderungen. Denken ist das Ereignis des Denkens: das Abenteuer des Erkennenden – das Drama der Dramen" (138f). Und weiter: „Mag auch Kultur immer Gewalt in ihrem Erbe haben, so steht es wachen Teilnehmern am zivilisatorischen Prozess frei, die Vergewaltigungen aufzuheben – im kreativen Spiel, im bewussten Aushalten des Schmerzes, in der humoristischen Subversion der höchsten Zwecke" (ebd., 145). Sloterdijk sieht im übrigen ja die Tiefenpsychologie seit Anton Mesmer als das bedeutendste Arrangement zur Reflexion der Moderne nach dem Ende der Metaphysik (Sloterdijk, 1985). Aus dieser Sicht kann er dann schreiben: „Das unwiderstehliche Drama entrollt sich dort, wo die Individuen keine Täter auf eigene Rechnung bleiben, sondern durchlässig sind für ein Geschehen, das älteren Ursprungs ist als ihre Selbstbewußtseine. Das authentische Drama vollzieht sich als dionysische Passion der *physis*, die sich ereignishaft an ihre Individuation, ihr ‚Verhängnis' und ihre ‚Zukunft' erinnert. Demnach ist das Drama wesensmäßig Psychodrama; das Psychodrama jedoch ist die Einheit von Erinnerung und Ereignis, von Erkenntnis und Verhängnis" (ebd., 182). Ich glaube, man kann sagen, dass Sloterdijk mit diesen Worten den Anspruch des Morenoschen Psychodramas durchaus treffend zum Ausdruck gebracht hat.

Wilhelm Dilthey und Karl Bühler

FF: Im weiteren Zusammenhang mit dem Aspekt des Ästhetischen müsste man die Begriffe Erlebnis, Ausdruck und Darstellung thematisieren. Das Verhältnis von Erlebnis und Ausdruck ist in der Lebensphilosophie Wilhelm Diltheys entwickelt (Fellmann, 1993, 108ff.). Das Erleben ist für Dilthey unhintergehbar, da es die Subjektivität in ihrer nicht relativierbaren Absolutheit zeigt. Im Erlebnis bin ich mit der Wirklichkeit als unlösbarer

Teil verbunden. Das ist der realistische Kern des Erlebens bei Dilthey, insofern es im Erlebnis zwischen dem Subjektiven und dem Gegenstand keinen Unterschied gibt. Subjekt und Objekt fallen im Erleben zusammen. Das macht die fundamentale Bedeutung des Erlebnisbegriffs bei Dilthey aus, dem man nicht gerecht wird, wenn man ihn rein subjektivistisch auffaßt. Ein Zugang zum Erleben ist für Dilthey nur über den Ausdruck möglich, wobei Ausdruck ein weites Spektrum vom Gestischen bis zum Sprachlichen umfaßt. Demgegenüber stellt es einen weiteren Fortschritt dar, dass in der Nachfolge z.B. Karl Bühler (1965) zwischen Ausdruck und Darstellung unterscheidet. Ich könnte mir denken, dass das Psychodrama dadurch an Bedeutung gewinnt, wenn es diese Unterscheidung nachvollzieht. Es kann also nicht nur um bloßen Ausdruck im expressionistischen Sinne gehen, sondern um eine Darstellung, die für sich steht und deren Hervorbringung eigene Fähigkeiten voraussetzt. Der kathartische Effekt wird im Psychodrama wohl erst erreicht, wenn man die Darstellungskomponente ernst nimmt, die natürlich auch eine gewisse Distanz gegenüber sich selbst beinhaltet. Bei aller Betonung der Unmittelbarkeit und der Konkretheit ist zur Klärung eines Geschehens auch Distanz notwendig, entsprechend dem schon angesprochenen Doppelleben des Menschen bei Schopenhauer.

FB: Moreno fragt in seiner Schrift von 1923 „Das Stegreiftheater", inwieweit seine Form des Stegreiftheaters ein „ästhetisches" Produkt sein könne (→ S. 174ff.). Das ist beim Psychodrama nicht der Fall. Es ist nicht so, dass die spielerische Darstellung eine Autonomie als Kunstwerk bekommt, so dass sie auch für andere, bisher Unbeteiligte von ästhetischer Bedeutung wäre wie ein Theaterstück, das immer wieder aufgeführt werden kann. Insofern ist es kein in sich gültiges Kunstwerk. Aber es ist auch nicht einfach ein spontaner Lebensausdruck, sondern steht genau dazwischen. Das heißt auf der einen Seite müssen sich alle Mitspieler in eine „Spontaneitätslage" begeben: Wenn die Erzählung eines Protagonisten dargestellt werden soll, ist Improvisation verlangt, weil die Akteure ja Schauspielen nicht gelernt haben. Damit ist auf der einen Seite eine Verunsicherung gegeben, die die mitgebrachten Verhaltensmuster hervorlockt. Das ist das, was Freud den Wiederholungszwang nennt. Da aber „nur" gespielt wird und das mit Unterstützung von freundlichen Mitspielern und einem Therapeuten als Regisseur, stellt sich eine neue Dimension ein, die ein Handeln, das der Situation besser entspricht als in der Erinnerung oder Befürchtung, ermöglicht. Diese Spannung zwischen den alten Konserven, den alten Verkrustungen und den neuen Möglichkeiten durch das spontane Spiel und die kreativen Kräfte der Gruppe und des Regisseurs erzeugt einen Konflikt, aus dem ich einen Ausweg finden soll. Das Ergebnis muss eine Neugestaltung dieser konkreten Szene sein. Diese neue Gestalt hat durchaus etwas Ästhetisches in dem Sinne: Das muss mir besser entsprechen, das muss angenehmer sein und gewissermaßen schöner als zuvor.

FF: Das entspricht meinem Versuch, lebensphilosophische Selbsterfahrung in Richtung auf Lebensstil und -stilisierung zu interpretieren. Das ist eine Dimension, die durchaus auch Gestaltungsfähigkeiten der Beteiligten voraussetzt. Um gelingende Kommunikation zu erzeugen, genügt es eben nicht, bloß zu explodieren. Man muss schon gestaltete Formen finden, mit denen sich andere identifizieren können und die andere ansprechen. Insofern wäre ich auch nicht so ängstlich hinsichtlich eines möglichen Ästhetizismusvorwurfs. Ästhetische Elemente in das Psychodrama hineinzunehmen, halte ich nicht für eine Katastrophe gerade angesichts der gegenwärtigen Ästhetisierung unserer Lebenswelt. Ganz ohne Frage kann man moderne, postindustrielle Lebenswelten nicht ohne ästhetische Kategorien verstehen. In gewisser Weise könnte man sagen, dass ganze Zweige der medialen Spielkultur auch in diese Richtung weisen. Ich denke an die vielen Shows mit Zuschauerbeteiligung im Fernsehen, die zwar unter kommerziellem Vorzeichen stehen, bei denen die Leute aber doch gern mitspielen. Man sollte den Bühneneffekt des Psychodramas gar nicht ausschalten. Ich bin allerdings bei der Bewertung der Spontaneität skeptisch. In dieser Hinsicht bin ich eher ein Formalist. Gelungene Spontaneität kann nur auf der Basis eines hoch entwickelten Formengefühls gedeihen.

FB: Das ist aber auch Morenos Konzept. Während er in seiner Frühphase sicherlich alles spontan entwickeln wollte, definiert er später den Menschen deutlicher als Rollenspieler, also als jemanden, der in die Lage versetzt werden sollte, jederzeit die der Situation *angemessene* Rolle zu spielen, nicht irgendeine oder eine für andere unverständliche.

FF: Das muss man können.

FB: Genau. Um diese Kompetenz geht es. Moreno spricht in diesem Zusammenhang von „Meisterschaft": „Im Grunde ist es eine meistens durch Selbstverwirklichung im Leben, selten durch Selbstanalyse erreichte autonome Errungenschaft. Der Mensch durchlebt zahllose innere und äußere Lagen und erweist seine Meisterschaft in ihnen ... Die Meisterschaft muß sich ‚im Strom der Welt' erweisen, nicht abseits vom Leben" (Moreno, 1974a, 392). Die lebensphilosophischen Formulierungen sind hier mit Händen zu greifen.

FF: Wir sprechen auch nicht umsonst von Lebens*kunst*.

FB: Hier lassen sich sicher auch Verknüpfungen zum späten Foucault herstellen. Wilhelm Schmid hat Foucaults Panorama einer neuen Lebenskunst mit der „Ästhetik der Existenz" eindrücklich herausgearbeitet (1991). Insofern steht Foucault sicher in der lebensphilosophischen Tradition (Buer, 1993a).

FF: Ganz ohne Zweifel.

5   Bezüge zum Existentialismus und zur Phänomenologie

FB: Können Sie in Morenos Position auch Bezüge zum Existentialismus oder zur Phänomenologie erkennen?

FF: Keine speziellen. Natürlich finden wir eine Betonung der Aufrichtigkeit und der Eigentlichkeit wie im Existentialismus.

FB: Moreno behauptet, sich schon vor dem Ersten Weltkrieg als Existentialist gesehen zu haben (Moreno, 1989, 47). Auch Husserl wird gelegentlich erwähnt (Moreno, 1972, 212).

FF: Zu Husserl sehe ich keine Bezüge.

FB: Vielleicht insofern doch, als die Anschauung im Psychodrama eine große Rolle spielt (Moreno, 1974b). Es geht nicht nur darum, etwas darzustellen, sondern auch darum, eine möglichst unmittelbare Anschauung vom Geschehen zu gewinnen. Hier gibt es sicher auch Bezüge zur „Phänomenologie der Wahrnehmung" von Merleau-Ponty (1974). Erkenntnisprozesse verlaufen in dieser phänomenologischen Sicht primär über direkte Anschauung oder Wahrnehmung. – Aber versuchen wir jetzt etwas systematischer zu diskutieren.

6 Konsequenzen für das theoretische Selbstverständnis des Psychodramas

FF: Ich kann Ihrem Vorschlag folgen, die Anschauung in den Mittelpunkt einer theoretischen Bestimmung des Psychodramas zu stellen, der Sichtbarkeit den Primat einzuräumen. Das ergibt sich auch aus dem Ausdrucks- und Darstellungskonzept. Ich bin mir aber nicht ganz sicher, ob der Begriff Anschauung schon hinreicht. Mir scheint sinnvoll zu sein, die Anschauung zu spezifizieren in Richtung auf die Darstellung in Bildern. Denn das Psychodrama zeigt ja lebende Bilder. An dieser Stelle wäre der Bezug zur „präsentativen Symbolik" bei Susanne Langer (1987) zu nennen. Das Psychodrama sehe ich als eine Form der Realisierung der präsentativen Symbolik. Das kann ich als Bestätigung meiner Transformation der Lebensphilosophie in eine Theorie des zuständlichen Bewusstseins lesen. Das ist die Grundthese in meinem Buch (Fellmann, 1993). Sie besagt, dass man die Lebensphilosophie in einer Zeit des analytischen Denkens nur retten kann, wenn man die Zuständlichkeit des Bewusstseins als eine eigene semantische Dimension herausarbeitet. Das ist bisher schon im Begriff des Erlebens bei Dilthey oder dem der Befindlichkeit bei Heidegger angedeutet. Ansonsten findet sich in der modernen Bewusstseinstheorie, in der modernen Philosophie des Geistes, aber auch in den modernen Kognitionswissenschaften die Tendenz, die Intentionalität in den Vordergrund zu rücken. Man spricht zwar von intentionalen *Zuständen* des Bewusstseins, aber über die *Zuständlichkeit* verliert man weiter kein Wort, sondern betont die Intentionalität, also den Bezug des Subjekts auf Gegenstände. In meinem Verständnis besteht die therapeutische Wirkung des Psychodramas darin, die Zuständlichkeit des Bewusstseins freizulegen und dort evtl. auch Sinnverschiebungen vorzunehmen, eben auf der der Intentionalität abgewandten Seite des Psychischen. Moreno nennt diesen Vorgang das „Aufsteigen des Unbewussten" (Moreno, 1970, 71). Dies kann in nichts anderem bestehen als in der Freilegung des Zuständlichen als einer der Intentionalität vorgelagerten Dimension der Welterschließung. Gerade in der Zuständlichkeit erfahren wir uns als Teile der Welt. Unser In-der-Welt-Sein und damit unser Verbundensein mit der Realität ist unsere Zuständlichkeit und diese ist unhintergehbar. Das Psychodrama verkörpert sozusagen die Unhintergehbarkeit und versucht, dafür andere Formen zu finden.

Wenn man dieses Ergebnis auf die Hermeneutik bezieht als der Lehre des Verstehens von sprachlichen und anderen Äußerungen, so habe ich in meinem Buch „Symbolischer Pragmatismus" (1991) das Konzept der Interpretation nach den Bildern entwickelt. Das ist etwas anderes als die Interpretation von Bildern. Darunter verstehe ich ein bestimmtes Interpretations*verfahren*, welches jene Zuständlichkeitskonstellationen berücksichtigt, um an den Sinn von Situationen heranzukommen.

FB: Sie unterscheiden in Ihrem Buch zwischen drei verschiedenen Stufen (Fellmann, 1991, 205): Die unterste Stufe findet ihren Ausdruck in *Metaphern*, die zweite in *Lebensgeschichten* und die dritte in *Lebensstilen*. Alle drei Stufen werden im Psychodrama freigelegt. Im Psychodrama steigen ständig Bilder auf, die dann direkt inszeniert werden. Das ist die erste Ebene. Die nächste Ebene der Lebensgeschichten ist genau das narrative Element, das die Teilnehmer in ihren Geschichten einbringen. In den dramatisierten Erzählungen zeigen sich dann Lebensstile, wenn der rote Faden, der durch verschiedene Szenen hindurchgeht, betrachtet wird. Das Ausdrücken, das Zeigen, das Darstellen, das Sichtbarmachen eines spezifischen Lebensstils ist genau der Sinn des Psychodramas. Auch bei Adler ist dieser *Begriff* ja zentral (Seidel, 1994) und Moreno hat ja auch in Wien mit Adler zusammengearbeitet. Moreno verwendet zwar nicht den Begriff des Lebensstils, meint aber dasselbe, wenn er von Rollenmustern spricht. Genau auf diesen drei Stufen wird im Psychodrama eine Hermeneutik der Interaktionsverläufe entwickelt (Buer, 1992b). Darin sehe ich aber auch die Schwierigkeit, dieses hermeneutische Wissen in allgemein gültiges, wissenschaftliches Wissen umzusetzen.

FF: In dieser Hinsicht bin ich nicht so skeptisch. Es gibt Ansätze gerade auch mit Bezug auf die analytische Philosophie. In dieser entwickelt man neben der Intentionalitätsthese und der damit verknüpften Hermeneutik eine eigenständige Situationshermeneutik mit analytischen Mitteln etwa bei Barwise und Perry (1987), die durchaus mit der präsentativen Symbolik bzw. der Interpretation nach den Bildern verbunden werden kann. Die Transformation in eine derartige Semantik besteht, und ich versuche immer wieder, die lebensphilosophischen Ansätze aus ihrer Unbestimmtheit zu erlösen und in moderne Diskurse zu überführen. Das ist möglich, weil diese Ansätze auch aus dem lebensphilosophischen Reservoire schöpfen, ohne dass es ihnen immer bewusst würde. Über den Pragmatismus ist in die analytische Philosophie mehr Lebensphilosophie eingeflossen, als man zunächst denkt.

FB: Ein Hintergrund für meine Frage ist auch die aktuelle Diskussion in der Gesundheitspolitik, in der ein Aufdecken der relevanten psychodramatischen Prozesse und Resultate verlangt wird. Wenn wir davon ausgehen, dass zunächst einmal die Ebene der Zuständlichkeit die Ebene ist, die im Psychodrama angesprochen wird, wir aber erst eine Transformation dieses Erlebens leisten müssen, um zu abstrakten Erkenntnissen zu kommen, dann frage ich Sie konkret, durch welche praktikable Forschungsstrategie eben das zu leisten wäre.

FF: Ich meine schon, dass die analytische Situationssemantik von Barwise und Perry operationale Begriffe zur Verfügung stellt, mit denen man diese Prozesse in einer Weise beschreiben kann, dass sie den Anforderungen des modernen analytischen Denkens hinsichtlich von Präzision, Klarheit und Überprüfbarkeit durchaus genügen. Das geht dann in die Richtung einer Sprachspieltheorie und ihrer Fundierung in Lebensformen.

FB: Etwas Ähnliches hat ja auch schon Lorenzer vorgeschlagen (1974).

FF: Hinsichtlich der Funktion der Bilder in diesem Kontext möchte ich noch eine Bemerkung machen. Es gibt in der philosophischen Psychologie eine ausgedehnte Diskussion um die inneren Bilder, die „mental images". Ob z.B. diskursive Prozesse ständig von inneren Bildern begleitet sind, ist eine sehr heikle Frage. Ich glaube nicht, dass unsere gesamten mentalen Prozesse bildgeleitet sind. Nicht alle Darstellungsprozesse, die das zuständliche Bewusstsein betreffen, müssen in konkrete Bilder umsetzbar sein. Einstellungen oder Gefühlslagen würde ich unter einem sehr weiten Bildbegriff fassen, was sich auch deshalb anbietet, weil Bilder häufig von starken Gefühlen besetzt sind. Wenn ich traurig bin, tauchen bestimmte Bilder auf. Man sollte aber in dieser Hinsicht den Bildbegriff nicht zu stark strapazieren. Ich sage das deshalb, weil die Lebensphilosophie insbesondere von Ludwig Klages (Fellmann, 1993, 155ff.) zu einem Mystizismus der aufsteigenden Bilder gekommen ist, der sehr zur Entwertung von Klages beigetragen hat.

FB: Da wäre man schon ganz in der Nähe von C.G. Jung.

FF: Ja. Ihn würde ich auch für sehr gefährdet in dieser Hinsicht halten, auch gefährlich, weil die Konzeption des kollektiven Unbewussten dahin tendiert, den individuellen Gestaltungsspielraum einzuengen. Es mag sein, dass es so etwas wie Archetypen gibt. Einem Programm, das nahelegt, sich nach ihnen zu richten, kann ich nicht folgen. Wenn es so etwas geben sollte, dann besteht der Humanismus darin, sich davon freizumachen. Aber das Berücksichtigen von Archetypen lag ja nicht in der Intention von Moreno.

FB: Sicherlich. Es gibt natürlich auch Psychodramatiker, die von C.G. Jung beeinflusst sind, und dann solche archetypischen Bilder auf die Bühne bringen, um dadurch eine „Individuation" zu erreichen.

FF: Mir wäre eine Auflockerung im Namen des Individuums lieber.

FB: Morenos Konzept ist biographisch orientiert. Bilder haben sich für ihn immer aus der jeweiligen Lebensgeschichte entwickelt.

FF: Aus der Hervorhebung der Bedeutung der präsentativen Symbolik ergibt sich aber nicht, die Reflexion auszuklammern.

FB: Schon das Bild von Schopenhauer: der Mensch als Akteur und Beobachter bringt beides zur Sprache.

FF: Selbsterfahrung kann nicht einfach das Eintauchen in die Tiefe und sei es das Unbewusste bedeuten, sie muss auch Distanzierung, Reflexivität, Gestaltung umfassen, sonst geht die Individualität verloren.

FB: Es geht weder um ein bloßes Ausagieren von Leidenschaften, noch einzig um ein begriffliches Analysieren, sondern um ein präsentatives Ausdrücken, das damit auch immer ein schöpferischer Vorgang ist. Alles, was ich im Psychodrama auf die Bühne bringe, ist eine Neugestaltung, auch wenn ich das Erinnerte nur nachspiele. Mein Spiel ist nie eine reine Kopie, sondern immer eine Neuproduktion. Insofern erfährt sich der Hauptdarsteller immer schon als der „Spielmächtige". Auch wenn er ein erstarrtes Muster wiederholt, so wiederholt er es im Psychodrama doch freiwillig und unter verbesserten Voraussetzungen. Die Erfahrung, dass *ich* zu entscheiden habe, was ich jetzt tue und auch dazu verurteilt bin, um mit Sartre zu sprechen, ist der Ausgangspunkt psychodramatischen Handelns.

7 Konsequenzen für die psychodramatische Praxis

FF: Mir leuchtet die psychodramatische Praxis, so wie Sie sie mir jetzt geschildert haben, ein und ich würde gern einen solchen Ablauf einmal selbst erleben. Der Grundgedanke scheint der zu sein, dass es um den Abbau von Selbstentfremdungen geht, indem Wiederholungszwänge durchbrochen werden, und dass die Form der spontanen Aktion zu diesem Zweck als angemessener angesehen wird als die Form der freien Assoziation in der Psychoanalyse. Aber im Grundkonzept stehen sich beide doch sehr nahe.

Das spontane Spiel ist sicher als aktionale Form der freien Assoziation interpretierbar. Was die Praxis selbst betrifft, bin ich überfragt, zumal ich auch der psychoanalytischen Praxis reserviert gegenüberstehe. Es ist sicher während der psychoanalytischen Kur schon mancher gesund geworden, aber ob dies auf die psychoanalytische Therapie zurückzuführen ist, ist eine ganz andere Frage. Sicher stellt die Aktion ein neues Mittel der Selbsterfahrung dar gegenüber der bloß verbalen Artikulation.

FB: Bei Freud ist der Patient *auch* leibhaftig da, nämlich als Liegender. Das ist *auch* ein Leibausdruck, der wiederum sehr wohl Einfluss auf das psychoanalytische Geschehen hat: Die Regression wird durch diese Position sicher erleichtert. Moreno kritisiert daran, dass hier nur ein bestimmter Leibausdruck zugelassen wird. Es mag ja sein, dass ich mich für bestimmte Auseinandersetzungen auf die Couch legen muss, aber es kann auch sein, dass ich dafür besser herumlaufe oder am Mittagstisch sitze. Moreno plädiert also dafür, jeweils die Position einzunehmen, die für die therapeutische Arbeit am günstigsten ist.

FF: Man könnte allerdings zugunsten der psychoanalytischen Technik ins Feld führen, dass durch diese Konstellation der Patient in hohem Maße vor Übergriffen geschützt ist. Nicht umsonst guckt der Analytiker dem Patienten nicht ins Auge. Ich persönlich könnte mir vorstellen, dass für Menschen, die großen Wert auf Respekt vor der eigenen Körperlichkeit legen, mit dem Psychodrama auch große Belastungen verbunden sind. Ich möchte z.B. nicht mit jedem Beliebigen, den ich nicht kenne, so etwas in enger Tuchfühlung spielen. Da sträubt sich bei mir einiges.

FB: Ich kann schon verstehen, dass das psychodramatische Spiel zunächst mit Vorsicht betrachtet wird, zumal wenn man es noch nicht erlebt hat. Das ist ganz normal. Voraussetzung für eine vertrauensvolle Bühnenarbeit ist eine gewisse Kohäsion der Gruppe. Darauf wird in der Anfangsphase sehr viel Wert gelegt. Wenn bestimmte Personen gar nicht zueinander passen, dann kann auch die Gruppe neu zusammengestellt werden. Es geht nicht darum, dass jeder mit jedem können muss. Vielmehr muss eine Gruppe gefunden bzw. konstelliert werden, die zusammenarbeiten kann. Erst auf dieser Basis sind die Teilnehmer bereit, sich auf die Bühne zu begeben und sich vor anderen darzustellen. Auch durch die Wahl des Protagonisten durch die Gruppe wird der Grad der emotionalen Unterstützung offengelegt. Der Vorteil der Intimität in der psychoanalytischen Standardsituation, die allerdings auch Gefahren in sich birgt, wird im Psychodrama wettgemacht durch die größere Wirklichkeitsnähe: Was ich schon einmal vor anderen leibhaftig ausprobiert habe, kann ich auch relativ leicht in meinen Alltag übertragen. Daher kann Moreno auch schreiben: „Das Psychodrama kommt dem Leben selbst am nächsten" (Moreno, 1973a, 113). Es geht eben nicht um die Meisterschaft im Kopf, sondern im Leben. Da ist Moreno ganz praktischer Lebensphilosoph.

8 Die kulturphilosophischen Perspektiven des Psychodramas

FF: Das Psychodrama hat sicher als Kleingruppenarrangement in einer Zeit der Auflösung traditionaler Bindungen eine besondere soziale Bedeutung. In einer Zeit fester Familienstrukturen etwa im 19. Jahrhundert wäre das Psychodrama kaum denkbar gewesen, allenfalls als Pathologie der Ehe wie bei Ibsen.

FB: Es ist auch so, dass derartige Gruppenverfahren sehr häufig von Emigranten entwickelt worden sind. Wenn man an die Gruppenanalyse von Sigmund Heinrich Fuchs, später schrieb er sich S.H. Foulkes (Brandes, 1993), denkt, der von Frankfurt nach London auswanderte, oder an Ruth Cohn (1975) mit ihrer Themenzentrierten Interaktion oder an Laura und Fritz Perls mit der Gestalttherapie, so versuchen doch alle, in der Gruppe eine neue Heimat zu finden, durch die Gruppe eine Gemeinschaft herzustellen. Dieses Grundmuster entspricht selbstverständlich der heutigen Situation, wo es darum geht: Wie verbinde ich mich mit wem und wozu?

FF: In dieser gesellschaftlichen Situation hat das Psychodrama sicher eine besondere Aktualität, die offenbar über Freuds Ansatz hinausreicht.

Hinsichtlich der kulturphilosophischen Perspektiven möchte ich doch sagen, dass ich gegenüber einer universalen Therapeutisierung der Gesellschaft große Bedenken habe. Ich halte es für eine Illusion anzunehmen, man könne politische Formen der Konsensbildung, der Kompromissbildung durch psychodramatische Formen des Zusammenspiels ersetzen. Natürlich weiß ich, dass solche Modelle – Stichwort Vernetzung – heute naheliegen. Ich möchte jedoch vor der Propagierung einer Unmittelbarkeit warnen, die nach meiner Überzeugung zu falschem Bewusstsein und hinsichtlich der Folgen zu Katastrophen führen muss. Ein politisches Zusammenleben kann nur dadurch feste Formen, für die Beteiligten verlässliche und damit auch wohltätige, annehmen, dass man klare sachliche Positionen bezieht, welche Antagonismen nicht ausschließen. Nun zu meinen, dass man die Politik oder auch das Geschäftsleben humaner machen könne durch weichere Formen, wie sie etwa auch im Feminismus vertreten werden, halte ich für eine gefährliche Illusion, weil ein unkontrollierbares Konstellationsgeschiebe entsteht, welches sehr emotional durchtränkt ist und für die Beteiligten nicht mehr durchschaubar bleibt. Politische Prozesse der Entscheidungsfindung vollziehen sich auf einer grundsätzlich anderen Ebene, was nicht heißt, dass in der Persönlichkeitsbildung das Psychodrama und andere Techniken nicht eine wichtige Rolle spielen könnten und sollten. *Eine* Sache ist es, eine entwickelte Persönlichkeit zu sein mit allen kreativen Fähigkeiten, eine andere Sache ist es, in bestimmten Funktionszusammenhängen zu agieren, wo sich niemand Illusionen machen kann und machen darf, wenn er nicht betrogen werden bzw. untergehen will. In der Politik geht es um Interessen und nicht um Tuchfühlung oder so etwas.

Ich habe den Eindruck, daß Sie am Ende in Ihrem Aufsatz von 1992b das Spektrum zu weit auffalten, als könne das Psychodrama alle alternativen Bewegungen integrieren. Davor möchte ich warnen. Die Effektivität dieses Ansatzes kann nur durch eine klare Begrenzung seines Territoriums erhalten werden.

FB: Moreno selbst war sich seiner Sache gar nicht so sicher. Zwar hat er durchaus kulturrevolutionäre Absichten mit dem Psychodrama verbunden, dann wiederum beschränkt er es auf die Behandlung von schwer psychisch gestörten Menschen in seinem Sanatorium in Beacon oder auf die Bearbeitung von alltäglichen Auseinandersetzungen auf öffentlichen Bühnen in New York. Das Psychodrama kann eben nicht nur in therapeutischen Zusammenhängen, sondern auch in pädagogischen eingesetzt werden, z.B. auch in der Schule zur Verlebendigung des Unterrichts (Buer, 1995).

Zudem ist der Begriff der Therapie bei Moreno aber auch oft Missverständnissen ausgesetzt. Moreno bezieht sich auf das Therapieren im altgriechischen Sinne, das das Dienen einer Sache, den Menschen und dem Göttlichen gegenüber meint (→ S. 30ff.). Therapeutische Weltordnung zielt auf eine solidarische Gesellschaft, in der alle versuchen, den Anforderungen der jeweiligen Lagen und Situationen angemessen zu entsprechen (vgl. Buer, 1994). Sicher haben Sie recht, dass es illusionär wäre, eine umstandslose Verwirklichung dieses Programms für möglich zu halten. Die Frage ist nur, wie weit eine psychodramatische Umgestaltung der Gesellschaft gehen kann, wo genau die Grenzen sind. Wenn man das Beispiel der Kibbuzim nimmt, die ja für eine lebensweltliche Organisierung von Gesellschaft stehen, dann haben sie sicher Wandlungen durchgemacht, haben sich aber doch in ihrer Grundstruktur seit nun fast 90 Jahren erhalten (→ S. 152ff.). Diese Formen der Gemeinschaftsbildung werden in der Geschichte der Menschheit offensichtlich immer wieder versucht, obwohl sie immer wieder zerstört wurden (Buer, 1992e; 1993a).

FF: Gerade Ihr Beispiel der Kibbuzim zeigt nun doch, dass das auf politischer Ebene nicht mehr so ganz unproblematisch ist. Denn darin steckt ein gerüttelt Maß an Aggressivität gegenüber den benachbarten Arabern.

FB: Diese Ambivalenz hat Martin Buber schon von Anfang an gesehen. Trotzdem setzte er auf diesen Versuch (Buber, 1985).

FF: Eine Politisierung solcher Ansätze wie das Psychodrama birgt die Gefahr, aus einem Gefühl der Überlegenheit andere zu unterdrücken. In der Politik wie im Geschäftsleben geht es um das Aushandeln von Interessen, daran kann man sich orientieren. Der Kompromiss gehört sicher zu den größten Erfindungen der Menschheit, der aber nur fruchtbar wird, wenn er die harte Realität der Interessengegensätze als konstruktives Moment einsetzt. Jede Kulturphilosophie, die diese Realität übersieht, führt uns in eine falsche Richtung.

FB: Punkt eins: Damit haben Sie völlig recht. Punkt zwei: Damit aber eine Interessenauseinandersetzung stattfinden kann, werden sich die Vertreter verschiedener Interessen formieren. Ich verstehe auch die politischen Alternativbewegungen als Versuche, ganz bestimmte politische Interessen ins Feld zu führen. Ich meine nicht, wenn man denn das aus Moreno herauslesen will, dass ein Interessenausgleich auf politischer Ebene psychodramatisch zustande gebracht werden könne. Das halte ich für illusionär. Ich meine aber schon, dass Gruppierungen sich zusammenschließen sollten, um sich über ihre Lebensinteressen klarer zu werden, um von da aus in der politischen Szene agieren zu können. Wenn z.B. in der Ökologiebewegung psychodramatisch gearbeitet würde, um klarere Positionen zu gewinnen und zu vertreten, um Kommunikationsschwierigkeiten abzubauen, halte ich das für nützlich. Ich kann mir auch vorstellen, dass in Arbeitsorganisationen ein Ort geschaffen wird, wo Organisationsentwicklung psychodramatisch abläuft, nicht um die Gesamtprobleme einer Organisation zu lösen, sondern um – bezogen auf eine bestimmte Schwachstelle in den Arbeits- und Kommunikationsverläufen – auf neue Ideen zu kommen und den Mitarbeitern und Mitarbeiterinnen neue Impulse zu geben. Ich sehe eine Dialektik von solidarischer Interessenorganisierung und Verbesserung überschaubarer Arbeits- und Lebensnetze mit Unterstützung des Psychodramas einschließlich der Soziometrie auf der einen Seite und einer knallharten Auseinandersetzung von großen Interessengruppen auf der politischen wie ökonomischen Bühne, wo das Psychodrama nichts zu suchen hat. Es geht auch nicht darum, die solidarischen Verhältnisse einer kooperierenden Psychodramagruppe direkt auf Gruppen im Alltag übertragen zu wollen. Es geht vielmehr darum, die Lösungen, die in der Bühnenarbeit für die harte Realität gefunden wurden, zu transferieren. Gerade durch die *Differenz* zum Alltag lassen sich im Psychodrama eher Lösungen finden, weil es eine zeitweilige Entlastung vom alltäglichen Handlungsdruck bietet. Ich bin aber schon der Meinung, dass das gelegentliche Aufsuchen solcher Orte, wie es die Psychodramabühne ist, in den Alltag eingepasst werden sollte. Und diese Arbeit sollte nicht nur verbal-diskursiv, sondern auch präsentativ-lebenspraktisch sein.

FF: Da stimme ich Ihnen vollkommen zu. Ohne Effektivität gibt es keine Humanität.

FB: Damit sollten wir schließen. Vielen Dank!

Moreno und die Soziologie. Ein spannendes Verhältnis
Ein Gespräch mit Sven Papcke[9] (1997)

FB: Herr Papcke, Sie haben sich auf meine Anregung hin genauer als sonst in der Soziologe üblich mit Morenos Biographie (Moreno, 1995) und seinem Ansatz (Moreno, 1974a; Buer, 1989b) beschäftigt. Was hat Sie daran gereizt?

SP: Ich bin kein Fachmann für Moreno. Leider, nachdem ich mich genauer mit seinem Werk befasst habe. Durch die Lektüre von Morenos Schriften kann man als Soziologe etwas lernen. Und es ist das beste, was man von einem älteren Theorieansatz sagen kann, dass er aktuell relevante Anregungspotentiale enthält. Zwei Punkte scheinen mir besonders reizvoll, weil sie momentan dominanten Strömungen in der Soziologie zuwiderlaufen.

1 Moreno – ein kritischer und engagierter Soziologe

SP: Zum einen: Moreno ist kein konstatierender Sozialwissenschaftler. Kein Spezialist, der – etwa in der Tradition Durkheims oder heute Luhmanns – die gesellschaftlichen Prozesse und die aus ihnen entstandenen Strukturen als „gott-/naturgegeben" beziehungsweise „autopoietisch" hinnimmt, sondern sie als offenes Ergebnis menschlicher Interaktionen versteht und behandelt. Weiter geht er zu Recht davon aus, dass die durch die gesellschaftliche Verdichtung entstandenen Überforderungen, Zumutungen, Beschädigungen im Alltäglichen widerständig behandelt werden können. Man kann gegen sie auftreten, entweder in Form therapeutischer Gruppenbildungen oder auch in anderen Aktionsweisen der Selbstbehauptung.

Damit verbunden ist ein zweiter Punkt: In dem Bemühen der Soziologie, quasi naturwissenschaftlich auftreten zu können, ist seit Max Weber die Idee der Werturteilsenthaltsamkeit populär geworden. Im Forschungsprozess sowie bei der Interpretation der anfallenden Ergebnisse sollen/müssen alle Wertungen, die im Spiel waren oder sind, kontrolliert werden. Das hat leicht zur Folge, dass sich die gesellschaftliche Entwicklung insgesamt oder aber die Nebenfolgen einzelner Sozialerfindungen (Institutionen etc.) von der Soziologie – auch als gegenwartsdiagnostischem Fach – nicht mehr abwägen lassen. Demgegenüber ist der Ansatz Morenos ein, wenngleich selbstreflexiv-kontrollierter, aber doch bewusster Bewertungsansatz: Die gesellschaftlichen Verhältnisse werden in ihrer Wirksamkeit anhand der Reaktionen und Erfahrungen der Individuen verarbeitet und beurteilt. Aus dieser Zurechnung resultiert dann möglicher Widerstand gegen soziale Sachzwänge. Jener alte Satz der Studentenbewegung: „Wer sich nicht wehrt, lebt verkehrt" wäre mithin als passendes Motto des Moreno'schen Globalansatzes zu bezeichnen.

9　*Sven Papcke* geb. 1939, bis 2005 Professor für Soziologie an der Universität Münster. Themenschwerpunkt: Theoriegeschichte der Soziologie. Dieses Gespräch wurde am 13.2.96 in Münster geführt. Ferdinand Buer hat es aufgezeichnet, transkribiert, redigiert und mit Literaturhinweisen versehen.

FB: Moreno organisiert Gruppierungen, die sich selbst untersuchen, um sich selbst zu verändern. Er betrachtet die von Ihnen konstatierten Verletzungen aber nicht von außen, sondern bietet Menschen, die sich verletzt fühlen, Arrangements an, in denen sie sich damit selbst auseinandersetzen können, sich wehren lernen, aber auch neue Perspektiven entwickeln können, sehen lernen, was in ihrem Leben zu kurz gekommen ist, und Neuentwürfe machen. Es geht also nicht nur um Abwehr und Widerstand, sondern vor allem um Neukonstruktion sozialer Wirklichkeit (Krotz, 1996; Schwinger, Burmeister, 1996; Buer, 1996). Dieser Kreativitätsaspekt ist in Morenos Ansatz von zentraler Bedeutung.

2   Aber etwas fehlt

SP: Das wäre auch als Schwäche zu sehen. Sie haben in Ihren Beiträgen zu Morenos Denken nicht nur dessen Werk auf ideen- und fachgeschichtliche Traditionen abgeklopft, sondern auch auf politische Bezüge wie etwa zum Anarchismus oder zum Sozialismus hingewiesen (→ S. 74ff.; S. 93ff.). Bleiben wir zunächst beim Sozialismus, der Moreno in Wien in seiner österreichischen Variante beeinflusste. Diese Denkschule geht davon aus, dass zwei Schritte reformtheoretisch parallel geschaltet werden müssen: zum einen die Aufklärung der Individuen. Sie setzt voraus, dass man auf den Begriff bringt, was an den gesellschaftlichen Verhältnissen die Individuen überfordert. Dazu leistet Moreno durch die Organisation von Reflexions- als Ausdrucksgruppen einen konstruktiven Beitrag. Wir haben es dabei bereits mit einem kreativen Akt der kollektiven Selbstaufklärung zu tun. Nur fehlt bei Moreno der zweite Schritt, der in dieser sozialistischen Perspektive – oder auch in der sozialoppositionellen Tradition der Soziologie des 19. Jh. – mitreflektiert worden ist: Nämlich wie der Transfer von der Entdeckung solcher Probleme in kleinem Kreis zur Beeinflussung großer Gesellschaftsstrukturen organisiert werden kann. Oder anders, was in dem ganzen Ansatz von Moreno zu fehlen scheint, das ist die ausreichende Berücksichtigung des Herrschaftsaspekts aller gesellschaftlichen Verhältnisse.

Das hat womöglich damit zu tun, dass zu der Zeit, als Moreno in den Vereinigten Staaten seine Theoreme ausformulierte, sich unter dem Einfluss phänomenologischer und interaktionistischer Strömungen eine Mikrologisierung, eine Psychisierung, mithin eine bewusstseinsphilosophische Eingrenzung der Soziologie feststellen lässt, die eigentlich erst durch – sagen wir – C. W. Mills in den 60er Jahren infolge der Neulektüre Max Webers aufgebrochen werden sollte. Jetzt wurde wieder darauf hingewiesen, dass Motorik und Logik des Bewusstseins zwar sehr viel vermögen, ihrerseits durch Interaktion die Gesellschaft miterschaffen, vorgängig sich aber doch immer schon historische Überwälzungen von Ungleichheitsmustern abspielen, welche unsere Bewusstseinsakte prägen. Es stellt sich mithin die Frage, ob eine Akzentuierung auf diesen bewusstseinssoziologischen Ansatz für die Analyse und Korrektur gesamtgesellschaftlicher Prozesse ausreicht. Diese Grundfrage aller Sozialwissenschaft als der „indirekten Morallehre" (Schelsky) scheint mir im Denkgebäude von Moreno ausgeblendet.

FB: Da gebe ich Ihnen recht. Moreno ist bewusst Mikrosoziologe. Er möchte gar kein Makrosoziologe sein. Seine Frage ist, wie kann ich konkret bestimmten Menschen helfen, die sozialen Verhältnisse, in denen sie leben und unter denen sie leiden, in einem für sie überschaubaren Rahmen zum Thema zu machen und Veränderungsschritte einzuleiten?

SP: Könnte das nicht eine Selbsttäuschung sein? Was ist damit gewonnen, wenn ich die Gruppen, die ich erreiche, aufmerksam mache auf biographische Folgen gesellschaftlicher Benachteiligungen? Sie womöglich sogar dazu bringe, ensemble derartige Unzuträglichkeiten zu artikulieren, sie dann aber wieder in eben diese Umstände entlasse? Nur wenn ich ein Konzept der Massenpädagogik oder gar der Massentherapeutik hätte, die diese Gruppenarbeit so verallgemeinert, dass sie auf den Gesamthaushalt des Zeit- und Sozialbewusstseins in der Gesellschaft rückwirkt, zeigte diese Arbeit ja öffentliche Wirkungen. Die Frage bleibt, warum Moreno seinen Ansatz bereits auf der Ebene der Theorie auf die mikrosoziologische Ebene der Gruppentherapie beschränkt?

FB: Moreno geht aus von den Beschädigungen, die sich je individuell feststellen lassen. Er will erreichen, dass eben diese tatsächlich gelindert, vielleicht sogar ausgeglichen werden. Er sieht natürlich, dass sie in einem sozialen Kontext entstehen und reproduziert werden, der einen gewissen Konformitätszwang ausübt. Er hat deshalb keine Individualtherapie entwickelt: Hier würden nur die Niederschläge gesellschaftlicher Verhältnisse im Individuum bearbeitet. Er hat aber auch keine Gesellschaftsveränderung in großem Maßstab organisiert, weil hier die direkten positiven Auswirkungen für die individuell Betroffenen zu vage gewesen wären. Er hat statt dessen eine Gruppentherapie entwickelt, die ein soziales Feld genau zwischen Individuum und Gesellschaft organisiert: Gruppenstrukturen sind durch seine Methoden veränderbar und damit auch die Individuen, die diese Gruppe bilden, sowie die sozialen Netze, mit denen diese Individuen verbunden sind. Man kann schließlich nicht die Gesellschaft auf die Coach legen, kann aber das Sozialverhalten in Gruppen verändern. Und diese Erfahrungen werden in die sozialen Situationen außerhalb der Gruppe mitgenommen und werden zu einem anderen Verhalten führen, das auch für die je konkreten Lebensverhältnisse Konsequenzen hat. Gerade in dem „realistischen" Als-Ob des psychodramatischen Spiels wird neuartiges Sozialverhalten erprobt und eingeübt.

SP: Insofern ist das ein sehr optimistischer Ansatz, der sicher vor dem Hintergrund der religiösen und therapeutischen Tradition, aus der Moreno stammt, verständlich wird (Geisler, 1989; 1994; Hutter, 1996). Nun wäre es ohnedies verfehlt, davon ausgehen zu wollen, dass nicht jeder Ansatz, der Gesellschaftsveränderungen im Auge hat, auch bei den Individuen ansetzen muss.

FB: Es kann nur bei den Individuen angesetzt werden. Die Gesellschaft kann nicht direkt – da hat Elias (1991a; 1991b) sicher recht – angesprochen werden.

SP: Weil sie nur eine symbolische Hypostasierung darstellt? Allerdings schlägt sie sich nieder in Institutionen, Gesetzen, Steuern, Medien, Gebräuchen, Moden etc.. Das gesellschaftliche Gegenüber als Sachzwang fehlt in Morenos Soziometrie als Änderungsanreiz. Ich weise darauf hin, dass Moreno durch seine Wiener Erfahrungen wusste, welchen Einfluss organisierte Gruppen und ihre Ideen auf die Gesellschaft haben (können). Destruktiv wie in Form des Nationalsozialismus, den er nicht nur in der Person Hitlers, der ihm bei Gelegenheit die Hand geschüttelt hat, kannte; sondern der Idee nach meliorativ etwa als Dynamik der Arbeiterbewegung. Zwar hat Moreno sehr weitsichtig erkannt, dass die Organisationsform, in der der Sozialismus nach 1917 verwirklicht wurde, einen Fehlweg darstellte, weil hier die Stabilisierung der revolutionierten Makrostruktur erneut auf Kosten individueller Spontaneität und Selbstverwirklichungschancen ging. Anderseits gibt es Gruppierungsmodelle, die den gesamtgesellschaftlichen Problemhaushalt der Ungleichheiten im Auge halten und zugleich individuelle Kreativität kollektiv organisieren und damit gesellschaftspolitisch wirksam zu machen suchen. Genau das war ja ursprüngliche die Idee der Arbeiterbewegung gewesen. Davon ist bei Moreno nicht (mehr) die Rede. Sein Werk fasst keine sozialglobale Analyse als Praxisdimension ins Auge. Wir haben es nicht mit einem gesamtgesellschaftlichen Ansatz zu tun. Moreno will sich auf der Erklärungsebene wie in seinen alltagsweltlichen Interventionsformen vielmehr um die Befindlichkeit der Individuen kümmern.

FB: Auch in der Soziologie gibt es eine Polarisierung in Gesellschaftstheorien, in denen das individuelle Leben dann vernachlässigt wird, und Handlungstheorien, die dann makrosoziale Zusammenhänge kaum noch erklären können (Luckmann, 1992; Miebach, 1996). Moreno steht nun eindeutig in der handlungstheoretischen Tradition (Krotz, 1992).

SP: Eine Theorie der Institutionalisierung sowie der gesamtgesellschaftlichen Zusammenhänge ließe sich ohne Frage aus Morenos Ansatz entwickeln. Moreno greift über die Gruppendimension jedoch nicht hinaus.

FB: Moreno bezieht sich in seinem Entwurf einer solidarischen Gesellschaft (Moreno, 1991) schon auf größere gesellschaftliche Gebilde wie die Kibbuzim (→ S. 152ff.) oder die Genossenschaftsbewegung (Buer, 1992e), in der sich ja Gruppierungen in Föderationen zusammenschließen. Die Verbündung von Bünden im Gefolge von Gustav Landauers Ideen ist Morenos Modell (→ S. 93ff.). Dabei vernachlässigt er sicher eine ausreichende Berücksichtigung der vorgegebenen Herrschaftsstrukturen.

SP: Woran liegt das? Ich glaube, man könnte diese Dimension aus seinem Ansatz genauer ableiten. Im Sinne einer Untervariante der Handlungstheorie, dem „Rationalen-Wahl"-Ansatz, lassen sich etwa drei Entscheidungsdimensionen unterscheiden: die Logik der Situation, die Logik der Selektion und die Logik der Aggregation. Die ‚Logik der Situation', die immer vorfindlich ist und mit der wir tagtäglich umgehen, das genau bleibt die Ebene, auf der Morenos Ansatz vor allem siedelt. Auch die ‚Logik der Selektion', also die Ebene, auf der das Individuum nach Präferenzen aus dem Vorgegebenen (Waren, Chancen, Kontakte, Lebensläufe usw.) auswählt, ist in Morenos Ansatz noch präsent.

FB: Gerade durch das Wahlexperiment im soziometrischen Test wird geklärt, welche Position habe ich im Beziehungsnetz und welche Position möchte ich erreichen? Moreno versteht die Menschen als Knotenpunkte eines unüberschaubaren Netzes ähnlich wie Elias in seiner Konfigurationssoziologie (Elias, 1991a; 1991b). Es kommt für alle darauf an, eine je individuelle „Verknüpfung" zu erreichen, in der jeder sich besser entwickeln kann, als in den Knoten, die ihm zugemutet worden sind.

SP: Richtig. Die ‚Logik der Aggregation' meint jedoch, dass als Summe dieser Interaktionen und der beiden vorgängigen Logikstrukturen gleichsam „verdichtete" gesellschaftliche Gebilde entstehen, die – auf der Zeitachse gesehen – wiederum die sozial-individuellen Bedingungen für die Entscheidungsspielräume innerhalb der erst genannten Logiken formen/darstellen. Das wird bei Moreno unterbewertet, wie übrigens in vielen vergleichbaren Ansätzen. Damit wird keiner Determination sozialen Handelns das Wort geredet. Denn aus der Geschichte wissen wir, dass nicht nur die ‚Logik' der Aggregation durch Überraschungen immer wieder durchbrochen wurde. Zudem kann unter Umständen die Präferenzlogik mit den Ergebnissen der historischen Aggregationslogik in Konflikt geraten, mit offenem Ausgang.

Nun ist Morenos Absicht „therapeutisch". Ein solches Ziel hat sich die akademische Soziologie seit langem untersagt. Sein therapeutischer Ansatz kann freilich nur Individuen oder Gruppen von Individuen erreichen. Insofern liegt – noch einmal – schon methodisch eine Begrenzung in diesem Ansatz. Das betrifft nicht unbedingt seine Optik, wohl aber notwendig den Wirkungsgrad. Und es schließt den Glauben von Moreno an einen gesellschaftsverändernden Einfluss nicht aus: Wenn ich auf Individuen einwirke, dann vermitteln die soziometrischen Umkonstruktionen von Beziehungen auch Gesellschaftsimpulse. Das Spürbarmachen sozioemotionaler Wärmeströme innerhalb der kalten Institutionen selbst – und eine entsprechende soziographische Vermessung dieser Strömungen – impliziert die Chance administrativer Neu- oder Umorganisationen.

FB: In dem Erziehungsheim in Hudson, in der Moreno diese soziometrische Untersuchung zum erstenmal in größerem Stil durchgeführt hat, hat das zur administrativen Umstrukturierung der Heimgruppen geführt (Moreno, 1974a).

SP: Das Problem ist allerdings, dass die dadurch wenigstens im kontrollierten Umfeld erreichbaren Effekte sich wie Täuschungen ausnehmen, vergleicht man sie mit der wirklichen Härte der gesellschaftlichen Verlaufslogik.

So wird bei Simmel in der „Philosophie des Geldes" von 1900 (1989), die Moreno gelesen haben will (Moreno, 1981, 269), Entfremdung – ein Resultat der Modernisierung –, als Voraussetzung von Freiheitlichkeit gesehen. Infolge der Arbeitsteilung wurden ständische Strukturen aufgebrochen, so dass unterschiedliche, schließlich plurale Werte, Verkehrskreise, Strukturen entstehen konnten, die für die Individuen überhaupt erst (neue) Wahl-Chancen eröffne(te)n. In seinen späteren Schriften, z.B. in der „Soziologie" von 1908 (1992), taucht dann der ihn selbst ängstigende Gedanke auf, die freigesetzten Wahlmöglichkeiten könnten durch die gleichzeitige Verdinglichung der Mittel, also etwa des Geldes, gegenüber dem ursprünglichen Zweck wieder zur Beschränkung eben der Entscheidungsfähigkeit führen. Die Freiheiten stehen in Gefahr, sich selbst einzuschränken oder gar zu „Freizügigkeiten" zu verkümmern, eben nicht der Befreiung von der Quasi-Natur des Gesellschaftlichen Vorschub zu leisten. Die Individualisierungsspielräume (Habermas) der Konsumgesellschaft sind entweder nicht auf Dauer angelegt oder haben etwa in Form von „Freizeit" keinerlei Rückwirkung auf die ökonomisch-naturwüchsige Verfassung der Gesellschaft. Die tatsächliche Verdinglichung der wirklichen Welt schlägt vielmehr auf die Individuen zurück, was z. B. Günther Anders schon 1956 (1984) aufgewiesen hat. Weswegen Therapie immer dringlicher wird, weil uns die nach dem Lust- und nicht Repressionsprinzip geordneten Marktverhältnisse überfordern, obschon durch die Therapie nichts an den Gegebenheiten geändert wird. Schon Ralph Waldo Emerson, einer der Vorboten des Pragmatismus, hat das auf die Formel gebracht: „Things are in the saddle riding man." Vielleicht könnte Therapie – wie Moreno sie im Sinne hatte – eine Methode sein, die – verglichen mit älteren Vergesellungsmustern – auf ihre sanftere Art die anstrengende Konsumwelt besser ertragen zu lernen? Von Moreno wäre zu erwarten gewesen, dass er diese Stabilisierungsrolle von Therapie mitreflektiert hätte. Die Problemnatur des Normalen selbst ist – übrigens auch vom mainstream der amerikanischen Sozialtheorie von Peirce bis Parsons – eher ignoriert worden. Selbst das Phänomen des Faschismus als Spielart mit doppeltem Boden der Moderne hat keine Korrektur dieser Wirklichkeitskonstruktion auf der Bewusstseinsebene bewirkt. Immerhin aber stammt Moreno aus der europäischen Tradition!

FB: Moreno hat mit seinem Begriff der Konserve diese Problematik immer wieder, man muss schon sagen, beschworen. Er meint damit Institutionalisierungsprozesse, die durchaus in Verdinglichung umschlagen können und dann die ursprüngliche Spontaneität und Kreativität strangulieren und „Kreativitätsneurosen" auslösen. Dieser Begriff bleibt bei ihm aber eher eine Metapher, als dass er daraus eine elaborierte Theorie entwickelt hätte (Stimmer, 1982). Prägend war für ihn die Erfahrung einer erstarrten, morbiden Gesellschaft, wie er sie vor dem 1. Weltkrieg in Wien erlebt hat.

Das zeigte sich für ihn exemplarisch in den verstaubten deklamatorischen Aufführungen, wie sie damals etwa im Burgtheater gang und gäbe waren. So wurde das vorgegebene und unveränderbare Buch, das „Drehbuch, das Theaterskript, die Theaterrolle" für ihn zum Symbol für die verdinglichten, sprich konservierten Verhältnisse. Gegen diese Verhältnisse hat er protestiert durch soziale Arbeit mit Randgruppen, durch Einladungen zur Begegnung als streetwork, durch Arbeit mit jüdischen Asylanten aus dem Osten, durch den Entwurf einer soziometrischen Umgestaltung des Flüchtlingslagers in Mitterndorf, durch soziale happenings etwa in der öffentlichen Auseinandersetzung mit dem Architekten Kiesler, vor allem aber durch die Gründung einer kulturrevolutionären Stegreiftruppe, die nicht nur in Wien auftrat, sondern auch in München.

Er hat damals den Spielmächtigen, den Stegreifmenschen zum Programm gegen den Kult des Erstarrten, des Toten erhoben – eine Figur, die ja im Expressionismus eine wichtige Rolle gespielt hat. Aber er hat keine umfassende Analyse dieser Verhältnisse vorgenommen.

SP: Das ist ein Vorwurf, den man als Soziologe diesem Modell gegenüber erheben kann, wenn es als gesellschaftsrelevante Verhaltensidee auftritt.

FB: Das ist völlig richtig. Moreno hat ständig neue Varianten des Kampfes gegen Verdinglichungsprozesse erdacht, erprobt und propagiert vom Stegreiftheater bis zum Soziodrama. Er wollte die Niederschläge dieser Verdinglichungsprozesse in den Individuen wieder in Bewegung bringen, so dass wenigstens bei denen, die sich diesen Prozeduren unterzogen, Lebendigkeit, soziale Kreativität erhalten bzw. entwickelt oder gar gesteigert werden kann. Dass das nicht unbedingt die gesellschaftlichen Verhältnisse „zum Tanzen bringen" kann, das musste er schon in Wien erfahren. Der kulturrevolutionäre Anspruch seines Stegreiftheaters konnte weder beim Publikum, nicht einmal bei den Mitspielern erreicht werden. Ähnliches musste übrigens auch Brecht etwas später mit seinem Lehrstücktheater erfahren (Steinweg, 1976a; 1976b).

Morenos psychosoziales Engagement blieb jedenfalls im Grunde unerschütterlich, weil es von einem Glauben an die Wirksamkeit einer unzerstörbaren, nie versiegenden, eben göttlichen Kreativität getragen war. Aus der Sicht seines jüdischen Messianismus ist es den Menschen aufgetragen, den Schöpfungsvorgang zu vollenden. Der Mensch kann sich allerdings diesem Auftrag verweigern und sich taub stellen.

Ihn hören, auf ihn horchen, ihm zu gehorchen, dazu hat Morenos seine Arrangements ausgedacht. Darin sah er seine Sendung. Er hat deshalb zu wenig darin investiert, die Begrenzungen seines Ansatzes, seiner Theorien, ja die Hindernisse auf dem Weg zu einer messianischen Utopie zu analysieren. Auf Niederlagen hat er weniger mit genauen Analysen reagiert, sondern eher mit der Erfindung neuer Wege und erneuter Aktivierung der ihm erreichbaren Menschen.

SP: Wenn jemand ein Modell entwickelt, wie die zwischenmenschliche Abkühlung – gerade in Institutionen – messbar ist, dann fragt sich: Wäre es nicht der nächste logische Schritt, die Notwendigkeit bzw. Metereologie dieser Kälte mitsamt ihren Rückwirkungen auf die Sozialwelt insgesamt in die Analyse einzubeziehen?

Morenos Ansatz wirkt zuweilen wie ein Streifen über ein Duell, in dem nur ein Duellant zu sehen ist. Der Zuschauer kann sich dessen Ausfälle und Abwehrhaltungen schlecht erklären, weil das Gegenüber unsichtbar bleibt. Auf der anderen Seite muss man zugeben: Wenn keine soziale Oppositionsbewegung in Sicht ist, scheint es müßig, zum x-ten Mal intellektuelle Energien auf die Theorie/Ethik der Makrostrukturen zu konzentrieren. Seit Spencer und seinen Zeitgenossen liegen unzählige solcher Analysen vor. Überdies genügend empirische Beschreibungen, was mit den Menschen in und unter diesen Strukturen passiert. Praxeologisch gesprochen ist es möglicherweise tatsächlich relevanter, auf der Ebene der Betroffenen/Betroffenheit zu schauen, ob und wenn ja, wie in kleinen, therapeutischen Arrangements die Selbstbehauptung zu lernen/leisten ist. Solcher Widerstand muss fraglos bei der Bewusstwerdung und der Organisation derartiger Erkenntnisprozesse ansetzen. Das hat Moreno richtig erkannt

FB: Moreno hat sich immer mit soziologischen Strömungen verbündet, die die Analyse stets zum Zweck einer direkten Veränderung durchgeführt haben, etwa mit dem Marxismus. In den USA war er dann mit einer doch schon stark szientistischen Forschungstradition konfrontiert, die das schon Bestehende noch einmal quantitativ feststellen wollte. Dagegen hat er sich stark gewehrt, weil dadurch die Verdinglichung nur noch einmal reproduziert wird.

SP: Was nicht Aufgabe des Denkens sein kann

3 Morenos Ansatz als Aktionsforschung

FB: Moreno hat dagegen ein Forschungsdesign gesetzt, in dem Betroffene mit Unterstützung von Forschern ihre eigenen sozialen Angelegenheiten selbst untersuchen und so aufgeklärt verändern. Er war einer der Begründer der Aktionsforschung und stand damit in enger Verbindung zu Kurt Lewin und seiner Gruppe (Petzold, 1980).

SP: Das ist sicher richtig. So wurde er jedoch nicht unbedingt rezipiert. Etwa hält der Soziologe Leopold von Wiese (1876-1969), der das Vorwort zur deutschen Ausgabe von Morenos „Grundlagen der Soziometrie" geschrieben hat, ihm vor, sein soziometrischer Ansatz sei Geist vom Geiste der Vermessungstechnik der Amerikaner (Wiese, 1960).

FB: Man muss sehen, dass Morenos Ansatz schnell von den „Vermessungstechnikern" rezipiert wurde. Moreno hat das sehr ambivalent zur Kenntnis genommen Zum einen hat er sich über die Anerkennung gefreut – er setzte auch wohl gewisse Hoffnungen in die Relevanz dieser Vermessung. Zum anderen hat er immer wieder auf sein Grundanliegen, die Förderung von Spontaneität und Kreativität gegen die Vorherrschaft der Konserven hingewiesen. So schreibt Moreno in den ersten großen Zusammenfassungen dieser Forschungsrichtung, dem Sammelband „Sociometry and the science of man" von 1956 und in „Sociometry Reader" von 1960 Vorworte und Grundsatzartikel, die seine Sicht verdeutlichen sollen, überlässt dann aber den Vermessungstechnikern das Wort.

Zwar hat Moreno sich schon in seinem Studium um Mathematik gekümmert. Die Vermessungstechnik mussten dann aber andere machen. In seinem ersten großen soziometrischen Experiment im Erziehungsheim in Hudson war das Helen H. Jennings. In diesem Heim waren viele Mädchen „abgehauen" und die Forschungsaufgabe war nicht, herauszufinden, warum das geschah, sondern wie das verhindert werden konnte. Es war also keine Theorie sozialer Abweichung und der Rolle von Sanktionsagenturen angesagt. Statt dessen sollte eine Umstrukturierung der Mädchengruppen durchgeführt werden, so dass die Mädchen sich im Heim wohler fühlten und die Motivation zur Flucht minimiert wurde. Die soziometrische Untersuchung dieser Gruppen sollte diesem Zweck dienen und nicht, allgemeingültige Gesetze des Sozialverhaltens zu formulieren.

Er hat dann zwar aus den Ergebnissen vieler Forschungen dieser Art Gesetzmäßigkeiten abgeleitet. Das war aber ein sekundäres Nebenprodukt.

SP: Das macht ihn eher zum Betroffenheitsforscher als zum Aktionsforscher. Aktionsforschung ist ein kontrolliertes Verfahren, beschränkt auf das Protokollieren teilnehmender Beobachter. Dagegen war hier nicht nur die Heimstruktur neu zu ordnen. Es sollte auch etwas – nun ja, etwas altmodisch – für die Seele getan werden.

Im Flüchtlingslager in Mitterndorf, in dem Moreno während des 1. Weltkriegs als Arzt tätig war, lag eine ähnliche Situation vor. Hier waren Flüchtlingsgruppen zusammengewürfelt, zwischen denen es Spannungen gab, die zu Mord und Totschlag führten. In dieser Lage hat er, wie er schreibt, Vorformen der Soziometrie versucht (Moreno, 1995, 67ff.). Über die genaue Methodik ist seiner Autobiographie leider nichts zu entnehmen. Er hat jedenfalls aus dem Chaos der Beziehungsfronten Sympathieströme herausdestilliert und er hat so für einen Umzug mancher Gruppe nach Maßgabe dieser Selbstzuordnungen gesorgt. Dadurch sah sich das – ein Flüchtlingslager ist ja kein schlechtes Symbol für die Katalytik moderner Funktionsgesellschaften – erzwungene faire ensemble unterlaufen durch die Annäherung der Lagerstruktur an das Familiale, Gemeinschaftliche, mithin das vivre ensemble. Dabei wurde zweierlei erreicht: Moreno hat die Wünsche der Betroffenen berücksichtigt und er hat die Lagerverwaltung effektiver gemacht.

Die Übereinstimmung mit der Betroffenheitsforschung liegt darin, dass die Adressaten ihre Wünsche artikulieren konnten, so dass in einem gemeinsamen Lernprozess die Dialektik zwischen Gesellschaft und Gemeinschaft neu austariert wurde, mithin ein ‚idealeres' Sozialklima entstehen konnte. Wir haben es also mit Sozialpraxis bezogen auf überschaubare Felder in meliorativer Absicht zu tun. Im Gegensatz etwa zu industriesoziologischen Humanisierungsprogrammen, die unter dem Diktat der Effizienz stehen, wird hier der Schwerpunkt auf die Bedürfnisse der Betroffenen gelegt.

FB: Die Human-Relations-Bewegung ging ja von der Feststellung aus: Wenn die Leute zufriedener sind, arbeiten sie auch besser. Um der Steigerung der Arbeitseffizienz willen sollen sie ruhig zufriedener sein. In Morenos Ansatz ist es genau umgekehrt: Es soll eine Konfiguration der Beziehungen entwickelt werden, in der jeder eine Position hat, die ihm Entwicklungsmöglichkeiten zu größerem Wohlbefinden bietet. Und das wird unnötige Reibungen verhindern, die nur Unkosten verursachen.

SP: Die Befindlichkeit der Menschen selbst steht im Vordergrund. In diesem Ansinnen ist der therapeutische Effekt enthalten. Nicht in der Tradition einer paternalistischen Heilertradition, die immer schon weiß, was dem Patienten gut tut. Sondern in einer Schule der Therapie, die nachfragt, welche Bedürfnisse tatsächlich vorhanden sind, wenngleich bezogen auf wenige Variablen (Maslow, 1973). Das lässt sich freilich nur in einem kontrollierbaren, mithin kleinen Beziehungsraum durchführen. Die objektiven Gegebenheiten werden dadurch nicht tangiert.

Wie immer, diese Grundidee liegt auch der Demokratie als Regelung der öffentlichen Angelegenheiten zugrunde. Sie fußt auf den Ergebnissen periodischer Befragungen der Bevölkerung zu ihren Grundbedürfnissen, deren Berücksichtigung sich der Idee nach als Politik niederschlagen (sollen). Realiter scheitert dieses Politikmodell bereits daran, dass dieser Befragung nicht mehr hinterfragbare gesellschaftliche Strukturen vorgeordnet sind, seien es wirtschaftliche, technische oder politischen Eigenlogiken. Gleichwohl, im Grunde ist Morenos Vorhaben ganz und gar ein demokratischer Ansatz.

FB: Ein radikaldemokratischer.

4 Das Projekt: Demokratisierung durch Soziometrie und Soziodrama

SP: Das impliziert übrigens Kritik an den Sozialwissenschaften. Zu denken ist schon an die Wahl des Begriffes „Soziologie", 1824 von Auguste Comte (1798-1857) als Alternative zu Quételets (1796-1874) Begriff der „sozialer Physik" geprägt. Die Rede ist nicht von „Humanologie": Es geht vielmehr um die Logik des Sozialen, die nach positivistischem Wissenschaftsverständnis analytisch freigelegt werden sollte. Ihr hat sich die Humanwelt anzupassen. Bei Comte war nicht unbedingt ein Widerspruch zwischen beiden zu erkennen, weil – mit Hegel gesprochen – die Freiheit auch bei ihm als Einsicht in die Notwendigkeit definiert wurde. Das wissenschaftliche Bemühen besteht darin, durch das Aufhellen der ‚wahren Logik des Sozialen' den gesellschaftlichen Raum nach den Revolutionsunruhen der Epoche neu zu ordnen. Und einzig eine Neuordnung nach wissenschaftlichen Erkenntnissen wäre eine tragfähige Ordnung, weil sie sich jeder kontroversen Bewertung, etwa durch unterschiedliche Schichtinteressen, entzieht. Es geht dem Fach seither ausdrücklich nicht um eine Anpassung gesellschaftlicher Strukturen an demokratisch zu erhebende Bedürfnisstrukturen, weswegen René König zu Recht von einer „Selbstdomestikation" der Sozialmoderne durch soziologische Einsichten gesprochen hat.

Der soziometrische Ansatz steht demgegenüber in einer anderen, eher diskursiven Tradition. Alle gesellschaftliche Organisation geht von den Betroffenen/Akteuren aus. Selbst die Strukturen, die zur Regelhaftigkeit und Stetigkeit gesellschaftlichen Lebens notwendig sind, sollten periodisch abgestimmt werden auf die – auf der Zeitachse sich verändernden – Bedürfnisstrukturen als Folge der Logik der Aggregation. Es gibt keine endgültige Wahrheit, es gibt keine endgültige Richtigkeit, es gibt keine endgültige Fairness, es gibt keine endgültige Gleichheit oder gar Gerechtigkeit. All das muss durch Rückkoppelungsmechanismen immer wieder justiert werden. Dieser Ansatz wird in der amerikanischen Philosophie heute von Richard Rorty (Horster, 1991) am klarsten vertreten. Die (in diesem Fall) Philosophie steht im Dienst der Aufhellung der in einer Kommunikationsgesellschaft immer wieder neu sich einstellenden Bedürfnis- und Einschätzungsstrukturen. Aber auch mit Blick auf heutige Konzepte der Vernetzung, der Ein-Punkt-Bewegung, der Planungszellen, in denen die institutionelle Ebene dauerhaft rückgebunden werden soll an die Bedürfnisstrukturen der Bevölkerung, lässt sich feststellen: Jedenfalls prinzipiell sind diese Ansätze in Morenos soziometrischem Ansatz vorweggenommen Insofern haben wir es mit einem radikal-modernistischen Denkrahmen zu tun. Wiewohl es sicher schwierig ist, Wärmeströmungen zwischen Thüringern und Westfalen abzufragen, wenngleich sich beide in einem gemeinsamen Symbolkosmos bewegen. Es wäre aber unschwer möglich, ein demosoziometrisches Forschungsprogramm aufzulegen, in dem auf eine bestimmte Weise, in bestimmten Grenzen und zu einem bestimmten Zeitpunkt solche Rückkoppelungsfeststellungen abzulesen wären. Zudem werden mit spontanen Inszenierungen und der offenen Wahl von Beziehungen zugleich Bedürfnisstrukturen der jeweiligen Gruppen freigelegt.

FB: Es gibt immer wieder Anlässe, wo größere gesellschaftliche Gruppierungen bereit sind, sich auf einen solchen Prozesse einzulassen. So haben einige Psychodramatikerinnen nach dem Brandanschlag auf die türkischen Bewohner eines Wohnhauses in Solingen mit einigen Betroffenengruppen gearbeitet (Geisler, Görmer, 1997). Oder der Sozialpsychologe Klaus Ottomeyer versucht die Haider-Faszination in Österreich in Großgruppeninszenierungen begreifbar zu machen (Ottomeyer, 1992). Das sind natürlich besondere Veranstaltungen mit Interessierten. Hier können selbstverständlich keine Beschlüsse gefasst werden, die direkt politisch wirksam wären.

SP: Daraus ließe sich eine neue Reformbewegung entwickeln unterhalb der parteipolitischen Ebene.

5   Politische Veränderung durch sozioemotionales Erfahrungslernen

SP: Es ist allerdings kaum davon auszugehen, daß uns die freigesetzen Gefühle, weil sie nicht kalt sind, sondern warm, weil nicht gesellschaftlich distanziert, sondern eher gruppalgemeinschaftlich eingetrübt, intellektuell gefallen werden. Ich weiß nicht, wie Moreno mit diesem Rohstoff umgegangen ist. Bei George Bataille (1897-1962) wird solche Problemnatur aufgearbeitet. Es gibt kein emotionales Substrat, das von vornherein ‚positiv' ist, sei es gleich als ontologisch vorhanden oder als gesellschaftlich produziert gedacht. Auch Gefühle haben mit gesellschaftlichen Erfahrungen und Interessen zu tun. Gleiches gilt für die Kognition. Es ist ein Traum, etwa mit Habermas anzunehmen, dass der Inhalt der Verstandestätigkeit per se positive Ergebnisse produziert. Das Gehirn ist eher ein Instrument des Überlebens als der Reflexion gewesen, wie ein Blick auf die Geschichte erhellen mag.

Schon der italienische Soziologe Vilfredo Pareto (1848-1923) hat Emotion und Kognition daher als Hilfsinstrumente zur Realisierung von Bedürfnissen verortet. Diese Bedürfnisse wurden nach Maßgabe von Hobbes als Drang konzipiert, sich zu erhalten. Kognition und Emotion wirken dem Überlebenstrieb nachgeordnet. Wo das Interesse spricht, so Schopenhauer, hat der Intellekt das Maul zu halten. Der Behauptungswille ist brutal, wenn er sich gefährdet fühlt. Doch zurück zu Solingen. Umfragen aus dieser Zeit zeigen, dass 8 von 10 Deutschen Angst vor ‚Überfremdung' hatten/haben. Morenos Gruppentherapie muss folglich damit leben, dass hier emotionale Ablehnungen manifest werden.

FB: Das ist aber nur der Ausgangspunkt. Wenn sich eine Gruppe auf einen soziometrisch-soziodramatischen Prozess einlässt, dann werden Arrangements und Techniken eingesetzt, die Einstellungsänderungen bewirken. So wird z.B. nach einer bestimmten Vorbereitung ein Rollentausch zwischen zwei sich Fremden eingesetzt, die Angst voreinander empfinden und daher zur Distanzierung und zur negativen Etikettierung des jeweils anderen neigen. Erst jetzt müssen sie in der Rolle des anderen seine Lage wahrnehmen. Erst jetzt spüren sie leibhaftig dessen Ängste, dessen Befürchtungen und sprechen dessen Vorstellungen aus. Dadurch wird, wenn alles gut geht, die Angst reduziert.

Natürlich wird die Aufnahmekapazität von Fremdem in einer Gruppe begrenzt sein. So untersucht z.Z. der Psychologe Rainer Dollase in Bielefeld mit Hilfe der Soziometrie die Frage, wann der Ausländeranteil zu hoch ist, um noch verkraftet zu werden (Dollase, 1994). Auch in einer für viel Neues sich öffnenden Gruppe wird es eine Grenze geben, mit der man leben muss.

SP: Das ist das eine. Die Menschen haben Abgrenzungsbedürfnisse. Es bleibt aber auch der harte Problemkern des Soziallebens zu beachten. Da wir alle unter Bedingungen der Knappheit an Gütern, Sinn, Zuneigung, Aufmerksamkeit etc. existieren – Gesellschaftssysteme gar als Operationalisierungsversuche von Knappheit zu definieren wären –, bleiben Konkurrenzverhältnisse ‚natürlich', die allenthalben Überforderungen bedingen.

FB: Das würde Moreno auch nicht leugnen.

SP: Auch eine Erhebung der (so Moreno) „Teleströme" unterhalb der offiziellen Beziehungsstrukturen einer Gruppierung könnte durchaus problematische Ergebnisse zeitigen. So demonstriert die soziometrische Untersuchung einer Schulklasse deutlich Außenseiter, ohne dass aus Außen- oder gar Außenseiterperspektive diese Stigmatisierung gerechtfertigt wäre.

FB: Morenos Ansatz impliziert natürlich, dass diese Außenseiterposition zur Disposition steht. D. h. eine Gruppe, die sich auf diesen Prozess einlässt, muss auch bereit sein, sich diesem Problem zu stellen.

SP: Der Prozess selber macht sie womöglich dazu bereit, solange er dauert.

FB: Ich sehe hier auch eine ethische Komponente.

SP: Ich würde eher von einer prozessualen Komponente sprechen. Im Prozess werden die emotionalen Anteile der Stigmatisierung abgearbeitet. Der ethische Lernprozess geschieht im Prozess selber, indem nicht unbedingt die Gründe für die Stigmatisierung aufgedeckt werden, sich sehr wohl aber der Umgang mit Außenseitern diplomatisieren lässt.

FB: Ethik meint für mich hier: Ich muss erst einmal ernsthaft bereit sein, mich auf diesen Prozess überhaupt einzulassen, um dann auch die Folgerungen aus den neuen Erfahrungen und Erkenntnissen zu ziehen.

SP: Das setzt wieder Einsicht/Erkenntnisse voraus, die nur das Ergebnis dieser Gruppenarbeit sein könnten. Denn sonst läge der Lern- ja vor dem Gruppenprozess, der dadurch überflüssig würde.

FB: Ich muss mich aber erst einmal entscheiden, überhaupt mitzumachen und dabei bestimmte Umgangsregeln einzuhalten.

SP: Geraten wir damit nicht in die Nähe des herrschaftsfreien Diskurses? Die durch Soziometrie und Soziodrama neuzugestaltende/neugestaltete Gruppenstruktur stellt eine Verständigungsform dar, die sich durchaus in der Habermasschen Kommunikationstheorie (Horster, 1990) unterbringen lässt.

FB: Das sehe ich auch so, als es hier etwas auszuhandeln gilt. Es geht darum, sich bei gleichen Chancen und gutem Willen aller Beteiligten den offenen Problemen zustellen.

SP: Der Unterschied zum Diskursmodell ergibt sich aus der Tatsache, dass am Ende ein gemeinsames Lernergebnis unterhalb der Ebene der Wahrheit möglich wird, das eben ‚nur' pragmatisch ist. Ich kann lernen: Wenn ich als Gruppe in der Gruppe Vorurteile als vorhanden erkenne, vertrete ich sie wahrscheinlich auch in der Öffentlichkeit. Es geht also eher um sozio-reaktive Lernprozesse der Einzelnen als um die Richtigkeit der Einstellungen.

FB: Bei Habermas sollen letztlich Argumente entscheiden, während es hier um Lernprozesse geht.

SP: Das bleibt die Frage an das Kommunikationsmodell von Habermas: Entscheiden wirklich Argumente oder nicht doch Macht, Wortmacht, Gewohnheitsmacht, Gruppendruck etc.? Zum anderen wird mit einer metaphysischen Letztbegründung aller Begründungen operiert, die sozial-operational übertrieben scheint. Hingegen scheint es wichtiger, sich klar zu machen, dass wir häufig genug im Sinne unserer Kontrolle nicht zugänglicher Kriterien urteilen. Dass man selbst Gegenstand solcher Beurteilungen sein kann. Und dass es besser ist, mit den eigenen Emotionen ziviler umzugehen.

FB: Knüpfen wir hier nicht an die Demokratievorstellungen des amerikanischen Pragmatismus an, etwa bei John Dewey (1859-1952) (Suhr, 1994) und Charles Sanders Peirce (1839-1914) (Nagl, 1992)?

SP: Der Pragmatismus wurde lange als „flach" kritisiert, weil er Maßstäbe wie Effektivität oder gar Nützlichkeit als Wahrheitskriterien herangezogen hat. Zudem wurde Denken oder Geist als „Funktion von Problemlösungen" verstanden (Marcuse, 1994), die Güte geistiger Intervention also mit der Effektivität der Problemlösungen in Verbindung gebracht. Deshalb führt Peirce neben der Induktion und der Deduktion als dritte Variante die Abduktion ein. Der Wert von Erkenntnis misst sich am Ergebnis. Genau das wäre „symbolischer Pragmatismus", um Ihre Formulierung aufzunehmen: Symbolisch, weil wir es hier mit gesellschaftlichen Bewertungen zu tun haben, also mit einem ästhetischen Raum. Und pragmatisch, weil es nicht um die Wahrheit (ἀληθεία) geht, die uns ohnedies nicht zur Verfügung steht; vielmehr um den gepflegten, geregelten, mithin ethisch versierten Umgang miteinander, also um das, was Robert Spaemann „das gute Leben im schlechten" genannt hat.

Noch einmal unsere Frage, warum Moreno die Analyse der Gesamtgesellschaft nicht ausreichend berücksichtigt. Vielleicht, weil damit auch nichts verbessert/verändert wäre? Oder weil er optimistisch geglaubt hat, aus kleinen Schritten entsteht irgendwann der große Wandel? Allemal beginnt die Veränderung gesellschaftlicher Gegebenheiten vor der eigenen Haustür. Ich muss mit dem „guten Leben", mit ökologischem Verhalten, der Offenheit gegenüber Fremdem etc. gepflegt, rational, eben dianoetisch umgehen. Nur dann kann ich verlangen, dass andere dem entsprechen. In summa kann sich ein kollektiver Lernprozess ergeben oder auch nicht. Das war es, was der deutsche Idealismus mit „Revolution der Denkungsart" (Kant) bezeichnet wissen wollte. Obwohl wir und Moreno mit Kant Realisten genug sein sollten, um zu wissen, dass die Widerstände gegen Veränderungen schon auf individueller Ebene stark sind.

Dazu eine treffliche Beobachtung: Kants Definition der Aufklärung von 1784 wird oft nur halb zitiert: „Aufklärung ist der Ausgang aus der selbstverschuldeten Unmündigkeit". ‚Selbstverschuldet' deswegen, weil in einer komplexen, hoch arbeitsteiligen Gesellschaft nur ganz kleine Ausschnitte überschaubar sind, für den Rest sind wir auf Medien angewiesen, mithin auf Glauben, Vertrauen, wie auch immer. Einige Sätze weiter vermutet Kant (Beantwortung der Frage: Was ist Aufklärung? 1784) ohnedies: Um über den Tellerrand zu schauen, also weitere Zusammenhänge zur Kenntnis zu nehmen, sind die gnoseologischen Anforderungen erheblich. Diejenigen, die solche (Selbst)Aufklärung wagen, neigen offenbar dazu, sich angesichts der Komplexität der Verhältnisse wie des Vorhabens selbst in „Misologie" oder Furcht vor dem allzu eigenständigen Gebrauch der Vernunft zu flüchten.

Was nicht geschehen sollte! Denn in der „Grundlegung der Metaphysik der Sitten" (1785) sieht sich von Kant definiert, was Moreno sicher unterschreiben würde, dass die eigentliche Versuchung der Neuzeit darin liegt, den Menschen nicht als Zweck an sich zu nehmen, sondern ihn als Instrument fremder Zwecke zu gebrauchen. Was fraglos leichter möglich ist, solange die Mitwelt ohne Einsicht in die Zusammenhänge den vorgeblichen Sachzwängen der Epoche unterliegt.

6   Moreno und die Kommunitarismus-Debatte

FB: Tauchen nicht in Morenos Ansatz viele Motive auf, die in der gegenwärtigen Kommunitarismus-Debatte wieder aktuell geworden sind?

SP: Jein, weil bei Moreno an die – wenigstens – zeitweilige Konstruktion von Primärgruppen gedacht ist, die sich face to face zu Individuen ermächtigen. Eine derartige Selbstbehauptung ist den communitarians nicht fremd. Gleichwohl geht es dieser – sehr breiten und heterogenen – Richtung um mehr als um das Individualwohl. Tatsächlich bewegt seit bald zwanzig Jahren, ausgehend von den USA, eine Libertarianismus-Kommunitarismus-Auseinandersetzung die Gemüter (Reese-Schäfer, 1994). Danach beklagt ein vielstimmiger, schwerlich nach hiesigen fortschrittlich-rückschrittlich-Mustern einzuordnender Chor von Kritikern die Auflösungstendenzen einer Gesellschaft, die mittlerweile nur noch dem privaten Selbstverwirklichungsideal ihrer Bürger verpflichtet zu sein scheint. Sensibel reagiert wird auf Mobilität, die sich als Entwurzelung, die sich als Zerrüttung von Tradition und Sitte verbucht sieht.

Freiheit als Selbstverantwortung und Sozialverpflichtung war mit Adam Smith das Zwillingsziel der liberalen Wirtschaftsmoderne gewesen. Aber vereinzelt und unbehaust steht das von allem Gemeinsinn ausgegrenzte Individuum nun da, das im Prozess der Wohlstandsmehrung hauptsächlich gelernt zu haben scheint, mehr an seine Rechte denn an seine Obliegenheiten zu denken, nicht nur im politischen Raum. Während die Gesellschaftsdebatte hierzulande zugunsten etwa verteilungspolitischer Detailfragen an existentieller Schärfe verlor, blieb der Reformdiskurs in den USA bis heute zumindestens verbal von Bedeutung. Nicht zuletzt wegen der mit europäischen Abfederungssystemen ganz unvergleichlichen Überlebenshärten einer Konkurrenzgesellschaft á la americaine. Das genau erweisen die Überlegungen des Kommunitarismus von Ben Barber über Alasdair MacIntyre und Michael Sandel bis zu Charles Taylor oder Michael Walzer, die sich mit den sozialen Kosten und politischen Voraussetzungen – oder ist es umgekehrt? – jenes rugged individualism als Erbe der amerikanischen Siedlertradition beschäftigen. Zum anderen geht es in diesem Streit zwischen, wenigstens nach hiesigen Begriffen, mehr Selbstzuständigkeit oder mehr Staatsvorsorge um die Frage, woher in einer sich weiter modernisierenden Zivilgesellschaft hocharbeitsteiliger Komplexität, die in der Arbeitswelt zunehmend auf Eigenverantwortung und Allmobilität setzt, jene Gemeinschaftlichkeit kommen soll, die historisch mit Kirche, Nachbarschaft, Familie oder anderen Primärverbänden gegeben war? Wohin führt die freiwillig/unfreiwillige Singularisierungswelle, die sich mit der Zunahme von Scheidungsraten, außerehelichen Geburten und einer Normalisierung von Einfamilienhaushalten vor aller Augen abspielt? Und die von Staats wegen durch moralische Appelle kaum anzuhalten ist, an deren Verbindlichkeit niemand mehr glaubt.

FB: Die Dichotomie von Gemeinschaft und Gesellschaft, wie Ferdinand Tönnies (1855 – 1936) sie gefasst hat (Tönnies, 1963) wird in den 20er Jahren in Deutschland von Hermann Schmalenbach (1922) ergänzt um die Kategorie des „Bundes" vor dem Hintergrund der bündischen Jugendbewegung in Anknüpfung an Max Weber. Das Changieren des Gemeinschaftsbegriffs zwischen restaurativer, konservativer Volksgemeinschaft mit ihrer Blut- und-Boden-Ideologie und der romantischen Utopie der Natürlichkeit kann dadurch aufgehoben werden, dass das „Konservative" dem Gemeinschaftsbegriff und das „Utopische" dem Bund-Begriff zugeschlagen wird (Buer, 1993a). Buber hat nun wieder den Bundbegriff in Anknüpfung an Gustav Landauer (1870-1919) weiterentwickelt. In dieser konstruktiven anarchistischen Tradition wird als gesellschaftliche Utopie das Bündnis von Bünden von unten nach oben, also ein föderaler Aufbau der Gesellschaft, vorgeschlagen. Buber, der ja ab 1938 an der Jerusalemer Universität einen Lehrstuhl für Sozialphilosophie und Allgemeine Soziologie inne hatte, hat ja den Aufbau der Kibbuzim in Israel als eine Form der Verwirklichung dieser Idee begriffen und kritisch begleitet (Buber, 1985). Aus meiner Sicht steht auch Moreno in dieser bündischen Tradition. Er proklamiert mit seinem Projekt einer soziometrisch ausgeglichenen Sozialordnung einen Bund von Bünden durch freiwilligen Zusammenschluß (Moreno, 1991).

SP: Das Bündische, jedenfalls in gefolgschaftlicher Auslegung, ist deutlicher noch als das Gemeinschaftliche in die nationalsozialistische Ideologie, wenn auch nicht in deren totalstaatliche Praxis eingegangen. Das Bündische war idealiter ein Tertium zwischen dem kalten „Gesellschaftlichen" und dem warmen, aber ebenso herkömmlich wie klein-klein strukturierten „Gemeinschaftlichen". Dazwischen läge mit dem Bund aber die freiwillige, gleichwohl freundschaftlich verbundene, mithin auf Stetigkeit angelegte Meso-Gruppierung. Das Bündische ist fraglos dem Gruppenphänomen zugeordnet. Der Gruppenbegriff wird heute wertneutral/funktionell gefasst und hat sich erst in dieser Form sozialanalytisch durchgesetzt. Schwerlich umgreift das „Bündische" hingegen verschiedene Gesellungsformen wie industrielle Arbeitsgruppen, eine Freundesgruppe oder Jugendbanden. Es war in den 20er Jahren doch eine sehr deutsche Diskussion um die Bündelei.

FB: Der heutige Gruppenbegriff eskamotiert diese „bündischen" Gehalte.

SP: G.C. Homans hat gleichwohl nachgewiesen, dass sich Bündisches in allen Gruppen findet (Homans, 1972). Er kommt zu dem verblüffenden Ergebnis, dass Gruppen allemal durch eine Prise bündischer Gefühle mitgestaltet werden, handelt es sich gleich um zwangsweise, freiwillige, zufällig oder funktionell entstandene Personengruppen. In Reinform hingegen tendiert das Bündische immer zum Überschwenglichen einer Sekte. Es droht ein Überschießen des Emotionalen. Analytisch zu retten ist der Begriff nur, wenn er ein Bindungselement bezeichnet, ohne das Vergemeinschaftung beziehungsweise Vergesellschaftung nicht denkbar ist, weil es ohne das Schmier- oder auch Salböl irgendwelcher Affekte keine Gruppenkohäsion gibt.

FB: Genau das ist meine These. Diese drei Beziehungsmodi haben in unterschiedlicher Mischung in allen gesellschaftlichen Aggregaten eine Bedeutung. Das „Rationale", das „Traditionelle" und das „Emotionale" müssen sich mischen.

SP: Nach Max Weber müssen „Wertrationalität" (Gemeinschaft), „Zweckrationalität" (Gesellschaft) und sogar ein Hauch „Charisma" (Bund) interagieren. Wobei Morenos Ansatz die „gesellschaftliche" Ebene nur begrenzt thematisiert, sich allerdings mit den Folgen dieser „Zweckhaftigkeit" für die Individuen befasst. Doch zurück zum Kommunitarismus. Morenos Ansatz passt als Anregung in diese Debatte mit seinen Beschreibungen, wie Kleingruppierungen aufzubauen und zu motivieren sind. Der Kommunitarismus zielt in beiden Spielarten immerhin auf den Ideenhaushalt der Gesamtgesellschaft. Durch die Ausbreitung der Anomie – sei es in Form von Kriminalität, Verwahrlosung oder Desorientierung – sind gesamtgesellschaftliche Durchblicke gefragt. Ob Moreno dabei die angemessene Ebene anspricht, bleibt für mich eine offene Frage. Wenn wir mit Georg Simmel, Ferdinand Tönnies, Alfred Vierkandt, Theodor Geiger oder – meinethalben – den Vertretern des Symbolischen Interaktionismus die Moderne durchleuchten, allemal ergibt sich, dass die Lebenswelt der Menschen durch die von ihnen selbst geschaffene und aufrechterhaltene Systemwelt kolonialisiert (Habermas) wird. Will ich die kommunitäre Dimension stärken, muss ich Überforderungen durch die Systemwelt und ihre Sachzwänge ansprechen. Wer nicht über Rendite, Macht, Eliten, Technokratie, Bürokratie etc. reden will, der sollte auch von Gemeinschaftlichkeit schweigen. In der Kommunitarismusdiskussion wird viel zu viel über Gerechtigkeit, Fairness, Vertrag geredet, anstatt über Herrschaft oder Übervorteilung. Dieser Debatte wäre also ein wenig mehr Hobbes-Studium oder Max-Weber-Lektüre und weniger ethische Illusionen wie bei John Rawls angeraten.

FB: Die Grundproblematik des Morenoschen Ansatzes ist in gewisser Weise auch in der Kommunitarismusdebatte wiederzufinden. Da bin ich ganz mit Ihnen einverstanden.

7 Moreno als Aktivist

FB: Auf der anderen Seite ist mir der Morenosche Ansatz deshalb sympathisch, als hier nicht bis zum St.-Nimmerleinstag mit der Intervention in gesellschaftliche Verhältnisse gewartet wird, bis eine allgemein akzeptierte Analyse vorliegt, sondern gefragt wird, was kann ich mit meinen bescheidenen Kräften hier und heute konkret tun? Der Blick wird auf die Veränderungsmöglichkeiten im Alltag gelenkt, auf das, was ich in jedem Fall tun kann in der Hoffnung, dass das Kreise ziehen wird. Insofern scheint mir das in der gegenwärtigen Situation der „neuen Unübersichtlichkeit", um mit Habermas zu reden, immerhin eine Orientierung zu bieten, statt cool das Ende der „großen Erzählungen" (Lyotard, 1983; 1986) zu konstatieren und sich dem Konsum hinzugeben, falls möglich.

SP: Jeder Denkansatz, der unseren Selbstentwurf stärkt, ist ein Schritt in die richtige Richtung. Das Dilemma scheint zu sein, dass der Einzelne, auch wenn er die cura sui als öffentliche Aufgabe begreift, auf die Handlungsebene verwiesen bleibt. Schon Max Weber hat erkannt, dass die von ihm favorisierte Handlungstheorie für den fabrikweltlichen Arbeitsbereich kaum gilt. Dort herrschen Kriterien des „faire ensemble"; der freie Selbstentwurf hingegen führte zu anomischen Situationen, wirken die Menschen doch als Teile einer zweckgerichteten Maschinerie. Zugespitzt ausgedrückt: Je mehr man Moreno gelesen hat, um so schwerer muss diese Anpassung fallen. Wohingegen sein therapeutisch-dramaturgisches Modell, wie gesagt, auch als Schadensbegrenzungmodell für die Reintegration in eine solche Problemumwelt verstanden werden könnte, die sich nicht in Frage gestellt sieht, weil sie ansonsten gar nicht vorkommt. Wie immer, die Zivilisation honoriert das Angepasste.

FB: Nun ist es aber so, dass in der soziometrisch-psychodramatischen Arbeit gerade diese Schwierigkeiten thematisch gemacht werden und nicht euphorisch „der Mensch entfaltet" wird. Die Beteiligten müssen ihre Interessen abarbeiten an genau diesen konkret erfahrenen Widerständigkeiten, müssen sich mit den Anlässen für ihre Überforderungen auseinandersetzen. Indem das zum Thema gemacht wird, wird es exemplarisch aufgegriffen. Ob das dann reicht, ist eine andere Frage. Es ist jedenfalls nicht so, dass hier der Unangepasste erzeugt wird, der dann zwangsläufig Schwierigkeiten bekommt. Im Gegenteil: Es wird konkret herausgearbeit: Was ist in dieser Situation änderbar, was ist nicht änderbar?

Und wie kann ich mit dieser Lage kreativ umgehen? Es geht darum, sich dem Problem zu stellen, aber nicht in der alten eingleisigen Manier, sondern vielfältig und experimentell.

SP: Was immer noch besser ist, als passiv an den Verhältnissen zu leiden. Zur Kreativität der Lebensbewältigung gehört selbstredend auch die Kreativität, möglichst reibungslos durch solche herausfordernden Phasen durchzukommen.

FB: Das sehe ich nicht so. Moreno redet zwar nicht viel von Macht. Aber das „Ermächtigen" der Ohnmächtigen ist sein eigentlichen Thema (Buer, 1993b). Ich gehe durchaus mit Michel Foucault (1976; Fink-Eitel, 1989) davon aus, dass wir uns in jeder sozialen Situation in Machtverhältnissen bewegen. Wir können aber auch Gegenmacht entwickeln. Moreno leugnet überhaupt nicht vorgegebene Machtstrukturen im Sinne von Herrschaftsstrukturen. Es geht aber darum, damit umzugehen, diese zu gestalten ganz im Sinne des späten Foucault, der eben das in seiner Theorie der Selbstsorge und der ästhetische Gestaltung der Existenz proklamiert (Schmidt, 1991). Es geht darum, sich innerhalb des Machtgefüges zu bewegen. Genau dazu bietet Moreno Arrangements an.

SP: Wenn nach Foucault alle Beziehungen Machtbeziehungen sind, dann bleibt nichts anderes übrig, als selbst Macht zu gewinnen. Das würde dem Morenoschen Ansatz widersprechen.

FB: Foucault selbst relativiert seine Machttheorie mit seiner Theorie der Selbstsorge.

SP: Dieser Ansatz gilt doch nur für Intellektuelle wie Foucault selbst.

FB: Wir können gar nicht anders, als in diesem Machtspiel mitzumachen. Selbst als Opfer üben wir Macht aus.

SP: Auch indem ich die Gegenposition anerkenne, vielleicht sie sogar masochistisch akzeptiere. Das alles lässt sich weniger dramatisch sehen. Heinrich Popitz hat in Untersuchungen zur Genese von Mikro-Machtlagen gezeigt, dass es eine Affirmations-Reaktion selbst der Zukurzgekommenen gibt. In den kleinen Nischen, in denen sich der Normalbürger bewegt, findet er einen Hintergarten, einen Vorhof und Bäume, die er – unter demokratischen Verhältnissen – in relativer Autonomie gestalten kann. Je weiter man diese Zuständigkeitsbereiche ausdehnen könnte, um so gepflegter oder sonniger würde es in diesem Garten, ohne dass die Verhältnisse drumherum zu ändern wären. Das bleibt aufs Ganze betrachtet eine Duldung, eine Hinnahme, mithin eine apathische Reaktion. Aber in der kurzen Spanne der eigenen Biographie möglicherweise das Gescheiteste, was zu tun ist.

FB: Das ist genau der Punkt.

SP: Das Bemühen um Eigenverantwortlichkeit wenigstens im Kleinen lässt sich mit, von und durch Moreno erfahren.

8 Was können Soziologen von Moreno lernen?

FB: Wo sehen Sie die anregenden Potentiale bei Moreno für die heutige Diskussion?

SP: Von ihm kann man lernen, fachlich nicht allzu blind zu sein. Die akademische Soziologie wird zunehmend von Experten entweder großer Theorien oder kleiner Empirie verwaltet. So entstehen immer winzigere Besitztümer im Schattenreich unserer Disziplin, die sich noch dazu gegenseitig abschotten frei nach Niklas Luhmann: Da die Triftigkeit von Theorien nicht an ihrer Effektivität zu messen ist, finden sie Anerkennung oder eben nicht. Daher rührt die zunehmende Relevanzlosigkeit des Faches insgesamt für die gesellschaftliche Entwicklung oder auch nur für deren Kritik. Die real existierende Soziologie ist langweilig geworden. Das war und ist der Ansatz von Moreno auf keinen Fall.

Das Zweite ist, dass mit Moreno die Bedeutung von Theorie als Orientierungswissen wiederzubeleben wäre. Er hat zwar nicht selbst ein solches Wissen entfaltet und vorgestellt. Er hat jedoch Arrangements praktiziert, in denen Menschen sich Vorstellungen machen sollen, wie ihre gesellschaftlichen Verhältnisse zu ändern seien. Derart wird immerhin der Anspruch auf Lebensnähe der Wissenschaft für die Mitwelt aufrechterhalten. So wie Fichte es 1794 formuliert hat, dass die Gelehrten als ökonomisch Freigestellte für ihre Zeitgenossenschaft Probleme durchdenken sollen, um der Gegenwart fundierte Ratschläge für die Lösung alltäglicher Probleme zu bieten. Das nennt Max Scheler „Orientierungswissen". Kein Heilswissen mehr, sicherlich, aber auch nicht bloßes Funktionswissen. Wie wir den heutigen, zuweilen panisch klingenden Diskussionen über die Akzeptanzprobleme bzw. die Aufgaben der Geisteswissenschaften entnehmen können, ist Orientierungswissen unverzichtbar, aber zugleich die knappste Ressource in unserer pluralen Gesellschaft. Kein leichtes Unterfangen für die Soziologie also, aber eine Bringschuld, welche das Fach nicht abweisen sollte.

Das Dritte ist: Die Soziometrie enthält moralische Maßstäbe für den Beruf des Soziologen. Seine ‚Forschungsobjekte' entdecken sich mit Moreno als Bündnispartner. Derart lassen/ließen sich zukünftige Forschungsprogramme leichter an den Bedürfnisstrukturen der Bevölkerung orientieren.

III. Konzepte

Psychodramatische Bildungsarbeit (2000)

1 Einführung

Moreno war ein Genie. Und als solches hatte er die Unverschämtheit, aber auch den Mut, sich nirgends einsortieren zu lassen. In Wien, Mitterndorf und Vöslau trat er zunächst auf als Hauslehrer, Literat, Herausgeber einer Zeitschrift, Theaterdirektor, Stegreifregisseur, Kinderarzt, Betriebs- und Gemeindarzt, Randgruppenarbeiter, nicht zuletzt als chassidischer Rebbe. In den USA dann als Erfinder des „Radio-Films", Aktivist des Improvisationstheaters, Aktionsforscher, Soziologe, Autor wissenschaftlicher Schriften, Psychiater. Erst am Ende seines Lebens war er der Repräsentant seiner eigenen Kreationen: Soziometrie, Gruppenpsychotherapie, Psychodrama. Und als solcher war er natürlich auch Ausbilder (Moreno, 1995; Marineau, 1989; Buer, 1999b).

Im Grunde hat sich Moreno selbst als Heiler gesehen, als „Therapeutes" im altgriechischen Sinn, also als „Diener" (Moreno, 1997, 6). Unter „Therapeia" wurde damals verstanden, „alles, was einem Gott, einem Menschen oder einer Sache ,dient', d.h. was ihnen dank Dienst, Pflege, Besorgung, Regelung und Aufwartung hilfreich, angenehm, nützlich und vielleicht heilsam ist oder erscheint" (Seidmann, 1979, 352). Der Sokratische Dialog, dem sich Moreno sehr verpflichtet fühlte (Moreno 1997, 14), ist „,Therapeutisierung der Seele' im Sinne der erzieherischen Sorge um den inneren Menschen, des erzieherischen Dienstes auch an der gesunden Seele auf Geheiß der Gottheit, die das Gute, die Gerechtigkeit und die Wahrheit vom einzelnen und von der Polis fordert. Therapeia für die Seele war für Sokrates-Plato *paideia*, erzieherische ,Behandlung' als eine am Guten orientierte Formung des inneren und äußeren Menschen: Dienst am Menschen als Dienst für Gott" (ebd., 356).

So wie hier noch Pädagogik, Therapeutik, Religion und Politik in einem Gesamtzusammenhang gesehen wurden, so ging es auch Moreno „ums Ganze" (Buer, 1992c). Und so ist er auch mit seinem Leben stets „aufs Ganze" gegangen. Moreno hat sich selbst als Psychodramatiker erfunden. Immer wenn er in andere Lebenskreise eintrat, konnte er nicht anders, als alles zu psychodramatisieren. Dabei hat er selbst vor seiner eigenen Familie nicht halt gemacht (Moreno et al., 1964; → S. 122ff.).

Er war daher auch nicht bereit, sein Wirken ein- und aufteilen zu lassen. Aber: diese ganze Welt der Segmentierungen, Arbeitsteilungen, abgrenzenden Institutionalisierungen sah er als Ergebnis von Konservierungsprozessen an, die einerseits notwendig seien, um überhaupt Ordnung zu schaffen und aufrecht zu erhalten, andererseits aber immer auch spontan-kreative Innovationen behinderten. Seine eigenen kreativen Erfindungen sollten daher Sauerteig sein, die das Brot zum Gären bringen sollten. Wenn es dann heiß gebacken ist, wird es genießbar und kann dann erst seine nahrhafte Bestimmung erfüllen.

Die PsychodramatikerInnen als seine NachfolgerInnen müssen die ganze Sache nun etwas bescheidener angehen, wenn sie sich nicht auch von vorne herein als Genies betrachten wollen, sondern als Professionelle, die mit fachlich hochwertiger Arbeit ihr Geld verdienen wollen. Mit dem Psychodrama hat Moreno ihnen nun aber ein Ensemble an Instrumenten hinterlassen, das sie nicht neu erfinden müssen, sondern das sie je neu nutzen können, um der Welt aufzuspielen. Und wenn sie dieses Instrumentarium originell und angemessen zum Klingen bringen, lösen sie zweifellos kreative Prozesse aus und das wiederum kann durchaus als genial bezeichnet werden. Aber wie kann das unter heutigen Bedingungen konkret geschehen?

Wenn ich nun das Psychodrama mit seiner Philosophie, seinen Interpretationsfolien und seiner Praxeologie von ausgefeilten Arrangements und Techniken als ein *Verfahren* der Beziehungsarbeit bezeichne, dann trifft es in den verschiedenen Tätigkeitsfeldern immer auf bestimmte institutionalisierte Handlungsformen wie Psychotherapie, Selbsterfahrung, psychosoziale Beratung, Unterricht, Supervision, Coaching, Workshop, Training. Diese Rahmungen nenne ich *Formate*. Oft werden diese Formate in der *Praxis* wieder miteinander verbunden zu *Supraformaten* (Buer, 1999b).

So sind etwa im Supraformat Psychodrama-Ausbildung meist die Formate Selbsterfahrung, Training, Unterricht und Supervision integriert. Das Spezifische dieses Supraformates ist aber die Qualifizierung und die damit unvermeidlich verbundene Prüfung und Bewertung. Die Lernerfahrungen, die in diesem Format gemacht wurden, können also nicht eins zu eins in andere Formate übertragen werden. Hier bedarf es einer sehr differenzierten Transformationsarbeit, die wiederum nur mit Hilfe einer langfristig begleitenden Supervision gelingen kann.

Verfahren wie Formate gibt es somit nur auf dem Papier. In der sozialen Wirklichkeit sind immer nur mehr oder weniger geglückte Verbindungen anzutreffen. Mit dem Psychodrama hat uns Moreno nun ein Verfahren hinterlassen, das dazu dienen soll, mit Formaten eine Verbindung so einzugehen, dass die Menschen, die sich dieser Arbeit unterziehen, Verbesserungsmöglichkeiten ihrer Lebenspraxis sehen und umsetzen können. PsychodramatikerInnen müssen also nicht nur etwas vom Psychodrama verstehen, sondern eben so viel von den Formaten und ihren Kontexten, in die das Psychodrama implementiert werden soll.

Die Befruchtung der verschiedensten Formate durch das Psychodrama war von allem Anfang an nicht einfach und kann aus den oben genannten Gründen auch gar nicht einfach sein. Formate müssen die Ordnung garantieren, damit gesellschaftliche und staatliche Interessen an der Normalitätssicherung umgesetzt werden. Das Psychodrama setzt aber auf eine spontan-kreative Flexibilisierung der Ordnung, die dem Eigensinn und dem Eigeninteresse der Beteiligten Spielräume eröffnet und somit – wenn's gut geht – Kräfte freisetzt, die die bestehende Ordnung verändern werden. Ohne diese Veränderungen würde aber die Ordnung so erstarren, dass sie auf neue Anforderungen der gesellschaftlichen Entwicklung der Individuen nicht mehr antworten kann. Das Ordnungssystem verlöre den Boden unter den Füßen. Es ist also auf Flexibilisierung angewiesen. Diese kann es aber nicht aus sich heraus erzeugen. Deshalb benötigt es unbedingt die Verbindung mit Verfahren der Veränderung. Und das Psychodrama ist nun eines der wirksamsten. Dementsprechend löst es aber auch im System Ängste und somit Widerstände aus, die das System aber überwinden muss, sonst verliert es seine lebenserhaltende Sicherungsfunktion. Umgekehrt benötigt das Psychodrama die Formate, um überhaupt wirksam werden zu können. Denn ohne die Konzeption in Formaten bleibt es allein und kann keinerlei Frucht bringen. Dieser Kampf um den Erhalt und die Veränderung der Ordnung eines Systems spielt sich auf den verschiedenen Ebenen der Gesellschaft ab. Auf der mikrosozialen Ebene der Beziehungsarbeit kulminiert diese Auseinandersetzung in der je konkreten Verbindung von Format und Verfahren. Der Einsatz von Verfahren ist also unverzichtbar. Es kommt für das Psychodrama darauf an, dass es im Wettbewerb mit anderen Verfahren seine Wirksamkeit darlegen und zugleich die damit unweigerlich auftretenden Ängste vor Veränderung besänftigen kann.

Wenn das Psychodrama nun also das pädagogische Feld befruchten soll, dann muss aufgezeigt werden, wo das geschehen soll, wozu die Zubefruchtenden das mitmachen sollen und warum sie dabei keine Angst zu haben brauchen. Aus meinen Vorüberlegungen ergeben sich nun folgende Thesen:

- Das Psychodrama wird von der Pädagogik angenommen, wenn es seine Wirksamkeit in der Praxis zeigen kann. Orte der Befruchtung müssen die pädagogischen Formate sein. Denn hier wird über die Praxis entschieden. Erst von hier aus können auch die Kontexte, also die pädagogischen Einrichtungen und die pädagogischen Disziplinen, in „status nascendi" versetzt werden. Daher halte ich auch den Versuch von Roland Springer, das Psychodrama als *erziehungswissenschaftlichen* Ansatz auszuweisen, für strategisch wenig erfolgversprechend (Springer, 1995).
- Das Psychodrama wird von der Pädagogik angenommen, wenn es darlegen kann, was es im Unterschied zu anderen Verfahren für die PädagogInnen selbst an Nützlichem zur Qualitätsverbesserung und Erleichterung der pädagogischen Praxis zu bieten hat. Dazu muss es als für die Pädagogik relevantes Verfahren rekonstruiert werden und sich von der verbreiteten Legierung mit dem Format Psychotherapie absetzen.
- Das Psychodrama wird von der Pädagogik angenommen, wenn es weniger Ängste auslöst als bisher. Dazu ist es notwendig, an bekannte und anerkannte Strömungen der Pädagogik anzuknüpfen.

Nun ist die Pädagogik ein weites Feld. Sie stellt sich in Theorie und Praxis den gesellschaftlichen Ansprüchen,

- den Generationenunterschied zu bewältigen, indem sie Prozesse der *Erziehung* konzipiert und durchführt;
- die Gestaltung des Menschen zum Menschen befördert, indem sie Prozesse der *Bildung* entwirft und umsetzt;
- der Bevölkerung die nötigen Qualifikationen vermittelt, indem sie Prozesse des *Unterrichts* konzipiert und durchführt (Didaktik);
- sich um Menschen in Not kümmert, indem sie Prozesse der *Hilfe* konzipiert und umsetzt.

Dabei geht es immer um Lernen im Kontext von *Sozialisationsprozessen* (Lenzen, 1994; Bernhard, Rothermel, 1997; Krüger, Helsper, 1998).

Die Organisation dieser vier Antworten in pädagogischen Einrichtungen wird nun weniger von PädagogInnen betrieben als von staatlichen bzw. parastaatlichen Bürokratieen. Organisation, Management und Planung wird leider noch selten als genuine pädagogische Aufgabe begriffen (Ausnahme: Timmermann, 1998). Daher fallen in der konkreten pädagogischen Praxis diese vier Antworten der Pädagogik oft zusammen und werden nicht als spezifische gesehen und wirksam umgesetzt. So dient die Schule sicher primär der Organisation des Unterrichts. Sie hat es aber auch mit Erziehung, Bildung und Hilfe zu tun, die oft leider vernachlässigt werden. In der Altenarbeit geht es sicher um Hilfe, auch um Bildung, weniger um Unterricht, sehr viel jedoch um Erziehung, allerdings in umgekehrter Richtung, nämlich: Wie können ältere Menschen jüngere für sich interessieren? Auch hier werden oft – organisatorisch vorgegeben – nur einseitige Antworten gegeben.

Um uns nun in diesem weiten Feld der Pädagogik nicht zu verlieren, möchte ich mich hier auf *Bildungsarbeit* konzentieren. Dann geht es weniger darum, den Generationenunterschied zu bewältigen, noch Menschen in Not zu helfen, sondern primär um *Bildung* mit seinen sozialen, affektiven und sachlichen Dimensionen und um *Didaktik* zur Qualifizierung für berufliche Zusammenhänge. Es geht uns daher primär um Konzeption und Arrangement von Lernprozessen jüngerer wie älterer Erwachsener. Formate wie Unterricht, Training, Übung, Fortbildungskurs, Workshop, Seminar, Kolloquium, Vortrag, Gruppenarbeit stehen zur Disposition und müssen in Supraformate wie Berufliche Bildung, Betriebliche Bildung, Politische Bildung, Ästhetische Bildung, Personalentwicklung, Organisationsentwicklung, Tagung, Kongress, Studium, Weiterbildung zusammengefügt werden.

Das voraussetzend möchte ich hier zunächst noch einmal den Reichtum des Psychodramas im Zusammenhang skizzieren, da er ja in den dargestellen konkreten Projekten immer nur selektiv aufscheinen kann. Dieses Reservoir steht allen PsychodramatikerInnen zur Verfügung, muss allerdings immer wieder neu erarbeitet und adaptiert werden. Es soll aber auch PädagogInnen neugierig auf eine spannende, nützliche und wertvolle Praxis machen. Zum Zweiten möchte ich aufzeigen, welche Bildungsanforderungen in den nächsten Jahren auf uns zukommen und welche spezifischen Antworten das Psychodrama darauf geben kann. Mit diesen Antworten steht das Psychodrama aber nicht alleine da. So will ich zum Dritten skizzieren, mit welchen Akzenten und Traditionen der Pädagogik sich der psychodramatische Ansatz verknüpfen lässt, so dass die Annahme des Psychodramas von Seiten der Pädagogik erleichtert wird. Zum Schluss sollen dann Umrisse einer psychodramatischen Bildungsarbeit skizziert werden.

2 Das Angebot des Psychodramas

2.1 Das psychodramatische Projekt

Die Grundideen des psychodramatischen Projekts sind alle – zumindest in nuce – in Morenos Wiener Zeit, also von etwa 1895 bis 1925, entstanden, wenn sie auch erst in den USA konkrete Gestalt angenommen haben (Schiferer, 1994; 1996; Buer, 1989c). Das Wien der Jahrhundertwende und des Ersten Weltkriegs war ein Brennpunkt des Umbruchs, in dem sich Décadence und Kreativität überlagerten. Es entsteht eine industrialisierte, bürokratisierte, technisierte, urbanisierte, hektische, sachliche Welt, die die überschaubare, traditionsbestimmte, quasi natürliche Welt des 19. Jahrhunderts heftig aufmischt. Neben diesen modernistischen und den darauf antwortenden restaurativen Tendenzen formiert sich aber auch eine oft übersehene dritte Linie, die eine Lebensreform in selbstbestimmten Gemeinschaften erprobt (Buer, 1992e; Kerbs, Reulecke, 1998). In diesen Experimenten mischt sich romantisches, lebensphilosophisches, völkisches, kommunistisches und anarchistisches Gedankengut (Linse, 1983). Morenos Projekt ist aus diesem Konnex hervorgegangen.

Moreno wendet sich schon in seiner Wiener Zeit gegen jegliche Konventionen: gegen Klassik und Realismus in der Literatur durch seine expressionistische Lyrik und Prosa, gegen die Vorherrschaft großer Verlage durch die Mitbegründung eines kleinen Genossenschaftsverlags, gegen das statuarische Sprechtheater durch sein Stegreiftheater, gegen die Ausgrenzung der Wiener Prostituierten durch deren Organisierung und fachliche Betreuung, gegen pedantischen Nachhilfeunterricht seiner ihm anvertrauten Schüler durch improvisierte Märchenspiele und soziometrische Experimente mit den Spielkameraden im Freien, gegen die bürokratische Zusammenlegung von Flüchtlingen in Mitterndorf durch den Vorschlag ihrer soziometrische Umgruppierung, gegen eine abstinente, individualisierende Psychoanalyse durch eine eingreifende, theatralische Gruppentherapeutik, gegen eine kirchlich erstarrte Religiosität durch seine Performance als chassidischer Wanderprediger, gegen die Besitzansprüche des Architekten Kiesler auf ein neues Theatermodell durch die Inszenierung eines öffentlichen Happenings, gegen spekulative Metaphysik durch eine Orientierung an erfahrbarer Praxisverbesserung, gegen eine Auswanderung nach Palästina, für eine messianische Praxis vor Ort, gegen eine kommunistische Revolution von oben, für eine soziometrische von unten (Moreno, 1995).

Dabei verband Moreno eine tiefe religiöse Überzeugung von seiner persönlichen Verantwortung für die Weltentwicklung in seinem Nahraum mit umfassenden therapeutischen Ansprüchen auf eine kreative „Neuordnung der Gesellschaft". Vor allem durch dramatische Arrangements und Techniken wollte er seine soziologische Hoffnung auf eine „therapeutische Weltordnung" verwirklichen, in der der Mensch dem Menschen ein Helfer (= Therapeutes) sein kann (Moreno, 1991).

Durch die Auswanderung in die USA ist Moreno bewusst der Gefährdung aus dem Weg gegangen, Gründer einer esoterischen Sekte zu werden. Hier konnte er sich als praktischer Reformer ausprobieren, ob in der Theaterarbeit, der Arbeit mit Gefangenen, der soziologischen Theoriebildung und Forschungsmethodologie, der Kleinkindforschung, ob in der Psychiatrie, in der Paar- und Familientherapie, in der Arbeit mit Migranten, in der Industrie, mit dem Militär oder in Siedlungsprojekten. Überall mischte er sich mit seiner MitarbeiterInnen-Crew ein (Yablonski, 1992). Vor allem aber erfand er ständig neue Arrangements und Techniken, um seinen Anspruch umzusetzen.

Moreno hatte nämlich keine Lehre zu verkünden. Er bot statt dessen „symbolische Behälter" an, in denen sich Menschen begegnen können, die daran interessiert sind, ihre Lebens- und Arbeitsverhältnisse gemeinsam zu untersuchen, sich auf einen persönlichen und sozialen Wandlungsprozess einzulassen, unkonventionelle Erkenntnisse zu gewinnen, kreative Lösungen zu erfinden und solidarisch an ihrer Verwirklichung zu arbeiten. Diese Psychodrama-Gruppen können innerhalb wie außerhalb von Einrichtungen und Organisationen stattfinden. Auf jeden Fall werden ihre Ergebnisse über die Tele-Beziehungen zu den konnektierten Netzen Auswirkungen auf die gesellschaftlichen Verhältnisse haben. So wurden immer mehr Menschen in Nord- und Südamerika, in West- und Osteuropa, in Israel, Japan, Australien und Neuseeland zu PsychodramatikerInnen, die in ihren Verkehrskreisen durch explizites, eher noch durch implizites psychodramatisches Denken und Handeln dialogische Milieus schaffen und kreative Lösungen für ganz konkrete Probleme der Alltagspraxis im sozialen Nahraum vorantreiben.

Auch wenn die psychodramatische Gruppenpsychotherapie am Ende seines Lebens im Mittelpunkt von seinem Projekt einer heilenden Lebensführung stand (Moreno, 1997), so hat das Psychodrama doch schon sehr früh Bedeutung auch für die Pädagogik gewonnen (Haas, 1949; Schützenberger, 1976; Yablonski, 1992). Im deutschsprachigen Raum haben vor allem Hilarion Petzold (1973), Veronika Burkart (Burkart, Zapotoczky, 1974), Dorothea Freudenreich (u.a., 1976), Edmund Kösel (1989; 1993), Franz Stimmer (1992; 1994), Roland Springer (1995), Inge Brenner (1996), Klaus Lammers (1996; 1998) und auch ich selbst (Buer 1992c; 1995; 1999f) Pionierarbeit geleistet. Auch von Pädagogen, die keine Psychodramatiker sind, wurde Interesse gezeigt, allerdings eher in Randgebieten, wie der

Rollenspielpädagogik, der Theaterpädagogik, der Interaktionspädagogik, der Religionspädagogik oder von Seiten der Humanistischen Pädagogik. Zeitweise hatte die Soziometrie als Untersuchungsverfahren in Schulklassen Konjunktur. Leider wurde sie in diesem Verwertungszusammenhang völlig unabhängig vom psychodramatischen Projekt gesehen, so dass ihr alle Zähne gezogen waren (Höhn, Seidel 1954; Dollase, 1996).

So muss festgehalten werden: Die Pädagogik – jedenfalls in Deutschland – hat das Psychodrama noch nicht umfassend zur Kenntnis genommen, wie das Psychodrama noch keineswegs die pädagogischen Ansprüche angemessen ernst genommen und die pädagogischen Anfragen ausreichend aufgegriffen hat.

2.2 Die psychodramatische Haltung

Der *common sense* hält das Psychodrama für ein reichhaltiges Arsenal an Instrumenten, Methoden, Arrangements und Techniken einfacherer bis komplizierter Art, die in allen möglichen Formaten der Beziehungsarbeit umstandslos eingesetzt werden könnten, leider verbunden mit verblasenen, dazu noch ausgeleierten Idealen von Begegnung und genialem Schöpfertum. Letzteres könne und sollte man vergessen, ersteres dagegen sei höchst nützlich verwendbar. Das genaue Gegenteil ist der Fall.

Zwar wimmelt es in der Psychodrama-Literatur nur so von unzähligen Techniken. Aber schon in der Psychodrama-Ausbildung soll das protagonistenzentrierte Spiel noch immer im Mittelpunkt stehen, so jedenfalls die verbreitete Klage. Und in der Praxis könne man doch so vieles gar nicht anwenden. Da blieben eben nur „Elemente" über. Und diese Frustration treibt dann die Suche nach weiteren, anderen, neuen Techniken an, die man ja auch noch ausprobieren könne. Diese elende Sicht der Dinge hängt leider damit zusammen, dass von der therapeutischen Philosophie Morenos nichts begriffen wurde.

Moreno geht es darum, dass jeder Mensch „Meister seines Lebens" wird. Das heißt konkret: Er soll auf seine Wünsche, Ideale, Ansprüche, Ängste, also auf seine innere Stimme, seinen „Daimon" hören lernen, aber ebenso auf die Wünsche und Anforderungen seiner Mitwelt und Umwelt. In der konkreten Auseinandersetzung mit diesen Stimmen in jeweils konkreten Situationen soll er seine einmalige Antwort geben und ver-antworten (Buer 1999c). In der Alltagspraxis reicht es normalerweise aus, wenn die üblichen und bewährten Antworten gegeben werden. In unübersichtlichen, konflikthaften oder belastenden Situationen fällt die Antwort aber schwerer. Die alten passen eben nicht mehr. Hier sollte man sich in eine Spontaneitätslage bringen, um neuartige und damit angemessenere Antworten zu finden.

Und genau diese improvisierenden Menschen: Propheten, Heilige, Künstler, Weise wie Buddha, Lao Tse, Sokrates, Jesus, Franziskus, Baal Schem, Gandhi waren Morenos Vorbilder. Sie schrieben keine Bücher und formulierten keine Denksysteme, sondern engagierten sich spontan in kreativen Experimenten. „Diese Tatmenschen... erscheinen uns oft inadäquat, unvollkommen, auffallend, überschwenglich, exzentrisch oder gar pathologisch. Es ist ihnen aber zugute zu halten, dass sie versuchten, nach ihren Ideen zu leben und eine imperfekte Existenz der perfekten Theorie vorgezogen haben" (Moreno, 1996, 441). Sie folgten den beiden Grundmaximen einer psychodramatischen Ethik: „Sei spontan!" Und: „Sei bereit zum Rollentausch!"

Durch ein Leben aus dieser Haltung konnten sie zu „Führern des Volkes" werden, konnten sie Leadership erlangen, mit dem Auftrag, jedem, dem sie begegneten, herauszufordern, sein Leben selbst in die Hand zu nehmen, sich selbst zu einem einmaligen Menschen herauszubilden, die Kunst der Lebens-Führung zu erlernen. Moreno hat sich selbst so verstanden. So hat er den Ehrentitel Moreno, der seit dem 14. Jh. an jüdische Gelehrte verliehen wurde, so auch an seinen Vater, und der „mein Lehrer" bedeutet, erst dann als Nachname getragen, als er sich seines besonderen Auftrags bewusst geworden war (Geisler, 1999, 53f).

Und aus dieser Haltung sollte jeder Psychodramatiker handeln. Die bewusstlose Anwendung allerlei Techniken kann vielleicht Routinefällen gerecht werden. In aller Regel bedarf aber die Aufnahme des Kontakts und das Heraushören verschiedener Stimmen in der jeweiligen Situation einer geschärften Achtsamkeit. Erst durch das Eintauchen in die Szene wie ihre distanzierende Betrachtung und Reflexion können Einfälle auftauchen, die weiterführen können. Um diesen sensiblen, fragilen Vorgang des Erspürens im telischen Kontakt mit den Beteiligten abzusichern und kreative Felder zu eröffnen, bedarf es der Methoden. Sie können Halt geben, wenn die „Zwischenräume" zwischen den Menschen aufgesucht werden. Hier bedarf es einer geschickten Auswahl der zur Verfügung stehenden Arrangements und Techniken, aber auch der kreativen Kraft, neue Wege zu erfinden. Morenos Ideal jedoch bleibt: „Der höhere Arzt heilt nicht durch Mittel sondern durch bloße Begegnung" (Moreno, 1970, 71). Leider sind die wenigsten Psychodramatiker solche höheren Heiler. Sie bleiben auf den Einsatz von Methoden als Hilfsmittel angewiesen. Sie sollten das Ideal aber nicht aus den Augen verlieren.

Aus alledem folgt: Entscheidend ist die richtige, die richtungsweisende psychodramatische Haltung. Erst durch sie werden Sinn und Verstand geöffnet, die Stimmen wahrnehmen und verstehen zu können. Hierzu sind die angemessenen Methoden zu finden oder zu erfinden. Diese Haltung lässt sich durch drei Orientierungen kennzeichnen:

- *Imagination*
  Die Macht der Phantasie, der Einbildungskraft, der Imagination soll im spontanen psychodramatischen Spiel hervorgelockt und zur kreativen Umgestaltung des Lebens beitragen.
- *Aktion*
  Der Mensch soll sich im dramatischen Handeln als Gestalter seines Lebens mit seinen Möglichkeiten, aber auch seinen Grenzen erfahren.
- *Kooperation*
  Durch das Aufeinandereingehen und das Zusammenspiel wird der Gruppenvorteil zur kreativen Lösung wirksam und lässt den Einzelnen über sich hinauswachsen.

Also: Psychodrama findet immer dann statt, wenn der Psychodramatiker diesen Orientierungen folgt, egal wie viele genuin psychodramatische Instrumente, Arrangements oder Techniken er nun zum Einsatz gebracht hat. Denn dann wird der kreative Umgang mit der Welt gefördert sowie die Bereitschaft, selbst bestimmt und zugleich kooperativ zu handeln. Und darum geht's. Und damit darf's auch genug sein.

2.3 Das psychodramatische Wissen

Der *common sen*se sagt weiter: Das Psychodrama bietet keinerlei spezielles Wissen an: Fehlanzeige. Das behaupten meist diejenigen, die nur Alltagswissen, über das jeder verfügt, und wissenschaftliches Wissen, das nur durch ein wissenschaftliches Studium erworben werden könne, kennen. Genau dazwischen liegt aber das professionelle Wissen, über das jemand verfügt, der sein einsozialisiertes alltägliches Wissen und sein erworbenes wissenschaftliches Wissen mit seinem spezifischen Erfahrungswissen aus seiner fachlichen Arbeit konfrontiert, prüft, reflektiert und konnektiert. Dieses an einzelnen Vorfällen gewonnene Wissen kann dann auch anderen Praktikern zur Verfügung gestellt werden, so dass diese es zum einen als mögliche Interpretationsfolie zum Verständnis der ihnen erzählten oder vorgeführten Geschichten, zum anderen zur Orientierung ihrer Beziehungsarbeit nutzen können (Buer, 1999b). So hat das Psychodrama sieben charakteristische Basiskonzepte entwickelt, die alle miteinander verknüpft sind (s. Abb. 4).

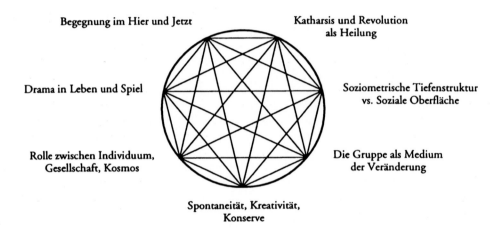

Abb. 4: Die sieben Basiskonzepte des Psychodramas

Alle sieben Konzepte erhalten nun eine spezifische Bedeutung je nachdem, auf welcher Theorie-Ebene sie eingesetzt werden. Das möchte ich an einem Beispiel erläutern.

Das Konzept *Begegnung im Hier und Jetzt* enthält auf der philosophischen Ebene der Grund-Anschauungen anthropologische, sozialphilosophische, erkenntnistheoretische und ethische Implikationen: In der unmittelbaren Begegnung zweier Menschen von Angesicht zu Angesicht in einer konkreten einmaligen Szene verlangt das Antlitz des Anderen von mir, dass ich ihm Bedeutung gebe. Das kann ich aber nur, indem ich mir selbst als dem konkret Antwortenden Bedeutung verleihe. Dadurch konstituiert sich mein Selbst, noch bevor ich mit dem Anderen in geregelten Austausch trete. Diese An-Erkenntnis des Anderen in der unmittelbaren Begegnung ist mit einem spezifischen Wissen verbunden, das durch eine objektivierende, vermittelte Erforschung nicht gewonnen werden kann. Durch diesen spontanen, moralischen Impuls wird der Mensch mit einem besonderen, einmaligen Wissen konstituiert. Individuation geschieht aber nur durch Sozialisation. Diese dialogische Zweierbeziehung ist somit der Kern gesellschaftlicher Verbundenheit. Individuation und Sozialisation werden verfehlt, wenn der Mensch sich weigert, sich auf unmittelbare Begegnungen einzulassen und Verantwortung zu übernehmen. Das führt zum Solipsismus wie zur gesellschaftlichen Entfremdung.

In der psychodramatischen Praxis wird von Szenen berichtet und werden Szenen – intendiert oder nicht – aufgeführt, die als Interaktionsgeschehen in Gruppen verstanden werden können. Zur Interpretation kann die Kategorie *Begegnung* als eine unmittelbare, spontane, authentische Interaktion und das Gegenteil, die *Entfremdung* oder wie Buber sagen würde, die *Vergegnung*, als eine vermittelte, gehemmte, fassadenhafte Interaktion herangezogen werden. Dadurch wird eine konkrete Diagnose der Situation möglich. Diese Interpretationsfolie oder Brille kann der Psychodramatiker nutzen, um im Sinne der oben ausgeführten Anthropologie die Verantwortungsübernahme durch die Ermöglichung von Begegnungsgeschehnissen zu fördern. Hierzu hat Moreno den Rollentausch erfunden: Der Andere wird mit seinen Wünschen, Ängsten und Anforderungen mir gegenüber erfahren, wie ich mich in der Rolle des Anderen aus seiner Sicht auch in meiner Wirkung auf ihn neu erfahren kann. Aus der Diagnose, wie im Lichte der Grund-Anschauungen kann also das psychodramatische Handeln seine Orientierung bekommen.

Wie das Konzept *Begegnung im Hier und Jetzt* auf den drei Theorie-Ebenen der Philosophie, der Interpretationsfolien und der Praxeologie genutzt werden kann, so können auch die anderen sechs Konzepte herangezogen werden. In Aktion ergänzen sie sich. Diese Konzepte sind aus einer spezifischen Praxis entstanden und für eben diese Praxis auch wieder verwendbar. Daneben kann das darin aufgehobene Wissen auch in wissenschaftliche Kontexte aufgenommen und ausgebreitet werden (z.B. Petzold, Mathias 1982; Ottomeyer, 1992; Bottenberg, 1993; Sader, 1995). Auf dieser Ebene kann es dann wiederum mit kompatiblen Konzepten und Theorien aus den Referenzwissenschaften und der genutzten Formate verknüpft und angereichert werden. Allerdings muss dieses vergesellschaftete Wissen im konkreten Fall immer vom konkreten Psychodramatiker zugeschnitten und zum Umgang mit diesem Fall mit den je neu gemachten Erfahrungen und Erkenntnissen verbunden werden. Genau das ist die professionelle Aufgabe (Oevermann, 1997).

2.4 Das psychodramatische Können

Der Psychodramatiker bietet Arrangements an, in denen die Akteure spielerisch ungewohnte Erfahrungen machen können. Er arrangiert die Versuchsanordnung dieses Sozialexperiments und führt bei der Durchführung Regie. Er hat zwar Hypothesen über den Fortgang des Prozesses, kennt aber selbst den Ausgang nicht. Daher muss er stets den Prozess begleiten und spontan steuern. Diese improvisierende Regie-Führung ist gekennzeichnet durch (Wartenberg, Kienzle, 1991):

- Aisthesis: eine sinnlich-ganzheitliche Wahr-Nehmung der verschiedenen Stimmen einer einmaligen Szene,
- Mimesis: das wandlungsfähige Sichhineinversetzen in Rollen durch einen inneren Rollentausch,
- Kathasis: die Erschütterung bisher bewährter Gewohnheiten durch den Einsatz geeigneter Arrangements und Techniken,
- Poiesis: die kollektive Kreation angemessener und angenehmerer Handlungsweisen zunächst des Protagonisten, aber auch der Gruppe und des Psychodramatikers selbst.

Diese spezifische psychodramatische Bühnenarbeit kann nur gelingen, wenn der Regisseur sein Metier beherrscht und spontan und doch gezielt mit dem konkreten Prozess mitschwingen kann. Um das zu erreichen, zu sichern und zu verbessern, sind lange Selbsterfahrungsprozesse, ist gezieltes Training und begleitende Supervision notwendig.

Je nach gewähltem Format kann dieser Kommunikationsmodus des Experiments – gerade auch in der Bildungsarbeit – ergänzt werden um eher verbale Informations- und Diskussionsprozesse. Psychodramatisches Können heißt also auch, die psychodramatische Arbeit je nach Erfordernis modifizieren und durch andere Verfahren ergänzen zu können.

3 Die Anforderungen an die gegenwärtige und die zukünftige Bildungsarbeit

Die Schlagworte „Lebenslanges Lernen", „Informationsgesellschaft", „Wissensmanagment", „Medienzeitalter" machen deutlich, dass Bildung im weitesten Sinne heute die zentrale Aufgabe zur Bewältigung einer unübersichtlichen Zukunft geworden ist. Damit steht das staatlich verwaltete Bildungssystem unter einem gewaltigen Reformdruck. Qualitätssicherung und Qualitätsentwicklung hat das gesamte System erfasst. Private Anbieter machen nicht nur im Weiterbildungsbereich, sondern bis in den Hochschul- und den Schulbereich hinein attraktive Angebote. Die Unternehmen kümmern sich in einem nie gekannten Ausmaß um die Weiterbildung ihres Personals (Neuberger, 1994; Arnold, 1995; Hofmann, Regnet 1994; Geißler, 1995). Die Aufforderung zum lebenslangen Lernen macht nicht einmal vor der Privatsphäre halt: Nicht nur, dass das Leben in einer enttraditionalisierten und „beschleunigten Gesellschaft" (Glotz, 1999) ständig neue Lernanforderungen bereithält, die Neuen Medien bringen zudem ständig neue mundgerecht vorbereitete Lernangebote ins Wohnzimmer (Gogolin, Lenzen 1999). Damit hat eine „Entgrenzung des Pädagogischen" (Luders u.a., 1998) stattgefunden: Lernprozesse werden nicht mehr nur von staatlich ausgebildeten PädagogInnen gesteuert, sondern auch von selbsternannten DozentInnen, TrainerInnen und BeraterInnen, vor allem aber von den Lernenden selbst. Die Pädagogik schwankt noch, ob sie diese Herausforderung durch ein totales Angebot von der Wiege bis zur Bahre annehmen (Lenzen, 1997) oder resigniert die Bahn für ein „selbstgesteuertes Lernen" (Dohmen, 1996; 1997) freigeben soll. Diese gegenwärtige Lage jedenfalls hat dem immer noch eher tantenhaften Bildungssystem der BRD verschärfte Dialektik verordnet:

Präsentative Symbolik versus diskursive Symbolik
Diese Unterscheidung von Susanne Langer (1987) meint: Die diskursive Symbolik umfasst die Sprache, die linear Sinngehalte generiert. Die elaborierteste Form dieser Symbolik ist die Wissenschaftssprache. Viele Sinngehalte des Lebens lassen sich aber nicht angemessen sprachlich ausdrücken, vor allem ästhetische, religiöse, existentielle Erfahrungen. Sie finden ihren Ausdruck in künstlerischen Darstellungen (Bildern, Skulpturen, Architekturen, Musiken, Tänzen, Theateraufführungen, metaphorischen Dichtungen...) und rituellen Praktiken (Zeremonien, Riten, magischen Handlungen...). Diese präsentative Symbolik ist analog, ganzheitlich und rekursiv, oft auch nonverbal. Der deutsche Bildungsbegriff entstammt nun den Traditionen präsentativer Symbolik (Lichtenstein, 1966). Bildung hat dann immer etwas mit Bildern zu tun (Pazzini,1988; Schäfer, Wulff 1999), auch mit dem Herausbilden, dem Formgeben, ist also immer ästhetisch vermittelt (Mollenhauer, 1988; Lenzen, 1990; Zacharias, 1991; Herrlitz, Rittelmeyer 1993). Dieses Bildungsverständnis hat zur Konsequenz: Jeder tiefergreifende Bildungsprozess muss die Bilder, die wir von uns und von der Welt haben, erschüttern, um so Bilder von uns und von der Welt aufsteigen zu lassen, als die wir und als die die Welt gemeint sind. Unsere Ant-Wort auf diesen An-Spruch ist der Bildungsprozess,

das schöpferische Herausbilden „neuer" Menschen in einer „neuen" Welt nach diesen Vor-Bildern. Auf der anderen Seite ist der Bildungsprozess immer auch mit diskursiven Phasen verbunden: Eigene Erfahrungen und fremdes Wissen müssen kommunikativ reflektiert und auf seine Haltbarkeit und Angemessenheit getestet werden. Daraus hat sich ein bewährter Bildungskanon ergeben, der in Texten aufbewahrt und lesend und hörend aufgenommen wird. Kulturkritische Autoren wie Neil Postman (1988) warnen daher vor der Bilderflut, mit denen wir durch die Neuen Medien überschwemmt würden, und plädieren wieder für das geschriebene und gesprochene Wort. Dabei ist festzuhalten, dass auch in den Neuen Medien der Text nach wie vor eine prominente Rolle spielt (Glotz, 1999). Auf der anderen Seite haben kreative Lehr- und Lernmethoden, insbesondere die Techniken der Visualisierung, Konjunktur (Heitkämper, 1999). Aus dieser Dialektik resultieren weitere Spannungen: zwischen dialogischem Lernen von Angesicht zu Angesicht und dem Arbeiten mit technologisch vermittelten Lernprogrammen, zwischen Lernen als spontanem Prozess und Lernen als strukturiertem Aufnehmen portionierten Wissens, zwischen intersubjektivem Erfahrungslernen und objektivierendem wissenschaftlichen Studium.

Allgemeine Bildung versus Expertentum
Diese Dialektik tritt in verschiedenen Varianten auf: Auf der einen Seite ist ein breites Wissen notwendig, damit der Bürger nicht nur in persönlichen Belangen (wie Gesundheitsvorsorge, Hauswirtschaft, Neue Medien) informiert ist, sondern auch in allen gesellschaftlichen und politischen Fragen kompetent mitreden und mitentscheiden kann. Zudem muss er sich auf wechselnde Arbeitsbereiche einstellen, die unterschiedliches Wissen verlangen. Auf der anderen Seite sind viele fachliche, aber auch gesellschaftliche und politische Zusammenhänge so kompliziert, dass sich hier nur noch SpezialistInnen auskennen. Spezialausbildungen und spezielle Weiterbildungen sind also erforderlich. Diese können allerdings schnell veralten, sind also ständig zu erneuern. Oder sie werden gar nicht mehr benötigt und sind durch neues Wissen und Können zu ersetzen. Der Bildungsbürger, der über kulturell hochwertige Kenntnisse und gewandte Umgangsformen verfügt und somit über alles und mit jedem kommunizieren kann, dem dafür aber viele Details verborgen bleiben, steht dem Experten gegenüber, der zwar über hoch spezialisiertes Wissen und Können verfügt, aber in der Gefahr steht, den Gesamtzusammenhang aus dem Auge zu verlieren. Zudem müssen Experten spezielle Fähigkeiten und Fertigkeiten unverhältnismäßig stark entwickeln, um auf dieser Basis Spitzenleistungen zu erbringen. Dafür müssen sie andere Bereiche vernachlässigen. Expertentum ist also oft mit separiertem Lernen verbunden. Demgegenüber propagiert insbesondere die Humanistische Pädagogik ganzheitliches Lernen, das den ganzen Menschen, also nicht nur seine kognitiven, sondern auch seine affektiven, leiblichen und sozialen Seiten berücksichtigt (Bürmann u.a., 1997).

Soziale Kompetenz versus Berufsqualifikation
Arbeitgeber, seien es nun Wirtschaftsunternehmen, Behörden oder soziale Einrichtungen, erwarten in vielen Bereichen nicht nur eine allgemeine Arbeitsfähigkeit, sondern auch Spezialkenntnisse und -fertigkeiten. Darüber hinaus müssen Arbeitnehmer zunehmend über Selbstmanagementqualitäten verfügen und kooperativ mit Kollegen und Kunden zusammenarbeiten. Hierzu sind wiederum allgemeine Schlüsselqualifikationen notwendig. Der einzelne Arbeitnehmer wird zunehmend zum Unternehmer seiner selbst, der seine Kenntnisse, Fähigkeiten und Fertigkeiten ständig auf dem neuesten Stand zu halten hat, um sie jederzeit passend vermarkten zu können. Er wird selbst zum Bildungszentrum (Voß,

Pongratz, 1998). Das führt dazu, dass er sich Bildungsangebote primär danach aussucht, was sie ihm zur marktgängigen Qualitätsverbesserung seiner Arbeitskraft bringen. Bildungsangebote, die soziale Kompetenzen zum Umgang mit sozialen Problemen (Geschlechterfrage, Umgang mit Fremden, soziale Konflikte, Ökologie, Dritte Welt...) vermitteln, geraten dadurch ins Abseits. Wenn nun auch noch die staatliche Unterstützung dieser Weiterbildungsangebote gekürzt und in den staatlichen Regelschulen immer mehr Wirtschaftskompetenz zur Leitkompetenz wird, dann darf man sich nicht wundern, wenn das Interesse, das Ganze zu begreifen und auch dafür Verantwortung zu übernehmen, abnimmt.

Gemeinwesenorientierung versus Individuumzentrierung
Mit dem Ende des „Goldenen Zeitalters" etwa um 1973 (Hobsbawm, 1999) hat sich auch in der BRD ein neoliberaler Kurs durchgesetzt, der die bisher noch wirksamen gemeinschaftlichen Beziehungen aus früheren Zeiten wie lang dauernde, enge familiäre Bindungen, stabile sozialräumliche Milieus, Klassenzugehörigkeit zunehmend auflöst zugunsten einer Individualisierung, die die Menschen zu vereinzelten Nomaden macht (Bauman, 1997). Persönliche Bindungen werden vernachlässigt zugunsten weltweiter Vernetzung. Gegen diese Individuumzentrierung protestiert der Kommunitarismus (Etzioni, 1997), indem er dazu auffordert, in allen gesellschaftlichen Bereichen wieder die Verantwortung für ein gemeinschaftliches Zusammenleben zu übernehmen. Das stellt gerade auch an alle Bildungseinrichtungen hohe Anforderungen (Etzioni, 1998).

Offenheit versus Geschlossenheit
In dieser gesellschaftlichen Lage müssen Bildungsangebote eine Balance finden zwischen Offenheit und Geschlossenheit: Auf der einen Seite müssen sie ihre Curricula offen halten, damit ständig neue relevante Entwicklungen Berücksichtigung finden können. Denn sonst ist das vermittelte Wissen und Können für die künftige Praxis schon veraltet, nachdem es gerade erworben wurde. Das heißt auch: Das Wissen muss als konstruiertes verdeutlicht werden, das – gerade im kulturellen und sozialen Bereich – ständigen Wandlungen unterworfen ist. Wissen muss stetig neu entworfen und gesichert werden. Daraus gezogene Konsequenzen müssen von den Anwendern selbst verantwortet werden. Auf der anderen Seite darf diese Offenheit aber nicht zu einer Beliebigkeit führen, die alle Annahmen und Meinungen über die Wirklichkeit hinnimmt, ohne sie einer kritischen Sichtung und praktischen Prüfung zu unterziehen. Wissen, das mehrere Falsifikationstests überstanden hat, darf als gesichert gelten und muss auch in den Curricula Berücksichtigung finden. Daneben müssen Bildungsangebote auch Orientierungswissen enthalten. Angesichts der sich verbreitenden Unübersichtlichkeit sollte Bildung durchaus bilden, d.h. ein Bild, eine Gestalt, eine geschlossene Form, ein erkennbares Profil anbieten.

Bildung wird nun auf verschiedenen Ebenen erworben und vermittelt: Alle *Erziehungsberechtigten* in den Familien tragen auch ohne besondere Ausbildung Verantwortung für Erziehung, Bildung, Unterricht und Hilfe gegenüber den ihnen anvertrauten Kindern und Jugendlichen. Daneben werden *ErzieherInnen* (Rittelmeyer, 1994) eingesetzt, die über fachliches Wissen und Können verfügen. Als *PädagogInnen* können alle Professionen bezeichnet werden, die über eine wissenschaftlich fundierte Ausbildung verfügen, sich berufsethischen Standards verpflichtet fühlen und in pädagogischen Feldern tätig sind (Combe, Helsper 1997). Sie haben sich mit konkreten Praxisfällen zu beschäftigen und müssen dazu ihr reflektiertes Alltags- wie Praxiswissen, aber auch wissenschaftlich gewonnenes Wissen nutzen. Die angemessene Anwendung dieser verschiedenen Wissenssorten auf den konkreten Fall ist das Spezifische der Professionalität (Oevermann, 1997). Demgegenüber ist es Aufgabe des *Erziehungswissenschaftlers*, aus der Untersuchung der Erziehungswirklichkeit möglichst allgemein gültiges Wissen zu gewinnen.

Professionelle BildungsarbeiterInnen müssen also nicht nur etwas von erziehungswissenschaftlichen Ergebnissen und Theorien wissen, sie müssen auch über das nötige pädagogische Wissen und Können in dem jeweiligen *Format* verfügen, das sie im jeweiligen Feld zum Einsatz bringen (z.B. Fachdidaktik, Didaktik der Erwachsenenbildung, Hochschuldidaktik...) und über die nötigen *Verfahren* der Beziehungsgestaltung (z.B. Psychoanalytische Pädagogik, Humanistische Pädagogik, Freinet-Pädagogik, Montessori-Pädagogik, Themenzentrierte Interaktion, Gestaltpädagogik und eben auch Psychodramatische Bildungsarbeit). Dazu kommt die Berufserfahrung, die als reflektiertes Praxiswissen die Basis des pädagogischen Handelns darstellt. Das nötige pädagogische Wissen und Können des professionellen Bildungsarbeiters setzt sich also aus vier Quellen zusammen (vgl. Abb. 5).

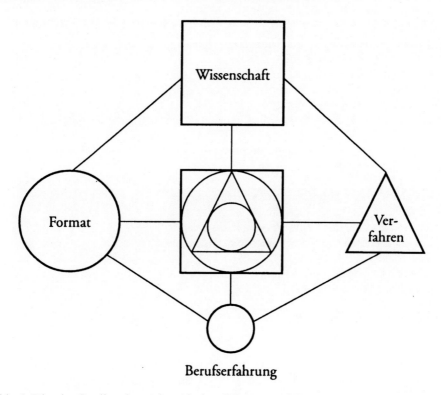

Abb. 5: Die vier Quellen des pädagogischen Wissens und Könnens

Es wäre also ganz unangemessen, Professionalität mit Verwissenschaftlichung gleichzusetzen. Erziehungswissenschaft ist eben nur *ein* Baustein (vgl. auch: Horn, 1999). Zur Bedeutung dieser Differenz von Erziehungswissenschaft und Pädagogik hat sich Hartmut von Hentig (1999a, 17) am Ende seines Professorendaseins sehr deutlich geäußert:

„Ich bin zeitlebens ein Praktiker der Pädagogik gewesen, habe meine in der Schule gemachte Erfahrung – schon weil sie so wechselvoll, so irritierend, so verbesserungsbedürftig war – dem Nachdenken unterworfen und kam mit diesem wiederum besser zurecht, wenn ich es einigermaßen systematisch betrieb, wobei dann eine Art Theorie entstand. Aber als ‚Wissenschaft' möchte ich das nicht bezeichnen, weil ich einen strengen Begriff von ihr habe... Ich habe mich um die Hervorbringungen meiner Disziplin nicht methodisch und regelmäßig gekümmert; ich habe eine empirische Absicherung meiner Sätze und Thesen nicht angestrebt; ich bin der Terminologie der Zunft nicht nur nicht gefolgt, ich habe sie gemieden – nicht aus Hochmut, sondern weil sie meinen Zwecken nicht entsprach und weil ich wußte, dass meine Bewährung ganz woanders liegen würde. Was eine Analyse verlangt oder verspricht..., wird bei mir in der Beschreibung des Gegenstandes aus einer bestimmten, ebenfalls zu beschreibenden Position heraus bestehen... Praktiker ... könnten schon aus dem, was ich beschreibe, und daraus, wie ich es bewerte, Gewinn ziehen: Sie haben ja das entsprechende Korrektiv in der eigenen Erfahrung."

Von Hentig (1999a) ist es nun auch, der Konturen eines Bildungskonzepts für die Zukunft entworfen hat, an das die Psychodramatische Bildungsarbeit nahtlos anschließen kann. Danach ist Bildung an folgenden Maßstäben zu messen:

1. Abscheu vor und Abwehr von Unmenschlichkeit
2. Die Wahrnehmung von Glück
3. Die Fähigkeit und der Wille, sich zu verständigen
4. Ein Bewusstsein von der Geschichtlichkeit der eigenen Existenz
5. Wachheit für letzte Fragen
6. Bereitschaft zur Selbstverantwortung und Verantwortung in der res publica.

Zur Auslösung und Begleitung von Bildungsprozessen, die diesen Maßstäben genügen, sieht er eine Reihe von geeigneten Anlässen:

- Geschichten lesen, hören, anschauen, erfinden
- Gespräche in der Begegnung führen
- Sich mit Sprachen und Texten auseinandersetzen
- Theateraufführungen besuchen oder selbst inszenieren
- Natur erfahren
- Sich politisch engagieren
- Arbeit übernehmen
- Feste feiern
- Musik hören oder machen
- In andere Welten aufbrechen.

Nach dem Besuch der Schule muss sich das Lernen in zwei Weisen fortsetzen: In der Selbst-Bildung und durch Lernen im Rahmen von Weiterbildungsangeboten. „Von diesen meine ich, sie seien besser von den Berufsgruppen her zu organisieren als vom Staat. Der hat es ja nicht einmal dazu gebracht, seine stärkste und freieste Bildungseinrichtung, die Universität, zu einer nennenswerten Zusammenarbeit mit den von ihr bedienten akademischen Berufsgruppen zu veranlassen" (1999a, 156). Das sei den Bildungspolitikern und Bildungsbürokraten ins Stammbuch geschrieben!

4 Psychodramatisch-pädagogische Antworten

4.1 Psychodramatisch-pädagogische Akzente

Das Psychodrama profiliert die Bildungsarbeit durch bestimmte Akzente und bezieht dadurch im Spannungsfeld der gegenwärtigen und zukünftigen Bildungslandschaft eine Position, die den o.g. Maßstäben von Hentigs für eine richtungsweisende Bildung gerecht werden kann. Dabei knüpft es an bedeutende Konzepte und Praktiken der Pädagogik an:

Handeln
Morenos Ansatz kann als Variante der Handlungstheorie betrachtet werden (Buer 1999d, 112f). Dann existiert der Mensch nur in seinen Handlungen. Dabei ist er immer mit anderen Menschen verbundene Inter-Aktion. In diesen Handlungskontexten (Szenen) macht er Erfahrungen, die wiederum Lernprozesse auslösen und Konsequenzen für das weitere Handeln haben. Mit diesem Akzent knüpft das Psychodrama an zentrale Positionen der Pädagogik an: Vom Pragmatismus (Dewey, 1986; 1993; Bohnsack, 1976; Schreier, 1986) über die Pädagogik der Unterdrückten (Freire, 1974) und die Praxeologische Pädagogik (Krüger, 1997, 86ff) von Derbolav (1987) und Benner (1991) bis zu v Hentig (1982), der wiederum explizit an den Pragmatismus von John Dewey anknüpft.

Erfahrung
Moreno ging es darum, Menschen in Lernarrangements leibhaftig hineinzuversetzen, damit sie im Hier und Jetzt konkrete Erfahrungen machen können, die sie in ihrem Alltag so nicht gemacht hätten und die zu einer Korrektur ihrer bisherigen Erfahrungen führen können. Diese Position entspricht den Konzepten des Erfahrungslernens, wie sie mindestens seit Dewey (1986) in der Pädagogik Tradition haben (Buck, 1969; Kolb, 1984).

Theaterspiel
Neben der Aktionssoziometrie hat Moreno vor allem Methoden, Konzepte und Formen der dramatischen Darstellung genutzt. Dabei knüpft er durchaus am kindlichen Rollenspiel an, bezieht aber das Improvisationstheater wie experimentelles Theater ein (Fangauf 1999). Er nutzt damit die bildende Kraft des Spiels (Huizinga, 1987) wie die reinigende Kraft des rituellen Theaters. Wie Moreno hat die Pädagogik immer wieder gern auf diese Möglichkeiten zurückgegriffen (Schäfer, 1995), sei es in der Spielpädagogik einschließlich der Rollenspielpädagogik (Kreuzer, 1984; Scheuerl, 1991), sei es in der Theaterpädagogik (Bernd, 1987; Ruping u.a., 1992). Aber auch Dramatiker wie Friedrich Schiller haben sich über die bildende Wirkung des Theaterspiel so ihre Gedanken gemacht (Düsing, 1981). Andere Theatermacher wie Bert Brecht (Koch, 1979), Augusto Boal (1986) oder Jonathan Fox (1996) haben eigene Theaterformen zu diesem Zweck konzipiert und arrangiert. Der Regisseur Konstantin Stanislawski hat eine spezifische Methode des Schauspielertrainings entwickelt (Rellstab, 1976). Das alles ist von Psychodramatikern recht gut aufgegriffen und weiterentwickelt worden (Klein, 1991; Feldhendler, 1992), so dass das Psychodrama als eine elaborierte Variante der Theaterpädagogik gelten kann.

Ästhetik
Wenn wir unter Ästhetik Kunsttheorie verstehen, dann können die psychodramatischen Aufführungen nicht als Kunstwerke im engeren Sinn angesehen werden. Wenn wir aller-

dings mit Ästhetik in alter Tradition die Kunst der sinnlichen Wahrnehmung meinen, dann geht es im Psychodrama genau darum: Um die Erweiterung der Wahr-Nehmung durch konkrete sinnliche Erfahrungen in einer spontanen Performance. Insofern nutzt das Psychodrama auf eine sehr ausgefeilte Weise die präsentative Symbolik und löst dadurch fundamentale Bildungsprozesse aus. Damit knüpft das Psychodrama an die pädagogische Diskussion um die Bedeutung der Kunst, der Ästhetik und des Bildes für die Bildung an (Dewey, 1988; Gebauer, Wulff 1992) und zeigt viele Parallelen zu den Konzepten Ästhetischer Erziehung und Bildung (Otto, Otto, 1987; Selle, 1992; Mollenhauer, 1996).

Kreativität
Moreno sieht Kreativität als ein Potential an, das durch einen spontanen Impuls aktiviert werden kann, um auf eine szenische Anfrage eine angemessene neue Antwort zu geben. Diese Antwort kann einmalig sein. Sie kann aber auch zur nützlichen Wiederverwendung gesichert werden (Konserve). Insofern ist Morenos Kreativitätstheorie zirkulär, szenisch und kritisch angelegt: Wenn in einer konkreten Situation Menschen mit den bisher bewährten Handlungsmustern und gebräuchlichen Produkten unzufrieden sind, können sie sich öffnen für spontane Impulse, ihnen nachgeben und sich mit den alten Konserven kritisch auseinandersetzen. In dieser „Stegreiflage" können kreative Lösungen aufsteigen, die die alten Muster verbessern oder neue, befriedigendere herausbilden. Diese neuen Konserven müssen wieder auf ihre Angemessenheit kritisch geprüft werden. Dann können sie so lange unverändert genutzt werden, bis sie kreative Prozesse nicht mehr ausreichend absichern können. In diesem Fall müssen sie wieder einer Flexibilisierung ausgesetzt werden. Morenos Kreativitätstheorie ist bisher kaum erschöpfend dargestellt worden (auch nicht: Haan, 1992). Sie könnte dem Handel mit Kreativitätstechniken im Fortbildungs- und Trainingsbereich ein Ende bereiten (v. Hentig, 1998), als sie nämlich zeigt, dass Kreativität wenig mit Technologie, aber um so mehr mit Wagemut, Katharsis und verantwortungsvollen Entscheidungen zu tun hat. Sie könnte aber auch kreativem Denken und Tun in pädagogischen Feldern (Serve, 1994; Brodbeck, 1995; Heitkämper, 1999) ein Fundament und eine Orientierung geben (→ S. 267ff.).

Begegnung
Da Moreno die offene und ehrliche Begegnung mit dem signifikanten Anderen als entscheidend für die Menschwerdung, wir können auch sagen: für den Bildungsprozess, ansieht, er aber zugleich weiß, dass solche Ereignisse in unserem Zeitalter der flüchtigen Connections äußerst selten auftreten, hat er Arrangements und Techniken erfunden, die derartige Begegnungen wenigstens mit dem symbolisierten Anderen ermöglichen (Buer, 1990). Diese existentialistische Position hat Parallelen zur Dialogpädagogik Martin Bubers, mit der Moreno sich zeitlebens auseinandergesetzt hat.
    Während die Kategorie der Begegnung in der älteren Pädagogik noch eine wichtige Rolle gespielt hat (Bollnow, 1984), taucht sie im gegenwärtigen Diskurs kaum noch auf. Allerdings kehrt das Verdrängte heute im Rahmen des Organisationslernens in Gestalt des Dialogs wieder (Isaacs, 1996; Bohm, 1998).

Gemeinschaft
Da Moreno den Menschen immer im Netz seiner Beziehungen im Kontext seiner Mitwelt wie seiner Umwelt sieht, ist die Gruppe der zentrale Ort, an dem die individuelle wie die gesellschaftliche Entwicklung beeinflusst werden kann. Indem der Protagonist im Psychodrama mit

Hilfe der Gruppe seine Niederlagen ein zweites Mal durchlebt, wird er zum Sieger. Indem die Psychodramagruppe ihre Wunde an einem ihrer Mitglieder festmacht, der zugleich bereit ist, sich für sie zu opfern, stellt sie ihm zugleich ihre Gruppenkräfte als Hilfs-Iche zur Verfügung, die der Protagonist sich einverleibt und damit einen eigenen Hei- lungs- bzw. Bildungsprozess einleitet, der zugleich die Gruppenwunde verschließt (→ S. 64f.). Damit wird die Gruppe zu einer bündischen Gemeinschaft, die sich mit anderen Gemeinschaften vernetzen kann (→ S. 153ff.), um damit eine „therapeutische Weltordnung" zu initiieren (Moreno, 1991). Die Bedeutung der Gruppe für die Pädagogik liegt neben der Leistungssteigerung vor allem in genau diesem Aspekt: Gruppe soll soziales Lernen ermöglichen und die demokratische Selbstorganisation fördern (Dewey, 1993; v. Hentig, 1999b).

Ganzheitlichkeit
In der psychodramatischen Rollentheorie wird der Mensch ganzheitlich mit seinen psychischen, sozialen und leiblichen Seiten gesehen. Entsprechend werden im psychodramatischen Rollenspiel alle diese Seiten aktiviert. Bisher vernachlässigte Aspekte können besonders gefördert werden: Etwa indem die inneren Welten (Phantasien, Wahnvorstellungen, Träume) inszeniert, oder indem die verschiedenen sozialen Welten soziometrisch untersucht, oder indem leibliche Empfindungen durch Hilfs-Iche verstärkt und zur Sprache gebracht werden. Dieser präsentative Kommunikationsmodus ist gebunden an die gesprochene Sprache, den Dialog außerhalb des Bühnenspiels, wie er auch kontrastiert wird durch diskursive Phasen, in denen Erkenntnisse „begriffen" und Konsequenzen gezogen werden. Auch hier wird Ganzheitlichkeit angestrebt durch Einbeziehung aller drei Kommunikationsmodi. Mit dieser Ansprache aller wichtigen Aspekte des Menschseins ist das Psychodrama einem ganzheitlichen Bildungsideal verpflichtet, das gerade das kognitive Lernen durch das sinnliche, leibliche, kreative und soziale Lernen ergänzen möchte (Fatzer, 1998).

4.2 Das Psychodrama und seine Verbündeten in der Pädagogik

Da Moreno die Pädagogik nur als Teil eines umfassenden Veränderungsprojekts ansah, hat er sich kaum direkt zu pädagogischen Fragen geäußert und nur gelegentlich auf PädagogInnen Bezug genommen, etwa auf Jean-Jacques Rousseau, Johann Heinrich Pestalozzi, Friedrich Fröbel (Moreno, 1997, 80), Maria Montessori (Moreno, 1977, 146), Rudolf Steiner (Moreno, 1923a, 7) oder August Aichhorn (Yablonski, 1992, 242) und Siegfried Bernfeld (Moreno, 1947b, 100). Ähnlich wie Buber sah er sich selbst als Lehrer (= Moreno), der aber keine Lehre zu verkünden hat. Die Grundideen des Psychodramas sind vor allem geprägt worden von den verschiedenen Reformbewegungen, die in Morenos Wiener Zeit zur Blüte kamen, sicher von der Jugendbewegung, der Naturheilbewegung, der Siedlungs- und Landkommunebewegung, der Genossenschaftsbewegung, der Theaterreform, dem Ausdruckstanz, jüdischer Renaissance, fernöstlicher Religiosität, so auch von der Sozialpädagogischen Bewegung, den Waldorfschulen und der Reformpädagogik (Kerbs, Reulecke, 1998).

In dieser pädagogischen Richtung werden Schüler und Lehrer als autonome, schöpferische Persönlichkeiten angesehen. Lernen geschieht in gegenseitiger Bezugnahme und wird als ein umfassender, lebendiger und aktiver Prozess verstanden. Schule ist eine Lebens- und Arbeitsgemeinschaft, die sich selbst organisiert und auf das praktische Leben orientiert ist (Schonig, 1989; 1998). Die reformpädagogische Bewegung hat eine eigene Organisationskultur entwickelt wie die Waldorfschulen, die Landschulheime, Montessori-

Kindergärten, Volkshochschulen. Heute wird Reformpädagogik auch als Ansatz verstanden, die herrschende Bildungslandschaft nach reformpädagogischen Prinzipien umzugestalten (Winkel, 1993). Psychodramatische Bildungsarbeit kann hier nahtlos anknüpfen. Da in dieser Tradition Pädagogik immer auch an schöpferische Persönlichkeiten gebunden ist, möchte ich drei Figuren in den Vordergrund stellen, die in enger Verbindung zu Moreno und dem Psychodrama stehen: Martin Buber (1878-1965), John Dewey (1859-1952) und Ruth Cohn (1912-2010).

Martin Buber (Wehr, 1991; Friedman, 1999) war Moreno bekannt, mindestens seit er in seiner Zeitschrift *Daimon* 1919 eine kleine chassidische Erzählung veröffentlicht hat. (Moreno behauptet in seiner Autobiographie, dass Buber Mitherausgeber des Daimon war. Das ist nachweislich falsch.) Seitdem hat Moreno sich immer wieder zu Buber geäußert, vor allem um das Erstgeburtsrecht an der Begegnungsphilosophie zu reklamieren. Denn Buber war zumindest in den 50er und 60er Jahren nicht nur in Europa, sondern gerade auch in den USA wohl berühmter als Moreno. Und Buber hat in seinen Schriften, so weit ich sehe, nirgends auf Moreno Bezug genommen. Buber war sicher in vielem Moreno so ähnlich, dass dieser sich abgrenzen musste: Buber war wie Moreno vom östlichen, chassidischen Judentum geprägt und Buber vereinigte wie Moreno in seiner Person wie in seinen Werken philosophische, religiöse, pädagogische, psychotherapeutische, künstlerische und soziologische Interessen. Während Moreno jedoch eher der Aktivist war, der sich auf viele soziale Projekte einließ zu Ungunsten einer theoretischen Fundierung, war Buber doch eher der Gelehrte, der zwar anspruchvolle Bücher schrieb, die praktische Bewährung aber eher vermied. Wenn wir beide also komplementär sehen, dann können die Schriften Bubers (Reichert, 1996) Morenos Verfahren wunderbar ergänzen (Schaeder, 1966; Gudopp, 1975; Kohn, 1979; Wolf, 1992; Werner, 1994). Insbesondere Bubers „Reden über die Erziehung" (1986) stellen immer noch einen zentralen Bezugspunkt der reformpädagogischen Diskussion dar (Faber, 1962; Röhrs, Meyer 1979; Simon, 1979; Wittschier, 1979; Suter, 1986).

Mit *John Dewey* kam Moreno erst in den USA in Berührung. Dewey hatte als Philosoph, Psychologe und Pädagoge, der in sozialreformerischen wie schulischen Experimenten engagiert war, großen Einfluss, als Moreno ab 1925 seine Karriere in den USA begann (Suhr, 1994). Dewey hatte das Erscheinen von „Who shall survive?" begrüßt und Moreno sah die Soziometrie fortan als forschungsmethodische Ergänzung des Pragmatismus an (Moreno, 1956a, 95). Auch wurden Morenos praktische Experimente der Umgruppierung im Gefängnis Sing-Sing, in einer Schule in Brooklyn, in einer Privatschule in Riverdale wie im Erziehungsheim in Hudson als „in Einklang mit der Erziehungsphilosophie" gesehen, die Dewey bis 1930 an der Columbia-Universität in New York lehrte (Moreno, 1997, 129). Deweys Pädagogik (1986; 1993) muss ebenfalls als Ausdruck der reformpädagogischen Bewegung gesehen werden (Bohnsack, 1976; Klafki, 1978; Schreier, 1986; Oelkers, 1993; 1997; Krumenacker, 1997) (→ S. 109ff.).

Ruth Cohn schildert, wie sie das Psychodrama in New York kennenlernte:

> „Eines Tages bemerkte ich in einer Seitengasse am Oberen Broadway, einem damals armseligen Stadtviertel, ein Schild, das die Passanten aufforderte, ins ‚Psychodrama-Theater' einzutreten. Das tat ich. Dort waren eine Bühne, ein Zwischenraum und zwei ‚Regisseure', die es verstanden, jeweils eine Person aus dem Publikum zur Darstellung der eigenen Konflikte zu bringen. Die Rollen der am Konflikt beteiligten Personen, wie zum Beispiel Eltern, Lehrer oder Geschwister, wurden an freiwillig Mitwirkende verteilt. Dann wurde das ‚Psychodrama' dargestellt. Die Mitspieler bekamen genügend Freiraum, ihre eigenen Konflikte in die ihnen zugeteilten Rollen hineinzunehmen. Ich war hingerissen von der Genialität des Vorgangs" (Cohn, Farau, 1991, 257).

Später hat Cohn mit den PsychodramatikerInnen Hannah Weiner und James Sacks, in Deutschland dann mit Heika Straub zusammengearbeit. Nach ihrem Zeugnis kann Morenos Einfluss vor allem auf die Gruppen- und Gestalttherapie „nicht hoch genug eingeschätzt werden" (ebd., 257) und so natürlich auch auf die Entwicklung ihres eigenen Ansatzes, der Themenzentrierten Interaktion (Cohn, 1975; 1989; Löhmer, Standhardt 1992). Ab 1974 hat Cohn dann mit der Ecole d'Humanité in Goldern am Hasliberg im Berner Oberland zusammengearbeitet (Cohn, Farau, 1991, 385ff; Lüthi u.a., 1992), einer Schule, die von dem Reformpädagogen Paul Geheeb 1934 nach seiner Exilierung gegründet wurde (Feidel-Mertz, 1983, 115ff.). Geheebs Frau, Edith Cassirer, hatte schon die Odenwaldschule mitbegründet, die Bubers Kinder und Enkelkinder zeitweise besucht haben. So schließt sich der Kreis.

Die TZI hat in der Therapie-Szene wenig Fuß fassen können und muss heute als ein pädagogisches Verfahren angesehen werden (Cohn, Terfurth 1993). Sie realisiert wie das Psychodrama reformpädagogische Prinzipien. Wie übrigens alle Verfahren, die sich der Humanistischen Psychologie und Pädagogik zuordnen, in dieser Tradition stehen (Brown, Petzold 1978; Fuhr, Gremmler-Fuhr 1988; Burow, 1993; 1997; Bürmann u.a., 1997). Über den Einfluss des Gestaltansatzes ist die TZI wiederum mit dem Pragmatismus verbunden, wie ihn Paul Goodman vertreten hat (Blankertz, 1997).

5 Psychodramatische Bildungsarbeit

5.1 Das psychodramatische Lernmodell

Aus Theorie und Praxis des Psychodramas habe ich ein eigenständiges Lernmodell herausgearbeitet (Buer, 1998a; 1999d, 117; vgl. auch Hale, 1994), das durchaus Parallelen zu Konzepten sozialen, aktiven Erfahrungslernens aufweist (Buck, 1969; Leontiev, 1977; Bandura, 1979; Kolb, 1984; Holzkamp, 1995). Dieses Modell ist an Morenos Kreativitätstheorie orientiert wie am Phasenverlauf psychodramatischen Arbeitens.

In der konkreten Arbeit muss das Modell aber als Orientierungsrahmen relativiert werden je nachdem, welches Format gewählt wurde. Wenn es in einem Format eher um biographische, politische oder soziale Fragen geht oder um die anschauliche und einprägsame Vermittlung von Sachverhalten, dann kommt dem psychodramatischen Arbeiten im engeren Sinne im Rahmen des Kommunikationsmodus Experiment (Buer, 2000a) eine große Bedeutung zu. Wenn es dagegen in erster Linie um die Klärung von komplizierten Sachverhalten oder um die argumentative Begründung von Erkenntnissen und Bewertungen geht, dann müssen andere Methoden und Methodologien im Vordergrund stehen. Aber auch hier ist eine psychodramatische Konkretisierung in einer Skulptur, einer Szene, einem Sozialen Netz oft hilfreich, um einen Überblick zu bekommen und Zusammenhänge zu sehen. Die Art psychodramatischen Arbeitens lässt sich dann folgendermaßen kennzeichnen:

1. Die Orientierung an *Imagination – Aktion – Kooperation* fordert die eigenverantwortliche Selbsttätigkeit des Lernenden wie des Lehrenden heraus. Sie setzt auf die Emergenz kreativer Lösungen und nutzt die dialogischen Kräfte in der Gruppe.
2. Durch den schnellen Wechsel zwischen den *Kommunikationsmodi* des psychodramatischen Experiments, des Dialogs wie der klärenden Diskussion kann der jeweils weiterführende Lernweg genutzt werden.

3. Durch die *Verräumlichung* in einer Szene oder einem aktionssoziometrischen Arrangement erhalten soziale Prozesse eine „unvergleichliche Festigkeit und Anschaulichkeit" (Simmel, 1992, 699). Normen, Werte, Moralvorstellungen, die das Handeln prägen, werden sofort thematisch und damit konkret erforschbar.
4. Die Fokussierung auf das *konkrete* Handeln im *szenischen Kontext* optimiert den Transfer des Erprobten in den Alltag.
5. Durch die Orientierung am Modell des *doppelten kreativen Lernzyklus* wird der Lernprozess des Lernenden gezielt gesteuert. Zum einen werden in der Bildungsveranstaltung kreative Lösungen erarbeitet und im Probehandeln auf ihre Umsetzbarkeit hin überprüft. Zum anderen soll im Alltag das Gelernte angewandt werden. Die Erfahrungen sind dann Ausgangspunkt der weiteren Lernprozesse in der pädagogischen Veranstaltung.
6. Durch die *doppelte* Fokussierung auf belastende wie ermutigende Szenen und Aufgaben wird der Lernprozess beschleunigt. Das Psychodrama nutzt immer die aktivierbaren Ressourcen des Protagonisten wie der Gruppe, um schwierige Lernaufgaben besser zu meistern (s. Abb. 6).
7. Durch die *gegenseitige Nutzung* des Einzelnen für die Gruppe, wie der Gruppe für den Einzelnen werden Synergieeffekte erzielt.
8. Das psychodramatische *Zeitverständnis* lässt geduldig nach dem rechten Augenblick suchen, an dem eine neuartige und weiterführende Lösung möglich ist, und vermeidet so viele unfruchtbare und Kräfte verschleißenden Versuche.

5.2 Psychodramatisch-pädagogische Beziehungsarbeit

In welchem Feld, in welcher Einrichtung, in welchem Format nun die Bildungsarbeit auch immer stattfindet, stets muss der Pädagoge eine Beziehung zum Lernenden eingehen, um ein Arbeitsbündnis zu schließen, das die Basis für die Förderung der Bildungskräfte und Lerninteressen darstellt. Dabei muss er selbst die Balance zwischen empathischer Involviertheit in den Prozess und distanzierter Betrachtung von außen halten. Erst dann kommt er auf kreative Ideen und klare Erkenntnisse, die sein Handeln orientieren können. Um diese prekäre und anstrengende Balance für die Dauer eines Treffens überhaupt haken zu können, braucht er zur Erleichterung Methoden. Das Psychodrama hält nun eine Reihe kleiner wie großer Lernarrangements und -techniken bereit. Zudem kann er auf den fünf Instrumenten des Psychodramas spielen (Buer, 1995).

Die psychodramatische Haltung, das psychodramatische Wissen und das psychodramatische Können muss in die jeweilige professionelle Rolle des Bildungsarbeiters (Böttcher, 1996) integriert sein, ob als LehrerIn (Diedrich, 1994; Ulich, 1996; Kösel, 1993; Geiss-Kuchenbecker 1993; Buer, 1995), Beraterin (Belardi u.a., 1996; Buer, 1992c), Trainerin/Fortbildnerin (Thiel, 1994; Brenner u.a., 1996), Erwachsenenbildnerin (Koring, 1992; Giesecke, 1994; Meyer-Anuth, 1992; Buer 1999f), Supervisorin (Buer 1999d) oder Organisationsentwicklerin (Geißler, 1995; Meyer-Anuth, 1995). Das Psychodrama als Verfahren und die Pädagogik konkreter Formate müssen in der Professionalität des Bildungsarbeiters eine Verbindung eingehen, die das konkrete pädagogische Handeln orientieren kann. Die Erziehungswissenschaft kann hier nur eine fundierende und kritische Funktion einnehmen. Konkrete Hilfestellung kann sie nicht bieten (Horn 1999).

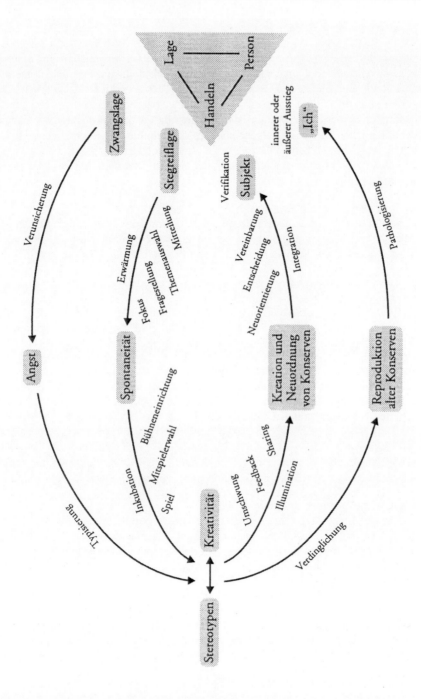

Abb. 6: Der kreative Lernprozess nach Moreno

5.3 Das psychodramatische Bildungskonzept

Der Bildungsprozess bedarf *bedeutsamer* Anlässe, umfasst *bedeutsame* neuartige Erfahrungen und sollte *bedeutsame* Folgen haben. Das bezieht sich nicht nur auf den Einzelnen, sondern auch auf alle Beteiligten und Betroffenen. Jedes Thema und jeder Sachverhalt kann dann bedeutsam sein oder durch geschickte Auswahl gemacht werden. Insofern geht es nicht um materiale, sondern um formale Bildung. Gerade die kleinen, scheinbar banalen Vorfälle oder alltäglichen Dinge des Lebens können – psychodramatisch ernst genommen – eine große Bedeutung bekommen. Dieses psychodramatische Bildungskonzept lässt sich somit nicht an etwas Hochwertigem festmachen oder eindeutig einzäunen. Eher lässt es sich durch bestimmte Regeln kennzeichnen:

Zeigen und Mitansehen, was der Fall ist
Statt allgemein und oberflächlich herumzureden, geht es um Konkretisierung: Worum geht es genau? Am Beispiel – sei es eine konkrete Szene, ein konkreter Sachverhalt, ein konkreter Gegenstand – sollen die verschiedenen Seiten und Zusammenhänge sinnlich wahrnehmbar werden.

Leidige und freudige Erfahrungen machen
Statt tiefere Eindrücke zu vermeiden, sollen sie geradezu hervorgerufen werden. Diese Erlebnisse bleiben unvergesslich, öffnen die Sensibilität und Achtsamkeit und machen gelassen im Umgang mit schwierigen Situationen und Aufgaben.

Die Angelegenheiten von allen Seiten betrachten
Statt sich schnell eine eindeutige Meinung zu bilden, sollen die Position aller Beteiligter und Betroffener eingenommen werden. Erst diese Mehrperpektivität ermöglicht eine umfassende Sicht und ein abgewogenes Urteil.

Eindrucksvolle Bilder gestalten
Statt nur in Worthülsen und Klischees zu verweilen, sollen Bilder für das jeweilige Thema erfunden und erlebt werden, die beeindrucken und somit von nachhaltiger Wirkung sind.

Auf An-Sprüche hören, der inneren Stimme folgen
Statt nur auf seiner Sicht und seinen eigenen Interessen zu bestehen, sollen alle An-Sprüche, die in der Szene stecken, herausgehört werden. Um eine angemessene Antwort zu finden, müssen diese Stimmen mit der eigenen inneren Stimme ins Gespräch gebracht werden. Die gewählte Antwort muss dann auch verantwortet werden.

Bedeutung geben und Konsequenzen ziehen
Statt sich aus allem herauszuhalten, gilt es, auch mit den banalsten Geschehnissen und Gegenständen Kontakt aufzunehmen und ihnen damit eine persönliche Bedeutung zu geben. Konsequenzen ziehen heißt dann: das Erfahrene aufnehmen und für das künftige Handeln berücksichtigen.

Tun, was im Hier und Jetzt möglich ist
Statt sich mit der nicht mehr änderbaren Vergangenheit und einer nicht vorhersehbaren Zukunft zu beschäftigen, soll getan werden, was in diesem Augenblick in dieser konkreten Situation getan werden kann. Carpe diem!

Die Führung übernehmen
Statt in vorgegebene Richtungen mitzulaufen, geht es darum, selbst richtungsweisend die Führung zu übernehmen, um die gemeinsame Sache voranzutreiben. So wie der Chor der 60jährigen, ungebildeten Pelagea Wlassowa in „Die Mutter" zusingt: „Du mußt die Führung übernehmen" (Brecht, 1976, 857).

Mit diesen Regeln kann das Psychodrama eine Pädagogik unterstützen, die gegen den herrschenden Trend der Oberflächlichkeit, Selektion und Fragmentierung umfassende und bedeutsame Bildungsprozesse befördert, wie sie auch v. Hentig skizziert hat. Auch greift psychodramatische Bildungsarbeit viele Bildungsanlässe auf, die v. Hentig anführt. Dabei nimmt sie sich auf der einen Seite Zeit, um innezuhalten und bestimmten Vorstellungen und Eindrücken nachzugehen und Lösungen zu erfinden. Auf der anderen Seite kann sie aber auch in unübersichtlichen Lagen und komplexen Verhältnissen Klarheit bringen und Entscheidungen veranlassen, so dass manche Vorhaben schneller vorankommen. Psychodramatische Bildungsarbeit greift mit diesem gezielten Wechsel von Entschleunigung und Beschleunigung von Lernprozessen eine gesellschaftliche Dialektik auf, die gerade heute Gegenstand der sozialen Auseinandersetzung ist (Heintel, 1999; Geißler, 1999; Glotz, 1999).

Managementkompetenz und Kreativität (2005)

„Ihr Profil: Sie verfügen über ein abgeschlossenes wirtschaftswissenschaftliches Studium mit guten Examensnoten, idealerweise auch über eine Bankausbildung, in jedem Fall aber über entsprechende Praktika. Englische Sprachkenntnisse und die erforderliche Sozial- und Methodenkompetenz machen es Ihnen leicht, die Ihnen gestellten Aufgaben kompetent und praxisnah umzusetzen. Wenn Sie darüber hinaus über positives Auftreten sowie Überzeugungsfähigkeit und Kreativität verfügen, sollten Sie sich bei uns bewerben!"

So wie hier die Landesbank Hessen-Thüringen zeichnen gegenwärtig viele Unternehmen ihre Wunschprofile für neue MitarbeiterInnen. In die Auflistung diverser handfester skills werden ganz unauffällig auch weichere Kompetenzen eingestreut, um am Ende dann die „Kreativität" zu bemühen. Gewünscht ist offenbar die Fähigkeit, sich in allen Lagen immer etwas Neues, Innovatives einfallen zu lassen. Kreativität ist nun aber ein Konzept, das sowohl in den Köpfen der PraktikerInnen wie der WissenschaftlerInnen ganz unterschiedlich konstruiert wird (Brodbeck, 1995; v. Hentig, 1998; Goleman, Kaufmann, 1999; Stenger, 2002; Csikszentmichalyi, 2003; Steiner, 2004). Wenn wir also „Kreativität" wollen, sollten wir genau wissen, was wir damit meinen. Denn wir müssen die Konsequenzen tragen.

Der Psychiater und Sozialforscher Jakob Levy Moreno hat „Kreativität" ins Zentrums seines „Change-Projects" von Soziometrie-Psychodrama-Gruppenarbeit gestellt. Seine Sicht möchte ich hier ausführlicher vorstellen, weil gerade sie in der heutigen Zeit Ansprüche stellt, aber auch Kraft verleihen kann.

Bevor ich das tue, sollen zunächst die sozialen Kontexte skizziert werden, aus dem der Ruf nach Kreativität an unser Ohr dringt. Als Anknüpfungspunkt wähle ich den Management-Begriff, weil er einen weiten Bedeutungshorizont eröffnet und zudem in aller Munde ist. Eng gefasst meint Managementkompetenz das Wissen und Können von Managern, also von höheren Führungskräften, das sie brauchen, um ihre Managementaufgaben zu erledigen, also: Planen, Organisieren, Personal einsetzen, Führen und Kontrollieren (Steinmann, Schreyögg, 1997). Weit gefasst meint er: Arbeit und Leben „handhaben", „auf die Reihe kriegen". Und das scheint heute eine Aufgabe für alle zu sein: Denn je weniger Arbeit und Leben in der Spätmoderne durch Traditionen und Routinen vorstrukturiert sind, um so mehr muss Unvorhergesehenes spontan und immer wieder neu „gemanagt" werden.

1 Managementkompetenz für alle!

Ich möchte hier vier Kontexte aus der Arbeitswelt andeuten, aus denen gegenwärtig der Ruf nach Kreativität deutlich hörbar wird:

Leadership
Das Wort „Management" hat etwas von „Handhaben", Erledigen, Verwalten. Dem gegenüber wird heute „Leadership" proklamiert, die sich in „kreativer Führung" zeige. So fordert Warren Bennis (1998, 101ff.) von einer Führungspersönlichkeit:

- Eine überzeugende Vision schaffen.
- Ein Klima von Vertrauen herstellen.
- Sinn vermitteln.
- Aus einem Fehlschlag einen Erfolg machen.
- Ein gesundes Arbeitsklima schaffen, wo Selbstverantwortung gefordert wird.
- Flache Hierarchien und flexible Organisationsformen entwickeln.

Intrapreneurship
Gifford Pinchot (1985) fordert, alle MitarbeiterInnen sollten sich als „interne Unternehmer" verstehen, als UnternehmerInnen im Unternehmen. Damit sind nicht nur die ManagerInnen, sondern alle Beschäftigten aufgefordert, ständig auf Verbesserungen und Innovationen zu sinnen. Damit kommt aber ein ungeheurer Druck auf alle zu, von den alten Routinen zu lassen und ständig nach neuen Lösungen zu suchen. Verantwortlich für die Etablierung dieser neuen Kultur der Selbstverantwortung sind zunächst die Führungskräfte (Meyer, 2000), die damit zwar selbst neue Spielräume erhalten, aber auch alte Sicherheiten aufgeben müssen (Faust u.a., 2000).

Innovation durch Teamarbeit
Mit der Freisetzung aus überkommenen Bindungen entsteht aber zugleich ein vermehrter Bedarf an Kooperation. Die Anforderungen sind komplexer geworden, so dass eine einzelne Person in ihrer Problemlösekapazität überfordert erscheint. Deshalb wird die Güte der Kooperation zwischen Experten zu einer wettbewerbsentscheidenden Basiskompetenz eines Unternehmens. Jede Arbeitsgruppe muss daher „Teamqualität" haben, d.h. sie muss Kreativität freisetzen, die sich wiederum in verwertbaren Innovationen niederschlägt (Gebert, 2004).

Der Arbeitskraftunternehmer
Hans Pongratz und Günter Voß haben in ihren soziologischen Untersuchungen einen neuen Leittypus der Arbeitskraft herausgestellt: den Arbeitskraftunternehmer (Pongratz, Voß, 2003; Pongratz, 2004): Er ist gekennzeichnet durch verstärkte Selbstverantwortung für die Qualität der eigenen Arbeit, die eigene Qualifizierung und Vermarktung sowie die Durchrationalisierung des gesamten Arbeits- wie Privatlebens. Vorgeprägte Berufsrollen sind nicht mehr gefragt bzw. angemessen: Ständig müssen neue Antworten auf unvorhersehbare Anforderungen erfunden werden.

Diese vier Episoden habe ich ausgewählt aus einem Romanfragment, das einmal mit „Risikogesellschaft" (Beck, 1986), ein andermal mit „Postmoderne", „Spätmoderne" oder „globale Moderne" überschrieben wird. Der Soziologe Zygmunt Bauman nennt diesen Gegenwartsroman: „Flüchtige Moderne" und schreibt (Bauman, 2003, 160):

> „Wir alle leben in einer Welt allgemeiner Flexibilität, unter Bedingungen akuter und auswegloser *Unsicherheit*, die alle Aspekte des individuellen Lebens durchdringt – die Sicherung des Lebensunterhalts ebenso wie die Suche nach Partnern, sei es in Liebesbeziehungen oder bei der Durchsetzung gemeinsamer Interessen, die Parameter professioneller und kultureller Identitäten und die Art und Weise der Selbstorganisation in der Öffentlichkeit ebenso wie das Regime der Gesundheit und Fitness, die orientierungsrelevanten Werte wie die Art der Orientierung an diesen Werten. Die sicheren Häfen des Vertrauens sind dünn gesät, und die meiste Zeit treiben wir ohne Anker dahin auf der Suche nach windgeschützten Liegeplätzen."

Dieser Roman ist bevölkert mit Nomaden, die als Touristen, Migranten, global player in der Welt umherziehen. Die Soziologen Rolf Eickelpasch und Claudia Rademacher (2004, 9) sehen verschiedene Optionen, die in dieser Lage gewählt werden (können):

> „Die Erfahrung des ‚Zwischen-allen-Stühlen-Sitzens' kann unbequem sein, irritierend und lästig. Sie kann zum ängstlichen Festhalten an den Traditionen der ‚Heimat' und zum ‚Rückzug ins Ghetto' oder zur (Über-)Anpassung an die Normen des Aufnahmelandes führen. Das ‚Leben im Zwischenreich' hat aber auch eine andere Seite: Es kann den Blick schärfen und Quelle kreativer Selbstfindung und subversiver Kraft sein. Die meisten Ureinwohner des *global village* können – wie das Beispiel intellektueller Migranten und Migrantinnen zeigt – aus ihrer ‚Bindestrich-Existenz' (...) und ihrer Unzugehörigkeit Inspiration und Kraft schöpfen."

Aus all dem folgt: Die Lage ist für die Individuen prekär. Sie bietet aber auch eine einmalige Chance: die der autonomen Selbsterfindung. Das setzt allerdings die Fähigkeit voraus, sein Leben zu managen, d.h. vorhandene Ressourcen zu nutzen, neue zu erschließen und all das effektiv und effizient zu verbinden. Und das ist nicht allein eine Frage der Sozialtechnologie, das auch. Es ist vor allem eine Frage der Kreativität, einer künstlerischen Gestaltungskraft.

2 Morenos Kreativitätstheorie

Moreno gehörte zu den intellektuellen Migranten, die es auch schon vor 100 Jahren gab. In Bukarest hat er seine Kindheit verbracht, in Wien ist er aufgewachsen. Diese Metropole war, vor allem nach dem Ersten Weltkrieg, ein Schmelztiegel voller Migranten, vor allem aus dem Osten. An der Universität und in den Caféhäusern traf er die intellektuelle Schicht, in seinem „Haus der Begegnung" viele Juden aus einfachen Verhältnissen, die auf der Durchreise nach Palästina oder den USA waren. Ab 1925 hat er dann von Beacon und New York aus seine Ideen auf vielen Reisen in alle Welt verbreitet (Moreno, 1995; Buer, 1999a; Fürst, 2004a; Tomaschek-Habrina, 2004). In der Phase bis 1925 entstanden seine Frühschriften, in denen „Kreativität" als Wort nicht vorkommt, aber doch in anderen Gestalten auftaucht. So will ich zunächst von seinen Spätschriften ausgehen, in denen die „Kreativität" das alles prägende Basiskonzept darstellt.

2.1 Der Kanon der Kreativität

Morenos Konzept kann nur verstanden werden, wenn Kreativität im Zusammenhang mit Spontaneität und Konserve gesehen wird. Dann können verschiedene Prozesse unterschieden werden (Moreno, 1996, 17):

- Die Spontaneität erweckt Kreativität.
- Die Kreativität nimmt Kreativität auf.
- Aus ihrer gegenseitigen Einwirkung entstehen Konserven.
- Kreative Konserven können Spontaneität und diese wieder Kreativität auslösen.
- Spontaneität kann die latent vorhandene Kreativität in Konserven aktivieren.

Diese Prozesse stellen nach Moreno die treibenden Kräfte des gesamten Universums dar. Die Entwicklung der Menschheit, einzelner Gesellschaften, Gruppen oder Individuen ist nur ein Teil davon.[10]

Kreativität

Kreativität ist die Schöpferkraft, die sich unter bestimmten Umständen in kreativen Akten ausdrückt, aus denen wiederum kreative Erzeugnisse, also Konserven, entstehen können. Das versucht Moreno deutlich zu machen, in dem er den Schöpfungsprozess der Neunten Sinfonie Beethovens beschreibt (Moreno, 1996, 439):

> „Als Beethoven, in seinem Garten spazierend, seine musikalischen Ideen wahrnehmen und festhalten wollte, befand sich seine ganze Persönlichkeit in Aufruhr. Jedes geistige und physische Anregungsmittel war ihm recht, um seinen Ausdrucksdrang in die rechte Bahn zu lenken. Seine teils musikalisch, teils nicht unmittelbar musikalisch inspirierten Visionen, Imaginationen, Gedanken und Handlungen ergaben den für die Entstehung der 9. Symphonie unentbehrlichen Hintergrund. Dieser Hintergrund, der, von dem Beethoven in seinen kreativen Augenblicken nicht getrennt werden kann, ist im fertigen Produkt, der Partitur oder ihrer musikalischen Aufführung durch ein berühmtes Orchester, nicht mehr zu finden. Nur noch das Ergebnis der kreativen Tätigkeit Beethovens ist übriggeblieben."

Genau diesen Zustand des Versinkens in eine erregende Tätigkeit hat der Psychologe Mihaly Czikszentmihalyi (2003) das „Flow"-Phänomen genannt. Es tritt gerade im schöpferischen Prozess auf. In diesem Zustand wird Kreativität geweckt und zu einer Kreation ausgestaltet. Kreativität ist nach Moreno die „Erzsubstanz" der Welt (1996, 448). „Sie lässt eine neue Form aus präexistenter Substanz entstehen" (ebd., 438).

> „Kreativität ist die wahrhaftige kosmische Realität, das Leben der kosmischen Evolution. Es ist unvorstellbar, daß die Kreativität je aufhören könnte zu wirken. Es ist das größte und weiteste, das die menschliche Vorstellung als *allumfassendes* Prinzip begreifen kann. (…) Kreativität genügt sich selbst; sie ist zu nichts anderem da und bedeutet auch nichts anderes als das operationale Prinzip par excellence. Sie hat unzählige Formen und Stufen, aber diese entstammen letztlich alle derselben Wurzel. (…) Sie kommt in allen großen Religionen vor. Die Genesis beginnt mit dem ‚Schöpfer' der Welt; das bedeutet, dass ‚Kreativität' und ‚erschaffen' das Wesen aller Dinge sind. (…) Wenn es eine allerhöchste kreative nukleare Struktur des Universums gibt, gleich ob wir sie ‚x', ‚Gott' oder bei irgendeinem anderen Namen nennen, so vermuten wir, dass diese nichts ist als reine Kreativität, das *mysterium aeternum et illuminosum*" (Moreno, 1991, 20).

Kreativität ist also die Schöpferkraft, ähnlich dem „Umgreifenden" bei Jaspers (1953, 28ff.). Diese Kraft ist nicht direkt erlebbar. Sie zeigt sich nur in „kreativen Akten". „Kreativität" ist also eine Annahme, eine Konstruktion, an deren Wirksamkeit wir glauben können oder auch nicht. Dieser Glaube bedeutet aber: Es gibt im gesamten Universum eine unzerstörbare, allmächtige Gestaltungsenergie. Wenn ich ihrer teilhaftig werde, gibt sie all

---

10 Diese umfassende Sicht kann hier nur konstatiert werden. Ob sie irgendeine Bedeutung für die Konstruktion naturwissenschaftlicher Sachverhalte hat, kann ich als Sozialwissenschaftler nicht beurteilen. Ich möchte mich daher auf die Bedeutung dieser Sicht für die menschlichen Lebensverhältnisse konzentrieren. Diese umfassende Sicht bringt auch mit sich, dass Moreno nicht immer genügend deutlich macht, auf welcher kategorialen Ebene er sich bewegt. Statt diese Prozesse für Forschungszwecke präzise zu operationalieren, benutzt er oft Metaphern oder Analogien. Aber dieser ästhetische Zugang kann durchaus Orientierung bieten für die Interpretation menschlicher Interaktionsprozesse und ihre Veränderung.

meinen Handlungen eine schöpferische Qualität und eine bezwingende Kraft. Dafür muss ich mich allerdings öffnen. Dazu muss ich mich in eine „Spontaneitätslage" bringen.

Spontaneität

> „Die Kreativität gleicht einem schlafenden Dornröschen, das zu seiner Erweckung eines Katalysators bedarf. Der Erzkatalysator der Kreativität ist die Spontaneität. Vom Lateinischen ‚sua sponte' her definiert kommt sie aus dem Inneren. Was aber ist sie? Eine Form der Energie? Sie ist nicht konservierbare Energie, die sich im Augenblick ihres Entstehens verausgabt. Sie muß entstehen, um verausgabt zu werden, um neu entstehen zu können – gleich jenen Tieren, die im Akt der Begattung Vollendung und Tod finden. Daß das Universum ohne konservierbare physikalische und geistige Energie nicht bestehen könnte, versteht sich für uns von selbst. Wichtiger ist es daher zu erkennen, dass ohne die andere Form von Energie – ohne die Spontaneität – die Kreativität des Universums weder anfangen noch weiterwirken könnte und alles zum Stillstand verdammt wäre. Sie drängt das Individuum zu adäquaten Reaktionen auf eine neue Situation oder neuen Reaktion auf eine alte Situation. Während die Kreativität auf die Handlung bezogen ist, bezieht sich die Spontaneität auf die Erwärmung für eine Handlung, die Bereitschaft zur Tat" (Moreno, 1996, 439).
>
> „In eine neue Situation versetzt, bleibt dem Individuum nichts anderes übrig, als seinem Spontaneitätsfaktor wie einer Laterne zu vertrauen, die es ihm ermöglicht, im Wirbel seiner Gefühle, Gedanken und Handlungen die passende Wahl zu treffen. Den Anforderungen der unmittelbaren Lage oder Aufgabe entsprechend, muß manchmal mehr, manchmal weniger Spontaneität aufgewendet werden. (…) Spontaneität wirkt nur im Augenblick ihres Entstehens, so wie elektrisches Licht im Augenblick des Einschaltens einen ganzen Raum erleuchtet. Beim Ausschalten des Lichts ändert sich nichts an der grundlegenden Struktur des Zimmers, und trotzdem ist eine wesentliche Eigenschaft verschwunden" (ebd., 14f).

Ausdifferenziert enthält diese Konstruktion verschiedene Ebenen:

- Spontaneität ist ein Urimpuls, der Lebenswille, der „elan vital" á la Bergson (Schmitz-Roden, 1999).
- Spontaneität kann einen Menschen als kennzeichnende Persönlichkeitseigenschaft auszeichnen: ein impulsiver Mensch.
- Als spontan kann ein Verhalten bezeichnet werden, wenn ein Mensch plötzlich auf eine Weise handelt, die als ungesteuert gelten kann.
- Er befindet sich dann in einem labilen Erregungszustand, der als „Spontaneitätslage" bezeichnet werden kann.

Spontaneität ruft in einem gegebenen Umfeld Flexibilität, Offenheit, Neugier, Impulsivität, Handlungsbereitschaft hervor. Ohne Verbindung mit der Kreativität bleibt sie aber ziellos: Sie kann sich, da ohne Kanalisierung, ins Unermessliche steigern und in Chaos und Destruktion enden. Sie kann aber auch mangels Passung schnell versanden. Wenn sie aber Kreativität „weckt", dann setzt ein Gestaltungsprozess ein. Der kreative Zustand, den Moreno oben von Beethoven schildert, ist ein solcher, bei dem Spontaneität und Kreativität eine Verbindung eingegangen sind. Für die „Befruchtung" der Kreativität braucht man eine neue Beleuchtung, also neue Perspektiven, und eine Bereitschaft, auf alte Denk- und Verhaltensmuster – zumindest zeitweise – zu verzichten und sich trotz der dabei ausgelösten Ängste auf Ungewohntes, Unvorhersehbares einzulassen. Und Moreno zitiert zustimmend den damals in den USA prominenten Psychiater Adolph Meyer (in: Moreno, 1991, 22):

> „Mit *Spontaneität* der Person meine ich das, was von der Person erwartet werden kann, wozu sie sich aufschwingt, und wie sie dies aus sich selbst heraus (sua sponte) schafft, mit ihrem frei hervorgebrachten Wort (spons), mit ihren Antworten (responses) und schließlich mit ihrer Verantwortung (responsibility)."

Im Gegensatz zu den meisten der bekannten Kreativitätstheorien legt Moreno auf die Entwicklung dieser Spontaneität den größten Wert:

> „Spontaneität wirkt in der Gegenwart, jetzt und hier. (…) In ihrer Entwicklung ist sie älter als Libido, Gedächtnis oder Intelligenz. Obgleich universell und entwicklungsmäßig am ältesten, ist sie im Menschen doch die am schwächsten entwickelte Kraft und oft durch kulturelle Einrichtungen gehemmt und entmutigt. Ein großer Teil der menschlichen Psycho- und Soziopathie kann der ungenügenden Entwicklung seiner Spontaneität zugeschrieben werden. Die Übung der Spontaneität ist daher das wichtigste Lehrfach und sollte in unseren Institutionen von allen Erziehern und Therapeuten verlangt werden" (Moreno, 1996, 13f).

Die Bedeutung der Spontaneität hat Moreno aufgrund seiner Erfahrungen mit seinem Stegreiftheater in Wien (Tomaschek-Habrina, 2004) erkannt. In seinem Buch über das Stegreiftheater von 1923 schreibt:

> „Stegreif und Vogelflug sind urverwandt. Wie ein Vogel fliegen – wenn nicht mit Eigenflügeln, so durch Technik – oder wie ein Gott leben können – wenn nicht wirklich, zumindest im Theater – es sind die zwei ältesten Wünsche der Menschen. Sie haben einen gemeinsamen Ursprung. Es ist der Wunsch durch ein Wunder zu beweisen, dass das Streben nach Gottähnlichkeit begründet ist. Es ist weder eine theologische noch kritische sondern *die ästhetische Bestimmung der intelligiblen Freiheit*. (…) Das Leben ist die Einatmung. Stegreif Ausatmung der Seele. Durch Einatmung entstehen Gifte (Konflikte), durch Stegreif werden sie wieder frei. *Stegreif lässt das Unbewusste unverletzt (durch das Bewusstsein) frei steigen*. Diese Lösung tritt nicht durch fremden Eingriff ein sondern autonom" (Moreno, 1970, 70).

In dieser Frühschrift wird Handeln „aus dem Stegreif" als notwendiges Heilmittel gegen das unvermeidbare Verstricktsein in die Konflikte des Lebens gesehen. „Stegreif" kommt von „Steig-Reifen", also Steigbügel, und „aus dem Stegreif" meint seit dem 17. Jh. „ohne vom Pferd zu steigen, schnell entschlossen". Freies, autonomes, den inneren Impulsen folgendes Handeln wird also als notwendiges Gegengift gegen die alltäglichen Vergiftungen gesetzt. Und hinter diesem Freiheitsimpuls sieht Moreno das Streben des Menschen, wie ein Gott leben zu wollen, d.h. völlig selbst bestimmt. Auch das ist eine Annahme. Jeder muss für sich entscheiden, ob er diese Konstruktion annehmen kann.

Eine spontan-kreative Handlung kann dann definiert werden als eine „neue Reaktion auf eine alte Situation" oder eine „adäquate Reaktion auf eine neue Situation". Adäquat, angemessen oder zweckdienlich ist die Antwort immer dann, wenn sie den Anforderungen der Situation entspricht. D.h.: Sie muss sach- und menschengerecht sein.

Konserve

> „Das vollendete Produkt eines kreativen geistigen Vorgangs stellt eine Kulturkonserve dar. Die Konserve enthält die Werte einer besonderen Kultur. Sie kann die Form materieller Objekte, von Büchern, Partituren, Filmen oder Gebäuden annehmen oder in Form eines bestimmten Benehmens in Erscheinung treten, etwa in einer religiösen Zeremonie, der Aufführung eines geschrie-

benen Theaterstückes oder in Bruderschaftsinitiationen. Sie dienen zur Erhaltung der Errungenschaften menschlicher Vergangenheit und ermöglichen die Weiterentwicklung des kreativen menschlichen Egos.(…) Die Kulturkonserve garantiert den Errungenschaften menschlicher Existenz aber nicht nur die nötige Kontinuität, sondern spielt eine noch bedeutendere Rolle in der Ausrichtung neuer Spontaneität auf echte Kreativität hin" (Moreno, 1996, 440).

Moreno sieht zwar die Notwendigkeit von Konserven, um Tradition zu sichern und Container zu schaffen, die auch in Zukunft weitere spontan-kreative Prozesse auslösen können. Er sieht aber – ganz in der Tradition der Lebensphilosophie (Fellmann, 1993) – auch Gefahren:

„Es ist jedoch gefährlich, wenn die Menschheit sich zu sehr auf die Kulturkonserve verlässt. Die Gefahr liegt sowohl in der Begrenztheit der Konserve als auch in ihrem Missbrauch durch den Menschen. Spontane Kreativität entbehrt der Definition nach vom Augenblick ihrer Konservierung an der Spontaneität und ist im Universum nicht mehr aktuell. Es gibt die frei entstehende fließende Kreativität und ihre konservierte Form. Die letztere kommt vor in Form von Kulturkonserven. Sie enthalten die Kreativität sozusagen in gefrorener oder schlafender Form, die auf Erlösung durch den weckenden Prinzen – die Spontaneität – wartet. Sich selbst überlassen könnte die Welt der Kulturkonserven nichts Neues entstehen lassen. Dennoch repräsentieren die Konserven das kulturelle Kapital und somit eine Form des Besitzes und der Macht, von der wir auch dann noch leben, wenn unsere Lebendigkeit für spontane Kreativität nicht mehr ausreicht" (Moreno, 1996, 440).

Schon Moreno verwendet hier den Begriff des „kulturellen Kapitals", den Jahrzehnte später Pierre Bourdieu prominent machen wird. Ihm kommt es aber darauf an, dass dieses kulturelle Kapital den Menschen nicht zu einem „zootechnischen Wesen" macht. Er muss es beherrschen und immer wieder als „Anlaß zu ständiger Aktivation, Stimulation und Erneuerung des schöpferischen Potentials der Menschheit" (ebd., 444) nutzen. Dabei setzt Moreno eindeutig auf die „Anhänger des Imperfekten":

„Der improvisierende kreative Mensch (…) fühlt sich dem Experiment verpflichtet, gleichgültig ob in religiöser, therapeutischer oder wissenschaftlicher Form. Er improvisiert in Kunst, Wissenschaft und Religion. Anstatt Bücher zu schreiben und Systeme zu formulieren lebt er in der spontanen kreativen Tat. Ihm gilt die Liebe der Menge, während der wirkliche Perfektionist sich die Verehrung einer Elite erwirbt. Wir stoßen hier auf den Gegensatz zwischen Aristokraten und dem Führer des Volkes. Denselben tiefgreifenden Unterschied finden wir auch zwischen den Theoretikern der Religion, Heiligkeit und des Altruismus wie dem Hl. Johannes, Augustinus, Plato, Plotin, Spinoza, Kant, Hegel und den Religionsschöpfern, Experimentatoren und Praktikanten der Religion und Heiligkeit wie Buddha, Jesus, dem Hl. Franziskus und Baal Schem. Diese Tatmenschen, aber auch weniger Erleuchtete wie Sabbatai Zwi, Savonarola, Pascal und Kierkegaard erscheinen oft inadäquat, unvollkommen, auffallend, überschwänglich, exzentrisch oder gar pathologisch. Es ist ihnen aber zugute zu halten, dass sie versuchten, nach ihren Ideen zu leben und eine imperfekte Existenz der perfekten Theorie vorgezogen haben. (…) Die höchste Form menschlicher Kreativität manifestiert sich im Leben der Propheten, Dichter, Heiligen, Wissenschaftler; ihre niedrigere Form kommt Tag für Tag in jeder bescheidenen Existenz zum Ausdruck" (ebd., 441).

Kreative Menschen sind für Moreno nicht die Perfekten. Die „Meister des Wortes" sind für ihn zwanghaft und autoritär. Sie schaffen tote Konserven, von denen keinerlei kreative Impulse mehr ausgehen. Statt dessen erschlagen sie mit ihrem geschlossenen Gedankensystem jeden neuartigen, unkonventionellen Einfall. Moreno setzt auf die Menschen der Tat.

Das können große FührerInnen, KünstlerInnen, ExpertInnen sein, aber auch einfache Menschen, wenn sie denn authentisch ihre eigenen originären Lebensentwürfe leben.

2.2 Kreative Interaktion

Diese kreative Dynamik ist – bezogen auf die menschliche Gesellschaft – eingebettet in Interaktionsverhältnisse. Diese müssen Kreativität hervorrufen und unterstützen, zumindest nicht behindern. Das lässt sich an vier Konzepten verdeutlichen:

Begegnung
Moreno hat die meisten seiner Frühschriften als „Einladung zu einer Begegnung" verstanden. Auch später hält er an diesem Begriff fest (Buer, 1990). Eine Begegnung zwischen zwei Menschen ist durch folgende Merkmale gekennzeichnet (Moreno, 1973a, 53f):

- Sie ist einmalig und unersetzbar.
- Beide Menschen sind mit ihrem ganzen Wesen beteiligt.
- Beide haben sich zu diesem Kontakt entschieden.
- Das Treffen findet im richtigen Augenblick statt.

1918 schreibt er: „Die Sünde der Form kann durch die Wiedergeburt des Schöpfers im Augenblick der Begegnung korrigiert werden" (Moreno, 1918a, 18). Übersetzt: Die Vorherrschaft der toten Konserven (Zusammenbruch der k.u.k.-Monarchie) muss korrigiert werden durch die Aktivierung spontan-kreativer Prozesse. Das geschieht in Momenten, in denen sich Menschen füreinander öffnen.

In der „Rede über die Begegnung" von 1924 ist der Mensch auf der Suche nach der Begegnung mit Gott. Dabei erfährt er:

> „Um mir begegnen zu können, musst du deinen Weg von vorn beginnen, dort anfangen, von wo du ausgegangen bist, bei dir, und wenn du dir entsprochen hast, bei deinen Mitbewohnern, und wenn du diesen entsprochen hast, bei deinen Hausbewohnern, und wenn du diesen entsprochen hast, wirst du fortfahren dürfen, von Ort zu Ort zu wandern, nicht allzu schnell, nicht allzu langsam, sondern wie es eben kommt" (Moreno, 1924, 29). Und der Mensch kommt zum Schluss: „Habe ich so allen Lagen entsprochen und ebenso jene(n), denen ich begegnet bin, und jene(n), die diesen begegnet sind, uns ins Unendliche fort, dann ist in meiner Begegnung mit die kein Riß, kein Bruch, kein Übel, kein Verdruß, keine Unschicklichkeit, keine Unvollkommenheit mehr. Dann ist die Begegnung vollendet, dann hält mich die Begegnung nicht auf wie ein Strom, den bald Klippen, bald Biegungen, bald Sandbänke am Fließen hindern. Dann komme ich rasch vorwärts, dann komme ich rascher als alle bis an den Ort, in dem ihr wohnt, und zu mir, der erst in der Begegnung mit euch seine Vollendung erfährt. Dann kann ich zu mir sagen: ich fühle mich, ich denke meine Gegenwart, ich sehe mich, ich höre mich, ich taste meine Hände, meine Haut und ich nehme mich vollkommen wahr. Nichts ist mehr, dass mich hindert zu begegnen, mein Gefühl ist geheilt, der Knoten gelöst, die Begegnung vollendet" (ebd., 1924, 36).

Übersetzt: Nur der kann der Kreativität teilhaftig werden, der sich den vielfältigen Ansprüchen seiner Mitwelt stellt und versucht, ihnen zu entsprechen. Begegnung heißt: Sich den Verstrickungen mit den Nächsten im Alltag offen und ehrlich stellen. Mit jedem gelösten Knoten vollendet das Individuum sich selbst und damit zugleich die Welt. Und diese Aufgabe kann ihm niemand abnehmen: Es ist seine einmalige Aufgabe.

Tele
Schon in seinem Stegreiftheater an der Maysedergasse in Wien machte Moreno (1970, 57) die Erfahrung, dass es Spieler gibt,

> „die durch eine geheime Korrespondenz miteinander verbunden sind. Sie haben eine Art Feingefühl für die gegenseitigen inneren Vorgänge, eine Gebärde genügt und oft brauchen sei einander nicht anzusehen. Sie sind füreinander hellseherisch. Sie haben eine Verständigungsseele. (...) Je mehr dieser Sinn ausgebildet ist, bei sonst gleichen Umständen, desto größer ist die Stegreifeignung."

Diese „mediale Verständigung" nennt Moreno in seinen Spätschriften „Tele".

> „Tele (gr. Fern, in die Ferne wirkend) wurde als ein elementares Verhältnis definiert, das sowohl zwischen Individuen, als auch zwischen Individuen und Gegenständen bestehen kann und im Menschen von der Geburt an allmählich einen Sinn für zwischenmenschliche Beziehungen entwickelt. (...) Es beruht auf dem Gefühl und der Erkenntnis für die *wirkliche* Situation der anderen Personen. Gelegentlich mag es aus einer ehemaligen Übertragungslage herauswachsen. Aber unsere Befunde weisen eindeutig darauf hin, dass Tele immer normal von der ersten Begegnung an vorhanden ist und dass es von einer Begegnung zur anderen wächst" (Moreno, 1973a, 29).

Tele wird also als ein Potenzial verstanden, das ermöglicht, mit dem anderen unmittelbar in Kontakt zu kommen. Es ist die Kraft, die Begegnung ermöglicht. „*Tele-Gegenseitigkeit ist der gemeinsame Charakterzug aller Begegnungserlebnisse.* Sie ist der überspringende Funke zwischen den Beteiligten" (Moreno, 1996, 393). Das Bild von den überspringen Funken entstammt der Welt der Kabbala, mit der *Moreno* vertraut war.

> „Gott schränkte sich zur Welt ein, weil er zweiheits- und beziehungslose Einheit, erkannt, geliebt, gewollte werden wollte, weil er seiner Einheit die Anderheit entsteigen lassen wollte, die zur Einheit strebt. Der Feuerstrom der göttlichen Gnade schüttete sich über die erstgeschaffenen Urgestaltungen, die die Kabbala Gefäße nennt, sie aber vermochten nicht der Fülle standzuhalten, sie zerbrachen in unendlicher Vielheit, der Strom zersprühte in Millionen von Funken, die von Schalen, wie die Kabbala es nennt, umwachsen werden. So sind Gottes Funken in alle Dinge gefallen, sind aber von dem Mangel an Gotteskraft, von den Schalen, dem Übel, umgeben. (...) In den Funken ist Gottes Herrlichkeit selber in die Welt eingegangen, wohnt sie in ihr ein (...), wohnt inmitten der makelbeladenen Welt, will sie erlösen" (Kohn, 1979, 79).

Übersetzt: Die Konserven sind die Schalen, die die Kreativität einschließen. Wenn Kreativität durch Spontaneität geweckt ist, „funkt" es zwischen den am gemeinsamen Handlungsprozess Beteiligten. Springt der Funke über, ist eine Begegnungsbeziehung hergestellt. Dann kann Kreativität unmittelbar und ungehemmt fließen.

Katharsis
Kann Spontaneität Kreativität aktivieren, dann werden die alten Schalen gesprengt: Der Mensch wird von den Fesseln erlöst. Das wird erlebt als Umschwung, Umkehr, Sprung, „Reinigung von den Makeln". Eben das meint *Moreno* mit „Katharsis" (Wartenberg, Kienzle, 1991). Er verband im Konzept für seine dramatischen Verfahren die aristotelische Konzeption mit den Vorstellungen östlicher Religionen, etwa des Zen-Buddhismus und des Judentums.

„Von den alten Griechen haben wir das Drama und die Bühne beibehalten, und wir haben die Sicht der Katharsis des Nahen Ostens übernommen, derzufolge der Schauspieler zum Ort für die Katharsis gemacht wurde.(...) Diese Religionen gingen davon aus, dass ein Heiliger eine Anstrengung unternehmen musste, um ein Erlöser zu sein; er mußte sich selbst erlösen. (...) Man könnte sagen, dass die passive Katharsis hier einer aktiven Katharsis gegenübersteht; eine ästhetische Katharsis einer ethischen" (Moreno, 1989a, 90).

Das hat Auswirkungen auf die Rollenspielkompetenz des Menschen:

„Es ist nützlich, zwischen folgendem zu unterscheiden: *Rollenübernahme (role-taking)*, das Übernehmen einer geschlossenen, völlig ausgearbeiteten Rolle, die dem Individuum keinerlei Veränderung, keinerlei Freiheitsgrade erlaubt, *Rollenspiel (role-playing)*, das dem Individuum einige Freiheitsgrade ermöglicht, und *Rollenkreation (role creating)*, die dem Indiviuum einen hohen Grad an Freiheit erlaubt, wie z.B. dem *spontanen Spieler (spontaneity player)*" (Moreno, 1960f, 260).

Kooperation

„In allen Formen der Gesellschaft (...) erscheinen zwei fundamentale Tendenzen: Anziehung und Abstoßung; positive und kohäsive, negative oder zerstörende Kräfte treten in allen möglichen Verbindungen auf. Die Angehörigen der Gesellschaft ziehen sich an und stoßen sich ab" (Moreno, 1996, 77). „Kooperative Kräfte sind *biologisch wichtiger* als die Kräfte der Zerstörung. Wenn Kooperation nicht die stärkere Macht gewesen wäre, dann hätten sich die komplizierten Tierformen, wie Wirbeltieren oder Anthropoiden, nicht aus den einfacheren entwickelt. Kreativität und Produktivität vermehrt sich mit größerer Intensität in Gruppen, die auf der Basis gegenseitiger Hilfe begründet sind, als in Zufallsgruppen oder in Gruppen, deren Mitglieder einander feindselig gegenüberstehen" (Moreno, 1973a, 7).

Moreno setzt auf Gruppen, die auf der Basis von „mutual support" kooperieren. Sie befördern kreative Prozesse, die wiederum die Produktivität von Arbeitsprozessen erhöhen.

2.3 Der Mensch als Co-Creator

Diese hier entfaltete spezifische Sicht der Kreativität lässt sich zusammenfassend so kennzeichnen:

- In Augenblicken, in denen es Menschen gelingt, kreativ tätig zu sein, haben sie Teil an einer unermesslichen, übermächtigen, unzerstörbaren Kraft, die die Entwicklung des gesamten Universums vorantreibt. Auf diese Kraft ist Verlass.
- Diese Gestaltungskraft versetzt den Menschen in einen Flow-Zustand, der sich allerdings auch zum Größenwahn steigern kann.
- Diese Kraft beflügelt ihn zu Höchstleistungen, deren Zustandekommen kaum „menschlich ermessen" werden kann. Bei persönlicher Zuschreibung spricht man von Genialität.
- Allerdings muss der Mensch sich für diese Kraft öffnen: Er muss bereit sein, auf alte Gewohnheiten zu verzichten und die damit verbundene Angsterfahrung auszuhalten. Um damit gut umgehen zu können, muss er sich an einen sozialen Ort begeben, der ihn stützt. Ferner muss er geduldig auf den richtigen Moment warten können, in dem Kreativität plötzlich wirksam wird.

- Das Zusammentreffen von Spontaneität und Kreativität kann zu kathartischen Erschütterungen führen. Der Mensch muss bereit sein, diesen Prozess bis zum Ende durchzustehen.
- In diesem Prozess tauchen dann Einsichten auf, die als evident und zwingend erlebt werden. Sie können nicht mehr verleugnet werden.
- Diese neuen Einsichten verlangen nach einer Änderung bisheriger Denk- und Verhaltensgewohnheiten und setzen damit neue Verantwortlichkeiten (responsibilities).
- Jeder kann dieser Kreativität teilhaftig werden und sich damit – wie bescheiden auch immer – am Schöpfungsprozess beteiligen.

In dieser Sicht erscheint der Mensch als Co-Creator des Universums. Es liegt in seiner Verantwortung, durch sein Handeln seine je einmalige Lebenswelt der „Vollendung" näher zu bringen oder – wie Moreno auch sagen könnte – zu heiligen. Das aber kann er sowieso nicht aus eigener Kraft. Das kann er nur in Kontakt mit einer Kreativität, die ihn trägt. Was folgt nun daraus, wenn managen kreativ werden soll?

3 Arbeit und Leben kreativ managen

1. Managen heißt nicht nur, Leben und Arbeit effizient und effektiv in den Griff zu bekommen. Es heißt auch, zur Vollendung der Welt beizutragen.
   Kreativ managen ist nicht nur erfinderisch bei der Lösung von Problemen. Der Prozess selbst wie das Ergebnis müssen auch sach- und menschenangemessen sein. Neben der Orientierung an fachlichen Qualitätsstandards gelten ethische Maßstäbe: Was dient dem Gemeinwohl bzw. einer Verbesserung des Lebensstandards möglichst vieler? Orientierungspunkt für Manager muss eine „lebensdienliche Ökonomie" sein (Ulrich, 2001).

2. Kreativität ist mehr als Flexibilität.
   Vor allem Richard Sennett (1998) hat aufgezeigt, dass heute Flexibilität die zentrale Anforderung an alle Arbeitskräfte darstellt. Nach Moreno ist Flexibilisierung eine Voraussetzung für Kreativität. Erst das Auftauen eingefahrener Muster kann öffnen für kreative Inspiration. Kreation ist dann aber Gestaltung, Formgebung. Die dann erschaffene Konserve soll wiederum bei anderen Spontaneität freisetzen für weitere kreative Prozesse. Dadurch kann eine „kreative Flexibilität" entstehen, die nicht eine totale heteronome Formbarkeit meint, sondern eine originäre und originelle autonome Formgebungskompetenz.

3. Kreativität kann nicht technisch angeeignet werden. Sie verlangt nach einer Vorbereitung als Exerzitium.
   Die Hoffnung, durch den Einsatz von Kreatititätstechniken (Geschka, Lantelme, 2004) ungewöhnliche, neue Erfindungen und Lösungen erzeugen zu können, ist eine Illusion. Es geht doch gerade darum, das vorherrschende technologische Denken, Planen und Handeln zu durchbrechen. Das geht nicht durch ein „Mehr vom Gleichen". Die Bereitung kann nur durch ein Exerzitium, ein Sich Bemühen um eine entsprechende Lebensführung gelingen (Schmid, 1998; 2000; 2004; Csikzentmichalyi, 2001; Seligman, 2003).
   Diese Kunst der Lebensführung aber ist riskant: Sie kann mit langen Durststrecken verbunden sein, bevor eine kreative Idee auftaucht. „Innehalten" jedoch ist in ei-

ner Zeit der Beschleunigung nur mit großem Einsatz durchzusetzen (Heintel, 1999). Sie kann zusätzlich Angst auslösen, die erst bewältigt sein will. Und Angst ist ein Thema, dass in der Unternehmenswelt gern verdrängt wird (Richter, 2000).

Diese Kunst der Lebensführung kann nicht auf den Arbeitsprozess beschränkt werden; sie muss den ganzen Menschen erfassen, bietet damit aber auch eine gute Basis, Leben und Arbeit in Einklang zu bringen (Cassens, 2003).

4. Kreativität setzt auf Spontaneität, nicht auf Intellekt.
Intellektualisieren führt nur zur Verfestigung totaler autoritärer mentaler Modelle. Es geht vielmehr darum, unmittelbaren Kontakt zur Arbeitsaufgabe wie zu den daran Beteiligten und Betroffenen herzustellen und den dabei auftauchenden Impulsen experimentell Raum zu geben. Eine angemessene Klärung erfolgt dann durch die Verbindung mit der kreativen Gestaltungskraft in Auseinandersetzung mit den gegebenen relevanten Kulturkonserven.

Morenos Konzept bietet daher eine Alternative zu allen kognitiven Kreativitätskonzepten (z.B. de Bono, 2002). Er setzt vielmehr auf Intuition (Epstein, 1994) und primäre Erfahrung. Wie John Dewey glaubt er nicht an einen Fortschritt durch verstärkte Reflexivität. Wie diesem geht es ihm vorrangig um ein Wachstum an qualitativer Erfahrung (Buer 2004f; Bohnsack, 2005; Joas, 1992; Jörke, 2003; Neubert, 1998).

Lineares, rationalistisches, kalkulatorisches Denken hat sich gerade heute bei der Planung und Steuerung von Arbeitsorganisationen als unangemessen herausgestellt. Jede Arbeitsregel bedarf der Ausnahme, jede Norm der Abweichung, damit auf eine unvorhergesehene, neue Lage sofort adäquat reagiert werden kann. Die Ausnahmen und Abweichungen können aber prinzipiell nicht geregelt sein (Ortmann, 2004). Dazu bedarf es einer „kreativen Managementkompetenz" und darauf fokussiert Morenos Konzept.

5. Jeder ist zur Kreativität berufen.
Kreativität ist für jeden zugänglich. Nicht nur Führungskräften oder ExpertInnen wird Kreativität zugetraut. Dieses Verständnis von Schöpfertum weist große Ähnlichkeiten mit dem Verständnis des Aktionskünstlers Joseph Beuys auf: Er sah in jedem Menschen einen Künstler (Bogner-Wolf, 2003). Damit wendet sich Moreno dagegen, Kreativität nur an großen KünstlerInnen und WissenschaftlerInnen festzumachen, wie das etwa die Psychologen Gardner (1996; 1999) und Csikzentmichayi (2003) versucht haben.

Die Auswirkungen kreativer Prozesse und Erfindungen sind allerdings unterschiedlich groß. Sicher kommt es auch darauf an, dass kreative Ideen im jeweiligen Feld auch aufgenommen werden. Aber das ist nur teilweise von den ProduzentInnen einer neuen Idee abhängig. Hier ist vor allem eine Offenheit des Feldes verlangt. Insofern kann sich Kreativität auch darin zeigen, für solche neuen Ideen anderer offen zu sein.

6. Kreativität geschieht im mutual support.
Kreativität ist an den Modus der Begegnung gebunden. Nur in einer offenen und ehrlichen Auseinandersetzung mit den Nächsten können kooperative Verhältnisse geschaffen werden, so dass Gruppen und Teams in einem normativen Sinn zustande kommen. Dabei darf sich nicht der eine hinter dem anderen verstecken. Wie in einer Psychodrama-Gruppe müssen immer wieder Einzelne bereit sein, (wie ein Protagonist) voranzugehen. Dabei müssen ihn aber alle anderen (wie die Hilfs-Iche) unterstützen. Und das gilt auch umgekehrt. Dadurch entstehen Gemeinschaften, die durch Geben und

Nehmen gekennzeichnet sind. „Kreativität gibt es nur im Plural", wie der Erziehungswissenschaftler Olaf-Axel Burow (1999; 2000; 2004) meint.

Damit wendet sich Moreno gegen eine einseitige Individualisierung: Subjektwerdung und Sozialwerdung sind eben zwei Seiten einer Medaille.

7. Kreatives Handeln ist risikoreich.
Wer sich auf einen kreativen Prozess einlässt, weiß nie sicher, was dabei herauskommt: Es kann in der zur Verfügung stehenden Zeit nichts Wichtiges geschehen. Es kann eine Erkenntnis unabweisbar werden, die alte Vorstellungen und Ansichten enttäuscht. Das ist dann auch mit dem entsprechenden Gefühl der Enttäuschung verbunden. Es können aber auch grandiose Ideen auftauchen, deren Umsetzung gewaltige Anstrengungen erforderlich macht. Hier ist eine „Realitätsprobe" von Nöten. Es können sich aber auch Visionen im Guten wie im Schlechten zeigen, die alle Beteiligten und Betroffenen überfordern. Diese neuen Ansichten sind nun aber in der Welt und können nicht (mehr) verleugnet werden. Wie mit diesen neuen Erkenntnissen umgegangen wird, muss verantwortlich entschieden werden. Nur ein ausreichender Kontakt mit allen kreativen Ressourcen kann helfen, den angemessenen Weg der Umsetzung zu gehen. Diese kreative Kraft kann der Mutlosigkeit aufhelfen, sie kann auch Größenwahn verhindern. Vor allem aber gibt sie die Energie, ein ungewöhnliches Vorhaben gegen Widerstände durchzusetzen.

8. Kreativität ist eine ungeheure Kraft, die Berge versetzen kann.
In einem kreativen Prozess sind Menschen fähig, Höchstleistungen zu vollbringen, die man ihnen nicht zugetraut hätte. Da Unternehmen gern diese Höchstleistungen nutzen würden, erliegen sie häufig der Verführung, über diese Kraft jeder Zeit verfügen zu wollen. Genau das kann aber nicht gelingen. Kreative Schöpfungen, Ideen, Erfindungen können nur als Geschenk dankbar angenommen werden. Was man allerdings tun kann, ist sich dafür zu öffnen. Und das ist harte Arbeit. Eine übermütige, gar eine hochmütige Einstellung wäre kontraproduktiv. Im Gegenteil: Demut und Ausdauer sind verlangt. Wer sich diese Haltung immer neu erarbeitet, kann dann aber mit einer Kraft in Kontakt kommen, die unzerstörbar ist und unerschöpflich fließt.

Man kann Kreativität auch ganz anders konstruieren, als Moreno das gemacht hat. Man kann auch das Wort aus seinem Wortschatz streichen. Wer sich aber auf die Sichtweise von Moreno einlässt, d.h. für sein Leben die richtigen Konsequenzen daraus zieht, kann diese Sicht verifizieren, wahr machen. Erst wenn er in seinem Leben und Arbeiten leibhaftig erfährt, wie der Kontakt zur Kreativität immer neuen Schwung verleiht, immer wieder neue Einsichten, Ideen, Lösungen hervorbringt, aber auch zu Verhaltensänderungen ermutigt und „Wohlergehen" schenkt, wird diese Konstruktion für ihn spürbar lebendig. Der Glaube lässt sich dann mit Erfahrungen verbinden und wird dadurch erst „glaubwürdig". Eine Möglichkeit, diese Haltung der Offenheit und Achtsamkeit einzuüben, bieten Soziometrie, Psychodrama und Gruppenarbeit. Sie bieten „Kultstätten", um Inspirationen auf- und annehmen zu können, aber auch „Schutzräume", um die mit diesen Veränderungen aufkommenden Ängste zu bewältigen, und „Basislager", um mit genügendem Enthusiasmus Gipfel zu erstürmen.

4 Kreativität psychodramatisch hervorlocken in Formaten der Personalarbeit

In der Personalarbeit in Unternehmen, Behörden und sozialen Einrichtungen werden Formate wie Supervision, Coaching, Organisationsberatung, Training etc. eingesetzt. In all diesen Formaten kann auf das Hervorlocken und Ausnutzen kreativer Prozesse fokussiert werden. Das muss nicht in der Tradition Morenos geschehen. Dieser Ansatz jedoch hat eben das ins Zentrum seiner Arbeit gestellt (Ameln u.a. 2004a; Haan, 1992; Krüger, 1997).

Damit setzt dieser Ansatz bewusst einen anderen Akzent als der idealistische Mainstream. Dort geht es um Veränderungen des Bewusstseins, sei es durch systemische Verstörung, hypnotische Verschreibung oder kritische Reflexion. Bei Moreno dagegen geht es immer um pragmatische Verbesserungen von Handlungszusammenhängen. In psycho- oder soziodramatischen Inzenierungen oder soziometrischen Aufstellungen wird im Modus des Experiments leibhaftig zusammen mit anderen improvisiert: Hier werden tatsächlich neue Primärerfahrungen gemacht, die sich in neuen Rollen, neuen Habitualisierungen mit den entsprechend neuen Denkweisen und Empfindungen zeigen. Es geht nicht nur um neue Ideen, sondern zugleich um ein anderes Auftreten und Herangehen bei der Verbreitung und Umsetzung dieser Ideen (Buer 1999d; 2004b; Hahne, 2003; Kruse, 1977; Lammers, 1996; 2000; Ottomeyer, 2004; Petzold, 1998; Schreyögg, 2004b).

Wer Morenos Sicht der Kreativität annehmen kann und seine Verfahren nutzt, hat es schwer: Er muss sich verändern und sich diese Veränderungsfähigkeit immer wieder neu erarbeiten. Er hat es aber auch leicht: In günstigen Augenblicken gerät er in Flow-Zustände kreativen Schaffens, die ihn mit großer Freude und Lebendigkeit erfüllen und zudem Kulturkonserven erzeugen, die eine Verbesserung der Lebensqualität zumindest für einige bewirken. Die unvermeidbare gegenwärtige Flexibilisierung aller Lebensverhältnisse kann dann als Chance genutzt werden, sein Leben auf kreative Weise zu managen.

Aufstellungarbeit nach Moreno in Formaten der Personalarbeit in Organisationen (2005)

Aufstellungsarbeit nach Bert Hellinger ist ein Verkaufsschlager geworden. Viele Psychotherapeuten, Berater und Trainer haben sich schnellstens in diesen „Stellungskrieg" eingeschaltet, eben weil die Nachfrage so verführerisch groß war. Dieser Boom war aber auch Anlass für viele etablierte Verfahren, einmal bei sich nachzuschauen, ob Hellinger nicht bei ihnen abgeguckt hat, ohne das überhaupt zu deklarieren. Und tatsächlich! Hilarion Petzold (1998, 340) teilt uns mit:

> „Moreno hat im Psychodrama soziale Netzwerke im Spiel sichtbar gemacht. Ich habe solche Netzwerke dann aufstellen lassen, wobei der Protagonist die einzelnen Personen modellierte wie bei einer Skulptur. Ich habe diese Technik auch durch Modellierung von Tonfiguren eingesetzt oder durch die ‚Skulpturierung' von Personen, in dem sie in bestimmten Distanzen und bestimmten Haltungen aufgebaut wurden. Dabei versuchte ich, mir die Möglichkeiten des mimisch-gestischen Ausdrucks, wie er für die Pantomimearbeit charakteristisch ist, zunutze zu machen. Diese Technik ist auch im Rahmen der Supervision und von arbeitspsychologischen Kontexten ein ausgezeichnetes Instrument (…). Bert Hellinger (…), der 1971 an meiner Wiener Psychodrama- und Gestalttherapie-Weiterbildungsgruppe teilnahm, hat diese Arbeit aus der Moreno-Tradition bei mir kennengelernt und in den vergangenen Jahren mit seiner von ihm spezifisch weiterentwickelten Variante populär gemacht („Aufstellungsarbeit nach Hellinger")."

Dieses Sichtbarmachen von sozialen Netzen und Sozialatomen durch das Aufstellen von Personen in bestimmten Distanzen und Haltungen aus der Sicht eines Protagonisten im Rahmen der Gruppenarbeit gab es in der Psychodrama-Szene selbstverständlich nicht nur bei Petzold. Ich habe aber doch den Eindruck: Es war nicht sonderlich verbreitet. Es stand eben doch die Psychotherapie im Vordergrund und damit das protagonistenzentrierte szenische Spiel. Dann darf man sich allerdings auch nicht wundern, wenn selbst ein seriöser und kenntnisreicher Autor wie Oliver König in seinem Buch über Familienaufstellungen zwar den Bezug der Aufstellungsarbeit zu Morenos Werk herstellt, aber von der o.g. Aufstellungstradition nichts gehört oder gelesen hat (König, 2004, 139ff.).

Interessant für Psychodramatiker ist die Aufstellungsarbeit auch weniger im Kontext der Psychotherapie. Denn hier bieten die verschiedensten Inszenierungsarrangements meist viel bessere Arbeitsmöglichkeiten. Interessant ist sie vielmehr für die Arbeit im Rahmen der Personalarbeit in Organisationen. Die hier üblichen Veranstaltungen dauern ja oft nur kurze Zeit, so dass das Einüben eines psychodramatischen Spiels mit seinen Regeln und Hilfs-Ich-Funktionen kaum möglich ist. Auch möchte nicht jeder vor jedem sein schauspielerisches Improvisationstalent vorführen, wenn es hinterher auf Unbeabsichtigtes abgetastet wird. Rollenspiele haben eben etwas Unangenehmes. Für sich einen Stellvertreter auf die Bühne schicken, das ist doch entlastend. Oder sich irgendwo als Repräsentant aufstellen lassen und dann etwas Schlaues über andere sagen, auch das geht gerade noch.

So möchte ich mich hier auf den Kontext der Personalarbeit in Organisationen konzentrieren und zeigen, dass gerade die Aufstellungsarbeit nach Moreno sehr schnell und eindrücklich weiterführende Erkenntnisse über Hemmnisse, aber auch Attraktoren der Zusammenarbeit auftauchen lassen. Dabei ist für mich die Tradition der soziometrischen Aktionsforschung entscheidend und *nicht* die psycho- oder soziodramatische Inszenierungsarbeit. Mein Modell der Aufstellungsarbeit möchte ich dann verdeutlichen an der Arbeit mit Führungsdilemmata, einem der zentralen Themen in Organisationen.

Aber zuvor halte ich es für notwendig, eine Frage zu beantworten: Gibt es eigentlich gravierende Unterschiede zwischen Hellinger und Moreno? Waren beide nicht „Geistheiler", die von ihren Anhängern idealisiert wurden? „Tauscht du hier nicht, mein Lieber, einen Guru durch einen anderen aus? Warum also an Moreno anknüpfen?"

1   Hellinger und Moreno

Bei Hellinger möchte ich mich auf seine vielen Massenveranstaltungen beziehen, die in zahlreichen Videofilmen aufgezeichnet und in vielen Büchern beschrieben sind. Eine gewisse Grundkenntnis seiner Auftritte muss ich hier voraussetzen (vgl. auch: Weber, 2002; Goldner 2003). Bei Moreno beziehe ich mich selbstverständlich auf sein Gesamtwerk (Buer, 1999a; Hutter 2000) sowie seine Biographie (Marineau, 1989; Moreno, 1995; Fürst 2004a).

Moreno wie Hellinger sind sicher beide als „Geistheiler" (Zweig, 1986) zu bezeichnen, wie sie in der Geschichte der Menschheit immer wieder als „Heilsbringer", „Heilande" oder „Propheten" im Rahmen religiös-therapeutischer Bewegungen auftreten. Beide sind zweifellos als Charismatiker anzusehen. Während Hellinger nun eindeutig im Gestus eines Gurus auftritt, der auf autoritäre Weise zur Unterwerfung unter seine Weisungen auffordert, hat Moreno diese sicher auch bei ihm vorhandene Tendenz in Schach gehalten, indem er ein Verfahren propagiert hat, das jeden, auch den „Armen und Unterdrückten", für fähig hält, sein Leben selbst in die eigene Hand zu nehmen (Moreno, 1978b, 111). Jeder Mensch kann Autor seines Lebens sein, indem er sich als Protagonist einer solidarischen Gruppe anvertraut, um mit diesen „Hilfs-Ichen" sein eigenes Ich selbständiger zu machen. Hellinger dagegen führt Einzelne vor einer ihm weitgehend fremden Masse vor und setzt sie einem gewaltigen Druck aus, den ihnen von ihm erteilten Weisungen auch zu folgen. Diese Weisungen Hellingers dürfen im Prozess nicht kritisch hinterfragt werden, während jeglicher Hinweis oder „Rat" im Rahmen der Psychodrama-Arbeit nur als Angebot zu verstehen ist. Nicht die Unterwerfung ist verlangt, sondern das Sich-Einlassen auf spontane Prozesse in der Gruppe, auf dass kreative Lösungen aus der solidarischen Interaktion geboren werden können. Dass auch die Äußerungen der Repräsentanten einer Familienaufstellung als „wissend" wahrgenommen werden, kann der Suggestion durch Hellinger geschuldet sein. Es kann aber auch durch das telische Feld erklärt werden, das sich in einem aktivierten sozialen Netz nach Moreno aufbaut. Moreno hat sich zudem immerhin bemüht, seine Verfahren wissenschaftlich zu durchleuchten und damit einer öffentlichen Kritik zugänglich zu machen. Hellinger selbst verweigert sich dem jedoch mit Entschiedenheit.

Hellinger vermeidet es peinlichst in seinen Äußerungen, direkte Bezüge zu seiner früheren Missionarstätigkeit herzustellen. Dabei entspricht sein autoritäres Auftreten wie seine hierarchische Weltsicht eindeutig einem religiösen Gestus, wie er für viele Religionen, jedenfalls für die Mainstreams der Offenbarungsreligionen, kennzeichnend ist. Moreno dagegen hat – entsprechend seiner jüdischen Sozialisation – wenig Probleme, von Gott direkt zu reden (Tomaschek-Habrina, 2004). Gott tritt bei ihm allerdings in vielerlei Gestalten auf: in seinen Frühschriften als „Gottheit", in seinen Spätschriften als „Kreativität". Und diese göttliche Kreativität kann sich nur ereignen, wenn sich konkrete Menschen wahrhaftig füreinander öffnen. Eben das meint ja „Begegnung".

Hellinger propagiert das „Stellen im Raum", während Moreno auf die „Bewegung im Prozess" fokussiert. Morenos Projekt der kreativen Veränderung der Gesellschaft kann daher als ein typisches Projekt der Moderne verstanden werden, die die ständische Gesellschaft durch ihr Fortschrittsstreben in Bewegung gebracht hatte. Gegen die damit verbundene Verunsicherung hat es in der Geschichte der Moderne immer wieder konservative Widerstandsbewegungen gegeben. Der Philosoph Wilhelm Schmid (1993, 33ff.) sieht als eine zentrale Protestbewegung den Faschismus an:

> „Der moderne Mensch ist in der Tat zwar widerwillig, aber vollständig ein Geschöpf der Zeit – daher seine Eile, seine Gehetztheit, seine Furcht vor Vergänglichkeit. Der Nationalsozialismus versprach (und verspricht offenbar vielen heute noch) die ruhige, statische Beharrung im Raum (…) Der Aufstand des Raumes gegen die Zeit aber durchzieht weiterhin die Moderne, gebiert Rassismus, Nationalismus und die Suche nach ‚Identität'."

Vor diesem Hintergrund kann man mit Fug und Recht Hellingers rituelles „Stellen im Raum" als Aufstand des Raumes gegen die Zeit verstehen mit all seinen faschistoiden Folgen. Morenos Ansatz dagegen stellt sich der Verflüssigung der Zeit und bietet mit seinen Verfahren solidarische Steuerungsmöglichkeiten im gesellschaftlichen Entwicklungsprozess, auch wenn er den Konfigurationen im Raum als Kontext der Veränderung große Beachtung geschenkt hat (Moreno, 1978a). Wie jeder Schöpfer eines Verfahren hat auch er ein Ritual geschaffen, in dem Wandel stattfinden kann. Dieses Ritual dient aber nicht der Verfestigung rituellen Verhaltens im Alltag, sondern geradezu deren Verflüssigung (→ S. 56ff.). Morenos Projekt ist gerade gegenwärtig besonders aktuell, weil die Beschleunigung in allen Bereichen menschlichen Lebens und Arbeitens noch zugenommen hat (Bauman, 2003).

2   Die Anforderungen an die Aufstellungsarbeit in Formaten der Personalarbeit in Organisationen

Hellinger selbst, vor allem aber seine Anhänger, haben die Aufstellungarbeit auch in das Feld der Personalarbeit in Arbeitsorganisationen übertragen (z.B. Grochowiak, Castella, 2001; Sparrer, Varga von Kibéd, 2000; Sparrer, 2002). Dieser Transfer ist für die meisten Aufsteller insoweit kein Problem, als sie von der Vorstellung ausgehen, mit diesem Handwerkszeug einen Universalschlüssel zu besitzen, der ihnen alle Türen öffnet. Das mag sein. Das Problem ist nur, dass sich hinter den Türen Räume eröffnen, von denen sie zumeist keine Ahnung haben. Das gilt schon für das originäre Familienstellen selbst. Was in Familien heute los ist, darüber gibt es in der einschlägigen Aufstellungsliteratur nur Erfahrungswerte und Behauptungen. Eine Aufarbeitung der wissenschaftlichen Forschungsergebnisse und Theorien zu den Familienverhältnissen in der Spätmoderne auf angemessenem Niveau findet nicht statt: Fehlanzeige! Gerade deswegen ist König hingegangen und hat für sein seriöses Konzept der Familienaufstellung diese Erkenntnisse erst einmal zusammenfassend dargestellt (König, 2004, 21-132). Entsprechend traurig sieht es mit der Aufstellungsliteratur zur Personalarbeit in Organisationen aus. Auch hier werden schnell in allen möglichen Workshops Türen geöffnet. Doch dann fängt das große Herumtappen an. Man wird den Eindruck nicht los: Hier geht es weniger um das Eröffnen neuer Entwicklungsmöglichkeiten, als um das Öffnen neuer Geldschatullen. Deshalb sind einige grundsätzliche Klärungen notwendig:

Zielgerichtetes Lernen kann nur dann stattfinden, wenn es in angemessenen Rahmungen eingefasst ist. Gesellschaftlich institutionalisierte Rahmungen für soziales Lernen nenne ich *Formate*. Im Kontext von Personalentwicklung (Neuberger, 1994; Schreyögg, 2003a) und Chance Management (Doppler, Lauterburg, 1998) sind das vor allem: Training, Supervision, Coaching, Team-Entwicklung, Mediation und Organisationsberatung. In all diesen Formaten spielt das Psychodrama inzwischen eine bedeutende Rolle (v. Ameln u.a., 2004b; Brenner u.a., 1996; Buer 1999d; 2004a; 2004b; Fatzer, 2004; Fichtenhofer u.a., 2004; Gairing, 1996; Gellert, Novak, 2002; Petzold, 1998; Schaller, 2001; Schreyögg, 2003c; 2004a; 2004b; Wollsching-Strobel, 2000). Der Einsatz dieser Formate in der Personalarbeit hat nur einen Sinn, wenn sie im Rahmen eines umfassenden Konzepts der kontinuierlichen Personal- und Organisationsentwicklung hin zu einer lernenden Organisation einen unverzichtbaren Stellenwert in einer integrierenden Lernarchitektur haben. Denn erst vor diesem Hintergrund kann eine Indikation für den Einsatz eines bestimmten Formats sinnvoll begründet und eine aussagekräftige Evaluation durchgeführt werden.

Innerhalb eines Formates können dann verschiedene *Verfahren* wie Psychodrama, Psychoanalyse, TZI, personenzentrierte Gesprächsführung, Gruppendynamik, Systemik zum Einsatz kommen. Format und Verfahren gehen dabei eine Verbindung zu einem einmaligen *Setting* ein. Je nach Ziel und Kontextbedingungen werden einige spezifische *Arrangements* im Vordergrund stehen. Ich sehe die Aufstellungsarbeit als ein solches Arrangement an, in dem wiederum verschiedene *Techniken* genutzt werden können.

Die Anforderungen an die Aufstellungsarbeit im Rahmen der Personalarbeit in Organisationen sind also denkbar verschieden von den Anforderungen im Rahmen etwa der Gruppentherapie. Hier geht es nicht um kathartische Erschütterungen von pathologischen Bindungen in Primärgruppen und entsprechend langwierige Heilungsprozesse, sondern um kreative und nachhaltige Erkenntnisse, die sofort gezielt von den TeilnehmerInnen zur Verbesserung der Zusammen-Arbeit umgesetzt werden können.

Wenn ich also im Folgenden die Aufstellungsarbeit nach Moreno beschreibe, dann handelt es sich um ein *Arrangement*, das seine Wurzeln nicht in der psychodramatischen Psychotherapie mit Patienten hat, sondern in der soziometrischen Aktionsforschung mit sozialen Gruppen, deren Anfänge 1915-1918 in der Arbeit im Flüchtlingslager in Mitterndorf liegen, noch bevor Moreno in seinen Stegreiftheaterexperimenten in der Maysedergasse therapeutische Qualitäten entdeckte.

3 Aufstellungarbeit nach Moreno zwischen soziometrischer Aktionsforschung und Psychodrama

Moreno hat seinen Ansatz der Aktionsforschung in seinem Grundlagenwerk „Who Shall Survive? A New Approach to the Problem of Human Interrelations" zum ersten Mal 1934 umfassend dargelegt (Buer, 2001a). Dieses Buch ist dann immer wieder erweitert und umgeschrieben worden. Die deutsche Ausgabe „Die Grundlagen der Soziometrie. Wege zur

Neuordnung der Gesellschaft" (Moreno, 1996) stellt wiederum eine eigenständige Fassung dar. Grundaxiom dieses Ansatzes ist (Buer, 2003): Jeder Mensch ist bestrebt, in Konstellationen zu leben, die durch ein von ihm bestimmtes Maß an Anziehungen und Abstoßungen gekennzeichnet sind. Je näher die Beziehungen in den verschiedenen Bezugsgruppen diesem Ideal kommen, desto zufriedener, gesünder, produktiver und kreativer kann der Mensch sein Leben leben. Je weniger dieses Ideal erreicht wird, um so unzufriedener, kranker, unproduktiver und destruktiver muss er werden.

Arbeitsorganisationen, die diesem informellen Streben nicht Rechnung tragen, schädigen nicht nur ihre MitarbeiterInnen. Sie verhindern auch die kreative Weiterentwicklung der jeweiligen Organisation wie der sie umgebenden sozialen Umwelt insgesamt. Moreno (1981, 175) unterscheidet in seinem Konzept der Aktionsforschung drei Dimensionen:

> „die *äußere Gesellschaft*, die *soziometrische Matrix* und die *soziale Wirklichkeit* (...) Unter der äußeren Gesellschaft verstehe ich alle greifbaren und sichtbaren großen und kleinen, formellen und informellen Gruppierungen, aus denen sich die menschliche Gesellschaft zusammensetzt. Unter der soziometrischen Matrix verstehe ich alle soziometrischen Strukturen, die für das makroskopische Auge unsichtbar sind, jedoch durch den Prozeß der soziometrischen Analyse sichtbar werden. Unter sozialer Wirklichkeit verstehe ich die dynamische Synthese und die gegenseitige Durchdringung der beiden. Es liegt auf der Hand, daß weder die Matrix noch die äußere Gesellschaft wirklich sind oder allein existieren können, die eine ist die Funktion der anderen. Als dialektische Gegensätze müssen sie gewissermaßen miteinander verschmelzen, um den tatsächlichen Prozeß des sozialen Lebens hervorbringen zu können.
>
> Der dynamische Grund für diese Spaltung ist die verborgene Existenz von zahllosen sozialen Konstellationen, die fortwährend auf die äußere Gesellschaft einwirken, teilweise in dem Bestreben, sie aufzulösen, teilweise in dem Bestreben, sie zu verwirklichen, und nicht zuletzt der Widerstand, den die äußere Gesellschaft ihrer Abschaffung oder Veränderung entgegensetzt. Da der tiefe und chronische Konflikt zwischen diesen beiden Strömungen nie ganz beigelegt werden kann, kommt es zu einem Kompromiß in Form der sogenannten ‚sozialen Wirklichkeit'."

Anders formuliert: Die soziale Wirklichkeit ist eine kollektiv hergestellte Konstruktion, bei der die offiziellen Rollenbeziehungen an der Oberfläche mit den inoffziellen sozioemotionalen Bindungswünschen auf der Tiefenebene einen Kompromiss eingegangen sind, der ständigen Veränderungen unterworfen ist. Die daraus resultierenden Phänomene von Aufbruch und Widerstand, von Kreation und Destruktion können nur sinnvoll gesteuert werden, wenn diese Dialektiken von den Betroffenen und Beteiligten gemeinsam ausbalanciert werden. Damit setzt Moreno auf die selbst gewählte Gruppe, die Clique, auf kooperative Zusammenschlüsse als Motor einer produktiven und humanen gesellschaftlichen Entwicklung.

Mit dieser Orientierung wendet Moreno sich gegen beraterische oder pädagogische Programme, die eine institutionell aufgeherrschte Gruppenbildung als gegeben hinnehmen, um dann die Folgen einer für die betroffenen Subjekte inakzeptablen Gruppenkonstellation zu bearbeiten. Moreno fragt nicht primär nach den Gründen für diese Unerträglichkeit der Konstellationen für die Betroffenen. Er will sie beseitigen durch Umgruppierung:

> „Wir entwickelten daher ein therapeutisches Verfahren, das die sozialen Gruppen und die in ihnen lebenden Personen in unsublimierter Lage belässt, d.h. in einer Lage, die ihrem natürlichen Wachstum so gut wie möglich entspricht und frei ist von jeder doktrinären Beeinflussung (sic, s.o.) (...) Diese Konzeption schied uns von der Psychotherapie, in deren Absicht es liegt, den Einzelnen zu verändern oder seinen Normalzustand wiederherzustellen. Sie führte uns zu einer kollektiven Therapie, die es sich zur Aufgabe gemacht hat, den einzelnen Menschen unverändert

zu lassen, d.h. ihn nur so viel zu ändern, wie die Neuorganisation seiner Gruppe dies als vorteilhaft erscheinen lässt" (Moreno, 1996, 5).

Moreno sah seine Soziometrie als umfassenden humanwissenschaftlichen Ansatz, in dem Makro- und Mikroperspektive, Untersuchung und Veränderung, Außensicht und Innensicht sowie quantitative und qualitative Forschungspraxis supradisziplinär verbunden sind. Damit wurde er zu einem der Pioniere der Aktionsforschung (Dollase, 1981; 1996).

Die klassische soziometrische Aktionsforschung umfasst modellhaft fünf Schritte (Leutz, 1979; Buer, 1999d, 132ff): Nach der soziometrischen Analyse einer konkreten Gruppe, bei der diese selbst durch ein Wahlexperiment bezogen auf eine konkret von der Gruppe zu lösende Aufgabe ihre Beziehungskonstellationen neu bestimmt, werden die Ergebnisse des Wahlexperiments ausgewertet und in einem Soziogramm graphisch präsentiert. Diese Darstellung wird mit qualitativen Informationen zu den Hintergründen, Motiven, Interessen bei der Wahl wie zur Bewertung durch Interviews aller Beteiligten angereichert (Hale, 1981). Damit werden mögliche Differenzen zwischen dieser informellen Tiefenstruktur der Gruppe und der formellen Oberflächenstruktur wie Konflikte zwischen den unterschwelligen Gesellungswünschen thematisch. Um eine Neuordnung dieser Gruppierung innerhalb eines größeren Systems zu erreichen, kann dann mit Hilfe der Arrangements und Techniken aus dem Psycho- und Soziodrama das Veränderungspotenzial im Probehandeln ausgelotet und ein für alle weitgehend akzeptables Ergebnis diskursiv-demokratisch erzielt werden.

Neben dieser gruppenzentrierten Analyse von unterschwelligen Beziehungsnetzen einer Gruppe hat Moreno immer auch die egozentrierte Analyse von Netzen um eine Person herum durchgeführt. Dieses egozentrierte Netz nannte er Sozialatom (Stimmer, 2000, 129ff.). Dieses Sozialatom kann durch Fragebögen erhoben werden. Es kann aber auch durch Interviews und Aufstellung im Raum mit Hilfe von Menschen oder Symbolen direkt sichtbar gemacht werden (Gellert, 1993; Pruckner, 2004). Aus dieser Praxis lässt sich die Aufstellungsarbeit nach Moreno entwickeln.

Diese Praxeologie bezieht sich auf eine Organisationswirklichkeit, für deren Beschreibung Moreno ebenfalls die Grundlagen gelegt hat. Bezugspunkt ist die Handlungstheorie (Buer, 1999d, 112ff.) Sie geht davon aus, dass soziale Wirklichkeit nicht allein im Kopf konstruiert wird, wie das der radikale Konstruktivismus annimmt, sondern durch Handlungsprozesse, die nicht nur individuell, sondern immer auch sozial geprägt sind und vor allem auch unerwartete Nebenwirkungen auf andere Akteure haben können. Man wird mit ihnen konfrontiert, ohne sie vorher konstruiert zu haben. Schon Moreno selbst hat seinen Ansatz als spezifische Weiterentwicklung des Pragmatismus und des Symbolischen Interaktionismus betrachtet. Diese Konnektierung bietet auch für die Zukunft weiterführende Perspektiven der Theoriearbeit (Buer 1999d, 37ff.; 2004f).

Handlungsprozesse finden immer in Beziehung zu anderen Akteuren in bestimmten Situationen statt: Handlungsprozesse sind szenisch modelliert. Die Akteure bringen aber immer auch ihre unterschwelligen Beziehungswünsche und -erfahrungen mit. Diese Wünsche wie die szenischen Anforderungen bestimmen im Wesentlichen das Handlungsgeschehen. In diesen Handlungsabläufen sind immer schon Routinen vorhanden bzw. bilden sich neu heraus. Sind diese Verhaltensmuster kollektiv präsent, sprechen wir von *sozialen Rollen*. In dem Moment, wo solche verobjektivierten, habitualisierten Handlungsmuster auf Dauer gestellt werden zum Umgang mit gesellschaftlich bedeutsamen Problemen, können wir von einer *sozialen Institution* sprechen.

Eine Institution bleibt am Leben, solange die Gesellschaft ihr die notwendigen Ressourcen zur Verfügung stellt. Das wird fraglich, wenn sie ihren Beitrag zur Bearbeitung ihrer Aufgaben nicht mehr ausreichend legitimieren kann, jedenfalls in den Augen derjenigen, die über die Ressourcen verfügen. Da Institutionen Dauereinrichtungen sind, passen sie sich eher an, als dass sie sich ihrer Legitimationsgrundlage berauben lassen. Der *Verfestigungstendenz* steht also immer eine *Flexibilisierungstendenz* gegenüber, die die Institution den jeweils neuen Anforderungen der Umwelt (wie ihrer eigenen Mitglieder) anpassen will. Von ihren Mitgliedern ist also nicht nur routinisiertes, d.h. bewährtes und erwartbares Handeln gefordert, sondern auch eine kreative Akkommodation an neue Gegebenheiten. Da diese Gegebenheiten von den Mitgliedern einer Institution unterschiedlich erkannt, bewertet und vorhergesehen werden und zudem die vorhandenen Ressourcen unterschiedlich eingeschätzt werden können, sind die tatsächlichen Interaktionen innerhalb einer Institution keineswegs einfach zu durchschauen.

Das alles trifft auch auf *Arbeitsorganisationen* zu. Diese leben vom Handeln ihrer Mitglieder. Stellen die Mitglieder ihre Handlungen ein, ist die Organisation tot. Rollenanalysen können zeigen, welche Rollen tatsächlich gespielt werden, welche unterbesetzt sind, obwohl vorgeschrieben, und wie gut oder schlecht sie ausgeführt sind. Interaktionen werden aber ebenso von den unterschwelligen verfestigten Mustern bzw. den Flexibilisierungstendenzen gespeist. Diese können durch Aufstellungsarbeit sichtbar gemacht werden.

Dabei geht Moreno von der Vorstellung eines unterschwelligen *sozioemotionalen Netzwerks* aus. Damit ist er auch einer der Pioniere der Netzwerkarbeit (Buer, 1988; Röhrle, 1998). Die Metapher des Netzes weist auf Fäden hin, die auf mannigfaltige Weise miteinander verknüpft sein können und müssen, um zu halten. Dabei können Muster entstehen. Die Fäden können aber auch sehr zufällig miteinander verknotet sein. Der Knoten ist dabei die Metapher für das Individuum: Seine Individualität besteht in der einmaligen Art der Verknüpfung. Diese Metapher bietet für Substanz- wie für Hierarchie-Denken keinen Raum. Sie orientiert auf egalitäre, kooperative, libertäre Bündnisse. Moreno steht mit diesem Denken eindeutig in der Tradition eines aufbauenden Anarchismus, der heute im Paradigma der Selbstorganisation oder der Chaostheorie fröhliche Urständ feiert. Diese Netze können flüchtig oder starr, leicht auflösbar oder fest verknotet, einengend oder haltend sein. Sie können also belasten wie entlasten. Netzwerkarbeit (Stimmer, 2000, 67ff.) will die fassbaren Fäden so verknüpfen, das sie als Unterstützung (support) wirksam sein können.

Aufstellungsarbeit nach Moreno orientiert darauf, die unterschwelligen Netze in einer Organisation auf ihre belastenden wie entlastenden, ihre Produktivität steigernden wie hemmenden Seiten hin zu untersuchen, zu ergänzen und neu zu knüpfen. Dabei geht es hier primär um diese informellen Beziehungen und ihre Wirkung auf die Arbeitskultur. Sie zu beachten kann besonders wichtig sein, wenn verschiedene Organisationen oder verschiedene Teile einer Organisation neu miteinander verknüpft werden sollen etwa in Form einer Matrix- oder Netzwerkorganisation. Widerstände gegen diese Fusionen hängen oft mit einer nur oberflächlichen Verflechtung zusammen. Die unterschwelligen Netze bleiben unverknüpft, ja stoßen sich ab.

Aufstellungsarbeit nach Moreno hat also die unterschwelligen sozioemotionalen Strebungen zum Gegenstand, wie sie in der Soziometrie untersucht werden. Diese *Strebungen* beeinflussen die offiziellen sozialen Rollen auf der sozialen Oberfläche. Die Rollen werden daneben geprägt von den *Motiven*, die aus den jeweiligen Biographien der Rollenträger resultieren, von den *Anforderungen*, wie sie durch die Organisationsvertreter formuliert werden, und den *Ansprüchen* der jeweiligen Interaktionspartner. Auf dieser Ebene der Rollentheorie bezieht sich die Inszenierungsarbeit. Wird sie zu einem Spiel ausgestaltet, geht es um Psycho- bzw. Soziodrama. Wird eine Szene mit ihren verschiedenen Rollen nur aufgestellt, kann man von Skulpturarbeit sprechen. Auf die Ebene der Soziometrie bezieht sich davon abgegrenzt die Aufstellungsarbeit. Hier geht es darum, die Erkenntnisse allein aus der unterschwelligen Beziehungsdynamik des sich aufbauenden telischen Feldes zu ziehen. Die Aufgestellten benötigen daher keinerlei Rollenanwärmung, da sie ja keine Rollen in einem szenischen Gefüge übernehmen, sondern lediglich bestimmte Positionen besetzen. Allein aus dem Erspüren der unterschwelligen sozioemotionalen Strebungen lassen sich aufdeckende Erkenntnisse gewinnen.

Das bedeutet nun nicht, dass nicht auch in bestimmten Zusammenhängen zur Aufstellung eine Skulpturierung in Gesten und Haltungen, die sich zu einer Rolle verdichten, hinzugenommen werden kann. Dann werden neben dem telischen Erspüren auch ästhetische Wahrnehmungen als Erkenntnisquelle genutzt (Ritter, 2003). Selbstverständlich können auch Umstellungen erfolgen. Und es kann auch aus einer solchen Aufstellung ein spontanes Rollenspiel entwickelt werden. Mir ist nur wichtig, dass nicht vorschnell immer alles in einem szenischen Spiel endet. Allein eine Aufstellung kann schon ausreichend weiterführende Erkenntnisse generieren. Zumindest das hat uns Hellinger wieder ins Gedächtnis gerufen.

4 Ein Ablaufmodell der Aufstellungsarbeit in Organisationen nach Moreno

Ich möchte hier das Arrangement der Aufstellungsarbeit nach Moreno modellhaft beschreiben. In der Praxis ist es immer modifiziert durch

- das konkret abgesprochene Setting innerhalb eines bestimmten Formats,
- die Fähigkeit der Teilnehmenden zur aktiven Mitarbeit,
- die Beziehungen der Teilnehmenden untereinander,
- die vorhandene Energie,
- den Zeitpunkt im Prozessverlauf,
- die Komplexität und Wichtigkeit der Thematik,
- die vereinbarte bzw. heimliche Zielsetzung,
- die grundsätzliche Kompetenz und die momentane Verfassung der Leiterin,
- die Stabilität des Arbeitsbündnisses,
- die Passung zwischen Thematik und Arrangement (Indikation).

Der Einsatz dieses Arrangements hat immer eine Vorgeschichte: Es sind im Rahmens eines bestimmten Formats Geschichten erzählt worden, bei denen die Thematisierung von Beziehungskonstellationen direkt auftaucht oder zumindest nahe liegt. Wenn die Leiterin den Eindruck hat, dass es sich lohnt, die zur Verfügung stehende Zeit durch Aufstellungsarbeit zu nutzen, weil dadurch die Geschichte besser verständlich und sich eine Handlungsorientierung ergeben wird, die auch zum Handeln motiviert, dann kann sie den Einsatz dieses Arrangements vorschlagen. Findet der Vorschlag Zustimmung, übernimmt sie die Rolle der Regisseurin. Ich halte nichts davon, „auf alle Fälle" mit Aufstellungen zu arbeiten, wie das viele Aufsteller machen. Denn oft ist diese Arbeitsform gar nicht zur Lösung des Problems passend oder die Rahmenbedingungen sind gar nicht ausreichend gegeben. Dann müssen schon erhebliche suggestive Kräfte aktiviert werden, um noch ein positiv bewertetes Ergebnis hinzubiegen. Aber ob das alles zur nachhaltigen Verbesserung der Arbeitspraxis führt, darf erheblich bezweifelt werden.

Ich möchte bei meiner Beschreibung aus didaktischen Gründen von einer überschaubaren Gruppe ausgehen, deren Mitglieder nicht in einem direkten Arbeitszusammenhang stehen (stranger group), wie es im Mitarbeitertraining oder in einer Gruppensupervision gegeben ist. Ist abgestimmt, welcher Fall behandelt werden soll, begibt sich diese Person mit der Leiterin in den Aufstellungsraum und wird damit zum Protagonisten. Dazu ist ein Platz abgegrenzt, auf dem die Aufstellung stattfindet. Die anderen TeilnehmerInnen begeben sich dann in eine Zuschauerposition an den Rand dieses Platzes. Damit ist der Kommunikationsmodus des *Experiments* etabliert (Buer, 1999d, 199f): Die Leiterin arrangiert die Versuchsanordnung und führt bei der Durchführung Regie. Sie hat zwar Hypothesen über den Fortgang des Lernprozesses, kennt aber selbst den Ausgang nicht. Daher muss sie den Prozess begleiten, spontan steuern und am richtigen Punkt abschließen.

Die nun beginnende Aufstellung ist *egozentriert*: Es geht um die Perspektive des Protagonisten, *seine* Wahrnehmung, *seine* Perzeption. Es geht zunächst um den Ist-Zustand bezogen auf ein bestimmtes Kriterium: Z.B.: Wer ist an diesem Konflikt beteiligt und wer ist alles davon betroffen? Es werden also nach und nach all diese Personen in den Aufstellungsraum geholt, auch wenn sie bisher so nie in einer gemeinsamen Szene zusammen waren oder sein werden. Damit wird das zu untersuchende System bestimmt: Alle anderen sind Umwelt. Es muss im Verlauf der Arbeit überprüft werden, ob diese Grenzziehung angemessen ist. Sie kann Teil des Problems sein. Und es geht nicht um die sichtbaren Kontakte wie in der üblichen Netzwerkarbeit, sondern um unterschwellige Gefühlsströme.

Im *ersten Akt* geht es um die Aufstellung des Ausgangsbildes. Der Protagonist kann aus dem Publikum Personen aussuchen, die bereit sind, ein Element des Systems zu repräsentieren. Zunächst wählt er einen Stellvertreter für sich aus und stellt ihn in den Aufstellungsraum. Da bei der Aufstellungsarbeit eine abstrakte Beziehungskonstellation aufgezeigt werden soll, ist es zweckmäßig, den Stellvertreter in die Mitte des Raumes zu platzieren, damit für die anderen genügend Platz vorhanden ist. Da aber beim Protagonisten immer auch szenische Aspekte angewärmt werden, kann es geschehen, dass er seinen Stellvertreter z.B. an den Rand des Raumes stellt, weil er ja eine randständige Rolle spiele. Diese Information sollte festgehalten werden. Damit aber das Arrangement nicht zu einem szenischen wird, muss streng auf einer abstrakten Darstellung bestanden werden, wenn die Möglichkeiten dieses soziometrischen Arrangements genutzt werden sollen.

Dann werden nach und nach alle Elemente aufgestellt, die zu diesem System gehören. Das können Personen sein. Es kann aber auch das Thema, um das es geht, evtl. ergänzt um weitere wichtige Themen, durch Stellvertreter aufgestellt werden. Dabei wird nach Nähe und Distanz und nach Winkel zu den anderen aufgestellten Elementen positioniert. Es wird solange nachtariert, bis beim Protagonisten das Gefühl der Stimmigkeit erreicht ist. Da diese Anordnung nur zweidimensionale Möglichkeiten bietet, sind hier Kompromisse notwendig. Wenn es sich machen lässt, kann eine dritte Dimension eingeführt werden, indem sich einige auf den Boden setzen, andere auf Stühle oder Tische steigen. Um die Abstraktheit der Aufstellung strikt durchzuhalten, sind die Elemente alle auf den Stellvertreter des Protagonisten auszurichten.

Nachdem die Elemente des Systems durch den Protagonisten im Gespräch mit der Leiterin hingestellt sind, muss überprüft werden, ob das alle sind oder ob jemand fehlt. Evtl. sind hier Korrekturen anzubringen. Der Protagonist betrachtet nun seine Konstellation wie in einem Spiegel und wird dazu von der Leiterin interviewt: „Welche Konstellation sind auffällig? Was fällt dir dazu ein? Was spürst du? Wie ist hier die Atmosphäre?" Diese Aufstellung erfolgte aus der Außenperspektive. Nun kann zur Verifikation auch die Innensicht eingenommen werden: Der Protagonist geht in die Position seines Stellvertreters. Der stellt sich so lange an den Rand der Bühne. Der Protagonist begibt sich mit diesem Positionswechsel selbst in ein Energiefeld, in dem das Tele, die Beziehungskraft, wirksam ist. Er soll zunächst erspüren, ob alle da sind und ob alle richtig aufgestellt sind. Ich spreche hier bewusst von Positionswechsel und nicht von Rollenwechsel, damit klar bleibt, dass es hier nicht um Rollen in einer Szene geht, sondern um Positionen in einer soziometrischen Matrix.

Schon diese Aufstellungsarbeit enthält Möglichkeiten zu neuen Einsichten, die durchaus schon im Gespräch mit der Leiterin festgehalten werden sollten. Da die Psychodramatikerin aber im weiteren Verlauf noch eine Reihe von anderen Techniken einsetzen wird, sollte dieser Einsichtsprozess nicht schon an dieser Stelle unnötig forciert werden. Einsichten sollten die Chance haben, zu gegebener Zeit aufzutauchen, zu „emergieren". Dann sind sie am treffendsten und wirksamsten.

Steht der Protagonist außerhalb des aufgestellten Systems, sieht er sich in seiner Beziehungskonstellation wie in einem Spiegel (*Spiegeltechnik*). Diese Betrachtung aus der Distanz kann Überblick verschaffen. Sie kann dann aber auch eine nähere Untersuchung stimulieren, so dass der Protagonist dieses aufgestellte System durchwandert. Dabei achtet er auf seine Empfindungen und benennt sie im Gespräch mit der ihn begleitenden Leiterin. Hier können typische soziometrische Konfigurationen sichtbar werden, wie sie auch im Soziogramm auftauchen. Auch schon hier können Veränderungsmotive ausgelöst werden. Der Perspektivenwechsel von Außen und Innen kann eingefahrene Sichtweisen erschüttern: So lasse ich an dieser Stelle des Prozesses den Protagonisten häufig schnell zwischen Außen- und Innenposition hin und her pendeln. Tauchen hier Ambivalenzen auf, kann ich den Protagonisten zum *Monolog* auffordern und ihm durch *Doppeln* zu Klärungen verhelfen.

Die StellvertreterInnen verbalisieren auf Nachfrage durch die Leiterin bzw. des Protagonisten ihre jeweiligen Resonanzen auf die Position innerhalb dieser Konstellation auf den Ebenen: Phantasie/Imagination, Leibempfindung, Sozialwahrnehmung. „Welche Relation löst was aus?" Der Protagonist spürt nach, welche Resonanzen bei ihm jeweils ausgelöst werden. Dabei können blinde Flecken aufgedeckt, Muster verflüssigt, Veränderungsdynamiken wahrgenommen werden.

Im *zweiten Akt* geht es nun um die Prozessarbeit: Die wichtigste Technik, die nun zum Einsatz kommt, ist der *Positionswechsel:* Der Protagonist geht in die Position eines aufgestellten Elements. Der Stellvertreter geht an die Seite und überlässt dem Protagonisten seinen Platz. Nun kann er wahrnehmen, wie dieses Element in dieser Konstellation in Beziehung zu den anderen steht. Im Interview kann er über seine Anziehungs- und Abstoßungskräfte berichten. Je nach den zeitlichen Möglichkeiten sollen nun alle wichtigen Positionen vom Protagonisten eingenommen werden. Wichtig ist, dass auf jeden Fall ein Positionswechsel mit dem zentralen Thema stattfindet. Wenn alle wichtigen Position erkundet wurden, muss der Protagonist auch die Position mit seinem eigenen Stellvertreter einnehmen. Durch diese Positionswechsel werden die Gefühle aller signifikanten Elemente im Protagonisten lebendig: Durch die Aufstellung hat er seine subjektive Konstruktion nach außen gebracht. Jetzt wechselt er leibhaftig verschiedene Positionen in einem Kraftfeld. Diese neuen Erfahrungen hinterlassen damit automatisch Spuren in seinem Inneren: Eine Umorganisation seiner bisherigen Konstruktion ist ausgelöst.

Allein die Markierung der Position im Raum und damit die Möglichkeit für den Protagonisten, das Gesamtsystem insgesamt in den Blick zu nehmen und einen Positionswechsel leibhaftig durchzuführen, kann schon ausreichen, die Bedeutung dieser Konstellation für das Verständnis der Thematik erheblich zu verbessern und Veränderungsmöglichkeiten aufscheinen zu lassen. Daher können auch statt der menschlichen Stellvertreter neutrale Gegenstände für die Positionierung der Systemelemente verwandt werden, z.B. Stühle oder Bauklötze. Das ist ein guter Ersatz, wenn nicht genügend Personen zur Verfügung stehen, etwa in der Einzelarbeit, oder wenn Großsysteme mit sehr vielen Einzelelementen aufgestellt werden sollen. Wenn nun aber statt neutraler Gegenstände Symbole verwendet werden (Witte, 2004; Fürst, 2004b), bekommen die Systemelemente zusätzlich eine eigene Sinnstruktur. Werden z.B. Holztiere eingesetzt, dann signalisieren die ausgewählten Tiere eine eigene Bedeutung für sich, aber auch in der Beziehung zu den anderen Tieren. Hier werden Möglichkeiten der szenischen Arbeit in die soziometrische Arbeit hinein genommen.

Das kann noch besser genutzt werden, wenn die menschlichen Darsteller der Systemelemente in einem zweiten Schritt in ihrer Rolle als Skulptur ausgestaltet werden. Sie können sich nun zu- oder abwenden. Sie können diese oder jede Gestik übernehmen. Und sie können zum Sprechen gebracht werden. Diese Ausgestaltung kann zunächst vom Protagonisten vorgenommen werden als weiterer Ausdruck seiner subjektiven Konstruktion. Die Darsteller können sich aber auch selbst gestalten. Dann wird eine soziale Konstruktion dem Protagonisten vorgeführt. Das kann noch verstärkt werden, wenn die Stellvertreter von der Leiterin aufgefordert werden, aus ihrer Position und Rolle heraus dem Protagonisten etwas über ihre Gefühle der Anziehung und Abstoßung zu sagen oder weiter: ihren Kommentar zum Thema oder sonstige Einsichten mitzuteilen. Sie können ihre Haltung maximieren und ihre Botschaften auf Schlüsselsätze konzentrieren und sie können ihre Veränderungsimpulse ausspielen. Das kann der Protagonist wieder aus der Außen- wie der Innenposition auf sich wirken lassen. Hier können beim Protagonisten wie bei den Repräsentanten Bilder, Metaphern, Symbole für diese Gruppierung auftauchen, die dann künstlerisch weiter ausgearbeitet werden können, so dass der ästhetische Eindruck auf den Protagonisten verstärkt wird (Lammers, 1994). Ob das alles zeitlich möglich ist, hängt vom verabredeten Setting ab. Es muss auch entschieden werden, ob dieser Aufwand noch im Verhältnis zum zu erwartenden Ertrag steht.

Manchmal ist es wichtig herauszufinden, wie es zu diesem Ist-Zustand gekommen ist. Dann kann es sinnvoll sein, eine vergangene Konstellation aufzustellen, die als Kontrast dienen kann. Um dann vergleichen zu können, wären Fotos oder graphische Darstellungen beider Netze hilfreich. Es kann auch nützlich sein, eine wahrscheinliche zukünftige Konstellation aufzustellen, die möglicherweise noch problematischer eingeschätzt wird oder aber eine Entlastung mit sich bringen könnte. Es ist aber auch möglich, fiktive Varianten, die dem Protagonisten oder den Teilnehmenden in den Sinn kommen, als Alternative auszuprobieren.

Meistens jedoch ist es eher angemessen, einen Soll-Zustand zu konstellieren. Dieser Soll-Zustand kann bei einer Aufstellung mit Stellvertretern durch *Umkonstellierung* hergestellt werden. Die einzelnen Stellvertreter können dann direkt über ihre Valenzen bei dieser Veränderung Auskunft geben. Diese Umstellungen können vom Protagonisten, von den Stellvertretern oder von der Leiterin vorgeschlagen und mit Zustimmung des Protagonisten ausprobiert werden. Jede Veränderung eines Elements löst Reaktionen bei allen anderen Elementes Systems aus, die einer Nachtarierung bedürfen. Diese Prozessarbeit ist beendet, wenn sich eine Neukonstellation herausgebildet hat, die als die beste aller Möglichkeiten gelten darf. Zum Schluss sollte der Protagonist noch einmal die Position mit seinem Stellvertreter wechseln. Im Gespräch sollte festgehalten werden, in wie fern diese Neukonstellation für den Protagonisten wie für die anderen Elemente eine Verbesserung darstellt.

Im *dritten Akt* verlassen alle den Aufstellungsraum. Dabei müssen sich die Stellvertreter entpositionieren. Es kann dann ein ergänzendes Feedback der Stellvertreter an den Protagonisten erfolgen. Auch können die verbliebenen Zuschauer ihre Beobachtungen und ihr Identifikationsfeedback einbringen. Dann kann ein Sharing stattfinden. Im Schlussdialog mit dem Protagonisten wird erörtert, welche Schlüsse er aus der Prozessarbeit für seine Praxis ziehen möchte. „Welche Nachteile und welche Vorteile bringen diese Veränderungen für jeden Einzelnen wie für das System und die umgebende Organisation? Können diese Veränderung vom Protagonisten mit welcher Erfolgswahrscheinlichkeit tatsächlich angestoßen werden? Stehen Aufwand und Nutzen in einem angemessenen Verhältnis?" Hier sind also die Kräfteverhältnisse einzuschätzen wie die moralische Berechtigung dieser Veränderung. Damit sind auch ethische Erwägungen notwendig (Buer, 2000b; 2004g).

In der *Einzelarbeit* können bei Aufstellungen, wie schon erwähnt, Gegenstände oder Symbole eingesetzt werden. Auch hier kann die Position eines Systemelements vom Protagonisten eingenommen werden, allerdings mehr oder weniger leibhaftig. Haben wir es nun mit einem *Arbeitsteam* bzw. einer Gruppierung in einer Organisation zu tun, die eng miteinander arbeitet, dann muss die Aufstellungsarbeit besonders sensibel gehandhabt werden. Wenn z.B. ein Teamkonflikt dargestellt werden soll, so darf das nicht nur aus der Perspektive nur einer Person geschehen. Hier müssen mehrere Perspektiven nebeneinander gestellt werden. Diese beeinflussen sich aber gegenseitig. Hier kann es sinnvoll sein, sich auf wenige signifikante Sichten zu konzentrieren. Der Vergleich zwischen diesen Sichten kann dann wichtige Erkenntnisse hervorbringen.

Es ist auch möglich, die egozentrierte Sicht durch eine *gruppenzentrierte* zu ergänzen: Alle Teammitglieder stellen sich dann gleichzeitig auf und müssen dabei ihre Position in der Auseinandersetzung mit den anderen festlegen. Das Ergebnis muss nicht signifikant für den Ist-Zustand eines Teams in der bisherigen Arbeit sein. Es ist möglicherweise aber signifikant für das aktuelle Kräftemessen um die angemessene Position im Team. Wenn hier kein Ergebnis erzielt werden kann, kann diese Dynamik auch in ein *Stegreifspiel* überführt werden, das den im Moment vorhandenen Impulsen mehr Spielraum gibt. Es muss also immer geklärt werden, ob diese Art der Aufstellungsarbeit zum gegenwärtigen Zeitpunkt angemessen ist oder ab ein anderes Arrangement dem Prozess bessere Ausdrucksmöglichkeiten bietet.

Dieser Modus des Experiments kann aber auch immer durch *Dialoge* mit der Leiterin oder durch Feedbacks oder Einfälle der Zuschauer, die gezielt abgerufen werden, unterbrochen werden. Dadurch können zusätzliche kreative Impulse gesetzt werden. Es kann auch die soziale Realität den Entwürfen des Protagonisten entgegengestellt werden, wenn diese allzu illusorisch erscheinen.

Die Leiterin selbst ist – wie im Psychodrama üblich – nur Prozessbegleiterin, im Gegensatz zur Leitungsauffassung bei Hellinger. Sie will durch ihre Interventionen nur die Chancen für weiterführende Lernprozesse verbessern. Sie selbst bietet keine Deutungen, gibt keine Weisungen, bewertet nichts. Sie wartet geduldig, bis eine Einsicht aufscheint, die festgehalten werden sollte und deren Umsetzung in die berufliche Alltagspraxis lohnend erscheint. Dann kann vorläufig interpunktiert werden.

Nun steht aber dieser soziometrischen Matrix das offizielle Rollengeflecht gegenüber. Wenn also der dialektische Widerspruch zwischen der unterschwelligen Tiefenstruktur und der offiziellen Oberfläche das Problem ist – und das gilt in der Mehrzahl der Fälle –, dann kann es nicht bei der Aufstellungsarbeit bleiben. Es muss zum Vergleich mindestens ein

Organigramm hinzugezogen werden, aus dem die offiziell vorgesehenen Positionen mit Status und Rolle ersichtlich sind. Die Rollen können aber auch durch Rollenanalyse, dargestellt in einem Kulturellen Atom (Stimmer, 2000, 133ff.) erhoben und im Anschluss analysiert und neu bewertet werden. Das Rollengeflecht kann aber auch durch Inszenierungsarbeit etwa in einer Skulptur oder einer Vignette auf die Bühne gebracht werden. Die Erkenntnisse auf der Rollenebene können dann mit den Einsichten auf der soziometrischen Ebene verglichen werden. Können die Rollen verändert werden, damit der soziometrischen Matrix besser entsprochen werden kann? Oder müssen die Beziehungsnetze neu gestaltet werden, um den vorgegebenen Rollenanforderungen besser zu entsprechen? Oder muss die Gruppenzusammensetzung verändert werden, um eine bessere Passung zu ermöglichen?

Die soziale Wirklichkeit in Organisation wird nach Moreno eben nicht nur durch das sichtbare Rollengeschehen bestimmt, sondern ebenso – wenn nicht noch entscheidender – durch die unterschwelligen sozioemotionalen Strebungen. Nur die Soziometrie bietet ein elaboriertes Konzept, diese Perspektive in die Personalarbeit in Organisationen einzubringen. Gerade die soziometrische Aufstellungsarbeit als Arrangement der Aktionssoziometrie verfügt damit über einmalige Möglichkeiten, mit denen kein anderes Verfahren ernsthaft konkurrieren kann.

Diese allgemeine Modellbeschreibung soll nun konkretisiert werden, indem ich eine speziell entwickelte Variante zur Bearbeitung einer spezifischen Thematik in der Arbeit mit Führungskräften vorstelle. Dabei kann es nicht darum gehen, nur einen weiteren neuen Schlüssel vorzustellen. Ich muss auch zeigen, was dann hinter der Tür in den eröffneten Räumen geschehen soll.

5 Das Aufstellen von Führungsdilemma

Ich gehe mit dem Organisationspsychologen Oswalt Neuberger von der These aus,

> „dass Vorgesetzte notwendig in Widersprüchen leben müssen, aus denen es keinen eindeutigen und gesicherten Ausweg gibt. Die innere Zwiespältigkeit des Führens fordert Kompromisse zwischen Alternativen, die jeweils beide unverzichtbar sind" (Neuberger, 2002, 341). „Konflikte, Dilemmata und Paradoxa sind unangenehme, aber unvermeidliche Erschwerungen der Führungsarbeit. Sie sind jedoch einer der wichtigen Gründe dafür, dass es überhaupt Führungspositionen gibt. Funktionierte die Welt logisch konsistent, können simple Computer den Job tun. Gerade weil es Widersprüche, Vertracktheiten und Sackgassen gibt, besteht ein Bedarf für jenes unkonventionelle, unberechenbare und kreative Handeln, das ‚Führung' genannt wird" (ebd., 371).

Um den Begriff *Dilemma* herum werden im professionellen Diskurs eine Reihe von weiteren Begriffen angeboten, die oft unterschiedlich definiert sind (Bauman, 1996; Brune, 2002; Fontin, 1998; Jung-Strauß, 2000; Kühl, 2002; Neuberger, 2002; Martin, Drees, 1999; Schütze 2000). Um hier Klarheit zu schaffen, lege ich fest:

In einer Handlungssituation sehe ich *Dualitäten*, wenn zwei Handlungsmöglichkeiten auftauchen. *Polaritäten* nenne ich sie, wenn beide zugleich das Handeln – positiv wie negativ – stark beeinflussen. Das führt zu Gefühlen der *Ambivalenz*, die die Betroffenen hin- und herschwanken lassen. In einem *Dilemma* befinde ich mich aber erst, wenn ich gezwungen bin, mich zwischen zwei gegebenen gleichwertigen und gegensätzlichen Alternativen zu entscheiden. Die damit verbundene Ausweglosigkeit wird auch *Aporie* genannt.

Diese Alternativen sind gegensätzlich, wenn sie auf *Antinomien* beruhen, also auf Gegensätzen, die als *dialektische Widersprüche* aus ein und demselben sozialen Prozess resultieren. Diese Antinomien können durch unterschiedliche soziale Gruppen vertreten werden. Dann werden sie als *Interessengegensatz* artikuliert, der zu *sozialen Konflikten* führen kann. Sind diese Gegensätze nicht einfach nur konträr, sondern kontradiktorisch, also logisch unvereinbar, nenne ich sie *Paradoxien*. Für die Arbeit mit Führungskräften ist der Umgang mit *Dilemmata* entscheidend, also gemeinsam herauszufinden, was sie tun sollen, wenn sie mit zwei Seiten ein und desselben Prozesses konfrontiert werden, die sich gegenseitig ausschließen.

Es geht hier also nicht um *logische* Dilemmata (Paradoxien), die durch logisches Denken gelöst werden könnten. Es geht um *praktische* Dilemmata, deren „Lösung" spürbare Auswirkungen auf Beteiligte und Betroffenen (stakeholder) innerhalb wie außerhalb der Organisation hat. Besonders schwierig wird die Lage, wenn das Dilemma durch konfligierende Werte, Rechte und Pflichten bzw. Normen hervorgerufen wird. Der Philosoph Thomas Nagel (1996) nennt fünf Werttypen, die bei Kollisionen in ein *moralisches* Dilemma führen können:

- spezifische Verpflichtungen gegenüber anderen Personen und Institutionen (z.B. durch Arbeitsverträge),
- allgemeine Grundrechte („Würde des Menschen"),
- Nutzenerwägungen (z.B. Folgen für andere)
- perfektionistische Ziele bzw. Werte (z.B. die Vollendung eines hochwertigen Vorhabens),
- persönliche Bindungen an wichtige Personen (z.B. Freunde) und Tätigkeiten (z.B. Lieblingstätigkeiten).

Das bedeutet: Jeder, der mit Führungskräften arbeitet, wird mit diesen Dilemmata konfrontiert und muss Angebote machen können, wie damit umzugehen sei. Er muss aber auch bereit sein, sich selbst den damit unweigerlich verbundenen Gefühlen der Ambivalenz und Ausweglosigkeit auszusetzen.

5.1 Die unvermeidbaren Dilemmata professioneller Führung

In der Arbeit mit Führungskräften (Buer 2002; 2002b) sind wir häufig mit zwei Gruppen von Führungskräften konfrontiert, die die Arbeit schwer machen, wenn nicht gar verunmöglichen. Da ist zum einen die Gruppe, die immer noch einem traditionellen Führungsverständnis anhängt. Danach wird mit zwei Sorten von Menschen gerechnet: Es gibt diejenigen, die zum selbstverantwortlichen Handeln nicht in der Lage sind bzw. diese Verantwortung nicht übernehmen wollen. Diese müssen geführt werden von kompetenten Menschen, die diese Verantwortung übernehmen können und wollen. Der Erfolg ist also davon abhängig, dass der Vorgesetzte seinen Untergebenen direkte Anweisungen gibt und die Umsetzung kontrolliert. In diesem Verständnis sind jedoch weder die Untergebenen noch die Vorgesetzten als Lernende konstruiert.

Das bringt für die Führungskraft zwei Probleme mit sich: Da unterstellt wird, dass die MitarbeiterInnen nicht oder kaum lernen können, etwas selbständig durchzuführen, müssen sie ständig unter Aufsicht stehen und immer wieder neu motiviert werden. Diese Führungskraft hat daher einen unendlichen Bedarf an Führungstechnologie. Da aber diese Führungskraft sich auch selbst nicht als Lernende sieht, die professionelle Führungskompetenz und -performanz erwerben sollte, sucht sie nach Angeboten von FührungsexpertInnen, die sie direkt anwenden kann. Das bedeutet für die Beratung: Da diese Führungskraft sich zur zweiten Sorte Mensch rechnet, die eben führen kann, lehnt sie (zunächst jedenfalls) Begleitung ab, die mit eigenem Lernen verbunden ist. Der Berater wird dann allzu oft zum Handlanger degradiert, der seine Tipps und seinen Werkzeugkoffer zur Verfügung stellen soll.

Zum anderen ist der Begleiter – gerade in Sozialeinrichtungen – häufig mit LeiterInnen konfrontiert, die das o.g. Führungsverständnis ablehnen und sich eher als ModeratorInnen verstehen, sich praktisch aber vornehmlich am Muster professioneller Beziehungsarbeit mit KlientInnen orientieren. Auch hier wird Führen nicht als eigenständige Aufgabe gesehen, die professionellen Ansprüchen genügen und daher gelernt werden muss.

Erst Führungskräfte, die ihre Arbeit am Führungsparadigma der Selbstverantwortung orientieren (Meyer, 2000; 2002), sind bereit, sich den Führungsdilemmata zu stellen. Denn nach diesem Verständnis wird der Mensch als selbstverantwortliches, erkennendes Subjekt und als intelligenter Gestalter von sozialen Prozessen konstruiert. Der Mitarbeiter wird als Mitunternehmer gesehen, der nicht nur für seinen Teil, sondern auch für das Gesamte eine Mitverantwortung übernehmen will. Die Führungskraft sieht den Mitarbeiter als gleichwertigen Dialogpartner, allerdings in einer komplementären Rolle. Die Kommunikation ist durch Vertrauen, Verständigungsbereitschaft und Konsensorientierung gekennzeichnet.

Da diese Kommunikationsprozesse innerhalb der Organisation wie mit den Kooperationspartnern höchst anspruchsvoll sind, kommt der Führungskraft die Aufgabe zu, diese Prozesse zu steuern. Hierbei gerät sie unweigerlich in schwierige Entscheidungssituationen, die sie nur als dilemmatisch verstehen kann. Weder versucht sie, eine einsame Entscheidung zu fällen und diese autoritär durchzusetzen, wie die erste Gruppe von Führungskräften das täte. Noch weicht sie einer Entscheidung aus, wie es die zweite Gruppe versuchen würde. Sie ist bereit, sich diesem Dilemma zu stellen. Da diese Führungskraft sich selbst als Lernende sieht, die hohen fachlichen und moralischen Ansprüchen genügen muss, versteht sie ihre Tätigkeit als *professionelle* Dienstleistung (Malik, 2001). Professionelle Tätigkeiten lassen sich durch folgende Merkmale bestimmen:

- Ziele können nur durch den Aufbau einer gelingenden Vertrauensbeziehung realisiert werden.
- Allgemeines wissenschaftliches Wissen muss mit dem persönlichen konkreten Erfahrungswissen vermittelt werden, um mit einer konkreten Arbeitsbeziehung umgehen zu können.
- Die Ausübung der Tätigkeit richtet sich primär nach professionellen Standards, erst sekundär nach den Anforderungen der Auftraggeber bzw. der Adressaten.

Nach dem Professionsforscher Fritz Schütze (2000) sind diese professionellen Tätigkeiten strukturell immer durch Antinomien (er nennt sie missverständlich auch oft Paradoxien) gekennzeichnet. Diese gelten auch für den professionellen Umgang zwischen Führungskraft und MitarbeiterIn. Dann können folgende Dilemmata benannt werden:

- Identifikation vs. Differenz
  Die Führungskraft muss sich mit dem Mitarbeiter identifizieren, um dessen Lage, dessen Interessen, dessen Schwierigkeiten erkennen und erspüren zu können. Er muss

sich aber auch von ihm unterscheiden, um nicht vereinnahmt zu werden und noch eine sachgemäße Einschätzung gewinnen zu können.
- Engagement vs. Gleichgültigkeit
  Um die Mitarbeit des Untergebenen zu gewinnen, muss sie sich mit ihm verbünden und sich für ihn einsetzen. Auf der anderen Seite verdient sie mit dieser Arbeit ihr Managergehalt. Ob sie sich nun für diesen oder jenen Mitarbeiter engagiert, kann ihr aber letztlich gleichgültig sein. Hauptsache, die Arbeit wird getan.
- Mitmachen vs. Abgrenzung
  Sie muss ein Stück am Leben ihrer MitarbeiterInnen teilnehmen. Um sich jedoch selbst nicht zu überfordern und auszubrennen, muss sie sich aber auch genügend abgrenzen und notfalls auch für die Entlassung ungeeigneter MitarbeiterInnen eintreten.
- Unterstützung vs. Kontrolle
  Sie muss die MitarbeiterInnen motivieren und ihnen die geeigneten Arbeitsbedingungen gewährleisten. Sie muss aber auch überprüfen, ob die Arbeit effektiv und effizient getan wird.
- Vertrauensvorschuss vs. Skepsis
  Sie muss eine Verbesserung der Arbeitsqualität für möglich halten und darauf vertrauen, dass der Mitarbeiter Kräfte entwickelt, diese Verbesserungen zu realisieren und sie auch nachhaltig zu festigen. Andererseits weiß sie aber auch, dass das Vertrauen in vielen vergleichbaren Fällen enttäuscht wurde.
- Umfassende vs. kategoriale Sicht
  Sie kann sich nur in ihren Interventionen auf die vertraglich vereinbarten Arbeitsleistungen beziehen. Die Privatperson wurde ja nicht mitverkauft. Um aber angemessen fordern und fördern zu können, ist eine umfassende Sicht der Persönlichkeit in ihrer jeweiligen Lage erforderlich.

Diese Dilemmata lassen sich mit Neuberger (2002, 342ff.) noch weiter als Rollendilemmata von Führungskräften konkretisieren:

- MitarbeiterInnen als Mittel vs. MitarbeiterInnen als Zweck
- Gleichbehandlung aller vs. Eingehen auf den Einzelfall
- Distanz (Sachlichkeit) vs. Nähe (Emotionalität)
- Fremdbestimmung vs. Selbstbestimmung
- Spezialisierung vs. Generalisierung
- Gesamtverantwortung vs. Einzelverantwortung
- Bewahrung vs. Veränderung
- Konkurrenz vs. Kooperation
- Aktivierung vs. Zurückhaltung
- Innenorientierung vs. Außenorientierung
- Zielorientierung vs. Verfahrungsorientierung
- Belohnungsorientierung vs. Wertorientierung
- Selbstorientierung vs. Gruppenorientierung.

Eine Führungskraft mit professionellem Anspruch sieht, dass eine Balancierung dieser Antinomien allzu oft verfehlt wird. Dann treten Fehler auf, die sowohl die MitarbeiterInnen unnötig belasten als auch die Führungskraft selbst. Zudem dürften Effektivität wie Effizienz der Arbeit generell sinken. Daher ist sie bereit, geeignete Beratungsangebote anzunehmen.

5.2 Der Umgang mit Dilemmata als Aufgabe der Führungsberatung

Nun gibt es Modelle, wie das ADINO-Verfahren von Fontin (1998; Müller-Stevens, Fontin 1997), die SEU-Entscheidungstheorien (Wieck, 2004), die Güterabwägung (Lay, 1996, 85ff.; Horn, 2000), die Arbeit mit Prioritätsregeln (Lenk, Maring, 1998) oder die Entscheidungsethik von Kreikebaum (1996, 163ff.), die alle darauf setzen, dass durch logisches Nachdenken eine gangbare Lösung gefunden werden kann. Das kann durchaus sein. Allerdings wird in diesen Modellen der Mensch auf seine *kognitive* Lösungskompetenz reduziert: Seine emotionale Intelligenz, seine spontane Kreativität, seine Intuition, seine Einbildungskraft wird nicht gefordert. Dabei ist es eine Ideologie, dass der Mensch dann am besten erkennen und entscheiden kann, wenn er seine emotionale Seite außer Acht lässt. Diese Seite ist nämlich immer wirksam. Gerade wenn sie unterdrückt wird, wird sie eine Entscheidung unerkannt und unkontrolliert beeinflussen. Im Gegenteil: Gerade der „moral sense" könnte Lösungswege weisen (Reich, 2001; Landwehr, 2002). Daher setze ich auf eine umfassende, d.h. *ästhetische* Herangehensweise.

Der Philosoph und Berater Matthias Varga von Kibéd hat zusammen mit der Psychotherapeutin Insa Sparrer die Aufstellungsarbeit nach Hellinger aufgegriffen, aber zugleich unter der Bezeichnung „Systemische Strukturaufstellungen" neu begründet und methodisch erweitert. So hat er die Tetralemma-Arbeit entwickelt, die für den Umgang mit Dilemmata von Relevanz ist (Sparrer, Varga von Kibéd, 2000). Hier gibt es vier Orte: Das *Eine*, das *Andere*, also die beiden sich ausschließenden Alternativen eines Dilemmas, dann *Beides* und *Keines von beiden*. Jeder Ort wird mit einer Person als Repräsentanten versehen. Durch das Durchwandern dieser Felder soll der Protagonist einen Standpunkt auf einer höheren Ebene finden.

Zwar wird hier die Wahrnehmung der Raumdynamik genutzt, auch werden ungewöhnlich neue Perspektiven eröffnet (*Beides* und *Keines von beiden*), die die bisherige Sicht verstören können. Die Stellvertreter werden aber kaum als Gruppe mit Hilfs-Ich-Funktion eingesetzt und die ästhetische Qualität der Raumgestaltung durch symbolische Aufladung wird kaum genutzt. Da bietet die Aufstellung nach Moreno mehr.

5.3 Das Aufstellen von Führungsdilemmata im Gruppensetting

Ich gehe bei der Beschreibung dieses spezifischen Arrangements von einem Gruppensetting aus, in dem Führungskräfte ihre Führungsthemen bearbeiten (z.B. in einem Kommunikationstraining, einer Gruppensupervision oder einem Gruppencoaching mit Führungskräften). Das sind Führungskräfte mit professionellem Selbstverständnis, also Manager aus der dritten Gruppe. Personen aus der ersten oder der zweiten Gruppe werden an einem solch intensiven Lernarrangement normaler Weise erst gar nicht freiwillig teilnehmen. Aber auch wenn diese Voraussetzung erfüllt ist, setzt diese Arbeit zusätzlich eine erhebliche Ambiguitätstoleranz voraus und die Bereitschaft, sich den Gefühlen der Ambivalenz und Auswegslosigkeit zu stellen. Das sollte zuvor vom Berater überprüft worden sein.

Wenn dem Berater im Dialog mit der Führungskraft über deren Anliegen klar wird, dass hinter der Geschichte ein Führungsdilemma stecken könnte, dann muss dieses Dilemma zunächst verbal herausgearbeitet werden. Wenn dann dem Protagonisten einleuchtet, dass er tatsächlich in einem Dilemma steckt und es keinen Ausweg mehr gibt, kann die

Dilemma-Aufstellung als Arbeitsarrangement vorgeschlagen werden. Stimmt er zu, wird Platz für den Aufstellungsraum geschaffen. Die Gruppe setzt sich an den Rand. Dann werden drei Orte im Aufstellungsraum markiert:

- der Ort des Protagonisten *angesichts* des Dilemmas (als Ausgangs- und Ruheort),
- die *eine* Seite des Dilemmas,
- die *andere* Seite des Dilemmas.

Dann wählt der Protagonist für jede Seite einen Stellvertreter aus der Gruppe und stellt ihn in sein Feld. Ein Gruppenmitglied sollte nur dann diese Rolle übernehmen, wenn sie offen dafür ist und keinen Widerstand spürt. Zunächst werden beide Seiten des Dilemmas getrennt voneinander untersucht und ausgestaltet. Dabei wird zunächst die *eine* Seite herausgearbeitet. Das kann sein: eine Möglichkeit, eine Alternative, ein Wert, eine Verpflichtung, eine Bindung, eine Nutzen, ein Recht (s.o.). Der Protagonist geht zu diesem Zweck mit dem Berater in dieses Feld, lässt den Protagonisten einen Rollenwechsel mit dem Stellvertreter machen und nur diese Seite zum Ausdruck bringen, ohne die andere Seite überhaupt wahrzunehmen. Hier kommen Techniken zum Einsatz wie: Interview, Doppeln, Monolog. Dann geht der Protagonist wieder in seine Ausgangsposition zurück. Er kann dann den Ort mit symbolischen Requisiten ausstatten, den Stellvertreter ebenfalls symbolisch einkleiden und ihm eine bestimmte Gestalt geben oder eine symbolische Figur zuordnen. Er kann über dieses Bild auch eine charakteristische Überschrift setzen.

Durch die spezifische Positionierung in diesem Feld gewinnt der Stellvertreter, der jetzt auch als Rollenspieler angesehen werden kann, seine Einfälle, Gefühle und Leibempfindungen. Zusätzlich erhält er auf verbalem wie nonverbalem Weg Informationen aus dem Rollenwechsel des Protagonisten, ferner durch die ihm zugeordneten Requisiten. Der Protagonist schaut sich dann diese inszenierte Seite von außen an und beschreibt seine Resonanz: Was bedeutet mir diese Seite? Welchen Wert hat sie für mich?

Die gleiche Untersuchung und Ausgestaltung erfährt dann auch die andere Seite. Der Protagonist begibt sich dann wieder an seinen Ausgangsort. Erst hier sieht er beide Seiten. Er wird nach seinen momentanen Eindrücken und Empfindungen gefragt.

Dann kann auch das Wissen der Stellvertreter genutzt werden. Dieses Wissen fließt ihnen aus der Felddynamik als sozioemotionale Dilemma-Konstellation, aus den verbalen wie nonverbalen Informationen aus den Gesprächen zwischen Protagonist und Berater, wie aus ihrem allgemeinen sozialen wie professionellen Wissen zu. Der Berater geht zunächst zu einem der beiden Stellvertreter und versucht mit ihm gemeinsam im Gespräch, die gezeigte Gestalt (Symbol, Metapher oder Szene) noch prägnanter und treffender (und damit noch attraktiver bzw. bedrängender) für den Protagonisten zu machen. Dabei können durchaus erhebliche Korrekturen gegenüber dem, was der Protagonist vorgeschlagen hat, vorgenommen werden. Das Gleiche geschieht dann auf der anderen Seite.

Während dieser Arbeit steht der Protagonist auf seinem geschützten Ruheort (setzt sich evtl. hin) und soll sich das Geschehen meditativ ansehen. Sind beide Seiten neu gestaltet, dann wird der Protagonist von beiden Seiten (hintereinander oder zugleich) bedrängt (Maximierung). Dazu muss er gelegentlich seinen Ruheort verlassen sich zwischen beide Seiten begeben. Er soll dabei sein Dilemma spüren. Evtl. können dann auch beide Felder so nahe aneinanderrücken, dass sie sich berühren und beide Rollenspieler den Protagonisten festhalten und versuchen, ihn auf ihr jeweiliges Feld zu ziehen. Dabei ist der Protagonist ständig vom Berater zu begleiten. Der Berater muss ihn ermutigen, sich diesen Spannungsgefühlen auszusetzen. Dabei werden spontan verschiedene „Stellungnahmen" ausprobiert.

In diesem spontanen Prozess werden „Stellungen" auftauchen, die vielleicht eine kreative „Lösung" „dar-stellen" könnten. Diese müssen vom Berater identifiziert werden. Dabei sollte sich der Protagonist einen vierten Ort aussuchen, der eine Entscheidungsfindung zulässt. Wenn sich eine „Lösung" herausgestellt hat, soll der vierte Ort gegenüber dem Dreierfeld neu markiert werden. Dann kann die Ausgestaltung der beiden Seiten überprüft und korrigiert werden. Wie sollen die Seiten aussehen, so dass ich damit umgehen kann? Die gefundene Lösung muss dann auf ihre Folgen für die Beteiligten hin überprüft werden. Ist sie verantwortbar? Ist sie auch zumutbar (Ulrich, 2001, 88ff., 159ff.)?

In diesem Prozess kann sich eine kreative Lösung „heraus-stellen", die als angemessen und erleichternd angesehen wird. Es kann aber auch sein, dass alle Lösungen unbefriedigend erscheinen. Dann sollte das Dilemma zu einem späteren Zeitpunkt des Prozesses erneut aufgegriffen werden. Vielleicht ist die Situation für eine kreative Lösung dann günstiger. Wenn das nicht hilft oder nicht möglich ist, dann muss die beste jetzt mögliche Lösung festgehalten werden. Er muss dann geprüft werden, welche Unterstützung organisiert werden kann, um das Aushalten dieser Lösung erträglich zu machen. Ansonsten ist darauf zu vertrauen, dass die Inkubationsphase noch nicht zu Ende ist und jederzeit plötzlich eine überzeugende Lösung auftauchen kann.

Vielleicht ist ein Schlussbild der Aufstellung möglich: Der Protagonist hat seinen Ausgangsort verlassen und hat sich so zwischen den Dilemma-Seiten positioniert, dass er mit beiden Seiten leben kann. Vielleicht kann er sogar beide Seiten als wichtige Aufforderung sehen, sein Handeln nicht eindimensional zu gestalten und damit in praktische und moralische Sackgassen zu geraten. Vielleicht kann er das am Schluss auch den Stellvertretern der beiden Seiten sagen und diese können in ihrer Antwort diesen Aspekt in den Vordergrund stellen. Am Ende wird die Bühne unter Beteiligung des Protagonisten abgebaut. Die Stellvertreter werden entrollt und mit Dank entlassen.

Dann bildet die Gruppe wieder eine Runde. Der Protagonist ist wieder ein Teil von ihr. Jetzt können die Rollenfeedbacks der beiden Stellvertreter, Beobachtungen der Gruppe sowie das Sharing der Teilnehmenden einsetzen.

5.4 Zum Konzept der Führungsdilemma-Aufstellung

Wie bei der Aufstellungsarbeit nach Moreno generell werden auch hier zunächst die Möglichkeiten der Soziometrie genutzt: Es werden Positionen im Raum markiert und mit Repräsentanten besetzt. Damit soll die unterschwellige Beziehungsdynamik für alle in diesem Feld Befindlichen aktiviert werden, so dass sowohl der Protagonist, wie die StellvertreterInnen wie der Berater, wenn er sich in das Feld begibt, diese telische Dynamik spüren kann. Diese Dynamik kann sich auch in der gesamten Gruppe spiegeln, so dass auch das Publikum davon erfasst wird und spezifische Erkenntniszugänge bekommt. Diese Felddynamik ist eine Als-Ob-Dynamik: Sowohl in der Dilemma-Aufstellung, wie in der Aufstellung einer Beziehungsmatrix zwischen Personen sind nur Stellvertreter auf der Bühne, nicht die „echten" Personen. Die innere Dynamik des Protagonisten bildet sich bei intensiver Gruppenarbeit offensichtlich in der veräußerten Aufstellung ab und ist auch von bisher Unbeteiligten erfahrbar.

Dann werden zusätzlich die ästhetischen Möglichkeiten des Psychodramas genutzt durch Rollengestaltung und symbolische Aufladung. Die Stellvertreter gestalten dann diese Rolle verbal wie nonverbal. Es kommt aber nicht zu einem konkreten szenischen Spiel. Stattdessen kann es aber eine fiktive Auseinandersetzung geben, die auch körperliche Aktionen einschließt.

Damit wird Wissen aus dem Erspüren der soziometrischen Positionierung, der Wahrnehmung der gestischen, symbolischen und kulissenhaften Ausgestaltung, der Leibempfindungen durch den Rollen- und Ortswechsel (wie das „Hinüberziehen"), aber auch durch die Aktivierung des allgemeinen und professionellen Wissens umfassend generiert. Damit wird die emotionale, wie die kognitive Intelligenz genutzt.

Vor allem kommt es darauf an, den Protagonisten in eine Spontaneitätslage zu bringen, in der er Neugier auf neue Lösungen spürt und ihm Mut zuwächst, neue Schritte zu wagen, auch wenn es „Zu-Mutungen" sind. Den Protagonisten in diese Lage zu bringen, ihn angemessen in dieser Lage zu halten (Containing) und eine kreative Lösung aufsteigen zu lassen, die dann diese Lage transzendiert, das ist die Kunst der Aufstellungsarbeit nach Moreno. Um das leisten zu können, muss der Berater sich selbst zeitweise mit dem Protagonisten in eine Spontaneitätslage begeben und gemeinsam mit ihm diese Dialektik zwischen der Lust auf Veränderung und dem Gefühl der Ausweglosigkeit auskosten. Allerdings muss er jederzeit diese Lage verlassen können, um wieder auf festem Boden

- Übersicht gewinnen,
- weiterführende Experimente vorschlagen und begleiten,
- mögliche „Lösungen" identifizieren und
- vorläufige Abschlüsse des Prozesses markieren zu können.

Es musste offensichtlich erst ein Mann wie Hellinger kommen, um die Psychodramatiker zur Besinnung auf ihre originäre Tradition der Aufstellungsarbeit zu bringen Wir müssen sie nur aufgreifen und kreativ weiterentwickeln. Dann allerdings ist das Aufstellen nur eines von vielen Arrangements, das die Moreno-Tradition bietet. Es ist eingebunden in ein Projekt, das nicht nur eine ausgefeilte Praxeologie enthält, sondern auch in einer faszinierenden Philosophie verortet ist. Damit unterscheidet es sich gravierend von Hellingers „Missionsversuchen", wie meine Beschreibungen des konkreten Vorgehens und meine Kommentare dazu verdeutlicht haben dürften. Die Moreno-Tradition ist so reich, dass wir dabei nicht immer nur auf das Modell der protagonistenzentrierten Gruppenpsychotherapie zurückgreifen müssen. Für die Personalarbeit in Organisationen bietet sich vielmehr das Verfahren der soziometrischen Aktionsforschung an in Kombination mit psycho- und soziodramatischen Arrangements und Techniken.

Beratung, Supervision, Coaching und das Psychodrama (2007)

Das deutsche Wort „Beratung" hat einen erheblichen Bedeutungshof (Pesendorfer, 2006). Dementsprechend wird es in der Alltagssprache wie im fachlichen bzw. wissenschaftlichen Diskurs mit sehr unterschiedlicher Bedeutung verwandt. Wer hier nicht vor jeglicher Beschäftigung mit dem Thema Klarheit darüber herstellt, wovon überhaupt die Rede sein soll, hat schon verloren. Mein Vorschlag lautet:

Beratung ist als alltägliche Hilfe in fast allen Kulturen und Epochen der Menschheitsgeschichte vorzufinden. Ich möchte sie als einen eigenständigen *Kommunikationsmodus* bezeichnen: Ich kann mit mir zu Rate gehen; ich kann mir aber auch bei jemand anderem einen Rat holen. Im ersten Fall steht Selbstbesinnung im Vordergrund, im zweiten der Ratschlag eines Wissenden oder Weisen. Genau diese Spannung zwischen Selbstreflexion im Prozess der Auseinandersetzung mit einer ungelösten Aufgabe und der auf Anfrage hin erstellten Expertise durch einen Informierten von außen, um dann eine Entscheidung zu fällen, ist generell charakteristisch für Beratung.

Diese informelle Beratung wird formalisierter, wenn sie als *Funktion* einer beruflichen Tätigkeit auftritt: Etwas eines Arztes, eines Rechtsanwalts, einer Verkäuferin oder eines Installateurs. All diese haben nun aber Beratung nicht explizit gelernt. *Professionell* wird Beratung erst, wenn sie durch spezielle, wissenschaftsbasierte Ausbildungen vermittelt wurde und zum Kerngeschäft wird. Dann wird sie zu einem Format der Beziehungsarbeit, das gesellschaftlich institutionalisiert ist. Diese professionalisierten Formate haben sich in allen hochkomplexen Gesellschaften in den letzten hundert Jahren herausgebildet, allerdings in den verschiedenen Ländern und Kulturen durchaus mit unterschiedlichen Themenschwerpunkten und in vielfältigen Gestalten.

Ich möchte hier unter einem *Beratungsformat* ein institutionalisiertes Kommunikationsgeschehen verstehen, in dem der Kommunikationmodus Beratung dominant ist. Dann gehören dazu alle Formate der psychosozialen Beratung (wie Suchtberatung, Erziehungsberatung oder Paarberatung), aber auch Consulting (wie Studienberatung, Karriereberatung oder Unternehmensberatung), Supervision, Coaching oder Organisationsberatung. Von diesen Beratungsformaten soll hier die Rede sein.

Das Psychodrama ist nun aus meiner Sicht kein Format, sondern ein Verfahren. Da Formate aber auf Verfahren angewiesen sind, ist am Ende zu zeigen, was gerade das Psychodrama für die verschiedenen Beratungsformate bieten kann.

1 Der sozialkonstruktive Blick auf das Gelände

Ich gehe davon aus, dass all diese verschiedenen in Theorie und Praxis vorfindbaren Beratungsbegriffe, -konzepte und -theorien Versuche sind, ein ganz spezifisches Phänomen, das für wirklich existierend gehalten wird, einzufangen, um es gut handhaben zu können. Wir werfen also einen Blick auf ein zunächst noch unübersichtliches Gelände, in dem „Beratung" in seinen vielfältigen Erscheinungsformen auftaucht. Das sehen wir aber nur, wenn wir die entsprechenden Brillen aufhaben. Und diese Brillen entnehmen wir meist einem schon vorhandenen Brillenangebot. Genau das nenne ich einen „sozialkonstruktiven Blick": In diesem Blick erscheint etwas von ihm Unabhängiges und doch von ihm eben dadurch zugleich Konstruiertes und das auch noch von einem sozialen Kontext vollständig durchdrungen. Dann lassen sich verschiedene Unterscheidungen treffen, die für Theorie und Praxis der Beratung Folgen haben:

1.1 Deskription oder Präskription

Will ich von Beratung reden, muss ich festlegen, was ich darunter verstehen will. Das tue ich aber nur, weil es offensichtlich ein Phänomen gibt, das ich „begreifen" will, weil es mich aus vielerlei Gründen interessiert. Und wenn ich mit anderen darüber rede, werde ich schnell feststellen, dass sie das auch interessiert und dass sie dabei mit verschiedenen Bedeutungszuschreibungen operieren, die sich durchaus widersprechen können. Ich wähle mir also eine für mich und das Phänomen passende Brille aus und blicke durch. Dann sehe ich etwas, das mit meinen bisher noch unklaren, aber doch irgendwie auffallend hervorgehobenen Erfahrungen zu tun hat. Ich kann dieses Phänomen jetzt aber identifizieren und weiß nun präziser Bescheid. So weit zur *Deskription* (= empirischen Beschreibung) eines sozialen Phänomens.

Nun habe ich aber ein spezifisches Erkenntnisinteresse: Ich will z.B. Beratung in Anspruch nehmen oder Beratung durchführen. Dann muss ich wissen, was *gute* Beratung ist. Also informiere ich mich, welche Qualitätsstandards Beratung beachten muss, damit sie als gut bezeichnet werden kann. Oder ich mache meine Erfahrungen, werte sie aus und kann nun zwischen gut und schlecht unterscheiden. So weit zur *Präskription* (= vorschreibenden Konzipierung) von Beratung.

Wenn ich von meiner Präskription bei der Untersuchung von Beratungsphänomenen ausgehe, dann sehe ich gute und schlechte Beratung. Die schlechte Beratung werde ich gleich streichen; denn sie ist ja gar keine gute, also richtige Beratung. Beratung ist dann nur das, was Leute, die wissen, was gute Beratung ist, darunter verstehen. Und das sind dann eigentlich nur Fachleute. Die nun haben aber gute und schlechte Interessen: Gut ist, wenn sie für hohe Standards sorgen, um Scharlatane identifizierbar zu machen und die Ratsuchenden davor zu schützen. Schlecht ist, wenn sie für hohe Standards sorgen, um sich vor einer Konkurrenz zu schützen, deren Angebot ebenso gut, vielleicht sogar besser für Ratsuchende wäre. Schlecht ist auch, wenn sie Leistungen mit ihrer Expertenmacht für unverzichtbar erklären, die aber gar nichts bringen. Und sich dann jeglicher Evaluation entziehen.

Neben der guten gibt es also auch schlechte Beratung. Während die Präskripteure die schlechte (jedenfalls öffentlich) nicht beachten, betrachten die Deskripteure beide Sorten. Ihre Definition wird also eine ganz andere sein als die der Präskripteure. Und so reden beide gern aneinander vorbei. Nun ist es aber doch so: Die Präskripteure brauchen die Deskriptionen: Denn sie müssen sich von den schlechten Beratungen absetzen. Zudem wollen sie frühzeitig sich neu entwickelnde Felder jenseits ihres bisherigen Blickfelds entdecken, um mit der Konkurrenz angemessen fertig werden zu können. Und die Deskripteure brauchen die Präskriptionen: Denn sonst haben sie überhaupt kein Kriterium in der Hand, um Beratung identifizieren zu können, weil ja jeder behaupten kann, er mache Beratung. Daraus folgt:

Wollen wir angemessen von Beratung reden, müssen wir uns zwischen Deskription und Präskription bewegen. Wer sich dabei zu sehr auf die deskriptive Seite zu bewegt, muss bald alles und jedes dazu rechnen und wird schnell den Überblick verlieren. Wer sich zu sehr auf die präskriptive Seite zu bewegt, hat zwar hohe Ideale. Er steht aber in der Gefahr, neue, interessante Entwicklungen zu verschlafen und wird somit zwangsläufig irgendwann von seinem hohen Ross fallen, weil sich die Nachfrage außerhalb seines Blickfelds gewandelt hat. Wie nun die angemessene Balance aussieht, wäre im Einzelfall zu klären. Ohne eine solche *Präskriptions-Deskriptionschleife* immer mal wieder zu durchlaufen, lässt sich ein Beratungsformat überhaupt nicht einfangen. Da viele Defineteure das nicht erkannt haben, geraten sie unweigerlich in Aporien. Definitionen alter Art wirken daher immer etwas willkürlich, wirken überanstrengt und hinterlassen ein Gefühl der Resignation. Wenn es um viel ginge, könnten man von Tragik sprechen.

1.2 Die Diskursmächte

Damit sich nun ein bestimmtes Kommunikationsangebot durchsetzt, müssen *PraktikerInnen* dafür geeignete und interessierte Adressaten finden oder auch umgekehrt. Geschieht das mit einer gewissen Verbreitung, dann reden diese PrakterInnen nicht nur unter sich darüber, sondern auch auf öffentlichen Kongressen und in Publikationen. Manches davon gelangt dann auch in die öffentlichen Medien. Diese AkteurInnen definieren dabei, was Beratung ist. Damit stellen sie eine wichtige Macht im Beratungsdiskurs dar.

Nun schließen sie sich schnell in *Fach-* und/oder *Berufsverbänden* zusammen. Diese legen Standards für gute Beratung fest, dann auch für gute Ausbildung in diesem Beratungsformat. Während die PraktikerInnen aber schon bald neue Beratungsformate kreiert haben, halten die Verbände am einmal besetzten Territorium fest, um sich selbst zu erhalten. Damit geraten sie aber in einen Widerspruch zu ihren eigenen Mitgliedern. Sie werden dann zu einer eigenständigen Diskursmacht mit eigenen Interessen.

Nun kommen die Hochschulen und wollen auch ausbilden. Zudem beteiligen sich ihre wissenschaftlichen Mitglieder gern mit diesen neuen Formaten durch Theorie- und Konzeptbildung, so wie durch Forschungsprojekte. PraktikerInnen, aber auch Verbandsfunktionäre sind durchaus daran interessiert. Allerdings weniger zur kritischen Durchleuchtung, als zur gesellschaftlichen Legitimation ihres Formats. *WissenschaftlerInnen* müssen nun aber davon unabhängig arbeiten: Also entsteht eine weitere eigenständige Diskursmacht.

Wenn nun gar noch *Einrichtungen, Verbände, Behörden, Unternehmen* oder gar *staatliche Instanzen* Richtlinien, Vorschriften, Gesetze erlassen, in denen die verschiedensten Beratungsformate definiert werden, dann haben wir eine weitere eigenständige Gruppe von Diskursmächten vor uns.

Nun gibt es selbstverständlich innerhalb dieser vier Gruppen noch einmal unterschiedliche Interessen und dann eben auch unterschiedliche Definitionen. Und das alles findet sich wieder in vielfältigsten Publikationen: von den Anzeigen, Werbeflyern und Ausschreibungen bis hin zu Propagandaschriften, Sachbüchern, Fachbüchern und wissenschaftlichen Veröffentlichungen. Hier nun spielen die Verlage mit ihren Zeitschriften und Büchern ebenfalls eine einflussreiche Rolle: Da sie mit ihren Produkten Geld verdienen wollen, fokussieren sie auf Publikationen, die Umsatz bringen. Sie schaffen zwar keine eigenen Diskurse; sie selektieren aber durch Unterdrückung oder Promotion und durch Zuordnung der Formate zu ihren Verlagsschwerpunkten. Sie können darüber hinaus aber auch bestimmte

Diskurse provozieren. So müssen gerade auch die *Printmedien* als eigenständige Diskursmacht angesehen werden.

Wer also eine allseits akzeptierte Definition durchsetzen will, müsste die Zustimmung von all diesen Mächten erreichen. Aber wer schafft das schon?

1.3 Aggressive Konkurrenz oder friedliche Koexistenz

Wenn wir Beratung definieren wollen, müssen wir uns entscheiden: Entweder wir wollen Konkurrenz oder wir wollen Koexistenz. Wenn wir *Konkurrenz* wollen, dann besetzen wir mit unserer Definition ein bestimmtes Territorium, egal ob weitere Diskursmächte vergleichbare Ansprüche erheben. Wir können sie ignorieren oder diffamieren, bis sie aufgeben. Wir können auch versuchen, sie zu integrieren, indem wir für ihre Anhänger so attraktiv werden, dass sie bei uns mitmachen. Hier kann man durchaus von feindlicher Übernahme sprechen. Diese Strategie ist aber riskant: Die Macht der Diskursmächte entscheidet darüber, was übrig bleibt. Dann kann es sein, dass gute, aber machtlose Angebote untergehen, schlechte aber, weil machtvoll, obsiegen.

Wir können aber auch ernsthaft mit allen Diskursmächten verhandeln. Dann gehen wir davon aus, dass ihre jeweiligen Angebote eine gewisse Berechtigung haben. Und diese Berechtigung ergibt sich aus den Präskriptionen, die wir für gute Beratung festgelegt haben. Wir setzen also auf friedliche *Koexistenz* der Seriösen und Gutwilligen mit der Folge, dass die Unseriösen und Unverschämten an den Rand gedrängt werden.

Die Deutsche Gesellschaft für Beratung bietet solche Diskursforen. Hier ist nicht nur der DAGG, sondern auch der DFP Mitglied. Aber selbst wenn hier Verhandlungsergebnisse erzielt werden: Manche Diskursmächte werden prinzipiell nicht mitmachen. Und manche machen nicht mit, um den Vorteil, den ihre spezifische Innovation ihnen bietet, nicht gleich mit allen teilen zu müssen. Daher ist es so schwierig, eine für alle akzeptierte Definition von Beratung mit ihren verschiedensten Formaten zu finden.

In Österreich ist es gelungen, ein eigenes Beratungsgewerbe gesetzlich abzusichern. Unter dem Titel „Lebensberatung" tummeln sich die vielfältigsten Formen der psychosozialen Beratung einschließlich des Coachings (Bitzer-Gavornik, 2004).

Meine Kartierung des Beratungsfeldes orientiert sich an eben dieser Strategie der friedlichen Koexistenz.

1.4 Kritische Theorie oder anspruchsvolles Handlungskonzept

Nun werden *Theorien* und *Konzepte* der Beratung angeboten. Was wäre ein sinnvoller Unterschied? Jeder Berater sollte über ein *Konzept* seines Beratungsangebots verfügen: Es enthält (mindestens) eine Beschreibung seines Angebots (Deskription) und die Benennung von Standards, an denen er sich orientiert (Präskription). Ein solch anspruchsvolles Handlungskonzept muss aber nicht einmalig sein, es kann auch für viele konzipiert werden: Die meisten Fachbücher bewegen sich auf diesem Niveau. Ein Konzept muss also zwischen Deskription und Präskription eine Balance finden: Es ist nicht all zu kritisch, um InteressentInnen nicht abzuschrecken. Es ist aber auch nicht all zu hochtrabend, um nicht illusionär zu erscheinen.

Demgegenüber verstehe ich unter einer *Theorie* die begrifflich klare Präsentation eines sozialen Phänomens aufgrund seriöser Forschung und einer Auswertung aller relevanter Erkenntnisse und Referenztheorien. In unserem Fall wird sie sich also nicht nur mit guter, sondern auch mit schlechter Beratung befassen müssen. Diesem kritischen, d.h. prüfenden Anspruch muss eine Theorie gerecht werden. Sie kann also durchaus zu einem wenig schmeichelhaften Ergebnis kommen. Aber mit dem können BeratungsanbieterInnen ihren AdressatInnen nicht kommen. PraktikerInnen müssten in einem solchen Fall schon nachweisen, dass ihre Praxis die Ausnahme ist, was ja vorkommen kann.

Da nun BeratungstheoretikerInnen meist auch BeraterInnen sind, stehen sie in einem Dilemma. Da ich nun auch beides bin, gehe ich mit diesem Dilemma so um, dass ich kritische Ergebnisse meiner Theoriebildung nur insoweit öffentlich zur Diskussion stelle, als ich hoffen kann, dass sie meine eigenen Beratungsangebote nicht diskreditieren, ja sogar dazu beitragen können, bessere Beratungskonzepte zu entwerfen (z.B. Buer, 2004e; 2005b). Auf diesem schmalen Grad bewegen sich auch meine hier zu machenden Vorschläge. Eine solche Theorie muss dann allparteilich, folglich *pluralistisch* sein: D.h. sie ist:

- *multiprofessionell*: Sie muss alle seriösen Diskurse aller an Beratung beteiligter Professionen aufnehmen.
- *multidisziplinär*: Sie muss alle Diskurse der zuständigen Wissenschaftsdisziplinen berücksichtigen.
- *multisektoral*: Sie muss die Diskurse aus allen Feldern aufgreifen, in denen Beratung stattfindet.

2   Die Unterscheidung von Format und Verfahren

Diese Unterscheidung habe ich 1997 in den fachlich/wissenschaftlichen Diskurs eingeführt. Und sie hat inzwischen viel Anklang gefunden, z.B.:

- *Supervision* (z.B. Denner, 2000; Belardi, 2002; Krall, Schulze, 2004; Ottomeyer, 2004; Rappe-Giesecke, 2002; Pühl, 2005; Weigand, 2005; Wildt, 2006; DGSv, 2006; Lenzen, Fellermann, 2006),
- *Coaching* (z.B. Fallner, Pohl, 2001; Schreyögg, 2003; Böning, 2006; Wildt, 2006),
- *psychosoziale Beratung* (z.B. Hutter, 2003; 2005; Kröger u.a., 2005)
- *kollegiale Beratung* (z.B. Tietze, 2003) und
- *Psychodrama* (z.B. Hutter, 2000; Fürst u.a., 2003; Ameln u.a., 2004; Wittinger 2005; Graf, 2006).

Diese Unterscheidung bezieht sich auf alle Arten von professioneller Beziehungsarbeit, in der Fachleute zu bestimmten Personen eine intensive Beziehung eingehen, um bei ihnen Lernprozesse anzuregen wie Psychotherapie, Unterricht, Mediation, Training und eben auch Beratung (ausführlich in: Buer, 1997b; 1998b; 1999b; 1999d; 2000a; 2003; 2004c; 2005b).

2.1 Die Dialektik von Format und Verfahren

Formate stellen einen institutionalisierten Rahmen für Beratungsgeschehnisse dar, an den sich Ratsuchende, BeraterInnen, Ausbilder, Geldgeber und andere Interessierte halten können. Sie haben eine konservative Wirkung und dienen der Absicherung. *Verfahren* wie Psychoanalyse, Verhaltensmodifikation, Systemik, Themenzentrierte Interaktion, Transaktionsanalyse, personzentrierte Gesprächsführung, eben auch Psychodrama dagegen werden einzeln oder in Kombination in diesen Formaten eingesetzt, um die dort stattfindenden Lernprozesse nach bestimmten Regeln steuern zu können. Sie haben eine flexibilisierende Wirkung und dienen dem Aufbruch. Formate wie Verfahren sind aufeinander angewiesen: Das eine gibt es in der Praxis nicht ohne das andere. Sie sind gegensätzlich; daher spreche ich von Dialektik. Allein diese Dialektik löst eine Spannung aus, die erst kreative Veränderungen möglich macht. Sie ist daher unverzichtbar. Um diese Dialektik zu verdeutlichen, habe ich seit 1997 verschiedene Bilder vor Augen gestellt: ein Fahrzeug mit Karosserie und Motor, einen Baum mit Ästen und Lebenssäften, einen Bühnenauftritt mit Szenerie und Kostüm, einen Schlauch mit Hülle und flüssigem Inhalt. Der Erziehungswissenschaftler und Psychodramatiker Johannes Wildt (2006, 17) wählt einen Computer mit Hard- und Software:

> Format bezieht sich „auf den Zuschnitt von Dienstleistungen, die in Institutionen von spezialisierten Berufsangehörigen gegenüber denjenigen erbracht werden, die die Dienstleistungen in Anspruch nehmen. Sind diese Dienstleistungen in ein bestimmtes Format eingepasst, wird dadurch die Erwartungshaltung aufgebaut, dass die Funktionen durch die professionellen Akteure auch ausgeübt werden. Ungerechtfertigte Leistungen können abgewiesen werden. Formate bieten für die Ausübung von Funktionen Rollenmuster und Rollenbeziehungen an, in denen die Interaktion stattfindet. Professionelles Handeln ist an die Grenzen der Formate gebunden. Für Regelverletzungen steht je nach Schweregrad ein mehr oder weniger ausgeprägtes Sanktionspotenzial zur Verfügung, was bis zum Ausschluss der Beteiligten aus der Interaktion bzw. Institution führen kann.
>
> Im Unterschied zu den Formaten, die gewissermaßen in den Institutionen eingefrorene und still gestellte Handlungsverkettungen darstellen, beziehen sich *Verfahren* auf alle diejenigen Handlungsverkettungen – um im Bild zu bleiben die ‚Software' –, mit denen die Interaktion im Rahmen der Erbringung von Dienstleistung professionell gesteuert wird".

Ein elaboriertes Verfahren umfasst (präskriptiv) eine *Philosophie* (mindestens: Anthropologie, Sozialtheorie, Erkenntnistheorie, Ethik), die Meta-Theorie genannt werden kann, *Interpretationsfolien* zum Verständnis der in der Arbeit wahrgenommenen Erzählungen und Geschehnisse und ein Set von *Methoden* (= Arbeitsweisen) mit ihren *Arrangements* und *Techniken*, deren Einsatz in einer *Praxeologie* begründet sind.

Die Basis für Professionalisierungsprozesse hin zu lizensierten Berufstätigkeiten bilden allein die Formate: So kann aus unterrichten der Lehrer, aus therapieren der Therapeut, aus trainieren die Trainerin, aus Streit schlichten der Mediator, aus supervidieren die Supervisorin werden. Aus Verfahren dagegen entstehen keine lizensierten Berufstätigkeiten: So ist auch der Psychodramatiker kein Beruf, für den in einer Arbeitsorganisation eine Stelle ausgeschrieben würde. Er kann sein Verfahren nur innerhalb eines Formats realisieren. Dieses Verfahren professionell zu handhaben, ist dann wieder die Aufgabe der Anbieterin eines bestimmten Formats.

2.2 Die Ausdifferenzierung der Beratungsformate

Wenn ich nun meine oben beschriebene sozialkonstruktive Brille aufsetze, stellt sich die Ausdifferenzierung der Beratungsformate folgendermaßen dar:

Bezogen auf *private Lebenswelten* kann man die meisten *professionellen* Formate unter der Überschrift: psycho-soziale Beratung zusammenfassen. Das ist das, was der Brite Counselling, der englisch sprechende Amerikaner Counseling nennt. Als *semiprofessionelles* Format ist hier vor allem die Telefonseelsorge zu nennen. Da das deutsche Wort „Beratung" diese Differenzierung nicht bietet, sollten wir diese Beratungssorte *Conselling* nennen.

Bezogen auf *Arbeitswelten* möchte ich mit *Wildt* (2006, 35) folgende Differenzierung vornehmen:

Professionell:	Consulting	Coaching	Supervision
Semiprofessionell:	Peer-Consulting	Mentoring	Intervision

Consulting (Consult, Konsultation) wäre die Beratung durch einen Experten, der zur Lösung eines bestimmten Problems sein Fachwissen dem Ratsuchenden zur Verfügung stellt und ihm bei der Auswahl des relevanten Wissens, bei der Folgenabwägung und der Entscheidungsfindung unterstützt. Es geht also primär um Problemlösung. Gelegentlich bezieht sich *consulting* aber auch auf eher private Themen wie z.B. in der Gesundheitsberatung oder in der Rechtsberatung. *Peer-Consulting* wäre die Beratung zwischen gleichberechtigten ExpertInnen, ohne dass ein spezieller Beratungsfachmann dabei ist.

Coaching wäre die Beratung durch einen Prozessberater, der einen Ratsuchenden dabei unterstützt, eine bestimmte Aufgabe zu bewältigen. Es geht also primär um Befähigung und Leistungssteigerung. *Mentoring* wird mit dem gleichen Ziel von einem erfahrenen Kollegen erbracht.

Supervision wäre die Beratung durch einen Prozessberater, der Ratsuchende dabei unterstützt, ihre Rollen im Geflecht von informellen wie formellen Interaktionsnetzen zu klären, damit sie die gewünschten Lernprozesse auch angemessen auslösen und steuern können. Es geht also primär um die Qualitätssicherung und –verbesserung der Tätigkeiten von BeziehungsarbeiterInnen. *Intervision* bzw. *Kollegiale Beratung* wäre dann die Beratung mit diesem Ziel unter KollegInnen ohne den Einsatz einer Supervisorin.

Organisationsberatung stellt aus meiner Sicht ein Supraformat dar, in dem diese, aber auch andere Formate wie Training, Workshop, Interview zu einer Lernarchitektur zusammengestellt sind, um einen Changeprozess größerer Organisationseinheiten einzuleiten und zu begleiten. Das deutsche Wort „Beratung" bewegt sich also auf drei Ebenen:

- Als eigenständiger *Kommunikationsmodus* zwischen Selbst- und Fremdberatung hat er die größte Reichweite.
- Als *Oberbegriff* für alle Formate der Beziehungsarbeit, in denen der Kommunikationsmodus der Beratung dominant ist, bezieht er sich nur auf die institutionalisierten Formen.
- Auf der Ebene der Beratungsformate meint er häufig die *Subformate* Counselling und/oder Consulting.

Erst diese Differenzierung ermöglicht es, unter dem Oberbegriff Beratung auch die eher arbeitsweltbezogenen professionellen Formate wie Consulting, Coaching, Supervision und

Organisationsberatung und die entsprechenden semiprofessionellen mit dem Counselling zusammen zu sehen. Das gemeinsam Kennzeichnende ist die Dominanz des Kommunikationsmodus Beratung. Mit dieser Ausdifferenzierung erhalten all diese Formate ihre spezifische Aufgabe und könnten gut miteinander auskommen: Soweit mein Beitrag zur friedlichen Koexistenz!

2.3 Das professionelle Beratungswissen zwischen Wissenschaft und Praxiserfahrung

Professionelle Beratungsarbeit möchte ich – im Gegensatz zur langläufigen Meinung – wie alle anderen Formate der Beziehungsarbeit auch als eine *Kunst* betrachten, als eine Kunstfertigkeit, die sich damit von alltäglichen Beratungsleistungen, aber auch von wissenschaftlicher Forschung abhebt. Diese Auffassung von Kunst entspricht der „techné" bei den alten Griechen wie der „ars" bei den alten Römern. Diese „Beziehungskünste" wurden seit der Antike weiter getragen vor allem in den Handwerkskünsten der mittelalterlichen Zünfte, wie der „artes liberales", die damals als Vorstufe zum wissenschaftlichen Studium galten. Nicht umsonst wird heute noch der Qualitätsstandard einer professionellen Tätigkeit „state of the art" genannt.

Es ist nun Kennzeichen einer professionellen Kunstfertigkeit, allgemeine wissenschaftliche Erkenntnisse und Theorien mit den eigenen Erfahrungen des jeweiligen „Handwerkers" zu verbinden, um im konkreten, nicht planbaren Fall fachlich handeln zu können. Beratung ist somit keine Wissenschaft. Beratung ist dabei noch nicht einmal auf nur eine einzige Wissenschaftsdisziplin bezogen, wie sich etwa Pfarrer auf die Theologie beziehen, die Ärzte auf die Medizin oder die Juristen auf die Jurisprudenz. Sie muss ihr Wissen von verschiedenen Referenzwissenschaften holen, z.B. der Psychologie, der Erziehungswissenschaft, der Sozialpädagogik, aber auch der Soziologie oder der Philosophie.

Umgekehrt versuchen immer wieder verschiedene Wissenschaftler, den Diskurs ihrer eigenen Disziplin der Beratung aufzuherrschen: Hier tut sich immer wieder gern die Psychologie hervor (z.B. Steinebach, 2006) oder auch die Pädagogik (z.B. Krause u.a., 2003; Gröning, 2006), insbesondere die Sozialpädagogik (z.B. Belardi u.a., 2005; Thiersch, 2004). Damit werden aber andere durchaus auch relevante Diskurse ausgegrenzt, was meinem multidisziplinären Standard widerspricht. Diese Einseitigkeiten sind schlicht der institutionellen Einbindung ihrer Autoren geschuldet. Mit Sachangemessenheit hat das wenig zu tun. Allein die Bemühungen von Frank Nestmann und KollegInnen (u.a., 2004; Sickenriek u.a., 2002) sind umfassend multidisziplinär, multiprofessionell und multisektorial ausgerichtet. Sie stehen auch im Kontext der Kooperationsbestrebungen der Deutschen Gesellschaft für Beratung.

Die Beratung – speziell als Counselling – hat auch viel vom Nachbarformat der Psychotherapie übernommen. In diesem Diskurs wurde sie dann oft als „kleine Psychotherapie" betrachtet, die jedoch nicht so tief gehe und entsprechend kürzer sei. Diese Ansicht erweist sich heute als kontraproduktiv, weil einige Geldgeber gegenwärtig mit dieser Begründung nur noch kurze Prozesse bezuschussen wollen. Nun müssen BeraterInnen nachweisen, dass Beratung durchaus langwierig sein kann (Kröger u.a, 2005). Das kommt davon, wenn man Beratung von einem anderen Format parasitär abzweigt und keine umfassende Formatstheorie entwickelt.

Ich sehe Beratung also als ein eigenständiges Wissensfeld der dazugehörigen Beratungsformate: Basis sind die eigenen reflektierten Erfahrungen der PraktikerInnen. Dieses

Wissen muss allerdings ständig abgeglichen werden mit wissenschaftlichem Wissen aller relevanten Disziplinen und dem Wissen der Adressaten und Geldgeber, also der KundInnen, so dass dadurch ständig Anregungen und Korrekturen erfolgen können. Es wäre geradezu fatal, wenn Beratungsformate wie Counselling, Supervision oder Coaching anstrebten, zu einer Wissenschaft zu werden, etwa zu einer Beratungswissenschaft (z.B. Fatzer, 2005) oder einer Supervisionswissenschaft (z.B. Petzold u.a., 2003). Damit hätte die Diskursmacht Wissenschaft gesiegt und würde die anderen Diskurse – gerade auch die der PraktikerInnen – an den Rand drängen. Wesentliche Erfahrungen, die eben nur PraktikerInnen machen können, würden dann nicht mehr systematisch berücksichtigt. Und das Wissen würde immer abstrakter, d.h. es würde dann auch immer schwieriger, es für den konkreten Praxisfall als Interpretationsfolie zu nutzen.

Das hat aber zur Folge: Nicht nur die Konzept-, sondern auch die Theoriebildung kann nicht einfach auf die Wissenschaften abgeschoben werden. Hier sind schon eigenständige Bemühungen notwendig.

3   Der Kampf um die Beratungsdiskurse

Richten wir unseren Fokus nun genauer auf einige ausgewählte Beratungsformate wie Counselling, Coaching und Supervision. Ihre ganz offenbar unterschiedlichen Arbeitskulturen sind nun nicht Ergebnis einer logisch begründeten Systematik oder friedlicher Aushandlungsprozesse zwischen den stakeholdern. Sie sind schlicht das (Zwischen-)Ergebnis gesellschaftlicher Auseinandersetzungen zwischen den interessierten Diskursmächten. Es ist daher wenig sinnvoll, immer neue Systematiken zu entwerfen, auch wenn das immer wieder etwas naiv gefordert wird. Es handelt ja dann meist doch nur um Präskriptionen, die leider allzu häufig die realen Machtverhältnisse ausblenden. Diese aber systematisch zu berücksichtigen, ist jedoch für eine kritische, d.h. realitätshaltige Theorie absolut notwendig. Daher hier einige Skizzen zur Deskription:

3.1 Der Counselling-Diskurs und sein wohlfahrtsstaatlicher Kontext

Counselling wird im Wesentlichen in der BRD von Beratungsstellen erbracht (Buer, 1984a; 1984b; Nestmann u.a., 2004). Diese werden primär über staatliche Transferleistungen finanziert (Menne, 2004), sei es im Sozial-, Gesundheits-, Bildungs- oder Arbeitssektor. D.h. der Wohlfahrtsstaat leistet es sich (noch), BürgerInnen verschiedener Schichten mit Beratungsangeboten (für diese fast kostenlos) zu versehen. In der Hoffnung, dass durch diese spezifische Leistung die autonom gesteuerte Selbsthilfe der BürgerInnen herausgefordert und weiter gefördert wird.

In diesen Formaten steht die intensive Beziehung zu den KlientInnen im Vordergrund. Daher spielt hier das Format der Psychotherapie eine große Rolle (Großmaß, 2004). Diese Beziehung soll von außen ungestört sein: Es wird daher zumeist nur zwischen Counsellor und Klient ein Arbeitsbündnis geschlossen. Einen Kontrakt mit dem Geldgeber bzw. der Einrichtung für jeden konkreten Fall gibt es nicht. Der Beratungsfall muss nur den Richtlinien entsprechen und am Ende zählbar sein.

Der Counselling-Diskurs ist daher wenig von den KlientInnen geprägt: Sie sind ja Laien. Bestimmend ist ein professioneller Diskurs, der stark von der Psychotherapie, der Psychologie und der Sozialpädagogik bestimmt ist. Das sind aber auch die Diskurse, die (bisher jedenfalls) die Beratungsstellen prägen. Diese sind nun aber in größere Organisationen eingebunden, die zunehmend auch wirtschaftlich denken und handeln müssen. Erst damit kommt betriebswirtschaftliche Sprache in den Diskurs, aber nur rudimentär. Bisher können es sich Counsellors immer noch leisten, ihre eigene Sprache zu sprechen, eine professionelle, die durchaus auch gesellschaftskritisch sein darf.

3.2 Der Coaching-Diskurs und sein wirtschaftlicher Kontext

Das Format Coaching entstammt nun einem ganz anderen Kontext: Ursprünglich kommt es aus dem Sport und dient dazu, Leistungssportler mental und motivational so fit zu machen, dass sie im Wettkampf zum richtigen Zeitpunkt gewinnen können. Mit diesem Instrument sollten dann auch Manager fit gemacht werden, Spitzenleistungen für ihre Firma zu erbringen.

Wenn sich Coaches auf diese Zielgruppe konzentrieren, dann müssen sie auch in ihrer Beratung, vor allem auch in ihren Coachingkonzepten die Sprache der Manager verwenden (Steinmann, Schreyögg, 1997). So ist dann von Business Coaching oder Executive Coaching die Rede. Vor allem aber müssen sich Coaches auf dem Beratungsmarkt bewegen und für ihr Angebot aktiv werben. Dann kann es leicht zu unseriösen Angeboten kommen, deren Sprache sich dem Kitsch (Schmidt-Lellek, 2006, 314ff.) oder gar dem „bullshit" (Frankfurt, 2006) annähert. So ist verständlich, wenn der frühere Vorsitzende des Vorstands des Deutschen Berufsverbands Coaching e.V. (DBVC), der Executive Coach Uwe Böning (2006, 236), das Coaching ein *Chamälion* genannt hat, das je nach Umgebung sein Aussehen ändert.

Da auch hier unseriöse BeraterInnen das Geschäft verderben, bemühen sich einige Coachingverbände, fachliche Standards und ethische Richtlinien für gutes Coaching (Präskription) zu formulieren und durchzusetzen. Das Coaching muss nun aber nicht nur mit ihren Adressaten, den Managern, klar kommen. Es muss auch die Geldgeber überzeugen. Und diese wollen nicht nur das Geld beisammen halten (das müssen soziale Einrichtungen auch), sie wollen es auch vermehren. Daher müssen Coaches zeigen, dass sich hier eine Investition lohnt. Sie müssen daher auch eine betriebswirtschaftliche Sprache sprechen können (Wöhe, 2000). Das mag manchen wohlfahrtsstaatlich sozialisierten Denkern nicht schmecken (z.B. Stiels-Glenn, 2006), ist aber nicht zu vermeiden, will man überhaupt segensreich andocken.

Nun haben seriöse Coachingverbände durchaus erkannt, dass sich der Coachingprozess nicht zutreffend rein betriebswirtschaftlich beschreiben und begreifen lässt. Ihre Präskriptionen müssen daher auch professionelle und wissenschaftliche Diskurse einbeziehen. Diese müssen allerdings an betriebwirtschaftliches Denken anschlussfähig sein. Daher kommt es, dass auch die seriöse Coachingsprache eine andere sein muss als der gängige Speech des Counselling. Aber das Coaching muss sich, wenn es ökonomisches Denken aufnimmt, keineswegs auf den wirtschaftswissenschaftlichen Mainstream beziehen. Es kann auch alternative Diskurse aufnehmen, die nicht nur das nackte Gewinnstreben als Motor sehen, sondern auch gemeinwesenorientierte und lebensdienliche Motive bei den Wirtschaftssubjekten unterstellen (z.B. Etzioni, 1996; Sen, 1999; Ulrich, 2001).

Nun gibt es neben der Konzentration des Coaching auf die Beratung von Führungskräften gerade auch in den USA nicht nur eine Fokussierung auf die Persönlichkeitsentwicklung im Personal Coaching (Mathar, 2006), sondern auch auf eine umfassende Lebensberatung im Life-Coaching. Hier geht es darum, Fach- und Führungskräfte dabei zu beraten, einen Lebens- und Arbeitsstil zu finden und auszugestalten, der nicht nur ihren Aufgaben gerecht wird, sondern ihnen auch eine angemessene Lebensqualität sichert (Buer, Schmidt-Lellek, 2008).

Neben der Management-Sprache hat der Coachingdiskurs aber auch manches aus den Formaten Psychotherapie und Supervision übernommen (z.B. Schreyögg, 1995; Fallner, Pohl 2001; Migge, 2005). Von den Wissenschaften dominiert eindeutig die Psychologie (z.B. Rauen, 1999; 2003; Heß, Roth, 2001; Fischer-Epe, 2002; Lippmann, 2006). Aber auch die Soziologie (z.B. Geßner, 2000) und die (Sozial-)Pädagogik (z.B. Pallasch, Petersen 2005; Birgmeier, 2006) kümmern sich inzwischen.

3.3 Der Supervisions-Diskurs zwischen wohlfahrtsstaatlichem und wirtschaftlichem Kontext

Die Konjunktur der Supervision verläuft parallel zum Auf- bzw. Abbau wohlfahrtsstaatlicher Leistungen (ausführlich in: Buer 2004e; 2005b). Gerade die Ausweitung personenbezogener Dienstleistungen für ein schwieriges Klientel hat der Supervision einen Aufschwung beschert, da sie sich anheischig machte, diesen bescheidenen Professionen zu fachlich anspruchsvoller Arbeit trotz widriger Umstände zu verhelfen. Die Professionalisierung der Supervision selbst führte zu einer großen Anzahl freiberuflicher SupervisorInnen, die mit dem Abbau des Sozialstaats neue Absatzfelder suchten. Und so gerieten auch sie auf den Beratungsmarkt und wurden mit seinen ökonomischen Gesetzen konfrontiert.

Waren die Supervisionsdiskurse daher zu Konjunkturbeginn noch sehr von therapeutischem (Gaertner, 1999, 21ff.) und sozialpädagogischem Denken (z.B. Belardi, 1996a) geprägt, so tauchen mit der Ausweitung des Angebots auf fast alle anspruchsvollen beruflichen Tätigkeiten sozialwissenschaftliche Diskurse auf (z.B. Rappe-Giesecke, 1990; Schreyögg, 1991; Buer 1999d; 2004a; Petzold, 1998; Möller, 2001). Mit dem Aufstieg des Coachings hat aber die Produktion anspruchsvoller Konzepte und Theorien der Supervision nachgelassen. Hier scheint alles gesagt zu sein, was Meriten bringt. Kritische Bestandsaufnahmen dagegen (wie: Buer, Siller 2004) sind jedenfalls von der verbandlichen Profession nicht so gern gesehen. Dabei könnte der von mir in die Diskussion eingebrachte Pragmatismus (nach Peirce, James, Dewey, Mead, Putnam, Rorty) einen Metadiskurs eröffnen, der sozialwissenschaftliche, pädagogische, therapeutische und ökonomische Diskurse verbinden kann (ausführlich in: Buer 1999d, 38ff.; 2004f).

Während sich das Counselling einen professionell-therapeutischen, auch gesellschaftskritischen Diskurs leisten kann, da es sich kaum auf den Markt begeben muss, während sich schlechtes Coaching völlig marktkonform verhält und einen (schlechten) Managementdiskurs übernommen hat, gutes Coaching sich um einen professionell-sozialwissenschaftlichen Diskurs bemüht (z.B. Schreyögg, Schmidt-Lellek, 2007), steht die Supervision nach wie vor zwischen wohlfahrtsstaatlichen und ökonomischen Diskursen. Große Marktanteile bedient sie nach wie vor in sozialen Einrichtungen. Diese hat sie der Psychotherapie und dem Counselling mühsam abgetrotzt und diese möchte sie nun nicht so einfach abgeben. Andererseits sind aber viele SupervisorInnen auch auf Nachfrage aus dem Wirtschaftssektor angewiesen. Diese beiden Sektoren inszenieren sich aber völlig anders. Daher sind Auftritte auf beiden Bühnen nur schwer durchzuhalten. Wer sich auf die Wirtschaftsbühne begibt, wird Supervision als label dann meist schnell beiseite legen und seine Kompetenzen zum Coaching umfrisieren. Andererseits wird das Coaching durch seine starke Markteingebundenheit das Scharlatanerieproblem nur schwer lösen können (Kühl, 2006).

3.4 Die Unverzichtbarkeit der professionellen Autonomie

Professionelle BeraterInnen – seien es Counsellors, Coaches oder SupervisorInnen – dürfen sich weder nur an den Wünschen der Ratsuchenden, noch ausschließlich an den Anforderungen der Geldgeber orientieren. Zwar können Zielvereinbarungen einen gewissen Rahmen abstecken, der Prozess muss aber weitgehend ergebnisoffen bleiben. Denn das macht den Kern der Beratung aus: Da keine standardisierten, vorgefertigten Lösungen für die Einmaligkeit der zu beratenden Vorfälle zutreffen können, müssen jedes Mal ganz neue Lösungen gefunden werden, an die vorher niemand gedacht hat. Und diese Lösungen können so kreativ sein, dass sie auch den zuvor vereinbarten Zielrahmen sprengen. Diese Lösungen müssen dann aber, das gilt vor allem für Coaching- und Supervisionsprozesse, mit den jeweiligen Organisationskontexten vermittelt werden.

Da diese intimen Beratungsprozesse kaum von außen kontrolliert werden können, müssen Beratungskontrakte auf gegenseitigem Vertrauen beruhen. Dieses Vertrauen kann aber nur geschenkt werden, wenn sich die Beraterin fachlich ausreichend qualifiziert und sich auch berufsethisch in eine professional community eingebunden hat. Diese professionelle Autonomie verlangt aber auch die ständige Berücksichtigung wissenschaftlichen Wissens. Aber auch da muss jeder Berater kritisch auswählen; er darf sich nicht leichtgläubig irgendeiner wissenschaftlichen Meinung anvertrauen. Basis seiner Autonomie ist seine eigene selbst gemachte Beratungserfahrung, die ihm keiner ausreden kann. Die muss er aber auch eloquent vertreten können.

4 Das Psychodrama als Verfahren für Beratungsformate

In all den genannten Beratungsformaten dominiert der Kommunikationsmodus der *Beratung*. Es können aber auch in diesem Rahmen selbsterfahrungsorientierte *Experimente* gestaltet oder *Fachdiskussionen* moderiert werden (ausführlich in: Buer 1999b, 240f; 2004c, 18f). Auch können Elemente aus den Formaten Unterricht (als Instruktion oder mini-lecture etwa über Suchterkrankung, Paardynamik oder Führungsstile) oder Training integriert werden.

4.1 Das reichhaltige Angebot seit Moreno

Wenn ich von Psychodrama als einem elaborierten Verfahren spreche, dann ist das für mich zunächst ein Oberbegriff für das gesamte Angebot von Moreno und seinen Weiterentwicklungen (Ameln u.a., 2004). Wenn wir es für die Beratungsarbeit aufschließen wollen, müssen wir allerdings etwas genauer hinschauen: Morenos Angebot wird üblicherweise als triadisches System bezeichnet, wie Moreno es in seinem Buch „Gruppenpsychotherapie und Psychodrama" (Moreno, 1973) auch offeriert. Er hat es 1959 aber speziell für den deutschsprachigen *Psychotherapie*markt geschrieben. Wenn ich meine Unterscheidung von Format und Verfahren nutze, dann sehe ich jedoch genauer: Es geht um das *Format* Psychotherapie und um die Bedeutung der beiden *Methoden* Psychodrama und Soziometrie für eben dieses Format.

Diese Darstellungen der beiden Methoden in diesem Buch sind aber durch diese Ausrichtung auf das Format Psychotherapie speziell fokussiert. Und erst durch die Implementierung dieser beiden Methoden in die Psychotherapie entsteht Morenos originäre Version der Psychotherapie als *Gruppenpsychotherapie*. Denn Psychodrama impliziert eine interaktive Sicht der Wirklichkeit mit Rollenkonfigurationen in Szenerien. Und dieser Interpretationsfolie entsprechen Gruppenarrangements für die Praxis. Ebenso impliziert die Soziometrie eine interaktive Sicht der Wirklichkeit mit unterschwelligen Beziehungskonstellationen im sozialen Raum. Und dieser Interpretationsfolie entsprechen Untersuchungsarrangements von Bevölkerungsgruppen bzw. Betriebsgemeinschaften. Die Trans*format*ion der beiden Methoden in das Format Psychotherapie sieht dann so aus:

altes Format	neue Methoden	neues Konzept	adaptierte Methoden
Psychotherapie	+ Dramaarbeit + Soziometrie	= Gruppenpsychotherapie	mit Psychodrama mit Sozialatom z.B.

Wie Moreno die Gruppenpsychotherapie in „Gruppenpsychotherapie und Psychodrama" aber darstellt, ist eine *Präskription*. Er selbst hat dieses Modell in seiner eigenen Praxis in seinem Sanatorium in Beacon jedoch kaum 1:1 umgesetzt: Die PatientenInnen haben sehr selten Hilfs-Ich-Funktionen übernommen; mitgespielt haben meist Co-TherapeutInnen. Das können Gretel Leutz (→ S. 127ff.) und Heike Straub aus eigener Anschauung bezeugen. Wenn wir also üblicher Weise die GruppenteilnehmerInnen zu MitspielerInnen machen, dann gelingt das sicher gut im Format der Selbsterfahrung im Rahmen der Ausbildung. Für das Format Psychotherapie mit eingeschränkt handlungsfähigen PatientInnen muss das jedoch modifiziert werden. Hier könnten detaillierte Deskriptionen der tatsächlichen Praxis diese Präskription verändern.

Dieses Konzept ist wohl eher bedeutsam für die Arbeit mit voll handlungsfähigen Mitmenschen. Und so hat Moreno dieses Modell auch regelmäßig eingesetzt in seinem Psychodrama-Theater am Broadway in New York mit ganz normalen Theaterbesuchern, wie Ruth Cohn es selbst erlebt hat (Cohn, Farau, 1991, 257), häufig im Format Paarberatung. Während also fraglich ist, ob Morenos *Präskription* für die Psychotherapie taugt, ist sie gerade im Gegenteil für die Beratungsarbeit mit Nicht-PatientInnen ein hilfreiches Orientierungsmodell.

Diese beiden Methoden gehen nun aber über die Anwendung in der Psychotherapie weit hinaus und sind weitgehend als unabhängig voneinander zu betrachten. Das zeigt schon ihre getrennte Entstehungsgeschichte: Das Psychodrama entwickelte sich aus dem Stegreiftheater in der Maysedergasse in Wien, die Soziometrie aus der Betrachtung der Beziehungsströme zwischen den Bewohnern des Flüchtlingslagers in Mitterndorf. Allerdings war Moreno bei der Leitung des Spontantheaters durchaus die Beachtung der Konstellationen der Spieler im Raum für das Ausmaß ihrer Spielmächtigkeit wichtig (Marschall, 2006).

So ist das Psychodrama nur ein Teil der Dramaarbeit, zu der ebenso das Soziodrama, das Axiodrama und das Stegreifspiel gehören. Und die Soziometrie ist als Methode der Aktionsforschung konzipiert mit quantitativen wie qualitativen Ausrichtungen (z.B. Moreno, 1981; 1996; Buer 2001a). Für diese beiden Methoden hat Moreno spezielle Arrangements und Techniken entwickelt, dazu jeweils eine eigenständige Praxeologie und bestimmte Interpretationsfolien. Seine Philosophie umfasst beide Methoden (ausführlich in: Buer 1999b, 233ff.). Insofern reduziert die Rede vom „triadischen System" Morenos Angebot und seine Weiterentwicklungen auf Psychotherapie. Für die Beratungsarbeit kann und sollte aber das gesamte Angebot genutzt werden. Dann stellt sich die Trans*format*ion der beiden Verfahren in das Format Beratung so dar:

alte Methoden	neues Format	neues Konzept	adaptierte Methoden
Dramaarbeit Soziometrie	in Beratung	= Gruppenberatung	mit Inszenierungsarbeit mit Aufstellungsarbeit

Wenn die beiden den PsychodramatikerInnen bekannten Methoden in ein neues Format wie die Beratung transformiert werden, dann entsteht ein spezifisches Konzept: nämlich Gruppenberatung. Die beiden Methoden werden dabei aber adaptiert:

Dann stellen für mich Psychodrama und Soziodrama die Basis der *Inszenierungsarbeit* dar. Dazu kommen weitere Arrangements wie Rollenspiele, Stegreifspiele, Skulpturarbeit oder Arbeit mit inter- und intramediären Objekten. Kreative Entwicklungen ergeben sich hier im Modus des Spiels. Die Aktionssoziometrie als Methode ist für mich die Basis des Arrangements *Aufstellungsarbeit*. Hier geht es nicht um Szenen und Spiele, sondern um das Erspüren telischer Strömungen zwischen den Positionierungen innerhalb einer Beziehungskonstellation im sozialen Raum. Diese Aufstellungsarbeit kann durchaus etwas von der Arbeit der Aufstellungsszene lernen (Buer 2003; 2005a; König, 2004). Erst in einem zweiten Schritt können diese Methoden auch in der Einzelberatung genutzt werden: in der Arbeit mit Symbolen statt Personen. Hier muss allerdings auf die Hilfs-Ich-Qualitäten der Gruppenmitglieder verzichtet werden. Ich unterscheide also zwischen Verfahren und Methode so:

- Mit der Bezeichnung *Verfahren Psychodrama* meine ich den gesamten Ansatz von Moreno und seine Weiterentwicklungen.
- Innerhalb dieses Verfahrens sind jedoch *zwei Methoden* zu unterscheiden: eine dramatische und eine soziometrische Arbeitsweise mit je spezifischen Arrangements und Techniken und ihrer jeweiligen Praxeologie.

Noch genauer hingesehen: Jeder Kommunikationsmodus innerhalb eines Beratungsformats verlangt aber den Einsatz einer passenden Methode. Das Psychodrama bietet nun aber keine explizite Methode zur Gestaltung des Kommunikationsmodus *Beratung*. Für diesen Modus sind eher personzentrierte Gesprächstechniken (z.B. Mutzeck, 1996) oder dialogische Verfahren (z.B. Fuhr, Gremmler-Fuhr, 1991) geeignet. Das Psychodrama bietet aber für den Modus *Experiment* vielfältige Anregungen mit den Arrangements und Techniken aus seinen beiden Methoden und seiner jeweiligen Praxeologie. Morenos Interpretationsfolien und seine Philosophie jedoch lassen sich als Hintergrund auch für die anderen Modi der Beratung nutzen. Mit dieser Begrenzung wird das Psychodrama nicht zu stark eingeschränkt, wie manche PsychodramatikerInnen meinen. Es wird nur konstatiert, dass neben dem Psychodrama die Beherrschung weiterer damit kompatibler Methoden notwendig ist, um den diversen Ansprüchen der verschiedenen Modi auch gerecht werden zu können.

Die Auswahl der geeigneten Arrangements und Techniken im Rahmen der beiden Methoden hat sich primär nach den Erfordernissen des jeweiligen Formats zu richten. Hier lassen sich drei Konstellationen unterscheiden:

4.2 Beratung mit KlientInnen in privaten, intimen Kontexten der Lebenswelt

Counselling wie Suchtberatung, Familienberatung, Paarberatung, Trauerberatung findet im privaten, intimen Kontext statt. Das gilt auch für das *Life-Coaching* in schwierigen Lebenslagen und Statuspassagen. Durch die Nähe dieser Subformate zur Psychotherapie ist es leicht, hier die im Format Psychotherapie bewährten Verfahren einzusetzen. Daher können hier alle Methoden, Arrangements und Techniken des Psychodramas genutzt werden (Buer, 1992c). Das Element des spontanen Spiels lässt sich in vielen Zielgruppen einsetzen, auch wenn hier manchmal etwas Geschick erforderlich ist, alle zum Mitspielen zu bewegen.

Der Einsatz des spontanen Spiels wird schwieriger, wenn natürliche Systeme wie Familien oder Paare beraten werden: Hier können die aktuellen Spannungen das Ausleben kreativer Spontaneität behindern. Daher müssen neben dem Kommunikationsmodus des Experiments gerade hier die Modi Beratung und klärende Diskussion stärkere Beachtung finden. Und dazu müssen auch Methoden aus Verfahren jenseits des Psychodramas eingesetzt werden.

Das gilt auch, wenn die Beratung eher zum *Consulting* zu rechnen ist, in dem Expertenwissen gefragt ist wie in der Schuldner-, Berufs- oder Gesundheitsberatung. Allerdings kann die Relevanz so mancher Sachverhalte auch durch anschauliche Elemente des dramatischen Spiels verdeutlicht werden.

Beratung mit KlientInnen in beruflichen, intimen Kontext der Arbeitswelt
Coaching und *Supervision* mit Einzelnen, aber auch mit stranger groups findet in einem intimen Rahmen statt, der durch Vertraulichkeit und Schweigepflicht geschützt ist. Ist in einem Dreiecksvertrag der Geldgeber einbezogen, so muss geklärt sein, welche Informationen kommuniziert werden dürfen. In jedem Fall müssen persönliche Eigenheiten, Schwächen und Fehler vertraulich behandelt werden. Daher sind auch hier spontane Spiele möglich, bei denen eben diese Schwächen unbeabsichtigt gezeigt werden können. Auch hier steht das gesamte Arsenal des Psychodramas zur Verfügung (Buer, 2004b; Behrendt, 2006).

Allerdings ist die Zielsetzung nicht so frei wie beim Counselling oder beim Life-Coaching. Denn es geht nicht nur um das persönliche Wohlergehen, sondern ebenso um eine angemessene Rollengestaltung im vorgegebenen Rahmen der jeweiligen Organisationskultur. Entsprechende Interpretationsfolien aus Mikropolitik, Organisationsentwicklung oder Organisationssoziologie können dabei gut mit Morenos Sicht des Menschen als Rollenspieler kombiniert werden (Buer, 2004d). Es geht aber auch um die Differenz von offiziellen Rollenerwartungen und informellen Beziehungen. Und hier bietet die soziometrische Interpretationsfolie der unterschwelligen sozioemotionalen Beziehungskonstellationen eine weitreichende, Augen öffnende Sicht der Arbeitskooperationen. Hier ist Aufstellungsarbeit oft das Arrangement der Wahl.

4.3 Beratung mit KundInnen im Kontext der Organisationsöffentlichkeit

In der *Organisationssupervision*, erst recht in der *Organisationsberatung* findet die Beratung mehr oder weniger organisationsöffentlich statt. Zwar müssen auch hier die vereinbarten Settings einen pfleglichen Umgang miteinander sicherstellen. Aber – gerade in Großgruppen – wird ein ungeschütztes Sichzeigen der Beteiligten in einem spontanen Spiel wohl kaum nachgefragt werden. Der psychodramatische Berater sollte sich daher weniger als „director", also weniger als Spielleiter wie in der Inszenierungsarbeit verstehen, sondern eher als Aktionsforscher, der gemeinsam mit allen Beteiligten nach einem vereinbarten Plan vereinbarte Probleme untersucht und vereinbarte Ziele zu erreichen sucht. Aber auch hier bietet Moreno ein Modell an: das der soziometrischen Aktionsforschung. Es kann sein, dass dann in dieser Lernarchitektur auch Rollenspiele oder Soziodramen möglich sind. Sie vermeiden aber in jedem Fall das Aufdecken persönlicher Eigenheiten und Schwächen.

Ausgehend von Morenos Interpretationsfolien der Rollen- bzw. Dramatheorie lässt sich dann die Organisationskultur als „interaktive Inszenierung" verstehen, die sich z.B. in einer bestimmten Mischung der drei typischen Handlungsmuster Rationalität – Tradition – Engagement darstellt (Buer 2004d).

5 Resümee für PsychodramatikerInnen

PsychodramatikerInnen, die ihr elaboriertes Verfahren vielfältig in der Beratungsarbeit einsetzen wollen, sollten folgendes berücksichtigen:

- Erst die Unterscheidung zwischen Format und Verfahren öffnet die Augen für das reichhaltige Angebot des Psychodramas seit Moreno, aber auch für die gesellschaftliche Produktion und Reproduktion der vielfältigen Formate.
- Formate müssen als institutionalisierte Rahmungen ernst genommen werden. Um sie bedienen zu können, ist spezifisches Wissen und Können jenseits des Psychodramas notwendig.
- Erst wenn ich um die spezifischen Erfordernisse eines Formats weiß, kann ich auch genauer aus dem psychodramatischen Angebot auswählen.
- Dann sehe ich, dass es offensichtlich neben der dramatischen Methode auch eine soziometrische gibt, deren Einsatz gerade in der Beratung vielfältige, neue Arbeitsmöglichkeiten eröffnet.
- Wenn auch diese beiden Methoden für den Modus des Experiments vielfältige Einsatzmöglichkeiten bieten und dieser Modus für die nachhaltige Wirksamkeit des Beratungsprozesses insgesamt von großer Bedeutung ist, so ist doch klar, dass für die Modi Beratung und Diskussion die Nutzung weiterer Methoden notwendig ist.
- Diese Problem angemessene Konstruktion einer spezifischen Kombination von Format und Verfahren in einem Arbeitskonzept, die Steuerung eines einmaligen Lernprozesses vor diesem Hintergrund und seine Evaluation ist die Kernleistung professioneller Tätigkeit. Die kann an keine Wissenschaft delegiert werden; sie kann auch nicht aus ihr deduziert werden. Hier ist jeder einzelne Berater gefordert.
- Wir brauchen präskriptive Konzepte, um uns in der unvorhersehbaren, je einmaligen Praxis orientieren zu können. Aber wir sollten uns nichts vormachen: Die Wirklichkeit sieht dagegen meist etwas bescheidener aus. Diese konkreten Erfahrungen sollten genau beschrieben werden (Deskription), um daraus für das weitere Vorgehen und angemessenere Präskriptionen die richtigen Schlüsse zu ziehen.
- Erst dieser zirkuläre Prozess von Präskription und Deskription kann im Austausch mit anderen ForscherInnen zu einer einigermaßen angemessenen kritischen Theorie der Beratungsformate mit ihren adaptierten Verfahren führen.
- Die für diese Beratungstätigkeit erforderliche professionelle Autonomie eröffnet erst die Spielräume, die neue, weiterführende Entwicklungen ermöglichen. Und hierfür bietet Morenos Kreativitätstheorie die entscheidende Interpretationsfolie.

Wer nicht daran glaubt, dass kreative Wachstumsprozesse, so banal sie auch zunächst erscheinen mögen, immer wieder möglich sind, es braucht nur ein förderliches Klima, der nimmt Morenos Angebot nicht ganz ernst. Diese Klimata zu schaffen, das ist die originäre Aufgabe von PsychodramatikerInnen auch in der Beratungsarbeit. Die von mir hier vorgelegte Landkarte eröffnet viele Wege in ein weites Feld, das sowohl wohlfahrtsstaatliche, wie auch wirtschaftliche Länder umfasst. Und welches Format kann das schon von sich behaupten?

Organisationsentwicklung jenseits des globalen Steigerungsspiels (2007)

Beraterinnen und Berater arbeiten nicht mit Organisationen, Strukturen oder Systemen, wie immer wieder gern behauptet wird, sondern mit konkreten Menschen in Arbeitsorganisationen, also mit Herrn Meyer oder Frau Schulze. Erreiche ich diese konkreten Menschen in einer Organisation nicht, erreiche ich auch die Organisation nicht. Im Mittelpunkt stehen bei mir also organisierte und sich organisierende Personen. Ich vertrete hier also eine *Akteurperspektive* auf Organisationen (Weick, 1995; Abraham, Büschges, 2004; Buer, 2004d).

Diese handelnden Menschen nehmen mit ihren Sinnesorganen Reize wahr, die sie der Innen- wie der Außenwelt zuordnen. Diese Signale interpretieren sie mit Hilfe von Interpretationsmustern, die ihnen im Laufe ihres Lebens einsozialisiert wurden oder die sie in Auseinandersetzung damit individuell entwickelt haben. Diese Muster können auch als mentale Modelle oder als psychosoziale Konstruktionen bezeichnet werden. Die Menschen wählen also aus diesem Erfahrungsstrom nach jeweils subjektiver Bedeutsamkeit aus und handeln wiederum selektiv nach ihren subjektiven Befindlichkeiten und Erfahrungen im Rahmen dieser Muster.

Auch wenn das Personal in Organisationen bestimmte Ziele anstrebt, hat sein Handeln oft nicht intendierte Folgen. Oder die Handlungskontexte haben sich unabhängig von den Handlungsweisen des Personals geändert. In beiden Fällen müssen die bisher bewährten Interpretationsmuster angepasst werden. Gelingt diese Passung aus eigener Kraft, so dass die richtigen Entscheidungen gefällt werden, verläuft die Organisationsentwicklung wie gewünscht. Gelingt die Passung nicht, bekommen die organisierten Menschen Probleme. In diesem Fall kann Beratung zur Verbesserung der Organisationsentwicklung eingesetzt werden. Wir BeraterInnen arbeiten dann an diesem *Anpassungsprozess von Mustern*, an nichts anderem. Wir arbeiten also an der Software, nicht an der Hardware. An der Hardware arbeiten die ManagerInnen selbst bzw. UnternehmensberaterInnen, wenn sie denn hinzugezogen werden.

Dabei kann sich die Beratung in Organisationen auf das gesamte Personal beziehen in einem umfangreichen Organisationsentwicklungsprojekt, aber auch nur auf kleinere Abteilungen, Gruppen oder Teams, etwa in einer Projektberatung, einem Workshop, einer Teamentwicklung oder einem Supervisionsprozess. Die Beratung kann sich auch auf einzelne Führungskräfte konzentrieren, etwa im Einzelcoaching. Das Ziel ist in all diesen Fällen: Die AdressatInnen sollen ihr Rollenhandeln in der Organisation so verändern, dass die gewünschte Organisationsentwicklung eher möglich wird. Ich vertrete hier also einen breit gefassten Begriff von Organisationsberatung.

Das heißt genauer: Diese in der Beratung geänderten Interpretationsmuster sollen wiederum die Wahrnehmung und Interpretation von Signalen aus der Außenwelt so verändern, dass das Personal andere Erfahrungen machen kann. Diese sollen eine andere Praxis ermöglichen, die von ihnen und von möglichst vielen Beteiligten und Betroffenen als besser bewertet wird. Ich vertrete also als Ziel der Beratung die Position des *Meliorismus*. Es geht um Verbesserungen in die richtige Richtung. *Gute* Arbeit des Personals zeigt sich dann in hoher Fachlichkeit, hoher Arbeitszufriedenheit und guter Einpassung in die Arbeitskontexte. Dann dürften auch die Arbeitsergebnisse stimmen.

Wir müssen also die TeilnehmerInnen von Beratungsprozessen bestimmte neue Herausforderungen erfahren lassen, die sie veranlassen, ihre alten Interpretationsmuster besser anzupassen. Dabei gehen wir davon aus, dass die Arrangements, die die neuen Erfahrungen herausfordern, etwas mit der Organisationswirklichkeit zu tun haben, die besser bewältigt werden soll. Wenn das angenommen werden kann, dann sind die TeilnehmerInnen auch motiviert, aus diesen neuen Erfahrungen heraus künftig in der Praxis anders zu handeln als bisher.

1 Organisationsentwicklung als Teil des globalen Steigerungsspiels

Der Soziologe Gerhard Schulze (2004) sieht das gegenwärtige gesellschaftliche Leben bestimmt durch ein globales Steigerungsspiel. Vor allem in den Bereichen Börse, Unternehmen, Forschung und Entwicklung, Naturwissenschaft, Konsum und Werbung geht es darum, immer schneller eine möglichst große Vermehrung bzw. Perfektionierung von Geld, Gütern, Erkenntnissen und Konsum zu erreichen. Wenn jedoch ein Ziel erreicht ist, muss sofort ein weiteres Ziel angestrebt werden. Ansonsten entstünde ja eine Leere, die mit Gefühlen der Absurdität, wie sie schon Camus beschrieben hat, verbunden wäre. Und die müssen unbedingt vermieden werden.

Die Steigerungslogik, an dem dieses Spiel orientiert ist, programmiert nach Schulze die Handelnden darauf,

- linear zu denken,
- immer kleinere Ausschnitte der Wirklichkeit zu bearbeiten und dabei Skalen zu folgen, die nach oben offen sind.
- Die Steigerung kann nur festgestellt werden, wenn sie sich objektiv, z.B. in Zahlen, ausdrücken lässt.
- Die Steigerungslogik richtet sich nach dem Nutzenkalkül,
- geht von einer unbegrenzten Steigerungsfähigkeit des Bearbeitungsgegenstands aus
- und unterstellt eine Regelhaftigkeit, die man erkennen und dann beherrschen kann.

Das Steigerungsspiel wird nun in zentralen Bereichen der Gesellschaft von vielen Akteuren gleichzeitig gespielt mit dem Ergebnis, dass die Wirkungen unüberschaubar geworden sind. Diese Grunderfahrung der Menschen in der Moderne gehört inzwischen zur Normalität. Da das Steigerungsspiel aber immer weiter geht, müssen auch die subjektiven Mitmachpotenzen ständig gesteigert werden. Das Problem ist nur, dass die Ergebnisse dieser Bearbeitung von Produzenten wie von Konsumenten nicht so einfach objektivierbar sind. Die Objektivierung des Subjektiven ist somit *die* Archillesferse des Steigerungsdenkens.

Hier nun kommen die Beraterinnen und Berater ins Spiel. Sie sollen die individuellen Kapazitäten der Subjekte steigern. Nach Meinung des Philosophen Peter Sloterdijk haben die heutigen Konsultanten die Ideologen abgelöst, die seit dem 18. Jh. bis in die 70er Jahre des 20. Jh. als Berater der Herrschenden damit betraut waren, „der notleidenden, unterinformierten und unter-motivierten Subjektivität als Ergänzer zur Seite zu stehen" (Sloterdijk, 2005, 103). Diese haben aber noch in Freund-Feind-Kategorien gedacht, haben Siegeshoffnungen verbreitet und die Kampfhemmungen der Subjekte bearbeitet. Die modernen

Konsultanten dagegen gehen „von der korrekten Annahme aus, dass Agenten, die nicht allzu viel tun können, am besten unterstützt werden von Konsultanten, die wissen, dass sie nicht allzu viel wissen. Seither ist Sokrates wieder mitten unter uns. Für Auskünfte dieser Qualität zahlen herausragende Inkompetenzträger inzwischen fast jede Summe" (ebd., 107).

Das heutige Stichwort zur Enthemmung von vorgegebenen gesellschaftlichen Abhängigkeiten zur Steigerung der subjektiven Entfaltungsmacht, heißt nach Sloterdijk „Innovation" und kennzeichnet damit das endlose Steigerungsspiel auf beste: Es geht um die Innovation der Innovation der Innovation... Dieser Innovationsdruck zeigt sich in höheren, vielfältigeren und anderen Anforderungen an das Personal. Dabei wird dem Einzelnen eine viel höhere Verantwortung für die Bewältigung dieser Anforderungen zugewiesen als bisher. Jetzt sollen sich alle MitarbeiterInnen als „interne Unternehmer" sehen, mindestens jedoch als „Arbeitskraftunternehmer". Der französische Soziologe Alain Ehrenberg (2004) interpretiert die eindeutige Zunahme von Depressionen jedenfalls in Frankreich als Symptom dieser Überforderung.

Die Paradoxie der Beratung heute besteht darin: Auf der einen Seite kann das Steigerungsspiel nur gespielt werden, wenn die Steigerungen objektiv festgestellt werden können. Da aber zugleich unüberschaubar viele Spiele gespielt werden und diese Prozesse interdependent sind, sind die Ergebnisse eines Spiels nicht mehr eindeutig auf bestimmte Steigerungsbemühungen zurückzuführen. Trotzdem sollen aber Produzenten wie Konsumenten weiter mitmachen. Ihre subjektiven Verarbeitungskapazitäten wie Handlungspotenzen müssen daher ebenso gesteigert werden. Diese Ergebnisse sollen ebenfalls objektiv festgestellt werden, was aber noch weniger gelingen kann, weil Menschen eigensinnig sind und unvorhersehbare Entscheidungen fällen.

Hier kommt eine unendliche Spirale in Gang von der Subjektivierung der Objektivierung zu deren Objektivierung bis zu deren Subjektivierung usw. usw. Und die Akteure, die diesen Wechselprozess handhaben sollen, sind die BeraterInnen. Diese sich ständig weiter treibende Paradoxie macht auch verständlich, warum BeraterInnen stets mit Ambivalenz begegnet wird. Sind sie nun wirksam oder nicht? Werden sie nun gebraucht oder nicht? Für die Akteure auf dem Markt gilt ebenfalls eine Paradoxie: Auf der einen Seite sind sie die Antreiber, die das Steigerungsspiel forcieren, um Wettbewerbsvorteile einzufahren. Auf der anderen Seite sind sie die Getriebenen, denen mitgespielt wird.

Durch die enorme Beschleunigung dieses Steigerungsspiels in den letzten 30 Jahren hat sich auch das Verständnis von Beratung in Organisationen in Westeuropa gewandelt: Bis in die 70er Jahre des letzten Jahrhunderts wurde Organisationsentwicklung mit den Menschen *von unten* betrieben. Dafür stehen etwa die Bücher: „Organization Development" 1974 von French und Bell oder „Produktivität und Menschlichkeit" 1984 von Becker und Langosch. 1994 ging es in dem Bestseller von Doppler und Lauterburg mit dem Titel „Chance Management" aber nur noch darum, den Unternehmenswandel zu gestalten. Ein professionalisierter Ansatz mit dem Anspruch, mehr Menschlichkeit in die Organisationen zu bringen, passt sich einem vorgegebenen Auftrag an.

Danach kommt die systemische Phase der OE, in der mehr *von der Seite* aus der Perspektive eines Beobachters die Kommunikationen in Organisationen betrachtet und verstört werden, so dass die Subjekte im Rahmen ihrer Möglichkeiten neue Wege der Viabilität finden könnten (Gairing, 1996). Das Executive Coaching ist nun der neueste Versuch, durch direkte Arbeit mit den Führungskräften *von oben* den Wandel zu begleiten (Schreyögg, 2004).

2 Die Rolle der externen BeraterIn

Dieser konzeptionelle Wandel der Organisationsberatung in diesem Steigerungsspiel zeigt sich in drei unterschiedlichen Rollen für externe BeraterInnen:

1. *Der kundenfreundliche Dienstleister*
   Er übernimmt unhinterfragt den Auftrag der Organisationsleitung, das Personal zum Mitsteigern zu befähigen. Er steht damit primär auf Seiten der Organisationsspitze. Tendenziell führt die Beteiligung am Steigerungsspiel aber zur Arbeitssucht mit all ihren negativen Folgen (auch für die Organisation), die der Berater aber nach abgeschlossener Beratung wohl kaum noch mitbekommt.
2. *Der klientenzentrierte Helfer*
   Er kümmert sich um die Zumutungen an die Subjekte, um sie durch zeitweises Unterbrechen des Steigerungsspiels vor Depressionen und Schlimmerem zu bewahren und wieder fit zu machen. Er steht damit primär auf Seiten des einzelnen Mitarbeiters. Da damit aber keine dauerhafte Lösung zu erzielen ist, weil die Zumutungen ja nicht aufhören, macht er sich somit unentbehrlich.
3. *Der professionelle Berater*
   Der professionelle Berater bietet dem Personal Lernarrangements an, in denen die Paradoxie zwischen den Anforderungen zu erhöhter subjektiver Funktionalität und dem subjektiven Eigensinn des Denkens, Fühlens und Handelns des Personals zum Thema gemacht wird. Er steht damit zwischen der Organisation und dem Personal. Das muss erst einmal von der Organisationsleitung wie vom Personal akzeptiert werden. Diese Position des Zwischen eröffnet Spielräume, in denen andere Regeln gelten als die des Steigerungsspiels. Es geht hier vielmehr um die Annäherung an ein Ideal.

Diese Handlungslogik sieht Gerhard Schulze durchaus neben der Steigerungslogik am Werke. Sie bestimmt alle personenbezogenen Tätigkeiten, aber auch das qualitätsbewusste Handwerk. Ist eine bestimmte Qualität erreicht, ist sie nicht mehr steigerungsfähig. Ist etwa eine Beratung oder die Herstellung eines Möbelstücks gelungen, dann ist sie vollendet. Sie ist damit abgeschlossen, bedarf keiner Steigerung. Diese Arbeit nach der Annäherungslogik wird durchaus noch gebraucht. Sie wird aber zur Zeit von der Steigerungslogik bedroht.

Das Ideal einer professionellen Beratung von Personal in Organisationen wäre nach der Annäherungslogik eine gelungene Balancierung zwischen Funktionalität und Eigensinn. Aus seiner Zwischenposition heraus kann der Berater Spielräume eröffnen, in denen kreative Lösungen für diese Balancierung aufsteigen können. Er setzt also auf Emergenz, nicht auf lineares zielorientiertes Denken wie die Steigerungslogik. Ich nenne diesen Berater deshalb professionell, weil es nach meiner Auffassung das zentrale Kennzeichen von Professionalität ist, mit unvermeidbaren Paradoxien in der Arbeit mit Menschen umgehen zu können (Buer, 2004e; 2006).

In der Beratung geht es also darum, die hier und heute mögliche Balancierung auszuprobieren, damit sie dort und morgen möglich werden kann. Diese pragmatische Lösung ist die beste: Sie kann hier und heute nicht gesteigert werden. Damit herrschen in der professionellen Beratung die Regeln des Annäherungsspiels. Die Beratung ergänzt damit das Steigerungsspiel. Das Personal muss lernen, nach beiden Regeln zu handeln, je nach Angemessenheit, will es nicht ganz aus dem Steigerungsspiel aussteigen.

3 Die Aufgabe der Aufstellungsarbeit im Strudel des Steigerungsspiels

Bert Hellinger hat das Familienstellen erfunden. Durch die Unterstützung von systemischen PsychotherapeutInnen konnte er mit seinen Seminaren bald großen Anklang finden: Nicht nur Laien ließen ihre Familien aufstellen, auch viele PsychotherapeutInnen und BeraterInnen fanden ihren Weg zu ihm, so dass bald Massenveranstaltungen möglich wurden. Da hier für viele ungewohnte und beeindruckende Erfahrungen gemacht wurden, fanden sich auch viele, die diese Methode nun in ihren beruflichen Feldern zum Einsatz brachten: Gerade Seminare im Rahmen der Personalentwicklung in Organisationen boten sich an, hier mal alles aufzustellen, was die TeilnehmerInnen so beschäftigte (Groth, Simon, 2005; Hilgers, 2005; Groth, Stey, 2007; Rosselet, 2005): Inzwischen ist seriösen BeraterInnen klar (Goldner, 2003):

1. Der autoritäre Gestus und das hierarchische Weltbild Hellingers sind abzulehnen. Lösungen müssen autonom und selbstverantwortlich generiert werden, wenn sie nachhaltig wirken sollen.
2. Die Arbeit mit Familiendynamiken kann nicht 1:1 auf die Arbeit in Organisationen übertragen werden, da beide Systeme nach anderen Prinzipien funktionieren.
3. Aufstellungsarbeit in Organisationen ist nur dann sinnvoll, wenn sie in einen OE-Prozess eingebunden ist und dabei eine spezifische Aufgabe übernimmt.

Unklar ist, ob Aufstellungsarbeit als ein eigenständiges Verfahren betrachtet werden soll. Die meisten professionellen AufstellerInnen bringen de facto eine bestimmte Anbindung an ein Verfahren mit: So ist etwa bei Fritz Simon ein systemisches Verfahren bedeutsam, bei Gunther Schmid ein hypnotherapeutisches, bei Insa Sparrer (2002) ein lösungsorientiertes. Dann wären Aufstellungen eher ein Arrangement innerhalb eines Verfahrens (Weber u.a., 2005).

Matthias Varga von Kibéd ist wohl der derjenige, der am meisten dazu beigetragen hat, Aufstellungsarbeit als eigenständiges Verfahren zu entwickeln. Er nennt seinen Ansatz „Systemische Strukturaufstellung" mit verschiedenen Arrangements: Etwa die Tetralemmaaufstellung, die multiple Entscheidungsaufstellung, die Glaubenspolaritätenaufstellung usw. Und er versteht die Aufstellung als eine eigene transverbale Sprache mit einer eigenständigen Grammatik (Daimler, Sparrer, Varga von Kibéd, 2003; Sparrer, Varga von Kibéd, 2000; Sparrer, 2006).

In diesem Ansatz werden im Basisarrangement die StellvertreterInnen vom Protagonisten spontan in Relation zueinander im Raum aufgestellt. Zudem ist neben der Entfernung der Winkel wichtig, in dem sie zueinander stehen. Die Körperempfindungen, Gefühle und Gedanken der StellvertreterInnen aus ihrer jeweiligen Position heraus im Unterschied zu den anderen Positionen sind Informationen, die beim Protagonisten zu bedeutsamen neuen Erkenntnissen führen. Peter Schlötter (2005) hat inzwischen in einem Forschungsprojekt nachgewiesen, dass diese Positionierung im Raum als eine eigene Sprache verstanden werden muss, die neue Erkenntnisse generieren kann. Daher kann Varga von Kibéd auch mit einer verdeckten Aufstellung arbeiten, bei der die Stellvertreter nicht wissen, was oder wen sie repräsentieren. Sie nehmen nur die Konstellation im Raum wahr.

Diese Aufstellung hat nun deshalb etwas mit der Wirklichkeit in der Organisation jenseits der Aufstellung zu tun, als sich der Protagonist ja ein bestimmtes Bild von der Organisation während seiner Arbeit *eingebildet* hat, das er in die Aufstellung mitbringt (Hüther, 2006; Morgan, 1997). Seine Aufgabe ist hier nun, dieses Bild *auszubilden*, indem er es als

Konstellation im Raum spontan gestaltet. Diese Ausbildung seiner Einbildung kann aber nur im Rahmen seiner eigenen Interpretationsmuster geschehen. Insofern stecken in der Raumaufstellung seine Muster. Es findet also eine Übersetzung eines inneren Bildes in eine Raumkonstellation statt. Diese Raumsprache kann von den StellvertreterInnen gelesen werden und wird wieder auf Nachfrage in verbale Sprache übersetzt.

Die Lektüre dieser Raumkonstellation durch Fremde bringt etwas zur Verbalisation, was dem Protagonisten bisher bei der eigenen Interpretation seines inneren Bildes unklar, da unausgebildet war. Das Sehen und das Spüren der Raumkonstellation und das Wahrnehmen der Resonanzen der Stellvertreter beeinflusst seine bisherigen Interpretationsmuster. Sie kommen in Bewegung. Wenn nun noch in der Konstellation eine Dynamik auftaucht, die zu einer neuen Aufstellung führt, in der sich die StellvertreterInnen besser aufgehoben fühlen als bisher aufgestellt, dann ordnen sich die Muster im Protagonisten koevolutiv neu. Wird diese neue Sicht der Dinge vom Protagonisten eindeutig als besser erlebt, dann hat eine Neuordnung der eigenen Sichtweise stattgefunden, die Entscheidungen für neue Handlungsweisen ermöglicht.

Das Faszinierende an diesem Vorgehen ist seine Schlichtheit. Die StellvertreterInnen müssen nichts über die Thematik wissen, sie müssen nichts spielen oder sich sonst irgendwie exponieren. Sie müssen nur bereit sein, sich der Raumkonstellation auszusetzen, ihre Resonanzen bei sich wahrzunehmen und in Worte zu fassen. Dazu ist kein professionelles Wissen notwendig, sondern nur ein differenziertes Wahrnehmen und eine differenzierte Verbalisierung, die aber vom Berater unterstützt werden kann.

Aufstellungsarbeit findet zumeist in stranger groups statt. Sie kann aber auch in Arbeitsgruppen oder Teams stattfinden, wenn sie sich nicht auf die Beziehungen untereinander konzentriert. Denn das dürfte zu Verzerrungen der Wahrnehmung durch die StellvertreterInnen oder zu Selektionsprozessen bei der Verbalisation führen. Sachliche Themen, die für die Entscheidungsfindung der Organisation wichtig sind, können aber durchaus in einem Team behandelt werden.

Durch Aufstellungsarbeit in Organisationen können also nicht betriebswirtschaftliche Analysen oder unternehmerisches Handeln ersetzt werden. Sie kann nur dazu dienen, subjektive Interpretationsmuster zu verflüssigen und damit neue, passendere Sicht- und Handlungsweisen freizusetzen. Es geht um die Software, nicht um die Hardware. Genau diese Aufgabe wird auch der Aufstellungarbeit von seriösen OrganisationsforscherInnen und -beraterInnen zugewiesen. Dabei wird der Ansatz von Varga von Kibéd favorisiert. So schreibt z.B. Johannes Rüegg-Stürm, Direktor des Instituts für Betriebswirtschaft an der Universität St. Gallen:

> „Systemische Organisationssimulationen ermöglichen (...) eine sorgfältige Beobachtung und einen informierten Umgang mit den latenten Strukturen einer Organisation, d.h. mit Regeln und Grundannahmen zur Zusammenarbeit, Führung und Kommunikation einer Organisation, die selbst häufig nicht beobachtbar und kommunizierbar scheinen" (Rüegg-Stürm, Schumacher, 2007, 78).

Aufstellungen bezeichnet er hier als Organisationssimulationen. Latente Strukturen einer Organisation sind in meiner Diktion die kollektiven Interpretationsmuster, die die Protagonisten in subjektiver Färbung jeweils mitbringen. Und der Organisationsberater Rudi Wimmer schreibt:

"Der Mehrwert (der Organisationsaufstellungen, F. B.) liegt (...) in der Einführung und Beschränkung auf andere Unterscheidungen bzw. Beobachtungskriterien (als die die Organisationsanalytiker, F. B.), um auf diesem Wege *ganz neue* Informationen über das System zu *generieren, und zwar auf ganz spezifische Weise,* indem nämlich der Zugang zu personennahen Wahrnehmungsmöglichkeiten erschlossen wird" (Wimmer, Gebauer 2007, 225).

Diese latente Struktur steckt eben nicht in den objektiv beobachtbaren Materialisierungen der Organisation. Sie steckt in den Subjekten und soll ja im Rahmen des Steigerungsspiels gerade einbezogen werden. Die Aufstellungsarbeit ist *eine* Möglichkeit, die Wahrnehmung latenter, aber äußerst wirksamer Muster in der Organisierung von Arbeit zu schärfen und damit die Selbstbeobachtungskapazitäten einer Organisation um eine weitere Dimension zu erweitern. Ihre Konjunktur passt also in den Prozess der Enthemmung der Subjekte zum Nutzen der Organisationsentwicklung in Zeiten, in denen nicht einfach mehr von oben aus entschieden werden kann.

4 Das Potenzial der Moreno-Tradition

Wenn im Aufstellungsdiskurs nach den Wurzeln gefragt wird, wird Moreno durchaus erwähnt. Allerdings wird nur auf das Psychodrama verwiesen und damit auf die offensichtlichen Unterschiede zur Aufstellungsarbeit. Matthias Varga von Kibéd ist inzwischen informierter: Er hat Morenos Soziometrie zur Kenntnis genommen und sieht hier die entscheidenden Verbindungslinien zu seinem eigenen relationistischen Ansatz.

Wenn wir uns also als PsychodramatikerInnen am Aufstellungsgeschehen in Organisationen beteiligen wollen, dann sollten wir an die Traditionen bei Moreno anknüpfen, die am ehesten kompatibel sind und die zudem eine Bereicherung darstellen könnten. Und da sehe ich vor allem vier Sichtweisen, die professionelle BeraterInnen nutzen können:

4.1 Die Organisation als interaktive Inszenierung

Wenn wir mit dem Personal in Organisationen psycho- oder soziodramatisch arbeiten, dann greifen wir die Inszenierungen auf, die in der Organisation gespielt werden. Organisation kann dabei verstanden werden als eine „interaktive Inszenierung" (Buer, 2004c). In dieser Sichtweise sind alle Beteiligten Rollenspieler in verschiedenen Aufführungen auf verschiedenen Bühnen. Es geht dabei um „impression management" gegenüber den KollegInnen, den Vorgesetzten, den KundInnen, den LieferantInnen, den GeschäftspartnerInnen. Durch diese aktiven Inszenierungen sollen die verschiedenen MitspielerInnen dazu gebracht werden, ihre komplementären Gegenrollen einzunehmen, so dass ein Spiel gespielt werden kann, in dem der Protagonist seine Absichten durchsetzen kann. Es kann aber auch umgekehrt sein, dass jemandem mitgespielt wird. Dann soll er gegen seine ursprüngliche Absicht Gegenrollen übernehmen. In den gemeinsamen Aufführungen müssen diese Machtspiele austariert werden, wenn es nicht zu einer massiven Spielunterbrechung und damit zu einem frühzeitigen Abgang von der Bühne kommen soll.

Diese Sichtweise bietet den Vorteil für die Beratung, sich Praxisverläufe in psycho- und soziodramatischen Inszenierungen in ungewohnten Perspektiven erneut anzuschauen, um sie auf ihre Verflechtungen und ihre intendierten, aber auch nicht intendierten Folgen hin zu untersuchen. Damit werden die interaktiven Inszenierungen aus dem vergangenen Organisationsprozess umfassend repräsentiert. Neuinszenierungen sind dann nahtlos in eine zukünftige Praxis umzusetzen.

Diese *Inszenierungsarbeit* in Organisationen muss mit einer festen Gruppe mindestens so lange laufen, bis eine Reihe kreativer Einsichten aufgetaucht ist und eine Umsetzung konkretisiert wurde. Ansonsten bleibt sie ein event wie so manche Aufführungen des Unternehmenstheaters und hat kaum nachhaltige Wirkungen. Diese Arbeit ist nach wie vor die Domäne der PsychodramatikerInnen. Sie ist aber aufwändig: Die TeilnehmerInnen müssen sich auf Rollenspiele einlassen, sie müssen ihre Rolle als Hilfs-Ich lernen und professionelles Wissen einbringen. Bei professionellen Mitarbeitergruppen, die schon über hohe Kommunikationskompetenzen verfügen, ist diese Inszenierungsarbeit nach wie vor angezeigt und ertragreich.

In einem Kontext aber, in dem das Steigerungsspiel gespielt wird, müssen auch andere Mitarbeitergruppen einbezogen werden, die diese Voraussetzungen nicht mitbringen. Zudem sollen schnell neue Einsichten generiert werden, die schnell zu überzeugenden Entscheidungen führen. Da ist die Aufstellungsarbeit im Vorteil.

So berichtet etwa der Leiter eines großen Unternehmens in der Schweiz, Luigi Pedrocchi, dass sie seit über vier Jahren alle zwei Monate an einem halben Tag Aufstellungen durchführen (Pedrocchi, Rosselet, 2007). Beteiligt sind jeweils die Manager, die eine Sachfrage klären müssen. Aufgestellt werden Personen, Personengruppen wie etwa die Kundengruppen oder Abteilungen, aber auch Sachaspekte. Und es geht darum zu überprüfen, ob die aufgestellten Elemente in der richtigen Relation zu einander stehen und ob etwas Wichtiges vergessen wurde. Welche Konsequenzen sich nun aus diesen Einsichten ergeben, kann dann anschließend im Gespräch geklärt werden. Dazu wird dann die Dialogmethode nach David Bohm eingesetzt.

Wenn wir in diese Richtung gehen wollen, müssen wir an die *Soziometrie* von Moreno anknüpfen. Zunächst bezieht sich die Soziometrie auf die unterschwelligen sozioemotionalen Beziehungsnetze zwischen Personen, die miteinander leben und arbeiten. In einem bestimmten Handlungszusammenhang mit mehreren Beteiligten sendet und empfängt jeder Botschaften der Anziehung und Abstoßung. Daraus ergibt sich unterschwellig eine sozioemotionale Nähe oder Distanz zwischen den Anwesenden. Diese telischen Kräfte konstellieren ein Beziehungsnetz, das das Handeln der Akteure beeinflusst. Da jeder danach strebt, sich in diesem Netz eine angenehme Position zu verschaffen, der Vorteil für den einen aber oft mit Nachteilen für den anderen verbunden ist, entstehen Spannungen, die austariert werden müssen. Oder aber es entstehen Untergruppen, die nur noch selektiv untereinander kommunizieren. Das kann zu einer Kommunikations- und dann auch Kooperationsdeformation führen.

Diese Beziehungskonstellationen können nun im Raum aufgestellt werden. Hier wird meist egozentriert verfahren: D.h. die Aufstellung erfolgt aus der Sicht einer Person. Das geschieht häufig in einer stranger group innerhalb eines Seminars, eines Trainings oder eines Beratungsprozesses. Hier wird an die Aufstellung eines Sozialatoms angeknüpft, wie sie in der Moreno-Tradition üblich ist. Dabei werden allerdings die Hilfs-Iche wie Rollenspieler behandelt: Wenn sie auch nicht in einer Szene spielen sollen, so werden sie doch eingerollt und oft mit einer gestischen Haltung versehen. Hier können nun die verschiedenen Psychodrametechniken eingesetzt werden, wie Interview, Spiegeln, Doppeln, Rollenwechsel. Es kann dann eine Veränderungsdynamik entstehen, die in einem Stegreifspiel endet, so dass die Aufstellung in eine Inszenierung übergeht.

Das Ganze erscheint dann doch – gerade für Außenstehende – nur als eine Variante des Psychodramas: Alle Elemente des Psychodramas kommen vor, es wird allerdings nur nicht so viel gespielt. So stellen etwa Falko von Ameln und Josef Kramer in ihren Publikationen (Ameln, Kramer, 2007; Ameln, Lames, 2007) die Systemaufstellung in Organisationen aus psychodramatischer Sicht dar. So kann man sicher erfolgreich arbeiten. Ich meine aber: Aus dem soziometrischen Ansatz Morenos lässt sich mehr machen. Das möchte ich erläutern:

4.2 Das soziometrische Denken in Konstellationen

Das soziometrische Denken konstruiert den Menschen als Knoten in einem Beziehungsnetz (Buer, 2001a; Pruckner, 2004). Entscheidend für seine Entwicklungsmöglichkeiten sind die Quantität und die Qualität seiner Relationen in der kleinsten Einheit dieses Netzes, dem Sozialatom. Der Mensch wird also nicht durch seine Eigenschaften substanziell definiert, sondern durch seine Relationen. In diese Relationen kann er hineingeraten, er kann sie aber auch aufsuchen. In der Soziometrie geht es nun darum, diese unterschwellige Konstellation wahrnehmbar und damit bewusst zu machen. Das kann in der kalten Soziometrie durch verschiedene Erhebungsverfahren erfolgen. Das kann aber auch in der heißen Aktionssoziometrie durch *Aufstellungen* im Raum geschehen. Und an diese Tradition knüpfe ich an.

Dann geht es nicht um eine Szene, die im Rollenspiel in einer bestimmten zeitlichen Reihenfolge nachvollzogen werden soll. Sondern es geht nur um eine Konstellation von Personen in Relation zu einem Protagonisten. Diese Personen tauchen also nicht als RollenspielerInnen auf, sondern nur als StellvertreterInnen in einer bestimmten Position. Sie erfahren sich also in einer solchen Aufstellung als Knoten in einem Beziehungsnetz, das durch Anziehung und Abstoßung gekennzeichnet ist. Diese Erfahrung löst Resonanzen aus, die wiederum verbalisiert werden können. Damit haben wir das gleiche Phänomen vor aus, wie schon für die Strukturaufstellung von Varga von Kibéd beschrieben.

Während es bei *Moreno* zunächst nur um die unterschwelligen sozioemotionalen Strebungen von Personen und ihre Sichtbarmachung durch eine Aufstellung im Raum ging, so kann es jetzt als Ergebnis unserer Überlegungen auch darum gehen, die StellvertreterInnen nicht nur für Personen, sondern auch für Aspekte, Abteilungen, Themen zu nutzen. Der Protagonist hat ihnen eine Position in einer Konstellation zugewiesen. Damit wird ein telisches Feld aufgebaut, auf das die StellvertreterInnen leiblich, emotional und kognitiv reagieren. Ihre Verbalisation dieser Resonanzen sagt dem Protagonisten etwas über die Relation dessen, was der Stellvertreter repräsentiert, zu den anderen positionierten Elementen des aufgestellten Systems.

Die Philosophin Katrin Wille (2007), die Strukturaufstellung nach Varga von Kibéd vertritt, sieht ebenfalls in den Konstellationen das entscheidende Wahrnehmungsfeld, aus dem heraus die Erkenntnisse der StellvertreterInnen kommen. Sie bezieht sich in diesem Denken auf den Philosophen Heinrich Rombach, der den Konstellationen eine eigenständige Informationsquelle zuschreibt. Schon 1996 hat Jürgen Dornieden in einem Beitrag im Jahrbuch für Psychodrama *Morenos* Soziometrie diesem Konstellationsdenken, wie Rombach es fasst, zugeordnet. Damit ist ein gemeinsamer Bezug von Moreno und Varga von Kibéd hergestellt.

Diese Möglichkeit, aus den Resonanzen auf Konstellationen dem Protagonisten Wahrnehmungen anzubieten, die sein bisheriges Bild erweitern, so dass seine bisherigen Interpretationsmuster eines bestimmten Zusammenhangs verflüssigt werden, ist also aus soziometrischer Sicht gut begründet. Eine solche abstrakte Aufstellung bietet einen eigenständigen Erkenntnisweg an, der neben die übliche Inszenierungsarbeit gestellt werden kann. Allerdings ist der Psychodramatiker hier weniger als Regisseur gefragt.

4.3 Der professionelle Berater als Aktionsforscher

Moreno hat die Soziometrie immer als Verfahren der Aktionsforschung verstanden (Dollase, 1981; 1996). Es geht darum, mit den Beteiligten gemeinsam einen Handlungszusammenhang aus ihrer Praxis zu erforschen, um zu Erkenntnissen zu kommen, deren Berücksichtigung ihre künftige Praxis verbessern kann. Diese Forschungstradition hat Moreno gegen die übliche Laborforschung schon in den 30er Jahren zeitgleich mit Lewin und seinen Schülern begründet (Petzold, 1980). Die Aktionsforschung ist eine der Grundlagen der Organisationsberatung. In dieser Tradition muss sich der Aktionsforscher ins Feld begeben, dort Arrangements zur Diagnose der Problemlagen vorschlagen und zusammen mit den Betroffenen Ergebnisse erarbeiten, die dann zu deren Handlungsveränderungen führen sollen (Moser, 1995).

Die Aufstellungsarbeit ist nun ein spezifisches Arrangement zur Erkenntnisgewinnung in Organisationen, in dem gerade die subjektiven Sichtweisen einer Überprüfung unterzogen werden. Der Psychodramatiker als Aktionsforscher sollte diese Möglichkeit zusätzlich im Repertoire haben. Der professionelle Berater als Aktionsforscher ist also nicht aufs Psychodrama fixiert: Er kann auch andere Methoden und Arrangements für vielerlei Änderungsformate vorschlagen und zusammen mit anderen durchführen.

4.4 Der Berater als Ermöglicher kreativer Emergenz

Der Protagonist platziert die StellvertreterInnen ganz spontan in Kontakt mit seinem inneren Bild quasi aus dem Bauch heraus in Relation zueinander im Raum. Er setzt damit wie Moreno auf die Spontaneität als Wegweiser. Die Resonanzen der StellvertreterInnen wie seine eigenen auf diese Konstellation weisen auf neue Aspekte hin, die er bisher nicht denken konnte. Damit werden seine Muster verflüssigt oder gar erschüttert. In dieser Lage kann ein Sog auf eine neue Konstellation hin erfolgen, die von ihm, aber auch von den StellvertreterInnen ausgehen kann. Der Leiter kann dazu Mut machen, ihm nachzugeben. Dann kann eine neue Konstellation auftauchen, die als Lösung wahrgenommen wird.

Dieses Phänomen kann als *kreative Emergenz* bezeichnet werden. Es widerspricht dem linearen Denken, wie es die Steigerungslogik nahe legt. Erkenntnisse werden also nicht systematisch erweitert, ausgebaut oder perfektioniert. Sie ergeben sich, wenn man spontan Einbildungen ausbildet, sich diesen Ausbildungen mit Leib, Herz und Verstand aussetzt, Erschütterungen zulässt und sich dann die gerade gemachten neuen Erfahrungen wieder einbildet.

Diesen kreativen Vorgang möchte ich als *Besinnung* bezeichnen. Es geht darum, mit allen Sinnen Neues wahrzunehmen und darin dann einen neuen Sinn zu entdecken. Eben darum kann auch Aufstellungsarbeit zur Besinnung bringen.

5 Was Aufstellungsarbeit nach Moreno als Beitrag zur Besinnung leisten kann

Ich persönlich setze Aufstellungsarbeit im Rahmen der Organisationsberatung in den Formaten Supervision, Coaching, Training oder Fortbildung mit Gruppen ein. Ich betrachte die Aufstellung dann als ein Lernarrangement, das vor meinem Hintergrund als Aktionsforscher in der Moreno-Tradition an bestimmten Stellen eines Prozesses indiziert ist, um bestimmte Ziele zu erreichen. Diese Ziele ergeben sich allgemein aus dem jeweiligen Format und konkret aus den Aufträgen der Teilnehmer an diesen Lernprozess. Dann geht es etwa um die Verbesserung der professionellen Handlungsqualität in der Supervision, um eine bessere Steuerung der Mitarbeiter im Coaching, um das Einüben konkreter Fähigkeiten im Training, um Wissensvermittlung in einer Fortbildungsmaßnahme.

In einem solchen Lernprozess ist Aufstellungsarbeit dann indiziert, wenn Geschichten erzählt werden, in denen die Thematisierung von Konstellationen direkt auftaucht oder zumindest nahe liegt und eine Aufstellung Überblicke und Einblicke bieten kann, die zu klareren Einsichten und in der Folge zu besseren Arbeitsvollzügen führen können. Aufstellungsarbeit muss also zu den auftauchenden Themen passen und nicht umgekehrt.

In meinem Konzept der Aufstellungsarbeit orientiere ich mich auf der einen Seite am Konzept von Matthias Varga von Kibéd, weil es sehr schlicht, dabei aber äußerst wirksam ist. Auf der anderen Seite knüpfe ich vor allem an das soziometrische Denken Morenos an. Daher spreche ich auch von *soziometrischer* Aufstellungsarbeit. Diese Einbettung in Morenos Ansatz bietet mir weitere methodische Möglichkeiten, aber auch weitere Interpretationsfolien und vor allem eine Philosophie mit einem humanistischem Menschenbild und einer Haltung als *facilitator*.

So enthält der Ansatz von Varga von Kibéd keine elaborierte Organisationstheorie. Dieses Manko kann ich durch die Anknüpfung an Morenos Sichtweise von Organisationen als *interaktive Inszenierung* beheben. Diese Sicht wiederum ist kompatibel mit interpretativen Traditionen der Organisationstheorie, wie etwa den Ansätzen der Mikropolitik (Heinrich, Schulz zur Wiesch, 1998) oder der Organisationskultur (Schein, 1995; 2000; 2003; Schmidt, 2005). Auch hier wird eine Akteurperspektive vertreten, die wiederum in einer Handlungstheorie begründet ist, wie sie im Sozialen Konstruktivismus, im symbolischen Interaktionismus oder im Pragmatismus ausgearbeitet ist. Diese Organisationstheorie im Hintergrund, kann ich die Erzählungen wie die Aufstellungen umfassender interpretieren und die Übergänge in die Praxis der jeweiligen Organisation besser ausrichten.

In meiner Aufstellungsarbeit geht es um die Relation zum Stellvertreter des Protagonisten (Doppelgänger, Double, Stand-In) und zu den anderen StellvertreterInnen. Die Relation wird wie bei den Strukturaufstellungen nur durch Distanz und Nähe und durch den Stellungswinkel ausgedrückt. Daher werden auch bei mir die StellvertreterInnen nicht eingerollt. Sie sollen eben nicht mitspielen, sondern sich nur auf die Wahrnehmung der Raumkonstellation konzentrieren. Sie sollen nur ihre Resonanzen in ihrer Position im Konstellationsgeflecht erspüren. Dann werden sie vom Leiter nach ihren Leibempfindungen, ihren Emotionen und ihren spontanen Einfällen befragt. Sie übersetzen dann ihre Lektüre der Raumkonstellation in Verbalisation.

Im Unterschied zu den Strukturaufstellungen lege ich viel Wert auf die phänomenale Beschreibung der aufgestellten Konstellation durch den Protagonisten in der Spiegelposition: Er sieht sich aufgestellt als Knoten von Beziehungen. Er kann dann um dieses Beziehungsfeld herum, aber auch in dieses Feld hinein gehen, um die telischen Anziehungs- und Abstoßungskräfte zu erspüren. Schon hier können sich Änderungsdynamiken zeigen.

Im Unterschied zu den Strukturaufstellungen schlage ich auch Positionswechsel des Protagonisten mit relevanten StellvertreterInnen vor und befrage auch den Protagonisten dann nach seinen Wahrnehmungen und Einfällen. Danach kann auch ein Positionswechsel mit der Position seines eigenen Stellvertreters stattfinden. Damit hinterlassen die Erfahrungen in diesen verschiedenen Positionen tiefe Einbildungen im Protagonisten, die seine bisherigen Interpretationsmuster verflüssigen können. Diese Einbildung in verschiedenen Positionen der Konstellation ist wirksamer als nur die Beobachtung von außen wie in der Strukturaufstellung.

Dabei begleite ich den Protagonisten und fokussiere ständig seine Aufmerksamkeit auf die Wahrnehmung der Konstellationen, damit sie mit seinen inneren Bildern konfrontiert werden. Die spontan aufgestellten Relationen im Raum sprechen nämlich eine andere Sprache. Indem ich den Protagonisten veranlasse, diese Raumsprache zu verbalisieren, werden die alten Verbalisierungen in den Erzählungen aus der Organisation, die zur Aufstellung geführt haben, verflüssigt. Diese neue Verbalisation muss die alte Geschichte mit den neuen Wahrnehmungen verbinden. Mit dieser Neuverbalisation sind unvermeidlich neue Erkenntnisse verbunden.

Wenn die aufgestellte Gruppe eine Veränderungsdynamik anzeigt, kann ich sie auch bitten, eine Umgruppierung vorzunehmen, um dem Protagonisten diese Dynamik zu verdeutlichen. Die Gruppe hat also in meinem Konzept eine wesentlich wichtigere Aufgabe als bei den Strukturaufstellungen. Alle StellvertreterInnen sind Hilfs-Iche, die als Teile der Protagonisten-Konstellation mitfühlen und ihre Resonanzen und Impulse zu seinem Wohl einbringen.

Auch der Protagonist kann Veränderungsdynamiken herausspüren und Veränderungsmöglichkeiten ausprobieren. Dann kann er die Konstellation verändern und sich von den StellvertreterInnen sagen lassen, was diese Umpositionierung mit ihnen macht. Ich selbst als Leiter nehme keinerlei Umstellungen vor, weise höchstens auf Möglichkeiten hin. Ich unterstütze nur den Protagonisten, die Aufstellungssprache auch wahrzunehmen, seinen Umstellungsimpulsen zu folgen und alte mit neuen Bildern zu verbinden. Dazu nutze ich den guten telischen Kontakt, den ich zu ihm aufgebaut habe und ständig halte.

Es wird in diesem Prozess zumeist plötzlich eine Konstellation auftauchen, die als qualitativ neuartig wahrgenommen werden kann. Gerade hier ist es Aufgabe des Leiters, die Wahrnehmung des Protagonisten auf diese neue Aufstellung zu fokussieren. Erst indem er diese Neukonstellation *einsehen* kann, verschmilzt das alte konservierte Bild mit den alten, aber schon verflüssigten Mustern zu einer neuen Verbalisation, die kreative Lösungen enthält. Aufstellungs- und Prozessarbeit fallen hier also zusammen.

Auch die Abschlusskonstellation kann aber nur eine Zwischenlösung sein. Denn alle Lösungen sind einem beständigen Anpassungsprozess an sich unabhängig veränderte Kontexte unterworfen. Sie sollte aber den Protagonisten ermutigen, Konsequenzen für seine Arbeitspraxis zu ziehen. Er soll sich diese neue Ausbildung einbilden, damit er sie in seiner Praxis wieder ausbilden kann.

Die Aufstellungen des Protagonisten können aber auch bei spielfreudigen StellvertreterInnen eine Dynamik auslösen, die sie in einem spontanen Spiel ausagieren wollen. Dieser Tendenz sollte der Leiter jedoch widerstehen. Nur der Protagonist kann in Kooperation mit dem Leiter entscheiden, was er und wie viel erleben möchte. Es kann aber aus der Konstellation heraus beim Protagonisten eine erinnerte oder eine fiktive Szene aufsteigen, die zu einer Inszenierung führen kann. Sie kann angeschlossen werden, wenn sie tatsächlich etwas Neues bietet. Es muss aber klar zwischen Inszenierung und Aufstellung unterschieden werden. Die Arbeitslogik ist eine andere und alle Beteiligten haben andere Rollen. Während sich im Spiel kreative Einsichten aus der Überwindung hemmender Handlungsverläufe ergeben (Szenisches Verstehen), stellen sie sich in der Aufstellung durch Einsteigen in die und Aussteigen aus den telischen Strömungsverläufen zwischen den Positionen her (Telische Wahrnehmung).

Die neuen Einsichten aus der Aufstellung müssen dann wieder mit dem Lernprozess der Gruppe im jeweiligen Format verbunden werden, etwa durch ein Feedback der StellvertreterInnen aus den Positionen und ein Sharing. Durch diese Einbindung in einen umfassenderen Lernprozess wird die Aufstellungsarbeit nicht mit Erwartungen überfrachtet, denen sie gar nicht entsprechen kann.

Ich sehe also mein Konzept soziometrischer Aufstellungsarbeit im Rahmen professioneller Beratung. Es kann zur Besinnung beitragen, um mit Besonnenheit im Strudel des Steigerungsspiels nicht die professionelle Orientierung zu verlieren (Heintel, 1999).

Weiterführung

Für viele PsychodramatikerInnen in Deutschland, Österreich und der Schweiz war meine Wiederbelebung des gesellschaftspolitischen Programms Morenos anregend genug, um diesen Weg weiterzugehen. So wurden die religiösen Kontexte vor allem von Friedel Geisler (1989; 1996; 1999), Christoph Hutter (1996; 1997; 2000), Lisa Tomaschek-Habrina (2004; 2005) und Eleonore Näf (2008) weiter ausgeleuchtet. Klaus Lammers hat den ästhetischen Aspekt für die Lebensgestaltung ausgemalt (1996; 1998; 2000). Sven Papcke hat Moreno in den soziologischen Diskurs zurückgeholt (Papcke, 2006; Buer, 2001a). Die stärkste Resonanz jedoch hat meine Unterscheidung von Format und Verfahren (Buer, 2007b) gefunden. So haben etwa Falko von Ameln, Ruth Gerstmann und Josef Kramer ihr Grundlagenwerk zum Psychodrama (2004; 2009) in einen Abschnitt über das Verfahren Psychodrama (Kapitel I – V) und über verschiedene Formate und Felder (Kapitel VI) eingeteilt. Und Johannes Wildt, Birgit Szczyrba und Beatrix Wildt (2006) haben die hochschuldidaktische Beratung nach Format und Verfahren strukturiert.

Selbst durchgeführt habe ich diese Unterscheidung aber vor allem am Beispiel von Supervision und Psychodrama (Buer, 1997a; 1999d; 2000a; 2001b; 2009a). Meine Kombination hat viele PsychodramatikerInnen angeregt, ihre Version einer psychodramatischen Supervision zu entwickeln (z.B. Cremer-von Brachel, 2004; Geisler, 2004; Gellert, 2008; Kieper-Wellmer, 2004; Klein, Frohn, Utrecht, 2007; Krahl, 2005; Krall, 2008; 2009; Krall, Schulze, 2004; Leuthner-Beller, 2004; Rütz-Lewerenz, 2004; Ottomeyer, 2004, Ramsauer, 2007; Rothenberg, 2005; 2007; Schwitalla, 2004; Wegehaupt-Schneider 2004; K. Weiß, 2005; 2006; 2008; R. Weiß, 2004; Wieck, 2004; Witte, 2004a; 2004b). Leider wurde aber die Bedeutung, die ich dieser Dialektik von Format und Verfahren zugemessen habe, zumeist nicht angemessen gesehen. Deshalb sei sie hier noch einmal in einen gesellschaftspolitischen Kontext gestellt. Ich sehe gegenwärtig vier Möglichkeiten, mit dem Psychodrama umzugehen:

- Das Psychodrama als eigenes Soziotop
  Viele PsychodramatikerInnen beziehen sich in ihren Beschreibungen des Psychodramas – jedenfalls implizit – auf Selbsterfahrungsgruppen im Rahmen der Psychodramaausbildung (z.B. Soppa, 2000; 2009; Rosenbaum, Kroneck, 2007). Das ist dann Psychodrama mit und für PsychodramatikerInnen. Das mag für die Beteiligten angenehm und nützlich sein. Damit werden aber in der Gesellschaft keine Veränderungsräume eröffnet.

- Das Psychodrama in idealistisch-emanzipatorischer Absicht
  Durch soziodramatisch-soziometrische Aktionen sollen in offenen Formen gesellschaftspolitische Change-Prozesse initiiert werden (z.B. Ottomeyer, 1992a; Geisler, Görmer 1997; Geisler 2000; 2005). Diese Aktivitäten leben vom ehrenamtlichen Engagement der Beteiligten und sind daher nur selten möglich. Sie können punktuell Veränderungsprozesse in Gang setzten, erzeugen aber keine Breitenwirkung. Allein darauf zu setzen, wäre in meinen Augen *illusionärer Utopismus*.

- Das Psychodrama in funktionalistisch-stabilisierender Absicht
  Der Einsatz der üblichen Formate – sei es Psychotherapie, Training oder Coaching – wird vom Staat bzw. den Unternehmen finanziert, um dadurch deren AdressatInnen wieder besser in das normale gesellschaftliche Leben und Arbeiten integrieren zu können. Da das Psychodrama nun mal über ein umfangreiches Arsenal an Tools verfügt, kann es zu diesem Zweck wunderbar als Rüstkammer benutzt werden. Dann wird das Psychodrama jedoch auf eine Sozialtechnologie gestutzt. Dieser *affirmative Instrumentalismus* wäre nun aber so gar nicht im Sinne Morenos.

- Das Psychodrama in pragmatisch-unterstützender Absicht
  Diese Variante – das ist unschwer zu erkennen – findet meine Zustimmung. Da die Formate nicht ohne Verfahren leben können, müssen sie sich auf Verfahren wie das Psychodrama einlassen. Da diese Formate wie etwa Unterricht, Psychotherapie, Training, Supervision weit verbreitet sind und zudem die Bildungsprozesse der Menschen tief prägen, bietet sich hier ein Feld, auf dem gesellschaftspolitische Gestaltungsprozesse in Sinne Morenos tatsächlich wirksam werden können. Ein solches Psychodrama ist einem *machbaren Kreationismus* verpflichtet.

1 Die Dialektik von Format und Verfahren nutzen

Jegliche Beziehungsarbeit von LehrerInnen, PsychotherapeutInnen, TrainerInnen, BeraterInnen usw. bedarf eines Formats (Buer, 2009a, 463f). Damit ist ein fester Rahmen gegeben, der sie für AnbieterInnen und AdressatInnen, aber auch für Staat und Gesellschaft, überschaubar und handhabbar macht. Denn Beziehungsarbeit beruht auf einem offenen und ehrlichen, eben einem nicht instrumentalisierten und nicht entfremdeten Kontakt, der gerade deswegen nicht direkt kontrolliert werden kann. Damit dieser nicht einseitig ausschließlich den Interessen der AnbieterInnen auf Kosten der NutzerInnen oder den Interessen der NutzerInnen zu Ungunsten von Staat und Gesellschaft dient, ist es strengen Regeln und Qualitätsstandards unterworfen, die öffentlich legitimiert sein müssen. Erfinder und Kontrolleure dieser Regeln und Standards sind die Professionen, die dazu von Staat und Gesellschaft direkt oder indirekt Mandat und Lizenz erhalten haben. Aus diesem Grund müssen die Formate klar von einander abgegrenzt sein.

Diese Formate dienen somit der Begrenzung, aber auch der Ermöglichung von Beziehungsarbeit. In diesen Rahmungen kann nun die eigentliche Arbeit stattfinden. Dazu bedarf es wiederum der Verfahren, die die BeziehungsarbeiterInnen in die Lage versetzen sollen, in ihrem konkreten Handeln trotz aller Reglementierungen einen unmittelbaren, spontanen und authentischen Kontakt zum Adressaten aufzunehmen.

Verfahren nenne ich einen in sich konsistenten Handlungsansatz zur Steuerung anspruchsvoller Beziehungsarbeit wie z.B. Psychoanalyse, Themenzentrierte Interaktion, Transaktionsanalyse, Gruppendynamik, Systemik, Gestaltarbeit, Rational-emotive Verhaltenstherapie, personzentrierte Gesprächsführung, aber auch Montessori-Pädagogik, Freinet-Pädagogik oder Waldorf-Pädagogik.

Entsprechend dieser Unterscheidung sind Verfahrens- und Formatsausbildungen auf dem Markt: Verfahrensausbildungen vermitteln Wissen, Können und Haltungen aus dem Fundus eines Verfahrens wie etwa dem Psychodrama, die dann in verschiedenen Formaten eingesetzt werden können. Diese Multiverwendbarkeit ist ihr Vorteil. Nachteil ist, dass die Schwierigkeit einer Verbindung mit einem Format oft unterschätzt wird. Das weiß ich auch aus jahrelanger Erfahrung, da ich häufig PsychodramanovizInnen in der Ausbildungssupervision bei der Implementierung des Gelernten in ein Format begleitet habe.

Formatsausbildungen beziehen sich auf ein Format, wie etwa die Supervision. Ein Format kann aber nicht praktisch demonstriert werden, ohne mit Methoden verbunden zu sein. Daher enthalten Formatsausbildungen immer auch Anteile einer Verfahrensausbildung oder setzen sie voraus, wie in den Supervisions- und Coachingausbildungen, die ich selbst durchgeführt habe. Der Vorteil ist, dass die Kombination von Format und Verfahren hier Ausbildungsgegenstand ist und insofern angemessen vermittelt wird. Der Nachteil ist, dass der Transfer auf ein Nachbarformat wie etwa das Coaching oder die Konfliktmoderation vom Ausbildungskandidaten selbst geleistet werden muss, wenn es nicht schon Teil der Ausbildung ist.

Entsprechend dieser Unterscheidung lassen sich auch die professional communities einteilen: Es gibt Verfahrensverbände, wie etwa den Deutschen Fachverband Psychodrama, oder Formatsverbände, wie etwa die Deutsche Gesellschaft für Supervision oder den Deutschen Bundesverband Coaching. Beide Verbandssorten kümmern sich um die fachlich/professionelle Qualifikation ihrer Mitglieder. Darüber hinaus haben Formatsverbände die Aufgabe, ihr Format am Markt zu platzieren. Denn nur Formate werden am Markt gehandelt, Verfahren nicht. Daher kann eine Professionsbildung im umfassenden Sinn (Kühl, 2006) sich nur auf ein Format beziehen. So kann „Supervisor" ein Beruf sein, „Psychodramatiker" dagegen nicht. Es ist also wenig Erfolg versprechend, wenn sich Verfahrensverbände um Berufspolitik kümmern. So kann diese Unterscheidung auch so manchem Verband eine klarere Orientierung ihres Verbandhandelns bieten.

Während also das Format der hochsensiblen Arbeitsbeziehung Sicherheit gibt, soll das Verfahren Bewegung in erstarrte Sozialbeziehungen bringen. So stehen Format und Verfahren in einem dialektischen Spannungsverhältnis zueinander. Beziehungsarbeit ist aber auf beide angewiesen: Ohne Format kann ein Verfahren nicht in einem gesellschaftlichen Kontext verortet werden. Ohne ein Verfahren kann in einem Format nicht konkret gehandelt werden.

Da nun diese Arbeit in einem geschützten Raum stattfindet, können hier Spielräume für die AdressatInnen eröffnet werden, ohne dass sie direkter Kontrolle unterworfen wären. Dabei müssen aber nicht nur die Interessen von AuftraggeberIn und AdressatIn Berücksichtigung finden. Deren Interessen müssen sich auch vor dem professionellen Selbstverständnis des Anbieters legitimieren lassen. Denn dieser trägt nicht nur die Verantwortung für eine sachgemäße und sozialverträgliche Arbeit. Er muss sie auch im Sinne des Gemeinwohls sozialethisch rechtfertigen können. Und hier lässt sich das gesellschaftspolitische Programm Morenos gut unterbringen:

Je häufiger und je intensiver PsychodramatikerInnen in möglichst vielen Formaten Räume eröffnen, in denen Menschen sich auf ihre Humanität besinnen und sich künftig solidarisch engagieren, desto umfangreicher wird die Gesellschaft von unten umgestaltet. Damit verlassen sie ihr Soziotop, vermeiden sowohl einen illusionären Utopismus wie einen affirmativen Instrumentalismus und lassen sich ganz pragmatisch auf gangbare Wege ein. Diese Veränderungen der jeweiligen Lebens- und Arbeitswelten mögen im Schneckentempo erfolgen. Sie nehmen aber die Menschen mit und setzen auf friedliche und Frieden gebende Mittel. Auf diese befriedende wie befriedigende Arbeit haben PsychodramatikerInnen jedoch kein Privileg. Sie sollten daher die vielen anderen möglichen Wege würdigen und sich mit ihren BefürworterInnen verbünden. Sicher ist der psychodramatische Weg ein besonders originärer und origineller. Aber er ist nicht der einzig selig machende.

Wer sich aber als PsychodramatikerIn auf diese Arbeit in einem Format einlassen will, muss um seine spezifischen Möglichkeiten, aber auch Grenzen genauestens Bescheid wissen. Daher ist es unerlässlich, sich mit den Formaten jenseits des Psychodramas zu beschäftigen. Das habe ich am Bespiel der Supervision (Buer; 1989e; 1999d; 1999e; 2004d; 2009b) und des Coachings (Buer, Schmidt-Lellek, 2008) getan. Daher habe ich mich auch im Fach- und Berufsverband Deutsche Gesellschaft für Supervision (DGSv) engagiert, von 2001 bis 2003 im Vorstand. Ferner habe ich mich für die Supervisionsforschung eingesetzt (Berker, Buer, 1998; Buer, Siller, 2004; Buer 2008h).

Wenn ich aber von einem speziellen Format aus auf das Psychodrama schaue, dann nimmt es eine jeweils andere Gestalt an. Vieles tritt in den Hintergrund, anderes in den Vordergrund. Es werden dann auch Defizite sichtbar, die durch andere Sichtweisen und Methoden ausgeglichen werden müssen (z.B. Buer, 2002a; 2004e; 2006; 2008b; 2008g). Diese Auseinandersetzung provoziert aber auch Innovationen. So habe ich für die Einzelarbeit das „Imaginative Rolleninterview durch einen Vertrauten" entwickelt (Buer, 2008a). Vor allem aber habe ich das originäre Konzept der „soziometrischen Aufstellungsarbeit" aus diesem Zusammenhang heraus entworfen (Buer, 2003; 2005a; 2007a; 2009c). Dieses Arrangement hat zu einigen Weiterentwicklungen geführt (Graf, 2006; Riepl, 2009). Damit hat sich aber auch meine Vorstellung von psychodramatischer Bildung in Beratungsformaten (wie Counselling, Supervision oder Coaching) erweitert.

2 Bildung als zirkulärer Prozess zwischen Ausbildung und Einbildung

Wer sich als Beratungsklient begreift, weiß nicht, wie er in bestimmten Situationen handeln soll. Seine Vorstellungen bieten ihm keine gute Orientierung. Diese Vorstellungen begreife ich als Einbildungen, die sich ihm als Niederschlag von persönlichen Erfahrungen eingeprägt haben (Hürter, 2006). In einem Beratungsformat bildet er diese Einbildungen zunächst aus, indem er sie in Erzählungen (Schwinger, 2007) transformiert. An diesen Erzählungen kann mit Hilfe des Beraters bzw. der Gruppe gearbeitet werden, so dass die Geschichte so umformuliert wird, dass sie gute Handlungsperspektiven erhält. Diese neue Ausbildung der Geschichte wird wieder eingebildet. Mit dieser neuen Einbildung erhält Leben und Arbeiten des Klienten wieder eine sinnvolle Orientierung. Moreno hat diese verbale Transformation erweitert, indem er zwei Methoden der Ausbildung angeregt hat, die den Klienten und die Gruppe miteinander handeln lässt: die Inszenierungsarbeit und die Aufstellungsarbeit.

In der Inszenierungsarbeit werden die Erzählungen in Szenen verwandelt. Durch die Einrichtung der Szene, durch das Mitspiel des Protagonisten und durch die Reflexion seiner Wahrnehmungen verwandelt diese Ausbildung die vorgängige Einbildung des Protagonisten. In der Aufstellungsarbeit werden die Erzählungen in Konstellationen im Raum verwandelt. Durch das Stellen der Stellvertreter, durch das Betrachten der Konstellationen wie das Hineingehen in die Positionen und durch die Reflexion seiner Wahrnehmungen verwandelt diese Ausbildung die vorgängige Einbildung des Protagonisten. Für diesen Transfer sind Intuition (Gigerenzer, 2008) und das motorische System in unserem Gehirn (Rizzolatti, Sinigaglia, 2008) offenbar von entscheidender Bedeutung (Becker, 2008).

In beiden Methoden spielt die Gruppe eine hervorragende Rolle: In der Inszenierung wie in der Aufstellung bringen sich die Gruppenmitglieder als Hilfs-Iche mit ihrer Lebenserfahrung so ein, dass Veränderungsdynamiken der Szenen bzw. der Konstellationen verstärkt werden, so dass der Protagonist weiterführende Einsichten erhält, auf die er selbst so nicht gekommen wäre. Wirksam sind zum einen die Handlungsdynamiken einer Szene, zum anderen die sozioemotionalen Strebungen einer Konstellation im Raum (Tele), von denen die Mitspieler bzw. die Stellvertreter erfasst werden. Der Protagonist muss sich in dieser Arbeit von drei Maximen leiten lassen:

- „Sei spontan!" Er muss sich auf die Dynamiken einlassen, damit kreative Lösungen aufsteigen können (Emergenz).
- „Sei bereit zum Rollen- bzw. zum Positionswechsel!" Er muss die Befindlichkeiten der anderen so nah an sich heranlassen, als seien es die eigenen.
- „Triff deine Wahl!" Er muss bereit sein, seinen Lebensraum durch Wahl bzw. Abwahl seiner Beziehungsnetze zu gestalten.

Damit setzt Moreno auf

- das kreative Potenzial eines jeden in einer förderlichen Mit- und Umwelt,
- den moralischen Impuls der Sympathie (Mitgefühl) eines jeden (Bauer, 2006),
- das Interesse eines jeden an einem guten, glücklich machenden Leben in Rücksichtnahme auf seine Mit- und Umwelt (Grundbedürfnisse achten).

In diesen beiden Methoden tauchen die realen Bezugspersonen nicht auf. Sie werden ersetzt durch Mitspieler bzw. Stellvertreter. Wenn die ausgebildeten Szenen bzw. Konstellationen den Einbildungen entsprechen – sie vom Protagonisten als „stimmig" erlebt werden – und die Gruppe angemessen mitarbeitet, entstehen „Zwischenlösungen", die vom Protagonisten als weiterführend und umsetzbar eingeschätzt werden. Mit dieser neuen Einbildung geht er wieder ermutigt in seine Lebens- und Arbeitswelt, wo sie sich bewähren muss. Die Signale dieser Ausbildungen im „Als-Ob" sind für den Protagonisten genau so beeindruckend, als seien sie von den realen Personen ausgegangen. In beiden Methoden werden die Interessen aller Beteiligten und Betroffenen angemessen berücksichtigt. Hier liegt der Beitrag Morenos zur Ermöglichung einer friedlichen Koexistenz aller Menschen.

Wenn dann noch diese Arbeit im Rahmen von längerfristig angelegten Supervisions- oder Coachingprozessen erfolgt, dann werden die KlientInnen ihre neuen Einbildungen in ihre Arbeitswelten mitnehmen, in ihren Handlungen berücksichtigen und dadurch die damit verbundenen Handlungsnetze verändern, je nach Resonanz. Die dann sich daraus ergebenden Ausbildungen werden wieder eingebildet und beim nächsten Treffen auf den Prüfstand gestellt. Der psychodramatische Bildungszyklus wird also mit einem Lernzyklus in den jeweiligen Praxiszusammenhängen vernetzt. Gerade das macht die Verbindung von Psychodrama und Beratung so wertvoll.

3 Von der Politik zur Kunst der Lebensführung

Supervision und Coaching kümmern sich um die Qualität von professioneller Facharbeit wie von Führungshandeln, so dass diese Tätigkeiten sachlich, sozial und ethisch verantwortet werden können. Die Professionen sichern so wertvolle Güter wie Bildung, Gesundheit, Soziale Sicherheit, Rechtssicherheit, geistige Orientierung, ohne die eine Gesellschaft wie die unsere nicht existieren könnte. Die Führungskräfte steuern kleine und große Organisationen in den Arbeitswelten des Ersten, Zweiten und Dritten Sektors. Damit können sie für ein angemessenes Angebot von Gütern und Dienstleistungen sorgen. Neben der Politik im engeren Sinn sichern diese Gruppen somit die Lebensqualität einer Gesellschaft.

Indem sich SupervisorInnen wie Coaches gerade um diese Gruppen kümmern, haben sie einen großen Einfluss auf die Ausgestaltung der Lebensqualität weiter Bevölkerungsgruppen. Sicher nimmt nur ein kleiner Teil der Fach- und Führungskräfte dieses Angebot an. Sie sind aber MultiplikatorInnen, deren Handeln wiederum auf viele Menschen einwirkt. Dieser Teil ist zudem guten Willens und offen für Humanisierungsprozesse. Durch Supervision wie Coaching können diese Prozesse herausgefordert und befördert werden. Und wenn dann noch psychodramatische Methoden eingesetzt werden, werden diese Prozesse noch einmal effektiver und effizienter gestaltet. Das Psychodrama wird also an einer Stelle eingesetzt, wo es seine Wirkung vielfach potenzieren kann.

Entscheidend dafür ist, dass Menschen bereit sind, Verantwortung für sich wie für andere zu übernehmen (Buer, 2008d). Diese Bereitschaft entsteht aber kaum dadurch, dass sie dazu von außen verpflichtet werden. Sie müssen sich in die Pflicht nehmen lassen, indem sie mit dem Anderen mitfühlen. Für die Entfaltung dieser Sympathie-Ethik, wie sie seit Adam Smith und David Hume über Arthur Schopenhauer bis hin zu Martin Buber und Emmanuel Lévinas entwickelt wurde, hat Moreno mit dem Rollentausch das entscheidende Mittel geliefert. Um aber diese Sympathie-Ethik im Alltag leben zu können, muss ein Lebensstil entworfen und eingeübt werden, der die Menschen tauglich macht, jeder Lage gerecht zu werden. Es geht also um die Kunst der Lebensführung (Buer, 2008e). Und diese Lebenskunst wird angetrieben vom Streben eines jeden nach einem guten, geglückten Leben (Buer, 2008c). Diesem Streben wird gerade in Inszenierungen und Aufstellungen Raum gegeben, um unglücklich machende Verhältnisse durch kreative Neugestaltung in beglückende zu verwandeln (Buer 2008f).

Es geht also um Ermächtigung. Alle Menschen sollen ein Machtpotenzial entwickeln, aus dem heraus sie die vorgegebenen Machtverhältnisse so beeinflussen können, dass sie in gegenseitiger Rücksichtnahme ein gutes, glückliches Leben führen können. Das beruht immer auf einem Kompromiss: Auch zwischen Menschen guten Willens mit verschiedenen Glücksvorstellungen kann nicht immer alles zur völligen Zufriedenheit eines jeden erreicht werden. Und es gibt Einschränkungen: So lange es auch Menschen mit bösem Willen gibt, sind Menschen mit gutem Willen immer auch repressiven Bemächtigungsversuchen ausgesetzt. Leider leben wir zudem auch häufig unter institutionalisierten Verhältnissen, die menschenunwürdig sind. Um deren Wirkung zu schwächen, können sie machtvoll unter Druck gesetzt werden. Ihre Wirkung kann aber auch relativiert werden durch den machtvollen Aufbau herrschaftsarmer, kommunitärer Netzwerke, wie es schon der konstruktive Anarchismus beabsichtigt hatte und wie es z.B. in den Kibbuzim erprobt wurde.

Damit schließt sich der Kreis: Im ersten Text habe ich Morenos Projekt vor fast 20 Jahren als Therapeutik zwischen Diätetik und Politik vorgestellt. Heute würde ich anders und doch im gleichen Geist formulieren: Es geht darum, durch psychodramatische Methoden in den verschiedenen Formaten der Beziehungsarbeit Bildungsprozesse auszulösen, die den Menschen eine Lebensführung ermöglichen, die jeden auf seine Weise glücklich leben und arbeiten lässt. Dieses Glücksstreben enthält ein herrschaftskritisches Potenzial und verlangt nach einer solidarischen Gestaltung nicht nur des privaten, sondern auch des öffentlichen Lebens. Morenos gesellschaftspolitisches Programm zielt somit auf die Erringung und Sicherung einer angemessenen Lebensqualität für möglichst viele. Es ist Aufgabe der PsychodramatikerInnen, immer neue Wege (= Methoden) anzubieten, auf denen Menschen guten Willens in Fahrt kommen, gemeinsam ihre sozialen Welten so zu erneuern, dass sie darin besser leben und arbeiten können.

Zum Schluss noch eine Lebensmaxime: Suche dein Glück zusammen mit deinen Mitmenschen nicht im Jenseits, sei es nach deinem Tod, sei es in einer fernen Zukunft. Suche es jetzt! Mache jede Situation zu einem „locus nascendi" (Moreno)!

Literaturverzeichnis

Abraham, M., Büschges, G. (2004): Einführung in die Organisationssoziologie (3. Aufl.). Wiesbaden.
Ackerknecht, E.H. (1986): Geschichte der Medizin. Stuttgart.
Adler, M. (1964): Natur und Gesellschaft. Wien.
Ameln, F.v., Gerstmann, R., Kramer, J. (2004a): Psychodrama (1. Aufl.). Heidelberg.
Ameln, F.v., Gerstmann, R., Kramer, J. (2004b): Psychodrama in Personal-, Team- und Organisationsentwicklung. In: Ameln, F.v., Gerstmann, R., Kramer, J. (Hrsg.): Psychodrama. Berlin, 455-466.
Ameln, F.v., Gerstmann, R., Kramer, J. (2009): Psychodrama (2. Aufl.). Heidelberg.
Ameln, F.v., Kramer, J. (Hrsg.) (2007): Organisationen in Bewegung bringen. Handlungsorientierte Methoden für die Personal-, Team-, und Organisationsentwicklung. Heidelberg, 277-302.
Ameln, F.v., Lames, G. (2007): Systemaufstellung in Organisationen – von der Gegenwart zu den Ursprüngen und zurück. In: Groth, T., Stey, G. (Hrsg.): Potenziale der Organisationsaufstellung. Heidelberg, 131-153.
Anders, F. (Hrsg.) (1987): Taichi. Chinas lebendige Weisheit. Köln.
Anders, G. (1984): Die Antiquiertheit des Menschen. 2 Bd. Zürich.
Aristoteles (1967): Poetik. Übersetzung von O. Gigon. Stuttgart.
Arnason, J.P. (1971): Von Marcuse zu Marx. Neuwied.
Arnold, R. (1995): Betriebliche Weiterbildung. Selbstorganisation – Unternehmenskultur – Schlüsselqualifikationen. Hohengehren.
Bachitow, M. (1961): Mikrosoziologie und Klassenkampf. Berlin.
Bahro, R. (1987): Logik der Rettung. Stuttgart.
Baisette, G. (1986): Die Medizin bei den Griechen. In: Toellner, R. (Hrsg.): Illustrierte Geschichte der Medizin. Bd. 1. Salzburg, 179-349.
Balmer, H. (Hrsg) (1991): Die Straßburger Deklaration zur Psychotherapie 1990. Basel.
Bandura, A. (1976): Sozialkognitive Lerntheorie. Stuttgart.
Baratz, J. (1963): Siedler am Jordan. Die Geschichte vom ersten Kibbutz. Göttingen.
Barthel, Ch. (1989): Medizinische Polizey und medizinische Aufklärung. Frankfurt/M.
Bartölke, K., Bergmann, T., Liegle, L. (Hrsg.) (1980): Integrated Cooperation in Industrial Society: The Example of the Kibbuz. Assen.
Barwise, J., Perry, J. (1987): Situation und Einstellungen. Grundlagen der Situationssemantik. Berlin.
Bastide, R. (1973): Soziologie der Geisteskrankheiten. Köln.
Bastine, R. (1984): Klinische Psychologie. Bd. 1. Stuttgart.
Bateson, G. (1985): Ökologie des Geistes. Frankfurt/M.
Baudrillard, J. (1978): Agonie des Realen. Berlin.
Bauer, J. (2006): Prinzip Menschlichkeit. Warum wir von Natur aus kooperieren. Hamburg.
Bauman, Z. (1995): Postmoderne Ethik. Hamburg.
Bauman, Z. (1996): Moderne und Ambivalenz. Das Ende der Eindeutigkeit. Frankfurt/M.
Bauman, Z. (1997): Flaneure, Spieler und Touristen. Hamburg.
Bauman, Z. (2003): Flüchtige Moderne. Frankfurt/M.
Beck, U. (1986): Risikogesellschaft. Auf dem Weg in eine andere Moderne. Frankfurt/M.
Becker, H., Langosch, I. (1990): Produktivität und Menschlichkeit. Organisationsentwicklung und ihre Anwendung in der Praxis (3. Aufl.). Stuttgart.
Becker, J. (2008): Psychodrama und Neurobiologie – eine Begegnung. ZPS 1, 22-37.
Becker, P. (1982): Psychologie der seelischen Gesundheit. Bd. 1. Göttingen.

Becker, P., Minsel, B. (1986): Psychologie der seelischen Gesundheit. Bd. 2. Göttingen.
Bedarida, F., Bruhat, J., Droz, J. (1974): Der utopische Sozialismus bis 1848. Frankfurt/M.
Behrendt, P. (2006): Wirkung und Wirkfaktoren von psychodramatischem Coaching – Eine experimentelle Evaluationsstudie. ZPS, 1, 59-87.
Belardi, N. (1996): Supervision. Eine Einführung für soziale Berufe. Freiburg
Belardi, N. (2002): Supervision. Grundlagen, Techniken, Perspektiven. München.
Belardi, N. u.a. (1996): Beratung (1. Aufl.). Weinheim.
Belardi, N., Akgün, L., Gregor, B., Pütz, Th., Neef, R. (2005): Beratung: Eine sozialpädagogische Einführung (2. Aufl.). Weinheim.
Benner, D. (1991): Allgemeine Pädagogik. Eine systematisch-problemgeschichtliche Einführung in die Grundstruktur pädagogischen Handelns. Weinheim.
Bennis, W. (1998): Menschen führen ist wie Flöhe hüten. Frankfurt/M.
Berger, P.L., Luckmann, T. (1980): Die gesellschaftliche Konstruktion der Wirklichkeit. Frankfurt/M.
Bergson, H. (1914): Das Lachen. Jena.
Bergson, H. (1921): Schöpferische Entwicklung. Jena.
Bergson, H. (1948): Denken und schöpferisches Werden. Meisenheim.
Bergson, H. (1949): Zeit und Freiheit. Meisenheim.
Bergson, H. (1991): Materie und Gedächtnis. Hamburg.
Berker, P., Buer, F. (Hrsg.) (1998): Praxisnahe Supervisionsforschung. Felder – Designs – Ergebnisse. Münster.
Berman, M. (1985): Wiederverzauberung der Welt. Reinbek.
Bermbach, U. (Hrsg.) (1989): In den Trümmern der eigenen Welt. Richard Wagners „Der Ring des Nibelungen". Berlin.
Bermbach, U. (1994): Der Wahn des Gesamtkunstwerks. Richard Wagners politisch-ästhetische Utopie. Frankfurt/M.
Bernd, Ch. (1987): Lernen durch Verkörpern. Frankfurt/M.
Bernfeld, S. (1925): Sisyphos oder die Grenzen der Erziehung. Wien.
Bernfeld, S. (1970): Antiautoritäre Erziehung und Psychoanalyse. 3 Bd., Frankfurt/ M.
Bernhard, A., Rothermel, L. (Hrsg.) (1997): Handbuch Kritische Pädagogik. Weinheim.
Bettelheim, B. (1985): Die Kinder der Zukunft. Gemeinschaftserziehung als Weg einer neuen Pädagogik. Eschborn.
Birgmeier, B.R. (2006): Coaching und Soziale Arbeit. Grundlagen einer Theorie sozialpädagogischen Coachings. Weinheim
Bitzer-Gavornik, G. (Hrsg.) (2004): Lebensberatung in Österreich. Wien.
Blankertz, St. (1997): Der Kritische Pragmatismus Paul Goodmans. Köln.
Bloch, E. (1919): Die Erwartung. Der neue Daimon, 1/2, 18-19.
Bloch, E. (1976): Das Prinzip Hoffnung. 3 Bd., Frankfurt/M.
Bloch, E. (1977): Zwischenwelten in der Philosophiegeschichte. Gesamtausgabe Bd. 12. Frankfurt /M.
Bloch, E. (1985a): Tendenz - Latenz - Utopie. Frankfurt/M.
Bloch, E. (1985b): Das Materialismusproblem, seine Geschichte und Substanz. Frankfurt/M.
Bloch, E. (1985c): Geist der Utopie. Faksimile der Ausgabe von 1918. Frankfurt/M.
Blomkvist, L.D. (1991): Das therapeutische Agens und der Psychodrama-Regisseur in der Gruppentherapie. In: Vorwerg, M., Alberg, T. (Hrsg.): Psychodrama. Leipzig, 124-132.
Boal, A. (1989): Theater der Unterdrückten. Frankfurt/M.
Bogner-Wolf, S. (2003): Psychodrama – Jeder Mensch ist ein Künstler, mögliche Begegnung Moreno – Beuys. Duisburg.
Bohm, D. (1998): Der Dialog. Das offene Gespräch am Ende der Diskussionen. Stuttgart.
Bohnsack, F. (1976): Erziehung zur Demokratie. John Deweys Pädagogik und ihre Bedeutung für die Reform unserer Schule. Ravensburg.
Bohnsack, F. (2005): John Dewey. Ein pädagogisches Porträt. Weinheim.
Böllert, K. (1989): Soziale Arbeit als aktive Gestaltung von Lebensweisen. In: Böllert, K., Otto, H.U. (Hrsg.): Sozialarbeit auf der Suche nach der Zukunft. Bielefeld, 115-223.

Bollnow, O.F. (1958): Die Lebensphilosophie. Berlin.
Bollnow, O.F. (1984): Existenzphilosophie und Pädagogik. Stuttgart.
Böning, U. (2006): Coaching und Supervision. Zur Abgrenzungsproblematik in der Praxis. Eine Analyse aus der Sicht eines Executive Coachs. In: Straumann, U., Zimmermann-Lotz, Ch. (Hrsg.): Personzentriertes Coaching und Supervision – ein interdisziplinärer Balanceakt. Kröning, 228-251.
Bookchin, M. (1985): Die Ökologie der Freiheit. Weinheim.
Borchmeyer, D. (1982): Das Theater Richard Wagners. Stuttgart.
Böttcher, W. (1996): Die Bildungsarbeiter. Weinheim.
Bottenberg, E.H. (1996): Eine Einführung in die Sozialpsychologie. Regensburg.
Bourdieu, P. (1982): Die feinen Unterschiede. Frankfurt/M.
Brandes, H. (1993): Szene und Matrix. Die gruppentherapeutischen Konzeptionen von J.L. Moreno und S.H. Foulkes. In: Buer, F. (Hrsg.): Jahrbuch für Psychodrama, psychosoziale Praxis & Gesellschaftspolitik 1993. Opladen, 19-41.
Brauneck, M. (1982): Theater im 20. Jahrhundert. Reinbek.
Brauneck, M. (1988): Klassiker der Schauspielregie. Reinbek.
Brecht, B. (1965): Schriften zum Theater. Frankfurt/M.
Brecht, B. (1976): Gesammelte Werke. Bd. 2. Frankfurt/M.
Brenner, I. u.a. (1996): Das pädagogische Rollenspiel in der betrieblichen Praxis. Konflikte bearbeiten. Hamburg.
Brodbeck, K.H. (1995): Entscheidung zur Kreativität. Darmstadt.
Brown, G.I., Petzold, H. (Hrsg.) (1978): Gefühl und Aktion. Frankfurt/M..
Bruder-Bezzel, A. (1983): Alfred Adler. Die Entstehungsgeschichte einer Theorie im historischen Milieu Wiens. Göttingen.
Brüggemann, H., Weidinger, M. (1983): Der israelische Kibbuz – Modell eines alternativen Sozialismus? In: Scherer, K.-J., Vilmar, F. (Hrsg.): Ein alternatives Sozialismuskonzept: Perspektiven des Ökosozialismus. Berlin, 591-631.
Brumlik, M. (1983): Der revolutionäre Messianismus der Frankfurter Schule. Merkur, 37, 228-231.
Brunkhorst, H., Koch, G. (1987): Marcuse zur Einführung. Hamburg.
Brune, J.P. (2002): Dilemma. In: Düwell, M. u.a. (Hrsg.): Handbuch Ethik. Stuttgart, 325-331.
Buber, M. (1984): Elemente des Zwischenmenschlichen. In: Buber, M.: Das dialogische Prinzip. Heidelberg, 271-298.
Buber, M. (1985): Pfade in Utopia. Über Gemeinschaft und deren Verwirklichung. Heidelberg.
Buber, M. (1986): Reden über Erziehung. Heidelberg.
Buck, G. (1969): Lernen durch Erfahrung. Stuttgart.
Buer, F. (1978): Krisensituation und individuelle Praxis. Zur Grundlegung einer Theorie des konkreten Individuums und ihrer Bedeutung für die Sozialarbeitswissenschaft. Frankfurt/M.
Buer, F. (1980): Vorüberlegungen zu einer Theorie psychodramatischer Praxis. Gruppendynamik 11, 85-109.
Buer, F. (1984a): Die Geschichte der Erziehungsberatung als Geschichte ihrer Professionalisierung. In: Zygowski, H. (Hrsg.): Erziehungsberatung in der Krise. Analysen und Erfahrungen. Tübingen, 9-49.
Buer, F. (1984b): Zur Funktion und Organisationsstruktur der Erziehungsberatung. In: Zygowski, H. (Hrsg.): Erziehungsberatung in der Krise, Tübingen, 50-73.
Buer, F. (1985). Form und Funktion des bürgerlichen Staates. In: Buer, F. u.a.: Zur Gesellschaftsstruktur der BRD. Münster, 58-98.
Buer, F. (1987). Psychodrama und Politik. In: Heider, Schwendter, R., Weiß, R. (Hrsg.): Politik der Seele. München, 115-117.
Buer, F. (1988): Soziale Netze, selbstaktive Felder, Sozialökologie & Co. Neue Praxis, 2, 95-110.
Buer, F. (1989 a): Die Philosophie des J.L. Moreno – Die Grundlage des Psychodrama. Int. Ther. 15, 121-140.

Buer, F. (Hrsg.) (1989 b): Morenos therapeutische Philosophie. Zu den Grundideen von Psychodrama und Soziometrie (1. Aufl.). Opladen.
Buer, F. (1989 c). Morenos therapeutische Philosophie. Eine Einführung in ihre kultur- und ideengeschichtlichen Kontexte. In: Buer, F. (Hrsg.): Morenos therapeutische Philosophie. Opladen, 9-42.
Buer, F. (1989d): Morenos therapeutische Philosophie. Ihre aktuelle Bedeutung für die Zukunftsgestaltung. In: Buer, F. (Hrsg.): Morenos therapeutische Philosophie. Opladen, 221-241.
Buer, F. (1989e): Psychodramatische Konzepte und Methoden in der Supervision. Int. Ther. 15, 3-4, 336-344.
Buer, F. (1990): Begegnung bei Moreno – Entfremdung bei Marx. Psychodrama 3, 1, 85-103.
Buer, F. (1991): Psychodrama-Weiterbildung in den Arbeitsfeldern Supervision und Theater – eine Alternative zur klassischen Methoden-Ausbildung. In: Buer, F. (Hrsg.): Jahrbuch für Psychodrama, psychosoziale Praxis & Gesellschaftspolitik 1991. Opladen, 183-198.
Buer, F. (1992a): Der Prozeß menschlichen Lebens zwischen Kreation und Konserve. Über Gesundheit und Krankheit aus psychodramatischer Sicht. In: Pritz, A., Petzold, H. (Hrsg.): Der Krankheitsbegriff in der modernen Psychotherapie. Paderborn, 253-282.
Buer, F. (1992b). Über die Wahrheit der psychodramatischen Erkenntnis. Gruppenpsychother. Gruppendynamik 28, 2, 181-203.
Buer, F. (1992c): Psychodramatische Beratung im pädagogischen Kontext. Psychodrama 5, 1, 63-78.
Buer, F. (1992d): Rolle und Identität von Psychodramatikern und Psychodramatikerinnen in unserer Zeit. Psychodrama 4, 2, 255-272.
Buer, F. (1992e): Genossenschaften, Genossenschaftswesen, Genossenschaftsbewegung. In: Bauer, R. (Hrsg.): Lexikon des Sozial- und Gesundheitswesens. München, 763-769.
Buer, F. (1993a): Familiale Netzwerke. Die bürgerliche Familie zwischen Individualisierung und Solidarisierung. In: Reichwein, R., Cramer, A., Buer, F.: Umbrüche in der Privatsphäre. Bielefeld, 229-289.
Buer, F. (1993b): Psychodrama der Macht. In: Buer, F. (Hrsg.): Jahrbuch für Psychodrama, psychosoziale Praxis & Gesellschaftspolitik 1993. Opladen, 43-55.
Buer, F. (Hrsg.) (1994): Morenos Entwurf einer therapeutischen Weltordnung mit Beiträgen von B. Müller, St. Blankertz, H. Dauber, R. Schwendter, E. Kösel, H. Straub, G.A. Leutz und U. Schmitz-Roden. In: Buer, F. (Hrsg.): Jahrbuch für Psychodrama, psychosoziale Praxis & Gesellschaftspolitik 1993. Opladen, 75-122.
Buer, F. (1995): Lernen durch spielerisches Darstellen: Das Psychodrama. In: Heitkämper, P. (Hrsg.): Mehr Lust auf Schule. Ein Handbuch für innovativen und gehirngerechten Unterricht. Paderborn, 377-382
Buer, F. (1996). Nachwort zu: Szene oder System. Oder: Braucht das Psychodrama eine systemisch-konstruktivistische Erweiterung? In: Buer, F. (Hrsg.): Jahrbuch für Psychodrama, psychosoziale Praxis & Gesellschaftspolitik 1995. Opladen, 183-189.
Buer, F. (Hrsg.) (1997a): Psychodramatische Supervision. Themenheft der OSC 4, 4.
Buer, F. (1997b): Zur Dialektik von Format und Verfahren. Warum eine Theorie der Supervision nur pluralistisch sein kann. OSC 4, 4, 381-394.
Buer, F. (1998a): Psychodramatische Kurzzeitsupervision. Gruppenpsychother. Gruppendynamik 34, 3, 238-256.
Buer, F. (1998b): Zur Dialektik von Format und Verfahren. Oder warum es wichtig ist, durch Einführung ungewöhnlicher Begriffe Aufmerksamkeit zu erregen. Eine Diskussion mit Belardi und Fengler. OSC 5, 3, 269-286.
Buer, F. (Hrsg.) (1999a): Morenos therapeutische Philosophie. Zu den Grundideen von Psychodrama und Soziometrie (3. Aufl.). Opladen.
Buer, F. (1999b): Morenos therapeutische Philosophie. Ihre aktuelle Rezeption und Weiterentwicklung. In: Buer, F. (Hrsg.): Morenos therapeutische Philosophie. Opladen, 227-258.
Buer, F. (1999c): Die Welt verantwortlich mitgestalten. Psychodrama 17, 349-361.
Buer, F. (1999d): Lehrbuch der Supervision. Der pragmatisch-psychodramatische Weg zur Verbesserung professionellen Handelns. Münster.

Buer, F. (1999e): Profession oder Organisation? – Wem dient die Supervision? In: Pühl, H. (Hrsg.): Supervision und Organisationsentwicklung. Handbuch 3. Opladen, 70-103.
Buer, F. (1999f): Vom Mitspielen, Nachspielen und Regie führen. Inszenierungen in der Erwachsenenbildung. Erwachsenenbildung 45, 2, 54-58.
Buer, F. (2000a): Psychodramatische Supervision in der Bildungsarbeit. In: Wittinger, Th. (Hrsg.): Psychodrama in der Bildungsarbeit. Mainz, 106-128.
Buer, F. (2000b): Supervision als Ort moralphilosophischer Besinnung. Oder: Was auch in der Arbeitswelt entscheidend ist. Supervision 4, 4-20.
Buer, F. (2001a): Artikel zu: Moreno: Grundlagen der Soziometrie. In: Papcke, S., Oesterdieckhoff, G.W. (Hrsg.): Schlüsselwerke der Soziologie. Opladen, 352-355.
Buer, F. (Hrsg.) (2001b): Praxis der Psychodramatischen Supervision. Ein Handbuch (1. Aufl.). Opladen.
Buer, F. (Hrsg.) (2002a): Führen. Themenheft der Supervision 3.
Buer, F. (2002b): Führen – eine professionelle Dienstleistung. Oder: Wofür Führungskräfte Supervision benötigen, Supervision, 3, 43-54.
Buer, F. (2003): Aufstellungsarbeit in Organisationen – der klassische Ansatz nach Moreno. Supervision 2, 42-54.
Buer, F. (2004a): Psychodrama in der Supervision. In: Ameln, F.v., Gerstmann, R., Kramer, J. (Hrsg.): Psychodrama. Berlin, 467-483.
Buer, F. (Hrsg.) (2004b): Praxis der Psychodramatischen Supervision. Ein Handbuch (2. Aufl.). Wiesbaden.
Buer, F. (2004c): Einführung in die psychodramatische Supervision. In: Buer, F. (Hrsg.): Praxis der Psychodramatischen Supervision. Ein Handbuch. Wiesbaden, 9-27.
Buer, F. (2004d): Typische Handlungsmuster in Arbeitsorganisationen. Eine soziologisch-soziodramatisch Interpretationsfolie für die Supervision. In: Buer, F. (Hrsg.): Praxis der Psychodramatischen Supervision. Wiesbaden, 165-190.
Buer, F. (2004e). Über die professionelle Kompetenz, Professionalität kompetent darzustellen. Und welche Rolle die Supervision dabei spielt. In: Buer, F., Siller, G. (Hrsg.): Die flexible Supervision. Wiesbaden, 161-201.
Buer, F. (2004f): Unsicherheiten im Beratungsdiskurs. Wozu Berater und Beraterinnen Philosophie benötigen – Pragmatismus zum Beispiel. OSC 2, 127-150.
Buer, F. (2004g): Morenos therapeutische Philosophie und die psychodramatische Ethik. In: Fürst, J., Ottomeyer, K., Pruckner, H. (Hrsg.): Psychodrama-Therapie. Wien, 30-58
Buer, F. (2005a): Aufstellungsarbeit nach Moreno. Soziometrie, Psychodrama und Gruppenarbeit – die vergessenen Wurzeln. Personalführung 5, 24-32.
Buer, F. (2005b): Coaching, Supervision und die vielen anderen Formate. Ein Plädoyer für ein friedliches Zusammenspiel. OSC 12, 3, 278-296.
Buer, F. (2006): Gefährdet Organisation Profession? OSC 1, 65-85.
Buer, F. (2007a): Dilemmaaufstellungen in der Gruppensupervision mit GewerkschaftssekretärInnen. In: Ameln, F.v., Kramer, J. (Hrsg.): Organisationen in Bewegung bringen. Heidelberg, 257-260.
Buer, F. (2007b): Zehn Jahre Format und Verfahren in der Beziehungsarbeit. Zur Rezeption einer bedeutsamen Unterscheidung. OSC 14, 3, 283-300.
Buer, F. (2008a): Imaginatives Rolleninterview durch einen Vertrauten. In: Neumann-Wirsig, H. (Hrsg.): Supervisions-Tools. Bonn, 188-192.
Buer, F. (2008b): Die Lage der professionellen Beziehungsarbeiter. In: Buer, F., Schmidt-Lellek, Ch.: Life-Coaching. Göttingen, 39-54.
Buer, F. (2008c): Glücklich sein. In: Buer, F., Schmidt-Lellek, Ch.: Life-Coaching. Göttingen, 103-133.
Buer, F. (2008d): Verantwortung übernehmen. In: Buer, F., Schmidt-Lellek, Ch.: Life-Coaching. Göttingen, 135-169.
Buer, F. (2008e): Arbeit und Leben stilvoll gestalten. Anleitung zur Lebenskunst. In. Buer, F., Schmidt-Lellek, Ch.: Life-Coaching. Göttingen, 171-200.

Buer, F. (2008f): Kreative Lebensgestaltung. Ein psychodramatisch-soziometrisches Coaching-Verfahren. In: Buer, F., Schmidt-Lellek, Ch.: Life-Coaching. Göttingen, 275-290.

Buer, F. (2008g): Funktionslogiken und Handlungsmuster des Organisierens und ihre ethischen Implikationen. OSC 15, 3, 240-259.

Buer, F. (2008h): Erfahrung – Wissenschaft – Philosophie. Drei Wissenssorten zur Konzipierung von Supervision und Coaching. In: Krall, H. u.a. (Hrsg.): Supervision und Coaching. Wiesbaden, 223-238.

Buer, F. (2009a): Psychodrama in der Supervision. In: Ameln, F.v., Gerstmann, R., Kramer, J.: Psychodrama (2. Aufl.). Heidelberg, 459-475.

Buer, F. (2009b): Die Supervision und ihre Nachbarformate. Was soll, was kann und was sollte das Besondere an der Supervision sein? In: Pühl, H. (Hrsg.): Handbuch der Supervision 3, Berlin, 38-63.

Buer, F. (2009c): Worum es in der Beratung von *professionals* im Grunde geht: Sinnfindung in der Arbeit durch verantwortetes Streben nach Glück. In: Pühl, H. (Hrsg.): Handbuch Supervision und Organisationsentwicklung (3. Aufl.). Wiesbaden, 55-71.

Buer, F., Schmidt-Lellek, Ch. (2008): Life-Coaching. Über Sinn, Glück und Verantwortung in der Arbeit. Göttingen.

Buer, Schmitz, U. (1989): Psychodrama und Psychoanalyse. In: Buer, F. (Hrsg.): Morenos therapeutische Philosophie (1. Aufl.). Opladen, 111-157.

Buer, F., Schmitz-Roden, U. (1992). Imagination - Transzendenz - Kreativität. In: Buer, F. (Hrsg.): Jahrbuch für Psychodrama, psychosoziale Praxis & Gesellschaftspolitik 1992. Opladen. 209-223.

Buer, F., Schmitz-Roden, U. (1999): Psychodrama und Psychoanalyse. In: Buer, F. (Hrsg.): Morenos therapeutische Philosophie (3. Aufl.). Opladen, 119-166.

Buer, F., Siller, G. (Hrsg.) (2004): Die flexible Supervision. Herausforderungen – Konzepte – Perspektiven. Eine kritische Bestandsaufnahme. Wiesbaden.

Bühler, K. (1965): Die Krise der Psychologie. Stuttgart.

Burkart, V., Zapotoczky, H.-G. (1974): Konfliktlösung im Spiel. Soziodrama – Psychodrama – Kommunikationsdrama. Wien.

Burkert, W. (1988): Mythos und Mythologie. In: Propyläen. Geschichte der Literatur. Erster Band: Die Welt der Antike. Berlin, 11-35.

Bürmann, J., Dauber, H., Holzapfel, G. (Hrsg.) (1997): Humanistische Pädagogik in Schule, Hochschule und Weiterbildung – Lehren und Lernen in neuer Sicht. Bad Heilbrunn.

Burow, O.-A. (1993): Gestaltpädagogik. Trainingskonzepte und Wirkungen. Ein Handbuch. Paderborn.

Burow, O.-A. (1997): Mit Rezepten aus der Wirtschaft das Bildungswesen heilen? Oder: Gibt es eine „neue Reformpädagogik"? In: Krüger, H.-H., Olbertz, J.-H. (Hrsg.): Bildung zwischen Staat und Markt. Opladen, 641-662.

Burow, O.A. (1999): Die Individualisierungsfalle. Kreativität gibt es nur im Plural. Stuttgart.

Burow, O.A. (2000): Ich bin gut – wir sind besser. Erfolgsmodelle kreativer Gruppen. Stuttgart.

Burow, O.A. (2004): Wie Organisationen zu Kreativen Feldern werden. Supervision 2, 6-16.

Busch-Lüty, Ch. (1989): Leben und Arbeiten im Kibbuz. Aktuelle Lehren aus einem achtzigjährigen Experiment. Köln.

Canguilhem, G. (1977): Das Normale und das Pathologische. Frankfurt/M.

Cantzen, R. (1987): Weniger Staat – mehr Gesellschaft. Freiheit – Ökologie – Anarchismus. Frankfurt/M.

Cassens, M. (2003): Work-Life-Balance. Wie Sie Berufs- und Privatleben in Einklang bringen. München.

Chopra, D. (1990): Die heilende Kraft. Ayurveda, das altindische Wissen vom Leben, und die modernen Naturwissenschaften. Bergisch Gladbach.

Cohen, E. (1982): Der Strukturwandel des Kibbuz. In: Heinsohn, G. (Hrsg.): Das Kibbuz-Modell. Frankfurt/M., 288-340.

Cohn, R., Terfurth, (Hrsg.) (1993): TZI macht Schule. Stuttgart.

Cohn, R. (1975): Von der Psychoanalyse zur themenzentrierten Interaktion. Stuttgart.

Cohn, R. (1989): Es geht ums Anteilnehmen. Perspektiven der Persönlichkeitsentfaltung in der Gesellschaft der Jahrhundertwende. Freiburg.
Cohn, R., Farau, A. (1991): Gelebte Geschichte der Psychotherapie. Zwei Perspektiven. Stuttgart.
Collomb, H. (1979): N'Doep und Psychodrama. Int. Ther. 4, 303-312.
Combe, A., Helsper, W. (Hrsg.) (1997): Pädagogische Professionalität (2. Aufl.). Frankfurt/M.
Cremer-von Brachel, I. (2004): Konzeptentwicklung einer therapeutischen Einrichtung unter psychodramatischer Supervision. In: Buer, F. (Hrsg.): Praxis der Psychodramatischen Supervision. Wiesbaden, 283-298.
Csikszentmichalyi, M. (2001): Lebe gut! München.
Csikszentmichalyi, M. (2003): Kreativität. Stuttgart.
Dahlhaus, C. (1990): Wagners Konzeption des musikalischen Dramas. München.
Dahme, H.-J. (1987): Soziologiegeschichte. Die Zeit der Riesen: Simmel, Durkheim, Weber. Kurseinheit I: Georg Simmel. (Fernuniversität Hagen).
Dahmer, H., Fleischer, H. (1976): Karl Marx. In: Käsler, D. (Hrsg.): Klassiker des soziologischen Denkens. München, 62-158, 449-466.
Daimler, R., Sparrer, I., Varga von Kibéd, M. (2003): Das unsichtbare Netz. Erfolg im Beruf durch systemisches Wissen. Aufstellungsgeschichten. München.
De Bono, E. (2002): De Bonos neue Denkschule. München.
Deleuze, G. (1989): Bergson zur Einführung. Hamburg.
Denner, L. (2000): Gruppenberatung für Lehrer und Lehrerinnen. Eine empirische Untersuchung zur Wirkung schulinterner Supervision und Fallbesprechung. Bad Heilbrunn.
Deppe, H.-U. (1987): Krankheit ist ohne Politik nicht heilbar. Frankfurt/M.
Derbolav, J. (1987): Grundriß einer Gesamtpädgogik. Frankfurt/M.
Dericum, Ch. (1988): Revolutionäre Ungeduld. Gustav Landauer. In: Harms, J. (Hrsg.): Christentum und Anarchismus. Frankfurt/M., 101-116.
Dewey, J. (1986): Erziehung durch und für Erfahrung. Stuttgart.
Dewey, J. (1988): Kunst als Erfahrung. Frankfurt/M.
Dewey, J. (1989): Die Erneuerung der Philosophie. Hamburg.
Dewey, J. (1993): Demokratie und Erziehung. Weinheim.
DGSv (Hrsg.) (2006): Konzepte der Supervision. Köln.
Diaz-Bone, R., Schubert, K. (1996): William James zur Einführung. Hamburg.
Diedrich, J. (1994): Der Lehrer. In: Lenzen, D. (Hrsg.): Erziehungswissenschaft. Reinbek, 228-252.
Dietrich, G. (1987): Spezielle Beratungspsychologie. Göttingen.
Dohmen, G. (1996): Das lebenslange Lernen. Leitlinien einer modernen Bildungspolitik. Bonn.
Dohmen, G. (Hrsg.) (1997): Selbstgesteuertes lebenslanges Lernen? Bonn.
Dollase, R. (1981): Gegenstand, Ziel und Methode der soziometrischen Aktionsforschung. In: Moreno, J.L.: Soziometrie als experimentelle Methode. Paderborn, 7-14.
Dollase, R. (1994): Wann ist der Ausländeranteil zu hoch? Zur Normalität und Pathologie soziometrischer Beziehungen in Gruppen. In: Heitmeyer, W. (Hrsg.): Das Gewalt-Dilemma. Frankfurt/M., 404-434.
Dollase, R. (1996): Wege zur Überwindung der Asozialität des Menschen. In: Moreno, J.L.: Die Grundlagen der Soziometrie. Opladen, XI-XXIX.
Doppler, K., Lauterburg, Ch. (1998): Change Management. Den Unternehmenswandel gestalten (4. Aufl.). Frankfurt a.M.
Dornieden, J. (1996): Das Ende des Systemdenkens – Schritte zur Verlebendigung des Psychodramas. In: Buer, F. (Hrsg.): Jahrbuch für Psychodrama, psychosoziale Praxis und Gesellschaftspolitik 1995. Opladen, 149-158.
Douglas, M. (1974): Ritual, Tabu und Körpersymbolik. Sozialanthropologische Studien in Industriegesellschaft und Stammeskultur. Frankfurt/M.
Düsing, W. (1981): Friedrich Schiller. Über die ästhetische Erziehung des Menschen in einer Reihe von Briefen. München.
Ebert, G. (1979): Improvisation und Schauspielkunst. Über die Kreativität des Schauspielers. Berlin.

Ehrenberg, A. (2004): Das erschöpfte Selbst. Depression und Gesellschaft in der Gegenwart. Frankfurt/M.
Eickelpasch, R., Rademacher, C. (2004): Identität. Bielefeld.
Eisermann, G. (1991): Rolle und Maske. Tübingen.
Eisler, H. (1976): Materialien zu einer Dialektik der Musik. Leipzig.
Elias, N. (1991a): Die Gesellschaft der Individuen. Frankfurt/M.
Elias, N. (1991b): Was ist Soziologie? Weinheim.
Ellenberger, H. (1985): Die Entdeckung des Unbewußten. Zürich.
Engels, F. (1970): Die Entwicklung des Sozialismus von der Utopie zur Wissenschaft. Berlin.
Epstein, S. (1994): Sie sind viel klüger, als Sie denken. Was man mit Intuition und Verstand erreichen kann. München.
Erel, S. (1979): Aus dem Tagebuch eines Kibbuzsekretärs. Gerlingen.
Erel, S. (1983). Neue Wurzeln. 50. Immigration deutschsprachiger Juden in Israel. Gerlingen.
Etzioni, A. (1996): Die faire Gesellschaft. Jenseits von Sozialismus und Kapitalismus. Frankfurt/M.
Etzioni, A. (1997): Die Verantwortungsgesellschaft. Individualismus und Moral in der heutigen Demokratie. Frankfurt/M.
Etzioni, A. (1998): Die Entdeckung des Gemeinwesens. Das Programm des Kommunitarismus. Frankfurt/M.
Esslin, M. (1989): Die Zeichen des Dramas. Theater, Film, Fernsehen. Reinbek.
Faber, W. (1962): Das Dialogische Prinzip Martin Bubers und das erzieherische Verhältnis. Ratingen.
Fähnders, W. (1987): Anarchismus und Literatur. Ein vergessenes Kapitel deutscher Literaturgeschichte zwischen 1890 und 1910. Stuttgart.
Fahrenbach, H. (1986): Brecht zur Einführung. Hamburg.
Fallner, H., Pohl, M. (2001): Coaching mit System. Die Kunst nachhaltiger Beratung. Opladen.
Fangauf, U. (1989): Moreno und das Theater. In: Buer, F. (Hrsg.): Morenos therapeutische Philosophie (1. Aufl.). Opladen, 89-107.
Fangauf, U (1999): Moreno und das Theater. In: Buer, F. (Hrsg.): Morenos therapeutische Philosophie (3. Aufl.). Opladen, 95-115.
Fatzer, G. (1998): Ganzheitliches Lernen. Humanistische Pädagogik und Organisationsentwicklung. Paderborn.
Fatzer, G. (2004): Organisationsberatung und -entwicklung: Veränderung durch Entwicklung und Lernen. In: Nestmann, F., Engel, F., Sickendiek, U. (Hrsg.): Das Handbuch der Beratung. Bd. 1. Tübingen, 419-433.
Fatzer, G. (Hrsg.) (2005): Gute Beratung von Organisationen. Auf dem Weg zu einer Beratungswissenschaft. Supervision und Beratung 2. Köln.
Faust, M., Jauch, P., Notz, P. (2000): Befreit und entwurzelt: Führungskräfte auf dem Weg zum „internen Unternehmer". München.
Feidel-Mertz, H. (Hrsg.) (1983): Schulen im Exil. Die verdrängte Pädagogik nach 1933. Reinbek.
Feldhendler, D. (1992): Psychodrama und Theater der Unterdrückten. Frankfurt/M.
Fellmann, F. (1991): Symbolischer Pragmatismus. Hermeneutik nach Dilthey. Reinbek.
Fellmann, F. (1993): Lebensphilosophie. Elemente einer Theorie der Selbsterfahrung. Reinbek.
Fetscher, I. (1967): Karl Marx und der Marxismus. München.
Fichtenhofer, B., Richter, K., Uh-Tückardt, T. (2004): Psychodrama in Konfliktberatung und Mediation. In: Ameln, F.v., Gestmann, R., Kramer, J. (Hrsg.): Psychodrama. Berlin, 485-500.
Fiebach, J. (1991): Von Craig bis Brecht. Berlin.
Fink-Eitel, H. (1989): Foucault zur Einführung. Hamburg.
Fischer-Epe, M. (2002): Coaching: Miteinander Ziele erreichen. Reinbek.
Fleischer, H. (1970): Marx und Engels. Freiburg.
Fölling, W., Melzer, W. (1989): Gelebte Jugendträume. Jugendbewegung und Kibbuz. Witzenhausen.
Fölling-Albers, M. (1977): Kollektive Kleinkind- und Vorschulerziehung im Kibbuz. Paderborn.
Fölling-Albers, M. (1987): Die Einheit von Leben und Lernen in der Kibbuz-Erziehung. Köln.

Fölling-Albers, M. (1988): Die Familie im Kibbuz. In: Zubke, F. (Hrsg.): Familienerziehung international. Wien, 123-145.
Foerster, H. v. (1985): Sicht und Einsicht. Braunschweig.
Fontin, M. (1998): Dilemmata in Organisationen aktiv bewältigen. Das ADINO-Verfahren: Potential, Werkzeug und Einsatzperspektiven, Organisationsentwicklung, 17, 2, 4-17.
Foucault, M. (1976): Mikrophysik der Macht. Über Strafjustiz, Psychiatrie und Medizin. Berlin.
Foucault, M. (1989a): Psychologie und Geisteskrankheit. Frankfurt/M.
Foucault, M. (1989b): Wahnsinn und Gesellschaft. Frankfurt/M.
Fourier, Ch. (1966): Theorie der vier Bewegungen und der allgemeinen Bestimmungen. Frankfurt/M.
Fox, J. (1994): Morenos Stegreiftheater in New York. In: Buer, F. (Hrsg.), Jahrbuch für Psychodrama, psychosoziale Praxis & Gesellschaftspolitik 1993 . Opladen, 7-17.
Fox, J. (1996): Renaissance einer alten Tradition. Playback Theater. Köln.
Frankfurt, H. (2006): Bullshit. Frankfurt/M.
Freire, P. (1974): Pädagogik der Unterdrückten. Reinbek.
French, W.L., Bell, C.H. (1994): Organisationsentwicklung (4. Aufl.). Bern.
Freudenreich, D., Gräßer, H., Köberling, J (1976): Rollenspiellernen für Kinder und Erzieher. Hannover.
Frevert, U. (1984): Krankheit als politisches Problem 1770-1880. Göttingen.
Friedman, M. (1999): Begegnung auf dem schmalen Grad. Martin Buber – ein Leben. Münster.
Fromm, E. (Hrsg.) (1966): Socialist Humanism. An International Symposium. New York.
Fromm, E. (1970): Marx' Beitrag zur Wissenschaft vom Menschen. In: Fromm, E.: Analytische Sozialpsychologie und Gesellschaftstheorie. Frankfurt/M., 145-161.
Fuhr, R., Gremmler-Fuhr, M. (1988): Faszination Lernen. Köln.
Fuhr, R., Gremmler-Fuhr, M. (1991): Dialogische Beratung. Köln.
Fürst, J. (2004a): Das Leben und Wirken J.L. Morenos und die Entwicklung des Psychodramas. In: Fürst, J. u.a. (Hrsg.): Psychodrama-Therapie. Ein Handbuch. Wien, 15-29.
Fürst, J. (2004b): Imaginative, symbolorientierte Techniken und Skripttechniken. In: Fürst, J. u.a. (Hrsg.): Psychodrama-Therapie. Wien, 244-265.
Fürst, J., Ottomeyer, K., Pruckner, H. (2003): Vorwort. In: Fürst, J., Ottomeyer, K., Pruckner, H. (Hrsg.): Psychodrama-Therapie. Ein Handbuch. Wien, 9-11.
Gaertner, A. (1999): Gruppensupervision. Theoriegeschichtliche und fallanalytische Untersuchungen. Tübingen.
Gairing, F. (1996): Organisationsentwicklung als Lernprozeß von Menschen und Systemen. Weinheim.
Galtung, J. (1987): Der Weg ist das Ziel. Gandhi und die Alternativbewegung. Wuppertal/Lünen.
Gizycki, H.v. (1984): Arche Noah '84. Zur Sozialpsychologie gelebter Utopien. Frankfurt/M.
Gandhi, M. (1988): Wegweiser zur Gesundheit. Köln.
Garaudy, R. (1974): Die Alternative. Reinbek.
Garaudy, R. (1981): Aufruf an die Lebenden. Neuwied.
Gardner, H. (1996): So genial wie Einstein. Schlüssel zum kreativen Denken. Stuttgart.
Gardner, H. (1999): Kreative Intelligenz. Was wir mit Mozart, Freud, Woolf und Gandhi gemeinsam haben. Frankfurt/M.
Gebauer, G., Wulf, C. (1992): Mimesis. Kultur – Kunst – Gesellschaft. Reinbek.
Gebert, D. (2004): Innovation durch Teamarbeit. Eine kritische Bestandsaufnahme. Stuttgart: Kohlhammer.
Geisler, F. (1989): Judentum und Psychodrama. In: Buer, F. (Hrsg.): Morenos therapeutische Philosophie Opladen, 45-68.
Geisler, F. (1994). Morenos Wurzeln in der jüdischen Tradition. Skripten zum Psychodrama - Bd. 9. Moreno Institut Stuttgart.
Geisler, F. (1996): Begegnung heilt: Die religionshistorischen Hintergründe des Psychodramas. In: Erlacher-Farkas, B., Jorda, Ch. (Hrsg.): Heilende Begegnung. Vom Psychodrama zur Einzelttherapie. Wien, 38-50.
Geisler, F. (1999): Judentum und Psychodrama. In: Buer, F. (Hrsg.): Morenos therapeutische Philosophie (3. Aufl.). Opladen, 49-73.

Geisler, F. (2000): Zwischen Kulturen und Welten – Soziodrama nur ein Arrangement der psychodramatischen Bildungsarbeit? In: Wittinger, Th. (Hrsg.). Psychodrama in der Bildungsarbeit. Mainz, 205-224.
Geisler, F. (2004): Karriere und Kinder. Eine Frauengeschichte. Einzelsupervision mit einer Ärztin in der Facharztausbildung. In: Buer, F. (Hrsg.): Praxis der Psychodramatischen Supervision (2. Aufl.). Wiesbaden, 231-244.
Geisler, F. (2005): Wider den egozentrischen Individualismus unserer Tage. Ein Programm gegen die zunehmende Vereinzelung in unserer Gesellschaft. In: Wittinger, Th. (Hrsg.): Handbuch Soziodrama. Die ganze Welt auf der Bühne. Wiesbaden, 153-172.
Geisler, F., Görmer, F. (1997): Der Rollentausch mit dem Feind. Morenos Soziodrama zum Thema Gewalt und Rechtsradikalismus. In: Buer, F. (Hrsg.): Jahrbuch für Psychodrama, psychosoziale Praxis & Gesellschaftspolitik 1997. Opladen, 9-26.
Geiss-Kuchenbecker, B. (1993): „Ich spiele – also lerne ich". Psychodrama mit Schülerinnen und Schülern. In: Bosselmann, R. u.a. (Hrsg.): Variationen des Psychodramas. Meezen, 86-101.
Geißler, H. (1995): Grundlagen des Organisationslernens. Weinheim.
Geißler, K.A. (1999): Vom Tempo der Welt. Am Ende der Uhrzeit. Freiburg.
Gellert, M. (1993): Lebendige Soziometrie in Gruppen. In. Bosselmann, R., Lüffe-Leonhardt, E., Gellert, M. (Hrsg.): Variationen des Psychodramas. Ein Praxisbuch – nicht nur für Psychodramatiker. Meezen, 286-301.
Gellert, M. (2008): Knopfsoziogramm. In: Neumann-Wirsig, H. (Hrsg.): Supervisions-Tools. Bonn, 160-163.
Gellert, M., Novak, C. (2002): Teamarbeit – Teamentwicklung – Teamberatung. Meezen
Gennep, A. van (1986): Übergangsriten. Frankfurt/M.
Geschka, H., Lantelme, G. (2004): Kreativität freisetzen, Ideen produzieren. Personalführung 12, 82-88.
Geßner, A. (2000): Coaching – Modelle zur Diffusion einer sozialen Innovation in der Personalentwicklung. Frankfurt/M.
Gethmann, C.F. (1987): Vom Bewusstsein zum Handeln. Pragmatische Tendenzen in der Deutschen Philosophie der ersten Jahrzehnte des 20. Jahrhunderts. In: Stachowiak, H. (Hrsg.): Pragmatik: Handbuch pragmatischen Denkens. Hamburg, 202-232.
Gfäller, G.R., Leutz, G. (Hrsg.) (2006): Gruppenanalyse, Gruppendynamik, Psychodrama. Quellen und Traditionen – Zeitzeugen berichten. Der Umgang mit Gruppenphänomenen in deutschsprachigen Ländern (2. Aufl.) Heidelberg.
Giesecke, W. (1994): Der Erwachsenenpädagoge. In: Lenzen, D. (Hrsg.): Erziehungswissenschaft. Reinbek, 282-313.
Gigerenzer, G. (2008): Bauchentscheidungen. Die Intelligenz des Unbewussten und die Macht der Intuition (3. Aufl.). München.
Gigon, O. (1988): Literarische Gattungen und Dichtungstheorien. In: Propyläen. Geschichte der Literatur. Erster Band: Die Welt der Antike. Berlin, 110-126.
Gizycki, H.v. (1990): „Mother Jones" oder Ein anderes Amerika. Kritische Minderheiten in den USA. Frankfurt/M.
Glotz, P. (1999): Die beschleunigte Gesellschaft. Kulturkämpfe im digitalen Kapitalismus. München.
Gogolin, I., Lenzen, D. (Hrsg.) (1999): Medien-Generation. Opladen.
Godenschwenger, W.B., Vilmar, F. (1990): Die rettende Kraft der Utopie. Deutsche Juden gründen den Kibbuz Hasorea. Frankfurt/M.
Goffman, E. (1976): Wir alle spielen Theater. München.
Goffman, E. (1991): Interaktionsrituale. Frankfurt/M.
Goldmann, H., Krall, H., Ottomeyer, K. (1992): Jörg Haider und sein Publikum. Eine sozialpsychologische Untersuchung. Klagenfurt.
Goldner, C. (Hrsg.) (2003): Der Wille zum Schicksal. Die Heilslehre des Bert Hellinger. Wien.
Goleman, D., Kaufman, P., Ray, M. (1999): Kreativität entdecken. München.
Göpel, E. (1989): Gesundheit oder die Suche nach einem solidarischen Leben jenseits von Markt und Plan. Widersprüche, 30, 19-29.

Gorz, A. (1983): Wege ins Paradies. Berlin.
Gosnell, D. (1975): Some Simitarities and Dissimilitarities between the Psychodramaturgical Approaches of J.L. Moreno and Erving Goffman. In: Greenberg, J.A. (Ed.): Psychodrama. Theory and Therapy. London, 11-28.
Graf, W. (2006): Soziometrie, Friedensforschung und kreative Konflikttransformation. Einladung zu einer Begegnung zwischen J.L. Moreno und Johan Galtung. ZPS 2, 191-206.
Grassi, E. (1980): Die Theorie des Schönen in der Antike. Köln.
Grassi, E. (1990): Kunst und Mythos. Frankfurt/M.
Gregor-Dellin, M. (1991): Richard Wagner. Sein Leben, sein Werk, sein Jahrhundert. München.
Grochowiak, K., Castella, J. (2001): Systemdynamische Organisationsberatung. Die Übertragung der Methode Hellingers auf Organisationen und Unternehmen. Heidelberg.
Gröning, K. (2006): Pädagogische Beratung. Konzepte und Positionen. Wiesbaden.
Grossinger, R. (1985): Wege des Heilens. Vom Schamanismus der Steinzeit zur heutigen alternativen Medizin. München.
Großmaß (2004): Psychotherapie und Beratung. In: Nestmann, F. u.a. (Hrsg.): Das Handbuch der Beratung. Tübingen, 89-102.
Groth, T., Simon, F.B. (2005): Organisationsaufstellung – jenseits von Zauberei und Mystik. Personalführung 5, 56-63.
Groth, T., Stey, G. (Hrsg.) (2007): Potenziale der Organisationsaufstellung. Innovative Ideen und Anwendungsbereiche. Heidelberg.
Gudopp, W.-D. (1975): Martin Bubers dialogischer Anarchismus. Frankfurt/M.
Guérin, D. (1969): Anarchismus. Begriff und Praxis. Frankfurt/M.
Haan, A. (1983): Morenos Psychodrama - Yoruba-Begräbnisriten. Ein Vergleich der Verlaufsmodelle. (Zertifizierungsarbeit zur Psychodrama-Therapeutin). Münster.
Haan, A. (1992): Kreatives Erleben im Psychodrama. Wiesbaden.
Haarmann, H. (1992): Die Gegenwart der Magie. Frankfurt/M.
Haas, R.B. (Ed.) (1949): Psychodrama and Sociodrama in American Education. Beacon.
Hahn, A., Willems, H., Winter, R. (1991): Beichte und Therapie als Formen der Sinngebung. In: Jüttemann, G., Sonntag, M., Wulf, Ch. (Hrsg.): Die Seele. Weinheim, 493-511.
Hahne, A. (Hrsg.) (2003): Kreative Methoden in der Personal- und Organisationsentwicklung. München.
Haken, H., Schiepek, G. (2006): Synergetik in der Psychologie. Selbstorganisation verstehen und gestalten. Göttingen.
Hale, A.E. (1981): Conducting clinical sociometric Explorations: A Manual for Psychodramatists and Sociometrists. Roanoke.
Hale, A.E. (1994): Soziometrische Zyklen. Ein soziodynamisches Verlaufsmodell für Gruppe und ihre Mitglieder. Psychodrama 7, 2, 179-196.
Halmos, P. (1972): Beichtväter des 20. Jahrhunderts. Zürich.
Harms, J. (Hrsg.) (1988): Christentum und Anarchismus. Beiträge zu einem ungeklärten Verhältnis. Frankfurt/M.
Hart, J.W. (1971): Socioeconomic Sociometry and Socioeconometry: Moreno's Sociodynamic Effect Revisited. Beacon.
Hein, J., Hentze, K.O. (Hrsg.) (2007): Das Unbehagen in der (Psychotherapie-) Kultur. Sinnverstehende Traditionen – Grundlagen und Perspektiven. Bonn.
Heinrich, P., Schulz zur Wiesch, J. (Hrsg.) (1998): Wörterbuch zur Mikropolitik. Opladen.
Heinsohn, G. (Hrsg.) (1982): Das Kibbuz-Modell. Frankfurt/M.
Heintel, P. (1999): Innehalten. Gegen die Beschleunigung – für eine andere Zeitkultur. Freiburg.
Heitkämper, P. (1999): Lexikon kreativer Lehr- und Lernmethoden. Hilfen zum kreativen Lernen. Paderborn.
Helle, H.-J. (1992): Verstehende Soziologie und Theorie der Symbolischen Interaktion. Stuttgart.
Hellerich, G. (1989): Die Transformation von der nekrophilen zur biophilen Prävention. In: Stark, W. (Hrsg.): Lebensweltbezogene Prävention und Gesundheitsförderung. Freiburg, 40-46.
Hemingway, E. (1977): Tod am Nachmittag. Reinbek.

Hentig, H.v. (1982): Erkennen durch Handeln. Stuttgart.
Hentig, H.v. (1998): Kreativität. Hohe Erwartungen an einen schwachen Begriff. München.
Hentig, H.v. (1999a): Bildung. Ein Essay. Weinheim.
Hentig, H.v. (1999b): Ach, die Werte! Über eine Erziehung für das 21. Jahrhundert. München.
Herrlitz, H.G., Rittelmeyer, Ch. (Hrsg.) (1993): Exakte Phantasie. Pädagogische Erkundungen bildender Wirkungen in Kunst und Kultur. Weinheim.
Heß, T., Roth, W.L. (2001): Professionelles Coaching. Eine Expertenbefragung zur Qualitätseinschätzung und -entwicklung. Heidelberg
Hilgers, M. (2005): Esoterischer Firlefanz, Heilsversprechungen und gottgegebene Ordnungen. Personalführung 5, 40-49.
Hobsbawm, E. (1999): Das Zeitalter der Extreme. Weltgeschichte des 20. Jahrhunderts. München.
Höhn, E., Seidel, G. (1954): Das Soziogramm. Die Erfassung von Gruppenstrukturen. Göttingen.
Hoch, E. (1979): Altindische Philosophie, indische Religionen und Psychotherapie. In: Die Psychologie des Zwanzigsten Jahrhunderts. Bd. XV. Zürich, 214-222.
Hofmann, L.M., Regnet, E. (Hrsg.) (1994): Innovative Weiterbildungskonzepte. Trends, Inhalte und Methoden der Personalentwicklung in Unternehmen. Göttingen.
Hofmann, W. (1971): Ideengeschichte der sozialen Bewegung. Berlin.
Holzkamp, K. (1995): Lernen. Subjektwissenschaftliche Grundlegung. Frankfurt/M.
Homans, G.C. (1972): Elementarformen sozialen Verhaltens. Opladen.
Horkheimer, M., Adorno, Th.W. (1947): Dialektik der Aufklärung. Amsterdam.
Hörmann, G. (1986): Sozialpädagogik im Gesundheitswesen. Neue Praxis, 4, 345-355.
Hörmann, G. (1989): Gesundheit und Körper: Kultur oder Kult? Widersprüche, 30, 7-16.
Hörmann, G., Körner, W., Buer, F. (Hrsg.) (1988): Familie und Familientherapie. Probleme – Perspektiven – Alternativen. Opladen.
Hörmann, G., Langer, K. (1987): Psychodrama. In: Zygowski, H. (Hrsg.), Psychotherapie und Gesellschaft. Reinbek, 182-204.
Horn, Ch. (2002): Güterabwägung. In: Düwell, M. u.a. (Hrsg.): Handbuch Ethik. Stuttgart, 385-390.
Horn, K., Beier, Ch. & Wolf, M. (1983): Krankheit, Konflikt und soziale Kontrolle. Opladen.
Horn, K.-P. (1999): Wissensformen, Theorie-Praxis-Verhältnis und das erziehungswissenschaftliche Studium. Der pädagogische Blick 7, 4, 215-221.
Horster, D. (1990): Habermas zur Einführung. Hamburg.
Horster, D. (1991): Richard Rorty zur Einführung. Hamburg.
Huerkamp, C. (1989): Ärzte und Patienten. Zum strukturellen Wandel der Arzt-Patient-Beziehung vom ausgehenden 18. bis zum frühen 20. Jahrhundert. In: Labisch, A., Spree, R. (Hrsg.): Medizinische Deutungsmacht im sozialen Wandel des 19. und 20. Jh.. Bonn, 57-73.
Huizinga, J. (1987): Homo ludens. Vom Ursprung der Kultur im Spiel. Reinbek.
Hunter, D., Whittin, P. (1981): Enciclopedia des Antropologia. Barcelona.
Hurrelmann, K. (1988): Sozialisation und Gesundheit. München.
Hüther, G. (2006): Die Macht der inneren Bilder. Wie Visionen das Gehirn, den Menschen und die Welt verändern. Göttingen.
Hutter, Ch. (1996): „Gott: Rätsel, Syllogismus, Irrtum?" – Ver-Suche zur theologischen Mitte von Morenos Frühschriften. In: Buer, F. (Hrsg.): Jahrbuch für Psychodrama, psychosoziale Praxis & Gesellschaftspolitik 1995. Opladen, 7-39.
Hutter, Ch. (1997): Morenos Projekt der Gesellschaftsgestaltung. Ver-Suche zum Begriff der Begegnung in Morenos Frühschriften. In: Buer, F. (Hrsg.): Jahrbuch für Psychodrama, psychosoziale Praxis & Gesellschaftspolitik 1996. Opladen, 27-51.
Hutter, Ch. (2000): Psychodrama als experimentelle Theologie. Rekonstruktion der therapeutischen Philosophie Morenos aus praktisch-theologischer Perspektive. Münster.
Hutter, Ch. (2003): Beratung und Therapie – Notizen zu einer Abgrenzung. In: Hutter, Ch. u.a. (Hrsg.): Herausforderung Lebenslage. Praxisreflexe aus der Ehe-, Familien-, Lebens- und Erziehungsberatung. Münster, 131-144.

Hutter, Ch. (2005): Szenisches Verstehen in der Ehe-, Familien-, Lebens- und Erziehungsberatung Psychodynamische Psychotherapie 4, 206-216.
Hutter, Ch. , Schwehm, H. (Hrsg.) (2009): J.L. Morenos Werk in Schlüsselbegriffen. Wiesbaden.
Illich, I. (1981): Die Nemesis der Medizin. Reinbek.
Isaacs, W.N. (1996): Dialog, kollektives Denken und Organisationslernen. In: Fatzer, G. (Hrsg.): Organisationsentwicklung und Supervision. Köln, 181-207.
Jacoby, E. (1988): Lexikon linker Leitfiguren. Frankfurt/M.
Jacoby, H., Herbst, J. (1985): Otto Rühle zur Einführung. Hamburg.
Jaeggi, E., Rohner, R., Wiedemann, P.M. (1990): Gibt es auch Wahnsinn, hat es doch Methoden... Eine Einführung in die Klinische Psychologie aus sozialwissenschaftlicher Sicht. München.
Jaspers, K. (1953): Einführung in die Philosophie. München.
Jauß, H.R. (1977): Ästhetische Erfahrung und literarische Hermeneutik 1. München.
Jay, M. (1981): Dialektische Phantasie. Frankfurt/M.
Joas, H. (1989): Praktische Intersubjektivität. Die Entwicklung des Werkes von G.H. Mead. Frankfurt/M.
Joas, H. (1992a): Pragmatismus und Gesellschaftstheorie. Frankfurt/M.
Joas, H. (1992b): Die Kreativität des Handelns. Frankfurt/M.
Jonas, H. (1984): Das Prinzip Verantwortung. Frankfurt/M.
Johnston, W.M. (1980): Österreichische Kultur- und Geistesgeschichte. Wien.
Jörke, D. (2003): Demokratie als Erfahrung. John Dewey und die politische Philosophie der Gegenwart. Opladen.
Josuttis, M. (1988): Praxis des Evangeliums zwischen Politik und Religion. München.
Jung-Strauß, E.M. (2000): Widersprüchlichkeiten im Lehrerberuf. Eine Untersuchung unter Verwendung der Rollentheorie. Frankfurt/M.
Jürgens, M. (1988). Moderne und Mimesis. Vorschlag für eine Theorie der modernen Kunst. Münster.
Jürgens, M. (1991): Fern jeder Gattung, nah bei Thun. Über das mimetische Vermögen der Sprache Robert Walsers am Beispiel von „Kleist in Thun". In: Hinz, K.-M., Horst, Th. (Hrsg.): Robert Walser. Frankfurt/M., 87-100.
Jürgens, M. (1992). Theaterarbeit und Alltagserfahrung. In: Buer, F. (Hrsg.): Jahrbuch für Psychodrama, psychosoziale Praxis & Gesellschaftspolitik 1992. Opladen, 149-160.
Kalz, W. (1967): Gustav Landauer. Kultursozialist und Anarchist. Meisenheim am Glan.
Kamper, D. (1986): Zur Soziologie der Imagination. München.
Keil, A. (1989): Sinnlich Wissen schaffen – Gesundheit als konkrete Utopie. In: Böllert, K., Otto, H.U. (Hrsg.): Soziale Arbeit auf der Suche nach Zukunft. Bielefeld, 101-111.
Kellermann, P.F. (1982): Psychodrama. Eine ‚Als-Ob'-Erfahrung. Int. Ther. 8, 13-23.
Kellermann, P.F. (1992): Focus on Psychodrama London.
Kerbs, D., Reulecke, J. (Hrsg.) (1998): Handbuch der deutschen Reformbewegungen 1880-1933. Wuppertal.
Keupp, H. (1988): Psychische Störungen im gesellschaftlichen Lebenszusammenhang. In: Davidson, G.C., Neale, J.M. (Hrsg): Klinische Psychologie. München, 69-92.
Kieper-Wellmer, M. (2004): Psychodramatische Gruppensupervision mit Heilpädagoginnen. In: Buer, F. (Hrsg.): Praxis der Psychodramatischen Supervision (2. Aufl.). Wiesbaden, 67-74.
Klafki, W. (1978): Die Aktualität der Pädagogik John Deweys. ZfPäd. 24, 5, 781ff.
Klages, H. (1969): Geschichte der Soziologie. München.
Klein, U. (Hrsg.) (1991): Theater. Themenheft Psychodrama 4, 1.
Klein, U., Frohn, E., Utrecht, K. (2007): Psychodramatische Ansätze in Coaching und Organisationsentwicklung. Psychotherapie im Dialog., 7, 3, 223-228.
Kobayashi, P. (1989): Der Weg des Tai Chi Chuan. München.
Koch, G. (1979): Lernen mit Bert Brecht. Bertold Brechts politisch-kulturelle Pädagogik. Hamburg.
Koestler, A. (1983): Diebe in der Nacht. Roman. Frankfurt/M.
Köhler, O. (1978): Die Utopie der absoluten Gesundheit. In: Schipperges, H. (Hrsg.): Krankheit, Heilkunst, Heilung. Freiburg, 619-651.

Kohn, H. (1979): Martin Buber. Sein Werk und seine Zeit. Wiesbaden.
Kolakowski, L. (1985): Henri Bergson. München.
Kolb, D.A. (1984): Experimental learning. Experience as the source of learning and development. New Jersey.
König, O. (2004): Familienwelten. Theorie und Praxis von Familienaufstellungen. Stuttgart
Koob, O. (1988): Gesundheit – Krankheit – Heilung. Grundbegriffe einer menschengemäßen Heilkunst in der Anthroposophie. Frankfurt/M.
Kool, F. (Hrsg.) (1970): Die Linke gegen die Parteiherrschaft. Frankfurt/M.
Koring, B. (1992): Die Professionalisierungsfrage der Erwachsenenbildung. In: Dewe, B. u.a. (Hrsg.): Erziehen als Profession. Opladen, 171-199.
Korsgaard, O. (1990): Sport as practice of Religion: The Record as Ritual. In: Carter, Y.M., Krüger, A. (Hrsg.): Ritual and Record. New York.
Kösel, E. (Hrsg.) (1989): Persönlichkeitsentwicklung in beruflichen Feldern auf der Grundlage des Psychodramas. Freiburg.
Kösel, E. (1993): Die Modellierung von Lernwelten. Ein Handbuch zur Subjektiven Didaktik. Elztal-Dallau.
Kofler, L. (1985): Eros, Ästhetik, Politik. Hamburg.
Krahl, U. (2005): Der Umgang mit dem Klassenfeind. Soziodrama in der Supervision mit Lehrern. In: Wittinger, Th. (Hrsg.): Handbuch Soziodrama. Die ganze Welt auf der Bühne. Wiesbaden, 51-63.
Krall, H. (2008): Psychodrama und Soziometrie in Supervision und Coaching – Anknüpfungspunkte in der qualitativen Sozialforschung. In: Krall, H., Mikula, E., Jansche, W. (Hrsg.): Supervision und Coaching. Praxisforschung und Beratung im Sozial- und Bildungsbereich. Wiesbaden, 251-268.
Krall, H. (2009): Sprache und szenische Arbeit in der Supervision. Supervision 2, 19-24.
Krall, H., Schulze, S. (2004): Psychodrama in der Supervision und im Coaching. In: Fürst, J., Ottomeyer, K., Pruckner, H. (Hrsg.): Psychodrama-Therapie. Ein Handbuch. Wien, 412-432.
Kraus, Ch. (1984): Psychodrama of Fallen Gods: A Review of Morenian Theology. Journal of Group Psychotherapy, Psychodrama & Sociometry, Summer, 47-66.
Krause, Chr., Fittkau, B., Fuhr, R., Thiel, H.-U. (Hrsg.) (2003): Pädagogische Beratung. Grundlagen und Praxisanwendung. Paderborn.
Kreikebaum, H. (1996): Grundlagen der Unternehmensethik. Stuttgart.
Kreuzer, K.J. (Hrsg.) (1984): Handbuch der Spielpädagogik. Düsseldorf.
Kröger, Ch., Hutter, Ch., Teglas, P., Klann, N., Sanders, R., Engl, J., Dahlinger, K., Ziegler, Th. (2005): Die zeitliche Dimension in der Beratung: Eine Stellungnahme des Fachausschusses Forschung der Katholischen Bundeskonferenz für Ehe-, Familien- und Lebensberatung zum zeitlichen Umfang von Beratung. Beratung aktuell 6, 4, 233-247.
Kropotkin, P. (1976): Gegenseitige Hilfe in der Tier- und Menschenwelt. Frankfurt/M.
Krotz, F. (1992): Interaktion als Perspektivverschränkung. Psychodrama 5, 2, 301-324.
Krotz, F. (1996): Psychodrama als konstruktivistische Interaktionstheorie. In: Buer, F. (Hrsg.), Jahrbuch für Psychodrama, psychosoziale Praxis & Gesellschaftspolitik 1995. Opladen, 137-148.
Krüger, H.-H. (1997): Einführung in Theorien und Methoden der Erziehungswissenschaft. Opladen.
Krüger, H.-H., Helsper, W. (Hrsg.) (1998): Einführung in Grundbegriffe und Grundfragen der Erziehungswissenschaft. Opladen.
Krüger, R.T. (1997): Kreative Interaktion. Tiefenpsychologische Theorie und Methoden des klassischen Psychodramas. Göttingen.
Krumenacker, F.-J. (1997): Bruno Bettelheim und John Dewey – Milieutherapie und Progressive Education. In: Krumenacker, F.-J. (Hrsg.): Liebe und Haß in der Pädagogik. Zur Aktualität Bruno Bettelheims. Freiburg, 160-223.
Kruse, O. (Hrsg.) (1977): Kreativität als Ressource für Veränderungen und Wachstum. Kreative Methoden in den psychosozialen Arbeitsfeldern: Theorien, Vorgehensweisen, Beispiele. Tübingen.
Kühl, St. (2006): Coaching zwischen Qualitätsproblemen und Professionalisierungsbemühung. Thesen zur Entwicklung des Coachings, OSC 13, 1, S. 86-96.

Labisch, A. (1986): „Hygiene ist Moral – Moral ist Hygiene" – Soziale Disziplinierung durch Ärzte und Medizin. In: Sachße, Ch., Tennstedt, F. (Hrsg.): Soziale Sicherheit und soziale Disziplinierung. Frankfurt/M., 265-285.
Labisch, A. (1989). Gesundheitskonzepte und Medizin im Prozeß der Zivilisation. In: Labisch, A., Spee, R. (Hrsg.): Medizinische Deutungsmacht im sozialen Wandel des 19. und 20. Jh.. Bonn, 15-36.
Lad, V. (1990): Das Ayurveda Heilbuch. Durach.
Laeuchli, S. (1987): Das Spiel vor dem dunklen Gott. Neukirchen-Vluyn.
Lammers, K. (1994): Bildnerische und Dramatische Soziogramme. Netzwerkarbeit mit Hilfe psychodramatischer und kunsttherapeutischer Verfahren: Psychodrama, 2, 197-216.
Lammers, K. (1996): Existenz und Experiment. Psychodrama als Atelier der Lebensgestaltung. In: Buer, F. (Hrsg.): Jahrbuch für Psychodrama, psychosoziale Praxis & Gesellschaftspolitik 1995. Opladen, 93-119.
Lammers, K. (1998): Verkörpern und Gestalten. Psychodrama und Kunsttherapie in der psychosozialen Arbeit. Göttingen.
Lammers, K. (2000): Kreativitätsförderung und ästhetische Bildung. In: Wittinger, Th. (Hrsg.): Psychodrama in der Bildungsarbeit. Mainz, 225-239.
Landauer, G. (1922): Shakespeare. 2 Bd. Frankfurt/M.
Landauer, G. (1929): Gustav Landauer. Sein Lebensgang in Briefen. Hrsg. v. M. Buber. 2 Bd. Frankfurt/M.
Landauer, G. (1977a): Der werdende Mensch. Aufsätze über Leben und Schrifttum. Telgte-Westbevern.
Landauer, G. (1977b): Beginnen. Aufsätze über Sozialismus. Wetzlar.
Landauer, G. (1977c): Revolution. Berlin.
Landauer, G. (1978a): Aufruf zum Sozialismus. Wetzlar.
Landauer, G. (1978b): Skepsis und Mystik. Versuche im Anschluß an Mauthners Sprachkritik. Münster/Wetzlar.
Landauer, G. (1978c): Entstaatlichung – für eine herrschaftslose Gesellschaft. Wetzlar.
Landwehr, H. (2002): Gefühl/moral sense. In: Düwell, M. u.a. (Hrsg.): Handbuch Ethik. Stuttgart, 360-365.
Langer, S.K. (1987): Philosophie auf neuem Wege. Das Symbol im Denken, im Ritus und in der Kunst. Frankfurt/M.
Lay, R. (1996): Ethik für Manager. Düsseldorf.
Lazarowizc, K., Balme, C. (Hrsg.) (1991): Texte zur Theorie des Theaters. Stuttgart.
Lehmann, H.-Th. (1991): Theater und Mythos. Die Konstitution des Subjekts in der antiken Tragödie. Stuttgart.
Lenk, H., Maring, M. (1998): Das moralphilosophische Fundament einer Ethik für Organisationen – korporative und individuelle Verantwortung. In: Blickle, G. (Hrsg.): Ethik in Organisationen. Göttingen, 19-35.
Lenk, K. (1973): Theorien der Revolution. München.
Lenzen, A., Fellermann, J. (2006): Supervision – ein Unterstützungsinstrument für organisationsinterne Berater. In: Bamberg, E. u.a. (Hrsg.): Beratung, Counselling, Consulting. Göttingen, 165-184.
Lenzen, D. (Hrsg.) (1990): Kunst und Pädagogik. Erziehungswissenschaft auf dem Weg zur Ästhetik? Darmstadt.
Lenzen, D. (1991). Krankheit als Erfindung. Medizinische Eingriffe in die Kultur. Frankfurt/M.
Lenzen, D. (Hrsg.) (1994): Erziehungswissenschaft. Ein Grundkurs. Reinbek.
Lenzen, D. (1997): Professionelle Lebensbegleitung – Erziehungswissenschaft auf dem Weg zur Wissenschaft des Lebenslaufs und der Humanontogenese. Erziehungswissenschaft 15, 5-22.
Leontiev, A.N. (1977): Tätigkeit, Bewußtsein, Persönlichkeit. Stuttgart.
Leuthner-Beller, J. (2004): Interne Supervision für Pflege- und Adoptiveltern. In: Buer, F. (Hrsg.): Praxis der Psychodramatischen Supervision. Wiesbaden, 193-215.
Leutz, G. (1974): Das klassische Psychodrama nach J.L. Moreno. Berlin.

Leutz, G.A. (1979): Das Triadische System von J.L. Moreno. Soziometrie, Psychodrama und Gruppenpsychotherapie. In: Die Psychologie des 20. Jahrhunderts. Bd. VIII, Zürich, 830-839.
Lévinas, E. (1986): Ethik und Unendliches. Wien.
Lichtenstein, E. (1966): Zur Entwicklung des Bildungsbegriffs von Meister Eckhart bis Hegel. Heidelberg.
Liegle, L. (1971a): Familie und Kollektiv im Kibbuz. Weinheim.
Liegle, L. (Hrsg.) (1971b): Kollektiverziehung im Kibbuz. München.
Liegle, L. (1979): Der Kibbuz als genossenschaftliches Modell. Mehrwert, 19,145-168.
Liegle, L. (1985): Tagträume, Wirklichkeit und Erinnerungsspuren einer neuen Erziehung im jüdischen Gemeinwesen Palästinas 1818-1848. Neue Sammlung 25, 1, 60-77.
Liegle, L., Konrad, F.M. (Hrsg.) (1989): Reformpädagogik in Palästina. Frankfurt/M.
Link-Salinger, R. (Hrsg.) (1986): Signatur: g.l. Gustav Landauer im „Sozialist". Aufsätze über Kultur, Politik und Utopie (1892-1899). Frankfurt/M.
Linse, U. (1969): Organisierter Anarchismus im Deutschen Kaiserreich von 1871. Berlin.
Linse, U. (Hrsg.) (1983): Zurück, o Mensch, zur Mutter Erde. Landkommunen in Deutschland 1890-1933. München.
Linse, U. (1986). Ökopax und Anarchie. Eine Geschichte der ökologischen Bewegungen in Deutschland. München.
Lippe, R. zur (1979): Am eigenen Leibe. Zur Ökonomie des Lebens. Frankfurt/M.
Lippmann, E. (Hrsg.) (2006): Coaching. Angewandte Psychologie für die Beratungspraxis. Heidelberg.
Löhmer, C., Standhardt, R. (Hrsg.) (1992): TZI. Pädagogisch-therapeutische Gruppenarbeit nach Ruth C. Cohn. Stuttgart.
Lorenzer, A. (1974): Die Wahrheit der psychoanalytischen Erkenntnis. Frankfurt/M.
Lorenzer, A. (1988): Das Konzil der Buchhalter. Frankfurt/M.
Luckmann, Th. (1992): Theorie des sozialen Handelns. Berlin.
Lüders, Ch., Kade, J., Hornstein, W. (1998): Entgrenzung des Pädagogischen. In: Krüger, H.-H., Helsper, W. (Hrsg.): Einführung in die Grundbegriffe der Erziehungswissenschaft. Opladen, 207-215.
Lüthi, A. u.a. (1992): TZI an der Ecole d'Humanité – vier Zugänge. In: Löhmer, C., Standhardt, R. (Hrsg.): TZI. Pädagogisch-therapeutische Gruppenarbeit nach Ruth Cohn. Stuttgart, 281-301.
Lyotard, J.F. (1983): Der Widerstreit. München.
Lyotard, J.-F. (1986): Das postmoderne Wissen. Graz.
Magistrat der Stadt Kassel (Hrsg.) (1992): Aversion/Akzeptanz. Öffentliche Kunst und öffentliche Meinung. Marburg.
Malik, F. (2001): Führen, Leisten, Leben. Wirksames Management für eine neue Zeit (10. Aufl.). Stuttgart.
Marcuse, H. (1969a): Triebstruktur und Gesellschaft. Frankfurt/M.
Marcuse, H. (1969b). Befreiung von der Überflußgesellschaft. Kursbuch, 16, 185-198.
Marcuse, L. (1972): Philosophie des Glücks. Zürich.
Marcuse, L. (1994): Amerikanisches Philosophieren. Zürich.
Marineau, R. F. (1989): Jacob Levy Moreno 1889-1974. Father of psychodrama, sociometry and group psychotherapy. London.
Marineau, R.F. (1990): J.L. Moreno. Sa vie, son œuvre. Montreal.
Marković, M. (1969): Entfremdung und Selbstverwaltung. In: Folgen einer Theorie. Essays über „Das Kapital" von Karl Marx., 178-204.
Marschall, B. (1988): „Ich bin der Mythe". Von der Stegreifbühne zum Psychodrama Jakob Levy Morenos. Wien.
Marschall, B. (1991): Das Auge Morenos ertappt uns alle. Annäherungen an Morenos Katharsislehre. Psychodrama, 4,1,45-56.
Marschall, B. (2006): Jakob Levy Morenos Theaterkonzept: Die Zeit-Räume des Lebens als Szenenraum der Begegnung, ZPS 2, 229-243.

Martin, A., Drees, V. (1999): Vertrackte Beziehungen. Die versteckte Logik des sozialen Verhaltens. Darmstadt.
Martiny, M. (1986): Geschichte der Homöopathie. In: Toellner, R. (Hrsg.): Illustrierte Geschichte der Medizin. Bd. 4. Salzburg, 2237-2259.
Marx, K. (1966): Pariser Manuskripte 1844. Reinbek.
Marx, K. (1971): Das Elend der Philosophie. Antwort auf Proudhons „Philosophie des Elends." Berlin.
Marx, K. (o.J.). Grundrisse der Kritik der politischen Ökonomie. Frankfurt/M.
Marx, K., Engels, F. (1956-1968). Werke. Berlin. (= MEW)
Marx, K., Engels, F. (1970). Manifest der kommunistischen Partei. In: Marx, K., Engels, F.: Studienausgabe Bd. III. Geschichte und Politik 1. Frankfurt/M., 59-87.
Maslow, A. (1973): Psychologie des Seins. München.
Mathar, H. (2006): Wie wir finden, was wir wollen. Historische und aktuelle Beiträge zur Zielfindung im Persönlichkeitscoaching. Tübingen.
Matthies, K. (1988): Schönheit, Nachahmung, Läuterung. Drei Grundkategorien für ästhetische Erziehung. Frankfurt/M.
Mattik, P. (1975): Spontaneität und Organisation. Frankfurt/M.
Mayer, H. (1978): Richard Wagner in Bayreuth. Frankfurt/M.
Mayer, H. (1990): Richard Wagner. Reinbek.
Mayer-Tasch, P.C. (Hrsg) (1991): Natur denken. Eine Genealogie der ökologischen Idee. 2 Bd. Frankfurt/M.
Melchinger, S. (1990): Das Theater der Tragödie. München.
Melzer, W. (1988): Die Bedeutung von Utopien für die Genese der Kibbuzim und ihres Erziehungsarrangements. In: Melzer, W., Neubauer, G. (Hrsg.): Der Kibbutz als Utopie. Weinheim, 38-69.
Melzer, W. (1989). Kibbuzerziehung: Vergesellschaftung und Privatisierung von Kindheit. In: Melzer, W., Sünker, H. (Hrsg.): Wohl und Wehe der Kinder. München, 203-230.
Melzer, W., Fölling, W. (1989): Biographien jüdischer Palästina-Pioniere aus Deutschland. Über den Zusammenhang von Jugend- und Kibbuzbewegung. Opladen.
Melzer, W., Neubauer, G. (Hrsg.) (1988): Der Kibbuz als Utopie. Weinheim.
Menne, K. (2004): Finanzierung von Beratung. In: Nestmann, F. u.a. (Hrsg.): Das Handbuch der Beratung. Tübingen, 1213-1227.
Merleau-Ponty, M. (1974): Phänomenologie der Wahrnehmung. Berlin.
Mészaros, I. (1973): Der Entfremdungsbegriff bei Marx. München.
Metzger, H.-K., Riehn, R. (Hrsg.) (1982): Richard Wagner, Parsifal. München.
Meyer, A. (1975): Spontaneity. In: Greenberg, J.A. (Hrsg.): Psychodrama. Theory and Therapy. London, 133-156.
Meyer, A. (2000): Führende und Geführte im Wandel der Führungsparadigmen des 20. Jahrhunderts. Frankfurt/M.
Meyer, A. (2002): Anforderungen an die Führungsberatung aus der Sicht des Führungsparadigmas der Selbstverantwortung, Supervision, 3, 24-28.
Meyer-Anuth, D. (1992): Psychodrama als Lebenswelttheater. Die Relevanz des Psychodramas für die Erwachsenenbildung. In: Buer, F. (Hrsg.): Jahrbuch für Psychodrama, psychosoziale Praxis & Gesellschaftspolitik 1992. Opladen, 111-124.
Meyer-Anuth, D. (Hrsg.) (1995): Organisationsentwicklung. Themenheft Psychodrama 8,1.
Miebach, B. (2006): Soziologische Handlungstheorie. Eine Einführung. Wiesbaden.
Migge, B. (2006): Handbuch Coaching und Beratung. Wirkungsvolle Modelle, kommentierte Falldarstellungen, zahlreiche Übungen. Weinheim.
Mollenhauer, K. (1986): Umwege. Über Bildung, Kunst und Interaktion. Weinheim.
Mollenhauer, K. (1988): Ist ästhetische Bildung möglich? ZfPäd, 34, 4, 443-461.
Mollenhauer, K. (1996): Grundfragen ästhetischer Bildung. Weinheim.
Möller, H. (2001): Was ist gute Supervision? Grundlagen – Merkmale – Methoden. Stuttgart.
Moreno, J.L. (1918a): Die Gottheit als Autor. Daimon 1, 3-21.
Moreno, J.L. (1918b): Ich bin der Mythe. Daimon 2, 110.

Moreno, J.L. (1918c): Einladung zu einer Begegnung. Daimon, 4, 206f.
Moreno, J.L. (1919a): Erklärung an Spartakus. Der neue Daimon, 1/2, 31-32.
Moreno, J.L. (1919b): Die Gottheit als Komödiant. Der Neue Daimon, 3/4, 48-63.
Moreno, J.L. (1920): Das Testament des Vaters. Die Gefährten, 2, 1-33.
Moreno, J.L. (1922): Das Testament des Vaters. Potsdam.
Moreno, J.L. (1923a): Der Königsroman. Potsdam.
Moreno, J.L. (1923b): Rede über den Augenblick. Potsdam.
Moreno, J.L. (1924): Rede über die Begegnung. Potsdam.
Moreno, J.L. (1925): Rede vor dem Richter. Potsdam.
Moreno, J.L. (1934): Who Shall Survive? A New Approach for the Problem of Human Interrelations. Washington.
Moreno, J.L. (1937): Inter-Personal Therapy and the Psychopathology of Inter-Personal Relations. Sociometry, 1, 9-76.
Moreno, J.L. (1941): The Words of the Father. Beacon.
Moreno, J.L. (1947a): The Future of Man's World. Beacon.
Moreno, J.L. (1947b): The Theatre of Spontaneity. New York.
Moreno, J.L. (1948): The Sociodrama of Mohandas Gandhi. Sociatry, Vol. I, No 4, 357-358.
Moreno, J.L. (1953): Who shall survive? Froundations of Sociometry, Group Psychotherapy and Sociodrama (2. Aufl.). Beacon.
Moreno, J.L. (1954): Die Grundlagen der Soziometrie. Wege zur Neuordnung der Gesellschaft. Opladen.
Moreno, J.L. (Ed.) (1956a): Sociometry and the Science of Man. Beacon.
Moreno, J.L. (1956b): Canon of Creativity. In: Moreno, J.L. (Ed.): Sociometry and the Science of Man. New York, 359-392.
Moreno, J.L. (1956c). The Concept of Sociodrama. In: Moreno, J.L. (Ed.): Sociometry and the Science of Man. Beacon, 434-449.
Moreno, J.L. (1957): Global Psychotherapy and Prospects of a Therapeutic Word Order. In: Masserman, J.H., Moreno, J.L. (Ed.): Progress in Psychotherapy, Vol. II. Anxiety and Therapy. New York, 1-31.
Moreno, J.L. (1959a): Das Psychodrama. In: Frankl, V., Freiherr von Gebsattel, V.E., Schultz, J.H. (Hrsg.): Handbuch der Neurosenlehre und Psychotherapie. München, 312-319.
Moreno, J.L. (1959b): The Current Climate of Social Psychotherapy. In: Masserman, J.H., Moreno, J.L. (Ed.): Progress of Psychotherapy. Vol. IV. Social Psychotherapy. New York, 1-31.
Moreno, J.L. (1960a): Psychiatric Encounter in Soviet Russia. International Journal of Sociometry and Sociatry. II, 63-87.
Moreno, J.L. et al. (Ed.) (1960b): The Sociometry Reader. Glencoe, Illinois.
Moreno, J.L. (1960c): Social and Organic Unity of Mankind. In: Moreno, J.L. et al. (Ed.): The Sociometry Reader. Glencoe, 3-7.
Moreno, J.L. (1960d): Theory of Interpersonal Networks. In: Moreno, J.L. et al. (Hrsg.): The Sociometry Reader. Glencoe, 67-79.
Moreno, J.L. (1960e): Sociometric Base of Group Psychotherapy. In: Moreno, J.L. et al. (Ed.): The Sociometry Reader. Glencoe, 113-117.
Moreno, J.L. (1960f): Rolle. In: Petzold, H., Mathias, U. (Hrsg.) (1982): Rollenentwicklung und Identität. Paderborn, 259-266.
Moreno, J.L. (1966a): Role Playing and Psychodrama in Politics: A brief Note. Int. Journal of Sociometry and Sociatry Vol. V, No 1-2, 67-69.
Moreno, J.L. (1966b): The Roots of Psychodrama. Group Psychotherapy, Psychodrama & Sociometry XIX, 3-4, 140-145.
Moreno, J.L. (1968): Universal Peace in our Time. Group Psychotherapy and Psychodrama, XXI, 175-176.
Moreno, J.L. (1970): Das Stegreiftheater (1923). Beacon.
Moreno, J.L. (1971): The Words of the Father (2. Aufl.). Beacon.

Moreno, J.L. (1972): The Religion of God-Father. In: Johnson, P.E. (Ed.): Healer of the Mind. New York, 197-215.
Moreno, J.L. (1973a): Gruppenpsychotherapie und Psychodrama (2. Aufl.). Stuttgart.
Moreno, J.L. (1973b): The Magic Charter of Psychodrama. Group Psychotherapy, Psychodrama & Sociometry, XXV, 131.
Moreno, J.L. (1974a): Die Grundlagen der Soziometrie. Wege zur Neuordnung der Gesellschaft. Opladen.
Moreno, J.L. (1974b): Psychodrama and the Future of the Social Sciences. Group Psychotherapy and Psychodrama, XXVII, 1-4, 59-70.
Moreno, J.L. (1975a): Psychodrama. Vol. II. Foundations of Psychotherapy. Beacon.
Moreno, J.L. (1975b): Psychodrama. Vol. III. Action Therapy and Principles of Practice. Beacon.
Moreno, J.L. (1975c): Mental Catharsis and the Psychodrama. Group Psychotherapy, Psychodrama & Sociometry, XXVIII, 5-32.
Moreno, J.L. (1977): Psychodrama Vol. I. Beacon.
Moreno, J.L. (1978a). Who shall survive? Foundations of Sociometry, Group Psychotherapy and Sociodrama (3. Aufl.). Beacon.
Moreno, J.L. (1978b). Die Psychiatrie des Zwanzigsten Jahrhunderts als Funktion der Universalia Zeit, Raum, Realität und Kosmos. In: Petzold, H. (Hrsg.): Angewandtes Psychodrama (2. Aufl.). Paderborn, 101-112.
Moreno, J.L. (1981): Soziometrie als experimentelle Methode. Paderborn.
Moreno, J.L. (1982). Gedanken zu meiner Gruppenpsychotherapie. In: Petzold, H. (Hrsg.): Dramatische Therapie. Stuttgart, 70-79.
Moreno, J.L. (1989a): Psychodrama und Soziometrie. Hrsg. v. J. Fox. Köln.
Moreno, J.L. (1989b): Spontaneität und Katharsis (1940). In: Moreno, J.L.: Psychodrama und Soziometrie. Köln, 77-102.
Moreno, J.L. (1989c): The Autobiography of J.L. Moreno. Ed. J. Moreno. Journal of Group Psychotherapy, Psychodrama & Sociometry, Vol. 42, No 1 + 2.
Moreno, J.L. (1990): Offener Brief an Gruppenpsychotherapeuten. In: Geßmann, H.-W. (Hrsg.): Bausteine zur Gruppenpsychotherapie. Neckarsulm, 7-21.
Moreno, J.L. (1991): Globale Psychotherapie und Aussichten einer therapeutischen Weltordnung. In: Buer, F. (Hrsg.): Psychodrama, psychosoziale Praxis & Gesellschaftspolitik 1991. Opladen, 11-44.
Moreno, J.L. (1995): Auszüge aus der Autobiographie. Köln.
Moreno, J.L. (1996): Die Grundlagen der Soziometrie. Wege zur Neuordnung der Gesellschaft. Opladen. Nachdruck der 3. Aufl. von 1974.
Moreno, J.L. (1997): Gruppenpsychotherapie und Psychodrama (3. Aufl.). Stuttgart.
Moreno, J.L., Moreno, Z., Moreno, J. (1964): The first Psychodramatic Family. Beacon.
Moreno, Z. (1966): Evolution and Dynamics of the Group Psychotherapy Movement. In: Moreno, J.L. (Hrsg.): The International Handbook of Group Psychotherapy. New York, 27-128.
Moreno, Z. (1979): Über Aristoteles, Breuer und Freud hinaus: Morenos Beitrag zum Konzept der Katharsis. Int. Ther., 1/2, 24-34.
Moreno, Z. (1982): Rollenanalyse und Gruppenstruktur. In: Petzold, H., U. Mathias, U.: Rollenentwicklung und Identität. Paderborn, 311-330.
Morgan, G. (1997): Bilder der Organisation. Stuttgart.
Moser, H. (1995): Grundlagen der Aktionsforschung. Freiburg.
Müller, B. (1991): Morenos „therapeutische Philosophie" und das Psychodrama: Anfragen eines Interessenten aus der Sozialpädagogik. In: Buer, F. (Hrsg.): Jahrbuch für Psychodrama, psychosoziale Praxis & Gesellschaftspolitik 1991. Opladen, 170-182.
Müller-Lyer, F. (1914): Soziologie der Leiden. München.
Müller-Stevens, G., Fontin, M. (1997): Management unternehmerischer Dilemmata. Ein Ansatz zur Erschließung neuer Handlungspotentiale. Stuttgart.
Münster, A. (1982): Utopie, Messianismus und Apokalypse im Frühwerk von Ernst Bloch. Frankfurt/M.

Mutzeck, W. (1996): Kooperative Beratung. Grundlagen und Methoden der Beratung und Supervision im Berufsalltag. Weinheim.
Näf, E. (2008): Die heilsame Dimension des Bibliodramas. Ein theologischer Deutungsversuch und ein Vergleich mit dem Psychodrama. Fribourg.
Nagel, Th. (1996): Die Fragmentierung des Guten. In: Nagel, Th.: Letzte Fragen. Bodenheim, 181-199.
Nagl, L. (1992): Charles Sanders Peirce. Frankfurt/M.
Nagl, L. (1998): Pragmatismus. Frankfurt/M.
Negt, O. (1984): Lebendige Arbeit, enteignete Zeit. Frankfurt/M.
Nehnevajsa, J. (1960): Sociometry: Decades of Growth. In: Moreno, J.L. et al. (Ed.): The Sociometry Reader. Glencoe, 707-753.
Nestmann, F. (1991): Beratung, soziale Netzwerke und soziale Unterstützung. In: Beck, M. u.a. (Hrsg.): Psychosoziale Beratung. Tübingen, 47-69.
Nestmann, F., Engel, F., Sickendiek, U. (Hrsg.) (2004): Das Handbuch der Beratung. 2 Bd. Tübingen.
Nettlau, M. (1972): Geschichte der Anarchie. 3 Bd. Glashütten im Taunus.
Nettlau, M. (1984): Geschichte der Anarchie. Bd. V Teil 1. Vaduz.
Neubauer, G. (1982): Laienmedizin aus ökonomischer Sicht. Sozialer Fortschritt, 6, 130-134.
Neuberger, O. (1994): Personalentwicklung (2. Aufl.). Stuttgart.
Neuberger, O. (2002): Führen und führen lassen (6. Aufl.). Stuttgart.
Neubert, St. (1998): Erkenntnis, Verhalten und Kommunikation. John Deweys Philosophie des „experience" in interaktionistisch-konstruktivistischer Interpretation. Münster.
Neumann, F. (1984): Anarchismus. In: Neumann, F. (Hrsg.): Handbuch Politischer Theorien und Ideologien. Reinbek, 222-294.
Neusüß, A. (Hrsg.) (1968): Utopie. Begriff und Phänomen des Utopischen. Neuwied.
Nietzsche, F. (1988): Der Fall Wagner – Götzen-Dämmerung – Nietzsche contra Wagner. München.
Oberländer, E. (Hrsg.) (1972): Der Anarchismus. Olten.
Oelkers, J. (1993): Dewey in Deutschland – ein Mißverständnis. In: Dewey, J.: Demokratie und Erziehung. Weinheim, 497-517.
Oelkers, J. (1997): Pädagogik in der Krise der Moderne. In: Harney, K., Krüger, H.-H. (Hrsg.): Einführung in die Geschichte der Erziehungswissenschaft und Erziehungswirklichkeit. Opladen, 39-92.
Oevermann, U. (1997): Theoretische Skizze einer revidierten Theorie professionellen Handelns. In: Combe, A., Helsper, W. (Hrsg.): Pädagogische Professionalität (2. Aufl.). Frankfurt/M., 70-182.
O'Neill (1984): Gesundheit 2000. Krise und Hoffnung. Berlin.
Ortmann, G. (2004): Als Ob. Fiktionen und Organisationen. Wiesbaden.
Ots, Th. (1991): Transkulturelle Psychosomatik. Der Erkenntnisgewinnung des chinesischen Beispiels. In: Richter, H.-E., M. Wirsching, M. (Hrsg.): Neues Denken in der Psychosomatik. Frankfurt/M, 115-128.
Otto, G., M. (1987): Auslegen. Ästhetische Praxis des Auslegens in Bildern und des Auslegens von Bildern. Seelze.
Ottomeyer, K. (1987): Lebensdrama und Gesellschaft. Szenisch-materialistische Psychologie für soziale Arbeit und politische Kultur. Wien.
Ottomeyer, K. (1991): Sozialpsychologische Notizen über „Morenos therapeutische Philosophie". In: Buer, F. (Hrsg.): Jahrbuch für Psychodrama, psychosoziale Praxis & Gesellschaftspolitik 1991, Opladen, 157-161.
Ottomeyer, K. (1992a): Die Haider-Faszination. Psychodrama und Soziodrama in der Politik - Aspekte psychodramapädagogischer Umsetzung. Psychodrama 1, 53-62.
Ottomeyer, K. (1992b): Prinzip Neugier. Einführung in eine andere Sozialpsychologie. Heidelberg.
Ottomeyer, K. (2004): Psychodrama als kreatives Supervisionsverfahren. Supervision 2, 44-52.
Paál. J. (1985): Jüdische Religion. In: Klöckner M., Tworuschka, U. (Hrsg.): Ethik der Religionen Bd. 3: Gesundheit. München, 9-33.
Paffenholz, M. (1984): Manès Sperber zur Einführung. Hannover.

Pallasch, W., Petersen, R. (2005): Ausbildungs- und Trainingskonzeption zum Coach in pädagogischen und sozialen Arbeitsfeldern. Weinheim
Papcke, S. (2006): Sich in Gesellschaft von der Gesellschaft befreien? Jakob Levy Moreno (1889-1974) oder die Sozialwissenschaft als therapeutischer Entwurf. In: Bührmann, A. u.a. (Hrsg.): Gesellschaftstheorie und die Heterogenität der empirischen Sozialforschung. Münster, 141-153.
Paracelsus (1990): Der andere Arzt. Das Buch Paragranum Frankfurt/M.
Pazzini, K.J. (1988): Bildung und Bilder. Über einen nicht nur etymologischen Zusammenhang. In: Hansmann, O., Marotzki, W. (Hrsg.): Diskurs Bildungstheorie. Weinheim, 334-363.
Pedrocchi, L., Rosselet, C. (2007): Management Constellations. In: Groth, T., Stey, G. (Hrsg.): Potenziale der Organisationsaufstellung. Heidelberg, 188-208.
Pesendorfer, B. (2006): Etymologisches zu Rat und (be-)raten. In: Heintel, P. u.a. (Hrsg.): Beratung und Ethik. Berlin, 14-23.
Pesso, D., Pesso, A. (1986): Dramaturgie des Unbewußten. Stuttgart.
Petersohn, L. (1985): Chinesische Medizin ist mehr als Akupunktur. Heidelberg.
Petzold, H. (Hrsg.) (1972): Angewandtes Psychodrama in Therapie, Pädagogik, Theater und Wirtschaft. Paderborn.
Petzold, H. (1973): Kreativität & Konflikte. Psychologische Gruppenarbeit mit Erwachsenen. Paderborn.
Petzold, H. (1979): Psychodrama-Therapie. Paderborn.
Petzold, H. (1980): Moreno – nicht Lewin – der Begründer der Aktionsforschung. Gruppendynamik, 2, 142-160.
Petzold; H. (1982): Theater oder Das Spiel des Lebens. Frankfurt/M.
Petzold, H. (1998): Integrative Supervision, Meta-Consulting & Organisationsentwicklung. Paderborn.
Petzold, H., Mathias, U. (1982): Rollenentwicklung und Identität. Von den Anfängen der Rollentheorie zum sozialpsychiatrischen Rollenkonzept Morenos. Paderborn.
Petzold, H., Schmidt, I. (1978): Psychodrama und Theater. In: Petzold, H. (Hrsg.): Angewandtes Psychodrama (2. Aufl.). Paderborn, 13-44.
Petzold, H.G., Schigl, B., Fischer, M., Höfner, C. (2003): Supervision auf dem Prüfstand. Wirksamkeit, Forschung, Anwendungsfelder, Innovation. Opladen.
Pfau-Tiefuhr, U. (1976): Begegnung als Ereignis. J.L. Morenos Konzept der therapeutischen Interaktion. (Diss.) Hannover.
Pinchot, G. (1985): Intrapreneuring – Mitarbeiter als Unternehmer. Wiesbaden.
Pongratz, H.J. (2004): Der Typus „Arbeitskraftunternehmer" und sein Reflexionsbedarf. In: Buer, F., Siller, G. (Hrsg.): Die flexible Supervision. Wiesbaden, 17-34.
Pongratz, H.J., Voß, G.G. (2003): Arbeitskraftunternehmer. Erwerbsorientierungen in entgrenzten Arbeitsformen. Berlin.
Pontalis, J.-B. (1974): Nach Freud. Frankfurt/M.
Porat, R. (1985): The History of the Kibbutz: Communal Education, 1904-1929. Norwood/PA.
Pörtner, P. (1972): Spontanes Theater. Köln.
Postman, N. (1988): Wir amüsieren uns zu Tode. Urteilsbildung im Zeitalter der Unterhaltungsindustrie. Frankfurt/M.
Proksch, Ch. (1987): Taijiquan. Die Kunst der natürlichen Bewegung. Darmstadt.
Pruckner, H. (2004): Soziometrie. Eine Zusammenschau von Grundlagen, Weiterentwicklungen und Methodik. In: Fürst, J., Ottomeyer, K., Pruckner, H. (Hrsg.): Psychodrama-Therapie. Ein Handbuch. Wien, 161-192.
Pühl, H. (2005): Von der Supervision zur Mediation und zurück, OSC 12, 3, 245-252.
Ramm, Th. (Hrsg.) (1968): Der Frühsozialismus. Quellentexte. Stuttgart.
Ramsauer, S. (2007): Psychodramatische Supervision in der Sozialen Arbeit. ZPS 2, 293-302.
Rappe-Giesecke, K. (1990): Gruppen- und Teamsupervision. Berlin
Rappe-Giesecke, K. (2002): Die konzeptionelle Entwicklung der Supervision in den letzten 20 Jahren, Supervision 2, 55-65.
Rattner, J. (1972): Alfred Adler. Reinbek.

Rauen, Ch. (1999): Coaching. Innovative Konzepte im Vergleich. Göttingen.
Rauen, Ch. (2003): Coaching. Göttingen.
Reese-Schäfer, W. (1989): Lyotard zur Einführung. Hamburg.
Reese-Schäfer, W. (1994): Was ist Kommunitarismus? Frankfurt/M.
Reich, W.T. (2001): Sympathie als Identitätsmerkmal der Heilberufe. In: Engelhardt, D.v. u.a. (Hrsg.): Die Heilberufe auf der Suche nach ihrer Identität. Münster, 18-31.
Reichert, Th. (Hrsg.) (1996): Buber für Atheisten. Ausgewählte Texte. Heidelberg.
Reichwein, R. (Hrsg.) (1993): Umbrüche in der Privatsphäre. Bielefeld.
Rellstab, F. (1976): Stanislawski-Buch. Einführung in das „System". Wädenswill/Zürich.
Richter, H.-E. (2000): Umgang mit Angst (5. Aufl.). München.
Richter, H.-E., Wirsching, M. (Hrsg.) (1991): Neues Denken in der Psychosomatik. Frankfurt/M.
Riepl, R. (2009): Politische Konfliktberatung mit soziodramatischer Aufstellungsarbeit. ZPS 2, 247-262.
Ries, W. (1987): Nietzsche zur Einführung. Hamburg.
Rittelmeyer, C. (1990): Das Spiel als Zustand realer und aktiver Bestimmbarkeit betrachtet. In: Wegener, G., Zacharias, W. (Hrsg.): Pädagogik des Spiels – eine Zukunft der Pädagogik? München, 50-53.
Rittelmeyer, C. (1994): Der Erzieher. In: Lenzen, D. (Hrsg.): Erziehungswissenschaft. Ein Grundkurs. Reinbek, 205-227.
Ritter, R. (2003): Psychodramatische Aufstellungen, Psychotherapeutenforum 4, 5-13.
Rizzolatti, G., Sinigaglia, C. (2008): Empathie und Spiegelneurone. Die biologische Basis des Mitgefühls. Frankfurt/M.
Röhrle, B. (1998): Artikel: Netzwerk. In: Stimmer, F. (Hrsg.): Lexikon der Sozialpädagogik und Sozialarbeit. München, 331-335.
Röhrs, H., Meyer, E. (1979): Die pädagogischen Ideen Martin Bubers: Begründungs- und Wirkungszusammenhänge. Wiesbaden.
Rorty, R. (1994): Hoffnung statt Erkenntnis. Eine Einführung in die pragmatische Philosophie. Wien.
Rosenbaum, M., Kroneck, U. (2007): Das Psychodrama. Eine praktische Orientierungshilfe. Stuttgart.
Rosselet, C. (2005): Von der Irritation zur Information: Systemaufstellungen und Managementpraxis. ZOE 24, 3, 16-27.
Roszak, Th. (1986): Mensch und Erde auf dem Weg zur Einheit. Ein Manifest. Reinbek.
Rothenberg, G. (2005): Ausgangssituationen in der Supervision von Ehrenamtlichen. OSC 2, 133-143.
Rothenberg, G. (2007): Psychodramatisch orientierte Supervision für Ehrenamtliche im Hospizbereich. OSC 2, 184-194.
Rothschuh, K.E. (1978): Konzepte der Medizin in Vergangenheit und Gegenwart. Stuttgart.
Rothschuh, K.E. (1983): Naturheilbewegung, Reformbewegung, Alternativbewegung. Darmstadt.
Rudhyar, D. (1988): Die Magie der Töne. Musik als Spiegel des Bewußtseins. München.
Rudhyar, D. (1991): Das astrologische Häusersystem. Reinbek.
Rüegg-Stürm, J., Schumacher, Th. (2007): Vom Umgang mit latenten Strukturen im strategischen Wandel. In: Groth, T., Stey, G. (Hrsg.): Potenziale der Organisationsaufstellung. Heidelberg, 50-80.
Runge, B., Vilmar, F. (1988): Handbuch Selbsthilfe. Frankfurt/M.
Ruping, B., Vaßen, F., Koch, G. (1992): Widerwort und Widerspiel. Theater zwischen Eigensinn und Anpassung. Lingen.
Rütz-Lewerenz, G. (2004): Interkulturelle Supervision in der Migrationsarbeit. In. Buer, F. (Hrsg.): Praxis der Psychodramatischen Supervision (2. Aufl.). Wiesbaden, 217-229.
Sader, M. (1991). Realität, Semi-Realität und Surrealität im Psychodrama In: Vorwerg, M., Ahlberg, T. (Hrsg.): Psychodrama. Leipzig, 44-63.
Sader, Manfred (1995): Psychodrama und Psychologie. In: Buer, F. (Hrsg.): Jahrbuch für Psychodrama, psychosoziale Praxis 1994. Opladen, 7-30.
Safranski, R. (1987): Schopenhauer und Die wilden Jahre der Philosophie. Frankfurt/M.
Sartre, J.-P. (1974): Mai '68 und die Folgen. Reinbek.

Schacht, M. (1989): Morenos Philosophie und Mystik. In: Buer, F. (Hrsg.): Morenos therapeutische Philosophie (1. Aufl.). Opladen, 199-217.
Schaeder, G. (1966): Martin Bubers Hebräischer Humanismus. Göttingen.
Schäfer, G.E. (1989). Spielphantasie und Spielumwelt. Weinheim.
Schäfer, G.E. (1995): Der Ort der spontanen Geste. Über Bildungsprozesse in der Pädagogik und im psychodramatischen Rollenspiel. In: Buer, F. (Hrsg.): Jahrbuch für Psychodrama, psychosoziale Praxis & Gesellschaftspolitik 1994. Opladen, 31-43.
Schaller, R. (2001): Das Rollenspiel-Buch. Grundtechniken, Anwendungsformen, Praxisbeispiele. Weinheim
Schechner, R. (1990): Theater-Anthropologie. Spiel und Ritual im Kulturvergleich. Reinbek.
Schechner, R., Appel, W. (Ed.) (1990): By means of performance. Intercultural studies of theatre and ritual. Cambridge.
Scheff, Th.J. (1980): Das Etikett „Geisteskrankheit". Frankfurt/M.
Scheff, Th.J. (1983): Explosion der Gefühle. Über die kulturelle und therapeutische Bedeutung kathartischen Erlebens. Weinheim.
Schein, E.H. (1995): Unternehmenskultur: Ein Handbuch für Führungskräfte. Frankfurt/M.
Schein, E.H. (2000): Prozessberatung für die Organisation der Zukunft. Der Aufbau einer helfenden Beziehung. Köln.
Schein, E.H. (2003): Organisationskultur. The Ed Schein Corporate Culture Survival Guide. Köln.
Scheuerl, H. (Hrsg.) (1991): Das Spiel. Bd. 2: Theorie des Spiels. Weinheim.
Schiferer, H.R. (1994): Jacob L. Moreno. In: Frischenschlager, O. (Hrsg.): Wien, wo sonst! Die Entstehung der Psychoanalyse und ihrer Schulen. Wien, 100-109.
Schiferer, H.R. (1996): Imaginative Inszenierung des Selbst. J.L. Moreno: Sein soziales Wirken und sein expressionistischer Hintergrund. In: Erlacher-Farkas, B., Jorda, Ch. (Hrsg.): Monodrama. Wien, 13-37.
Schipperges, H. (1985): Homo patiens. Zur Geschichte des kranken Menschen. München.
Schipperges, H. (1990): Der Garten der Gesundheit. Medizin im Mittelalter. München.
Schlötter, P. (2005): Vertraute Sprache und ihre Entdeckung. Systemaufstellungen sind kein Zufallsprodukt – der empirische Nachweis. Heidelberg.
Schmalenbach, H. (1922): Die soziologische Kategorie des Bundes. In: Stich, W. (Hrsg.): Die Dioskuren. Jahrbuch für Geisteswissenschaften. Bd. 1. München, 35-105.
Schmid, W. (1991): Auf der Suche nach einer neuen Lebenskunst. Die Frage nach dem Grund und die Neubegründung der Ethik bei Foucault. Frankfurt/M.
Schmid, W. (1993): Was geht uns Deutschland an? Frankfurt/M.
Schmid, W. (1998): Philosophie der Lebenskunst. Eine Grundlegung. Frankfurt/M.
Schmid, W. (2000): Schönes Leben? Einführung in die Lebenskunst. Frankfurt/M.
Schmid, W. (2004): Mit sich selbst befreundet sein. Von der Lebenskunst im Umgang mit sich selbst. Frankfurt/M.
Schmidbauer, W. (1975): Psychotherapie. Ihr Weg von der Magie zur Wissenschaft. München.
Schmidt, A. (1973): Geschichte und Natur im dialektischen Materialismus. s'Gravenhage.
Schmidt, A., Jahn, E., Scharf, B. (Hrsg.) (1987 /88): Der solidarischen Gesundheitssicherung eine Zukunft. 2 Bd. Köln.
Schmidt, S. J. (2005): Unternehmenskultur. Die Grundlage für den wirtschaftlichen Erfolg von Unternehmen. Weilerswist.
Schmidt-Lellek, Ch. (2006): Ressourcen der helfenden Beziehung. Modelle dialogischer Praxis und ihre Deformationen. Bergisch-Gladbach.
Schmitz, U. (1989): Moreno und Bergson. Therapeutische Philosophie und induktive Metaphysik. In: Buer, F. (Hrsg.): Morenos therapeutische Philosophie (1. Aufl.). Opladen, 69-88.
Schmitz, U. (1992). Transzendenz bei Kierkegaard und Moreno. In: E. Buer (Hrsg.): Jahrbuch für Psychodrama, psychosoziale Praxis und Gesellschaftspolitik. Opladen, 125-147.
Schmitz-Roden, U. (1999): Moreno und Bergson. Therapeutische Philosophie und induktive Metaphysik. In: Buer, F. (Hrsg.): Morenos therapeutische Philosophie (3. Aufl.). Opladen, 75-93.

Schnabel, P-E. (1988): Krankheit und Sozialisation. Opladen.
Schnack, E. (1918a): Drei Sonette. Daimon, 1, 52-54.
Schnack, E. (1918b): Kindermond. Daimon, 2, 96-97.
Schonig, B. (1989): Reformpädagogik. In: Lenzen, D. (Hrsg.): Pädagogische Grundbegriffe. Bd. 2, Reinbek, 1302-1310.
Schonig, B. (1998): Reformpädagogik. In: Kerbs, D., Reulecke, J. (Hrsg.): Handbuch der deutschen Reformbewegung 1880-1933. Wuppertal, 319-330.
Schönke, M. (1977): Der Aufbau einer Psychodrama-Sitzung. Gruppendynamik 8, 185-201.
Schott, Heinz (1989): Fluidum – Suggestion – Übertragung. Zum Verhältnis von Mermerismus, Hypnose und Psychoanalyse. In: Clair, J., Pichler, C., Pichler, W.: Wunderblock. Eine Geschichte der modernen Seele. Ausstellungskatalog. Wien 85-95.
Schreiber, U. (1991): Die Kunst der Oper. Bd. II. Frankfurt/M.
Schreier, H. (1986): Einleitung. In: Dewey, J.: Erziehung durch und für Erfahrung. Stuttgart, 7-86.
Schreyögg, A. (1991): Supervision. Ein integratives Modell. Lehrbuch zu Theorie und Praxis. Paderborn.
Schreyögg, A. (1995): Coaching. Eine Einführung für Praxis und Ausbildung. Coaching für den Coach. Frankfurt/M.
Schreyögg, A. (2000a): Die Differenzen zwischen Supervision und Coaching. OSC 10, 3, 217-226.
Schreyögg, A. (2003b): Personalentwicklung – was ist das? In: Schreyögg, A., Lehmeier, H. (Hrsg.): Personalentwicklung in der Schule. Bonn, 13-30.
Schreyögg, A. (2003c): Coaching. Eine Einführung für Praxis und Ausbildung (6. Aufl.). Frankfurt/M.
Schreyögg, A. (2004a). Der Coach als Dialogpartner von Führungskräften. In: Buer, F., Siller, G. (Hrsg.): die flexible Supervision. Wiesbaden, 101-119.
Schreyögg, A. (2004b): Supervision. Ein integratives Modell. Lehrbuch zu Theorie und Praxis (4. Aufl.). Wiesbaden.
Schreyögg, A., Schmidt-Lellek, Ch. (Hrsg.) (2007): Zur Konzeptentwicklung von Coaching. Wiesbaden.
Schulze, G. (2004): Die beste aller Welten. Wohin bewegt sich die Gesellschaft im 21. Jahrhundert? Frankfurt/M.
Schütze, F. (2000): Schwierigkeiten bei der Arbeit und Paradoxien professionellen Handelns. Ein Grundlagentheoretischer Aufriss, Zeitschrift für qualitative Bildungs-, Beratungs-, und Sozialforschung, 1, 1, 49-96.
Schützenberger, A. (1976): Einführung in das Rollenspiel. Anwendungen in Sozialarbeit, Wirtschaft, Erziehung und Psychotherapie. Stuttgart.
Schwendter, R. (1982): Zur Geschichte der Zukunft. Frankfurt/M.
Schwendter, R. (1984): Zur Zeitgeschichte der Zukunft. Frankfurt/M.
Schwendter, R. (1991): Kurzer Kommentar zu „Morenos therapeutische Philosophie" 17 Fragmente. In: Buer, F. (Hrsg.): Jahrbuch für Psychodrama, psychosoziale Praxis & Gesellschaftspolitik 1991. Opladen, 162-169.
Schwinger, Th., Burmeister, (1996): Psychodrama und konstruktivistische Erkenntnistheorie. In: Buer, F. (Hrsg.): Jahrbuch für Psychodrama, psychosoziale Praxis & Gesellschaftspolitik 1995. Opladen, 159-182.
Schwitalla, U. (2004): Unternehmenswandel und Supervision. In: Buer, F. (Hrsg.): Praxis der Psychodramatischen Supervision (2. Aufl.). Wiesbaden, 261-280.
Seeligmann, C. (1988): Die jüdische Jugendbewegung und die Kibbutzbewegung. In: Melzer, W., Neubauer, G. (Hrsg.): Der Kibbuz als Utopie. Weinheim, 70-85.
Seidel, U. (1996): Moreno und Adler. In: Buer, F. (Hrsg.): Jahrbuch für Psychodrama, psychosoziale Praxis & Gesellschaftspolitik 1995. Opladen. 41-55.
Seidmann, P. (1979): Religiöse und philosophische Wurzeln der Psychotherapie. In: Die Psychologie des 20. Jahrhunderts. Bd. XV. Zürich, 353-365.
Seligman, M.E.P. (2003): Der Glücks-Faktor. Warum Optimisten länger leben. Bergisch-Gladbach.

Selle, G. (1992): Das ästhetische Projekt. Plädoyer für eine kunstnahe Praxis in Weiterbildung und Schule. Unna.
Sen, A. (1999): Ökonomie für den Menschen. Wege zur Gerechtigkeit und Solidarität in der Marktwirtschaft. Frankfurt/M.
Sennett, R. (1998): Der flexible Mensch. Die Kultur des neuen Kapitalismus. Frankfurt/M.
Serve, H.J. (1994): Förderung der Kreativitätsentfaltung als implizite Bildungsaufgabe der Schule. München.
Seybold. K., Müller, U. (1978): Krankheit und Heilung. Stuttgart.
Shaw, B. (1991): Wagner-Brevier. Frankfurt/M.
Sickendiek, U., Engel, F., Nestmann, F. (2002): Beratung. Eine Einführung in sozialpädagogische und psychosoziale Beratungsansätze. Weinheim.
Simmel, G. (1989): Die Philosophie des Geldes. Frankfurt/M.
Simmel, G. (1992): Soziologie. Frankfurt/M.
Simmel, G. (1992): Soziologie des Raumes. In: Simmel, G.: Schriften zur Soziologie. Frankfurt/M., 221-243.
Simmel, G. (1993): Zur Philosophie des Schauspielers. In: Simmel, G.: Aufsätze und Abhandlungen 1901-1908, Bd. II. Frankfurt/M, 424-432.
Simon, E. (1979): Martin Bubers lebendiges Erbe. Heidelberg.
Sloterdijk, P. (1985): Der Zauberbaum. Die Entstehung der Psychoanalyse im Jahr 1785. Frankfurt/M.
Sloterdijk, P. (1986): Der Denker auf der Bühne. Nietzsches Materialismus. Frankfurt/M.
Sloterdijk, P. (2005): Im Weltinnenraum des Kapitals. Für eine philosophische Theorie der Globalisierung. Frankfurt/M.
Soppa, P. (2000): Der Yeti oder so geht Leben. Psychodrama: Geschichten, Erfahrungen, Prozesse. Oberhausen.
Soppa, P. (2009): Psychodrama. Ein Leitfaden (3. Aufl.). Wiesbaden.
Souchy, A. (1984): Reise durch die Kibbuzim. Reutlingen.
Sparrer, I. (2002): Wunder, Lösung und System. Lösungsfokussierte Systemische Strukturaufstellungen für Therapie und Organisationsberatung. Heidelberg.
Sparrer, I. (2006): Systemische Strukturaufstellungen. Theorie und Praxis. Heidelberg.
Sparrer, I., Varga von Kibéd, M. (2000): Ganz im Gegenteil. Tetralemmaarbeit (2. Aufl.). Heidelberg.
Sperber, M. (1986): Der andere Sozialismus – Gustav Landauer. In: Petzold, H. (Hrsg.): Psychotherapie und Friedensarbeit. Paderborn, 291-311.
Springer, R. (1992): Moreno und die Pädagogik. Psychodrama 5, 1, 5-14.
Springer, R. (1995): Grundlagen einer Psychodramapädagogik. Köln.
Steinebach, Ch. (Hrsg.) (2006): Handbuch Psychologische Beratung. Stuttgart
Steiner, G. (2004): Grammatik der Schöpfung. München.
Steinmann, H., Schreyögg, G. (1997): Management. Grundlagen der Unternehmensführung. Wiesbaden.
Steinweg, R. (1976a): Das Lehrstück. Brechts Theorie einer politisch-ästhetischen Erziehung (2. Aufl.). Stuttgart.
Steinweg, R. (Hrsg.) (1976b): Brechts Modell der Lehrstücke. Zeugnisse, Diskussion, Erfahrungen. Frankfurt/M.
Stenger, U. (2002): Schöpferische Prozesse. Weinheim.
Stevens, J.O. (1976): Die Kunst der Wahrnehmung. Übungen der Gestalt-Therapie. München.
Stiels-Glenn, M. (2006): Fünf Anmerkungen zu „Entgrenzten Arbeitswelten" und Sprache in der Supervision, Forum Supervision 27, 94-102.
Stimmer, F. (1982): Der Beitrag J.L. Morenos zu einem interaktionistischen Ansatz einer Theorie der Institutionalisierung. In: Helle, H.J. (Hrsg.): Kultur und Institution. Berlin, 131-155.
Stimmer, F. (1990): Rezension von: Morenos therapeutischer Philosophie. Psychodrama 3, 1, 167-171.
Stimmer, F. (Hrsg.) (1992): Sozial-Pädagogik. Themenheft: Psychodrama 5, 1.
Stimmer, F. (Hrsg.) (1994): Lexikon der Sozialpädagogik und der Sozialarbeit. München.

Stimmer, F. (2000): Grundlagen des Methodischen Handelns in der Sozialen Arbeit. Stuttgart.
Stojanovic, S. (1970): Kritik und Zukunft des Sozialismus. München.
Suhr, M. (1994): John Dewey zur Einführung. Hamburg.
Supek, R. (1976): Die „unsichtbare Hand" und die Degradierung des Menschen. In: Touraine, A. u.a.: Jenseits der Krise. Frankfurt/M.
Suter, A. (1986): Menschenbild und Erziehung bei Martin Buber und Carl Rogers. Ein Vergleich. Bern.
Szasz, Th. (1973): Geisteskrankheit. Ein moderner Mythos? Olten.
Szczesny, G. (1979): Zur Naturgeschichte des religiösen Empfindens. In: Die Psychologie des 20. Jh., Bd. XV. Zürich, 65-72.
Thiel, H.-U. (1994): Fortbildung von Leitungskräften in pädagogisch-sozialen Berufen. Ein integratives Modell für Weiterbildung, Supervision und Organisationsentwicklung. Weinheim.
Thiel, H.-U., Schiersmann, Ch. (2009): Organisationsentwicklung. Prinzipien und Strategien von Veränderungsprozessen. Wiesbaden.
Thiel, J.F. (1984): Religionsethnologie. Berlin.
Thiersch, H. (2004): Sozialarbeit/Sozialpädagogik und Beratung. In: Nestmann, F. u.a. (Hrsg.): Das Handbuch der Beratung. Tübingen. 115-124.
Tietze, K.-O. (2003): Kollegiale Beratung. Problemlösungen gemeinsam entwickeln. Reinbek.
Timmermann, D. (1998): Organisation, Management, Planung. In: Krüger, H.-H., Helsper, W. (Hrsg.): Einführung in Grundbegriffe und Grundfragen der Erziehungswissenschaft. Opladen, 139-156.
Tomaschek-Habrina, L. (2004): Die Begegnung mit dem Augenblick. Jakob Levy Morenos Theater- und Therapiekonzept im Lichte der jüdischen Tradition. Marburg.
Tomaschek-Habrina, L. (2005): Moreno – ein moderner Mystiker? ZPS 1, 175-191.
Tönnies, F. (1963): Gemeinschaft und Gesellschaft. Darmstadt.
Traub, R., Wieser, H. (Hrsg.)(1980): Gespräche mit Ernst Bloch (3. Aufl.). Frankfurt/M.
Trotzki, L. (1981): Mein Leben. Frankfurt/M.
Turner, V. (1988): The anthropology of performance. New York.
Turner, V. (1989): Vom Ritual zum Theater. Frankfurt/M.
Turner, V. (1990): Are there universals of performance in myth, ritual and drama? In: Schechner, R., Appel, W. (Ed.): By means of performance. Intercultural studies of theatre and ritual. Cambridge.
Ulich, K. (1996): Beruf Lehrer/in. Weinheim.
Ulrich, P. (2001): Integrative Wirtschaftsethik. Grundlagen einer lebensdienlichen Ökonomie. Bern.
Unschuld, P.U. (1978): Professionalisierung und ihre Folgen. In: Schipperges, H. (Hrsg.): Krankheit, Heilkunst, Heilung. Freiburg, 517-555.
Vester, M. (Hrsg.) (1971): Die Frühsozialisten 1789-1848. 2 Bd. Reinbek.
Villey, R. (1986): Die Medizin in Rom: Galen. In: Toellner, R. (Hrsg.): Illustrierte Geschichte der Medizin. Bd. 1. Salzburg, 395-423.
Voß, G.G., Pongratz, H.J. (1998): Der Arbeitskraftunternehmer. Eine neue Grundform der Ware Arbeitskraft? KfSS 1, 131-158.
Vranicki, P. (1972): Geschichte des Marxismus. 2 Bd. Frankfurt/M.
Walach, H. (1986): Homöopathie als Basistherapie. Plädoyer für die wissenschaftliche Ernsthaftigkeit der Homöopathie. Heidelberg.
Waldl, R. (2005): J.L. Morenos Einfluss auf Martin Bubers *Ich und Du*. ZPS 1, 175-191.
Waldl, R. (2006): Begegnung. J.L. Morenos Beitrag zu Martin Bubers dialogischer Philosophie. (Diss.) Wien.
Waller, H., Laaser, U., Wendt, G. (1989): Gesundheitsförderung durch Gemeinwesenarbeit. Neue Praxis, 3, 205-221.
Wartenberg, G., Kienzle, J. (1991): Die Katharsis im psychodramatischen Spiel. In: Buer, F. (Hrsg.): Jahrbuch für Psychodrama, psychosoziale Praxis & Gesellschaftspolitik 1991. Opladen, 49-78.
Wasner, R. (1984): Magie und Psychotherapie. Ein gesellschaftswissenschaftlicher Vergleich von Institutionen der Krisenbewältigung. Berlin.

Watzlawick, P. (1978): Wie wirklich ist die Wirklichkeit? München.
Weber, G. (Hrsg.) (2002): Zweierlei Glück: Die systemische Psychotherapie Bert Hellingers. München.
Weber, G., Schmidt, G., Simon, F.B. (2005): Aufstellungsarbeit revisited? ... nach Hellinger? Heidelberg.
Wegehaupt-Schneider, I. (2004): Psychodramatische Methoden in der Einzelsupervision. In: Buer, F. (Hrsg.): Praxis der Psychodramatischen Supervision (2. Aufl.). Wiesbaden, 129-139.
Wehr, G. (1991): Martin Buber. Leben, Werk, Wirkung. Zürich.
Weick, K.E. (1995): Der Prozeß des Organisierens. Frankfurt/M.
Weigand, W. (2005): Die Zukunft der Supervision. In: Verbändeforum Supervision (Hrsg.): Die Zukunft der Supervision zwischen Person und Organisation. Köln, 36-38
Weiß, K. (2005): Blickrichtungswechsel. Soziodrama in der Supervision. In: Wittinger, Th. (Hrsg.): Handbuch Soziodrama. Wiesbaden, 39-50.
Weiß, K. (2006): Soziodrama, Soziometrie und Psychodrama als handlungsleitendes Supervisionskonzept. In: DGSv (Hrsg.): Konzepte für die Supervision. Köln, 41-44.
Weiß, K. (2008): Zukunftsprobe. In: Neumann-Wirsig, H. (Hrsg.): Supervisions-Tools. Bonn, 295-299.
Weiß, R. (1985). Bühne frei für eine politische Supervision. München.
Weiß, R. (2004): Psychodramatische Supervision als Passage in Personalentwicklungsmaßnahmen. In: Buer, F. (Hrsg.): Praxis der Psychodramatischen Supervision (2. Aufl.). Wiesbaden, 299-312.
Wenzel, H. (1990): George Herbert Mead zur Einführung. Hamburg.
Werner, H.-J. (1994): Martin Buber. Frankfurt/M.
Widau, R. (1987): Heilen und Heiligen. In: Kamper, D., Wulf, Ch. (Hrsg.): Das Heilige. Seine Spur in der Moderne. Frankfurt/M, 130-142.
Wieck, J. (2004): Die supervisorische Begleitung von Entscheidungsprozessen. In. Buer, F. (Hrsg.): Praxis der Psychodramatischen Supervision (2. Aufl.). Wiesbaden, 313-341.
Wiese, L.v. (1960): Soziologie. Berlin.
Wilde, O. (1982): Der Sozialismus und die Seele des Menschen. Zürich.
Wildt, J. (2006): Formate und Verfahren in der Hochschuldidaktik. In: Wildt, J., Szczyrba, B., Wildt, B. (Hrsg.) (2006): Consulting, Coaching, Supervision. Eine Einführung in Formate und Verfahren hochschuldidaktischer Beratung. Bielefeld, 12-39.
Wildt, J., Szczyrba, B., Wildt, B. (Hrsg.) (2006): Consulting, Coaching, Supervision. Eine Einführung in Formate und Verfahren hochschuldidaktischer Beratung. Bielefeld.
Wille, K. (2007): Konstellation und Resonanz – Theorie der Aufstellung zwischen Denken und Wahrnehmung. In: Groth, T., Stey, G. (Hrsg.): Potenziale der Organisationsaufstellung. Innovative Ideen und Anwendungsbereiche. Heidelberg, 32-49.
Wimmer, R., Gebauer, A. (2007): Potenziale der Aufstellungsarbeit aus Sicht der systemischen Organisationsberatung. In. Groth T., Stey, G. (Hrsg.). Potenziale der Organisationsaufstellung. Heidelberg, 209-229.
Winkel, R. (1993) (Hrsg.): Reformpädagogik konkret. Hamburg.
Wipf, K.A. (1979): Mythos, Mythologie und Religion. In: Die Psychologie des 20. Jh. XV. Zürich, 117-124.
Witte, K. (2004a): Die Kunst des Denkens in Bildern. Arbeit mit Symbolen in der Supervision. In: Buer, F. (Hrsg.): Praxis der Psychodramatischen Supervision (2. Aufl.). Wiesbaden. 141-163.
Witte, K. (2004b): Der Weg entsteht im Gehen. Raum, Zeit und Bewegung in der psychodramatischen Supervision. In: Buer, F. (Hrsg.): Praxis der Psychodramatischen Supervision (2. Aufl.). Wiesbaden, 29-48.
Wittinger, Th. (2005): Editorial. In: Wittinger, Th. (Hrsg.): Handbuch Soziodrama. Wiesbaden, 7-14.
Wittkop, J.F. (1988). Unter der schwarzen Fahne. Gestalten und Aktionen des Anarchismus. Frankfurt/M.
Wittschier, B.M. (1979): Das Zwischen als dialogischer Logos. Die Bedeutung der Philosophischen Anthropologie Martin Bubers für die Pädagogik. Frankfurt/M.
Wöhe, G. (2000): Einführung in die Allgemeine Betriebswirtschaftslehre. München.
Wolf, S. (1988): Gustav Landauer zur Einführung. Hamburg.

Wolf, S. (1992): Martin Buber zur Einführung. Hamburg.
Wollsching-Strobel, P. (2000): Führungskräftetraining und -entwicklung im Profitbereich. In: Wittinger, Th. (Hrsg.): Psychodrama in der Bildungsarbeit. Mainz, 87-105.
Yablonski, L. (1992): Psychodrama: Die Lösung emotionaler Probleme durch Rollenspiel. Frankfurt/M.
Zacharias, W. (Hrsg.) (1991): Schöne Aussichten? Ästhetische Bildung in einer technisch-medialen Welt. Essen.
Zeintlinger-Hochreiter, K. (1996): Kompendium der Psychodrama-Therapie. Analyse, Präzisierung und Reformulierung der Aussagen zur psychodramatischen Therapie nach J.L. Moreno. Köln.
Zenker, E.v. (1895): Der Anarchismus. Kritische Geschichte der anarchistischen Theorie. Jena.
Zöller, J. (1984): Das Tao der Selbstheilung. München.
Zudeick, P. (1985): Der Hintern des Teufels. Ernst Bloch – Leben und Werk. Bühl-Moos.
Zundel, E., Fittkau, B. (Hrsg.) (1989): Spirituelle Wege und Transpersonale Psychotherapie. Paderborn.
Zweig, St. (1986): Die Heilung durch den Geist. Mesmer, Mary Baker-Eddy, Freud. Frankfurt/M.

Personenverzeichnis

Adler, A.: 48, 73, 84, 166, 217
Adler, M.: 73, 89
Adorno, Th. W.: 91, 195
Aichhorn, A.: 166
Ameln, F.v.: 327, 333
Anders, G.: 227
Aristoteles: 61, 180f
Argelander, H.: 148
Artaud, A.: 60
Augustinus, A.: 273

Baal Schem: 248, 273
Bachitow, M.: 76
Bakunin, M.: 96, 99, 183
Barba, E.: 60
Barber, B.: 235
Bataille, G.: 232
Bauer, O.: 73
Bausch, P.: 177
Bateson, G.: 67
Bauman, Z.: 115f, 268
Beckett, S.: 181
Beethoven, L.v.: 270f
Benjamin, W.: 91
Bennis, W.: 267
Bergner, E.: 123
Bergson, H.: 167, 205ff., 213, 271
Bernays, J.: 32
Bernfeld, S.: 22, 152, 162, 165, 259
Beuys, J.: 278
Binswanger, L.: 127
Blankertz, St.: 20
Bloch, E.: 43f, 73, 78, 90
Blumer, H.: 109
Boal, A.: 170, 257
Bourdieu, P.: 198, 273
Brecht, B.: 131f, 173, 181ff., 228
Brenner, I.: 247
Breuer, J.: 32
Brocke, H.H. v.: 20
Brooks, P.: 60
Buber, M.: 20, 33, 57, 94, 96, 102, 136f, 156f, 159, 165, 222, 236, 251, 258ff., 338

Buddha: 32, 53, 93, 134, 138, 248, 273
Bühler, K.: 214f
Burkhart, V.: 247
Burow, O.-A.: 279

Camus, A.: 320
Charcot, J.-M.: 48
Christus (s. Jesus)
Chruschtschow, N.: 145
Cohn, R.: 220, 260f, 313
Comte, A.: 76, 93, 231
Cooley, Ch.H.: 109
Czikszentmihalyi, M.: 270, 278

Dauber, H.: 20
Deutsch, H.: 166
Dewey, J.: 23, 109, 112f, 116, 205, 234, 257, 260, 278
Dilthey, W.: 109
Dollase, R.: 233
Dühring, E.: 105
Durkheim, E.: 93, 223

Ehrenberg, A.: 321
Eickelpasch, R.: 269
Eisenhower, D.D.: 127
Eisler, H.: 78
Elias, N.: 154, 225f
Ellenberger, H.F.: 36
Emerson, R.W.: 227
Engels, F.: 73, 80, 89, 95, 105

Fechin, E.: 121
Fechin, N.: 121
Fellmann, F.: 22, 203ff.
Fichte, J.G.: 199, 239
Foucault, M.: 216, 238
Foulkes, S.H.: 220
Fourier, Ch.: 93, 95f, 100, 102, 163
Fox, J.: 257
Franklin, B.: 34

Franz von Assisi: 53, 248, 273
Freud, S.: 32ff., 43, 46, 48, 50, 123, 131, 134, 136, 147, 165ff., 203ff., 208, 215, 219f
Freudenreich, D.: 247
Friedemann, A.: 139
Friedländer, B.: 105
Fröbel, F.: 259
Fromm, E.: 89

Galenus, C.: 41f
Gandhi: 37, 93, 107, 248
Gehlen, A.: 109
Geiger, Th.: 237
Geisler, F.: 333
Goffman, E.: 112
Gorter, H.: 89
Gross, O.: 112
Grotowski, J.: 60, 177

Habermas, J.: 232ff., 237
Hahn, A.: 62
Hahnemann, S.: 45ff.
Hale, A.: 139
Hanslick, E.: 60
Hegel, G.F.: 214, 273
Heidegger, M.: 109
Hein, J.: 21
Hellinger, B.: 281ff., 323
Hentig, H.v.: 255ff., 265
Herzl, Th.: 151
Hilferding, R.: 73
Hippokrates: 39ff., 45, 48, 50
Hitler, A.: 225
Hobbes, Th.: 232, 237
Höllering, A.: 34, 168
Homans, G.C.: 236
Horkheimer, M.: 195
Hörmann, G.: 77ff.
Hume, D.: 338
Husserl, E.: 109, 207, 213, 216
Hutter, Ch.: 15

James, W.: 23, 109
Janet, P.: 48, 204
Jaspers, K. : 270
Jauß, R. : 198
Jennings, H.: 109, 132, 230
Jesus: 53, 93, 134, 248. 273
Johnson, L.B.: 97, 144
Jürgens, M.: 22, 171ff.

Jung, C.G.: 48, 218f
Jungk, R.: 145

Kant, I.: 96, 234f, 273
Kellermann, P.: 66
Kellmer, Ch.: 151
Kernberg, O.: 204
Kiepenheuer, G.: 133
Kieper-Wellmer, M.: 21
Kierkegaard, S.: 97, 167, 273
Klages, L.: 208, 218
Klein, U.: 24
Kofler, L.: 82
Kohut, H.: 204
König, O.: 281, 283
König, R.: 76, 231
Korsch, K.: 89
Korsgaard, S.: 97
Kortner, F.: 177
Kösel, E.: 20, 24, 247
Kramer, J.: 327, 333
Kropotkin, P.: 93f, 96, 98, 100, 102

Lacan, J.: 204
Lammers, K.: 247, 323
Landauer, G.: 20, 94, 96ff., 137, 157, 226, 236
Langer, S.: 53, 217, 252
Lao Tse: 37, 248
Lasalle, F.: 73
Lenin: 73f, 93, 95
Lessing, Th.: 203, 213
Leutz, G.: 15f, 20f, 121ff.
Lévinas, E.: 116, 338
Lewin, K.: 229
Lorenzer, A.: 148, 190, 204, 218
Lörnitzo, M.: 132, 165
Lorre, P.: 176
Luhmann, N.: 223, 239

Mach, E.: 109
Marcuse, H.: 89f
Marineau, R.: 131
Marschall, B.: 32
Marx, K.: 43, 73ff., 93, 95, 105, 164, 198
McIntyre, A.: 235
Mead, G.H.: 23, 109ff., 114, 205, 211
Meister Eckhard: 97
Melzer, W.: 21f
Merleau-Ponty, M.: 216

Mesmer, F.: 33ff., 48, 50, 214
Meyer, A.: 271f
Mills, C.W.: 224
Mollenhauer, K.: 173
Montessori, M.: 259
Moore, Th.: 95, 163
Moreno, Florence: 122
Moreno, Jonathan: 20, 124, 132
Moreno, Regina: 121ff.
Moreno, Zerka T.: 14, 95, 122ff.
Mühsam, E.: 97, 106, 137, 157
Müller, B.: 20
Müller-Lyer, F.: 31f
Murphy, G.: 121

Näf, E.: 333
Nagel, Th.: 294, 296
Nehnevajsa, J.: 95
Nestmann, F.: 308
Neuberger, O.: 293
Nietzsche, F.: 43, 49f, 61, 97, 109, 133, 136, 167, 205, 213f
Novalis: 49f

Ottomeyer, K.: 19, 78, 232
Oppenheimer, F.: 105
Owen, R.: 93, 95f, 102

Pannekoek, A.: 89
Paracelsus: 43ff., 48ff.
Pareto, V.: 232
Papcke, S.: 22, 223ff., 333
Parsons, T.: 227
Pascal, B. : 273
Peirce, Ch.S.: 23, 109ff., 205, 227, 234
Perls, F.: 220
Perls, L.: 220
Pestalozzi, J.H.: 259
Petzold, H.: 15, 24, 247, 281
Pinchot, G.: 268
Platon: 39, 273
Plotin: 273
Pongratz, H.: 268
Pontalis, J.-B.: 76ff.
Popitz, H.: 238
Pörtner, P.: 187
Postman, N.: 253
Proudhon, P.: 20, 93ff., 99ff., 102

Rademacher, C.: 269
Rawls, J.: 237
Reik, Th.: 166
Renner, K.: 73
Rheinhardt, E.A.: 138
Riegels, V.: 21
Rombach, H.: 327
Rousseau, J.J.: 259
Rüegg-Stürm, J.: 324
Rühle, O.: 89
Rudhar, D.: 121
Rorty, R.: 114, 231
Rothschuh, K.E.: 38

Saint-Simon, C.: 93, 95f, 163
Sandel, M.: 235
Schacht, M.: 15, 17, 20
Schechner, R.: 58ff., 63f, 187f, 191
Scheler, M.: 205, 213, 239
Scheff, Th.J.: 67
Schilder, P. 166
Schiller, F.: 193, 257
Schindler, R.: 139
Schipperges, H.: 42, 48, 50
Schlötter, P.: 323
Schmalenbach, H.: 236
Schneider-Düker, M.: 21
Schmid, G.: 323
Schmid, W.: 216, 283
Schmidbauer, W.: 36
Schmitz, U.: 17
Schnack, F.: 138
Schönke, M.: 14, 17, 138
Schopenhauer, A.: 158, 210, 213, 219, 232, 338
Schreiber, U.: 60
Schreyögg, A.: 24
Schulze, G.: 320ff.
Schütze, F.: 295
Schützenberger, A.A.: 140
Schwendter, R.: 20
Simmel, G.: 76, 109, 203, 205, 211, 227, 237
Shakespeare: 32, 97, 193
Shearon, E.M.: 14
Simon, F.: 323
Sloterdijk, P.: 214, 320
Smith, A.: 235, 338
Sokrates: 136, 243, 248
Spaemann, R.: 234
Sparrer, I.: 297, 323

Specht, K.G.: 138
Spencer, H.: 206, 229
Sperber, M.: 94
Spinoza, B.: 97, 273
Spranger, E.: 208
Springer, R.: 24, 245, 247
Stanislawski, K.S.: 175, 177, 257
Steiner, R.: 50f, 269
Stimmer, F.: 21, 24, 247
Straub, H.: 20f, 139, 261
Szczyrba, B.: 333

Tabori, G.: 60
Taylor, Ch.: 235
Terbuyken, G.: 21
Thiel, J.F.: 64
Tomaschek-Habrina, L.: 333
Tone, G.F. 141
Tönnies, F.: 158, 236f
Trotzki, L.: 73
Turner, V.: 57f, 69, 188, 191

Varga von Kibéd, M.: 25, 297, 323ff.
Vierkandt, A.: 237
Virchow, R.: 48, 50
Voß, G.: 268

Wagner, R.: 60f, 132, 182f
Walach, H.: 45, 47
Walser, R.: 195
Walzer, M.: 235
Wassermann, J.: 167
Watzlawick, P.: 123
Weber, M.: 223f, 236ff.
Werfel, F.: 167, 213
Wiese, L.v.: 19, 76, 229
Wilde, O.: 98, 102, 105
Wildt, B.: 333
Wildt, J.: 333
Wilson, Th.W.: 97
Wimmer, R.: 324
Winnicott, D.: 204
Wittinger, Th.: 24
Wundt, W.: 110

Zeintlinger, K.: 15

Stichwortverzeichnis

Abschlussphase: 115
Aggressivität: 128, 221
Aisthesis: 113, 197, 251
Aktion: 249
Aktionsforschung: 19, 149, 229f, 282, 328
   - soziometrische: 284ff., 315
Als-Ob: 16, 193, 225, 299, 337
Anarchismus: 19f, 93ff., 287, 338
Angemessenheit: 41, 53, 216, 272
Anschauung: 216f
Anwärmphase: 113
Anziehung – Abstoßung: 38, 75, 83, 94, 100, 143, 276, 285, 291
Arbeit: 80, 98
Arbeiterbewegung: 225f
Arbeitskraftunternehmer: 268
Arrangement: 18, 251
Ästhetik: 174ff., 191, 197, 213ff., 257f
Aufstellungsarbeit: 281ff., 332f
   - soziometrische: 24f, 281ff., 314, 336
Augenblick: 90, 106, 147, 195, 207, 209
Attische Tragödie: 113

Basis-Demokratie: 107, 153
Begegnung: 30, 35, 39, 50, 58, 65f, 100, 112, 125, 145, 147, 157, 249ff., 258, 274, 278
Beichte: 62
Berater: 320ff.
Beratung: 301, 321
Beratungsformat: 301, 307f
Berufsethos: 116
Besinnung: 70, 328f
Beziehungen
   - interindividuell: 74
   - intergruppal: 74
   - informell: 83
Bild: 198f, 217ff., 252, 264, 330
Bildungsarbeit: 24, 53, 243ff.
Bildungsprozess: 51, 172, 198f, 336ff.
Bühne: 62f, 81, 84, 101, 107, 161, 181
Bühnen-Kunst: 32, 58
Bund: 58, 97, 102, 153ff., 226, 236

Chassidismus: 213, 260
Coaching: 307, 310f, 315, 336
Co-Creator (s. Mit-Schöpfer)
Consulting: 307, 315
Counselling: 307ff., 314f

Demokratie: 87, 102, 116, 231f, 234
Deskription – Präskription: 302f, 316
Diätetik: 18, 29, 41, 48f, 51, 53, 338
Dilemma: 293ff.
Dilemmaaufstellung: 297ff.
Doppelgänger: 66
Doppeln: 130, 290
Drama: 81f, 111, 113, 214, 250

Einbildungskraft: 115
Einzelarbeit: 292, 314
Empathie: 116
Entfremdung: 30, 43, 83ff., 91, 134, 227, 250f
Erfahrung: 34, 47f, 256f, 264, 278
Erleben: 214f
Erleuchtung: 69, 132f
Erregungskurve: 66f
Ethik: 105, 213, 233, 248, 277, 338
Existentialismus: 216
Experiment: 113, 289
Expressionismus: 78, 105, 228

Familientherapie: 123, 179
Finanzielles: 141
Flow: 270, 276, 280
Folgenabschätzung: 116
Format: 13, 18, 25, 280
Format – Verfahren: 244ff., 255, 284, 305f, 316, 333ff.
Freie Wahl: 99, 116
Freiheit: 54, 82, 99, 272
Führung: 265, 267f, 294f
Führungsdilemma: 293ff.
Furcht und Mitleid: 61, 180

Ganzheitlichkeit: 259
Gemeinschaft: 57f, 116, 154f, 220, 236, 258f
Genossenschaft: 153f, 226
Gestik: 110, 291
Gesundheit: 29ff., 143
Gewissen: 115
Glück: 257, 338f
God-Playing: 73, 101, 104
Gott (-heit): 43, 45, 49, 65, 68f, 79f, 104, 133f, 142, 205ff., 270, 272, 274f, 283
Gruppe: 64, 97, 103, 129f, 154, 168, 224, 236, 250, 258f, 337
Gruppenpsychotherapie: 110, 154, 225, 247, 313
Gruppensupervision: 112, 289ff., 297
Gutes Leben: 107, 234, 337f

Handlungstheorie: 226, 237, 257, 286
Heil-Kunst: 33ff., 49
    - altchinesische: 37
    - altindische: 37
    - antike: 38ff.
    - hebräische: 38f
Hermeneutik: 35, 217f
Herrschaft: 84f, 96f, 224, 226, 237
Hier und Jetzt: 63, 106, 151, 250f, 254
Hilfs-Ich: 63, 127f
Hoffnung: 91
Homöopathie: 45ff.
Hypnose: 35

Ich-Du-Beziehung: 57
Ich-Seuche: 42, 69, 133
Imagination: 44, 50, 71, 80, 89f, 249, 270
Innere Stimme: 115
Institution, soziale: 83f, 211, 225, 286f
Inszenierung: 112f, 184f, 325
Inszenierungsarbeit: 24, 112, 130, 314, 326, 336
Interaktion: 98, 112, 257, 274
Interpretationsfolie: 250f, 306
Intuition: 78, 278, 297, 336

Judentum: 213

Kabbala: 65, 275
Katharsis: 32f, 36, 39, 46, 50, 64, 67ff., 86, 106, 113, 193ff., 209, 250f, 275f
Kapitalismus: 74f, 83

Kibbuz: 20f, 94, 145, 151ff., 221, 236, 338
Kinderspiel: 172
Kino: 185
Klugheit: 116
Kommunikationsmodus: 113, 252, 259, 261, 301
Kommunitarismus: 235ff., 254
Kommunismus: 86f, 129, 161
Konflikt: 83f, 169, 215
Konserve: 84, 211, 228
Konstellation, soziometrische: 83, 143, 327
Konzept: 304f
Kooperation: 75, 94, 155, 249, 268, 276
Kosmos: 79f, 146f, 206
Krankheit: 29ff.
Kreative Emergenz: 328
Kreativität: 24, 33f, 38, 44f, 50, 64ff, 67f, 78, 80f, 87, 91, 94, 99, 104, 116, 208, 224, 226, 228, 238, 258, 267ff.
Kreativitätsneurose: 45, 228
Krise: 101
Kulturelles Atom: 84, 86, 293
Kunst: 32, 52, 97, 101, 148, 175, 197f
Kunstfertigkeit: 308

Lachen: 213
Lage: 46, 100, 112, 146, 195
Lebensführung: 18, 41, 52, 197f, 249, 277f, 338
Lebensphilosophie: 22, 109, 273
Lebensprozess: 24
Lebensstil: 217, 338
Lebensqualität: 16, 169, 280, 311, 338f
Leib: 210
Leiden: 31f
Lernprozess: 234, 252f, 261ff., 284
Liebe: 82, 100
Life-Coaching: 310f, 314

Macht: 96, 103, 214, 234, 238, 328
Magic Shop: 66
Magie: 36f, 55f, 66, 104
Managementkompetenz: 257ff.
Maß halten: 41f
Marxismus: 19, 25, 73ff., 96, 105, 229
Materie: 90f
Megalomanie: 133
Mehrwert: 75
Meliorismus: 319
Mentoring: 307
Messianismus: 42, 91, 96, 228

Metanoia: 39
Metaphysik: 206f
Mikropolitik: 315, 329
Mikrosoziologie: 76, 84, 86
Mimesis: 113, 195ff., 251
Mit-Schöpfer: 33, 79, 105f, 276f
Muse: 131, 135
Mutualismus: 20, 70, 82, 98, 100, 160f, 276
Mythos: 56, 60f, 65f, 87

Natur: 80, 125
Netzwerk, soziales: 80, 281, 286f
Netzwerkarbeit: 287
Neurose: 130

Opfer-Ritual: 32, 64f
Orientierungswissen: 239
Organisation: 287, 319, 325
Organisationsberatung: 307, 315
Organisationsentwicklung: 319ff.

Pädagogik: 243ff.
Paradoxie: 294, 321
Personalarbeit: 281ff.
Perspektivenwechsel: 114
Phänomenologie: 216
Poiesis: 113, 197, 251
Politik: 18, 52f, 62, 144ff., 212, 221f, 243, 337f
Positionswechsel: 290, 320
Pragmatismus: 21ff., 25, 109ff., 212, 218, 227, 234, 257, 286, 329
Praxeologie: 251, 286, 306
Praxis: 74, 81f, 148
Professionalität: 115, 255, 262, 295, 312, 322
Proletariat: 75, 87, 89, 105
Protagonist: 63ff., 67f, 113, 129, 176, 297ff., 337
Psychoanalyse: 16, 89, 106f, 130, 134, 147, 152, 156, 164, 167, 184, 203, 207, 219, 247, 306, 334
Psychodrama: 13, 18, 214, 312f
Psychodrama-Leiter (-Regisseur): 63, 67, 117, 129, 176, 251f
Psychodrama-Technik: 248f
Psychodrama-Therapie: 127f
Psychodramatische Haltung: 248f
Psychose: 124ff.
Psychotherapie: 18, 35, 53, 313

Raumsprache: 323f
Realitätsprobe: 69, 113, 116, 129, 140, 209, 279
Reformpädagogik: 258f
Religion: 43, 52, 55, 101, 104, 148, 167, 189, 243
Religiöse Dimension: 32, 75, 104
Ritual: 55ff., 180f, 187ff., 283
Rolle: 111, 192, 250, 286f
 - psychodramatische: 84
 - psychosomatische: 84
Rollenkonserve: 83f
Rollenkreation: 81, 197, 200
Rollentausch: 33, 36, 112, 114f, 128, 133f, 136, 144f, 209, 232, 251, 276, 338
Rollentheorie: 30, 78, 83f, 111, 211, 288
Rollenübernahme: 49, 64, 134, 197, 276
Revolution: 74ff., 86, 96, 101, 103, 105, 176, 212f, 250

Selbst (self): 38, 112, 134
Selbstbestimmung: 158f
Selbstheilungskraft: 52
Selbstverwirklichung: 83, 87, 116f, 125, 158, 172, 216, 225
Self-government: 102
Sexualität: 132
Sharing: 64, 114f, 126, 130, 196, 292
Skulpturarbeit: 281, 291, 293
Soziale Kompetenz: 253f
Soziales Drama: 57ff., 67f
Sozialatom: 38, 77, 83f, 86, 281, 286, 327
Sozialismus: 94ff., 105, 164, 224f
Soziatrie: 75, 93, 99, 145
Soziodrama: 168, 212, 228
Soziologie: 93, 213ff., 231
Soziometrie: 19, 24f, 30, 75, 99, 109, 116, 225, 286, 326
Soziometrische Gesellschaft: 31, 58, 87, 116, 170
Soziometrische Gesetze: 77
Soziometrische Matrix: 82
Soziometrischer Familienplan: 122f
Soziose: 31
Soziostasis: 38
Spiegeltechnik: 66, 209, 290
Spiel: 34, 47, 56f, 63f, 68, 81f, 89f, 192ff., 257, 325
Spielmächtigkeit: 195, 219, 228, 313
Spontaneität: 44, 68f, 81f, 87, 90, 93, 99, 111, 116, 147, 158, 211, 225, 328

Spontaneität – Kreativität – Konserve: 30, 51, 77, 229, 258, 269ff.
Status nascendi: 175
Stegreiftheater: 81, 167f, 171, 213, 228, 272
Steigerungsspiel: 320ff.
Sünde: 42, 44, 189
Supervision: 117, 307, 311f, 315, 333, 336
Surplus reality: 34, 63f, 75, 80f, 90, 172, 180
Symbolischer Interaktionismus: 109, 237, 286, 329
Szenisches Verstehen: 148
Szientismus: 105

Tat: 105f, 112, 156, 213, 248, 273
Teamarbeit: 268
Tele: 30, 34, 58, 83, 100, 111, 233, 247, 275, 290, 326
Theater: 32, 57ff., 81, 97, 107, 171ff.
Theaterarbeit: 22, 257
Theaterpädagogik: 200, 257
Theorie: 305
Therapie: 39, 53, 221, 243
Therapeutische Gemeinschaft: 124ff., 164
Therapeutische Gesellschaft: 31, 98
Therapeutische Weltordnung: 41, 51, 53, 58, 90, 99, 103, 116, 145, 151f, 157, 221, 247

Übertragung: 130f
Unbewusstes: 129, 204, 218f
Ungerechtigkeit: 76, 114
Ungleiche Verteilung: 75f, 225
Utopie: 95, 101, 105, 107, 116, 144f, 151ff., 162f, 181, 212, 228, 236
Utopischer Sozialismus: 19, 93, 95

Verantwortung: 33, 42, 45, 52f, 70f, 79, 88, 116, 147, 256, 264, 272, 338
Verkörperung: 66, 114, 200
Verwirklichung: 156f
Voluntarismus: 88, 158f
Verfahren (s. Format – Verfahren)
Vernunft: 90

Wachstum: 112, 278
Wahrnehmung: 115, 197, 216
Widerstand: 85, 223, 229, 287
Wissenschaftsgläubigkeit: 34
Wohlbefinden: 29, 52

Zeitbewusstsein: 209f
Zuschauer: 63

Hinweis zum Autor

Ferdinand Buer
geb. 1947, Studium der Erziehungswissenschaft, Soziologie, Psychologie, Germanistik, Philosophie, Politologie und Theologie an den Universitäten Münster und Freiburg. Dipl.-Päd. (1972), Dr. phil. (Erziehungswissenschaft, Psychologie, Soziologie) (1977), Habilitation (1987), seit 1995 Apl.-Prof. am Institut für Soziologie der Universität Münster. 1979 Abschluss der Zusatzausbildung zum Psychodrama-Leiter am Institut für Psychodrama Dr. Ella Mae Shearon. Seit 1989 Gründer, Leiter und Ausbilder des Psychodrama-Zentrums Münster. Daneben Tätigkeit als Dozent in zahlreichen Fort- und Weiterbildungen in Psychodrama, Supervision und Coaching in Deutschland und Österreich. Seit 1982 nebenberuflich als Berater für Fach- und Führungskräfte tätig, seit 1994 in eigener Praxis. Publikationsschwerpunkte neben Psychodrama und Soziometrie: Analysen, Theorien und Konzepte zu den Themen: Sozialpädagogik, Bildungsarbeit, Counselling, Supervision, Coaching.

Internet: www.ferdinandbuer.de

Textnachweise

Die Texte wurden weitgehend im Original erhalten. In wenigen Stellen wurden sie leicht überarbeitet.

I. Reflexionen

Morenos Projekt der Gesundung. Therapeutik zwischen Diätetik und Politik. In: Buer, F. (Hrsg.): Jahrbuch für Psychodrama, psychosoziale Praxis & Gesellschaftspolitik 1992. Leske + Budrich: Opladen 1992, 73-109

PsychoDrama. Ein antirituelles Ritual (zus. mit Elisabeth Tanke Sugimoto) In: Buer, F. (Hrsg.): Jahrbuch für Psychodrama, psychosoziale Praxis & Gesellschaftspolitik 1994. Leske + Budrich: Opladen 1995, 119-140

Morenos Philosophie und der Marxismus. In: Buer, F. (Hrsg.): Morenos therapeutische Philosophie. Leske + Budrich: Opladen, 1. Aufl. 1989, 159-178, 2. Aufl. 1991, 159-178, 3. Aufl. 1999, 167-186

Morenos Philosophie und der Anarchismus. In: Buer, F. (Hrsg.): Morenos therapeutische Philosophie. Leske + Budrich: Opladen, 1. Aufl. 1989, 181-198, 2. Aufl. 1991, 181-198, 3. Aufl. 1999, 189-205

Psychodrama und Pragmatismus. In: Buer, F.: Lehrbuch der Supervision. Votum: Münster 1999, 62-72

II. Dialoge

Leutz, G.A., Buer, F.: Ein Leben mit J.L. Moreno. Impulse für die Zukunft. In: Buer, F. (Hrsg.): Jahrbuch für Psychodrama, psychosoziale Praxis & Gesellschaftspolitik 1992. Leske + Budrich: Opladen 1992, 161-199

Melzer, W., Buer, F.: Psychodrama und Kibbuz. Zwei Modelle der Verwirklichung gesellschaftlicher Utopien. Gemeinsamkeiten und Unterschiede. In: Buer, F. (Hrsg.): Jahrbuch für Psychodrama, psychosoziale Praxis & Gesellschaftspolitik 1991. Leske + Budrich: Opladen 1991, 129-156

Jürgens, M., Buer, F.: Das Theater mit dem Psychodrama. Theaterästhetische Betrachtungen. In: Buer, F. (Hrsg.): Jahrbuch für Psychodrama, psychosoziale Praxis & Gesellschaftspolitik 1993. Leske + Budrich: Opladen 1994, 123-165

Fellmann, F., Buer, F.: Das Psychodrama als philosophische Praxis: Zum Verhältnis von Philosophie und Psychodrama. In: Buer, F. (Hrsg.): Jahrbuch für Psychodrama, psychosoziale Praxis & Gesellschaftspolitik 1994. Leske + Budrich: Opladen 1995, 141-170

Papcke, S., Buer, F.: Moreno und die Soziologie. Ein spannendes Verhältnis. In: Buer, F. (Hrsg.): Jahrbuch für Psychodrama, psychosoziale Praxis & Gesellschaftspolitik 1996. Leske + Budrich: Opladen 1997, 125-148

III. Konzepte

Psychodramatischer Bildungsarbeit. In: Wittinger, Th. (Hrsg.): Psychodrama in der Bildungsarbeit. Matthias-Grünewald-Verlag 2000, 173-204

Managementkonpetenz und Kreativität. OSC 2/2005, 117-132
Aufstellungsarbeit nach Moreno in Formaten der Personalarbeit in Organisationen. ZPS 2/2005, 285-310
Beratung, Supervision, Coaching und das Psychodrama. ZPS 2/2007, 151-170
Organisationsentwicklung jenseits des globalen Steigerungsspiels. Vortrag 2007

ZPS – Zeitschrift für Psychodrama und Soziometrie

In der *Zeitschrift für Psychodrama und Soziometrie (ZPS)* werden theoretische und praxisbezogene Beiträge veröffentlicht, die der Breite der psychodramatischen Methode entsprechen.

Die Herausgeber suchen gemeinsam mit den Autoren die Auseinandersetzung mit psychodramatischen Konzepten. Die Autoren stellen psychodramatische, soziodramatische und soziometrische Herangehensweisen in unterschiedlichen Berufsfeldern vor und entwickeln sie weiter.

Die Zeitschrift will zu Forschung anregen und den Austausch unter Psychodramatikern im deutschen und internationalen Raum fördern.

8. Jahrgang 2010 – 2 Hefte jährlich
www.zps-digital.de

Abonnieren Sie gleich!
vs@abo-service.info
Tel: 0611. 7878151 · Fax: 0611. 7878423

Erhältlich im Buchhandel oder beim Verlag.
Änderungen vorbehalten. Stand: Januar 2010.

VS-JOURNALS.DE

Abraham-Lincoln-Straße 46
65189 Wiesbaden
Tel. 0611.7878-722
Fax 0611.7878-400